安泽年鉴

2018

安泽县地方志编纂委员会办公室 编

方志出版社
Publishing House of Local Records

图书在版编目(CIP)数据

安泽年鉴.2018 /安泽县地方志编纂委员会办公室编. -- 北京 :方志出版社, 2018.12
ISBN 978-7-5144-3547-4

Ⅰ.①安… Ⅱ.①安… Ⅲ.①安泽县—2018—年鉴
Ⅳ.①Z522.54

中国版本图书馆 CIP 数据核字(2019)第 040291 号

安泽年鉴(2018)

编　　者: 安泽县地方志编纂委员会办公室
责任编辑: 冯　松

出 版 人: 冀祥德
出 版 者: 方 志 出 版 社
地址　北京市朝阳区潘家园东里 9 号(国家方志馆 4 层)
邮编　100021
网址　http://www.fzph.org
发　　行: 方志出版社图书经销中心
电话　(010) 67110500
经　　销: 各地新华书店
印　　刷: 山西省史志印刷厂

开　　本: 889×1194　　1/16
印　　张: 32.25
字　　数: 704千字
版　　次: 2018年12月第 1 版　　2018年12月第 1 次印刷
印　　数: 001 ~ 500 册

ISBN 978-7-5144-3547-4　　定价: 228.00 元

《安泽年鉴》编纂委员会

《安泽年鉴》编纂人员

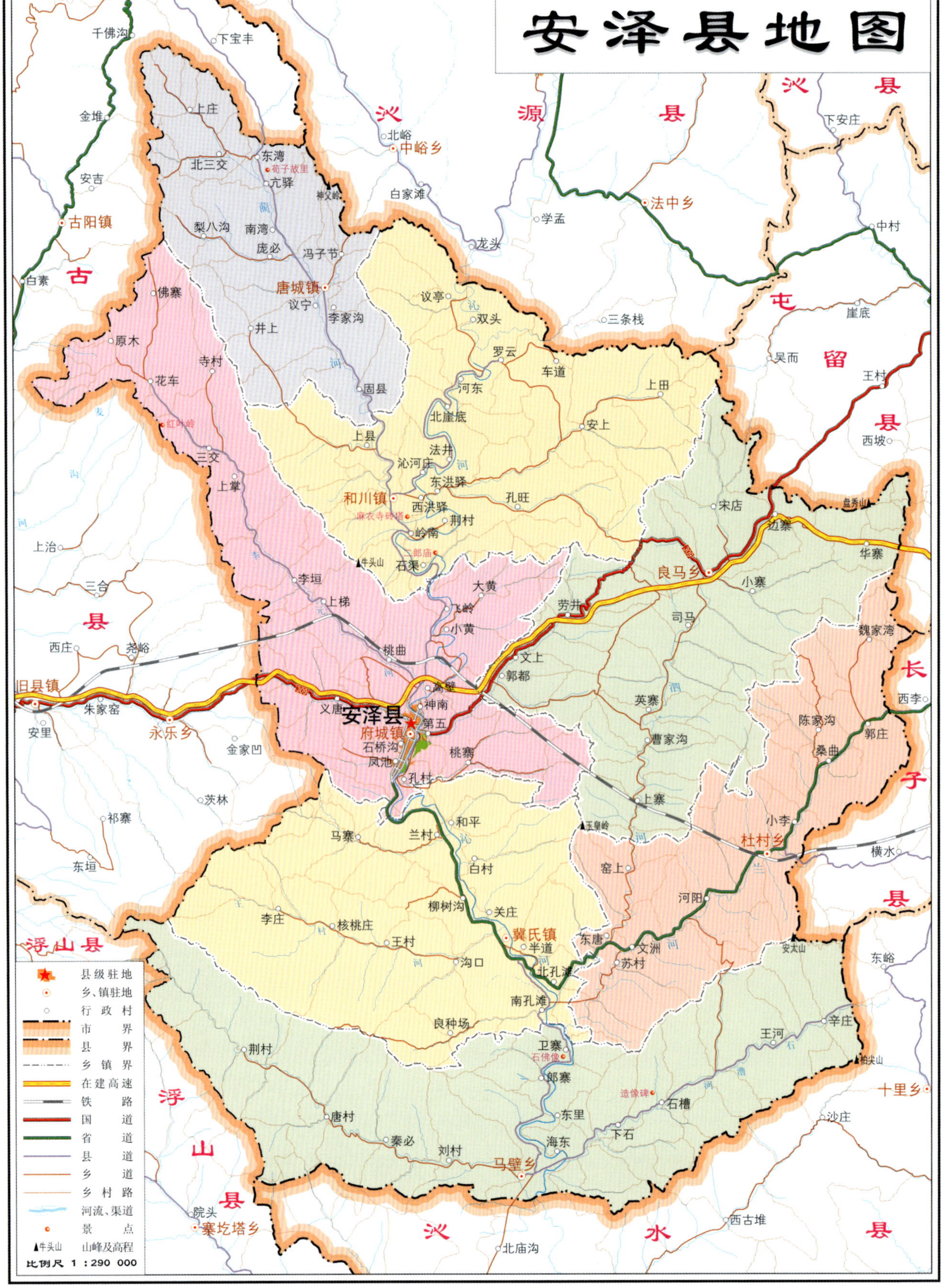

审图号：晋S(2018)017号

2017年9月19日上午，全国社会治安综合治理表彰大会在北京人民大会堂举行。安泽县捧回了中央在政法综治领域设立的最高奖项—“长安杯”

全国平安建设先进县奖牌

中共安泽县委书记李强作为全国平安县代表，受到了省委书记骆惠宁和省长楼阳生的亲切接见

中国共产党安泽县第十四届代表大会第二次会议

安泽县第十六届人民代表大会第三次会议

政协安泽县委员会九届三次会议

2017年1月9日，在临汾市第四届“十大道德模范”“德耀平阳”颁奖典礼上，安泽县的徐福生、张腾宇2人获奖，市委书记岳普煜为他们颁奖

2017年8月19日，市委副书记、市长刘予强，市委原副书记雷健坤，市人大常委会主任陈小洪，市政协主席张建平等领导在安泽观摩重点工作和部分扶贫项目

创建卫生县城整治后整齐、干净的街巷

集中供热

2017年7月26日，由中国林业产业联合会森林药材和饮品酒业促进会主办的“安泽连翘产业助力精准扶贫推介会”在北京人民大会堂举行。中国工程院院士尹伟伦代表专家组做出科学论证意见：“世界连翘在中国，中国连翘数安泽。”“安泽县成为发展多功能林业的典型案例、践行两山理论的鲜活示范。”国家林业局总工程师封加平为山西安泽授予“中国森林生态药材连翘种植基地”牌匾

2017年5月17日，以“天安地泽 泽约天下”为主题的2017山西省临汾市招商引资推介会太行山水全城旅游专场在合肥举办

2017年9月27日，临汾市“山水太行　休闲旅游”启动仪式在安泽县和川镇举行

2017年10月1日，冀氏镇举办国家级CAA“青松岭杯”钓鱼比赛

2017年4月12日，安泽县黄花旅游月在黄花岭风景区开幕，央视《相约》栏目组进行现场节目录制，为安泽全域旅游助阵

2017年9月21日，临汾“三基建设”重点任务县（市、区）推进会在安泽召开

外省市在安泽县府城镇调研监察体制改革。安泽县监察体制改革扎实推进，在临汾率先完成挂牌，乡镇监察体制改革作为全国六个试点县之一，提供了“安泽样本”

台湾华梵大学校长高柏園一行在安泽进行荀子文化交流

安泽县马壁乡宇峻山发现疑似战国时期赵国古长城遗址

"追根说炎帝溯源初国伊"笔会在安泽县举行

2017年2月7日，安泽籍在校大学生座谈会

北大博士生服务团在安泽县开展“红色教育行”活动

全国大学生深度报道“脱贫攻坚　魅力安泽”特训营活动在安泽举行

安泽县国家森林公园北京评审会

安泽县成功申报“国家级森林公园”

义务植树

11月30日，安泽县政府与太原龙翔精灵科技有限公司签约。标志着国内首个森林防火智能信息服务系统正式落户安泽

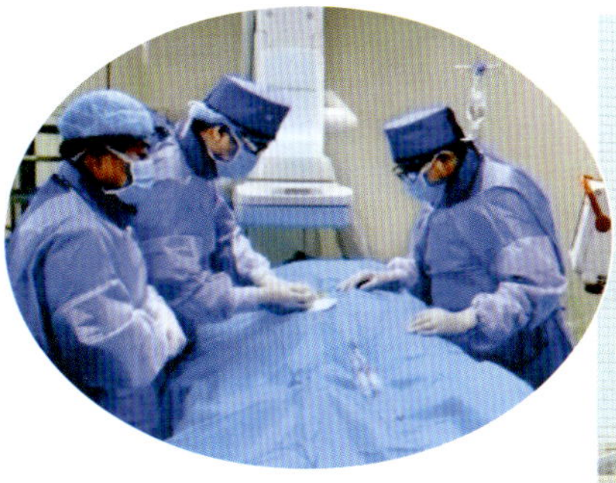

安泽县医疗集团导管室成功为一名肾癌患者进行了肾癌肾动脉介入栓塞术，开创了县级医院开展肾癌肾动脉介入栓塞术的先河

2017年9月，安泽县医疗集团成立

农业产业化国家级重点龙头企业大象集团落地安泽，辐射晋东南地区

安徽亳州井泉集团落户安泽

春暖人间结对帮扶孤儿

安泽县开展“手拉手　帮秋收”主题活动，群众灿烂的笑容成为脱贫攻坚路上一道靓丽的风景

与三无人员一起过新年

外国游客来飞岭

小飞田园综合体

编纂说明

一、《安泽年鉴》是由中共安泽县委、安泽县人民政府主办，安泽县史志办公室编纂的年度资料文献，是安泽县唯一的地方综合年鉴。以马克思列宁主义、毛泽东思想、邓小平理论、“三个代表”重要思想、科学发展观、习近平新时代中国特色社会主义思想为指导，坚持辩证唯物主义和历史唯物主义的立场、观点、方法，旨在逐年全面记载本行政区域自然、政治、经济、文化、社会等各个方面的情况。

二、《安泽年鉴（2018）》记述时限为2017年1月1日至12月31日，个别条目突破断限，意在增强事件的完整性。

三、《安泽年鉴（2018）》采用分类编排法，设栏目、类目、分目、条目四个层次，不同层次的标题用不同的字号或字体加以区别。条目为全书基本记述实体，其标题统加“【】”表示。

四、本年鉴资料均由县直各单位、各乡镇和企事业单位组织专人提供，并经各单位负责人审核。统计资料由安泽县统计局提供。稿件内容在反映原貌的前提下，编辑时只求体例完备、语句通顺，其余不做变动。所有数据由于统计来源、方法、时间的不同而有差异，均以统计局提供的资料为准。

五、本年鉴采用的稿件，作者名在文尾，有的稿件因作者不详，未作署名，谨致歉意。

目 录

特 载

咬定目标不放松　撸起袖子加油干
再谱全面振兴绿色崛起新篇章
——2017 年 2 月 9 日在全县经济
工作会议上的讲话 ………………… 1

聚焦全面从严治党　决战决胜“四个年”
奋力开启安泽新时代发展新征程
——2018 年 3 月 16 日在中国共产党
安泽县第十四届代表大会第三次
会议上的工作报告 ………………… 15

安泽县人民代表大会常务委员会工作报告
——2018 年 4 月 10 日在安泽县第十六届
人民代表大会第三次会议上 ……… 28

政府工作报告
——2018 年 4 月 10 日在安泽县第十六届
人民代表大会第三次会议上 ……… 33

站在新起点　踏上新征程　立足新形势
展现新作为　为安泽新时代发展
凝心聚智建言献策
——2018 年 4 月 9 日在政协第九届
安泽县委员会第三次会议上的
工作报告 ………………………… 44

安泽县人民法院工作报告
——2018 年 4 月 10 日在安泽县
第十六届人民代表大会
第三次会议上 …………………… 51

安泽县人民检察院工作报告
——2018 年 4 月 10 日在安泽县
第十六届人民代表大会
第三次会议上 …………………… 56

关于安泽县 2017 年预算执行情况与
2018 年预算草案的报告
——2017 年 4 月 10 日在安泽县
第十六届人民代表大会
第三次会议上 …………………… 62

大事记

2017 年安泽县大事记

1 月 ……………………………… 71
2 月 ……………………………… 76
3 月 ……………………………… 80
4 月 ……………………………… 84
5 月 ……………………………… 87
6 月 ……………………………… 90
7 月 ……………………………… 93

8月 …… 96
9月 …… 99
10月 …… 102
11月 …… 103
12月 …… 105

县情概览

地理资源
位置　面积 …… 110
地质　地貌 …… 110
气候特征 …… 111
自然资源 …… 112
土地资源 …… 112
森林资源 …… 112
水利资源 …… 112
煤炭资源 …… 113
旅游资源 …… 113
历史文化 …… 113
名优土特产 …… 113
人口　民族　宗教
人口 …… 113
民族 …… 114
宗教 …… 114
建置区划
建置沿革 …… 114
行政区划 …… 115
经济建设
概述 …… 116
农业 …… 118
工业和建筑业 …… 120
固定资产投资 …… 120
节能降耗 …… 121
商业贸易 …… 121
交通和邮电 …… 121
财政　金融　保险 …… 122
社会建设
教育　科学技术 …… 122
卫生 …… 122
人民生活　社会保障 …… 123
资源　环境　安全生产 …… 123
旅游 …… 123
文化建设
公共文化体系 …… 124
群众性文化活动 …… 124
机构设置和负责人名录（2017）
中共安泽县委员会 …… 124
安泽县人大常委会 …… 124
安泽县人民政府 …… 124
政协安泽县委员会 …… 124
县纪律检查委员会 …… 124
县直机关机构设置和领导人员名单 …… 125
事业单位机构设置和负责人员名单 …… 130
乡镇　社区 …… 132
驻安泽县单位和负责人名单 …… 133

中国共产党安泽县委员会

综　述
概述 …… 136
理论学习 …… 136
经济发展 …… 137
改革发展 …… 137
民生保障 …… 138
民主法治建设 …… 139
党建工作 …… 139
县委办公室
办文质量 …… 140
信息报送 …… 140
会务工作 …… 140

督查工作 …………………………… 141
保密工作 …………………………… 141
防范工作 …………………………… 141
改革（综改）工作 ………………… 141
支部工作 …………………………… 141
干部队伍建设 ……………………… 142
巡察办
配备专职巡察部门 ………………… 142
巡察工作人才库建设 ……………… 142
巡察规划编制 ……………………… 142
第二轮交叉巡察工作 ……………… 142
“机动式”巡察工作 ……………… 142
第三轮巡察工作 …………………… 142
第四轮巡察工作 …………………… 143
巡察内容 …………………………… 143
巡察成效 …………………………… 143
组织建设
学习教育 …………………………… 143
党建扶贫 …………………………… 144
组织生活 …………………………… 144
基层组织 …………………………… 144
基础工作 …………………………… 146
基本能力 …………………………… 146
干部培训、挂职 …………………… 146
干部选任工作 ……………………… 147
科级后备干部库 …………………… 147
干部日常管理 ……………………… 147
干部监督工作 ……………………… 147
提升干部能力素质 ………………… 148
年度目标责任考核工作 …………… 149
人才强县战略 ……………………… 149
组工干部综合素质建设 …………… 150
宣 传
宣传思想文化工作 ………………… 151
意识形态工作 ……………………… 151
县委中心组理论学习 ……………… 152
网信工作 …………………………… 153
文明创建工程 ……………………… 154
美好形象展示工程 ………………… 155
文化软实力提升工程 ……………… 156
文艺阵地建 ………………………… 157
统 战
概述 ………………………………… 157
“两学一做”专项治理活动 ……… 157
民族宗教工作 ……………………… 157
党外人士工作 ……………………… 158
非公经济发展 ……………………… 158
精准扶贫 …………………………… 158
工商联换届工作 …………………… 158
社会阶层人士摸底调查工作 ……… 159
网络统战工作 ……………………… 159
“金秋圆梦学子、聚力脱贫攻坚”
资助金发放 ……………………… 159
工商业联合会
政治理论学习 ……………………… 159
换届工作 …………………………… 159
服务非公经济工作 ………………… 159
帮扶工作 …………………………… 160
自身建设 …………………………… 160
机构编制
机构概况 …………………………… 161
“放管服效”工作 ………………… 161
政府部门权力清单制度平稳运行 … 161
监察体制改革工作 ………………… 161
市场监管体制改革 ………………… 162
文化旅游管理体制改革 …………… 162
医疗卫生体制改革 ………………… 162
国有林场体制改革 ………………… 162
机构编制管理 ……………………… 162
“三基建设”工作 ………………… 163

事业单位登记管理工作 …………… 163
扶贫工作 …………………………… 164
机关自身建设 ……………………… 164
县直机关工委
队伍建设 …………………………… 164
年度考核工作 ……………………… 165
脱贫攻坚 …………………………… 165
“三基”建设 ……………………… 166
党校教育
概述 ………………………………… 166
教职工强素质 ……………………… 166
教职工文化生活 …………………… 166
师资培训 …………………………… 166
主体培训 …………………………… 167
宣讲工作 …………………………… 167
理论研究 …………………………… 167
脱贫攻坚 …………………………… 167
老干部工作
夯实老干部工作基础 ……………… 168
落实老干部政治待遇 ……………… 168
落实老干部生活待遇 ……………… 168
发挥老干部正能量 ………………… 169
丰富老干部文体生活 ……………… 169
信　访
概述 ………………………………… 169
重大节会期间信访稳控 …………… 170
重点信访事项化解 ………………… 170
县级信访系统运行 ………………… 170
信访法治宣传 ……………………… 170
社会管理联动服务中心
大厅接待工作 ……………………… 170
矛盾纠纷调处工作 ………………… 171
指导、培训、督查、考核工作 …… 171
网格长手机直报工作 ……………… 171
诉求事项研判工作 ………………… 171
调研观摩接待工作 ………………… 172
党组织活动 ………………………… 172
脱贫攻坚工作 ……………………… 172
史志办工作
学习教育和主题教育 ……………… 172
志鉴“两全目标”工作 …………… 172
党史工作 …………………………… 173
“三联系两报道”驻村帮扶工作 …… 173
党风廉政建设 ……………………… 173

安泽县人民代表大会

综　述
概述 ………………………………… 174
重点工作监督 ……………………… 174
财税监督 …………………………… 175
“三农”监督 ……………………… 175
焦点问题监督 ……………………… 175
法律执行监督 ……………………… 176
依法履职 …………………………… 176
发挥代表主体作用 ………………… 177
常委会自身建设 …………………… 177
重要会议与机关工作人员任免
安泽县第十六届人民代表大会
第三次会议 ………………………… 178
安泽县第十六届人大
常委会会议 ………………………… 178

安泽县人民政府

综　述
经济发展 …………………………… 180
脱贫攻坚 …………………………… 180
农林生产 …………………………… 181
工业产业转型 ……………………… 181

文化旅游业 …… 181
城乡面貌 …… 181
环保治理 …… 181
文教、卫生和社会保障 …… 182
安全工作 …… 182
政府自身建设 …… 182

政府办公室

抓学习强制度 …… 183
“三办”工作 …… 184
督查工作 …… 184
人民防空 …… 184
应急管理 …… 185
政府法制 …… 185
政府信息公开 …… 185
市长热线办理 …… 185

政务管理

概述 …… 185
基础设施建设 …… 185
政务服务体系建设 …… 186
电子政务 …… 186
“安泽政务在线”微信公众号 …… 186
行政审批服务 …… 186
重点项目“绿色通道” …… 186
政务服务标准化建设 …… 186
在线审批监管平台 …… 187
清理、规范进驻事项 …… 187
政务公开 …… 187
健全组织机构，完善规章制度 …… 187

档案管理

队伍建设 …… 187
档案管理 …… 188
档案服务 …… 188
档案工作宣传 …… 188
党风廉政建设 …… 189
驻村帮扶工作 …… 189

人力资源和社会保障局

就业 …… 189
基本养老保险 …… 189
基本医疗保险方面 …… 189
工伤保险 …… 190
失业保险 …… 190
就业创业援助工作 …… 190
收入分配制度改革 …… 190
社会保障制度改革 …… 190
队伍建设 …… 190
维权工作 …… 191
队伍作风建设 …… 191
扶贫工作 …… 191

扶贫工作

概述 …… 192
建档立卡工作 …… 192
光伏扶贫工作 …… 192
易地扶贫搬迁工作 …… 193
教育扶贫工作 …… 193
党风廉政建设工作 …… 193

招商工作

支部工作 …… 193
党风廉政建设 …… 194
学习教育 …… 194
“三基”建设 …… 194
扶贫攻坚工作 …… 194
文明创建 …… 195
招商引资 …… 195
项目建设 …… 195
招商工作措施 …… 195
招商引资推介会 …… 195
太行山水全域旅游推介会 …… 196
组建临汾市第一支招商小分队 …… 197
安泽连翘产业助力精准扶贫推介会 …… 197

资源招商 …… 197
重点项目办
概述 …… 197
省、市重点工程项目进展情况 …… 198
县级重点工程项目推进情况 …… 198
实施在建重点项目无障碍施工专项行动 …… 198
唐城工业园区展厅项目投入使用 …… 198
精准扶贫工作 …… 199
招标投标办公室
概述 …… 199
强化监管、规范程序 …… 199
创新机制、完善制度 …… 199
工程招投标情况 …… 199
统计报表及档案管理 …… 200
“讲、知、守”专项治理活动 …… 200
驻村帮扶工作 …… 200
机关后勤服务
队伍建设 …… 200
公共机构节能工作 …… 201
公车平台平稳运行 …… 201
公务接待工作 …… 202
办公用房清理 …… 202
帮扶贫困户工作 …… 202
平安单位创建 …… 203
机关卫生工作 …… 203
干部职工供餐服务 …… 203
支部建设 …… 203
宣传 …… 203
成立安泽县临时救助安置点 …… 204
综合检验检测中心
概述 …… 204
工作情况 …… 204
检验检测工作 …… 204
防震减灾工作
基础建设 …… 204
防震减灾 …… 205

中国人民政治协商会议安泽县委员会

综　述
民主监督 …… 206
协商民主建设 …… 206
委员议政建言 …… 207
民生服务 …… 207
慰问帮扶 …… 207
文化传播 …… 207
学习培训 …… 207
重要会议
政协全会 …… 208
常委会议 …… 209
专门委员会
提案委员会 …… 209
经济委员会 …… 210
文史委员会 …… 210

中国共产党安泽县纪律检查委员会

纪检监察
监察体制改革试点 …… 212
监督检查 …… 213
廉政建设 …… 214
作风建设 …… 214
执纪审查 …… 214
扶贫领域监督执纪问责 …… 215
干部队伍建设 …… 216
重要会议

群众团体

工 会

思想政治建设 …………………… 217
纪律作风 …………………… 217
做好“总结提高年”工作 …………………… 217
换届工作 …………………… 217
工会改革工作 …………………… 218
“五小”竞赛 …………………… 218
脱贫攻坚 …………………… 218
职工文化建设 …………………… 219
组建职工志愿服务队 …………………… 219
四季帮扶工作 …………………… 219
关爱职工活动 …………………… 219
劳动力转移 …………………… 219
劳动竞赛 …………………… 220
维护职工合法权益 …………………… 220
基层组织建设 …………………… 220
网上工会 …………………… 220

共青团安泽县委员会

概述 …………………… 220
基层团组织内生动力增强 …………………… 221
网上共青团建设 …………………… 221
青少年服务载体 …………………… 221
团干部的工作作风改进 …………………… 221
服务大局实现新作为 …………………… 222
凝聚服务青年呈现新气象 …………………… 222
驻村帮扶 …………………… 223

妇女联合会

组织活动和举办培训 …………………… 224
妇联组织改革 …………………… 224
帮扶创业就业 …………………… 225
巾帼志愿服务 …………………… 225
举办技能培训 …………………… 226
创建网上妇联 …………………… 226
妇女家庭教育工作 …………………… 226
妇女组织宣传工作 …………………… 226
妇女维权工作 …………………… 227

文学艺术界联合会

概述 …………………… 227
文化惠民 …………………… 227
脱贫攻坚 …………………… 228
文化活动 …………………… 228
协会换届 …………………… 228
刊物出版 …………………… 228

科学技术协会

科普惠农 …………………… 228
科普宣传 …………………… 229
科普培训 …………………… 229
脱贫攻坚 …………………… 229

红十字协会

机构概况 …………………… 229
“博爱送万家” …………………… 229
学习雷锋活动 …………………… 229
“博爱一日捐” …………………… 230
健全网络 …………………… 230
护林防火工作 …………………… 230
来访接待工作 …………………… 230
“两学一做”学习教育 …………………… 230
对外交往工作 …………………… 230
驻村联户工作 …………………… 231
党风廉政建设 …………………… 231
大病救助 …………………… 231

军 事

人民武装

概述 …………………… 232
党委班子建设 …………………… 232

思想政治建设 …… 232
安全管理工作 …… 233
军事训练 …… 233
综合保障 …… 234
国防教育 …… 234
召开县委议军暨全县党管武装述职会 …… 235
作风纪律整顿教育 …… 236
兵役登记工作 …… 236
征兵工作 …… 236
学生军训工作 …… 236
“送立功喜报 挂光荣军属牌”活动 …… 237
军民融合 …… 237
武警中队
概述 …… 237
支部建设 …… 238
学习教育 …… 238
勤务工作 …… 238
军事训练 …… 239
政治工作 …… 239
安全管理 …… 240
后勤建设 …… 240
人民防空
联审联批机制 …… 241
人防应急处置 …… 241
人防信息化建设 …… 241
机关建设 …… 242
安全工作 …… 242
反腐倡廉工作 …… 242

法　治

政法委及综治
机构建设 …… 243
队伍建设 …… 243
平安建设 …… 244
法治建设 …… 246
脱贫攻坚 …… 247
获奖 …… 248
法治政府建设
健全法治工作机构 …… 248
监督工作 …… 248
依法行政 …… 248
公正司法 …… 249
法治宣传 …… 249
建立完善法律顾问制度 …… 250
建设城乡公共法律服务网络 …… 250
法治创建 …… 250
组织协调 …… 251
公　安
概述 …… 251
“迎接十九大，全警保平安”1+8行动 …… 251
维护政治安全 …… 252
信访维稳 …… 252
严打整治 …… 252
反恐防暴 …… 252
治爆缉枪 …… 252
交通安全 …… 252
消防安全 …… 252
队伍管理 …… 252
信息化设施建设 …… 252
基础设施建设 …… 253
装备建设 …… 253
立体化治安防控体系建设 …… 253
信息化建设 …… 254
警务实战化 …… 254
执法规范化 …… 254
文明单位创建工作 …… 254

创卫工作 …………………………… 254
便民利民 …………………………… 254
精准扶贫 …………………………… 254
队伍建设 …………………………… 255
交通警察大队
事故预防 …………………………… 255
交通安全宣传 ……………………… 256
法制建设 …………………………… 256
危化品运输 ………………………… 256
改善群众出行交通环境 …………… 257
队伍建设 …………………………… 257
内务卫生环境 ……………………… 257
便民服务 …………………………… 257
消防大队
概述 ………………………………… 257
消防安全责任制 …………………… 258
消除火灾隐患 ……………………… 258
推行网格化管理 …………………… 258
队伍正规化管理 …………………… 258
社会化消防宣传 …………………… 259
基础建设 …………………………… 259
驻村帮扶 …………………………… 259
检　察
概述 ………………………………… 260
监察体制改革和司法体制改革 …… 260
惩防并举，打击各类刑事犯罪 …… 260
检察监督职能 ……………………… 261
扶贫攻坚工作 ……………………… 261
支部教育引领工作 ………………… 261
法　院
机构概况 …………………………… 262
审判工作 …………………………… 262
队伍建设 …………………………… 262
司法为民 …………………………… 263
司法改革 …………………………… 263
阳光司法 …………………………… 263
法院荣誉 …………………………… 264
司法行政
法治宣传 …………………………… 264
法律服务 …………………………… 264
律师工作 …………………………… 265
公证工作 …………………………… 265
法律援助工作 ……………………… 265
社区矫正工作 ……………………… 265
基层组织建设 ……………………… 265
基层基础建设 ……………………… 266
基本能力建设 ……………………… 266
专项活动强队伍 …………………… 266
脱贫攻坚 …………………………… 267

经济管理

发展和改革
概述 ………………………………… 268
经济指标 …………………………… 268
项目管理 …………………………… 268
行政审批改革 ……………………… 269
项目稽查 …………………………… 269
物价工作 …………………………… 269
安全生产 …………………………… 270
党风廉政建设 ……………………… 270
脱贫攻坚 …………………………… 270
帮扶企业 …………………………… 271
国土资源管理
党风廉政建设 ……………………… 271
脱贫攻坚 …………………………… 271
保护耕地红线 ……………………… 271
保障经济发展 ……………………… 272
矿产资源管理 ……………………… 272
地灾防治 …………………………… 273

执法监察 …… 273
审　计
概述 …… 273
惠民政策监督 …… 274
财政预决算监督 …… 274
经济责任审计 …… 275
政府投资审计 …… 275
审计业务提升 …… 275
机关党的建设 …… 275
统　计
机构概况 …… 277
第三次农业普查 …… 277
统计管理体制改革 …… 278
统计服务 …… 279
人口变动抽样调查 …… 279
精神文明单位创建 …… 279
获奖情况 …… 280
国家统计局安泽调查队
机构概况 …… 280
两个收入 …… 281
服务地方 …… 281
驻村帮扶 …… 281
工商质监管理
概述 …… 281
市场规范管理工作 …… 282
市场主体注册登记与监管工作 …… 282
消费者权益保护工作 …… 282
特种设备安全工作 …… 282
质量工作 …… 283
计量工作 …… 283
党建工作 …… 283
精准扶贫工作 …… 284
创卫工作 …… 284
安全生产监督管理
概述 …… 284
全县安全生产总体情况 …… 285
落实安全责任 …… 285
开展专项治理活动 …… 285
开展安全宣传教育活动 …… 285
煤炭行业安全监管 …… 285
危化行业安全监管 …… 286
非煤行业安全监管 …… 287
应急预案编制演练工作 …… 287
基层站所监管 …… 287
党建工作 …… 288
党风廉政建设工作 …… 288
扶贫攻坚 …… 289
食品药品监督管理
概述 …… 289
“四有”建设 …… 290
食品安全综合协调 …… 290
食品安全监管 …… 290
药品、医疗器械安全监管 …… 292
保健食品化妆品安全监管 …… 292
应急管理和稽查办案 …… 293
效能建设和新闻宣传 …… 294
党风廉政建设和党建工作 …… 294
创卫工作 …… 295
大气污染治理 …… 295

工业经济

中小企业
概述 …… 296
经济指标完成情况 …… 296
融资服务 …… 296
创品牌 …… 296
企业产品销售 …… 296
企业“小升规” …… 297
信息服务 …… 297

"散乱污"企业治理 …… 297
脱贫攻坚 …… 297
党风廉政 …… 298
电力工业
概述 …… 298
经营指标完成情况 …… 298
走动式安全管理 …… 299
执行两票管理 …… 299
安全生产标准化工作 …… 299
应急管理体系建设 …… 300
安全培训教育管理 …… 300
各类安全文化特色活动 …… 300
经营绩效管理 …… 301
电能量采集管理 …… 301
预算管控 …… 301
计量管理 …… 301
修订台账资料 …… 301
用电管理 …… 302
脱贫攻坚 …… 302
项目工程建设 …… 302
党风廉政建设 …… 303
扶贫帮困 …… 303
优化办公环境 …… 303
集体工业联合社
概述 …… 304
安全工作 …… 304
下岗职工稳定工作 …… 304
工艺美术协会工作 …… 304
党风廉政建设工作 …… 304
驻村帮扶工作 …… 304
中石化安泽石油分公司
概述 …… 305
任务指标完成情况 …… 305
零售 …… 305
非油品销售 …… 306
管理工作 …… 306

农业经济

农　业
农业建设 …… 307
经济建设 …… 307
种植业 …… 307
农村土地确权工作 …… 308
发展新型农业经营主体发展 …… 308
强农惠农富农政策落实 …… 308
美丽宜居示范创建 …… 308
特色产业开发 …… 309
农业环境保护 …… 309
农产品质量监管 …… 309
农业执法建设 …… 309
水　利
民生工程建设 …… 309
水资源保护 …… 309
防汛抗旱工作 …… 310
推行河长制 …… 310
作风建设 …… 311
林　业
造林绿化工作 …… 311
森林防火 …… 311
林业有害生物防控 …… 311
资源审批和林政执法 …… 312
核桃产业 …… 312
连翘产业 …… 312
连翘营护 …… 312
脱贫攻坚 …… 312
党风廉政建设 …… 313
学习教育工作 …… 314
县级重点工程完成情况 …… 314
市定考核指标完成情况 …… 314

畜　牧
机构概况 …… 314
精准脱贫项目 …… 315
划定畜禽养殖禁养区 …… 315
重大动物疫病集中防疫 …… 315
“畜牧产业提升”项目 …… 315
申报“全国农业技术推广站” …… 316
“畜禽养殖污染治理”工作 …… 316
脱贫攻坚工作 …… 316
无公害畜产品认证工作 …… 316
农机管理
总体目标完成情况 …… 316
农机具购置补贴政策 …… 317
农机新技术推广工程 …… 317
新型农机具推广工作 …… 317
农机社会化服务 …… 317
农机调查工作 …… 317
农业综合开发
概述 …… 318
农业综合开发项目 …… 318
扶贫攻坚 …… 319
学习教育 …… 319
农业综合开发土地治理项目资金整合 …… 319
国家农业综合开发产业化经营财政补助项目 …… 320
果业服务中心
机构设置 …… 320
果业发展 …… 320
中药材发展 …… 320
加大招商引资力度 …… 320
精准扶贫工作 …… 321
中药材普查工作 …… 321
安泽连翘原产地保护工作 …… 321
新农办
驻村帮扶工作组织保证 …… 321
驻村帮扶工作新举措 …… 322
驻村帮扶工作新成效 …… 322
烤烟开发服务中心
机构概况 …… 322
党风廉政建设 …… 323
包联村扶贫工作 …… 323
气　象
气象现代化 …… 323
气象防灾减灾 …… 323
决策气象服务 …… 324
公共气象服务 …… 324
三农服务 …… 324
气象科普宣传 …… 324
精准扶贫 …… 325
党风廉政和文明创建 …… 325
社会化管理 …… 325
亮点工作 …… 325
特色农业气象服务 …… 326

建设　环保

城乡建设
城市规划 …… 327
县城供热工程 …… 327
城市污水管网改造工程 …… 327
农贸市场建设工程 …… 328
棚户区改造工程 …… 328
综合住宅楼建设工程 …… 328
市容市貌管理 …… 328
公共设施管理 …… 329
建筑市场管理 …… 329
完成各项整治活动 …… 329
住房保障工作 …… 330

房地产管理

概述 …………………………………… 330
机关作风建设 ………………………… 330
规范涉房业务流程 …………………… 330
宣传房产法律法规 …………………… 330
房地产市场整顿 ……………………… 331
规范物业企业服务 …………………… 331
整合电子登记数据 …………………… 331
房产交易与不动产登记有序衔接 …… 331
受理投诉、积极化解矛盾 …………… 331
完善“三项资金”监管 ……………… 331
房屋租赁管理 ………………………… 331
落实中心工作 ………………………… 331
服务县域重点工程 …………………… 332
党风廉政建设 ………………………… 332

环　保

概述 …………………………………… 332
工业企业深度治理 …………………… 332
燃煤锅炉整治工程 …………………… 332
清洁取暖改造工程 …………………… 333
低空面源污染治理工程 ……………… 333
扬尘污染治理工程 …………………… 333
散煤及散乱污治理 …………………… 333
水污染防治系列工程 ………………… 333
环保能力建设工程 …………………… 333
环保督察整改工作 …………………… 333
环境监测站点周边环境
整治工作 ………………………… 334
垃圾、秸秆露天禁烧控制 …………… 334
畜禽养殖污染防治 …………………… 334

财政　税务

财　政

概述 …………………………………… 335
公共预算收入 ………………………… 335
公共预算支出 ………………………… 336
财政政策落实 ………………………… 336
民生保障 ……………………………… 336
脱贫攻坚 ……………………………… 337
财政改革 ……………………………… 337
队伍建设 ……………………………… 337

国家税务

党建工作 ……………………………… 338
组织收入 ……………………………… 339
绩效考核 ……………………………… 339
数字人事 ……………………………… 339
精准扶贫工作 ………………………… 339
法治税务建设工作 …………………… 339
“营改增”扩围工作 ………………… 339
国地税合作 …………………………… 340
纳税服务工作 ………………………… 340
干部教育工作 ………………………… 340

地方税务

机构概况 ……………………………… 340
税收收入 ……………………………… 340
优化税收环境 ………………………… 341
征管体制改革 ………………………… 342
法治建设 ……………………………… 342
地税文化建设 ………………………… 342
“三基建设”工作 …………………… 342
驻村帮扶工作 ………………………… 343

国库集中支付

预算内外集中支付业务 ……………… 343
支付核算报账程序 …………………… 343
控制开支 ……………………………… 343
国库支付数据自动对接工作 ………… 343
党风廉政建设 ………………………… 343

国际资金管理

落实还贷工作 ………………………… 344

项目管理 …………………………… 344
脱贫攻坚 …………………………… 344
非税收入征收
非税征收 …………………………… 345
票据监管 …………………………… 345
煤副产品监装工作 ………………… 345
清理规范收费项目 ………………… 345
帮扶工作 …………………………… 345
政府采购中心
采购 ………………………………… 346
实施“阳光采购” ………………… 346
“重点采购项目” ………………… 346
规范采购程序 ……………………… 346
完善评标制度 ……………………… 346
提高服务意识 ……………………… 346
采购保证金管理 …………………… 347
规范采购会场秩序 ………………… 347
为民力办实事 ……………………… 347
制度建设 …………………………… 347
扶贫工作 …………………………… 348
矿区称重公正计量中心
概述 ………………………………… 348
煤焦计量工作 ……………………… 349
干部队伍建设 ……………………… 349
扶贫帮扶 …………………………… 349
管理工作 …………………………… 350

金　融

金融监管
·中国人民银行安泽支行·
概述 ………………………………… 351
财税入库情况 ……………………… 351
金融运行情况 ……………………… 351
稳健中性货币政策 ………………… 352
宣传教育 …………………………… 352
小额扶贫信贷 ……………………… 352
维护金融稳定 ……………………… 352
金融服务 …………………………… 353
金融扶贫工作 ……………………… 353
建立长效机制工作 ………………… 353
完善规章制度 ……………………… 354
计算机一体化终端布设工作 ……… 354
安全工作 …………………………… 354
活动开展 …………………………… 354
党风廉政建设 ……………………… 354
帮扶工作 …………………………… 354
·银监办·
概述 ………………………………… 355
内部管理工作 ……………………… 355
日常监管工作 ……………………… 355
案件防控工作 ……………………… 356
金融服务工作 ……………………… 356
党风廉政建设工作 ………………… 356
银　行
·中国农业银行安泽支行·
学习教育 …………………………… 357
主体业务 …………………………… 357
党建工作 …………………………… 357
队伍建设 …………………………… 357
对公客户工作 ……………………… 358
个人客户维护工作 ………………… 358
服务三农 …………………………… 358
优化信贷机构 ……………………… 358
拓宽增收渠道 ……………………… 358
网点转型 …………………………… 359
·中国农业发展银行安泽支行·
存款情况 …………………………… 359
贷款情况 …………………………… 359
收息情况 …………………………… 359

利润情况 …………………………… 359
中间业务情况 ………………………… 360
粮棉油收储保障工作 ………………… 360
融资融智，全程参与项目设计 …… 360
多方配合，推进项目落地 ………… 360
系统联动，加快贷款办理流程 …… 360
存款营销方面 ………………………… 361
精准扶贫工作 ………………………… 361
内部管控工作 ………………………… 361
·信用联社·
概述 ………………………………… 361
机制转型 …………………………… 362
队伍建设 …………………………… 362
业务提质增效 ……………………… 363
案件防控 …………………………… 364
优化经营发展环境 ………………… 364
稽核发力　稳定发展 ……………… 364
安全管控 …………………………… 365
清降不良贷款 ……………………… 365
特色宣传 …………………………… 366
党建引领 …………………………… 366
保　险
·人寿保险·
业务管理及发展 …………………… 367
班子建设 …………………………… 367
·财产保险·
概述 ………………………………… 368
三农保险 …………………………… 368
民生领域的保险 …………………… 368
交通　邮电
交通运输
重点工程项目建设情况 …………… 369
农村公路普查 ……………………… 371
农村公路养护 ……………………… 371
运政管理 …………………………… 371
路政管理 …………………………… 372
党风廉政建设 ……………………… 372
学习教育 …………………………… 373
信息公开 …………………………… 374
脱贫攻坚工作 ……………………… 374
运输执法
学习教育 …………………………… 375
三项监督 …………………………… 376
精准扶贫工作 ……………………… 376
文明创建 …………………………… 376
支部建设 …………………………… 377
公　路
概述 ………………………………… 378
公路养护 …………………………… 378
路政管理 …………………………… 379
公路安全预防 ……………………… 379
队伍建设 …………………………… 380
党的建设 …………………………… 380
党风廉政 …………………………… 381
精准扶贫 …………………………… 381
邮　政
概述 ………………………………… 381
经营业务收入 ……………………… 382
党建活动 …………………………… 382
关爱员工 …………………………… 383
专题营销 …………………………… 383
内控违规恳谈会 …………………… 384
安全防范 …………………………… 385
移　动
概述 ………………………………… 385
廉政建设 …………………………… 385
市场掌控与发展 …………………… 386
基础管理及责任意识 ……………… 386

电　信

生产经营指标完成情况 …………… 387
百兆光宽 ………………………… 387
拓展创新业务 …………………… 387
履行企业责任 …………………… 387

联　通

概述 ……………………………… 387
业务发展 ………………………… 387
网络建设 ………………………… 388
重要事件 ………………………… 388
获奖情况 ………………………… 388

商　贸

商　务

宣传思想文化建设 ……………… 389
干部队伍建设 …………………… 389
基层党组织建设情况 …………… 390
全系统安全管理工作 …………… 391
党风廉政建设 …………………… 392
社会消费品零售总额 …………… 392
外贸出口工作 …………………… 392
开发区建设工作 ………………… 392
油罐改造任务 …………………… 393
电商扶贫工作 …………………… 393
物资储备供应 …………………… 394
市场监管 ………………………… 394

·烟草专卖·

卷烟营销 ………………………… 395
专卖管理 ………………………… 395
综合管理 ………………………… 395
精准营销水平 …………………… 396
强化市场监管 …………………… 397
强化案件经营 …………………… 397
强化大户治理 …………………… 397
强化技能提升 …………………… 397
规范经营 ………………………… 397
队伍建设 ………………………… 397

供　销

供销社经济运营 ………………… 398
农村电子商务发展 ……………… 398
供销社综合改革 ………………… 398
党风廉政建设教育工作 ………… 400
系统安全生产 …………………… 400
供销社环境整治工作 …………… 401

粮　食

市级储粮轮换 …………………… 401
玉米质量抽样检查 ……………… 401
核查粮库智能化改造数据 ……… 402
参加省农产品产销会议 ………… 402
环境整治 ………………………… 402
扶贫攻坚 ………………………… 402
安全整治 ………………………… 402

教育科技

教育科技

概述 ……………………………… 403
党建工作 ………………………… 403
“四个全面”落实 ……………… 403
队伍专业素质 …………………… 404
教育精准扶贫 …………………… 404
基础教育 ………………………… 404
安全治理 ………………………… 405
党风廉政建设 …………………… 405
申报省市科技项目和验收项目 …… 406

学校选介

·安泽一中·

党建工作 ………………………… 406
教学管理 ………………………… 406

德育工作 …… 407
后勤保障 …… 408
安全工作 …… 408
多元发展 …… 408
廉洁自律 …… 408
·安泽二中·
概述 …… 408
廉洁自律 …… 409
教学管理 …… 410
课程教育 …… 411
德育教育 …… 412
教学队伍 …… 413
安全管理 …… 415
·职 高·
思想作风建设 …… 416
教师队伍建设 …… 416
职业技能教学 …… 416
德育工作 …… 417
后勤管理 …… 418

文化 旅游

文 化
学习教育 …… 419
党建工作 …… 419
文化惠民 …… 420
群众文化生活 …… 421
文化市场监管 …… 422
创卫工作 …… 423
群众文化需求 …… 423
基础设施建设 …… 423
·图书馆·
基础建设 …… 424
节日宣传 …… 424
阅读推广 …… 424
送书下乡 …… 425
公益活动 …… 425
图书智能管理 …… 425
·新华书店·
概况 …… 425
教材，教辅发行 …… 425
一般图书销售 …… 425
完成全年各项经济指标 …… 426
广播电视
概述 …… 426
广播电视创优创新 …… 426
安全播出 …… 426
网络维护 …… 427
脱贫帮扶 …… 427
创卫工作 …… 427
·新闻网络中心·
概述 …… 428
网络宣传工作 …… 428
网信工作 …… 429
政府网站建设工作 …… 429
文物旅游
文物管理 …… 429
对外宣传 …… 429
旅游活动 …… 429
旅游安全工作 …… 430
景区基础设施建设 …… 430
编制《安泽县旅游发展概念性策划》…… 430
景区环境卫生 …… 430

卫生 医疗

卫生和计划生育
医疗体制改革 …… 431
健康扶贫工作 …… 431
创国卫工作 …… 432

计划生育工作 …… 432
基本公共卫生服务 …… 432
疾控妇幼及卫生监督服务 …… 433
服务能力建设 …… 433
·妇幼计生中心·
概述 …… 433
队伍建设 …… 433
妇幼保健计划生育 …… 434
公共卫生项目 …… 434
基本公共卫生 …… 434
计划生育服务工作 …… 435
日常工作 …… 435
·卫生监督所·
医疗服务监督工作 …… 435
环境卫生监督工作 …… 435
职业卫生监督工作 …… 436
放射卫生监督工作 …… 436
学校卫生监督工作 …… 436
传染病防治工作 …… 436
生活饮用水监督工作 …… 436
卫生监督协管服务工作 …… 437
卫生稽查及网络信息工作 …… 437
经常性监督报告情况 …… 437
其他工作 …… 437
专项整治情况 …… 437
主要工作措施 …… 438
疾控中心
机构概况 …… 439
党建工作 …… 439
计划免疫工作 …… 440
结核病防治工作 …… 440
地方病防治工作 …… 441
传染病防控工作 …… 441
艾滋病病人管理、随访工作及干预工作 …… 441
健康教育预防 …… 441
食品安全风险监测工作 …… 442
慢病工作 …… 442
实验室检验能力 …… 443
卫生应急工作 …… 443
驻村帮扶工作 …… 443
安泽县医疗集团
概述 …… 444
政治思想教育 …… 444
业务收入 …… 444
医疗安全管理 …… 445
优质护理 …… 445
公共卫生服务 …… 445
加强传染病预防控制 …… 446
规范垃圾管理 …… 446
基药制度管理 …… 446
医院行风建设 …… 446
医疗服务机制完善 …… 446
人才培养 …… 447
业务开展 …… 447
培训指导 …… 447
安全隐患排查整改 …… 448
工程项目建设 …… 448
环境卫生整治 …… 449
医药卫生体制改革 …… 449
脱贫攻坚工作 …… 450
文化建设 …… 451

社会生活

民政工作
社会救助扶贫 …… 452
社会救助 …… 453
建立信息核查系统 …… 453
双拥优抚安置工作 …… 453

基层政权建设 …… 454
换届工作 …… 455
社会福利体系健全 …… 456
防灾减灾救灾 …… 457
专项社会事务 …… 457
自身建设 …… 457

残疾人联合会

机构概况 …… 458
“讲、知、守”学习教育 …… 458
残疾人技能培训 …… 459
残疾人证换发 …… 459
康复救助 …… 459
残疾人信息数据更新 …… 459
救助特困 …… 459

民族宗教事务

落实省、市民族宗教工作会议精神 …… 460
提高宗教工作法治化水平 …… 460
民族宗教领域和谐稳定 …… 461
遏制基督教非法势力发展 …… 461
走访、慰问信教群众 …… 462
学习宣传工作 …… 462
“和谐宗教场所”创建工作 …… 462
扶贫包村工作 …… 462

老龄工作委员会

老龄宣传工作 …… 463
落实老年人优待政策 …… 463
老年人权益保障工作 …… 464
老龄工作主要数据统计 …… 464
驻村帮扶 …… 465

乡镇 社区

唐城镇

概述 …… 466
党建工作 …… 466
产业发展 …… 468
精细煤化工园区建设 …… 469
重点项目建设 …… 469
脱贫攻坚 …… 469
环保、环境卫生整治 …… 470
民生事业发展 …… 470
安全保障 …… 471
发展生态旅游 …… 472
村“两委”换届 …… 472
廉政建设 …… 472

和川镇

基层组织工作 …… 472
脱贫攻坚 …… 474
产业结构 …… 475
重点工程 …… 475
环境卫生整治 …… 476
安全生产 …… 476

府城镇

概述 …… 477
党建工作 …… 477
党风廉政建设 …… 478
综治中心工作 …… 478
脱贫攻坚 …… 478
集体经济 …… 479
项目建设 …… 479
产业结构 …… 479
乡村旅游 …… 479
民生实事 …… 479
创卫工作 …… 479

冀氏镇

概述 …… 480
党建工作 …… 480
产业调整 …… 480
脱贫攻坚 …… 481

环境整治 …… 481
民生改善 …… 482
安全工作 …… 482
良马乡
概述 …… 483
产业发展 …… 483
创卫工作 …… 483
脱贫攻坚工作 …… 484
集体经济 …… 484
重点项目建设 …… 484
环境污染防治 …… 484
重点工程 …… 484
杜村乡
概述 …… 485
党建工作 …… 485
廉政建设 …… 486
产业发展 …… 486
脱贫攻坚 …… 487
国卫创建 …… 487
安全稳定 …… 488
民生改善 …… 488
马壁乡
概述 …… 489
党建工作 …… 489
党风廉政建设 …… 489
产业发展 …… 489
脱贫攻坚 …… 490
国卫创建 …… 491
安全稳定 …… 491
社区服务指导中心
概述 …… 491
社区建设 …… 492
队伍建设 …… 492
便民服务 …… 492
创卫工作 …… 492
参保工作 …… 493
阳光施保 …… 493
惠民工作 …… 493
老年人信息录入工作 …… 493
居民意外保险全覆盖 …… 493
文体工作建设 …… 493
宣传工作 …… 493

特　载

咬定目标不放松　撸起袖子加油干
再谱全面振兴绿色崛起新篇章

——2017 年 2 月 9 日在全县济工作会议上的讲话

中共安泽县委书记　李　强

人勤春来早，奋进正当时。这次会议是县委、县政府决定召开的一次重要会议，主要任务是深入贯彻落实党的十八届六中全会、省委十一届二次全会、市委四届二次全会和中央、省、市经济工作会议精神，全面安排部署今年我县经济工作，进一步认清发展形势，明确目标任务，落实政策措施，全力促进全县经济稳步向好、社会和谐稳定。

过去的一年，是我县经济社会发展全面进步的一年。一年来，我们按照中央“四个全面”战略布局、省委“一个指引、两手硬”重大思路和市委、市政府“345”发展战略、“12345”工作思路要求，在坚定政治方向中担当作为，在践行全新发展理念中持续发力，统筹推进党的建设、经济发展、产业转型、民生改善等各项工作，加快建设山水田园城和精品旅游县，全力推进安泽的全面振兴、绿色崛起，全县始终保持了大局稳定、经济发展、社会和谐、人民安康的良好局面。

一年来，绿色生态优势持续厚植。坚定不移地推进绿色发展，建设好绿水青山，打造好金山银山。久久为功狠抓植树造林，加快推进一个国家级森林公园和一个国家级湿地公园的建设，全力打造三晋“绿心”；大力发展林下经济，种植油用牡丹 1.09 万亩；持续发展壮大主导产业，巩固有机玉米种植 1 万亩，全县黄牛、猪、羊、家禽存栏分别达到 1.3 万头、3.1 万头、10.4 万只、61 万只，肉类总产量达 1.83 万吨，禽蛋产量达 0.55 万吨，奶产量达 0.82 万吨；大力开展大气、水、土壤污染防治“三大战役”，2016 年二级以上天数达 322 天，其中一级天数达到 43 天，全市排名第三位。

一年来，工业转型提质持续推进。做大做强传统煤焦产业，扎实开展干部“入企服务”活动，千方百计为企业破解发展困难，全年生产原煤445万吨，焦炭240万吨，洗精煤160万吨，煤炭和焦化企业实现了满负荷生产。致力打造国家级循环经济示范园区和低碳生态园区，永鑫千吨甲醇制丙烯分子筛催化剂项目建设已完成可研，省发改委已经备案。总投资1亿元的耀阳光电200MW/年光伏组件生产线项目仅用65天就建成投产。与河北建投集团签署了总投资18亿元的风力发电项目。工业项目转型升级迈出了实质性步伐。

一年来，“精品旅游县”建设开局良好。启动制定全县旅游发展规划，精心做好“黄花、红叶、荀子”三篇文章，全力推进全域旅游。全力推进绿色生态游、红色文化游、休闲娱乐游，国庆节期间，4个乡镇38个村同时举办多个乡村旅游节，接待游客32万余人次，旅游总收入达4800余万元，带动村集体经济和贫困户增收70余万元，实现了乡村旅游向全区域、全要素、全产业链的发展。

一年来，“山水田园城”建设全面铺开。抓紧办理北外环及县城集中供气供热工程等项目的前期手续。旧城改造提升工程“一纵”基本完成，“一横”正加快推进；街巷改造等工程先后竣工，城市基础功能持续完善。先后与山西建筑工程（集团）总公司、北京首创资本投资管理有限公司签订战略合作协议，从根上破解了“谁来建设”“谁来投资”等建设难题，为全面开工打下了坚实的基础。

一年来，创建“国卫”工作扎实推进。全县积极创建国家卫生县城和国家卫生乡镇，大力实施城市净化、蓝天碧水、绿色魅力、街道畅通、亮化提升、市容美化、花园机关、健康教育“八大工程”，全县城乡环境卫生面貌极大改善，做到了从时间上提前、在范围上全覆盖。

一年来，脱贫攻坚首战告捷。坚持以脱贫攻坚统揽全县发展大局，开展“决战77天，奋力脱贫攻坚”行动，积极探索“党建+产业+扶贫”新模式，大力实施乡村旅游、光伏发电、油用牡丹种植等举措，1678户4400人已实现稳定脱贫；3个集中光伏电站建设全部完成，将带动40个贫困村每年增加村集体经济收入500万元以上。

一年来，民生福祉持续改善。从解决人民最关心最直接最现实的利益问题入手，全力打好教育均衡发展、医疗卫生、社会保障、文化繁荣等民生保障改善攻坚战。重点实施了和川、杜村、良马三个乡镇中心幼儿园建设、安泽一中标准化建设和教育信息化提升、杜村乡卫生院业务用房、县人民医院医技门诊综合大楼和县中医医院住院楼建设项目主体楼建设等民生工程，全县养老、医疗、工伤、失业等保险应保尽保，群众幸福指数不断提升。

一年来，全县始终保持安全稳定。牢固树立总体安全观，认真履行安全生产党政同责，扎实开展安全大检查和隐患大排查大整治，不断完善建立长效机制，安全生产形势持续向好。法治建设全面推进，我县荣获全国法治宣传教育先进集体称号。扎实推进平安建设，深入开展打黑除恶、“六六创安”专项行动，不断强化社会治安防控，群众的安全感和满意度名列全省第一。

2017年是党的十九大召开之年，是决胜全面小康的关键之年，是供给侧结构性改革的深化之年，是贯彻落实省、市、县党代会精神的起步之年，做好今年工作的总体思路是：全面贯彻党的十八大和十八届三中、四中、五中、六中全会精神，深入学习贯彻习近平总书记系列讲话精神，统筹落实“五位一体”总体布局和“四个全面”战略布局，按照省委“一个指引、两手硬”重大思路和要求，紧紧围绕市委“345”发展战略和市政府“12345”工作思路，自觉践行全新发展理念，坚持稳中求进工作总基调，贯穿供给侧结构性改革一条主线，打响绿色生态这一王牌，着力打好国卫创建、脱贫摘帽、产业转型、城建提质“四场”硬仗，强化政治引领、干事铁军“两个”保障，全力加快山水田园城、精品旅游县建设进程，奋力实现全面振兴、绿色崛起，以优异成绩迎接党的十九大胜利召开。

为全面落实好“1142”工作思路，下面我讲几点意见。

一、切实增强“四个意识”，始终坚定发展的定力

党的十八届六中全会正式确立习近平总书记为党中央的核心、全党的核心，具有里程碑意义。全县广大党员干部要讲政治，牢固树立“四个意识”特别是核心意识、看齐意识，在思想上拥戴核心，在政治上维护核心，在行动上紧跟核心，把“四个意识”落实到经济工作中去，坚决让中央、省、市的经济工作会议精神在我县落地生根、结出硕果。

要在增强政治定力中明确方向。习近平总书记反复强调，“政治问题，任何时候都是根本性的大问题”，要求全党必须讲政治。为什么要强调这个问题？就是为了使全党统一意志、统一行动、步调一致，更加坚定不移地、更加全面正确地贯彻执行党中央的重大决策部署。落实好中央、省、市的经济工作会议精神，实现我县经济社会的平稳健康发展，最根本的是要始终保持政治定力。政治定力是党员干部定行定心之力。大家作为推进经济发展的中坚力量，首要的是牢固树立“四个意识”，坚定不移听党话、跟党走，始终与以习近平同志为核心的党中央保持高度一致。要把从政治上看问题，作为作决策、谋事情、抓工作的重大原则，作为重要的工作方法。要清醒地认识到经济问题如果长时间处理不好，就会转化为社会问题、政治问题，自觉增强狠抓发展第一要务的主动性。我们的经济工作，离开讲政治这一条，工作就会失去方向。各级干部不能只低头拉车，不抬头看路，要学会和善于站在政治的高度看问题，多学习、多思考，正确认事、高处见事、扎实做事，使我们的经济工作沿着正确的方向走下去。

要在切实增强战略定力中坚定信心。“十三五”期间，党中央做出了协调推进“四个全面”的战略布局，省委做出了“一个指引、两手硬”的重大部署，市委提出了“345”发展战略，县委提出了建设山水田园城和精品旅游县，实现全面振兴绿色崛起的战略目标，做好今年的经济工作，各级干部必须增强战略定力，围绕中央、省、市、县的战略目标去谋划、去推进，坚持在全局中思考，在大局下行动。不谋全局者不足以谋一域。我们安泽的发展，并不是孤立的，任何工作也是在大局大势下开展的，都是在中央、省委和市委的布局下工作的。大家要善于登高望远、总揽全局，跳出安泽看发展，善于在大局大势中抓根本、抓要害。要站在战略的高度，认清国家、省、市建设和发展的总趋势，从中央部署看，中央经济工作会议突出强调了经济发展进入新常态的重大判断、稳中求进工作总基调的重要原则和以新发展理念为指导、以供给侧结构性改革为主线的政策框架。省委十一届二次全会暨经济工作会议从战略层面提出要加快转型综改、创新驱动，大气魄、大手笔实施开发区改革创新发展、科技创新和人才强省战略，加快发展文化旅游业、新一代信息技术产业、新兴潜力产业、现代服务业，为全省经济发展指明了方向、提供了指导、出台了政策，在坚定不移走创新转型之路上形成了共识共为。市委四届二次全会暨经济工作会议提出，要全力促进经济稳步向好、社会和谐稳定，为决胜全面小康、实现振兴崛起奠定更加坚实的基础。这些都为我们做好经济工作明确了方向，提供了重要思想方法，带来了诸多政策利好。从我县经济发展的基础看，我县生态优势、资源禀赋、交通区位等基础条件得天独厚，随着供给侧结构性改革的深入推进，煤价有望在合理水平上保持相对稳定，工业支持经济增长的主导性作用逐步增强。更为重要的是，全域旅游、光伏风力等新兴产业呈现良好势头，新的增长点不断聚集，动能转换的趋势已经形成，从煤炭以外寻找战略突破点正在成为发展的新特征。从干事创业的氛围看，换届换出了新面貌、换出了新干劲、换出了新作风，特别是通过举办旅游节、“决战77天奋力脱贫攻坚”，提振了精神、锤炼了作风，干部队伍建设得到了新加强。加之，我县始终保持着大局稳定、社会和谐、人心思进的良好局面，为我们的发展提供着政治保障。信心比黄金更重要。做好今年经济工作，现实需要驱使着我们、上级要求激励着我们、重大机遇召唤着我们、优势潜力催促着我们，我们没有任何的理由、任何的借口坐等观望，要责无旁贷、顺势而为，坚决贯彻中央、省委和市委的要求，开创我县经济工作的新局面。

要在增强思想定力中加快发展。思想是行动的指南。坚定的思想定力是最基本的政治要求。各级各部门反复深入学习中央、省、市会议精神，做到入脑入心，切实把思想和行动统一到会议对今年经济形势的分析判断、对经济工作作出的重大决策、对经济工作思路方法作出的重大调整上来，统一到县委的安排部署上来，把心思集中到干事创业上来，把精力集中到争先进位上来，把重点集中到发展要务上来，时刻拧紧定力发条，不分心、不观望、不折腾，牢牢把握经济发展的主动权和主导权，咬定目标不放松，持之以恒抓落实，不折不扣地把各项决策部署落到实处。特别是吃透中央、省、市会议精神，从中捕捉信息、掌握政策，更要深入研究政策，善于运用政策，主动争取政策，积极与上级部门搞好对接，主动思考、科学谋划，最大限度地把政策落实到一个个具体的工作上，把政策的含金量转化为发展的真金白银。

只要我们坚决按照中央、省委和市委经济工作会议的安排部署，始终保持坚定的政治定力、战略定力、思想定力，聚精会神谋发展、一心一意促转型、攻坚克难惠民生，我们既定的各项目标任务就一定能够顺利实现！

二、坚持稳中求进总基调，全力维护发展的大局

做好今年经济工作，要牢牢把握稳中求进工作总基调，主动适应经济发展新常态，统筹谋划经济社会发展。稳是前提、是大局、是定力；进是目的、是责任、是担当。“稳”就是力求经济要稳、社会要稳，稳政策、稳环境、稳预期、稳信心，为经济发展改革赢得空间；“进”就是在稳的前提下在关键领域有所进取、有所作为，在把握好度的前提下奋发有为，以进得稳、稳从进来，稳得牢靠、进得有力。

一是经济基本面要稳。经县委、县政府研究，我们提出，今年我县地区生产总值增长5.5%；规模以上工业增加值增长3%；社会消费品零售总额增长7%；城镇居民人均可支配收入增长6%；农村居民人均可支配收入增长6.5%；一般公共预算收入完成3亿元，与上年持平。我们确定5.5%的增长预期，与省市持平，既符合追赶超越的要求，也是全面建成小康社会的需要，既能够确保不突破底线，又体现了“跳起来摘桃子”的进取精神。如果定得过高，容易丧失信心,劲儿松下来；定得过低，也容易使人松懈、使人懈怠,使人提不起精神。综合考虑需要与可能、当前与长远、速度与转型、县内与省市等因素，5.5%的预期目标是实事求是、科学合理的，经过努力是可以实现的。当然，这是我们的底线要求，大家要创造性地抓好各项工作，努力将各项经济指标完成得更好。

二是实体经济要稳。经济发展向好最终要落实到企业发展向好上。我们要坚定不移兴产业、强实体、提品质、增实效，切实壮大实体经济。要牢固树立“服务企业就是服务发展”的理念，扎实推进干部入企服务制度化，强化要素保障，强化效能提速，千方百计帮助解决企业难题，集中精力把企业围墙外的事情处理好，让企业安心做好围墙内的事情。要着力加强银企合作，强化政府、银行、企业三方协调沟通，健全完善中小企业偿债周转金等制度，有效帮助企业解决资金困难。要尽心尽力扶持企业开拓市场，引导上下游企业、关联企业加强协作、抱团取暖。要真心实意减轻企业负担，打好减税、降费、降低要素成本等组合拳，解决好用工、用地、融资等方面的突出问题，在支持民营经济和小微企业发展上出台更具含金量的举措，积极加强引导，全力搞好服务，创造更加良好的发展环境。

三是社会大局要稳。社会稳定是各项事业发展的重要基础，越是改革发展任务繁重，越要保持社会稳定。当前，全县社会大局总体稳定，但稳中有变数、稳中有风险、稳中有隐患。要继续加强和创新社会治理，持续完善提升“三级中心、一格一网”工作体系，不断推进社会治理精细化。要更加注重联动融合、开放共治，加强民主法治建设，统筹各方力量资源，构建全民共建共享的社会治理格局。要深入实施“六六创安”，持续开展打黑除恶专项斗争，妥善做好邪教防范和处理工作，加快构建社会治安立体化防控体系，启动实施“天眼”三期建设工程，全力打造“平安安泽”，不断提升人民群众的安全感和满意度。要认真落实信访工作责任制，加强源头预防和源头化解，筑牢“第一道防线”。扎实推进“一交办三治理”专项治理，努力将矛盾纠纷化解在基层、化解在萌芽状态，切实把群众合理合法的利益诉求解决好，全力保障全县人民安居乐业、社会和谐稳定。

四是安全形势要稳。要牢固树立总体安全观，统筹做好各领域的安全工作。尤其是在煤炭市场有所好转的情况下，更要以极端负责的态度抓好安全生产，始终把安全生产放在首位，坚持“安全高于一切、重于一切、压倒一切”的理念，全面做好各行业、各领域、全社会安全生产工作，做到安全责任全覆盖、安全监管全覆盖。坚持党政同责、一岗双责、齐抓共管、失职追责，各级干部要以铁的担当尽责，铁的手腕治患、铁的心肠问责、铁的方法治本，抓好企业责任主体和政府监管主体，严格落实安全生产“一票否决”制，将安全工作重点从“事后处理”转移到“事前预防”和“事中监督”上来，确保全县安全生产形势持续稳定，为全县经济发展创造安全稳定的大局和环境。

我们坚持稳中求进，是更加注重发展的质量，更加注重大局的安全稳定，是不搞“唯GDP论”，不要带血的GDP，不要污染环境破坏生态的GDP，不要掺假带水的GDP，是要努力创造有质量有效益真金白银的GDP，绿水青山可持续发展的GDP，老百姓有实实在在获得感和幸福感的GDP。

三、坚持建设治理并举，切实夯实发展的基础

建设山水田园城和精品旅游县，关键在建设、根本在治理。建设的速度质量、治理的力度效果直接影响着发展的水平。我们要坚持建设与治理并举，全力改善城乡新面貌。

一要在狠抓生态治理中建好青山绿水。绿色生态是安泽最靓的名片，也是发展最重要的依托，我们要坚定不移地推进绿色发展，持续厚植生态优势，全力建好绿水青山，打造金山银山。要积极推进森林公园提标升级，大力实施国家级森林公园和国家级湿地公园创建工作，力争六月底完成前期规划、设计等相关申报工作，十月底通过专家组实地考核验收。要久久为功狠抓造林绿化，坚持见缝插绿、查漏补绿，以太行山绿化工程为支撑，加快通道绿化、沁河百公里防护绿化、重要水源地造林绿化和退耕还林等工程建设，努力打造天然绿色屏障。要加快生态林向经济林转变，抢抓国家二轮退耕还林政策红利，进一步加大退耕还林还草还药力度，加大油用牡丹、中药材等经济林种植推广力度。要积极发展林下经济，加快连翘、黄芪、党参、柴胡等中药材的野生抚育，大力发展林禽、林菜、林菌等产业，尽快让“满山尽宝”变为“绿色银行”。要加快植树造林向管护开发转变，积极引导吸纳全县群众特别是贫困户参与植树造林、林业管护，最大限度实现植树绿化、生态保护和群众增收的有机融合，在建设青山绿水中带动群众增收致富。要坚持标本兼治、系统治理，严厉打击毁林开荒、乱砍滥伐、破坏植被等违法犯罪行为，发现一起、查处一起，形成强有力震慑，全力守护好绿水青山。要持续加大环境治理力度，各部门要切实肩负起环境保护主体责任，要用铁的理念、铁的担当、铁的手段、铁的心肠，坚决推进铁腕治污、精准治污、科学治污、依法治污、综合治污、联动治污、全民治污、产业治污，狠抓大气、水、土壤污染防治，全力打好环保防卫战。撼山易、治水难。要以大禹治水的精神，坚持源头治水，投资1亿元，实施和川水库至冀氏镇南湾村段沁河修复工程，加快推进沁河流域生态治理，实行“河长制”管理，沁河水质稳定在Ⅲ类标准以上。创新机制推进和川水利枢纽、西里水电站、马壁龙门口三个天然湖泊开发治理，在保持清洁水源的同时打造秀美醉人景观。全面整治县城黑臭水体，实施沁河及义唐河县城段治污工程，对河道饮水管道和排污管道进行全面改造，建好扮靓义唐河两岸美丽景观，确保县城生活污水处理率持续提高。持续推进空气治理，全面开展PM2.5检测，建立大气污染联防联控机制，参照国际环保排放标准，按照从高、从严的要求，研究制定符合我县实际、利于安泽长远发展的工业企业环保排放标准，多措并举加强大气污染治理，确保环境质量持续改善。

二要在狠抓发展环境治理中加快项目建设。在经济下行压力增大的新形势下，推动项目建设是稳增长、促发展的重要措施，是增强发展后劲的主要途径，是解决社会矛盾、实现惠民生的重要抓手。大家要坚持牢牢把项目抓在手上，树立“以项目论英雄”的鲜明导向。今年全县初步确定重点建设项目 28 项，总投资 36.8 亿元，年度计划投资近 7 亿元。但总的看，具有重大支撑作用的全局性项目、产业类项目仍然不多，项目对经济发展的拉动能力还不强。要坚持动态管理，解决好“项目哪里来”的问题。要对中央、省、市已经出台的“政策篮子”进行梳理，加强分析研究，特别注意与有关部门主动对接落实，全力以赴向上“争项目”。比如，省里将设立 10 亿元技改专项资金，把技术改造作为撬动传统产业优化升级的有力杠杆，我们要抓住这一机遇，及时组织有关企业跟进对接争取项目。要发扬历尽千辛万苦，说尽千言万语，走遍千山万水的精神，千方百计地去“招项目”“引项目”，不断充实我县项目的大盘子。要坚持多策并举，解决好“资金从哪来”的问题。受经济下行压力影响，我县可用财力捉襟见肘，仅靠财政投资根本无法推进项目建设。要积极向上争取更多的资金支持，比如，省里积极争取扩大政府债券规模，今年将达到 2300 亿元以上，这给我们通过债券加大融资带来难得机遇。再比如，省里将积极争取中央有关部委增加对我省的转移支付规模，改变我省转移支付基数较小、在省市区占比相对较低的局面，我们要抢抓机遇，与省有关部门加强对接联系，争取更多的转移支付，增加有效财力。要加大市场化融资步伐，充分发挥投资公司、担保公司等平台的作用，大力推广 PPP 投融资方式，拓宽融资渠道。在这方面，我们已走在前头，与北京首创、山西建工等知名企业集团签署了战略合作协议，“谁来投”“谁来建”的问题将会得到有效解决。要积极盘活民间资金，据统计，去年年底我县银行存款余额近 36 亿元，其中个人存款余额达 20 多亿元。这就是说民间融资不仅有“潜”可挖，而且有“钱”可用。要积极鼓励民间资本参与政府开发建设，把群众中蕴藏的资金潜能释放出来并有效利用起来。要坚持联动推进，解决好“项目怎么建”的问题。对既定重点工程项目，实行四大班子齐上手、部门联动齐攻坚、干部人人尽责任，严格推行“六个一”，即：“一个重点项目、一名包联领导、一个牵头单位、一套工作班子、一抓到底见效、一套考核办法”的责任制，进一步明确包联项目、工作责任、建设进度、质量标准和完成时限，坚持一月一调度、一季一通报、年底总交账。要聚焦手续办理，畅通项目审批“绿色通道”，缩短项目审批时限，为重点项目提供“一站式”服务，加快项目审批速度，抓紧办理立项、土地、规划、环评等前期手续，确保项目早开工、早建设。要聚力工程进度，倒排工期、挂图作战、逾期约谈、黄牌警告，倒计时推进项目建设，努力形成更多的实物工作量，确保既定的重点项目如期建成达效。要把项目建设作为干部培养选任的主战场，进一步健全完善项目奖惩机制，加大项目督查力度，将项目推进情况与单位年终考核评优、干部选拔任用挂钩，对项目完成好的表彰重用，对推进不力的从严问责，在全县形成快上项目、大干项目、干大项目的良好氛围。

三要在狠抓卫生治理中建好“山水田园城”。要以创建“国家卫生县城”为抓手，不断强化城市建设和治理力度，全力打造“青山环城、沁河穿城、滩田依城”的“山水田园城”。完善城市规划体系。坚持“规划一张图，城乡全覆盖”，启动完成《山水田园城总体规划》《海绵城市规划》《县城地下管线综合规划》等各项基础设施规划编制工作，强化规划约束，加大规划执法力度，严厉打击“未批先建、少批多建”等违法行为，真正以规划引领建设、推进建设、调控建设。着力提升城市品位。致力于拉大城市框架，投资5.6亿元，按照一级公路标准，新建8公里的县城北外环公路工程；新建孔村大桥，加快长临高速连接线等城市公路建设，全线与中南铁路、长临高速等重要交通枢纽贯通，构建四通八达的交通网线，打造临汾长治45分钟经济生活圈，全面拉大开放发展的新格局。坚持多拆少建、只拆不建、显山露水、见绿透气、引水入城，稳步推进城中村改造，整合出更多的空间建广场、建公园、建绿地，最大限度地增加公共活动空间、增加绿化面积、降低建筑容量、改善县城交通。加快推进“一纵一横”改造提升工程，启动实施府后街棚户区改造工程，新建12栋高层商住楼为主体的永鑫佳苑，新建以综合楼和办公楼为主体的锦绣大厦，打造新的商住区和办公区，全面提升城市品位。要全力完成县城集中供气供热、城市污水管网改造工程，持续完善改造城区供水管网，提升城市功能，增强县城综合承载能力，让群众生活得更加舒适舒服舒心。以建设海绵城市为依托，大幅度减少县城硬覆盖面积，不断增加公共绿地、小区绿化面积，提高雨水就地蓄积、渗透比例，让整个县城充满绿色生机。要全面冲刺“国卫”创建。创建国家卫生县城和国家卫生乡镇，今年冲刺、明年就要迎检。对标创建的标准和要求，我们的差距还很大，时间紧迫、任务艰巨。各单位要对标任务，持续实施城市净化、绿色魅力、街道畅通、亮化提升、市容美化、花园机关、健康教育等“八大工程”，逐项拿出任务清单和问题清单，攻坚克难、逐个突破。要围绕“净、畅、美”三个字做文章，实施县城农贸批发市场建设工程，坚持系统治理、联合执法，不断加大环境卫生、私搭乱建、乱停乱放、交通拥堵等专项整治力度，确保县城范围内垃圾不落地，让县城更加卫生宜居；要全面加强街道通道建设，优化县城快速路、主次干路和支路配置，配套搞好自行车道、步行绿道，形成更加人性化、便捷化的道路网；要全面推进绿化美化，加快综合性公园、中心小广场和县城绿道、绿廊建设，持续实施县城周边山系绿化美化，让整个县城充满绿色。积极推进乡镇创卫工作，继续实施基础设施提质、农民安居、环境整治、宜居示范“四大工程”，全面改善农村生产生活条件；加快推进府城镇、冀氏镇、马壁乡三个乡镇创卫工程，加快垃圾中转站、污水处理厂、改厕等基础设施的建设；加快和川镇、杜村乡、马壁乡三个乡镇的道路维修改造，实施县乡道路安全生命防护工程，全面提升城乡一体化的进程。

生态就是民生，青山就是美丽，蓝天也是幸福。我们要像保护眼睛一样保护生态，像对待生命一样厚植绿色，全力守护好我们的蓝天白云、青山绿水、清新空气。城市让生活更美好，创卫让生活更舒心，我们要用洪荒之力，施非常之为，提速城乡建设，让我们安泽更加宜居宜业宜游，更加养眼养心养生！

四、坚持推进绿色转型，全面提升发展的质量

省委骆惠宁书记强调，供给侧结构性改革是山西转型的必由之路、重大机遇和治本良方。对安泽来讲，经济发展中存在的突出问题，就是产业“一煤独大”，煤炭占到三次产业比重的71.6%，比全市平均水平高近20个百分点。省委省政府正在研究进一步深化转型综改试验区建设的意见，要求到2020年，煤炭产业增加值占工业增加值的比重下降到35%以下，服务业增加占地区生产总值的比重稳定在50%以上，而我县的三次产业结构比为9.2%:71.6:19.2%，我们推进产业转型的任务还很艰巨，要立足安泽绿色生态这一最大的优势，持续推进农业、工业和服务业转型升级，坚定不移地走好绿色发展之路。

一要积极推进农业绿色转型。农业是稳民心、安天下的基础性、战略性产业，重农强农的调子始终不能变。骆惠宁书记指出，山西农业的出路不在大而在特，不在规模而在功能。我们要以农业供给侧结构性改革为契机，立足安泽绿色生态有机优势，以打造功能农业为重点，提高品质、打造品牌、提升效益，推进农业向绿色、优质、中高端发展。要做大做强中药材产业。加快以野生连翘为主的中药材产业发展，坚持产业发展与资源管护并举、龙头带动与基地建设并进、品牌建设与科技创新并重，以高品质、重宣传全面打响“安泽连翘”品牌。启动实施现代生物医药产业开发区建设，筑巢引凤，引进更多药企落地安泽，加快构建药源生产体系、加工体系、市场营销体系和产业服务体系建设，把“自古连翘出安泽”的资源优势转化为产业优势。全面推行野生连翘“果树化”管理，新建马壁乡辛庄村2000亩连翘等中药材种植基地，扩大野生连翘抚育基地建设规模，全力将安泽打造成为国家级连翘加工基地和山西省中药材集散中心。要推进种植养殖循环发展。紧紧围绕市场需求，进一步优化玉米种植结构，推进有机化种植；力争今年新增油用牡丹种植1万亩，最大限度提高土地效益。适度规模发展蔬菜种植，配套抓好仓储、保鲜、加工、销售为一体的产业链条延伸；大力推进生态畜牧养殖，突出抓好草食畜发展，带动牧草种植和玉米饲料加工，形成循环产业链条，全面推行农业标准化生产，着力打造有机、绿色、健康食品供应地，积极发展大健康产业。要积极推进品牌化创建工作，打造1–2个优质农产品品牌，全面提高农业发展效益。要加强经济组织培育。积极对接服务好县域内龙头企业，引进更多农业龙头企业落地安泽，大力发展订单农业，最大限度地将安泽特色农产品加工增值、打包“上市”，走进中高端市场。要加快农村土地流转，引导农户开展土地流转或以土地入股、劳力入股、资金入股等办法，促进土地向专业大户、农民专业合作社、家庭农场集中，发展多种形式的适度规模经营。进一步扩大农民专业合作社的规模和效益，全面提高农民进入市场的组织化程度；要积极扶持发展家庭农场，不断促进农业规模化、集约化、商品化生产经营，全面实现农业绿色转型、提质升级。

二要积极推进工业绿色转型。我们要按照中央和省市的总体部署，在落实好“三去一降一补”任务的基础上，加快新旧动能转换，精心培育新的经济增长点，努力实现更高水平、更好质量的发展。要改造升级传统优势产业，着力推进煤炭资源循环利用、高端开发，形成循环经济产业链，将煤吃干榨净、由黑变绿。积极推进煤转电、煤转化、煤转材，支持发展“互联网+煤炭”等新业态，推动煤炭产业提质升级。按照“稳焦上化、以化补焦、焦化并举、上下联产”思路，积极推进永鑫、太岳等焦化企业从以焦为主向以化为主转变，重点实施好永鑫千吨级催化剂生产项目，不断延伸产业链条，提高市场竞争力，全面实现煤焦产业的提质升级。要大力发展循环产业，扎实推进唐城精细煤化工业园区建设，实施循环发展引领行动，推行企业循环式生产、产业循环式组合、园区循环式改造，建立废物循环利用企业链、生态链、项目链，努力促进循环经济在生产、流通、消费、回收各个环节和企业、园区、社会各个层面的发展。要积极培育新兴产业，紧抓煤层气探矿权、采矿权下放我省审批的政策机遇，大力推进煤层气产业发展。要充分利用我县资源优势，紧扣脱贫攻坚工作，大力发展光伏发电等新能源产业，在农村打造多个光伏示范村，在有条件的机关单位房顶安装光伏，全面提高光伏安装的覆盖面。加快推进河北建投集团风力发电项目落地，努力构建以煤层气、光伏能源、风力发电为主的清洁能源新体系，努力打造临汾绿色清洁能源主要输出基地。

三要积极推进三产绿色转型。三产服务业是朝阳产业、绿色产业，也是推动经济发展的重要增长点。要充分利用我县良好的生态优势和区位优势，全力优化三次产业结构，努力推动第三产业的绿色转型升级。要大力推进全域旅游。今年全市经济工作会提出，要在东山三县和翼城县联合打造太行山水文化旅游，这为我县的旅游开发带来了利好机遇。我们要充分依托安泽生态资源优势，努力在全域旅游扩张上积极破题。要充分打好“黄花、红叶、荀子”三张牌，以绿色生态游、红色文化游、乡村休闲娱乐游等为主攻方向，在巩固提升府城红叶岭、岭南麻衣寺、马壁龙门口、杜村红色游等休闲旅游品牌的同时，重点再打造良马黄花岭、华寨上党关、冀氏青松岭、沁河绿道等旅游休闲活动。积极引导发展休闲观光农业，加快推进飞岭休闲垂钓园、小黄QQ农场和林间木屋、水上游乐、农家乐等形式的乡村休闲旅游开发，不断将安泽的绿色生态优势转化为旅游产业发展优势。要创新旅游景区管理体制和经营体制，进一步理顺旅游景区管理体制、经营体制和各类利益关系，引进一批战略合作者参股投资或参与管理，实施好松林生态旅游休闲观光等一批旅游开发项目，全力构建政府引导、社会参与的旅游资源发展模式。要紧紧围绕“吃、住、行、游、购、娱”旅游六要素，念好“安、顺、诚、特、需、愉”六要诀，跟进配套旅游线路的基础设施建设，不断提高全县旅游接待能力。要充分发挥“旅游+”作用，深度与一、二、三产融合，形成全域旅游的产业链、消费链和价值链，真正彰显“一业兴百业”的牵引作用和带动群众增收的致富作用。大力发展新兴服务产业，积极发展金融服务业，加快安泽县联社营业办公楼建设，稳步推进联社改制为农村商业银行，切实提升金融服务能力；充分利用临汾“一带三馆”建设机遇，努力推动我县电子商务业发展，实现“网货下乡”和“农产品进城”；同时，要积极推动餐饮服务业向多元化发展，推进家政服务、房地产服务、咨询服务、职业培训等向便利化、精细化、品质化发展；支持发展健康养生、教育培训、文化体育等新兴服务业，培育发展新业态，着力构建形式多样化、服务多元化的第三产业发展新格局，持续加大第三产业的比重。

同志们，产业转型升级势在必行，早转早主动、晚转会被动、不转走不动。绿色是安泽的底色，也是最大的发展优势和发展潜力，我们要坚定不移地走绿色转型之路，再谱振兴崛起新篇章！

五、大力实施改革创新，不断激发发展的活力

骆惠宁书记讲，山西发展相对滞后，但改革决不能落后。必须把改革作为破题之举，坚持用改革的办法解决发展中的问题。我们要把深化供给侧结构性改革与深化转型综改试验区建设有机结合起来，持续深化改革创新，不断释放改革红利，努力向改革创新要动力、要活力、要竞争力。

要加快开发区改革创新发展。按照全省开发区改革创新发展会议精神，市里专题制定了《关于推进全市开发区改革创新发展的实施方案》，拟在全市11个县设立省级开发区，我县位列其中。我们要积极对接，按照建设高新技术开发区的定位，采取统一规划、统一管理、分期开发、滚动发展的方式，加快建设唐城循环工业产业园区和府城现代生物医药产业园区，带动全县经济转型升级。要科学编制我县“一区两园”总体发展规划，按照“五规合一”的要求，将经济社会发展规划、城乡建设规划、土地利用规划、产业发展规划、环境保护规划合并为“一本规划、一张蓝图”，同时理顺开发区管理体制、运行机制和各类利益关系，建立专业化、市场化、国际化的管理运行机制，实行领导班子任期制、全员岗位聘任制和绩效工资制，尽早完成省级经济开发区管委会成立工作。启动实施现代生物医药产业开发区项目论证、基础设施建设等相关工作，努力将园区建成引领产业发展的经济增长极。

要积极推进招商引资方式创新。有效破解产业结构单一、动力转换不足、有效投资乏力等发展问题，必须“走出去”寻找发展空间。现在我们在发展上的不足，很大程度是开放不足、走出去不足、招商引资不足。安泽虽然是山区县，招商引资难，但要坚信没有比人更高的山、也没有比脚更长的路，只有拼出来的美丽、没有等出来的辉煌，我们只要解放思想、逢山开路、遇河搭桥，扩大开放、主动融合，同样能有大的作为。我们要切实增强信心、发挥优势，探索实施招商引资2.0模式，用文创化思维对招商引资进行流程再造，聘请专业机构对招商项目进行专场路演、推介、针对性对接。要积极参加国家、省、市重大招商活动，承接长三角、珠三角、京津冀等发达地区产业转移，“走出去”宣传推介自己，以存量引增量，以资源引资金，以市场换技术。安泽在外有很多成功人士，要充分利用好这一资源，组织召开安泽县旅外乡贤联谊会，积极开展“引老乡、回故乡、建家乡”活动，构建“亲”和“清”的政商关系，以同等的政策和条件鼓励吸引安泽在外人士回乡创业，本土企业家在安泽投资兴业，最大限度地把资金投向安泽、资本留在安泽、事业放在安泽。要着力打造具有发展潜力和回报率高的绿色项目库，以好项目吸引投资者，逐步形成以大产业项目为核心，中小产业项目为依托的产业招商格局，做到策划一批、储备一批、实施一批，吸引更多的好项目落地安泽。

要积极推进投融资模式创新。要进一步拓宽民营经济投资领域，放宽市场准入，完善服务体系，优化发展环境，为民营经济发展创造公平竞争环境。加快市场化融资步伐，大力推广 PPP 投融资方式，鼓励企业、民间资本更多地参与政府开发，合力走好“政府监管、企业开发、市场运作、共同受益”发展之路。要着力加强银企合作，建立政府、银行、企业三方协调沟通机制，发挥投资公司、担保公司等平台的作用，拓宽融资渠道，实现产业资本与融资资本、国有资本与民间资本的有机融合，有效推进永鑫铁路专用线等融资困难的项目建设。要多种形式盘活全县闲置资源，努力实现资产向资本、资金的转变，有效激发投资活力。

要积极推进工作思路方式机制创新。要大胆解放思想，彻底从资源依赖、政府依赖、计划依赖中解放出来，放眼全局看安泽，跳出资源找出路，创新观念谋发展。要善于谋新求变，用开放思维、创新思维不断开拓发展新天地，真正靠科技创新和思想转变走出一条科学发展、绿色崛起之路。要创新人才培养机制，牢固树立人才是第一资源的理念，优化人才引进、培养、使用、管理的优良环境和体制机制，构建“人尽其才、才尽其用、以才创业”的良好格局。要积极推动大众创新、万众创业，不断深化商事制度改革，营造更好环境，打造更佳平台，催生激发新业态新模式。既要扶优扶强、又要扶新扶小，努力让人人都有创业机会，处处都是创新创业沃土，让“双创”活力持续迸发，为全县发展增添活力动力。要着力推动大数据应用，加快各部门及社会组织信用信息系统的互联互通和信息共享，通过大数据资源整合，构建我县“大数据”平台，实现数据资源开放共享，推动建立“用数据说话、用数据决策、用数据管理、用数据创新”的管理机制，更好地服务促进我县经济社会发展。要积极加快商密通讯建设，加快无纸化办公进程，全力建设“智慧安泽”。

唯改革者进，唯创新者强，唯改革创新者胜。加快改革创新，比认识更重要的是决心，比方法更重要的是担当，我们要解放思想大胆改，开动脑筋创新干，用改革增添新动力，用创新激发新活力，全力实现安泽大发展！

六、持续推进民生改善，全面共享发展的成果

保障和改善民生是我们一切工作的出发点和落脚点。面对经济下行压力较大、财政相对困难的新形势，必须进一步坚持以人民为中心的发展思想，坚持从解决群众最关心最直接最现实的利益问题入手，优先保障民生投入，坚决保住基本、兜住底线，持续改善民生，切实增进人民福祉。

一是要决战决胜脱贫攻坚。脱贫攻坚事关人民福祉，事关全县建成小康社会成败。过去的一年，全县上下齐心协力、攻坚克难，脱贫攻坚首战告捷，但一定程度上还存在产业项目小散弱，包联帮扶主动对接不足，金融支撑作用发挥不明显等问题。今年是我县脱贫攻坚收官验收之年，今年必须完成脱贫摘帽任务，到年底还有 325 天，时间紧、任务重，但军令在身，不脱贫决不能收兵！各级各部门要进一步加强组织领导，上下联动，形成脱贫攻坚“九牛爬坡、人人出力”的强大合力；要坚持精准扶贫、精准脱贫，全力实施好精准脱贫八大工程二十个专项行动，抓好六大政策保障机制和四个“三位一体”组织保障制度落实。要将产业发展作为根本支撑和保障，积极探索“党建+产业+扶贫”等新模式，实施好旅游脱贫、光伏脱贫、生态脱贫、油用牡丹种植等产业脱贫举措，实现“输血式”扶贫向“造血式”脱贫转变。要用好金融扶贫政策，仅县信用联社一家今年就要发放贷款1.3亿元，其中建档立卡户3000万元，贫困户贷款的门槛也要降低，要利用这一机遇加快产业发展。要坚持群众主体，持续开展亲情帮扶，激发内生动力，做到扶贫先扶心、扶贫先扶志，让贫困户的心热起来、手动起来，真正变“要我脱贫”为“我要致富”。要严格退出机制，绝不能搞数字脱贫，弄虚作假，各项工作要经得住上级检查，经得住第三方评估，经得住群众评判，贫困人口一个不落地向全面小康迈进。对于这项工作，县委县政府的态度是坚决的，谁不履行主体责任，不去认真工作，摘不掉贫困的帽子，就摘掉自己“帽子”。今天，镇村两级书记都在，抓好脱贫攻坚，实现村集体经济破“5万”是今年的一项重点任务，全省将在我县召开村集体经济“破万”现场会，大家要及早谋划，把工作做扎实，切实以村集体的壮大带动农民增收致富。

二是要优先发展社会事业。推动教育均衡发展。要着力构建布局合理、全面覆盖的学前教育公共服务体系，完成和川中心幼儿园等建设工程，基本实现乡镇公立幼儿园全覆盖。进一步巩固义务教育均衡化验收成果，大力推进义务教育标准化建设，加快推进素质教育。不断加强师资力量建设，启动实施教育“三优”培养选拔工程，全面提升教育教学质量，努力办好人民满意的安泽教育。促进卫生提标升级。持续深化医药卫生体制改革，完善城乡一体的公共卫生服务体系，全面完成县人民医院医技门诊综合大楼和县中医院住院楼项目建设，启动实施县中医院与北京阜外医院心血管介入合作诊疗中心建设项目，不断提升公共医疗卫生服务水平。推进文化繁荣发展。持续加强精神文明建设，大力弘扬社会主义核心价值观，全力创建文明县城。全力实施文化惠民工程，持续开展“乐在周五”和“农民健身舞”等群众性文化活动，最大限度地满足全县群众的精神文化生活。坚持文化育人，深入开展第三届“感动安泽”系列人物事迹宣传，全面聚合发展正能量，持续提高市民素质和社会文明程度，营造向上向善的社会风尚。

三是要全面强化社会保障。全力提升饮水安全保障水平。加强城市供水水源、自来水厂建设和改造，加大污染源治理和饮用水监督管理力度，加大重要水源地造林绿化工作，确保城市饮水安全；实施农村饮水安全工程，完成40个贫困村饮水提质工程，确保群众健康饮水。同时，要维护好现有水利设施，发挥水利设施防汛抗旱、调度储备水资源的作用，切实保障全县饮水安全、防洪安全和经济发展用水安全。全力提升劳动保障水平。实施积极的就业政策，坚持以创业带动就业，统筹做好农村转移劳动力、城镇失业人员、退役军人等群体就业工作。强化职业教育和职业培训，实施职业培训全覆盖计划，提升劳动者就业创业和职业转换能力。全力提升社会保障水平。加快推进城乡低保标准一体化进程，切实做到应保尽保。加大对困难企业、特殊人群的扶持和救助，建立完善高龄、特困老人救助扶持制度，不断完善社会福利服务体系、养老服务体系、双拥优抚安置体系，推进机关事业单位养老保险制度改革入轨运行，实现城乡居民基本医保并轨。加大保障性安居工程建设力度，增加保障性住房供应，实施府城镇“三无人员”集中安置点建设，完成异地扶贫搬迁1489人，全面提升困难群众居住条件，切实让保障和关爱的阳光温暖每个人。

小康路上一个不能少，幸福路上一个也不能掉队。人民对美好生活的向往，就是我们奋斗的目标。我们要不忘初心，始终沿着“为人民服务”的道路继续前进，一件事情接着一件事情办，一年接着一年干，件件办到群众心坎上，事事暖到群众心窝里，努力让全县群众拥有更多获得感和幸福感！

七、全面从严治党治吏，持续强化发展的保障

经济社会发展任务越繁重、难度越大，就越要加强党对经济工作的领导，各级干部要切实提高领导经济工作的能力和水平，教育引导全县干部主动担当、奋力作为，切实“想干事”“会干事”“干成事”，为完成各项目标任务提供坚强的政治保障。

一要熔铸担当之魂，解决好“想干事”的问题。办好安泽的事情，关键在党，关键在各级干部。干部就是要干事，就要在其位谋其政。想干事，是一种状态，更是一种激情。有了这种状态，干事创业就有了基础；有了这种激情，干事创业就有了动力。不能把自己的岗位简单地理解为一份拿工资的职业，不能当一天和尚撞一天钟，混天度日，不能认为现在管得严了、风险大了，干得多出事的几率也越高，不想为、不敢为，要把工作当做一种事业，用心用力干工作。完成今年的各项工作，我们的干部要有敢于直面矛盾困难和问题的勇气，主动担责、谋事干事，攻坚克难，谋事创业。要少说“不能办”，多想“怎么办”，要不讲价钱、不讲条件，对标一流，把工作当作事业来追求。县委要持续强化“为官必为”意识，营造“为官愿为”环境，努力形成干事创业的良好氛围。坚持把善抓发展、敢于担当、实绩突出作为选人用人的重要标准，真正让那些本领强、勇作为、敢担当的干部得到提拔重用，为敢于担当作为的干部担当，为敢于负责的干部负责。特别是当前，要扎实开展好“讲政治、知敬畏、守规矩”专项治理活动，有效解决党员干部队伍中存在的政治敏锐性不强、敬畏之心底线意识不足、纪律规矩意识淡薄、干事创业劲头不足等突出问题，为全县发展聚合力、添活力、增动力，实现今年工作的良好开局。

二要锻造担当之能，解决好“会干事”的问题。干部干部，干是当头的，既要想干愿干积极干，又要能干会干善于干。会干事，是一种能力，更是一种胆识。要牢固树立“实干是真本领、落实是真功夫”的理念，要提升政治素养，提高科学决策、驾驭全局的能力，切实增强工作的系统性、预见性和创造性。要提升改革创新的能力，自觉践行全新发展理念，用改革的办法、开放的举措，研究新情况、解决新问题、闯出新路子。要提升业务素质的能力，在培养专业思维、掌握专业知识、提升专业素养上下功夫。要提升依法治理能力，坚持依纪依法依规依程序办事工作，始终在法治的框架中主动作为。要提升驾驭复杂局面的能力、服务群众的能力、舆论引导的能力，有效协调各种社会利益关系，最大限度地消除各种不稳定因素，把方方面面的积极因素凝聚到加快发展上来，不断创造安全稳定的社会环境。要勇于干事、善于作为，把能力展现在“会干事”上。

三要锤炼担当之风，解决好“干成事”的问题。干成事，是一种追求，一种效益。想干事而不去干、坐而论道不行；会干事而干不成、没有效果也不行。天上不会掉馅饼，努力奋斗才能梦想成真。推进安泽全面振兴、绿色崛起，关键靠实干。辉煌是从实干中创造出来的，实干是面向未来的最好态度。提升动力，实干是最好的“强心剂”；缓释压力，实干是最好的“定心丸”。如果不沉下心抓落实，再好的目标、再好的蓝图，也只是镜中花、水中月。新的一年，推进安泽发展稳步前行，就是要坚持“实”字当头，大力弘扬扑下身子、拼搏实干的精神，全面推行一线工作法，分秒必争抓落实，闻鸡起舞干工作，废寝忘食求发展；要全面落实“13710”工作制度，各级干部要立足本职，做任何事情都做到见人见事、见根见果、抓细抓小、抓紧抓实，不能有半点的马虎和虚假。就是要坚持“干”字为先，对县委、县政府安排部署的工作要早安排、早行动，令出即行、雷厉风行，做到“今日事、今日毕，本周工作、本周交账”，以快节奏赢得高速度，以高效率换来快发展。就是要坚持“专”字为要，大力发扬“钉钉子”精神，专注干事、咬住不放，一心一意谋发展、众志成城促崛起；要时时校准思想之标，调整行为之舵，坚定不移、聚精会神抓好中央、省委、市委和县委决策部署的贯彻落实，确保各项工作落到实处、开创新局面。

聚焦全面从严治党　决战决胜“四个年”
奋力开启安泽新时代发展新征程

——2018年3月16日在中国共产党安泽县第十四届代表大会第三次会议上的工作报告

安泽县委书记　李　强

一、回顾2017年工作，党的建设、经济社会各项事业交出满意答卷

去年以来，我们深入学习贯彻习近平新时代中国特色社会主义思想，全面落实省委“一个指引、两手硬”的重大思路和要求，按照市委、市政府“345”发展战略和“12345”工作思路，强化政治担当、自加压力作为，统筹推进党的建设，全力打响绿色生态这一王牌，着力打好国卫创建、脱贫摘帽、产业转型、城建提质“四场”硬仗，加快建设山水田园城、精品旅游县，奋力实现安泽全面振兴、绿色崛起，全县始终保持大局稳定、经济发展、社会和谐、人民安康的良好局面。

一年来，我们坚持把学好用好习近平新时代中国特色社会主义思想作为首要政治任务，牢牢把握正确政治方向。始终坚持把学习贯彻党的十九大精神、习近平新时代中国特色社会主义思想和习总书记视察山西重要讲话精神作为做好安泽工作的根本保证，深刻领会总书记重要讲话精神内涵和治国理政新理念新思想新战略，坚决用党的十九大精神和习近平新时代中国特色社会主义思想统一思想、指导行动，始终坚定不移地维护习近平总书记核心地位、维护党中央权威，全面推动习近平新时代中国特色社会主义思想在安泽结出硕果。

一年来，我们坚定不移聚焦党建主业，党的建设全面从严推进。狠抓思想建设。扎实推进“两学一做”学习教育常态化制度化、开展维护核心见诸行动主题教育活动，从严党内政治生活，把学习教育融入日常、抓在经常。狠抓意识形态工作。“安泽”“荀乡”400余次出现在中央省市主流媒体上，仅在新华网刊发安泽各类报道就达60余篇。连续三届获得“省级文明县城”称号，取得“全国文明县城”申报资格。先后举办“太行山水全域旅游”安徽合肥招商推介会、“喜迎十九大太行山水杯”三市十一县篮球邀请赛等活动，全面聚合了安泽发展正能量。狠抓队伍建设。严格落实好干部标准，稳步推进科级干部选拔调整，圆满完成村（社区）两委换届，组建村级组织员队伍，县乡村三级队伍全面加强。坚持“请进来”与“走出去”相结合，持续举办干部大学堂、外出高端学习等各类培训，培训干部1.5万余人次；选派22名优秀年轻干部赴肥东县进行为期三个月的挂职锻炼，选派39名年轻干部赴乡镇挂职帮助工作，队伍能力素质全面提升。狠抓“三基”建设。积极开展撤村并组试点工作，完成撤并销号村2个。高标准完成了城墙岭、清华园两个社区1000平方米活动场所提档升级任务。扎实推进非公经济组织和社会组织“两个覆盖”，覆盖率远超市定标准。全县村均党建经费达到12.98万元。6个乡镇293套干部周转房主体完工。全县102个行政村集体经济全部破5万。狠抓党风廉政建设。县委常委会先后21次研究党风廉政工作，定期听取纪委工作报告和案件查办情况汇报，推动全面从严治党向基层延伸。制定出台《关于进一步贯彻落实中央八项规定精神的实施细则》，开通“荀乡四风举报”微信平台，构建了作风建设长效机制，纠正“四风”成效明显。认真践行“四种形态”，有腐必反、有贪必肃的震慑效应持续强化。稳步推进监察体制改革，县监委在全市率先完成组建挂牌；乡镇监察体制改革，提供了安泽样本。

一年来，我们凝心聚力咬定发展第一要务，经济运行稳中有进。项目建设进展顺利。实施的30项重点工程项目全部完成序时进度。全年完成招商引资108.62亿元，完成年度目标任务的103.4%。产业转型步伐坚实。农业上，山西大象集团成功入驻，成为辐射晋东南地区的唯一种猪基地。以连翘为主的中药材产业蓬勃发展，在北京人民大会堂成功举办“安泽连翘产业助力精准扶贫推介会”，我县被授予“中国森林生态药材连翘种植基地”殊荣，安徽井泉药业等知名药企成功落地，“安泽连翘品牌”全面打响。工业上，坚决落实“三去一降一补”重点任务，持续推进传统煤焦产业提能升级，产业竞争力明显增强，我县成为全省12个重点焦化园区之一。扎实推进转型标杆项目建设，耀阳光电200MW/年光伏组件生产线项目投产达效；马壁东煤层气项目加快推进，永乐区块、永乐北区块、安泽南区块煤层气探矿权成功招标。安泽县省级经济技术开发区评审已原则通过。新兴产业项目不断兴起，打造了新的经济增长极。三产上，国家森林公园全票通过评审。全力打好“黄花、荀子、红叶”三张牌，旅游基础条件全面改善，完成荀子公园循环路、35公里沁河步道、红叶岭至古县牡丹园等一批旅游公路建设，新建修复刘少奇路居地、小黄、飞岭、冀氏有客松墅等17处旅游景点，基本实现乡镇旅游景点全覆盖。中央七台《乡约》栏目成功录制。全年共接待游客176万人次，旅游综合收入达4.3亿元，安泽全域旅游迈进了新时代。城乡面貌持续改善。全力推进“国卫”创建和城建提质，县城集中供热、步行街改造、城南城北两个集贸市场等一批重点工程加快推进，城市功能全面提升。全面推进城乡环境卫生整治，扎实推进美丽乡村建设，城乡环境面貌焕然一新。

一年来，我们扎实推进全面深化改革，发展动力持续增强。县委常委会、县委全面深化改革领导小组研究改革议题 34 次，形成了全县联动发力、蹄疾步稳抓改革的强大合力。农业供给侧结构性改革、河长制改革、全面深化社会治安综合治理改革、脱贫攻坚体制改革四项市定改革任务率先推进；群团工作改革走在全市前列，文旅委组建、医疗集团成立，国有林场改革顺利推进。司法体制改革、公共文化服务领域改革、环境污染防治改革等方面均取得阶段性成果。

一年来，我们倾尽全力保障改善民生，群众幸福指数全面攀升。脱贫攻坚连战连捷。强化党建、支部、党员“三抓手”，组织领导更加坚强有力；用好旅游、光伏、连翘“三件宝”，特色产业支撑更加稳固；组建“3+X”帮扶队伍，“大帮扶”格局全面构建。14 项退出指标全部达标，顺利通过省市检查，第三方评估，顺利实现脱贫摘帽。民生事业全面发展。深入推进“三优”工程，县一中与晋城一中对接合作，教育教学质量显著提升。社会保障制度改革持续深化，实现了应保尽保。县人民医院医技门诊综合大楼和县中医院住院楼建设项目主体工程相继完成，山西省心血管病医院安泽分院挂牌成立，公共卫生服务均等化成效明显，“大病不出县”正在变为现实。先后开展消夏晚会、书香安泽等 20 多项丰富多彩的文化主题活动，极大丰富了全县群众的精神文化生活。“平安安泽”根基更加坚实。狠抓安全生产责任落实，安全形势持续向好，全县始终保持安全稳定。群众安全感和满意度连续三年排名全省第一，第三次获得全国平安建设先进县称号，被中央综治委授予政法综治领域最高荣誉——长安杯，成为山西省自建国以来唯一获此殊荣的县。

一年来，我们不断加快民主法治建设进程，社会大局稳定有序。全面加强对人大工作的领导，支持人大及其常委会依法履行职责，把人大立法、监督和重大事项决定工作纳入县委决策和落实体系，充分发挥人大作用，有效促进县委中心工作的推动和落实。大力支持政协履行职能、开展工作，先后组织召开了“追根说炎帝、溯源初国伊”笔会，分别在太原、临汾、安泽举办三场“荀子故里、生态安泽”原创歌曲演唱会，凝聚发展合力。统战工作紧扣“大团结、大联合”两大主题，主动作为，多方联络，圆满完成工商联换届工作，深入开展“干部入企服务年”活动，组织民营企业家开展扶贫行动，凝聚发展共识。法治安泽建设扎实推进，带头落实法律顾问制度，深入推进执法规范化建设，深入挖掘荀子法治思想精髓，全力打造了荀子法治思想文化的“安泽品牌”，扎实推进“七五”普法，全面依法治县迈上了新台阶。同时，党管武装、老干部等各项工作有力推进，取得了新成效。

一年来，十四届委员会站在新起点，以新思想新理念绘就新蓝图；迈出新征程，以新面貌新作风展现新作为；面对新期盼，以新标准新干劲交上新答卷，解决了一批群众多年期盼而没有解决的难题，办成了过去多年想办而没有办成的大事。多个省市现场会相继在我县召开，县综治办、县公安局、县法院、县司法局、县统计局、县畜牧局等单位先后受到国家、省、市表彰奖励。各项成绩的取得，靠的是习近平为核心的党中央为我们把舵定航，靠的是习近平新时代中国特色社会主义思想的科学指引，是省委、市委坚强领导的结果，是全县上下团结奋斗、共同努力的结果，各位代表做了大量富有成效的工作。在这里，我代表中共安泽县第十四届委员会，向全县广大党员干部群众，向所有关心和支持我县发展的各级领导和社会各界人士，致以崇高的敬意并表示衷心的感谢！

一年来的成绩来之不易，生动的实践让我们思想更加清醒。我们深深地体会到：干好安泽的工作，必须做到“四个始终坚持”。一是要始终坚持党的领导。只有全面加强党的领导，我们才能始终保持正确的发展方向，才能始终坚定发展的定力。二是要始终坚持真抓实干。只有领导干部带头干、领着干，实干苦干加巧干，才能打造成安泽发展的“动车组”。三是要始终坚持改革创新。我县发展的差距不是自然条件的差距，不是指标的差距，归根到底还是思想的差距、观念的差距。只有以改革增动力、创新添活力，才能当好“先行军”，成为“领跑者”，确保各项工作走在前列。四是要始终坚持践行群众路线。做好安泽的事情，靠的是人，靠的是全县八万干部群众，只要我们全县干部群众心往一块想、劲往一处使，安泽的明天就一定会更美好。

二、站位新时代，以新思路新作为实现安泽发展新突破

今年是贯彻党的十九大精神的开局之年，是改革开放40周年，是决胜全面建成小康社会、实施“十三五”规划承上启下的关键一年。今年工作的总体要求是：全面贯彻落实党的十九大精神，以习近平新时代中国特色社会主义思想为指导，统筹推进“五位一体”总体布局，协调推进“四个全面”战略布局，坚决扛起全面从严治党的政治责任，全面推进党的政治、思想、组织、作风、纪律和制度各项建设，推动全面从严治党向纵深推进；围绕建设“示范区”“排头兵”“新高地”，紧扣安泽由“量”到“质”的发展新方位，坚持“山水田园城、精品旅游县”建设目标，奋力实施三基建设升级年、工业转型跨越年、城建品质提升年、乡村振兴驱动年活动，全力争当全市高质量发展的先行军，努力实现安泽全面振兴、绿色崛起。

今年工作的主要目标是：

党的建设更加坚强有力。全面从严治党主体责任层层落到实处；各级党员干部“四个意识”更加牢固，政治建设全面加强；各级领导班子更加忠诚担当，干部队伍更加务实干事，政治上全面过硬、本领更加高强；基层组织、基础工作、基本能力全面升级，各级党组织的创造力、凝聚力和战斗力全面提高；党风廉政建设纵深发展，监察体制改革取得新突破；法治安泽建设全面推进，社会综合治理更加完善，社会大局更加和谐稳定。

经济指标如期圆满完成。地区生产总值增长6.5%，全社会固定资产投资增长9%，社会消费品零售总额增长7%，一般公共预算收入、城乡居民收入增长与GDP增长基本同步，城镇常住居民人均可支配收入增长6.5%，农村常住居民人均可支配收入增长6.5%以上，约束性指标全面完成国家、省、市要求。

“四个年”活动扎实富有成效。扎实开展“三基建设升级年”活动，确保基层组织全面建强、基础工作全面夯实、基本能力全面提升；扎实开展“工业转型跨越年”活动，着力培育新兴产业、改造升级传统产业，全力构建现代产业体系，实现全县经济高质量发展；扎实开展“城建品质提升年”活动，全面拓展城市空间，全面完善城市功能，全面强化城市管理，山水田园城建设全面提质升级；扎实开展“乡村振兴驱动年”活动，推动农业全面升级、农村全面进步、农民全面发展，真正让农民“富起来”，让农村“美起来”，让农业“强起来”，切实以“四个年”活动的扎实开展，确保党的十九大各项决策部署在安泽落地生根、结出硕果。

以上目标，是落实党中央、省委和市委重大决策作出的新部署，是安泽加快全面振兴、绿色崛起定位的新坐标，更是全县八万干部群众的新期盼。历史已进入新时代，发展已踏上新征程，实现新目标更需作出新奋斗。我们有幸建功新时代，决不能辜负好春光，只要革命加拼命，就会无往而不胜，就能在安泽发展史上添上浓墨重彩的一笔。

三、聚力发展第一要务，全力推进安泽经济高质量发展

我们要把实现高质量发展作为经济工作的总目标，纲举目张、把牢抓手，扎实开展“工业转型跨越年”“城建品质提升年”“乡村振兴驱动年”活动，全力推进经济高质量发展。

一是扎实开展“工业转型跨越年”活动，全力构建安泽现代产业新体系。我们要以“工业转型跨越年”为牵引，立足自身优势、扬长避短，积极推进传统产业优化升级、链条延伸，战略性新兴产业占比提升，努力实现传统工业与新兴战略产业“双轮驱动”。要优化传统产业升级，不断壮大延伸煤化工产业。要立足煤、延伸煤、拓展煤，以新型化、循环化、集约化为方向，着力推进煤炭资源循环利用、高端开发，形成循环经济产业链，将煤吃干榨净、由黑变绿。煤炭产业要重点向激活和增强内生动力、提高核心竞争力上转变，坚定走好“减”“优”“绿”之路，持续提高先进产能占比，推动清洁高效安全发展。要加快改造提升焦化产能规模，重点实施好永鑫、太岳新增焦化产能提升项目，提高产品附加值，推进传统煤焦产业朝着循环化与高端化方向进军。要不断延长煤化工产业链条，追求高端化、高附加值化，加快发展精细化工、新材料产业。要着力发展新型能源产业。按照省委“不当煤老大”“争当排头兵”的重大思路，着力在产业转型上求突破。依托我县煤层气储量巨大的优势，着力推进马壁东煤层气探转采，开工建设永乐区块、永乐北区块、安泽南区块煤层气勘探项目。充分利用我县生态环境优良，日光通透性好的自然资源条件，积极推进光伏产业发展，在有条件的机关事业单位屋顶安装光伏电站，鼓励有意愿的群众安装光伏，全面提高光伏安装的覆盖面。坚持新兴产业多元化发展，着力打造以煤层气为主、光伏能源为辅的清洁能源新体系，将安泽建设成为临汾绿色清洁能源主要输出基地。

二是扎实开展“城建品质提升年”活动，全力加快山水田园城建设步伐。要以开展“城建品质提升年”为载体，全力加快国家级卫生县城、国家级文明县城创建，不断强化城市建设和治理力度，持续完善城市基础、提升城市品位、改善城市面貌，打造“青山环城、沁河穿城、绿园缀城”的“山水田园城”。持续强化规划引领。规划是城市发展的龙头和纲领，要坚持规划先行，更加注重前瞻性、全局性和系统性，坚持规划精细化，以高标准、新理念进一步完善各项子规划编制工作，细化到每一条街道、每一个小区，全力打造各具特色、彰显内涵、功能完善的宜居宜业宜游城。要牢固树立“规划即法、执法如山”的理念，持续强化规划约束、规划执法，真正以规划引领建设、推进建设、调控建设。持续强化县城建设。重点实施四大“工程”，要加快实施县城“增绿”工程，坚持见缝插绿、查漏补绿、拆墙透绿，全面推进绿化美化，加快周围山系、综合性公园、中心小广场、县城道路、国道省道的绿廊建设，让绿化美化成为城乡的“活建筑”。坚持只拆不建、多拆少建、显山露水、透气见绿、集约利用的原则，加快府后街、黄河京都大酒店两侧和安兴路等城中村拆迁改造，完成原影剧院、原面粉厂、原林业局等空地公园广场绿地改造工程，最大限度地增加花园绿地、拓展活动空间、缓解交通压力，让群众出门有个好心情，活动有个好去处，县城档次有个大提升。要加快实施县城“清水”工程，持之以恒开展沁河流域生态治理，加快沁河流域城区文化和景观项目建设，打造“一川清水、两岸锦绣”美丽画卷，以水凸显县城灵性；完善县城排水设施建设，实行雨污分流，加强污染源综合治理，进一步改造提升污水管网，持续推进县城生活污水处理。要加快实施“美城”工程，以创建“国家卫生县城”为契机，既要美“面子”，更要美“里子”。持续完善城市路网、电网、地下管网等公共基础设施建设，加快扩大县城集中供热覆盖范围，不断增强城市功能；要加快整合一些空闲场所，用于县城公共停车位建设，有效解决群众停车难问题；全面完成“天安地泽”步行街建设，实施主干街道改造工程，有序改造优化县城色彩和建筑立面，塑造休闲安逸、大气精致、优雅清新的城市格调。要加快实施“扩城”工程，以路桥建设为重点，积极推进县城北外环、长临高速连接线、沁河大桥等工程建设，全力畅通城市“动脉”；要推动形成差异化空间功能布局，拉大县城框架，拓宽县城空间，放大“山水田园城”格局。持续强化城市治理。以创新县城治理为突破，围绕“净”“美”“畅”三字做文章，进一步实施县城网格化管理，健全和完善城市管理的长效机制，继续加大县城环境卫生、乱停乱放等专项整治力度，加大对县城及周边区域乱倒垃圾、占地经营等整治力度；大力实施垃圾分类处理工作，逐步实现全县垃圾减量化、无害化、资源化处理，全面提升城市品质。

三是扎实开展“乡村振兴驱动年”活动，全力谱写三农工作新篇章。以开展“乡村振兴驱动年”为统领，全力推动农业全面升级、农村全面进步、农民全面发展，真正实现农业强、农村美、农民富。要全力推进农业转型，为乡村振兴构筑坚实的产业支撑。实施乡村振兴，必须发展和壮大乡村产业。要坚持把推进农业供给侧结构性改革作为主线，加快构建现代农业产业体系、生产体系、经营体系，积极发展功能农业、生态农业、观光农业等多种现代农业业态，走特色化、精细化、功能化农业发展之路。要坚持优质玉米小杂粮、农产品深加工、草食畜生态养殖的链条循环产业发展，积极推进绿色有机规范化种植，打造有机食品供应地。依托山西大象集团等重点企业，建设“种养加”循环园区，实现农业产业链价值最大化。按照市委市政府“三区两品牌”创建要求，以现代生物医药产业园建设为载体，重点发展以连翘为主的中药材加工和医药物流产业，把“自古连翘出安泽”的资源优势转化为产业优势。要充分挖掘安泽多品种中药材的资源优势，吸引更多全国知名药企落地安泽，做大做强中药材产业，全力将安泽打造成为国家级连翘加工基地和山西省中药材集散中心。要全力推进全域旅游发展，为乡村振兴注入不竭动力。抢抓我市承办全省旅游发展大会的机遇，全力做好黄河、长城、太行三篇大文章。加快贯通沁河沿线 33 个行政村 109 公里旅游经济通道，沿沁河两岸打造一批景观景点。充分挖掘我县深处太行腹地的山水优势，在巩固提升黄花岭、青松岭、红叶岭等优势景点的基础上，再集中开发打造上党关、安太山、红泥寺等一批独具特色的优势旅游景点。精心组织好黄花岭旅游月和太行山水休闲安泽文化旅游月活动，开展 CCTV7《乡村大世界——走进临汾黄花岭》、中国连翘发展交流大会等一系列精彩活动，在全国叫响“太行山上最早的春天”这一品牌，全面展现“大美太行在山西、醉美山水在安泽”的人间圣境。要大力发展红色旅游，加快太岳军区司令部、太岳行署旧址、刘少奇路居地、朱德路居地、石槽会议旧址等红色资源的修复修缮、挖掘开发。要加快乡村旅游公路等基础设施建设，用好“吃住行游购娱”旅游六要素，主动对接市场需求，摸准游客消费心理，多形式打造旅游项目，多元化开发旅游产品，力争让每个乡村记忆都成为文化旅游开发的亮点，都成为点缀安泽全域旅游的满天繁星。要利用区位优势，依托长临高速、中南铁路线等交通干线，打造周边市县 45 分钟经济生活圈，积极发展民宿休闲、森林康养等新产业。积极加强与省文旅集团对接合作，加快荀子文化园续建、和川古镇修复等工程建设，实现文化与旅游深度融合。要全力推进农村各项建设，为乡村振兴奠定坚实的基础。要推进生态振兴、文化振兴、人才振兴、组织振兴。深入开展美丽宜居示范村创建，加强村容户貌和农村面源污染治理，不断改善人居环境。大力推进“厕所革命”，加快“四好农村路”建设，实施新一轮农村电网升级改造，建立和发展农村超市、养老服务机构等，切实解决群众出行难、取暖难等问题。持续深化农村综合改革，扎实开展农村集体产权制度改革，巩固和完善农村基本经营制度，健全完善城乡要素合理流动机制，扎实推进城乡统筹体制机制，为农业发展提供坚强保障。切实加强农村精神文明建设，以农民群众喜闻乐见的方式，深化习近平新时代中国特色社会主义思想和中国梦宣传教育，用“道德楷模”“感动安泽”先进事迹感召人鼓舞人，提振广大群众的精气神。大力实施传统村落保护工程和乡村文化记忆工程，推动民俗风情、古建遗存、传统技艺等动起来、活起来、用起来，让有形的乡村文化留得住、让活态的乡土文化传下去。深化村民自治实践，健全村务监督委员会，完善“一事一议”制度，对公共服务、民生实事等村级事务进行常态化监督，着力构建民事民议、民事民办、民事民管的多层次基层协商格局。强化农村社会治安综合治理，推进“雪亮”工程有效覆盖，严惩“村霸”、黑恶势力及其背后的保护伞，还农村一片“净土”。稳步发展农村社会事业，全面改善薄弱学校基本办学条件，做好农民重大疾病救助工作，完善最低生活保障制度，构建多层次农村养老和关爱留守妇女儿童服务体系，织密织牢生活富裕的保障网。

开展好“工业转型跨越年”“城建品质提升年”“乡村振兴驱动年”活动，我们必须以省委“转型项目建设年”为契机，集中力量狠抓项目建设。全县上下要形成一门心思上项目、一往无前跑项目、一鼓作气建项目、一以贯之抓项目的浓厚氛围，集中力量建设一批关系全局、具有较强辐射带动作用的重大工程，加快项目开工、建设、投产、达效，按下项目发展的“快进键”，形成项目建设“加速度”，让安泽发展再提速。

各位代表，工业转型跨越是为安泽发展更有基础，城市品质提升是为安泽更具魅力，乡村振兴是为补齐安泽发展短板，大力实施好“工业转型跨越年、城建品质提升年、乡村振兴驱动年”活动，将会实现城乡发展的大融合，三次产业的深融合，安泽高质量发展一定能够驶上加速推进的快车道。

四、扎实推进改革创新，持续增添发展的活力和动力

今年是改革开放40周年，对改革开放最好的纪念，就是拿出“改革开放再出发”的决心和勇气，对标高标准，在思想上再解放，改革上再深入，工作上再抓实，坚定不移地推进全面深化改革。要突出抓好基础性改革。全面落实中央、省、市改革任务，积极稳妥地推进各项改革任务，全方位、宽领域、多层次推进深化改革。特别是要贯彻落实好《中共中央关于深化党和国家机构改革的决定》，按照上级统一部署，将抓改革举措落地作为重大政治任务和政治责任，改革机构设置，优化职能配置，深化转职能、转方式、转作风，切实把机构改革各项任务落到实处。落实好“国发42号文件”精神，加快推进“供改”和“综改”建设，用非常规措施，打破制约发展的藩篱，推进安泽经济全速前进。在开发区改革方面，“三制”改革要全部到位、“三化”改革要积极推进，打造“创新、开放、品质、活力”园区，把开发区建设成为集聚要素最多、创新活力最强、发展环境最优的经济增长极，为我县全面实施创新驱动、转型升级提供有力支撑。全面加快“放管服”改革，不断提高行政效能和政务服务水平，营造一流营商环境。全面发力助推民营经济发展，加快完善公平竞争的市场环境，大力鼓励、支持、引导民营经济健康发展。要确保各项改革相互促进、良性互动、有机衔接、整体推进，形成全面深化改革的强大合力，使各项改革发挥最大效能。要突出抓好创新引领。认真落实我省促进科技成果转移转化行动方案，推动建立县级科技成果转化平台，启动实施创新驱动提速增效工程，大胆试、大胆闯、自主改，形成一批可复制可推广的创新成果，推动科技创新取得新进展。要激活创新主体，通过扶持和引导，激发企业创新的积极性，抓好成果转化，争取让更多的成熟科技成果在安泽优先转化。要大力促进大众创业、万众创新上水平，打造一批叫得响的“双创”示范基地、小微企业创新创业基地，全力解决好基地人才周转房、社会保障、子女入学等问题，切实解决科技人才的后顾之忧。要突出抓好金融助推。要深化金融改革、防控化解金融风险工作，进一步提高金融服务转型的质量和效率。要从政治大局出发，增强忧患意识，强化底线思维，突出问题导向，深入摸排风险点，重点防范化解政府债务风险，摸清隐性债务底数，管好县级债务，确保我县金融安全高效稳健运行。要致力形成开放新格局。“绿灯亮了快快跑”，我们要牢固树立“平庸就是错，无功就是过”的理念，彻底摒弃观望心态、转变守旧观念，大胆解放思想。要多走出去看先进、长见识，积极到沿海发达地区、发展步伐快的兄弟县市，学习先进经验和技术，开拓视野、增长见识；要坚持学回来破封闭、换思路，通过“换环境”来“换思想”，把好做法好办法好经验学回来，变成我们的工作思路、创新举措；要坚持引进来增动力、添活力，严格落实招商引资“系统定向精准”六字方针，彻底改变山区小县不可能有大发展、不可能有快发展，不可能超越别人的保守思想，积极探索新的招商引资模式，通过以空间换时间、以资源换产业、以存量换增量，用最新的理念、最优的条件、最佳的服务吸引更多市场前景好、科技含量高、牵动作用强的重大项目落地安泽，为实现高质量发展增添活力和动力。

改革才有出路，创新才有未来，开放才有机遇。进入新时代、踏上新征程，安泽更要逢山开路、遇河搭桥，坚持改革不停顿、开放不止步，坚定不移走好改革开放之路，用改革创新加快安泽振兴崛起的新征程。

五、加强民主法治建设，全面汇集发展的强大合力

巩固发展和谐稳定的良好局面，凝聚共谋发展的强大合力，民主政治是基础，法治建设是核心。我们要始终坚持党的领导，充分发扬人民民主，加快推进法治建设进程，确保全县风清气正、公平正义、和谐稳定。要坚持和完善人民代表大会制度。支持人大及其常委会依法履行职能，推进人民代表大会制度理论和实践创新，加强县级人大和乡镇人大建设。加强对宪法法律实施和“一府一委两院”的工作监督，拓宽监督渠道，增强监督实效。健全人大及其常委会讨论决定重大事项机制，落实各级政府重大决策出台前向本级人大报告制度。充分发挥协商民主重要作用。要持续加强党对政协工作的领导，支持人民政协围绕团结和民主两大主题，履行政治协商、民主监督和参政议政职能。充分发挥人民政协作为协商民主重要渠道和专门协商机构作用，构建程序合理、环节完整的协商民主体系，丰富协商形式，增加协商密度，不断提高人民政协协商民主制度化、规范化、程序化水平。巩固和发展最广泛的爱国统一战线。统一战线是党的事业取得胜利的重要法宝。要坚持大团结大联合主题，找到最大公约数，画出最大同心圆，切实加强同各民主党派、工商联、无党派人士的团结合作。大力促进非公有制经济人士健康成长，创新开展党外知识分子和新的社会阶层人士统战工作，切实凝聚发展正能量。全面贯彻党的宗教工作基本方针，认真做好民族宗教工作，依法管好宗教事务，促进民族团结，全力唱好安泽“大合唱”。深入推进法治安泽建设。县委要加强对法治安泽建设的统一领导，坚持厉行法治，推进严格执法、公正司法、全民守法。加快法治政府建设，不断提升政府决策法治化水平。支持司法机关依法独立公正行使职权，严格规范公正文明执法，以完善司法责任制为重点，深化司法体制综合配套改革，让群众在每一个司法案件中都感受到公平正义。扎实推进“七五”普法规划，加大全民普法力度，传承荀子法治文化思想，增强群众法治意识，推动全民尊法学法守法用法。

发展社会主义民主政治、加快全面依法治县进程，是党领导安泽人民建设安泽、发展安泽的基本战略，是维护安泽人民根本利益最广泛、最真实、最管用的民主，我们要全面体现人民意志，切实保障人民权益，不断激发人民创造活力，切实巩固和发展生动活泼、安定有序的政治局面。

六、竭力增进民生福祉，不断满足群众的美好生活需要

人民对美好生活的向往，就是我们的奋斗目标。改善民生没有终点站。站在新的起点上，我们要以人民为中心，把解决民生问题作为最大的政治，把改善民生作为对群众最好的回报，让荀乡百姓更好更多更公平地享受到发展改革成果。要打好脱贫巩固提升攻坚战。在实现脱贫摘帽的基础上，要坚持脱贫不脱政策，摘帽不摘监管。集中优势全力扶持，坚持“扶贫+扶志+扶智”，不断激发贫困群众的内生动力，真正变“要我脱贫”为“我要致富”。在用活旅游、光伏、连翘“三件宝”的基础上，宜农则农、宜林则林、宜畜则畜、宜商则商，因地制宜，综合施策，发展更多形式的特色产业助力脱贫，真正让农民“富起来”。要牢牢把握“两不愁三保障”的脱贫标准，持续巩固完善“3+X”帮扶、“村委会+公司+农户”链条保障等体制机制，以先富帮后富、实现共同致富，确保一个不落、一个不少的早日步入全面小康社会。要着力提高公共服务水平。坚持政府主导和发挥市场、社会作用相结合，合理引导社会预期，积极构建覆盖城乡、优质均衡的公共服务体系，努力在幼有所育、学有所教、病有所医、老有所养、住有所居上持续取得新进展。努力办好人民满意的教育，全面深化教育综合改革，增加学前教育资源供给，通过扩轨改造扩大幼儿园办学规模，推动优质义务教育资源均衡发展，有效缓解“入园难”“择校热”等问题。深化医疗体制改革，进一步完善分级诊疗制度，推广城乡医疗一体化，加大医养结合力度，全面完成医疗集团医院基础设施提升改造工程项目建设，充分利用医联体平台“引进来、走出去”，有效解决“看病难、看病贵”的问题，让安泽百姓不出县就能享受到全国知名专家的诊疗。提高住房保障水平，加强保障性住房建设，加大保障性安居工程建设力度，增加保障性住房供应，全面改善困难群众居住条件。推动“一纵一横”、新安花园等社会投资类项目建设，以多层次供给满足群众多元化需求。要丰富人民群众精神文化生活。美好生活既要物质富有，又要精神富足。要积极培育和践行社会主义核心价值观，广泛开展群众性精神文明创建活动，引领社会新风尚。要加快公共文化基础建设，建设更多居民身边的公共活动场所，完善奥体中心、文体广场提升改造等项目建设，持续开展群众性文化体育活动，让群众的精神文化生活更丰富。要全面强化社会保障。全力提升劳动保障水平，统筹做好农村转移劳动力、城镇失业人员、退役军人等群体就业工作；强化职业教育和职业培训，推进职业培训全覆盖。全力提升社会保障水平，加快推进城乡低保标准一体化进程，切实做到应保尽保；加大对困难企业、特殊人群的扶持和救助，建立完善高龄、特困老人、孤儿等群体的救助扶持制度；推进机关事业单位养老保险制度改革入轨运行，实现城乡居民基本医保并轨。要全面夯实安全稳定根基。安全稳定是发展的最大前提，事关全局工作，任何时候都不能掉以轻心。我们要倍加珍惜“长安杯”这一荣誉，时刻紧绷“安全”这根弦，不断健全完善安全生产、社会稳定长效机制，全力维护社会大局安全稳定。要始终把安全生产放在首位，警钟长鸣、常抓不懈，重点抓好煤焦、森防、交通、危化、食药等领域和人员密集区的安全工作，坚决遏制安全事故发生。要坚持不懈抓好社会稳定，继续加强和创新社会治理，不断完善社会治安防控体系建设，严密防范和严厉打击各类犯罪活动，健全完善预防和化解社会矛盾机制，维护和解决好群众合理合法利益诉求。

蓝图已经绘就，圆梦唯有笃行。群众不是只听会上的庄严承诺，而会更加关注干部的实际行动。把人民的期盼变成生活的现实，要的是决心、拼的是干劲、看的是成效。只要我们始终不忘初心，攻坚克难办实事，办群众多年最期盼的事，办当前最紧急的事，一件接着一件办，一年接着一年干，笑脸幸福就会常驻安泽百姓家。

七、持续厚植生态优势，共建共享山清水秀的大美安泽

绿色生态是安泽最大的财富、最大的优势、最大的品牌，站在又一个新的起点上，我们一定要守好用好大自然的恩赐，坚持人与自然和谐共生，坚定不移地加强生态文明建设，全力建好绿水青山，打造金山银山。要久久为功抓绿化，做大绿色蛋糕。注重“山上治本、身边增绿”同步推进，坚持生态建设和生态修复两手抓，持续实施太行山绿化、退耕还林、通道绿化、村庄绿化、企业绿化、环城绿化等工程，不断加大经济类、景观类树种的栽植比例，实现生态建设和增收致富的有机结合，持续保持全省最高林木覆盖率和独特小气候，打造名副其实的“三晋绿心”和“绿色银行”。要毫不松懈抓保护，筑牢绿色屏障。全力守护好宝贵的森林资源，要充分利用卫星系统、无人机系统、人工智能大数据的综合服务系统，加强对森林火灾、洪涝灾害等自然灾害的有效预测、防范和处置，保护好安泽的生态绿洲。要综合施策抓环保，建好绿色家园。坚持全民共治、源头防治，持续实施大气污染防治行动，打赢蓝天保卫战，让安泽的天更蓝。强化土壤污染管控和修复，加强农业面源污染防治，开展农村人居环境整治行动，让安泽的地更绿。持续推进“河长制”，坚持预防保护整治齐抓，全力实施沁河及其支流治理，让安泽的水更清。大力倡导简约适度、绿色低碳、文明健康的生活方式和消费模式，广泛开展绿色生活行动，自觉抵制和反对各种形式的奢侈浪费、不合理消费。开展创建节约型机关、绿色家庭、绿色学校、绿色社区和绿色出行等行动，全力构建政府为主导、企业为主体、社会组织和公众共同参与的环境治理体系。要联动发力创品牌，彰显绿色效应。尽快制定完成安泽国家森林公园总体规划编制，强化相关基础配套建设，早日发挥其经济社会效益。同时，利用安泽林木覆盖率高、负氧离子含量高、气候环境优越的自然优势，积极申报“中国天然氧吧”“全国森林旅游示范县”“黄花岭国家连翘公园”等一批新的靓丽名片，打造更多的“国字号”品牌，全面展示生态安泽新形象，让安泽成为践行“绿水青山就是金山银山”的样板区和推动绿色发展的示范区。

空气、水、土壤、蓝天等自然资源用之不觉，失之难续。绿水青山就是我们取之不竭的金山银山。我们要像对待生命一样对待生态环境，让我们的青山常在、绿水长流、蓝天永驻，让我们的百姓住在田园里、睡在林海间、走在氧吧中、活在仙境里，让安泽成为令人向往、流连忘返的美丽家园。

八、牢牢把握新时代党的建设总要求，以永远在路上的执着推动全面从严治党向纵深发展

进入新时代，完成新使命，关键在于党要管党、全面从严治党，把党建设得更加坚强有力。每名党员干部都要肩负起爱党、忧党、兴党、护党的政治责任，把党建设好、建设强，不断提高党的建设质量。

一要把政治建设摆在首位。党的政治建设是党的根本性建设，只有把政治建设抓好了，才能坚定政治方向、站稳政治立场、提高政治站位，党的建设才能有“灵魂”和“根基”。全县各级党组织和广大党员干部，必须旗帜鲜明讲政治，切实增强“四个意识”，坚定“四个自信”，做到“四个服从”，坚决维护以习近平同志为核心的党中央权威，坚决服从党中央集中统一领导；要更加自觉地学习党章、遵守党章、贯彻党章、维护党章，坚持用党章规范自己的言行、按党章要求规规矩矩办事。要严肃党内政治生活，严格执行新形势下党内政治生活若干准则，充分发挥党内政治生活“大熔炉”作用，不断增强党内政治生活的政治性、时代性、原则性、战斗性。要培育正气充盈的党内政治文化，在全县大力弘扬忠诚老实、公道正派、实事求是、清正廉洁等价值观，引导全县广大党员干部对党忠诚、光明磊落，说老实话、办老实事、做老实人，让良好的党风政风民风在安泽蔚然成风。

二要抓严抓牢思想建设。思想建设是基础性建设，我们要牢牢抓住理想信念宗旨这个根基，教育引导全县广大党员干部不忘初心、牢记使命，切实解决好“总开关”问题。要坚决响应习总书记“全党来一个大学习”的号召，将“不忘初心、牢记使命”主题教育作为一条红线贯穿始终，大力弘扬“红船精神”，高标准、高质量、高水平开展好这次主题教育，切实把学习的过程转化为指导实践、推动工作、加快发展的行动自觉，切实让习近平新时代中国特色社会主义思想在安泽落地生根、结出硕果。要牢牢掌握意识形态工作领导权，始终坚持正确舆论导向，严格落实意识形态工作责任制，全面加强意识形态阵地建设和管理，旗帜鲜明反对和抵制各种错误观点，营造清朗网络空间。要紧紧围绕强化思想舆论保证，深化重大主题宣传，特别是做好改革开放40年成就宣传，讲述好安泽故事，传播好安泽声音，展示好安泽形象，全力聚合发展正能量，进一步坚定信心、凝聚共识、鼓舞士气，汇聚起全县强大的工作合力。

三要狠抓干部队伍建设。政治路线确定之后，干部就是决定性因素。要聚焦高素质专业化，坚持鲜明用人导向，按照20字“好干部”标准，突出把好政治首关，首关不过，余关莫论；多考虑“该用谁”而不是“谁该用”，以事择人，依事选人，把忠诚于党、敢于担当、勇于干事、作风扎实的干部选拔到重要岗位上来。要强化培养锤炼，注重培育年轻干部，不断充实后备干部，打造过硬干部队伍。严格落实提醒、组织约谈等监督管理制度，多做咬耳扯袖、防错纠偏的工作，将从严贯穿于干部监督管理全过程、全天候。要锻造干部本领，持续用好“干部大学堂”平台，聚焦“四个年”等重点工作，大规模、多维度开展专题教育培训，分批次“走出去”进行高端培训、挂职锻炼，全面增强党员干部“八大本领”。要健全完善激励机制和容错纠错机制，旗帜鲜明为那些敢于担当、踏实做事、不谋私利的干部撑腰鼓劲，最大限度激发调动干部干事创业的积极性，形成担当作为、干事创业的浓厚氛围。要坚持党管人才原则，抓政治引领、政治吸纳，深化人才体制机制改革，实行更加积极、更加开放、更加有效的人才政策，把各方面人才集聚到安泽振兴发展事业中来。

四要强化基层组织建设。治国安邦，重在基础；管党治党，重在基层。要扎实开展“三基建设升级年”活动，对标对照《“三基建设”2018 年度重点工作任务清单》，始终保持热度不减、力度不减、投入不减，推动基层党组织全面进步、全面过硬。切实聚焦提升组织力、扩大组织覆盖面、规范组织生活、队伍建设“四个聚焦”，全面建强基层组织；在基础工作、政务服务、群众工作、工作效率上实现“四个提标”，全面规范基础工作；要着力突出“四个重点”，用好“干部大学堂”、打造红色教育基地、实施干部能力提升五大工程，全面提升基本能力。要统筹抓好乡镇干部周转房和“五小”建设，全面改善乡镇干部工作生活条件。要引深实施“党建云”工程，开拓党建宣传交流管理新阵地。要持续用力整顿软弱涣散基层党组织，对症下药、各施其策、整顿提高。要打造一批像“定查评”一样叫得响、过得硬、受欢迎的党建品牌，使各级党组织学有榜样、做有参照、赶有目标。严格落实市委“抓实基层支部 30 条意见”，把标准化理念引入党建工作中，立足行业特性和地域特点，分领域、差异化推进农村、城市、社会组织等基层组织党的建设。

五要坚定不移正风肃纪反腐。要坚定不移深化监察体制改革，把工作重点放在加强党对反腐败工作统一领导的常态化制度化长效化上，特别是做好乡镇监察体制改革试点，继续发挥好“试验田”作用，打造好“安泽样本”。要坚决执行中央八项规定，驰而不息整治“四风”，密切关注隐形变异等新表现新现象新问题，对违反中央八项规定精神问题一寸不让，对顶风违纪露头就打，坚决防止回潮复燃。要强化制度约束，健全长效机制，在完善工作程序、创新体制机制上出实招，铲除不良作风滋生土壤，以良好党风带动社风民风持续好转。要坚定不移严明党的纪律，坚持把纪律和规矩挺在前面，有效运用“四种形态”，大力开展警示教育，让党员干部知敬畏、存戒惧、守底线。要坚持无禁区、全覆盖、零容忍，坚持重遏制、强高压、长震慑，重点查处不收敛、不收手、群众反映强烈的重点领域、关键环节的腐败问题，更加有效地遏制腐败增量，更加有力地减少腐败存量。强化党内监督，有效整合多种监督，切实增强监督合力，特别是县级派驻纪检监察组要把准定位，完善举措，履行好“前哨、阵地、护林”之责。要不断深化巡察工作，创新巡察方式方法，扩大巡察覆盖面，强化巡察成果运用，充分发挥巡察利剑作用。要层层落实全面从严治党主体责任，全力打造好安泽政治生态的绿水青山。

办好安泽的事情，关键在党，伟大的事业必须有坚强的党来领导。我们必须坚定不移地落实新时代党的建设总要求，开启党建“动车组”，架好党群“连心桥”、锤炼铁军“排头兵”，推动全面从严治党不断向纵深发展，为安泽振兴崛起提供坚强的政治保证。

安泽县人民代表大会常务委员会工作报告

——2018 年 4 月 10 日在安泽县第十六届人民代表大会第三次会议上

安泽县人大常委会主任　韩建辉

2017 年工作回顾

2017 年县人大常委会在安泽县委的坚强领导下，以习近平新时代中国特色社会主义思想为指引，全面贯彻落实党的十九大和习近平总书记系列讲话精神，围绕经济结构转型、民生改善、脱贫攻坚、民主政治建设，积极主动作为，认真履行宪法和法律赋予的各项职权。全年共召开常委会 9 次，主任会议 15 次，听取审议“一府两院”专项工作报告 17 项，做出决议决定 4 项，依法任免国家机关工作人员 21 人，开展视察调研 7 次，有效发挥了地方国家权力机关的作用。

一、坚持政治高站位，在服从党的领导上旗帜鲜明

旗帜鲜明讲政治。常委会始终坚持党的领导、人民当家作主和依法治国三者有机统一，把党对人大工作的领导贯穿于工作的始终。

（一）坚持党的领导，保持人大工作正确方向。常委会坚持把政治建设放在首位，深入学习贯彻党的十九大精神，坚决维护习总书记核心地位，坚决维护党中央权威和集中统一领导。一年来，常委会党组参加县委中心组学习 26 次，集中学习 15 次，参加人大机关组织专题学习 7 次。自觉地在政治立场、政治方向、政治原则、政治道路上同县委保持高度一致，坚决贯彻执行县委决定，维护县委领导权威。围绕县委工作总体部署制定人大年度工作任务，建立健全重大事项请示汇报制度，专题向县委报告常委会党组工作，及时将省市人大相关精神和要求向县委汇报，自觉把人大工作融入到县委中心工作之中、落实到推进安泽改革发展稳定之中。

（二）围绕发展大局，依法讨论决定重大事项。围绕县委重大决策部署，依法审议、决定本行政区带有全局性、长远性、根本性的重大事项和人民群众关切的热点问题，通过了财政预算决算、扶贫资金整合、普法教育等 4 项决议。并加强对决定决议贯彻实施情况的监督，维护了决定决议的严肃性和权威性。

（三）坚持党管干部原则与依法任免干部有机统一。严格按照地方组织法、县人大常委会人事任免办法等规定，进一步规范人事任免程序，全年依法任免“一府两院”国家工作人员 21 人，保证了县委人事安排意图的顺利实现。围绕贯彻中央关于深化监察体制改革的重大决策，按照县委提名，选举、任命监察委员会主任、副主任、委员，确保监察体制改革工作依法有序推进。认真组织宪法宣誓仪式，彰显了宪法尊严和权威，增强了被选举任命人员的法治意识、责任意识和公仆意识。

二、坚持服务发展大局，监督实效不断增强

常委会始终把监督力量聚焦到稳增长、促改革、调结构、惠民生上，围绕经济社会发展中的重点问题、改革创新中的难点问题和群众反映集中的热点问题，听取审议工作报告17项，组织代表开展视察调研7次，助推全县经济社会高质量发展。

（一）聚焦产业发展，促进中心工作落实。发展是解决一切问题的基础和关键。常委会主动适应、把握经济发展新常态，综合运用听取报告、视察调研、“三账监督”等监督方式，全力支持产业结构升级转型。听取和审议了全县重点工程项目进展情况和农业主导产业巩固提升情况的工作报告，并多次深入一线，实地视察重点工程进展情况，协调解决工程建设中遇到的困难和问题，促使政府确定的重点工程项目完成了年度序时进度。对全县13个金融保险业部门服务县域经济情况进行了评议，组织对唐城工业园区建设、工业经济增长、旅游产业发展专题调研，提出加快园区组织机构建设、优化发展环境、制定旅游发展规划、打通旅游通道等10余项建议，尽心竭力推动煤焦产业提能升级，新兴产业项目落地投产，全域旅游蓬勃发展。

（二）加强财税监督，保障资金合理安全运行。财政资金是开展工作的根本保证。常委会认真贯彻落实预算法，加强对全口径预算编制工作的监督，聘请财政、地税、国税、审计等部门业务骨干，成立了人大常委会财政预审小组，增强审查的权威性。听取和审议了2016年财政决算及2017年1—8月份财政预算执行情况的报告和预算调整情况的报告，并依法做出了决议决定。加强审计问题整改跟踪监督，对财政同级审计发现的问题，要求县政府明确责任，落实措施，逐项整改，并在一定范围内公开审计结果，起到预防警示的效果，确保财政资金安全、规范、高效运行。

（三）坚持多措并举，着力推动打赢脱贫攻坚战。脱贫摘帽是我县2017年工作的重中之重。常委会高度重视脱贫攻坚工作，先后两次审议通过了《关于整合涉农资金用于扶贫项目及项目安排的议案》、《关于统筹整合财政资金用于扶贫项目及项目安排的议案》，并作出决议，整合了全县符合条件的6类56项资金，共计19057.78万元，用于203个产业项目，为脱贫产业顺利推进提供了资金支持。

4月底，常委会听取了关于全县脱贫攻坚工作情况的报告。7月中旬，我们又深入全县5个乡镇，10个贫困村，8个脱贫产业基地实地调研，精准掌握了全县脱贫攻坚工作的推进情况。提出要进一步强化农村基层组织建设，不断增强基层组织的主体责任意识；鼓励贫困户积极发展光伏、旅游、连翘三项脱贫产业，依托产业稳定增收，年底摘掉贫困的“帽子”，打赢脱贫攻坚的“战役”。全县通过抓支部，带产业，实现了40个贫困村村级光伏电站全覆盖，制定了“旅游扶贫菜单”，对号入座、精准“点菜”，带动贫困户收入25余万元；采取了“村委+公司+贫困户”的模式，吸纳贫困户参与连翘管护，带动贫困户1492户，3439人，圆满完成了2017年年底全县如期脱贫摘帽的政治任务、民生任务、发展任务。

（四）持续关注民生，切实做到民有所呼我有所应。民之所望即为人大履职所向。常委会从解决人民群众最关心、最直接、最现实的利益问题入手，加大监督力度，推动发展成果普惠共享。听取审议了关于学前教育发展情况的报告，提出县政府要研究制定符合我县学前教育的长期规划，鼓励社会力量和资本进入学前教育领域。教育部门高度重视，制定了安泽学前教育发展意见，按照意见规划将在城南新建幼儿园 1 所，改建 1 所，缓解当前“入园难”“择园热”的问题。对教育和卫生未落实项目进行了专项督查，力促项目早完工、早见效。聚焦生态环保，对大气污染防治工作进行深度调研，督促有关部门认真抓好环保突出问题整改，标本兼治，持续用力，坚决打赢污染防治攻坚战，让蓝天常在、碧水长流、美丽与发展同行。对全县道路交通安全情况进行了专题调研，提出加大交通公路管护投入和道路交通市场和车辆安全状况的监管，规范了道路交通市场秩序及通行秩序，确保居民便捷安全出行。

三、坚持弘扬法治精神，法治安泽建设进程不断加快

人民群众美好生活离不开公平正义的法治保障。为推动“基本解决执行难”工作，常委会听取审议了关于解决法院案件执行难问题的报告，强调要增强执行工作合力，加快建立信用监督、威慑和惩戒机制，依法保障胜诉当事人及时实现权益，捍卫法治尊严。在法院系统的有力推动下，一批执行难案件得到妥善化解，更多司法裁判得到有效执行。听取审议了关于检察监督工作的报告，提出要深刻把握改革进程中遇到的新情况新问题，全面履行诉讼监督和执行监督等重要职能，提高检察监督的法治化水平。检察机关认真落实常委会审议意见，加快完成司法体制改革任务，提升监督实效，有效维护了司法公正。听取和审议了“七五”普法实施情况的报告，要求司法部门要加大全民普法力度，创新法治宣传的形式和方法，引导广大群众树立宪法至上、法律面前人人平等的法治理念，保障法律法规在全县范围内的贯彻实施。

认真贯彻落实《山西省各级人民代表大会常务委员会监督司法工作办法》，对常委会选举、任命的公检法司 24 名工作人员开展述职评议。通过公开述职评议，增进了相互学习交流，找到了存在的差距，明确了努力的方向，进一步增强了人大意识、法制意识、担当意识和廉洁意识。配合省市人大完成了禁止燃放烟花爆竹规定、非物质文化遗产保护管理办法、旅游资源保护和管理办法、燃煤污染防治规定等几部法律的征求意见及制定工作。

四、坚持代表主体地位，基层民主政治建设不断完善

常委会不断探索和改进代表工作方式方法，支持和保证代表依法履职，使代表的作用得到了充分发挥。强化学习培训。常委会通过重大理论及时学，法律知识系统学，审议议题会前学等形式，努力提高代表的整体素质。并邀请省人大代表、市委党校理论教师、法律专家对全县 300 余名代表进行了集中培训，代表的履职能力和水平得到有效提升。强化交流履职。坚持有计划、有组织地邀请代表列席常委会会议，参与常委会开展的视察调研、执法检查、工作评议等活动 12 次，200 余人；安排市县人大代表参加“一府两院”征求意见会、座谈会、旁听案件 19 次，拓宽了代表知政渠道；召开代表履职交流座谈会，实地参观代表活动室建设，夯实基层人大建设；组织首次县代表跨乡镇交叉视察活动，增进了交流学习，拓宽了代表视野，代表履职的形式进一步丰富。加强意见建议督办落实。常委会把提高代表建议意见办结率作为激发代表履职热情的重要抓手，不断提高办理质量。召开意见建议办理专题会议，及时转交给政府各相关部门进行办理。办理过程中，适时听取了县政府关于代表议案和建议、意见办理情况汇报，督促各职能部门加快办理进度，年内，十六届二次人代会上收到的58件议事原案已全部办结，并及时答复代表。

五、坚持自我完善，常委会履职水平不断提升

常委会注重从思想政治、素质能力、纪律作风等方面全方位加强自身建设，努力打造有作为、有创新、有影响、有权威的地方国家权力机关。着力加强思想政治建设。扎实推进“两学一做”学习教育常态化制度化，定期开展集体学习、集中研讨，严肃认真开展批评与自我批评，提高政治站位，增强政治觉悟。坚持常委会党组成员带头上党课，把学习党章党规、习近平总书记系列重要讲话作为做好新形势下人大工作的政治保证，引导党员干部不断提升与岗位职责相匹配的政治能力。着力加强素质能力建设。严格落实常委会学习制度，坚持议事之前先学法，有针对性地学习宪法法律和人大业务知识，提高依法办事能力。认真抓好民主法治建设领域有关改革任务的组织实施，提高用改革精神和法治思维做好工作的能力。着力加强纪律作风建设。严格执行中央八项规定精神和省市县委各项规定，研究制定了人大常委会机关党风廉政建设实施意见和主体责任清单，建立党风廉政建设承诺制度，定期组织开展党风廉政警示教育，认真落实“一岗双责”，从严从实抓好干部监督管理，深入推进正风肃纪。

2018年工作安排

2018年是贯彻落实党的十九大精神开局之年，也是全县深入实施“十三五”规划、全面建成小康社会的关键之年。党的十九大对新时代中国特色社会主义发展作出新部署，对加强人民当家作主制度保障提出新要求。面对新形势新任务新要求，今年常委会工作的总体要求是：高举习近平新时代中国特色社会主义思想伟大旗帜，在中共安泽县委的坚强领导下，全面贯彻落实党的十九大精神，紧紧围绕全县工作大局，认真履行宪法和法律赋予的各项职权，全力助推我县破解发展难题、增强发展动力、厚植发展优势，以更高标准、更严要求、更实作风，扎实推进三基建设升级年、工业转型跨越年、城建品质提升年、乡村振兴驱动年活动深入实施，为安泽全面振兴、绿色崛起作出新的更大的贡献。

围绕总体要求，重点做好五方面的工作：

一、围绕核心，在坚持党的领导上有新境界

党的十九大进一步指明了党和国家事业的前进方向，对坚持和完善人民代表大会制度、支持和保证人大行使职权提出了新的更高要求。常委会将认真学习贯彻党的十九大精神，树牢“四个意识”，坚决维护以习近平同志为核心的党中央权威和集中统一领导，始终在思想上政治上行动上同以习近平同志为核心的党中央保持高度一致。始终坚持党的领导，坚决维护县委“统揽全局、协调各方”的领导核心地位，坚持重大事项和重要工作向县委请示报告，重大活动安排认真听取县委意见，切实做到思想上紧贴县委意图，工作上紧扣县委主题，行动上紧跟县委步伐。充分发挥常委会党组在人大工作中把方向、管大局、保落实的领导作用，定期向县委报告工作，保证人大工作始终沿着正确的政治方向前进。

二、聚力中心，在推动创新发展上有新作为

积极适应经济发展新常态、社会进步新特点和人民群众新期盼，突出重点难点，加强法律监督和工作监督。围绕发展改革大局，听取审议全县工业经济运行、旅游业发展、城乡规划执行和建设管理情况的报告；对政府确定的重点工程建设情况进行视察；切实加强对财政运行情况的监督，听取审议财政预决算情况的工作报告，跟踪监督财政预算支出执行情况；加大对审计查出问题整改情况的督办力度，提高财政资金的使用效益。围绕农业产业化发展，持续对重点产业的发展情况进行深入视察调研，推动产业发展。围绕民生事业改善，对卫生、教育两个部门开展工作评议。围绕产业兴旺、生态宜居、乡风文明、治理有效、生活富裕的总要求，对乡村振兴战略的实施情况开展专题调研，进一步增强人民群众的获得感和满意度。

三、明确重心，在推进民主法治建设上有新举措

坚持和完善人民代表大会制度，着力抓好《中华人民共和国宪法修正案》的学习宣传贯彻，带头维护宪法、运用宪法。监督“七五”普法工作开展，使法律知识和法治观念入心入脑。加大开展执法检查的力度，保证宪法、法律、法规和上级人大及其常委会决议在本行政区域内得到遵守和执行，促进依法行政、公正司法和全民守法。加强司法监督，规范司法行为，推动构建开放、透明、便民的阳光司法机制。积极推动监察体制改革工作，通过法定程序使党的主张成为国家意志，以法治思维和法治方式推动社会治理创新发展。

四、坚守恒心，在发挥代表作用上有新突破

持续加强对代表培训的力度，拓宽培训内容，创新培训方式，组织省市县乡四级代表大型培训会，重点在准确学习、宣传党的十九大精神上下功夫，不断提高代表的政治觉悟和履职水平。持续丰富代表活动形式，组织常委会组成人员外出参观学习，继续开展县代表跨区域交叉视察活动，使代表提出的意见建议更具前瞻性、全局性。持续加大代表意见建议督办力度，更加注重办理实效，建立代表建议办理台账，推行分管领导重点督办和相关工委分工督办工作制度，使代表的真知灼见转化为发展的不竭动力。

五、不忘初心，在加强自身建设上有新面貌

全面贯彻新时代党的建设总要求，切实加强常委会及机关的政治、思想、组织、作风、纪律和制度建设。扎实开展“不忘初心、牢记使命”主题教育和“强化责任、严守纪律、树好形象”专项治理活动，继续推进“两学一做”学习教育常态化，驰而不息的纠治“四风”。充分发挥人大专门委员会和常委会各工作机构的职能作用，进一步提升人大工作整体效能。严格落实中央八项规定和准则、条例的相关要求，把全面从严治党覆盖到常委会及机关工作的各个方面。切实开展党风廉政建设，进一步落实机关党建的主体责任，扎紧规范权力运行的笼子，促进常委会机关作风建设长效化。不断完善监督、决定重大事项、人事任免等工作制度，严格依法依程序开展各项工作，保证人大工作始终在法律和制度的轨道上运行。

政府工作报告

——2018 年 4 月 10 日在安泽县第十六届人民代表大会第三次会议上

安泽县人民政府县长　牛庆国

一、2017 年工作回顾

经济保持向好回升。把稳增长摆在讲政治、保运转、稳大局的突出位置，紧紧抓住煤焦市场升温、价格高企的有利时机，突出抓牢企业安全、环保工作，扎实开展“入企服务”活动，千方百计“保企业、保生产、保增长”。特别是严格落实企业减负的各项政策措施，累计取消各类收费项目 13 项，减负 11 次，最大限度降低企业负担，助推企业轻装上阵、加快发展，稳定了全县经济增长的基本面。全年地区生产总值完成 46.3 亿元；规模以上工业增加值完成 29.04 亿元；固定资产投资完成 23 亿元；社会消费品零售总额完成 9.66 亿元；城镇居民人均可支配收入完成 27185 元；农村居民人均可支配收入完成 9176 元；一般公共预算收入完成 4.08 亿元，同比增长 36%。

脱贫攻坚决战决胜。将脱贫攻坚摆在全局工作的突出位置，举全县之力攻坚克难。全面夯实领导责任，组建了“三级党政领导一起抓、四大班子齐动手、全体党员干部共参与”的组织领导体系，所有县级领导将包联村调整至贫困村，驻村工作队、第一书记每周“五天四夜”驻村帮扶，广大党员干部根植一线、昼夜奋战，以精准方略做实做细脱贫基础工作，以绣花功夫大力推进“十大扶贫任务”。用好旅游、光伏、连翘“三件宝”，全县 102 个村实现村级光伏电站全覆盖，贫困人口通过管护、采摘连翘人均收益 1500 元左右，贫困户至少有 1 项稳定产业支撑；完成 503 户 1175 人的易地扶贫搬迁集中安置；完成 40 个贫困村、7 个非贫困村的农村饮水提质工程，实现 2 万余名群众安全饮水目标；建设“四好农村路”107.5 公里、安装生命安全防护栏 59.7 公里；全面落实教育、健康、社保兜底、科技、文化等一揽子扶贫保障政策；创新组建脱贫攻坚“3+X”帮扶队伍，群众的满意度、获得感和幸福感显著提升，22 个贫困村 1825 户 4362 人实现脱贫，贫困退出 14 项指标和“三率一度”目标任务全部完成，贫困发生率降至 0.5%，顺利通过了全市贫困退出初审和省脱贫攻坚成效第三方评估。

农林生产稳步发展。坚持有机、绿色发展方向，有机玉米面积达到 2 万亩，新增认证无公害农产品4个，认证面积2.7万亩，完成地理标志农产品认证1个。加快发展以连翘为主的中药材产业，新种植中药材7000余亩，野生连翘抚育1.7万余亩，新建井泉药业中药材示范基地5000亩、林下种植基地1万亩。编制完成《安泽县中药材普查大全》（上、下册），扎实开展青翘“护青防抢”“规范市场秩序”专项行动，在人民大会堂成功举办“安泽连翘产业助力精准扶贫推介会”，成功创建省级出口连翘质量安全示范区。完成植树造林2.03万亩，国家湿地公园完成总体规划编制；山西安泽国家森林公园全票通过国家评审。央视《乡约》栏目在黄花岭成功录制。

工业产业转型提速。坚决落实“三去一降一补”重点任务，持续推进传统煤焦产业提能升级。我县500万吨以上焦化产业园区成功纳入全省12个焦化园区总体布局。耀阳光电200MW/年光伏组件生产线项目已投产达效，中石油马壁东区块4亿方/年煤层气项目完成钻井200口，永鑫永乐区块煤层气勘探项目成功获批，安泽县省级经济技术开发区可研全市率先通过省级评审，为全县工业经济转型奠定了基础。

文化旅游业发展迅猛。完成麻衣寺塔至红叶岭等11条旅游公路建设，新建扩建小黄、飞岭、黄花岭、青松岭、红叶岭、朱德路居地、刘少奇路居地等旅游景点，沿沁河田园综合体建设初见成效；相继举办“相遇青松岭”“龙门福地”“红色之旅”“红叶传情”等系列文化旅游月活动，全年接待游客176万人次，旅游综合收入达4.3亿元。

城乡面貌持续改善。围绕创建国家级卫生城市，坚持城乡融合发展，大力推进城乡一体建设，使城乡更加美丽宜居。完成了县城“一纵一横”续建工程、县城集中供热工程，实施了商业步行街府西街段改造工程，城北农贸市场如期投入运行，城南农贸市场主体已完工，污水管网改造工程完成前期准备工作，府后街、迎宾馆两侧和安兴路等片区棚户区改造工程完成融资贷款1.23亿元，城市功能进一步完善。以“人人参与环境整治，共建共享美丽安泽”为主题，相继开展了环境卫生百日综合整治、城乡环境卫生集中整治、农村环境卫生整治等专项行动。在市容市貌上，通过拆除危旧房屋、取缔私搭乱建、整治乱停乱放、提高园林覆盖率和强化街巷保洁等措施，使群众公共活动空间逐步扩大，生活舒适度不断提升；在村容村貌上，我们与改善农村人居环境、建设美丽乡村相结合，以环村、环城乡结合部和沿路、沿沟、沿河为重点，扎实开展了治乱、治垃圾、治污水、治面源污染等整治行动，小黄村成功创建为省级美丽乡村示范村，马壁村、沁河庄村、唐城村3个村成功创建为市级美丽乡村示范村，为创建国家卫生城镇工作打下坚实基础。

环保治理深入开展。持续推进大气、水、土壤污染防治攻坚战，永鑫、太岳脱硫脱硝升级改造工程全部完工，县城区经营性燃煤锅炉及茶浴炉全部拆除，全县餐饮单位全部完成油烟净化安装，完成全县所有乡镇政府机关和乡（镇）直单位的燃煤锅炉改造，建筑工地全部按照“六个100%”的要求进行扬尘治理监管；严格推行“河长制”，大力开展水生野生动物保护、河道环境治理等专项整治行动，乱捕滥杀、垃圾乱倒、黑臭水体等现象得到有效治理。全县4座煤矿全部建成矿井水和生活污水处理站，11家煤焦企业全部建成生活污水处理站，工业废水实现深度处理、达标排放，完成畜禽养殖禁养区划定及发布工作，居民饮用水源地监管逐步加强；探索实施地膜、农药瓶等农业废弃物回收机制，切实强化农业面源污染防控。大力开展联合执法、百人夜查等专项活动，有效督促各项环保要求落到实处。全年二级以上天数及各项减排指标均超额完成市定任务。

民生保障全面进步。教育事业稳步发展。杜村乡、良马乡中心幼儿园投入使用，和川镇中心幼儿园完成主体建设；深入开展“三优”创建评选活动，示范引领效应凸显。2017 年，全县中考 600 分以上考生达 23 人，高考二本 B 类以上达线 119 人，达线率 24.2%，比上年提高 3.4%。卫计事业加快发展。稳步推进县乡医疗卫生机构一体化改革，县医疗集团人民医院医技门诊综合楼、中医院住院楼主体工程已完工；持续加强医联体建设，建立心血管病远程会诊中心；继续实施“四免一降”惠民措施，进一步减轻群众就医负担；计生、疾控、妇幼等工作扎实推进，公共卫生服务均等化成效明显。文化事业繁荣发展。奥体中心投入使用，全年接待群众近万人次；广泛开展各类文化活动，组织开展喜迎十九大“太行山水杯”三市十一县篮球邀请赛等体育赛事，有效推动全县文化、旅游、体育事业融合发展。就业保障扩面提质。新增就业岗位 902 个，转移农村劳动力 1986 人，各项指标均超额完成市定任务；机关事业单位养老保险制度改革稳步入轨运行。同时，府城红叶康养中心、农村老年人日间照料中心投入使用，进一步增进了老年人福祉。

安全形势持续稳定。深入开展安全生产大检查、安全风险大排查大整治等专项行动；持续推进“反三违”行动，纠正“三违”现象 2300 余起，罚款 25 万元；全面落实挂牌责任制，工商登记在册的 3911 家生产经营单位全部实行挂牌上墙；强化社会治安综合治理，完成“天眼”三期工程，县乡村主要部位探头监控实现全天候覆盖；狠抓社会面治安巡逻防控，圆满完成十九大安保和“平安安泽”创建任务；加强和创新社会管理，全年未发生群体性越级上访事件，群众安全感、满意度连续三年排名全省第一，第三次获得“全国平安建设先进县”称号，被中央综治委授予政法综治领域最高荣誉——长安杯。

政府自身建设不断加强。深入开展“两学一做”学习教育常态化制度化、“维护核心、见诸行动”主题教育和“讲政治、知敬畏、守规矩”专项治理等专项活动，党员干部“四个意识”不断增强；严格执行人大及其常委会的决议决定，主动接受人大、政协监督，全年共办理人大代表建议 58 件、政协提案 200 件；“放管服”改革成效明显，累计承接行政审批事项 10 项、取消行政审批事项 9 项；对全县 41 家单位 17 项行政审批中介服务事项进行了清理规范；大力落实“13710”工作法，全年共承办市级重点工作 57 项，督办县级重点工作 32 项；在全市率先启用“OA”办公系统，实现非密级文件网上传输及网上办公，工作效率不断提升；认真执行党风廉政建设责任制，切实把从严管党治党责任传导压实到基层一线。

与此同时，国防动员、双拥共建和优抚安置工作进一步加强。民族宗教、老龄、残疾人、红十字会、妇女儿童等事业都有了新进步。人防、统计、食药监、工商、质监、审计、地方志、气象、地震、档案、住房公积金、老干部等工作均取得了新进展。

二、2018年目标任务和重点工作

2018年是贯彻落实党的十九大精神的开局之年，是改革开放40周年，是决胜全面建成小康社会、实施“十三五”规划承上启下的关键一年，做好今年工作，具有十分重要的意义。

今年全县经济社会发展的总体思路是：高举习近平新时代中国特色社会主义思想伟大旗帜，深入贯彻党的十九大精神和中央、省、市经济工作会议精神，坚持稳中求进主基调，坚持新发展理念，坚持“生态为先、产业为要、民生为本”，按照县委确定的“四个年”活动要求，统筹推进“稳增长、促改革、调结构、惠民生、防风险”各项工作，全力以赴抓重点、补短板、强弱项，努力实现安泽全面振兴、绿色崛起，全力争当全市高质量发展的先行军。

今年全县经济社会发展的主要预期目标是：地区生产总值增长6.5%，全社会固定资产投资增长9%，社会消费品零售总额增长7%，一般公共预算收入增长10.3%，城镇居民人均可支配收入增长6.5%，农村居民人均可支配收入增长6.5%以上，约束性指标全面完成国家、省、市要求。

上述预期目标是立足我县全面小康和转型发展阶段性特点确定的，综合考虑了速度、效益、结构、动能四个维度的同步协调、相互支撑，同时为转型留足空间。

实现上述目标任务，推动安泽高质量发展，我们要将“生态为先、产业为要、民生为本”贯穿政府工作始终：

坚持生态为先。绿色是安泽最靓的名片，生态是安泽最美的语言。我们要践行“两山”理论，坚定不移地“打生态牌、发连翘财，兴旅游业、走富民路”，坚持生态经济化、城乡园林化，大力实施国土绿化工程、以连翘为主的干果经济林提质增效工程、生态绿道建设工程、城乡绿化工程，努力把安泽打造成“大林场、大公园、大氧吧”，让安泽成为本地人自豪、外地人羡慕、投资人向往、旅游者留恋的美丽家园。

坚持产业为要。产业是发展的载体，是建设富裕安泽的支撑。要围绕构建现代化产业新体系，推动农业提质增效、工业提效升级、三产提标上档，最大限度地实现一二三产业融合发展。要抓好煤焦产能提升，推动煤层气开发，争当能源革命的排头兵；要聚焦现代医药产业，全力将以连翘为主的中药材资源优势转化为产业优势；要推进全域旅游开发，打好“荀子、红叶、黄花”三张牌，加快形成绿色发展新动能。同时，要以省级经济开发区建设为牵引，以发展实体经济为切入，以项目建设为支撑，着力打造“一区两园”，做大做强发展平台，全面推进转型发展、高质量发展。

坚持民生为本。民心是最大的政治，民生是工作的根本。我们要牢固树立以人民为中心的发展思想，始终把人民对美好生活的向往作为我们的施政所向，把解决好人民发展不平衡不充分作为我们的施政所要，坚持政府过紧日子的理念，把有限的资金用于做大经济“蛋糕”，把有限的财力用到改善民生的刀刃上，让人民群众在共建共享中拥有更多的获得感、幸福感。

今年，按照县委经济工作会议部署，重点做好以下工作：

（一）坚持生态为先，建设美丽安泽

围绕“天蓝、水清、地绿”，持续厚植生态优势，切实加强环境治理，推动生态环境质量持续改善。

全力保护青山绿水。狠抓植绿增绿，完成国家级太行山绿化防护林工程3000亩，完成重要水源地植树造林3000亩；完成黄花岭连翘主题公园申报；加快编制《山西安泽国家森林公园发展总规》；加快国家级湿地公园建设，实施沁河修复工程，着力将沁河打造成集生态保护、休闲观光于一体的复合型湿地区域。狠抓生态管护，充分发挥森林火灾智能信息服务系统作用，全面加强森林防火工作；加强联合执法，严厉打击毁林开荒、乱占林地、私挖乱采等违法行为；严格执行“河长制”，实施“一河一策”“一河一档”；持续开展水生野生动物保护专项行动，严厉打击各类违法非法行为。

持续推进生态治理。加强大气污染治理。深度治理涉气企业，重点对焦化企业无组织散放和白色烟羽进行治理；积极稳妥推进清洁取暖改造，严控散煤燃烧污染，继续强化机动车污染防治，深化餐饮业油烟治理，坚持建筑施工工地扬尘管控“六个100%”全覆盖。加强水污染治理。全面整治和规范河流排污口，重点推进县城段污水管网、焦化企业废水深度处理工程建设，严厉打击污染河道违法行为。深入开展饮用水水源地规范化建设。加强土壤污染治理。制定全县土壤污染治理与修复规划，继续推进测土配方施肥，鼓励增施有机肥，做好畜禽养殖废弃物处理和农膜、农药瓶、化肥袋等废弃物的回收工作，严防农业面源污染。

绿水青山既是我们宝贵资源，更是我们取之不竭的金山银山。我们要像爱护眼睛一样保护好我们的生态环境，让安泽青山常在、绿水长流、空气常新，让我们的家园更美好！

（二）坚持产业为要，加快培育新动能

围绕构建现代化产业新体系的目标，扬资源之长，补链条之短，改造升级传统产业，发展壮大新兴产业，努力在全省产业格局中重塑比较优势和竞争优势。

全力打造“三大产业集群”。打造以优质主焦煤为基础的煤焦化产业集群。扎实推进煤矿安全生产标准化建设，确保全县4座煤矿全部达到国家一级安全生产标准化矿井；继续推进煤矿安全高效建设，力争年底全县4座煤矿全部达到国家特级安全高效矿井。按照“焦化并举、上下联产”思路，积极推进焦化企业扩产能，延伸产业链条，提升产品附加值。重点推进永鑫340万吨焦化、40万吨乙二醇，太岳200万吨焦化、20万吨甲醇、7万吨合成氨项目建设。打造以连翘为品牌的中药材产业集群。建基地。大力推广连翘野生抚育技术，按照“割灌定距，冬平剪，夏摘心，羽状侧枝秋花好”的要求，抓好连翘的提质增效，高标准建设10个连翘精品示范园；推进井泉药业标准化中药材种植基地，重点打造井泉药业、泽丰农业2个林下中药材种植园区。树品牌。完成“安泽连翘”商标注册和原产地认证，加快申报国家级出口连翘质量安全示范区，做好安翘1号、2号优种选育。持续开展青翘“护青防抢”“规范市场秩序”专项行动，保护好“安泽连翘”品质药效，不断擦亮“安泽连翘”金字招牌。引企业。依托府城现代医药园区，引进龙头企业，加大连翘药食同源开发，做精做长连翘产业链。加快推进井泉药业中药饮片加工、泽丰中药材深加工项目建设，力争年底投产；积极争取国家中药材物流基地项目落地，力争年内开工。打造以煤层气为主的新能源产业集群。加大资源勘探力度，启动实施永乐区块、永乐北区块、安泽南区块煤层气勘探项目；加快产能建设，年内完成中石油马壁东煤层气4亿立方米/年产能建设；支持具备实力的企业联结起来，加快推进配套管线、应急调峰设施等项目建设，形成可持续的气化运行机制；用好用足“就近利用、余气外输”产业政策，引进战略投资者，加快发展CNG、LNG产业项目，建设现代化清洁能源产业群。同时，加快风力发电、太阳能光伏发电等新能源项目建设，努力构建以煤层气为主，以光伏能源、风力发电为辅的清洁能源新体系。

加速发展以文化旅游业为主的第三产业。旅游业是朝阳产业、绿色产业。要按照全域旅游的理念，打好安泽“荀子、红叶、黄花”三张牌，大力发展以绿色生态游、红色文化游、乡村休闲娱乐游为主的文化旅游业，带动其他产业快速发展。加大宣传推介力度。要抢抓我市承办全省旅发大会的重大机遇，加强与旅行社、媒体的对接合作，拍摄安泽风光专题片，策划包装安泽旅游精品线路，持续开展助力旅发活动，举办黄花岭旅游月、太行山水休闲安泽文化旅游月等一系列个性化的文化旅游和宣传推介活动，全面宣传推介安泽旅游品牌。同时，要充分利用好安泽山水的生态优势，积极探索推进康体、度假、养生等休闲观光服务业。创新经营运作模式。以景区所有权、经营权“两权分离”为突破口，引进战略合作者，探索建立与“精品旅游县”战略相适应的旅游行政管理体制，加快开发优势旅游资源；以文化旅游融合发展为导向，强化企业社会责任，鼓励和扶持民间资本投入旅游产业，不断推动文化旅游业加快发展。此外，继续扶持“农芯乐”“乐村淘”等电商平台建设，逐步扩大电商覆盖面；依托中南铁路客运站，加快规划大型现代仓储物流园；加快发展商贸物流、批发零售、教育培训、家政餐饮、快递中介等生活性服务业，努力形成新的经济增长点。

发展新产业、培育新动能事关安泽长远发展大计，需要持之以恒的耐力，需要善作善成的方法。我们要树立“功成不必在我”的思想境界，立足当下、着眼长远，统筹谋划、系统推进，锲而不舍、久久为功，力争向人民交出一份安泽高质量发展的合格答卷！

（三）全力实施乡村振兴驱动战略

按照乡村振兴战略的总要求，围绕实现农业强、农村美、农民富的发展目标，统筹推进农业农村各项工作。

坚持规划先行。加快编制我县乡村振兴战略总体规划，围绕“产业兴旺、生态宜居、乡风文明、治理有效、生活富裕”科学规划主导产业、乡村风貌、文化特色、基础设施建设、基本公共服务、支撑政策体系，为全县全面实施乡村振兴战略描绘蓝图、指明路径。

发展特色产业。按照“平川发展有机玉米、小杂粮、蔬菜，山上发展以连翘为主的中药材”的思路，大力发展特色农业产业。打造大黄村有机旱作农业示范区，持续扩大有机玉米种植面积，实施3000亩核桃园提质增效项目，打造3个露天蔬菜示范区；在巩固猪牛羊等传统养殖的基础上，鼓励发展特色养殖，多渠道增加群众收入；加强农业品牌建设，力争年内新申报有机玉米、核桃、红谷米3个农产品无公害认证，完成1个地理标志认证；以观光农业、休闲农业、乡村旅游为重点，加快田园综合体建设，积极打造百里沁河休闲旅游带，促进三次产业深度融合。

培育龙头企业。按照“龙头企业+家庭农场+合作社”的模式，积极引进有规模、有影响、有市场、辐射带动能力强的龙头企业落户安泽。大力支持井泉药业、新大象集团、泽丰农业等龙头企业发展，不断增强企业辐射带动能力。持续培育壮大各类专业大户、家庭农场、专业合作社等新型农业经营主体，力争年内新发展省、市级农民专业合作社5个以上，县级农民专业合作社10个以上。

建设美丽乡村。深入推进“四好农村路”建设，实施2018年建制村硬化路工程；实施农村安全饮水巩固提升工程；实施农网改造升级工程，新建和川35千伏变电站；抓好农村垃圾治理、污水治理和“厕所革命”，促进农村基础设施建设提档升级。力争年内打造3个市级美丽乡村示范村和2个省、市级美丽乡村集中连片示范点。

加强乡村治理。切实加强农村党组织政治功能，加强村“两委”阵地建设，深入实施公民道德建设工程，开展移风易俗行动，广泛开展文明村镇、星级文明户、文明家庭等群众性精神文明创建活动，健全自治、法治、德治相结合的乡村治理体系，建立道德激励约束制度，让农村既充满活力又和谐稳定。

强化人才队伍建设。大力实施新型职业农民培育工程，重点围绕连翘精细化管理、乡村旅游、特色种养等方面，针对性开展实用技术培训3000人次以上。鼓励和调动企业家、农村经济能人、大学生、退伍军人参与乡村振兴战略，投身创业创新和乡村建设。

各位代表，劳动创造幸福生活！全面建成小康社会最艰巨最繁重的任务在农村，最广泛最深厚的基础在农村，最大的潜力和后劲也在农村。只要我们凝聚共识，辛勤耕耘，农业一定会成为有奔头的产业，农民一定会成为有吸引力的职业，农村一定会成为安居乐业的美丽家园。

（四）全力抓好项目工作

全面贯彻落实全省“转型项目建设年”活动的总体部署，完善工作机制，营造良好环境，强力抓好项目的引进和实施，推动项目工作取得新的突破。

加快项目建设。围绕产业转型、基础设施、城乡融合、民生事业等方面，全力实施既定的各项重点项目。突出抓牢产业转型项目建设，今年，产业转型项目要占到全部项目年度计划投资额的60%左右。要做实项目前期、狠抓项目开工、加快项目建设、强化要素保障，千方百计推进项目建设步伐。将重点项目纳入“13710”制度管理，对推进中的重大问题、重大事项进行重点督办。

优化营商环境。全面推行企业投资项目承诺制，要落实责任，提升效能、加强监管、总结完善，推行清单告知、平台办理、流程再造、多图联审、收费管理“五统一”。继续做好干部入企服务工作，提供一对一、精准化的保姆式服务。畅通政企沟通渠道，发挥行业协会商会作用，努力为企业投资、项目建设创造最优环境。

加大招商引资。要明确目标、突出重点、畅通信息、办好活动、抓好落地、强化考核，用新的理念加强招商引资工作，不断创新招商引资方式，继续完善招商引资优惠政策，持续推进精准招商，加快引进康养旅游、中药材加工、农产品深加工、煤化工、新材料等一批产业项目，全力打造产业转移的“承接地”。大力推行“一个项目、一名领导、一套班子、一套方案、一抓到底”的“五个一”招商举措，从招商洽谈、项目落地开工到建设经营全程协调服务，努力形成“引进一个、建好一个、带来一批”的联动效应。

（五）全力巩固提升脱贫成果

脱贫只是开始，小康才是目的。我们要坚持摘帽不摘责任、不摘政策、不摘帮扶、不摘监管“四个不摘”原则，继续落实好精准扶贫方略，确保群众脱贫致富奔小康。

强化责任落实，实行脱贫攻坚周例会、月总结、季报告制度，全面压实县乡村各级扶贫责任，不断稳定和壮大“3+X”帮扶队伍，因村因户因人，实施脱贫巩固提升。强化产业支撑，在巩固旅游、光伏、连翘“三件宝”的基础上，大力发展中药材、蔬菜等特色扶贫产业，进一步健全完善“村委会+公司+合作社+农户”利益联结模式，不断筑牢群众增收的长效机制。强化基础建设，围绕贫困村提升工程，继续实施农村危房改造、安全饮水、道路提升等基础设施建设；扎实做好易地扶贫搬迁各集中安置点公共设施扫尾、宅基地腾退、拆旧复垦、土地复垦、生态治理等工作。强化政策保障，不断完善贫困户动态管理机制，扩大低保、五保覆盖面。继续落实教育、卫计、社保等一系列扶贫政策，着力防止因病返贫、因灾返贫、因学返贫等情况发生。强化扶志扶智，坚持扶贫与扶志、扶智相结合，大力开展扶贫政策宣传、实用技能培训、暖心活动等工作，持续激发群众脱贫致富的内生动力。同时，继续实施生态扶贫、金融扶贫、社会扶贫等行业扶贫，凝聚全社会扶贫的强大合力，为加快实现全面小康奠定坚实的基础。

（六）全力抓好城建品质提升

全面贯彻以人为核心的城镇化发展理念，以创建国家级卫生县城、国家级文明县城为目标，完善城市功能，拓展城市空间，强化城市管理，推动城市建设全面提质升级。

坚持规划引领。加快完善城乡总体规划、详细规划、城乡一体化规划、专项规划等编制工作。坚决维护规划的科学性和严肃性，保持控违拆违的高压态势，确保规划执行到位。

加快城市建设。加快府后街等城中村改造，多渠道改善群众居住条件；加快县城北外环、长临高速连接线、主干街道改造等路网建设，加快义唐河县城段治污等地下管网建设，持续完善城区公共基础设施；启动实施沁河流域城区文化景观工程建设，加快周围山系、综合性公园、中心小广场等绿廊建设，加快空地公园广场绿地改造，不断完善城市功能。同时，全力加快“国卫”创建步伐，对照创建标准和任务分解，逐项列出问题清单和任务清单，逐个突破、全面达标，力争顺利通过国家验收。

加强城市管理。围绕“净”“美”“畅”，深入推进城市管理综合执法，集中整治私搭乱建、占道经营、乱停乱放、乱贴乱挂等行为；加大对小街小巷、城乡结合部、建筑工地等重点场所的整治力度，持续巩固环境整治成效。严格实施城区全天候保洁，确保垃圾不落地、日产日清。

（七）全力深化重点领域改革

全面深化改革是决定当代中国命运的关键一招。我们要以庆祝改革开放40周年为契机，坚定不移地推进全面深化改革，坚持以改革破难题、促发展，为转型发展拓展更为广阔的空间。

深化供给侧结构性改革。坚持把经济发展着力点放在实体经济上，放在质量和效益上。坚持用市场化法治化手段，严格执行环保、质量、安全等标准，化解过剩产能，淘汰落后产能。健全完善企业税费清单制度，落实好减轻实体经济负担的政策措施，切实降低企业运营成本。鼓励金融机构扩展普惠金融业务，主动开展银企对接，服务实体经济。

深化农业农村改革。完成农村土地确权扫尾工作，建设农村承包地确权数据库信息平台。推进农村土地“三权分置”，加强县、乡、村三级农村土地流转交易市场建设，落实二轮土地承包到期后再延长30年等政策措施。启动农村集体产权制度改革，加快农村清产核资和农村集体成员身份确认工作，推动资源变资产、资金变股金、农民变股东。继续完善国有林场改革，确保通过国家和省级验收。

深化开发区、财税等领域改革。深化开发区改革，加快安泽经济技术开发区申报省级经济开发区工作，力争获批。积极推进“多规合一”，完善县域城镇体系规划调整。加快编制开发区总体规划、控制性详细规划。深化财税体制改革，加大预算统筹力度，扩大预算公开范围。启动中期财政规划，全面实施绩效管理，使财政资金花得其所、用得安全。深化“放管服”改革，持续推进简政放权，最大限度地减少行政许可事项，实现“一号申请、一窗受理、一网通办”，让数据“多跑路”、群众“少跑腿”。统筹推进金融体制、医药卫生体制、生态文明体制、电力体制等改革。

（八）全力保障安全稳定

安全稳定是发展之基。我们要牢固树立“总体安全观”，下好先手棋、打好主动仗，集中整治突出问题，努力消除各类隐患。

筑牢安全生产防线。开展“安全生产执法年”活动，严格执行“四个一律”“五个一批”，严肃查处各类非法违法行为。全面推行安全生产挂牌责任制和“清单化”管理，全面落实安全生产企业主体责任、部门监管责任。强化安全生产专项整治，突出抓好煤矿、危险化学品、道路交通、森林防火、建筑施工、城市运营、食品安全、地质灾害、防汛、消防等重点行业和领域的隐患排查和治理工作。坚持“五化一杜绝”，构建风险分级管控和隐患排查治理“两道防线”，坚决遏制重特大事故发生。加强应急救援队伍建设，完善应急预案，强化应急演练，提升应急处置能力。

防范化解重大风险。本着“量力而行”的原则，严控债务规模，将新增债券和置换债券收支全部纳入预算管理，防止债务规模随意扩大化，严防政府债务风险；要统筹做好信用风险、担保链风险、农村法人机构风险、流动性风险、突发金融事件等各类金融风险防控；严厉打击非法集资行为。

全力维护社会稳定。继续加强和创新社会治理，不断完善社会治安防控体系建设。加强网络舆情监控，有效排查管控信访维稳、公共安全等领域不稳定因素，妥善处置各类突发事件。继续深化“平安安泽”“法治安泽”建设，加快智慧平安城市建设，加强社会矛盾纠纷风险预警和排查化解，严密防范和打击各类违法犯罪活动，巩固提升群众安全感、满意度。深入开展“七五”普法，强化法律服务和法律援助，促进社会和谐稳定。

（九）全力增进民生福祉

坚持民生为本，从群众最关心、最迫切的事情做起，把关系民生的工作一项一项抓紧抓好，让人民群众得到更多实惠，感受到更多的温暖和幸福。

优先发展教育事业。秉持“办人民满意教育”的宗旨，以“立德树人”为根本、以“师德师风”为主线、以“三优”创建为抓手，争创山区教育强县。持续巩固教育均衡化成果，加快构建学校布局合理、资源有效配置的教育公共服务体系，优先解决县城学位供给不足的问题。加快县育新幼儿园扩轨改造，完善和川中心幼儿园附属设施，确保良马、杜村、和川三所中心幼儿园尽快投入使用；加快县级职教中心达标验收进度；全力打造优秀师资队伍，不断强化师德师风建设；继续实施“三优”培养选拔工程，全面提升教育教学质量。

切实加强卫计事业。继续推进县乡医疗卫生机构一体化进程，探索完善县医疗集团运行机制和管理模式，提高家庭医生签约服务质量。加快县医疗集团基础设施建设，不断提升医疗服务能力。加强医联体建设，巩固完善专科联盟和远程会诊系统建设，深化我县与北京阜外医院、省心血管病医院等省内外知名医院的合作交流，使我县患者能够更加便捷地享受到先进的医疗技术和服务。

大力加强文化建设。全力实施文化惠民工程，持续开展“农民健身舞”等群众性文化活动，最大限度地满足群众精神文化生活。加快推进乡村文化记忆工程建设，进一步提高村民对乡村文化、乡村记忆的认同和认可。挖掘民间资源，积极申报威风锣鼓乐谱、泥塑等非物质文化遗产。推动核心价值观建设，设立善行义举榜，加强“感动安泽”人物宣传力度，净化社风民风。

全面加强社会保障。深入推进“多险合一”征缴、全面参保登记，不断扩大养老、医疗、失业、工伤、生育保险覆盖面；继续落实“七补一贷”“六补一缓”就业创业扶持政策，统筹做好农村劳动力转移、城镇失业人员、退役军人等群体就业工作；实施困难残疾人生活补贴和重度残疾人护理补贴制度，加大对困难企业、特殊人群的扶持和救助，健全完善高龄、特困老人、孤儿等群体的救助扶持制度，进一步提高离退休人员待遇和低保人群保障水平，切实保障农民工合法权益，织密扎牢社会保障安全网。

在做好上述工作的同时，还要深入开展双拥共建活动，做好国防动员、人民防空、民兵预备役工作；支持工会、妇联、共青团、工商联等人民团体工作；统筹审计、统计、档案、气象、地震、地方志、民族宗教、老干部、老龄、残疾人和关心下一代等各项工作。

各位代表，民之所呼、政之所向！今年，县政府将围绕群众最关心、最直接、最现实的利益问题，全力办好五件民生实事：一是实施县城集中供热扩面工程，让清洁供暖惠及更多的家庭；二是持续推进县城污水管网改造，进一步完善提升城市功能；三是持续实施农村安全饮水巩固提升工程，确保群众喝上安全的健康的水；四是持续实施教育教学“三优”培选工程，放大示范引领效应，提升教育教学水平；五是实施县医疗集团人民医院门诊医技综合楼附属配套工程，更好满足群众就医需求。我们要把民生改善作为一切工作的出发点和落脚点，一件接着一件的办，一年接着一年的干，让改革发展成果惠及更多群众，让人民生活更加幸福美满。

三、建设人民满意的服务型政府

新时代开启新征程。时代是出卷人，我们是答卷人，人民是阅卷人。在全面建成小康社会的重要历史关头，我们要主动担当作为，勇于改革创新，一心一意干事业，全心全意惠民生，努力建设人民满意的服务型政府。

加强政治建设。树牢“四个意识”，增强“四个自信”，自觉维护以习近平同志为核心的党中央权威和集中统一领导。全面落实党的建设新的伟大工程各项任务，不折不扣贯彻中央、省、市和县委的各项决策部署。深入推进“两学一做”学习教育常态化制度化，扎实开展“不忘初心、牢记使命”主题教育，认真组织开展“强化责任、严守纪律、树好形象”专项治理活动，迅速在全县掀起讲政治、顾大局，谋发展、办实事的发展氛围。

推进依法行政。坚持法治思维，加强对新修订《宪法》的学习，严格依宪行政、依法行政，做到“法无授权不可为、法定职责必须为”。把政府活动全面纳入法治化轨道，加快建设法治政府。依法接受人大及其常委会的法律监督和工作监督，自觉接受人民政协的民主监督，主动接受社会监督和舆论监督，认真办理人大代表建议、政协委员提案。强化行政复议和行政应诉工作，加强医疗、卫生、教育、社保等公共服务领域的信息公开，保障人民群众的知情权、参与权、表达权、监督权。

勇于改革创新。把改革创新贯穿于政府工作，跳出安泽看安泽，善于借鉴先进经验，敢于突破思维定势，用发展的办法破解前进中的难题，用全局眼光和战略思维推动工作，向改革要红利、向创新要动力，为高质量发展集聚动能。积极营造改革创新的良好环境，旗帜鲜明地支持改革者、激励创新者，健全完善正向激励、考核评价、容错纠错机制，旗帜鲜明地为敢于担当、踏实做事、不谋私利的干部撑腰鼓劲。

提升工作效能。以提高执行力为突破口，全面加强政府效能建设。重点工作“清单式”管理。对照市、县考核指标，对照县委、政府中心工作和部门职责，列出“责任清单”“问题清单”“整改清单”，进一步明确各级各部门的目标任务、工作标准、责任主体、完成时限，把各项决策部署落实到事，落实到人，落实到具体措施，落实到时间节点，确保按时保质完成。重点工作“常态化”督查。对县委、政府部署的工作进行跟踪督查，落实交办、督办、查办制度，继续深化、拓展、延伸“13710”工作机制，雷厉风行地推动工作，坚决杜绝推诿扯皮，确保政令畅通，提高工作执行力。

强化廉政建设。深入推进政府系统党风廉政建设和反腐败斗争，坚决落实中央“八项规定”和国务院“约法三章”，厉行勤俭节约、反对铺张浪费，严控“三公”经费。驰而不息纠正“四风”，力戒形式主义、官僚主义，严厉整治干部不作为、慢作为、乱作为和选择性作为。坚持把纪律和规矩挺在前面，使党员干部心有所畏、言有所戒、行有所止，真正做到明大德、守公德、严私德，成为政治上的明白人、工作上的有为人、廉洁上的干净人。

站在新起点　踏上新征程　立足新形势　展现新作为　为安泽新时代发展凝心聚智建言献策

——2018年4月9日在政协第九届安泽县委员会第三次会议上的工作报告

安泽县政协主席　高成锁

2017年工作回顾

2017年是中共十九大胜利召开之年，也是我县经济社会发展全面进步、各项事业统筹推进的一年。一年来，在中共安泽县委的正确领导下，县政协以习近平新时代中国特色社会主义思想为指引，高举爱国主义、社会主义伟大旗帜，牢牢把握团结和民主两大主题，切实发挥协商民主重要渠道和专门机构的作用，积极履行政治协商、民主监督、参政议政职能，求真务实，开拓创新，积极作为，奋勇争先，为我县建设山水田园城、精品旅游县，实现安泽全面振兴、绿色崛起做出了积极贡献。

一年来，县政协常委会在履职过程中，牢牢把握了五个方面的工作原则：

政治立场坚定不移。坚定不移地维护以习近平总书记为核心的党中央集中统一领导；坚定不移地增强“四种意识”“四个自信”；坚定不移地贯彻落实中共安泽县委的决策部署，真正做到与县委、县政府同心同德，与人民群众同心同向，政协履职更加符合决策需要，更加体现人民心声。

调查研究深入扎实。坚持把调查研究作为政协履职的首要工作，重大课题系统调研，协商议题深度调研，视察课题跟踪调研。弘扬“工匠”精神，做足“绣花”功夫，反复协商论证，打造精品力作，为我县改革发展贡献“政协智慧”、提供“政协方案”、做好“政协答卷”。

协商议政形成品牌。县政协立足新时代，打好协商“组合拳”，推动调研、协商、监督深度融合，构建了以县委加强领导、政府大力支持、政协积极搭台、各界协同配合为框架的协商民主新格局。安泽政协先后在省、市政协有关会议上作经验交流，得到了上级政协和县委、政府的充分肯定。

凝心聚力务实有效。始终围绕县委、县政府的决策部署开展政协工作，在宏观决策中搞好协商，在目标实现中搞好协同，在具体工作中搞好协作，广泛凝聚改革共识、发展共识、法治共识、反腐败共识和价值观共识，彰显了新时代人民政协的独特优势和使命担当。

履职为民始终如一。坚持以人民为中心，牢固树立“万家忧乐在心头”的百姓情怀，带着人民期盼深入调研，肩负人民重托精准建言，做到视察调研在决策部署之前，协商议政在共识形成之前，反映民声在工作推进之前，真正做到参政为民着想、议政为民谋利、监督为民维权。

一年来，县政协常委会认真履行政治协商、民主监督、参政议政职能，主要做了以下工作：

（一）强化学习，凝聚共识，夯实共同思想基础

我们对信仰的坚守、信念的执着，来自于理论上的清醒与自觉，这种清醒和自觉源自持久不息的学习，只有依靠学习才能走向未来。

1. 扎实开展“两学一做”学习教育。按照县委推进“两学一做”常态化制度化，开展维护核心见诸行动主题教育要求，政协党组和党支部根据“8+5”工作安排，开展了一系列富有成效的工作。党组结合工作实际和征集到的意见，制定了整改清单，排出了整改时限。政协办党支部按照各个时段部署，十九大召开前，分别以学习《习近平总书记成长之路》《习近平的七年知青岁月》和“习近平总书记视察山西重要讲话精神”为专题开展研讨交流；十九大召开后，组织党员和政协委员学习十九大精神、宣讲十九大精神。

2. 努力开展政协业务知识学习培训。通过召开主席会议、专门会议集体学习和个人自学等多种形式，把学习和履行职能相结合，重点学习了习近平总书记关于社会主义协商民主的重要论述和党的统一战线理论。机关科级以上干部通过山西干部在线学习平台，认真学习了党的十九大精神和全省各项重要会议精神。邀请临汾市政协信息科关东红科长，就社情民意工作开展了培训，全体政协委员、特邀信息员及机关干部150余人参加了培训。一年来，县政协从班子、常委会到组织的学习培训会、民主生活会形成了不念稿子，联系实际讲真话的惯例，每次活动都能解决一些问题，积少成多，大家普遍感到政治素养和工作能力都有了明显提高，说政协话、做政协事、像政协样已成为政协新风。

（二）围绕中心，服务大局，履行政治协商职能

社会主义协商民主在我国有根、有源、有生命力，是中国共产党人和中国人民的伟大创造，是党的群众路线在政治领域的重要体现。

1. 精心组织，认真搞好全体会议协商。组织政协委员就“一府两院”报告、旅游转型、城建提质、产业发展等事关我县经济社会发展的重点议题进行了大会协商，征集了许多具有建设性的意见和建议。

2. 精选议题，扎实搞好专题会议协商。选择要点、精心组织召开了3次专题协商议政

会，邀请有关部门负责同志同部分界别委员，就民生工程建设、经济财税工作、专题调研课题进行广泛协商、深入讨论；全年组织委员参加县委、政府征求意见会议4次，参加各类活动9次。

3. 精简高效，着力搞好主席会议协商。明确重点、精心组织多次召开政协主席会议，分别围绕专题调研报告、委员议政发言选题、政协各委室工作安排部署等进行协商，扎实推动各项工作开展。

（三）拓宽渠道，注重实效，加大民主监督力度

民主不是装饰品，而是要用来解决人民要解决的问题。县政协致力于把推动县域经济繁荣发展、社会事业的全面进步深深扎根于广泛的民主实践之中。

1. 多形式办理委员提案。九届二次会议共收到委员提案204件，立案200件，作为意见处理的4件，立案提案由县政府督查室面对面向各承办单位进行交办。提案办理中，由分管副主席任责任领导，加大提案督办力度，协调提案办理回复，提案办复率达100%。

2. 多方位开展调查研究。九届二次全会以来，共开展调研活动13次，涉及基层政法、交通工作、扶贫易地搬迁、脱贫攻坚、造林扶贫、义务教育一体化、提高教师积极性、文化旅游融合发展等多个方面。通过调研形成的《关于安泽县基层政法“三基”工作情况的报告》在临汾市政协专题协商议政会作了交流发言。《关于我县道路交通工程项目建设情况的调研报告》《关于我县脱贫攻坚工作情况的调研报告》《关于推进城乡义务教育一体化，加大薄弱学校教育投入力度的调研报告》等调研报告得到了县委、政府主要领导的批示，推动了相关工作的开展。在开展“万名干部下基层”调研活动中，分别选定招商引资、激发企业家精神、中药材产业、义务教育均衡提质和大气污染防治课题开展调研，调研过程中，我们结合学习贯彻十九大精神，协调解决相关问题，切实达到了通过调研推动工作开展的目的。

3. 多领域开展专题视察。首先是人大、政府、政协三方联合，对我县重点工程建设情况开展专题视察，收集整理了人大代表、政协委员的意见建议，推动了全县重点工程的建设；其次是按照临汾市政协安排，由市政协刘小才副主席带队，对我县食品药品监管工作情况进行了专题视察，视察后形成的《安泽县关于食品药品监管工作情况的调研视察报告》分别报送市政协和县委、政府，受到相关领导的重视。

（四）关注民生，服务发展，突出参政议政实效

把改革发展的含金量充分体现出来，才能让人民群众有更多获得感，县政协围绕群众关注的焦点问题，积极建言献策、履职尽责。

1. 主动参与中心工作。县政协始终要求各项工作与县委、政府的中心工作同频合拍。我们积极推动“一纵一横”建设工程，协调解决占地赔偿等相关事宜。我们积极开展招商引资工作，组织有关负责同志，先后两次到云南、四川、甘肃和安徽等地考察引进制药企业，使井泉制药成功落户安泽。积极参与太原市安泽商会成立揭牌仪式暨安泽太原招商引资推介会，大力推介我县独特的生态优势、光荣的红色文化和良好的投资环境；按照县委

脱贫攻坚工作要求，选派3名优秀干部到机关包联村——和川镇上县村开展驻村帮扶，工作队和村一班人通过发展产业推动脱贫，新办的众腾食品有限公司生产年馍3000余箱，销售额15余万元。

2. 广泛凝聚各方力量。县政协努力为无党派人士、党外人士参政议政搭建平台，多次召开座谈会，听取他们对县委、政府中心工作及政协各项工作的意见建议；积极引导政协委员投身社会公益事业，广大委员累计捐款110余万元，办好事实事270余件。政协常委刘建文投资4000余万元开展县城棚户区改造工程，为白血病家庭捐款5000元、为贫困户扩大木耳种植提供帮扶资金5000元；政协常委杨建光投资500余万元为“三无特困人员”建设了“红叶康养中心”集中供养安置点，为贫困户捐款5000余元等等，他们用实际行动彰显了政协委员的时代风采。

3. 积极反映社情民意。全年编发社情民意信息41篇，其中《煤炭行业供给侧结构性改革的相关情况》《关于实施精准扶贫中存在的问题和建议》被全国政协采用；《关于加强“三基建设”的意见和建议》被省政协采用，《关于大力推动文化旅游融合发展的建议》《矿难与煤价一起“反弹”应引起高度重视》被省政协转报全国政协，《明确婚姻法关于禁止包办买卖婚姻的规定，降低欠发达地区婚姻彩礼》等10余篇信息被市政协采用。另外，《关于改进央视3.15晚会的建议》《建议重拳打击非法会销行为》等信息，编发上报后被相关部门重视和采纳。

（五）开拓创新，转变作风，提升政协履职水平

九层之台，起于累土。政协各项工作的有效开展依赖于革故鼎新的勇气和务实高效的作风，一年来我们见贤思齐、明礼重文，全力提升履职水平。

1. 文史工作进一步加强。县政协文史委立足安泽荀子文化，唱响荀子品牌。编撰出版了《荀思梦响》《望岳楼文帖》两本书；2017年4月我们组织召开了“追根说炎帝，溯源初国伊”笔会，邀请20余名著名专家学者，对炎帝最初建国地在安泽进行研讨论证，会后编撰出版了《溯源炎帝初国伊》一书，并在太原召开了新书的发行会，取得良好效果。文史委积极开展文化交流活动，先后参加了山东兰陵荀子文化交流、高平炎帝文化交流和长子神农炎帝文化论坛。积极参与国家图书馆来安泽重走《赵城金藏》抢救之路，与部分专家学者一道参加赵国古长城科考活动，深入发掘我县古长城遗迹。

2. 文化交流进一步加强。按照县委安排，县政协在全国范围内征集安泽县歌，收到稿件525件，评出15首优秀作品。2017年5月，由中共临汾市委宣传部、中共安泽县委、安泽县人民政府主办，安泽县政协、中共安泽县委宣传部承办的“荀子故里、生态安泽”原创歌曲演唱会分别在太原、临汾、安泽成功举办，三场演唱会到场观众数千人，网络点击量数超过十万次。

3. 自身建设进一步加强。县政协党组认真履行党风廉政建设主体责任，党组成员自觉遵守领导干部廉洁自律规定。政协机关以加强三基建设为契机，进一步加强服务能力建设。政协机关积极开展文明单位创建工作，整合各个办公室设置了道德讲堂、文体活动室、图

书阅览室和党员活动室，全年开展道德讲堂活动 8 次，开展党员活动、我们的节日和志愿服务 30 余次，机关被评为 2017 年度市级文明单位。

2018 年工作部署

2018 年是贯彻党的十九大精神的开局之年，是我县决胜高质量全面建成小康社会、实施“十三五”规划承上启下的关键一年。今年，县政协常委会要在中共安泽县委的坚强领导下，全面贯彻党的十九大精神，以习近平新时代中国特色社会主义思想为指导，不忘初心，牢记使命，紧紧围绕县十四届三次党代会和县委经济工作会议确定的目标任务，组织广大委员，为三基建设升级年、工业转型跨越年、城建品质提升年、乡村振兴驱动年“四个年”活动咨政建言、献计出力，以饱满的热情、创新的精神、务实的作风，不断深化协商民主工作，拓展民主监督渠道，增强议政建言实效，更好地发挥协商民主的重要作用，充分彰显新时代人民政协的新气象、新作为。

一、坚持“新思想”引领，深入学习贯彻十九大精神

学习贯彻中共十九大精神，是人民政协当前和今后一个时期的首要政治任务。广大政协委员要深刻领会习近平新时代中国特色社会主义思想，坚决维护以习近平同志为核心的中共中央的集中统一领导。我们要通过举办报告会、专题班等多种形式，把学习十九大精神引向深入，引导广大委员在学懂弄通做实上下功夫，做到学习与贯彻落实县十四届三次党代会精神相结合，与推进政协事业发展相结合。

足履实地襄和谐。政协的履职舞台实际上就是一个行使话语权的舞台。政协作用的发挥不是靠权力，而是靠智力，不是靠“说了算”，而是靠“说得对”。我们要主动把政协工作放到全县改革发展大局中谋划、推进，不采华名、不兴伪事，察实情、讲实话、出实招、求实效，做到谋划工作更加切合实际、议政建言更加精准实在、成果转化更加富有实效。要增强互联网思维，运用信息化手段，把政协履职推进“云”时代、推向现代化。发挥政协委员的个人智慧，凝聚政协组织的整体智慧，让协商活力竞相迸发、议政才智充分涌流，引导委员以智资政、以智惠民、以智襄和。

开放包容促民主。弘扬民主精神，践行协商理念，厚积协商文化。我们要以开放的胸怀、开放的眼界、开放的思维，加强上下联动，增进内外互动。坚持开门协商，提高政协平台向人民群众的开放度，让人民群众走进政协，更好实现有序有效参与协商、依法合理表达诉求。坚持开放履职，提高政协履职向社会的开放度，讲好政协故事，展现政协作为，展示委员风采，让社会在关注了解政协的过程中，感知新时代的协商民主、见证安泽的政治文明。

凝心聚力谱新篇。政协不是权力机关，参政不行政、建言不决策、监督不强制，主要通过协商发挥作用。我们要坚持共同思想政治基础，寻求一致性、尊重多样性，在全社会营造畅所欲言、各抒己见、平等协商、真诚沟通的民主氛围，扩大参与面，提升共识度。发挥政协组织的统战功能，厚植团结联谊优势，着力构建最大“朋友圈”、画出最大同心圆。引导委员以模范言行做党的政策宣传者、改革开放推动者、社会和谐促进者，在安泽振兴崛起大业中传播正能量、演绎“协奏曲”。

各位委员，安泽的新时代属于每一个安泽人，大家都是安泽新发展的见证者、开创者、建设者。作为政协委员，只有让人生与事业结伴，让奋斗与使命同行，才能实现自己的理想与价值。

二、紧扣“新目标”建言，更加精准助力安泽新发展

围绕中心、服务大局是政协履行职能的重要原则、发挥作用的努力方向、检验工作成效的基本标准。要全面贯彻创新、协调、绿色、开放、共享的发展理念，号召广大委员深入开展助推工业转型跨越、城建品质提升、乡村振兴驱动工作，为加快建设山水田园城、精品旅游县，实现安泽全面振兴、绿色崛起履职尽责。

为工业转型推波助澜。县十四届三次党代会提出要以“工业转型跨越年”为牵引，努力实现传统产业与新兴战略产业“双轮驱动”。在助推工业转型跨越上，县政协要发挥优势、抱薪助火。今年我们要开展以优化发展环境、促进中小企业发展为主题的调研视察活动，针对制约产业转型的瓶颈问题，在充分调研的基础上，提出切实可行的意见建议，为我县产业多元化发展提供智力支持。

为城建提质出谋划策。打造“青山环绕、沁河穿城、绿园缀城”的“山水田园城”是我们创建国家级卫生县城、国家级文明县城的工作目标。今年县政协将围绕城市功能配套建设、山水田园城建设方面开展调研活动，为把县城真正打造成绿树葱葱、碧水潺潺、晴空艳阳、园林清雅的山水田园城发出政协号召、贡献政协智慧。

为乡村振兴聚智出力。十九大报告中提到要实施乡村振兴战略，全力推进农业转型，为乡村振兴构筑坚实的产业支撑。今年县政协将在乡村振兴的产业发展、环境改善两个重点领域上凝聚各方智慧和力量。开展以现代农业发展、绿色生态建设、全域旅游布局为主题的调研活动，为把农村建成安居乐业的美丽家园咨政建言、聚智谋略。

把蓝图变为现实，是一场新的长征。路虽然还很长，但时间不等人，容不得有半点懈怠。我们只有以只争朝夕的精神，为安泽新时代发展献智谋略、献计出力，才能不负芳华，不辱使命。

三、把握“新使命”要求，推进协商民主制度化建设

有事好商量，众人的事情由众人商量，是人民民主的真谛。协商民主是实现党的领导的重要方式，是我国社会主义民主政治的特有形式和独特优势。人民政协是社会主义协商民主的重要渠道和专门协商机构。在具体工作中，我们要把协商民主贯穿政治协商、民主监督、参政议政全过程，在推进全县社会主义协商民主建设中发挥重要作用。

虚功实做开展协商议政。继续坚持县委、政府、政协共同制定并实施年度协商和监督工作计划。进一步健全完善全体会议协商、专题议政性常委会议协商、专题协商、界别协商、对口协商、提案办理协商等形式，积极探索政协协商与其他协商形式的对接和联动。今年我们将重点围绕事关民生改善方面的工作，组织广大委员积极开展协商议政，重点围绕医疗集团组建成效、社会保障情况等工作，开展调研协商，积极助推民生改善，增进荀乡百姓福祉。

刚柔并济加强民主监督。按照中共中央关于加强和改进人民政协民主监督的文件要求，深化民主监督履职实践。进一步突出重点，聚焦县委和政府重大方针政策、重要决策部署的贯彻落实，开展协商式监督。牢牢把握民主监督的方向和原则、节奏和力度，通过调研视察发现问题，围绕履责不力提出批评，针对存在不足督促改进。把民主监督贯穿到会议、视察、提案，以及专题调研、大会发言、反映社情民意等活动之中，深入到全县经济社会发展、机构改革实施、行风政风转变各个领域，不断丰富监督内容、创新监督形式、增强监督实效。继续探索政协民主监督与党内监督、法制监督、监察监督以及其他监督形式的联动协作。另外，还将出台实施细则和操作规程，健全完善民主监督的组织领导、权益保障、知情反馈、沟通协商机制。

内修外合扩大政治参与。充分发挥政协作为党和政府联系人民群众的桥梁纽带作用，畅通社会组织和公众参与协商的渠道和途径，通过委员广泛联系界别群众、邀请群众代表旁听政协会议和参加政协监督视察活动、对政协重大会议和重大活动进行网络直播等方式，不断扩大人民群众的知情权、参与权、协商权、表达权和监督权。

要幸福就要奋斗。要把梦想变为现实，必须不驰于空想、不骛于虚声，一步一个脚印，踏踏实实干好工作。大家要勇于谏言、善于监督、敢于担当，积极推动协商民主实践，为美丽安泽建设汇聚磅礴之力。

四、适应“新时代”特点，提升履职工作科学化水平

海纳百川，故成其大。新时代的中国，正日益走向世界舞台中央，新时代安泽的发展正在实现由“量”到“质”转变。我们要深刻领会、准确把握中共十九大对人民政协提出的新的更高要求，以新理念新方法新举措，不断提升履职能力现代化水平，充分彰显安泽政协的时代气质。

深化提升三基建设。按照县委开展“三基建设提升年”活动要求，按照《“三基建设”2018 年度重点工作任务清单》安排部署，要切实加强组织领导，扎实抓好机关“三基建设”方案的贯彻实施，坚持对标一流、从严从实、改革创新，着力强化政协党组领导核心作用和党支部主体责任、政治功能，着力强化机关内部管理和各项基础性工作，着力强化机关党员干部队伍的思想政治、纪律作风和履职能力建设，切实解决问题、补齐短板、取得实效，以“三基建设”新加强、新提升促进政协事业新发展。

加强委员队伍建设。加强学习培训，帮助委员提高政治把握能力、调查研究能力、联系群众能力、合作共事能力。完善和落实委员履职考核办法，探索实行委员履职述职、履职情况反馈公示、约谈劝退等举措，充分调动委员履职积极性。重视发挥界别委员作用，突出政协界别特色。政协委员既是荣誉，更是责任，新时代的政协委员要有高站位、大胸襟、真情怀的思想素养，要有“懂政协、会协商、善议政”的履职本领，要有“守纪律、讲规矩、重品行”的自律精神，不辱使命、不负重托，努力当好界别群众的代表、本职工作的模范、政协履职的主体。

提升机关工作水平。认真落实全面从严治党各项举措，自觉接受监督，保持政协机关风清气正、山清水秀的政治生态。按照市委、县委统一部署，扎实开展“不忘初心、牢记使命”主题教育，牢固树立“四个意识”、坚定“四个自信”，努力建设一支忠诚干净担当的政协干部队伍。推进学习型组织、书香型机关建设，构建务实管用高效的制度机制，不断提高服务保障的质量和水平。深入开展人民政协理论和实践研究，着力推动制度创新、工作创新。

安泽县人民法院工作报告

——2018 年 4 月 10 日在安泽县第十六届人民代表大会第三次会议上

安泽县人民法院院长　陈建国

2017 年工作回顾

2017 年，安泽法院在县委的坚强领导下，在县人大和上级法院的监督指导下，在县政府、县政协和社会各界的大力支持下，以党的十八大、十九大会议精神和习近平总书记系列重要讲话精神为指导，以“努力让人民群众在每一个司法案件中感受到公平正义”为目标，以公正司法为民司法为重点，不忘初心、牢记使命，切实加强法院队伍建设、司法体制改革、智慧法院建设、精神文明建设，较好地完成各项工作任务。

一、以公正司法为核心，扎实做好审判执行工作

2017 年，我院共受理各类案件 1070 件，结案 1050 件，未结 20 件，结案率 98.13%，审限内结案率 100%。2017 年在全省审判绩效指标排名中，诉讼案件结案率、法定审限内结案率两项指标两次全省排名第一。全年结案均衡度名列全省基层法院前茅。

（一）强化刑事审判工作，推进庭审实质化改革。认真落实以审判为中心的刑事诉讼制度改革工作，着力推进庭审实质化，坚持罪刑法定、证据裁判、疑罪从无、非法证据排除等法律原则。依法严厉打击危害社会公共安全和人民群众生命财产安全的刑事犯罪，全力维护社会治安稳定，全年审结抢劫、盗窃、诈骗类案件 11 案 23 人，审结危险驾驶案件 13 案 13 人。依法惩治职务犯罪，审结贪污贿赂案件 3 案 3 人。全力支持配合监察体制改革，向纪委移送查办党员及国家工作人员涉嫌违法犯罪案件线索 7 条，依法审结监察委查办案件 1 件，办理各类人员违法犯罪记录查询 1000 余人次。全年共受理刑事案件 50 件，结案 50 件，结案率 100%。

（二）强化民事矛盾化解，推进家事审判改革。积极维护经济秩序，推进经济发展，依法审理买卖合同、借款合同、劳动争议案件 340 件。注重维护社会稳定，依法妥善审理财产损害纠纷、宅基地、相邻关系等权属、侵权纠纷等案件 155 件。扎实开展家事审判改革试点工作，聘任家事审判调解员，邀请专家上心理知识辅导课，与妇联联合发文，实现家事审判工作的深度推进，妥善审理婚姻家庭、赡养、继承纠纷案件117件。同时，坚持“调解优先、调判结合”的工作原则，强化民事案件调解工作，以调解方式结案232件，撤诉案件99件，调撤率为54.17%。全年共受理民商事案件616件（含行政非诉案件4件），结案611件，未结5件，结案率99.18%。

（三）强化案件执行工作，推进基本解决执行难。扎实开展“涉民生”、“涉金融债权”、“涉企合同”等案件的专项执行活动，全年受理专项执行案件160件，执行到位标的达2300余万元。其中涉农民工等民生案件到位标的189万元，涉银行、信用社等金融债权案件到位标的1279.25万元。推进执行网络查控系统应用，全年对330余名被执行人财产进行了查询，累计查控400余次，查到财产线索150余条，冻结、划拨金额490余万元。推动联动执行机制建设，召开“基本解决执行难”联席会议。全面加大信用惩戒力度，通过微信平台、街头电子屏对列入失信被执行人名单的当事人公开曝光190余人次，在各乡镇张贴失信执行公告100余份。依法采取强制执行措施，全年司法拘留19人次，追究拒执罪判处1人，扣押车辆16辆，查封房屋10套，网拍财产1起，进一步提高了案件实际执结率。全年共受理执行案件404件，执结389件，执结率96.28%。

二、以党建工作为引领，全力提升队伍建设水平

（一）始终坚持党的领导，不断提升队伍政治素质。深入开展了“讲政治、知敬畏、守规矩”和“两学一做”学习教育常态化制度化暨“维护核心、见诸行动”主题教育，坚持晨会集体学习和每月一次中心组学习，并通过领导班子上党课、抄写《党章》、党小组开展主题讨论、干警撰写学习心得、读书笔记等形式强化理想信念教育。加强意识形态管理，不断培育干警在人民法院工作中践行社会主义核心价值观的能力和水平，引导干警增强“四个意识”，坚定“四个自信”，铸就绝对忠诚的政治品格。

（二）加强党风廉政建设，不断提升队伍廉洁意识。加强廉洁教育，筑牢思想道德防线。全年学习廉政建设相关通报10次，观看专题教育片2部，党组书记与党组成员，党组成员与分管部门负责人开展谈心谈话活动17人次。强化执法监督，促进公正廉洁司法。坚持对干警出勤、在岗状态、庭审活动、司法礼仪、警车使用等情况进行不定期督察，重要节点及时廉政提醒监督，做到以零容忍的态度惩治司法腐败。深化作风建设，召开民主生活会，切实解决党员官僚主义、形式主义方面的突出问题。

（三）加强精神文明建设，不断提升队伍文明形象。每天坚持做广播操，每月举办一次“道德讲堂”。先后举办了元旦国庆升旗宣誓、三八座谈、五四徒步等节日活动；开展了学雷锋、12.4法制宣传等志愿服务；组织了专题讲座、在线学习、全员阅读等学习教育；编印了《年报》《年鉴》等内部刊物；开展了网站、微博、微信等网络宣传，在全院范围内营造出崇尚敬业进取的文化氛围。

三、以司法为民为重点，全力提升司法服务水平

（一）不断完善便民诉讼举措提升群众满意度。持续推进院领导值周接访工作制度，及时了解群众诉求，切实做到有案必立，有诉必理。同时推进案件繁简分流机制改革，在立案庭成立简案速裁团队，分流高效化解矛盾，最大限度实现简案快审。积极采取法官错时办案、巡回法庭等便民诉讼举措，化解社会矛盾纠纷。全面提升司法救助力度，保障弱势群体诉讼权益，依法为困难当事人办理缓交诉讼费6.2万余元，为贫困申请人发放司法救助金10万元。

（二）大力加强多元化纠纷解决机制建设。一是依托安泽县“311”社会治理服务体系网格化管理的优势开展诉调对接工作，使大量社会矛盾纠纷在诉讼外化解。2017年案件受理总数同比下降15%。二是建立法院公安联合办案机制，有效解决被执行人难找的问题。全年实施网上查询5人，移送审查拒执犯罪1案1人，有两起执行案件利用网上查询手段得以顺利执结。三是设立交通事故案件诉前调解室，与公安交警部门共同化解矛盾，在交通事故纠纷化解方面为群众开通了便民服务绿色通道。

（三）全力服务和保障全县重点工作开展。一是妥善审理了可能引发群体性购房户上访案件，依法保护了双方当事人合法权益，维护了社会稳定。二是积极推进精准扶贫工作，通过走访调研、帮扶秋收、访贫问寒，鼓励光伏发电、易地搬迁等暖心举措拉近群众距离，推动实现村民脱贫。

四、以司法改革为动力，促进审判事业向好发展

（一）组建新型审判团队，分类开展审执工作。我院按照上级法院要求，结合本院工作实际，完成了10名聘用制书记员招聘工作。并以入额法官为主体，按照案件繁简分流要求，组建了6个审判团队，通过分类开展审判执行工作，大大提高了审判执行工作质量和效率，全年案件审结率同比上升2.04%，执结率同比上升0.58%，无超审限案件。

（二）强化审判监督管理，规范审判权力方式运行。一是设专人负责案管工作，对办案过程、办案质效等约束性指标实行网上动态管理，针对存在问题及时向法官推送提醒信息，实现办案质效全面提升。二是研究制定了《关于完善落实司法责任制的实施办法（试行）》《院庭长办案制度（试行）》《员额法官及审判辅助人员绩效考核及奖金分配办法（试行）》等司改配套制度，职责和相应保障待遇全部落实到位，有效规范和保障了新型审判权力方式的运行。

五、以阳光司法为保障，不断提升法院工作实效

（一）加快智慧法院建设，提升司法服务能力。紧紧围绕执法办案工作目标，不断加强技术应用和装备更新。全年开展庭审网络直播65场，新建了1个数字法庭，更换1处、新装1处高清显示屏，在诉讼、执行服务窗口安装了高清录音录像设备，推进了标准化机房建设和局域网升级改造工程，所有网线全部更换为千兆网。与此同时，历时10个月圆满完成库藏档案数字化处理工作，全院4.4万余册库藏档案全部实现了电子化。

（二）深化多元监督管理，提高司法公开水平。我院始终坚持党的领导，坚持重大事项及时向县委、人大请示汇报，定期向人大常委会报告工作，主动把工作置于人大、政协、监察、检察机关及社会各界的监督之下。全年邀请人大代表、政协委员来我院视察指导工作、旁听庭审、参与案件执行3次；主动到县两会讨论现场征求意见70余人次；人民陪审员陪审案件106件，陪审率达100%，进一步增进了人民群众对法院工作的监督、理解和支持。

一年来，我院各项工作呈现出整体提升、健康发展的良好局面。先后获得各级表彰10次，其中立案庭被最高院评为“全国法院先进集体”、民二庭被市妇联授予“维权先进集体”、我院党支部被县委授予“先进党支部”。

2018年工作思路

2018年，是深入学习贯彻党的十九大会议精神的开局之年，是实施“十三五”规划、决胜全面小康社会的关键一年，也是人民法院站在新起点实现新发展的重要一年。我院的工作思路是：深入学习贯彻党的十九大和十九届一中、二中、三中全会精神，以习近平新时代中国特色社会主义思想为指导，按照省委、市委、县委的经济发展战略部署和上级法院工作会议要求，牢牢把握新时代人民法院的新使命，扎实推进执法办案工作、党建队建工作、智慧法院建设、精神文明建设、司法体制改革、基础设施建设六项工作，瞄准审限内均衡结案目标，推动审判执行工作实现更高质量、更有效率发展，努力为安泽全面振兴、绿色崛起创造安全的政治环境、稳定的社会环境、公正的法治环境、优质的服务环境。

一、全面强化执法办案工作，要在服务大局上有新成效

自觉把法院工作置于全县工作大局之中，始终坚持依法审判与服务大局相统一，化解矛盾与维护稳定相结合。要认真履行刑事审判职能，扎实推进以审判为中心的刑事诉讼制度改革，深入开展扫黑除恶斗争，依法惩治犯罪，全力维护社会稳定。要充分发挥民商事审判职能，认真抓好家事审判机制改革工作，妥善处理新形势下的矛盾纠纷。要大力实行案件繁简分流，深入推进诉调对接，积极利用“311”网格平台推进多元化纠纷解决机制建设。与人民法院基本解决执行难第三方评估指标体系要求对表对标，进一步提高执行规范化、信息化水平，健全和完善执行联席会议制度，加大网络查控、失信曝光惩戒力度，坚决打赢推进基本解决执行难硬仗。要抓好案件质效工作，争取在全省法院案件各项约束性指标排名中，走在全省前列。

二、全面加强党建队建工作，要在履职尽责上有新作为

坚持党对人民法院的绝对领导，不折不扣地落实党中央的决策部署，忠实履行党和人民赋予的职责和使命，始终保持正确的政治方向。要认真组织开展“不忘初心、牢记使命”主题教育，广泛开展案例研讨、庭审观摩、裁判文书点评、实务技能竞赛等活动，让干警在岗位锻炼中增长实际本领。加强司法审判与国家监察工作有机衔接，深入推进党风廉政建设和反腐败斗争。进一步严格落实中央“八项规定”精神及各项廉洁规定，严格执行领导干部干预司法活动、插手具体案件的记录、通报和责任追究制度，更加自觉地接受人大监督、民主监督、监察监督、检察诉讼监督和社会监督，确保每一起案件都经得起法律、历史和人民的检验。

三、全面提升精神文明建设，要在司法文明上有新进步

坚持与创建省级文明单位的各项指标对表对标，扎实开展各项精神文明创建活动。继续坚持重大节日升旗宣誓、每天晨会学习做广播操等坚持多年的优良传统。通过组织干警参加道德讲堂、专题培训、网络学习、文体竞技、青年志愿服务等各类健康向上的集体活动，提升干警的思想品质；通过编辑内刊和拓展网络宣传，增强党内政治文化的影响力、渗透力，争取早日实现省级文明单位创建目标。

四、全面深化智慧法院建设，要在智能管理上有新提升

围绕“全业务网上办理、全流程依法公开、全方位智能服务”目标，加快新时代智慧法院建设。积极推进庭审语音识别、电子卷宗随案生成等智能辅助办案系统建设应用。加强院务管理网络建设，推进 OA 系统应用，实行网上请销假、网上阅文转批，最大限度的实现无纸化办公。推进诉讼服务中心建设，努力在智能化便民服务上取得新进展。

五、全面推进司法体制改革，要在绩效提升上有新举措

按照中央、省委要求，深化司法体制综合配套改革。全面落实司法责任制，推进司法人员分类管理，理清各类司法人员职责权限。推进法院内设机构整合，进一步优化审判资源配置。推行审判管理工作例会和专业法官会议制度，审管工作要逐步从管理型向管理与服务并重型转变，在强化审判流程管理、案件质量评查等管理工作的同时，要高度关切一线法官的办案需求，及时解决一线审执工作困难和问题，在放权不放任、监管不缺位的监督管理基础上更进一步，努力争创全国案件管理规范化示范法院。

六、全面夯实基础设施建设，要在服务保障上有新发展

积极开展执行服务中心、标准化机房等基础设施达标建设，按照既定工期扎实推进相关项目建设。继续推进法院两庭建设，争取在县委政府的支持和帮助下尽快办理法庭建设各项审批工作，争取早日改变安泽法院两庭建设落后局面。按照县委部署扎实推进“四个年”活动，不断探索新时代法院工作新方法，努力在县域经济社会发展上做出新贡献。

附：报告中有关用语说明

1. 各类案件：指刑事、民事、行政等三大诉讼中的一审、再审案件以及民事执行、非诉行政执行等案件。

2. 基本解决执行难：2016 年 3 月在十二届全国人大四次会议上，最高人民法院院长周强在工作报告中明确提出“用两到三年时间，基本解决执行难问题”，引发社会普遍赞誉和广泛共鸣。今年是基本解决执行难的决战之年，各级人民法院坚持以信息化建设为抓手，着力强化执行规范化建设和专业化建设，切实完善执行体制机制，努力实现执行工作各个领域的深刻变革，力求达到基本解决执行难的总体目标。

3. 涉民生案件：指追索劳动报酬、赡养费、抚养费、抚恤金、医疗损害赔偿、交通事故人身损害赔偿、工伤赔偿等案件。

4. 被执行人信用惩戒：人民法院依照法定程序，将具有履行能力而不履行生效法律文书确定的义务，并具有转移财产规避执行等6种情形的被执行人列入失信名单，通过向社会公布、向相关单位通报其个人信息和拒不履行的情况等方式，对其进行信用惩戒，促使其主动履行义务的一项制度。

5. 家事审判方式改革：旨在探索家事纠纷的专业化、社会化和人性化解决方式。人民法院设立家事审判合议庭，审理家事案件，实现家事审判司法功能与社会功能的有机结合，维护婚姻家庭关系稳定，依法保护妇女儿童和老年人的合法权益，促进社会建设和谐稳定发展。

6. 以审判为中心刑事诉讼制度改革：指推动建立以庭审为中心的刑事诉讼制度，促进侦查、审查起诉活动进一步规范，全面贯彻证据裁判要求，充分发挥庭审在查明事实、认定证据、保证诉权、公正裁判中的决定性作用，确保证据质证在法庭、案件事实查明在法庭、诉辩意见发表在法庭、裁判理由和审理结果形成在法庭，从根本上杜绝冤假错案。

7. 司法体制改革：深化司法体制改革，建设公正高效权威的社会主义司法制度是党的十八大和十八届三中、四中全会作出的重大部署，对推进国家治理体系和治理能力现代化、建设中国特色社会主义法治体系具有十分重要的意义。司法体制改革的重点是完善司法人员分类管理制度、健全司法人员职业保障制度、完善司法责任制、建立省以下地方法院人财物省级统一管理体制。山西省作为全国第二批试点省份之一，2015年6月启动司法体制改革工作，临汾市是山西省第二批司改试点，安泽法院是临汾市首批司改试点，于2016年11月启动司法改革工作，目前仍在司法体制改革进行中。

8. 案件陪审率：是指法院每年由人民陪审员参与审理的案件数量占普通程序审结案件总数的百分比。

安泽县人民检察院工作报告

——2018年4月10日在安泽县第十六届人民代表大会第三次会议上

安泽县检察院检察长　张临生

2017年检察工作回顾

2017年，在县委和市检察院的坚强领导下，在县人大及其常委会的有力监督下，在县政府、县政协及社会各界的关心支持下，我院深入贯彻党的十九大精神，以习近平新时代中国特色社会主义思想为指引，围绕中心工作，履行监督职责，服务发展大局，书写了安泽检察新的篇章。

一、坚决落实上级决策部署，全面做好改革试点工作

（一）配合搞好国家监察体制改革试点。按照上级确定的时间表、路线图，全力配合搞好改革试点工作，5 名人员平稳顺利转隶，认真执行省委政法委“1+4”制度体系，确保办案工作有序衔接，监察体制改革试点工作走在全市的前列。

（二）坚决完成司法体制改革任务。按照选拔程序，遴选出 9 名员额检察官（其中 3 人已转隶）。全面落实司法责任制，确保员额检察官用权办案不偏离轨道。入额的院领导充分发挥示范作用，带头办案 31 件，出庭公诉 31 次，其中检察长办理案件 7 件，均为复杂、疑难案件。坚持扁平化管理和专业化建设相结合，完成我院内设机构改革，推行“四部制”，确保政务、业务运行更加顺畅高效。

二、充分发挥各项检察职能，保障县域社会经济发展

（一）积极开展公益诉讼。联合环保、城建、国土等 8 家行政部门召开了公益诉讼联席会议。争取县委支持，出台了《安泽县委、安泽县人民政府关于支持检察机关开展公益诉讼活动的通知》，主动出击，精准发力，对生态环境和资源保护等领域开展线索摸排，截至目前，已办理行政公益诉讼案件 5 件次，更好地维护了国家和社会公共利益。

（二）竭力增进民生福祉。积极服务扶贫攻坚战略，与县监委联合出台《关于进一步推进“互联网+阳光百姓工程”意见》，实施“互联网+阳光百姓工程”，监管涉农扶贫等民生资金 217 万余元，确保惠农政策落实落地。对全县工程项目招投标和政府采购事项开展行贿犯罪档案查询 500 次 1203 人，涉及企业 500 家，为创造良好的营商环境提供优质服务。

（三）打好扶贫攻坚战。按照县委脱贫攻坚工作的总体部署，我院结合义唐 104 户贫困户的实际情况，分析原因，制定措施，扎实推进“一对多”的精准扶贫工作，使贫困户不同程度地实现了增收。截至目前，全村已脱贫 99 户，全院干警下乡走访扶贫 650 余次，帮助种植油用牡丹 78 亩、安装光伏发电 3 户、解决村里外出务工 60 余名，危房改造 2 所，为劳力薄弱的贫困户收秋 10 余亩。此外，为市院包联村（马壁乡郎寨村）普及全村亮化工程，为县级领导帮扶村（和川镇双头村）争取漫水桥加固资金 5 万元。

三、依法履行批捕起诉职能，努力维护社会和谐稳定

（一）严厉打击各类刑事犯罪。积极探索“捕诉一体化”工作模式，着力提高办案质量和效率。严厉打击“两抢一盗”、故意伤害等严重危害社会稳定、侵害群众利益的犯罪活动。全年共受理公安机关、监察委员会移送的各类刑事犯罪案件 85 件 132 人，其中依法批准逮捕 38 件 57 人，提起公诉 47 件 75 人。同时，积极贯彻宽严相济刑事政策，对初犯、偶犯和轻微刑事犯罪人员慎捕、慎诉，依法决定不批捕 31 人、不起诉 2 件 5 人，减少了社会对立。

（二）妥善化解矛盾纠纷。受理各类信访事项 32 件，其中受理举报线索 7 件，转县纪委监委办理 3 件，转公安机关 1 件，直接答复 3 件；受理控告信访事项 16 件，直接答复 14 件；立案复查不服检察机关不起诉刑事申诉 1 件；检察长接待 26 件，接待来访群众 50 余人（次）；以上信访件均在法定时限内全部分流。

（三）强化未成年人刑事检察工作。牢固树立未成年人特殊保护理念，建成了集谈心谈话、心理疏导、询问讯问以及法治教育等功能于一体的未检办案区，先后深入安泽一中、二中等四所学校开展“法制进校园”巡讲活动，通过举办法制课堂为1500余名学生授课，教育引导未成年人学法、守法、用法，取得了良好的社会效果。

四、聚焦法律监督主责主业，着力维护社会公平正义

（一）强化刑事诉讼监督。加强对公安机关刑事立案和侦查活动的全程动态监督，重点纠正有案不立、以罚代刑、滥用强制措施等违法行为。共受理立案监督线索5件次，监督撤案2件次，纠正漏捕1人。扎实开展“破坏环境资源和危害食品药品安全犯罪专项立案监督”活动，监督行政执法机关移送刑事案件1件，发出纠正违法通知书6份。强化审判监督，向法院发出量刑建议67人，采纳53人，促进了刑事审判公正。

（二）强化民事行政监督。深入贯彻落实修改后的民事诉讼法和行政诉讼法，不断完善多元化民事行政诉讼监督格局。开展民事行政执行监督案件7件，开展民事审判监督3件，督促履职3件，支持起诉6件。

（三）强化刑事执行法律监督。规范驻所检察工作，开展看守所在押人员谈话60人次，针对监管活动履行职责不当情形，发出纠正违法通知书16份，羁押必要性审查3件。开展财产刑执行监督，完善与法院的信息通报制度，畅通案件信息获取渠道。深化社区矫正监督，加大巡回检察力度，针对履行职责不当情形，发出纠正违法通知书26份，切实维护了被监管人员的合法权益。

五、努力建设过硬检察队伍，着力提高执法办案水平

（一）加强思想政治建设。坚持把思想政治建设作为队伍建设的龙头，扎实开展“两学一做”学习教育活动，组织干警认真学习习近平总书记重要讲话特别是对政法工作、检察工作的重要指示精神，学习党章党规，邀请党校老师做专题党课讲座，落实“党员活动日”制度，紧紧围绕学习内容及时开展学习讨论，并组织召开了高质量的民主生活会和组织生活会等，切实增强了干警的“四个意识”，提高了队伍的正规化、专业化和职业化水平。

（二）加强纪律作风建设。认真贯彻落实中央八项规定和“两个责任”的要求，在思想上高度重视纪律作风建设的重要性，在行动上切实加强工作纪律、转变工作作风，树立了良好的检察队伍形象。逐级签订了《党风廉政建设目标管理责任书》，在全院形成了廉政责任制网络，使党风廉政建设和反腐败斗争与各项检察工作同步进行。持续深入地反对“四风”，坚决整治特权思想、衙门作风、霸道作风，把依法治权、消除特权的思想内化于心、外践于行。

（三）加强职业素质教育建设。广泛开展岗位练兵和教育培训活动，先后选派18名干警参加了省、市组织的培训，多措并举鼓励干警参加司法考试，2名干警取得了法律职业资格证书，开展了17次业务分析研判会，干警综合素质稳步提升。坚持每周二、四学政治、学业务不动摇，定期开展法制教育，选派业务骨干开展执法办案专项培训，实行“周碰头、月汇报、季分析、年总结”的办法，及时了解情况，增强责任，凝聚力量，促进工作。

六、主动接受社会各界监督，不断提高检察工作水平

（一）自觉接受人大监督。坚持“对人大负责就是对人民负责”的理念，自觉把检察工作置于人大的监督之下，重要工作和情况及时向人大汇报、通报。严格执行县人大及其常委会的决议，通过年初建账、年中查账、年底交账等方式，及时向人大及其常委会报告工作情况。主动征求人大代表的意见，对人大代表提出的意见和建议认真办理、及时反馈。

（二）自觉接受政协民主监督和社会监督。主动向政协通报检察工作情况，自觉接受民主监督。通过实施“阳光检察”工程、开展以“加强侦查监督，维护司法公正”为主题的“检察开放日”活动、“开门评检”等活动以及开通门户网站、微博、微信公众号等平台，以公开促公正，以公开促廉洁，让人民群众和社会各界更加充分了解检察工作。

（三）自觉加强内部监督制约。严格执行案件集中管理，强化案件网上运行流程监管，所有案件从受理到办结全部在网上运行，实现了全程、统一、实时、动态管理和监督，提升执法规范化水平。强化律师执业权利保障，接待律师阅卷 12 次。在网上公开案件程序性信息 141 条、辩护与代理预约 10 件，法律文书 44 份，切实增强了工作透明度。进一步完善执法办案、律师阅卷、涉案款物管理、文明接访、检务公开、领导带班、学习、请销假、后勤、机关管理等管理制度，坚持用制度管人，用制度管事，形成科学、规范的管理体系。

2017 年，我院被市精神文明建设指导委员会评为市级“文明单位标兵”、3 名干警分别受到省、市院表彰，2 名干警受到县委表彰。

2018 年检察工作思路

根据中央、省、市和县委工作要求，2018 年的检察工作思路是：坚持以习近平新时代中国特色社会主义思想为指引，全面贯彻党的十九大和十九届二中、三中全会精神，认真落实全国全省全市检察长会议要求，履行法律监督职能，维护社会大局稳定，服务保障中心工作，深化司改综合配套，加强过硬队伍建设，为建设“山水田园城、精品旅游县”，实现安泽“全面振兴、绿色崛起”创造公正的法治环境、优质的服务环境。

一是在维护社会稳定上要有新业绩

要始终把维护社会稳定作为首要政治任务，立足检察职能，确保社会长治久安、人民安居乐业。要严厉打击扰乱金融秩序、破坏社会主义市场经济秩序的犯罪活动，重点打击非法吸收公众存款、集资诈骗等涉众型经济犯罪，切实维护良好的发展环境。要认真贯彻宽严相济刑事政策，在依法打击极少数严重刑事犯罪分子的同时，最大限度地减少社会对抗，努力化消极因素为积极因素。要坚决落实中央、省、市、县扫黑除恶专项斗争部署，与相关部门密切配合，形成打击黑恶势力的合力。坚持打早打小、有黑扫黑、无黑除恶、无恶治乱，依法严厉打击垄断经营、强揽工程、破坏经济秩序和涉及民生领域的黑恶势力，特别是威胁政治安全、把持基层政权、欺压百姓的农村黑恶势力。要坚决铲除黑恶势力“关系网”“保护伞”，发现线索后及时移送有关部门查处。要在批捕、起诉阶段，充分体现依法严惩的精神，快捕、快诉涉黑涉恶犯罪案件，坚决遏制黑恶势力的嚣张气焰。

二是在服务中心大局上要有新作为

坚持把服务大局作为中心任务，努力为安泽经济社会持续健康发展，提供坚强有力的法治保障和高效优质的法律服务。要围绕县委打好精准脱贫攻坚战决策部署，充分发挥批捕、起诉、行政检察等职能，积极参与扶贫领域腐败问题专项治理，依法惩治危害易地搬迁、扶贫项目实施等领域的犯罪。要将检察工作融入脱贫攻坚的具体实践中，扎实推进“互联网+阳光百姓工程”，建立统一的监督平台，抓好报备审核工作，确保党的涉农惠民政策和资金真正惠及广大人民群众。要严厉打击干扰企业生产经营、侵犯企业合法权益的各种违法犯罪活动，依法维护企业、公民产权和合法权益，努力营造公平、公正、透明、稳定的法治化营商环境。

三是在强化法律监督上要有新理念

坚决贯彻习总书记关于加强法律监督的重要指示精神，积极适应检察职能重大调整后的新形势，以做强做实法律监督为目标，努力构建法律监督新模式。要加强对侦查活动、审判活动的监督，确保办案过程符合程序公正、事实认定符合客观真相、办案结果符合实体公正，推动以审判为中心的刑事诉讼制度改革真正落地见效。要紧紧扭住人民群众反映强烈的执法不严、司法不公突出问题，切实做到敢于监督、善于监督、依法监督、规范监督，确保宪法法律统一正确实施，努力让人民群众在我们办理的每一起司法案件中都感受到公平正义。

四是在推进司法体制改革上要有新成果

深刻领会当前和今后一个时期中央、省院关于深化司法体制改革作出的决策部署，积极适应检察权运行新模式。严格落实“谁办案谁负责、谁决定谁负责”的要求，进一步落实司法责任制，完善检察官清单、监督制约和考核评价机制。积极探索“捕诉一体化”工作模式，以机制创新为中心，摒弃陈旧思维模式，不断提高办案质量和效率。深化以审判为中心的刑事诉讼制度改革，全面贯彻证据裁判规则，确保侦查、起诉、审判的案件事实证据都经得起法律检验。

五是在开展公益诉讼上要有新亮点

深刻领会习近平总书记关于“检察官作为公共利益的代表，肩负着重要责任”的重要指示精神，把全面开展公益诉讼作为推进检察工作新发展的重大任务，打造监督新亮点。狠抓案件办理，一方面拓宽案源，着力提升公益诉讼办案数量，形成规模效应；一方面坚持数量和质量并重的理念，努力实现三个效果的有机统一，做到办理一案、警醒一方、惠及一片。坚持全面履职与突出重点相结合，加大生态环境和资源保护、食品药品安全领域公益诉讼案件办理力度。积极沟通协调，推动形成与纪委监委、法院、行政机关等单位的良性互动，紧紧依靠县委领导，主动接受人大监督，加强与环保、食药监、国土等行政机关的沟通。切实维护国家和社会公共利益。

六是在加强检察队伍建设上要有新提升

落实新时代党的建设总要求，把政治建设放在首位，深入推进“两学一做”学习教育常态化制度化，扎实开展“不忘初心，牢记使命”主题教育。精心制定教育培训方案，加强分层分类培训，把教育培训与检察实践结合起来，优化知识结构，补齐能力短板。严格执行中央八项规定精神，驰而不息整治“四风”，密切关注形式主义、官僚主义种种新表现；深化运用监督执纪“四种形态”，强化日常教育监督管理，加大检务督察力度，抓早抓小、防微杜渐，让干警知敬畏、存戒惧、守底线，着力营造检察机关风清气正的良好政治生态。加强与派驻纪检监察机构的密切协作，努力做到同向发力，共同推进全面从严治党、全面从严治检和党风廉政建设不断向纵深发展。

附：相关用语解释与说明

1. 法律监督：《宪法》第129条规定：中华人民共和国人民检察院是国家的法律监督机关。由此确定了检察机关履行法律监督职能的宪法法律定位。同时，根据三大诉讼法及人民检察院组织法规定，人民检察院通过依法参与刑事、民事、行政诉讼等法律活动，对有关国家机关和人员的执法行为、司法行为是否合法实行专门监督。检察机关履行法律监督的主要方式为：审查批捕、审查起诉、侦查职务犯罪及对公安机关、人民法院的诉讼活动进行法律监督。

2. 阳光百姓工程：以村为基础，在村建立预防工作联系点，聘请村民代表担任联络员；以乡为重点，在乡镇设立联络站，专门管理涉农资金档案；县检察院设立专门管理中心，设立村民维权接待日和便民热线，建立健全涉农资金管理档案，方便群众查询。从而建立起县、乡、村三级联动的涉农职务犯罪预防网络。

3. 行贿犯罪档案查询：为打击商业贿赂违法犯罪，促进社会信用体系建设，2006年，最高人民检察院决定建立行贿犯罪档案查询系统。任何个人和单位都可向检察机关提出查询申请，查询结果供个人或单位在进行商业活动时参考。

4. 案件集中管理：山西省检察机关重点推进的改革项目，是指检察机关设立案件管理机构或指定其他机构，对案件流程、案件质量和案件统计信息等进行集中管理，以利于加大对执法办案活动的横向监督制约，强化检察业务工作统筹管理。我省三级检察院均已成立案件管理机构或者指定其他机构负责此项工作。这项改革受到最高人民检察院和省委的充分肯定，最高人民检察院将案件集中管理列入“十二五”时期检察工作的重要内容。

5. 公益诉讼：是指人民检察院在履行职责中，发现污染环境、食品药品安全领域侵害众多消费者合法权益等损害社会公共利益的行为，或者发现生态环境和资源保护、国有资产保护、国有土地使用权出让等领域负有监督管理职责的行政机关、国有企业、事业单位，因违法行使职权或者不作为，造成国家和社会公共利益受到侵害，在没有适合主体不提起诉讼的情况下，可以向人民法院提起公益诉讼的一项制度。

6. 员额检察官：是指从具有助检员以上法律职务的人员中，经过统一遴选标准和程序择优选任，依法行使检察权的检察人员。检察官员额制是实现检察官正规化专业化职业化的重要制度，是司法责任制的基石，通过对检察官实行员额制管理，真正落实了谁办案、谁负责的司法责任。

关于安泽县2017年预算执行情况与2018年预算草案的报告

——2017年4月10日在安泽县第十六届人民代表大会第三次会议上

安泽县财政局局长　赵红兵

一、2017年预算执行情况

2017年，在县委、县政府的坚强领导下，在县人大、县政协的监督支持下，深入学习贯彻党的十九大精神和习近平总书记视察山西重要讲话精神，紧紧围绕全县发展大局和全年预算目标，科学谋划，精准施策，全力以赴增收入、严支出、保民生、推改革、强管理，财政各项工作取得了新进展新突破，有力地推动了全县经济社会健康平稳发展，财政预算执行情况总体良好。

（一）一般公共预算执行情况

2017年全县预算经县十六届人大二次会议审查批准，全县一般公共预算收入为30283万元，与备案预算一致，实际完成40800万元，超收10517万元；支出预算由60707万元变动为111399万元，变动因素是中央、省、市转移支付补助增加30859万元，当年超收10517万元，安排上年结转结余资金增加4906万元，债务转贷收入增加3543万元，动用预算稳定调节基金增加767万元，调入资金增加100万元。这里需要说明的是：按照《预算法》规定，省级以下财政不能出现赤字，超收部分只能补充稳定调节基金，当年超支41007万元，动用稳定调节基金弥补后，实际超支30480万元，比年初人大批准的预算赤字36128万元缩小5648万元，根据《预算法》建立跨年度平衡机制要求，采取挂账“暂付款”处理办法，待以后年度有财力时予以弥补。

2017年全县一般公共预算收入完成40800万元，占预期目标30283万元的134.73%，超收10517万元，同比增长35.98%，增收10795万元。全县一般公共预算支出累计执行93337万元，债务还本支出2500万元，上解支出44万元，合计支出95881万元，占预算指标111399万元的86.07%，比上年同期85744万元增长11.82%，增支7593万元。纵观全县预算运行情况，主要呈现以下几个特点：

一是财政收入较快增长。2017年，全县一般公共预算收入一路上扬，同比增长了35.98%，总体呈现出较快增长的势头，扭转了收入过去两年持续下滑的局面，在全市进度排队第2名，增长排队第2名，总量排队第8名；财政收入提前39天实现首季“开门红”，提前78天实现“双过半”，提前165天完成全年收入任务，创历史新高。二是收入质量不断优化。从分税种完成情况看，增值税、资源税、企业所得税、城市维护建设税等四大主体税种合计完成29843万元，税收收入占一般公共预算收入的比重为80.72%，较2016年同期高出28.68个百分点，税收收入贡献突出；非税收入占一般公共预算收入的比重为19.28%，非税收入呈持续缩减态势，收入结构趋于合理，收入质量明显提升。三是重点支出保障有力。全县教育、医疗卫生、社会保障和就业、住房保障等民生支出72419万元，占一般公共预算支出的77.67%，同口径增长8.57%，增支5719万元。全县纳入GDP核算的8项服务业支出59247万元，同比增长6%，增支3581万元，有力保障了全县经济社会发展需要。

2017年全县预算收支执行具体情况如下：

1. 主要收入项目完成情况

税收收入完成32935万元，为预算的172%，同比增长110.91%。其中：增值税完成19278万元，为预算的165.80%，同比增长133.36%；企业所得税完成3086万元，为预算的197.69%，同比增长246.74%；个人所得税完成1071万元，为预算的324.55%，同比增长342.56%；资源税完成3819万元，为预算的187.21%，同比增长91.04%；其他税收收入完成5681万元。

非税收入完成7865万元，为预算的70.63%，同比下降45.34%。其中：专项收入完成3450万元，为预算的109.51%，同比下降10.06%；行政事业性收费收入完成999万元，为预算的39.56%，同比下降74.21%；罚没收入完成677万元，为预算的281.54%，同比下降70.87%；国有资源（资产）有偿使用收入完成1274万元，为预算的58.13%，同比下降54.02%；其他收入完成965万元。

2. 主要支出项目执行情况

教育支出16639万元，为调整预算的98.07%；科学技术支出1097万元，为调整预算的100%；文化体育与传媒支出1321万元，为调整预算的72.78%；社会保障和就业支出6117万元，为调整预算的98.66%；医疗卫生与计划生育支出10142万元，为调整预算的92.09%；节能环保支出5051万元，为调整预算的100%；农林水事务支出23524万元，为调整预算的95.15%；国土资源气象等事务支出4162万元，为调整预算的95.22%；住房保障支出299万元，为调整预算的100%；城乡社区支出1758万元，为调整预算的95.65%。

其他项目支出情况：一般公共服务支出12541万元，为调整预算的98.32%；公共安全支出5902万元，为调整预算的99.38%；交通运输支出1507万元，为调整预算的53.82%；资源勘探信息等支出1142万元，为调整预算的85.42%；商业服务业等支出633万元，为调整预算的100%；粮油物资储备等管理事务支出303万元，为调整预算的100%；债务付息支出1199万元，为调整预算的100%。

中央、省、市对我县转移支付情况：2017年，中央、省、市对我县转移支付63905万元，增长12.5%。其中：一般性转移支付36855万元，增长2.49%；专项转移支付27050万元，增长29.78%。

（二）政府性基金预算执行情况

2017 年全县政府性基金预算收入完成 455 万元，为预算的 22.75%，同比下降 88.72%；预算支出执行 17253 万元，为预算的 99.74%，同比增长 73.14%。支出项目是：社会保障和就业支出 322 万元，城乡社区事务支出 1658 万元，债务付息支出 80 元，其他支出 376 万元，上解支出-283 万元，调出资金 108 万元，债务还本支出 15000 万元。

（三）社会保险基金预算执行情况

2017 年全县社会保险基金预算收入完成 38660.19 万元，为预算的 139.9%，同比增长 140.21%；预算支出执行 16015.19 万元，为预算的 114.29%，同比增长 6.4%；收支结余 22645 万元。收入增幅较大主要是 2017 年正式启动机关事业单位养老保险改革，2014 年 10 月至 2017 年 12 月期间的收入体现在 2017 年。支出项目分别是：企业职工基本养老保险基金支出 5469 万元，为预算的 113.18%，同比增长 15.8%；机关事业单位养老保险基金支出 7404 万元，为预算的 123.34%，同比增长 0.9%；城乡居民基本养老保险基金支出 1164 万元，为预算的 97.08%，同比减少 1.1%；城镇职工基本医疗保险基金支出 1240 万元，为预算的 100%，同比增长 1.47%；城乡居民基本医疗保险基金支出 443.64 万元，为预算的 100%，同比增长 25.95%；工伤保险基金支出 64.56 万元，为预算的 100%，同比增长 16.94%；失业保险基金支出 140 万元，为预算的 100%，同比增长 16.67%；生育保险基金支出 89.99 万元，为预算的 100%，同比增长 37.18%。

（四）国有资本经营预算执行情况

我县暂无此项收入。

（五）债务情况

2017 年，市财政局下达我县新增债务规模 3000 万元，主要用于乡村旅游、光伏发电等脱贫攻坚项目建设；市财政局转贷我县置换债券 15543 万元，主要用于置换存量政府债务。这些债券资金对我县应对经济下行压力、加快基础设施和民生项目建设、防范财政金融风险发挥了积极作用。

截至 2017 年底，全县政府债务余额为 58675 万元，比省财政厅批准的 2017 年政府债务限额 66163 万元低 7488 万元；全县政府债务率为 52.67%，比 2016 年降低 14.23 个百分点，比债务风险警戒线（100%）低 47.33%，我县政府债务规模在风险可控范围之内。

今年 3 月上旬，经省财政厅核查，我县 2014 年至 2017 年新增隐性债务 41280.28 万元，其中：棚户区改造 12300 万元，扶贫易地搬迁贷款 5057 万元，粮食政策性挂账 6880.39 万元，拖欠工程款 17042.89 万元。此外，2016 年-2017 年超预算支出 6 亿元。

（六）落实县十六届人大二次会议预算决议情况

2017 年，全县财政部门按照县十六届人大二次会议决定决议，贯彻落实积极的财政政策，充分发挥财政职能作用，努力提高财政支出规范性和有效性，依法理财水平进一步提升。

1. 全面落实积极的财政政策。一是落实减税降费政策。认真落实结构性减税政策，从

2017年4月1日起，取消环境监测服务费每吨原煤3.7元，全年共为企业减负1336万元，确保企业轻装上阵。二是加大争取资金力度。全年共争取上级财政资金19000万元，其中：争取置换债券资金15000万元，争取新增债券资金3000万元，争取省财政扶持村集体经济发展项目资金1000万元，有效缓解了我县财力不足的局面。三是加大融资担保力度。为县安投公司注册资金3102万元，为2家中小企业提供担保贷款355万元，融资担保实力显著提升。

2. 全力保障民生领域支出。我局始终把民生改善作为财政工作的着力点，科学调度好有限的财政资金，将政策支持和财力保障的重点向民生领域倾斜。2017年，全县民生支出达72419万元，占一般公共预算支出的77.67%。其中：县财政投入资金31711万元，有力地支持了全县“一纵一横”工程、永鑫铁路线土地补偿、农贸市场建设、城中村改造、步行街改造、集中供热、数字电视全免费、意外伤害保险全免费、十二年教育全免费等重点工程及民生实事建设。此外，按照省市财政部门关于做好“三基建设”财政投入保障工作的要求和县委有关要求，我局自我加压，不断加大资金投入，共投入资金7037万元（其中：县财政配套4689万元），全力保障了基层运转，提高乡镇人员补贴，提高“两委”主干基本报酬，提高福利费标准，乡镇周转房建设，扶持村集体经济发展，发放OA办公设备，驻村工作队经费等，为加强全县基层工作奠定了坚实的基础。

3. 全力支持脱贫攻坚项目。充分发挥财政在脱贫攻坚中的重要作用，2017年，统筹整合涉农资金19058万元，全部用于全县易地扶贫搬迁、生态扶贫、教育扶贫、社会保障兜底、发展生产、基础设施、金融扶贫三类七项203个脱贫攻坚项目，整合率达100%，资金拨付率达100%，有力地促进了全县脱贫摘帽的顺利实现。同时，积极落实强农惠民政策，发放各项惠农补贴资金8000余万元，惠及农民6.7万人；加强农业综合开发，投入资金420万元，积极实施2017年产业化项目；推进农村综合改革，实施“一事一议”财政奖补项目，发放奖补资金317万元；大力扶持16个试点村发展村集体经济试点工作，投入资金1829万元；争取美丽乡村建设资金1000万元，进一步激发农村内生动力。此外，全力做好驻村帮扶工作，支持包联的沁河庄村发展红色旅游、发展光伏发电、发展民宿等，实现旅游收入9万余元，光伏发电收入15万元。

4. 全面加强财政管理工作。严格部门预算编制，进一步强化了预算约束；加大预算公开力度，增强了预算透明度；积极盘活财政存量资金5515万元，切实提高资金使用效益；全面深化国库集中支付改革，确保财政资金运行安全，全年共审核原始凭证66372张，办理业务36386笔，支付金额19.61亿元，拒付不合理支出98笔；加强政府采购管理，全年办理采购项目214项，采购预算11682万元，采购资金10045万元，节约资金1637万元，节约率14%；加强非税收入征收管理，加大欠税清缴力度，确保非税收入足额入库；加强国际资金管理，做好项目申报及归还上级本息工作；加强财政投资评审管理，全年评审预算项目74个，送审金额2.32亿元，审减金额1360万元，审减率5.86%；加强矿区称重计量工作，全年计量过站煤焦653.78万吨；加强行政事业单位资产管理工作，对全县134个地方政府性债务投资项目的资产进行清查统计上报；加强预算绩效管理，开展绩效自评工作；启动财政票据电子化改革，开展内部控制规范体系建设；开展财政资金专项检查，强化财政监督；落实全面从严治党要求，开展“两学一做”学习教育，“维护核心、见诸行动”主题教育，财政反腐倡廉建设等。

2017 年，全县财政各项工作取得较好成绩，荣获全市财政目标责任综合考核特等奖及财政收入贡献先进奖、财政支出进度先进奖、政府债务管理先进奖、支持民生改善先进奖、财政工作信息先进奖等 6 个奖项。

二、2018 年全县财政预算草案

2018 年是全面贯彻党的十九大精神的开局之年，是改革开放 40 周年，是决胜全面建成小康社会、实施“十三五”规划承上启下的关键一年。编好 2018 年预算，做好各项财政工作，关系到全县改革发展稳定大局，意义重大。

（一）2018 年预算编制的指导思想

深入贯彻党的十九大精神，以习近平新时代中国特色社会主义思想为指引，坚持稳中求进工作总基调，全面贯彻新发展理念，按照高质量发展要求，认真落实中央、省、市、县委经济工作会议和财政工作会议部署，紧紧围绕县委、县政府建设“山水田园城、精品旅游县”的战略目标和奋力实施“四个年”活动要求，突出“稳增长、惠民生、防风险、激活力、严管理”工作重点，严格落实《预算法》要求，继续实施积极的财政政策，调整优化结构，保障改善民生，加快财税改革，推进绩效管理，有效防范风险，促进县域经济稳中向好发展。

（二）2018 年预算编制原则

——勤俭节约，严控支出，从严从紧编制预算。

——统筹兼顾，突出重点，集中财力办大事。

——以收定支，有保有压，实行全口径管理。

——讲求绩效，防范风险，安排财政资金实行绩效先行。

——积极稳妥，量入为出，坚持当年收支平衡。

（三）2018 年收支预算

1. 一般公共预算

2018 年全县一般公共预算收入预期目标 45013 万元，比 2017 年完成数增长 10.33%。这是基于与全县经济发展水平相适应，在实事求是、科学分析、通盘考虑的基础上确定的。之所以这样安排，主要考虑到：今年煤炭价格在快速上涨后逐步趋稳，加之，国家继续加大减税降费力度，势必影响财政增收。在支出方面，教育、社保、医疗、生态文明、乡村振兴、脱贫攻坚等都需要财政加大投入，保基本和保战略任务更加繁重。综合以上因素，今年安排了平衡预算，这个目标坚持了稳中求进总基调，既积极又稳妥。

2018 年全县一般公共预算支出安排 60887 万元，比 2017 年向县人大常委会备案预算同口径减少 28.72%（系剔除中央、省、市专项转移支付提前下达数后的同口径增长，下同）。主要项目安排情况是：一般公共服务支出 14253 万元，同比减少 1.55%；公共安全支出

3471 万元，同比减少 38.23%；教育支出 13626 万元，同比减少 10.16%；文化体育与传媒支出 962 万元，同比增长 1.05%；社会保障和就业支出 7342 万元，同比增长 58.64%；医疗卫生与计划生育支出 7106 万元，同比增长 44.90%；节能环保支出 1328 万元，同比减少 13.87%；城乡社区支出 3140 万元，同比增长 41.82%；农林水事务支出 6010 万元，同比减少 14.8%；交通运输支出 463 万元，同比减少 11.81%；资源勘探信息等支出 884 万元，同比增长 703.64%；商业服务业等支出 341 万元，同比增长 12.91%；国土资源气象等事务支出 1113 万元，同比减少 21.67%；住房保障支出 64 万元，同比减少 97.44%；粮油物资储备等管理事务支出 284 万元，同比减少 13.15%；预备费 500 万元，同比减少 75%。

2018 年县级公共预算安排“三公”经费预算 454.57 万元，较 2017 年预算减少 9.27 万元，下降 2%。其中：因公出国（境）年初不做安排，以实际批准额度为准；公务车辆购置及运行费 227.05 万元，下降 2%；公务接待费 227.52 万元，下降 2%。

另外，需要说明的是，今年财政仍将面临收支矛盾的压力和过“紧日子”的困难局面。根据 2018 年收支计划和现行财政体制测算，今年全县预计收入增加 5000 万元，而新增支出就高达 5 个多亿，新增支出因素主要涉及两个方面。一是政策提标刚性支出增加。如基本养老保险基金缺口，机关事业单位调资、通讯补贴、物业补贴，值班费，目标责任制考核奖提标，年休假应休未休补贴，离休干部护理费提标、基本公共卫生服务补助提标、城乡居民基本医疗保险财政补助提标、城乡居民基本养老保险基础养老金提标、困难群众生活救助资金等提标政策都需要财政加大投入；二是重大战略实施保障性支出增加。如扶贫投入总量和增幅“双增长”、支持乡村振兴战略、工业园区建设、国卫创建、环境保护、“三基建设”、全域旅游等。为了保障新增支出资金需求，同时做到预算编制平衡，我们将通过优化支出结构、严控一般性支出、盘活存量资金、加大资金统筹整合等措施，全力做到保基本、保运转、保民生、保稳定、保战略。

2. 政府性基金预算

2018 年全县政府性基金预算收入 10000 万元，主要来源为永鑫、太岳征地出让及天翼公司、瑞生园公司欠缴土地出让金；政府性基金预算支出安排 10000 万元。

3. 社会保险基金预算

2018 年全县社会保险基金预算收入 21553 万元，其中，各项保险缴费 11180 万元，财政补贴收入 9842 万元（县级配套 5264.4 万元），利息收入 198 万元，转移收入 85.9 万元，其他收入 280 万元；社会保险基金支出 16029 万元，主要用于企业养老保险、城乡居民养老保险、新农合和城乡居民医疗保险。当年预算收支结余 5524 万元。

4. 国有资本经营预算

我县暂无国有资本经营收入。

三、完成 2018 年预算任务的主要工作及措施

（一）坚持以“稳增长”为工作基调，在促进发展上出实招

一是坚持做到勤征细管。加强分析研判，主动协调“两税”部门，强化收入形势分析，

掌握收入组织主动权，做到应收尽收。加强税收征管，在重点行业、重点税源上下功夫，促进收入均衡入库。加大稽查力度，杜绝“跑冒滴漏”，强化对收入质量的监督检查，杜绝虚增财政收入的现象，着力提升收入质量。抓好非税收入征管，突出征收管理、考核奖惩、稽查稽核，规范和加强非税收入管理。

二是积极优化发展环境。充分运用财政政策工具，严格落实各类减轻企业负担的政策措施。将一些应由政府提供的公共服务，由原来面向社会收费改由财政保障。重点扶持规模以上企业，推动金融和资本创新体系建设，借助资本市场实现融资渠道多元化，改善融资环境。大力支持引进高端人才，保障人才专项资金拨付，吸引更多创新型人才落户安泽。

三是推动工业转型跨越。按照“工业转型跨越年”活动要求，全力构建现代产业体系。第一，优化传统产业升级。在落实好“三去一降一补”重大任务的基础上，着力改造提升煤焦传统产业。通过财政精准投入、协助融资、减少行政性收费等方式，重点支持我县完成建设500万吨以上焦化园区，实施好永鑫、太岳新增焦化产能项目，不断延伸产业链条，提高资源利用率。第二，培育壮大新兴产业。用活用好中央、省、市有关促进经济发展的政策，通过贷款贴息、以奖代补等方式，大力支持煤层气开发、光伏发电和风力发电等新能源产业发展。

四是支持发展全域旅游。紧抓临汾市承办全省旅游发展大会的机遇，按照县委全域旅游的思路，加大财政投入力度，支持县上打造优质旅游景点，拓宽旅游空间，支持发展民宿休闲、康养旅游等产业，做到“旅游搭台、经济唱戏”，逐步提升旅游业对财政的贡献率。

五是支持实施乡村振兴战略。按照县委“乡村振兴驱动年”活动要求，统筹资金，积极支持乡村振兴重点工作，推动三农发展。以“一区两园”现代生物医药产业园建设为载体，发挥财政应有的作用，重点支持县上打造国家级连翘加工基地和山西省中药材集散中心。深化农村综合改革，加大对农村公共基础设施建设投入力度，继续开展一事一议财政奖补工作，大力扶持壮大村集体经济，加强美丽乡村建设，推动农村基础设施建设提档升级。

六是支持实体经济发展。充分发挥财政资金的引导和带动作用，撬动更多民间资本和社会资本投向实体经济，放大投资规模，起到“四两拨千斤”的杠杆作用。创新财政资金投入方式，实现财政支持产业发展的方式从单一行政分配向市场配置转变，从资金补助向基金运作转变，从无偿补助向有偿投资转变，从直接支持向间接扶持转变，发挥财政资金的乘数放大效应。

（二）坚持以“惠民生”为根本目的，在保障民生上补短板

一是严控一般性支出。要牢固树立过紧日子的思想，从紧安排控支出，大力降低行政运行成本，将有限的财力重点向民生领域倾斜。具体工作中，我们要做到“三严”：一要严控一般预算支出。积极倡导厉行节约，反对铺张浪费，严控和压减行政事业单位运行

经费等一般性支出。二要严控“三公”经费。继续执行“三公”经费零增长要求，并要全面公开“三公”经费信息，接受社会各界监督。三要严控预算调整和追加。除中央和省、市出台新的重大政策性支出和落实法定增长事项外，原则上不再追加支出预算。对于超收收入，原则上用于补充预算稳定调节基金或结转下年度使用，不得用于安排经常性支出。

二是扎实办好民生实事。始终将民生改善摆在首位，用心保民生，用力抓民生。教育方面，支持实施学前教育奠基、义务教育均衡、普通高中教育提升、职业教育接轨等工程；继续实施全县十二年教育全免费政策；实施教育“三优”培训选拔工程。医疗卫生方面，支持推进公立医院综合改革，支持县医疗集团完成医院内部设施配套及府城镇卫生院改造项目建设，促进医疗资源均衡化发展。社会保障方面，加强就业和社会保障，不断扩大养老、医疗、失业、工伤、生育保险覆盖面，加大对困难企业、特殊人群的扶持和救助；持续实施数字电视全免费、意外伤害保险全免费等民生工程；支持“平安安泽”建设。保障性住房方面，全力支持棚户区改造、老旧小区改造，转变公租房保障方式，实现实物保障与租赁补贴并举，多渠道解决群众住房问题。

三是大力支持“三基建设”。以“三基建设升级年”活动为牵引，多渠道积极筹措资金，支持村级组织运转、乡镇周转房建设、乡镇食堂建设、农村第一书记工作、下乡工作队工作等。扎实推进扶持村级集体经济发展工作，加强对试点村的督促指导工作，用好用足省市补助资金。将“三基建设”所需资金及时列入年度预算，不断优化支出结构，统筹整合部分资金，专项用于“三基建设”，实现增量与增速的双增长，并建立基层建设投入长效保障机制。

（三）坚持以“防风险”为重点方向，在打好“三大攻坚战”上求突破

一是支持打好防范化解重大风险攻坚战。按照中央及省市要求，把防范政府债务风险作为重要工作任务，对全县的债务情况进行全面摸底调研，掌握基本情况，建立债务清单，针对存在的问题积极整改落实。建立健全债务管理机制，加强对政府性债务风险管理及规模控制，严格控制新增债务，坚决制止违法违规融资担保行为，严禁以政府投资基金、政府和社会资本合作（PPP）、政府购买服务等名义变相举债，防止盲目举债、过度举债，确保债务风险得到有效管理与控制。将新增债券、置换债券收支、债务付息全部纳入预算管理，将政府债务关进预算管理的“笼子”，坚决遏制各类隐性债务增量。加大督查问责力度，坚决查处各类违法违规融资担保行为。

二是支持打好精准脱贫攻坚战。进一步加大扶贫资金投入，加大资金整合力度，把财力重点向贫困村的农村危房改造、公路建设、教育、医疗等方面倾斜，实施精准扶贫。全力支持产业扶贫、光伏扶贫、生态扶贫、易地扶贫搬迁等重点扶贫工程顺利实施。加快扶贫资金支出进度，实行扶贫资金绩效管理，建立健全常态化监管机制，切实管好用好扶贫资金。

三是支持打好污染防治攻坚战。牢固树立绿水青山就是金山银山的理念，用财政的

"真金白银"护好荀乡大地的绿水青山。紧紧围绕"山水田园城、精品旅游县"战略目标和"城建品质提升年"活动，积极拓展生态环境治理资金投入渠道，创新多元投融资模式，加大财政投入力度，鼓励引导社会资本参与。重点支持实施水污染治理、大气污染防治、水体环境提标、土壤污染修复等工程，支持县上"增绿"、"清水"、"美城"和"扩城"工程，全力打造名副其实的"三晋小江南"。

（四）坚持以"激活力"为强大动力，在深化改革上强机制

一是推进预算管理制度改革。加强预算编制工作，推行预算编制事前调研工作长效机制；深入推进财政预决算信息和"三公"经费信息公开；推进全口径预算管理，实行一个笼子收、一个盘子算、一个池子蓄、一个口子支；严格落实《预算法》，硬化预算约束，严格执行县人大批准的预算，从严控制预算调剂事项，严格控制无预算、超预算安排支出，强化预算单位的主体责任；加大预算统筹力度，建立跨年度预算平衡机制，启动中期财政规划工作，提高预算编制科学性和严肃性；加强预算执行管理，不断提高预算执行效率；严格执行国库集中收付、政府采购和公务卡制度，规范财政专户资金管理，严禁违规将财政资金从国库转入财政专户。

二是全面加强预算绩效管理。纵深推进预算绩效管理改革，坚持"花钱必问效，无效必问责"的原则，完善覆盖预算管理事前、事中、事后的全过程预算绩效管理机制。强化预算绩效目标管理，优化绩效目标设置，完善绩效目标随同预算批复下达机制。扩大预算绩效评价范围，要实现重大项目绩效评价全覆盖，形成评价报告，并督促整改落实。强化绩效评价结果运用，建立绩效问责制度，提高财政资金使用效益。

三是完善国有资产管理。扎实开展资产清查和资产核实工作，摸清家底及使用状况。规范资产管理行为，推进资产管理与预算管理相结合，将新增资产配置预算纳入部门预算编制范围。建立完善资产购置制度和内部协调制度，进一步规范行政事业单位资产的购置、使用和处置。强化资产收益征管，探索资产收益征管与部门预算相结合的工作机制，逐步将全县各类国有资产收益全部纳入财政预算管理。

（五）坚持以"严管理"为工作基础，在队伍建设上提标准

坚持和加强党对财政工作的领导，认真学习贯彻十九大精神，坚决贯彻新时代党的建设总要求，以党建引领财政队伍建设。深入开展"不忘初心、牢记使命"主题教育，引导广大财政干部职工进一步增强"四个意识"，坚定"四个自信"，更加自觉地落实全面从严治党要求，全力打造一支政治坚定、作风扎实、能力过硬、业务精湛的高素质财政干部队伍。

2017 年安泽县大事记

1月

2 日

中国中医科技研究院药物研究所郭顺星一行在安泽县对中药材发展工作进行调研并召开专题座谈会，县委副书记、政府县长牛庆国，政府副县长刘合生，县农委、林业、果业中心、疾控中心等相关部门和各乡镇相关负责人参加会议。

由临汾市安委办副主任、临汾市安监局总工程师薛江带队的安全生产目标责任考核组深入安泽县，就 2016 年安全生产目标责任完成情况进行全面考核。政府副县长张建出席会议，县安委会成员单位参加考核汇报会。

4 日

安泽县召开传达贯彻山西省委第十一届二次全会暨经济工作会议精神，对下一阶段工作进行安排部署会议。县委书记李强，县委副书记、政府县长牛庆国及县四大班子领导出席会议。

临汾市农发办主任孙延震在安泽县调研 2015 年市级农业综合开发大黄高标准农田建设项目。县委书记李强陪同调研。调研中，实地察看了工程新建的拦河坝、排灌站及平整土地，了解工程进展情况，并与镇村两级座谈。

安泽县委副书记、政府县长牛庆国主持召开政府党组会议。县委常委、宣传部部长魏书亮，政府副县长张可新、刘合生、盖勇、张建、刘剑出席会议。会上传达学习山西省第十一届二次会议暨经济工作会议精神和第十一次临汾市政府常务会议精神；魏书亮传达学习市政府旅游工作会议精神。

安泽县召开 2017 年第一次安全生产会议。县委副书记、政府县长牛庆国，县委常委、宣传部部长魏书亮，政府副县长张可新、刘合生、盖勇、张建、刘剑出席会议。县安委会成员单位参加会议。

由临汾市委政法委副书记、综治办主任段彩带队的考核组深入安泽县，就 2016 年社会治安综合治理及平安建设工作进行考核。县委常委、政法委书记连忠武，县法院院长陈建国，政府党组成员、公安局局长崔军陪同考核。考核组先后到县社会服务管理中心、县综治办、财政局、教科局、法院、公安局、人社局等地，详细查看资料并观看反恐技能训练，对安泽县综治平安建设工作给予肯定。

5日

县委常委、宣传部部长魏书亮深入杜村乡文州村，对2016年底全村脱贫情况进行梳理核查，并就下一步扶贫工作，同村两委、第一书记和驻村工作队商讨。

安泽县召开2016年度县级政府消防工作考核部署会，政府副县长张建出席会议。各乡镇、各相关部门负责人参加会议。

安泽县人大常委会副主任张俊宏，政府副县长刘合生，县政协副主席娄和玮参加和川镇孔旺村集中式光伏发电站并网发电仪式。

安泽县政协主席高成锁，县政协副主席李树清、宋晓琴、党爱贞、娄和玮分别赴良马乡、冀氏镇、府城镇、杜村乡、和川镇走访看望包联贫困户。

安泽县政府党组成员、县公安局局长崔军深入杜村乡桑曲村查看集中式光伏发电并网运行情况。

6日

安泽县委书记李强主持召开县委常委会，研究安泽县关于出席党的十九大代表候选人初步人选。县委副书记、政府县长牛庆国，县委常委、宣传部部长魏书亮，县委常委、政法委书记连忠武，县委常委、人武部部长张红山，县委常委、纪委书记晋红峰，县委常委、组织部部长张曙光出席会议。县人大常委会主任韩建辉、县政协主席高成锁列席会议。张曙光在会上对安泽县党的十九大代表候选人初步人选名单作了说明。会议以举手表决的方式选出党的十九大代表。牛庆国组织学习传达习近平总书记在中共中央政治局民主生活会上的重要讲话。

中国共产党安泽县第十四届委员会召开第三次全体会议，通过安泽县出席党的十九大党代表候选人初步人选名单。县委书记李强，县委副书记、政府县长牛庆国，县委常委、宣传部部长魏书亮，县委常委、政法委书记连忠武，县委常委、人武部部长张红山，县委常委、纪委书记晋红峰，县委常委、组织部部长张曙光，以及中国共产党安泽县第十四届委员会委员、候补委员出席会议。

安泽县政府副县长张可新带领环保等部门负责人对县城燃煤锅炉开展现场突击检查活动。检查中，对供暖燃煤锅炉现场运行及整治情况进行检查。重点对燃煤锅炉脱硫除尘设施运行、污染排放情况，煤场、渣场防尘措施等进行检查。

9日

安泽县委书记李强带领县委常委、组织部部长张曙光，县人大常委会副主任张俊宏，县民政局、扶贫局等相关职能部门，深入马壁乡和杜村乡对困难群众进行走访慰问，并查看基层党建工作和重点工程完成情况。在马壁乡实地查看安泽县至沁水出境路铺设情况。在马壁乡辛庄村村委查看办公场所并检查工作日志和基层党建工作记录。在困难群众家中详细了解他们的身体情况和家庭收入来源。

安泽县委副书记、政府县长牛庆国主持召开县长办公会。政府副县长张可新、刘合生、盖勇、张建、刘剑出席会议。会上，牛庆国传达学习十八届中纪委七次全会精神，以及山西省全委会二次会议精神。并就中纪委七次全会提出的“五个体会”“七点任务”，以及省全委会二次会议提出的“四个坚持”“六大任务”进行详细解读。

临汾市委组织部副部长、市委老干部局局长张瑞萍带领临汾市委老干部局一行深入包联村马壁乡下石村走访慰问困难群众。安泽县委书记李强，县委常委、组织部部长张曙光，县人大常委会副主任张俊宏，马壁乡、县委老干部局、民政局、扶贫局等单位负责人陪同慰问。

在临汾市第四届“十大道德模范”“德耀平阳”颁奖典礼上，安泽县的徐福生、张腾宇分别荣获孝老爱亲和诚实守信楷模荣誉称号。市委书记岳普煜为他们颁奖。还有两名同志获得见义勇为和爱岗敬业楷模提名奖。

10 日

安泽县召开“述纪述廉述作风述主体责任”工作会议。县领导李强、郭婷慧、魏书亮、连忠武、张红山、晋红峰、张曙光、张可新、刘合生、盖勇、陈建国、张临生、崔军，各乡镇、县直各相关单位负责人参加会议。会上，府城、唐城、公安、审计等十个单位一把手分别作了“四述”工作报告。县委常委、纪委书记晋红峰通报全县“四述”工作情况。县委书记李强要求，各级各部门要提高思想认识、增强行动自觉，要充分认识到开展四述工作的重要性，认清读懂形势，深刻反思剖析，切实增强全面从严治党的自觉性。

安泽县委书记李强主持召开县委中心组集体学习会议。会上，今宇律师事务所律师做了题为《正说普法》的普法专题辅导。李强要求，各级领导干部必须下功夫提高运用法治思维和法治方式想问题、作决策、办事情的能力，要秉承对人民、对党和国家负责的态度，踏实工作，依法办事、依法行政。

安泽县委书记李强深入唐城镇调研安全生产和环保工作，政府副县长张可新陪同调研。先后到玉和泰煤业有限公司、玉华煤业等地，通过看资料、听汇报、实地查看等方式，详细了解煤矿的安全生产情况和环保工作情况。

临汾市消防安全考核组深入安泽县就2016 年度消防安全工作责任制进行考评。政府副县长张建就安泽县消防安全工作的基本情况进行了简要介绍。考核组一行对安泽县社会福利中心、冀氏镇村委会及周边店铺、城关加油站、安泽二中、县人民医院等地实地察看了消防安全工作落实情况。

安泽县组织人员收听收看全国农村集体产权制度改革工作电视电话会议。政府副县长刘剑，各乡镇、县直各相关单位负责人在安泽县分会场参加会议。

临汾市政府交通安全考核组在安泽县考核 2016 年交通安全工作并召开汇报会，政府副县长张建出席汇报会。

临汾市食品药品监管局局长带领考核组到安泽县督查食品药品安全工作。政府副县长张建，县食品药品监督局等相关单位负责人陪同督查。

11 日

安泽县委书记李强主持召开研究 2017 年度安泽县重点工程、重点项目工作专题会议。县委常委、政府常务副县长李峻石，县委常委、宣传部部长魏书亮，政府副县长刘合生、盖勇、张建、刘剑出席会议。

安泽县组织人员收听收看全国安全生

产电视电话会，县委副书记、政府县长牛庆国，政府副县长、刘合生、盖勇、张建、刘剑出席会议，各乡镇、企业、县直各相关单位负责人在安泽县分会场参加会议。

12 日

安泽县委书记李强深入和川镇、府城镇飞岭村慰问困难群众，县委副书记、统战部部长郭婷慧，政府副县长刘合生，县政协副主席娄和玮陪同慰问。慰问后，李强还查看旅游资源开发进展情况。

安泽县委副书记、统战部部长郭婷慧，政府副县长刘合生对安泽县宗教活动场所进行检查并慰问部分困难信教群众。

13 日

安泽县召开“讲政治　知敬畏　守规矩”专项治理活动动员会。全县副县级以上领导干部、各乡镇党委书记、社区党工委书记、县直各单位负责人参加会议。县委书记李强在会上讲话，县委副书记、统战部长郭婷慧主持会议。

安泽县委书记李强主持召开县委常委会议，县委常委李强、牛庆国、郭婷慧、李峻石、魏书亮、张曙光参加会议。会议研究讨论了领导班子年度工作总结及党政班子主要负责人述职报告，传达学习十八届中纪委七次全会精神，研究通过安泽县春节期间群众文化活动实施方案。

安泽县委副书记、政府县长牛庆国主持召开政府党组“讲政治　知敬畏　守规矩”专题辅导会议。县委常委、政府常务副县长李峻石，县委常委、宣传部部长魏书亮，政府副县长刘合生、盖勇、张建、刘剑、县财政局长赵红兵及其他政府党组成员出席会议。

安泽县 2017 年春运启动仪式在汽车站举行，政府副县长盖勇、张建、政府党组成员公安局局长崔军，交警、安监、交通等相关部门负责人参加启动仪式。

16 日至 17 日

临汾市年度目标考核组组长郭刚一行深入安泽县对 2016 年度目标责任考核各项指标完成情况进行考核。县四大班子领导，各乡镇党委书记、乡镇长，社区服务中心书记、主任，县直各单位负责人参加会议，县委书记李强主持会议并代表领导班子和个人对 2016 年度目标任务完成情况，县委班子工作情况和个人工作情况进行了全面总结。与会人员对安泽县 2016 年工作进行了民主测评。会后考核组一行对 2016 年重点工程进行实地调研，先后深入和川镇孔旺村实地查看葫芦工艺品制作、山泉加工车间和村级光伏发电站，在冀氏镇详细了解耀阳光电公司太阳能发电板的制作流程，在县司法局听取了安泽县法治建设工作并观看了安泽县司法宣传片，在府城镇听取了安泽县基层党建工作，查看了府城镇“311”工作资料。

17 日

安泽县委副书记、政府县长牛庆国主持召开政府党组会议，县委常委、政府常务副县李峻石，县委常委、宣传部部长魏书亮，政府副县长张可新、刘合生、盖勇、张建、刘剑，政府党组成员、公安局局长崔军，县财政局局长赵红兵，以及政府党组成员出席会议。县旅游局、发改、招商局参加会议。会议专题研究了 2017 年拟建重点工程项目、民生实事。

18 日

临汾市畜牧兽医局局长张志宏在安泽县检查指导畜牧兽医工作，县委副书记、政府县长牛庆国，政府副县长刘剑陪同检查。

安泽县组织召开新一轮退耕还林推进会。政府副县长刘剑出席会议。

19 日

临汾市政协主席陈小洪深入包联村杜村乡小李村，慰问贫困户、生活困难群众和五保户。县委书记李强、县政协主席高成锁、政府副县长盖勇陪同参加慰问活动。

临汾市委常委、军分区政委王振富，临汾市政协副主席杨益民在安泽县访贫问寒，走访看望困难劳模、困难职工、福利中心老人、困难企业、转业军人，县四大班子领导和工会、民政等相关部门负责人陪同调研。

安泽县召开 2016 年目标集中考核工作动员会。县委常委、组织部长张曙光出席会议。考核组全体成员，县直承担考核工作任务单位分管考核工作负责人参加会议。

安泽县召开治理大气污染工作推进会，政府副县长张可新出席会议。县大气污染防治工作领导组成员单位，各煤焦企业负责人参加会议。

安泽县召开四大班子听取创建国家级森林公园湿地公园汇报会。县委书记李强主持会议。

临汾市文联组织市书协与市剧协深入安泽县马壁乡开展“送春联，送喜剧”下乡活动。市文联负责人还到安泽县马壁乡敬老院看望慰问老人，给老人带去米、油生活必需品。

23 日

山西省纪委第十一届二次全体会议第一次电视电话会在太原召开，安泽县委书记李强，县委副书记、政府县长牛庆国，县委副书记、统战部部长郭婷慧，县政协主席高成锁等县四大班子领导和相关部门领导干部在安泽县分会场收听收看会议。会议传达贯彻中央纪委十八届七次全会特别是习近平总书记重要讲话，回顾总结 2016 年全省党风廉政建设和反腐工作，研究部署 2017 年主要任务。

安泽县委书记李强先后到安泽县环境监测空气自动监测站，检查指导环保工作。县委常委、纪委书记晋红峰，政府副县长张可新陪同检查。

安泽县召开专题会议传达山西省两会、临汾市委四届二次全会暨经济工作会议精神。县四大班子领导、各乡镇、社区、县直各单位负责人参加会议。

临汾市督查组一行深入安泽县唐城镇太岳焦化有限公司开展危化品安全隐患排查整治督查，政府副县长张建及公安、安监、交通等相关部门负责人陪同督查。

山西省公安厅公布了 2016 年度“全省公安机关群众安全感和满意度调查结果”，安泽县公安局再获殊荣，在全省 119 个县(市、区) 公安机关中夺得第一名。这是该局继 2015 年获得第一名后再度夺冠。

24 日

安泽县委、县政府组织一次由县四大班子领导参加针对困难企业、退休老干部和困难群众的访贫问寒送温暖活动。县委办、政府办、府城镇、民政局、总工会、老干部局一同参加慰问。

安泽县委办党支部举行第一党小组党员活动日活动。县委书记李强，县委副书记、统战部部长郭婷慧参加活动。会议传达学习省十二届人大第七次会议和省政协十一届五次全会精神，传达省委书记骆惠宁在省十二届人大第七次会议上的重要讲话精神。全体党员现场缴纳党费。

25 日

安泽县委副书记、政府县长牛庆国带领相关部门负责人开展节前市场联合检查，对春节期间群众文化活动准备情况进行调研。

安泽县政府副县长张可新对安泽县城内部分单位、小区就燃气锅炉脱硫除尘设施运行情况及县城周边垃圾治理情况进行突击检查。环保局、住建局等单位负责人陪同检查。

安泽县组织人员收听收看临汾市严厉打击非法盗采矿资源行为“2017 利箭行动”动员部署电视电话会议。县委副书记、政府县长牛庆国及严厉打击非法盗采矿产资源行为领导组成员单位在安泽县分会场参加会议。

26 日

安泽县四大班子领导走访慰问了春节期间继续坚守在工作岗位的干部职工，给他们送去了慰问品及党和政府的温暖。

27 日

安泽县举行 2017 年迎春茶话会，县四大班子领导与退休的老领导、临汾市人大代表、政协委员和安泽县社会各界人士代表欢聚一堂，共迎新春、共话发展。县委书记李强在茶话会上致辞，县委副书记政府县长牛庆国向大家通报 2016 年各项经济指标和主要工作任务完成情况。县委副书记、统战部部长郭婷慧主持会议。

安泽县召开大气污染防治应急应对工作会。县委副书记、政府县长牛庆国，政府副县长张可新出席会议。县直各相关单位、各乡镇长、社区主任参加会议。会上，张可新传达临汾市委、市政府大气污染防治工作相关会议精神，并就当前安泽县大气污染防治工作进行安排部署。牛庆国要求各级部门要高度重视大气污染防治工作，全县上下要齐心协力打赢大气污染防治这场硬仗。

2 月

3 日

安泽县委书记李强主持召开县委中心组学习会议。县委中心组全体成员参加学习。

安泽县委副书记、政府县长牛庆国主持召开政府党组“讲政治、知敬畏、守规矩”第四次集体学习会，政府党组成员参加会议。会议学习临汾市委四届二次全会及全市经济工作会议精神。

4 日

正值农历立春节气，“春行安泽　低碳生活　走遍荀乡　强健体魄　”万人健步走活动在安泽县鸣枪。本次活动从立春至立夏（2 月 4 日至 5 月 5 日），长达三个月。活动方式线上和线下相结合，在网上设定虚拟线路一条，由荀子文化园出发先后途径全县各乡镇的近二十个人文自然景点，全程 600 余公里。

5 日

安泽县委副书记、政府县长牛庆国主持召开县长办公会，县委常委、政府常务副县长李峻石，县委常委、宣传部部长魏书亮，政府副县长张可新、刘合生、盖勇、张建、刘剑参加会议。会上，李峻石汇报安泽县 2017 年重点工程项目规划情况，研究部署当前重点工作。

6 日

安泽县委中心组集体学习山西省经济工作会议和山西省委书记骆惠宁在晋城调研时的讲话精神。县委书记李强主持学习。

会议全面解读全省2017年经济工作指导思想和目标任务。县委书记李强传达省委书记骆惠宁在晋城时的讲话精神和全市纪委工作会议精神。县委副书记、统战部长郭婷慧在会上安排安泽县迎接全市“讲政治、知敬畏、守规矩”专项治理活动督查工作。

安泽县召开环保部约谈暨安泽县环保突出问题整改工作会议。县委常委、政府常务副县长李峻石，副县长张可新出席会议，县直各相关部门负责人、各乡镇长参加会议。会上，县环保局传达环保部约谈临汾市及临汾市委、市政府环保突出问题整改工作相关会议精神，并就安泽县环保工作突出问题整改工作进行说明。

7日

安泽县召开党务工作会议，会议全面回顾总结安泽县2016年统战、宣传、政法、组织工作，安排部署2017年工作，县委书记李强在会上做重要讲话，县委副书记、政府县长牛庆国主持会议。全县副科级以上领导、各乡镇、社区班子成员、县直单位负责人、部分企业负责人及党外干部、人士参加会议。

安泽县四大班子领导与全县200余名安泽籍在校大学生进行座谈，向他们介绍安泽县发展现状和未来规划，鼓励他们关注安泽、宣传安泽，激励他们为家乡建设建言献策。

8日

中国共产党安泽县第十四届纪律检查委员会召开第二次全体会议第一次会议。全县处级以上干部出席会议，各乡镇党委书记、乡镇长，县直各单位主要负责人，县委委员，各乡镇纪委书记，县直各单位纪检组长、监察室主任；县委巡查办全体人员、各巡察组组长、巡察专员、县纪委机关全体干部参加会议。县委书记李强在会上作重要讲话，县委常委、纪委书记晋红峰主持会议并代表县纪委常委会作工作报告。

安泽县纪委十四届二次全会召开第二次会议。会议以举手表决的方式，审议通过县纪委常委会工作报告，审议通过《中共安泽县第十四届纪律检查委员会第二次全会会议决议》县委常委、纪委书记晋红峰出席会议并讲话。

安泽县与山西大象农牧集团有限公司在屯留县召开生猪养殖农业产业化扶贫项目洽谈会。山西省农业厅副厅长雷郭堂，山西大象农牧集团有限公司董事长吕锐锋，安泽县委书记李强，政府副县长刘合生，以及安泽县相关部门负责人参加洽谈会。

农历正月十二安泽县迎来了2017年第一场大雪。县委领导指示民政部门将全县的孤儿接到县城，共度元宵佳节。县四大班子领导与每一名孩子结对帮扶，并和孩子们进行交谈，送上书包等学习用品。

9日

安泽县经济工作会议召开。会议确立了“1142”工作思路，即：贯彻供给侧结构性改革一条主线，打响绿色生态这一王牌，着力打好“国卫创建、脱贫摘帽、产业转型、城建提质”四场硬仗，强化“政治引领、干事铁军”两个保障，全力加快山水田园城、精品旅游县建设进程，奋力实现安泽全面振兴、绿色崛起。

安泽县委副书记、政府县长牛庆国主持召开2017年重点工程征求意见座谈会。会上，李峻石通报安泽县2017年重点工程项目投资计划安排情况。就具体工程项目的前期工作、征地拆迁、建设进度、资金保障、投资计划等提出意见和建议。

10 日

安泽县传统的元宵佳节将至，各界群众齐聚文体广场，以传统的社火表演恭贺新春，表达美好祝愿。县四大班子领导与各界群众一起观看演出，共度节日。县委常委、宣传部部长魏书亮致辞。县委书记李强宣布 2017 年元宵节社火表演开始。

13 日

安泽县委书记李强主持召开县委常委会。县委副书记、政府县长牛庆国，县委副书记、统战部部长郭婷慧，县委常委、政府常务副县长李峻石，县委常委、宣传部部长魏书亮，县委常委、政法委书记连忠武，县委常委、人武部部长张红山，县委常委、纪委书记晋红峰，县委常委、组织部部长张曙光出席会议。县人大常委会主任韩建辉，政协主席高成锁列席会议。

安泽县召开中国共产党安泽县第十四届委员会第四次全体（扩大）会议。县委委员、候补委员、不是县委委员、候补委员的其他县级领导，乡镇党委书记、社区中心党工委书记出席会议。县委书记李强主持会议并宣布中共安泽县第十四届委员会第四次全体（扩大）会议开幕。

安泽县组织收听收看山西省一村一品一主体产业扶贫和五位一体金融扶贫电视电话会，县委副书记政府县长牛庆国、政府副县长刘合生在安泽分会场参加会议。

安泽县委副书记、政府县长牛庆国主持召开 2017 年重点工程推进会，专题研究 2017 年拟建重点工程项目、民生实事。县委常委、政府常务副县长李峻石，政府副县长张可新、盖勇、张建、刘剑出席会议。县重点工程成员单位负责人参加会议。

由临汾市委宣传部副部长王全民带队的测评组对安泽县 2016—2017 年度省级精神文明创建活动先进集体进行推荐测评。县委书记李强出席汇报会并讲话。县委常委、宣传部部长魏书亮，县法院院长陈建国，政府党组成员公安局局长崔军参加会议，魏书亮主持会议。汇报会上，县财政、公安、法院、国税、地税等单位负责人就文明创建工作进行汇报。

14 日至 17 日

中国共产党安泽县第十四届代表大会第二次全体会议召开，全县 200 余名党代表参加会议。县委书记李强代表中国共产党安泽县第十四届委员会向大会做《聚焦从严治党　聚力四场硬仗　共谱全面振兴绿色崛起新篇章》工作报告，县委常委、纪委书记晋红峰做纪委工作报告。会议全面回顾总结安泽县过去一年县委和纪委工作，安排部署 2017 年工作。会议审议通过了县委和县纪委工作报告的决议（草案），通报了报告提案（议）审查情况，县委书记李强在会上作重要讲话，县委副书记、政府县长牛庆国主持会议。

安泽县召开全县环境保护工作会。县委副书记政府县长牛庆国、政府副县长张可新、盖勇出席会议。全县各乡镇书记乡镇长、分管环保工作的副乡镇长、社区党工委书记、主任，县直各单位一把手、部分企业负责人参加会议。盖勇主持会议。

15 日

安泽县委书记李强主持召开县委中心组学习会议。会议观看了廉政专题片《信任不能代替监督》，县委中心组全体成员参加会议。

安泽县委书记李强主持召开县委常委会议，县领导牛庆国、郭婷慧、魏书亮、连忠武、张红山、晋红峰、张曙光出席会议。县政协主席高成锁应邀列席会议。会上，郭婷慧学习传达临汾市统战工作会议精神，汇报县工商联换届工作有关事宜。魏书亮传达学习临汾市宣传部部长会议精神，连忠武学习传达临汾市政法工作会议和信访工作会议精神。张曙光传达学习全国、全省、全市组织部部长会议精神。

安泽县召开临汾市委“讲政治、知敬畏、守规矩”专项治理活动督查安泽汇报会。临汾市委督查一组组长何建雄出席会议。县委书记李强，县委副书记统战部部长郭婷慧，县委常委、宣传部部长魏书亮，县委常委、纪委书记晋红峰，县委常委、组织部部长张曙光参加会议。郭婷慧主持会议。

安泽县公安局召开 2017 年全县公安工作会议。县委常委、政法委书记连忠武，县人大常委会副主任崔斗庆，政府副县长张建，政协副主席娄和玮，政府党组成员、公安局局长崔军出席会议，公安局党委全体成员、各部门负责人、部分基层代表、部分家属代表参加会议。会上，崔军作题为《围绕中心抓重点，强化措施抓落实，为党的十九大胜利召开创造安全稳定的社会环境》的工作报告。报告回顾总结 2016 年各项工作，安排部署 2017 年各项工作。

20 日

安泽县组织人员收听收看山西省农村工作会议，县委常委、政法委书记连忠武，县委常委、组织部部长张曙光，政府副县长刘合生，政协副主席宋晓琴及相关部门负责人在安泽县分会场参加会议。

20 日至 24 日

安泽县政府副县长刘合生赴太原市参加精准扶贫会议，并同相关扶贫企业进行了对接。

23 日

临汾市考核组对安泽县粮食安全目标责任制工作进行考核。政府副县长张可新及安泽县粮食安全责任制成员单位参加考核。考核组首先查阅安泽县粮食安全责任制考核各成员单位的相关资料并对安泽县粮食工作暨各部门工作进行指导。

24 日

中央电视台《乡约》栏目组在安泽县良马乡黄花岭景区进行前期节目筹备调研，县政协主席高成锁，县委常委、宣传部部长魏书亮，县委宣传部、文物旅游局、良马乡等相关单位负责人参加调研。

25 日

安泽县委书记李强主持召开县委常委班子民主生活会，县领导牛庆国、郭婷慧、李峻石、魏书亮、连忠武、张曙光参加会议。临汾市委、市组织部相关人员到会指导。会上，县委常委班子以深入学习领会党的十八届六中全会和中央纪委七次全会精神为主题。从理想信念、政治纪律、作风建设、担当作为、组织生活和落实全面从严治党责任等方面进行对照检查，从世界观、人生观、价值观等方面对存在问题的根源进行剖析，并开展批评与自我批评。

安泽县政府副县长刘合生带领安泽县各乡镇书记、部分村第一书记、农委、扶贫、畜牧兽医局等相关部门赴忻州市宁武县就大象生猪产业扶贫项目进行参观考察。

27 日

安泽县工商业联合会召开第九次代表大

会，听取审议县工商业联合会第八届执委会工作报告，选举安泽县工商业联合会第九届执行委员会委员，选举工商联主席、副主席、秘书长，选举总商会会长、副会长、秘书长。县委副书记、统战部部长郭婷慧，临汾市工商联党组成员、秘书长乔冠峰，县人大常委会副主任崔斗庆，政府副县长刘剑，政协副主席宋晓琴出席会议。县委组织部、县总工会、县妇联、团县委、各乡镇社区统战委员及相关单位列席会议。

安泽县委副书记、政府县长牛庆国主持召开政府党组民主生活会，李峻石、魏书亮、张可新、盖勇、张建、刘剑、崔军及其他政府党组成员参加民主生活会。

安泽县委副书记、政府县长牛庆国主持召开政府党组第六次“讲政治、知敬畏、守规矩”集中学习，县委常委、政府常务副县长李峻石，县委常委、宣传部部长魏书亮，政府副县长张可新、盖勇、张建、刘剑，政府党组成员、公安局局长崔军及其他政府党组成员参加学习。牛庆国传达临汾市第四届人民代表大会第二次会议和政协第三届临汾市委员会第五次会议精神，领学临汾市委副书记、市长刘予强在人代会上所做的政府工作报告。

28 日

安泽县委副书记、政府县长牛庆国主持召开县长办公会，县委常委、政府常务副县长李峻石，县委常委、宣传部部长魏书亮，政府副县长张可新、盖勇、张建、刘剑，政府党组成员、公安局局长崔军，财政局局长赵红兵参加会议。

安泽县组织人员收听收看山西省脱贫攻坚工作会议，县委副书记、政府县长牛庆国，县委副书记、统战部部长郭婷慧，县委常委、组织部部长张曙光及相关部门负责人在安泽县分会场参加会议。会议表彰奖励在 2016 年脱贫攻坚工作中做出贡献的先进单位和个人。安排部署 2017 年的脱贫攻坚任务。

安泽县开展“搜乐商城”电商精准扶贫百万放送活动，政府副县长张可新与市商务局纪检书记及各乡镇，相关单位负责人在商务局会议室参加活动。活动中，搜乐商城临汾负责人对搜乐商城和百万放送活动进行详细介绍。

安泽县组织人员收听收看山西省中央一号文件精神宣讲报告会，县委副书记、政府县长牛庆国，县委副书记、统战部部长郭婷慧，县人大常委会副主任张俊宏及相关部门负责人在安泽县分会场收听收看了会议实况。

临汾市司法局局长秦希强深入安泽县就司法“三基建设”进行调研。县委常委、政法委书记连忠武，人大常委会副主任崔斗庆，政协副主席李树清陪同调研。

3 月

1 日

安泽县召开第十六届人大常委会第五次会议。县人大常委会主任韩建辉，副主任张俊宏、尹淑兰、崔斗庆、苏国珍及常委会组成人员出席会议。县委常委、政府常务副县长李峻石，县法院院长陈建国，县检察院副检察长刘军，相关人员列席会议。苏国珍主持会议。会议审议通过县十六届人民代表大会第二次会议筹备情况的报告，审议通过县人大常委会《工作报告》和《2017 年工作要点》，听取审议县政府关于十六届一次人代会代表意见建议办理情况的报告。听取审议 2017 年财政预算草案初步方案和 2016 年财政预算执行情况的报告。表决通过相关人事任免事项。

安泽县组织人员收听收看山西省审计工作电视电话会议。县委副书记、政府县长牛庆国和审计、财政等单位负责人在安泽县分会场参加会议。会议回顾总结 2016 年全省审计工作，安排部署 2017 年全省审计工作。

安泽县召开庆“三八”暨妇女工作会议。县委副书记、统战部部长郭婷慧，县人大常委会副主任尹淑兰，政府副县长刘剑，政协副主席宋晓琴、党爱贞，县委党校常务副校长田淑珍出席会议。各乡镇妇联、县直各妇委主任、部分村妇联主席、县乡村妇联兼副主席，受表彰的先进集体和先进个人代表以及县机关单位女干部职工参加会议。

3 日

山西省财政厅农发办主任赵建生一行在安泽县调研财政体制工作。县委副书记、政府县长牛庆国，财政局局长赵红兵陪同调研。

由临汾市开发区副主任张亚斌带队的观摩团深入安泽县观摩学习城乡义务教育均衡化创建工作。县委副书记、政府县长牛庆国，政府副县长张可新、刘剑陪同观摩。

安泽县委宣传部召开全县宣传思想文化系统“提高标准、提升能力、争创一流”讨论活动动员会。县委常委、宣传部长魏书亮出席会议并讲话。全县宣传思想文化系统全体人员参加会议。此次活动为期三个月，3 月上旬启动，6 月上旬结束，分为围绕专题学习讨论、对表对标寻找差距、制定措施提供改进三个阶段。

5 日

安泽县冀氏镇举办春行安泽青松岭徒步行活动，青松岭全长 18.6 公里，行程 3 个半小时，参加活动的运动爱好者完成全部路程。

7 日

由组长梅进带队的国家环保部专项督查组在安泽县就环保工作进行专项督导，县四大班子领导、各乡镇、县直主要职能部门负责人参加汇报会，县委副书记、政府县长牛庆国在会上进行专题汇报。

8 日

安泽县组织人员收听收看临汾市环境卫生百日综合整治活动动员电视电话会。县委副书记、政府县长牛庆国，政府副县长刘剑出席会议，各乡镇、县直各相关单位负责人在安泽县分会场参加会议。会议观看专题纪录片《创卫在路上》，并对全市环境卫生百日综合整治活动作表态发言。

9 日

安泽县委书记李强主持召开县委常委会议。县领导牛庆国、李峻石、魏书亮、连忠武、张红山、晋红峰、张曙光出席会议。县人大常委会主任韩建辉、政协主席高成锁列席会议。

安泽县召开全县成品油专项整治工作会。政府副县长张可新、县成品油市场整顿领导组成员单位主要负责人及成品油经营企业负责人参加会议。

临汾市督查组深入安泽县开展全国“两会”期间和春季安全生产督查。县人大常委会副主任苏国珍及公安、安监、消防等单位负责人陪同调研。

10 日至 12 日

安泽县召开中国人民政治协商会议第九

届安泽县委员会第二次会议。县政协主席高成锁在会上作《围绕中心 建言献策 不忘初心 履职为民 为安泽全面振兴绿色崛起聚智谋策献计出力》的工作报告。政协副主席宋晓琴作《中国人民政治协商会议安泽县委员会常务委员会关于九届一次会议以来提案工作情况的报告》。县政协主席李树清主持会议，县委书记李强在会上作重要讲话。

安泽县召开农业农村工作暨脱贫攻坚工作会议，对全年工作做出安排部署。县委书记李强，县委副书记、政府县长牛庆国，县人大常委会主任韩建辉，县政协主席高成锁等县四大班子领导，全县副县级以上领导出席会议，各乡镇党委书记、乡镇长，社区党工委书记、主任，县直各单位负责人，农口单位班子成员，各村支部书记、第一书记参加会议。

11 日至 12 日

安泽县第十六届人民代表大会第二次会议召开。委副书记、政府县长牛庆国代表政府向大会作政府报告。大会以书面形式印发《关于 2016 年财政预算执行情况和 2017 年财政预算草案的报告》《关于安泽县 2016 年国民经济和社会发展计划执行情况与 2017 年国民经济和社会发展计划草案的报告》。

13 日

安泽县监察委员会正式揭牌成立，并召开第一次干部大会。县委书记、县深化监察体制改革试点工作小组组长李强出席会议并讲话。县委常委、纪委书记、县监委主任、县深化监察体制改革试点工作小组副组长兼办公室主任晋红峰主持会议。临汾市监察委员会委员、临汾市深化监察体制改革试点工作小组成员宁引才出席会议并讲话。县委副书记、统战部长、县深化监察体制改革试点工作第一副组长郭婷慧，县委常委、政法委书记、县深化监察体制改革试点工作小组副组长连忠武，县委常委、组织部长、县深化监察体制改革试点工作小组副组长张曙光，县人大常委会副主任、县深化监察体制改革试点工作小组副组长张俊宏及县检察院检察长、县深化监察体制改革试点工作小组副组长张临生出席会议。县深化监察体制改革试点工作小组成员，县纪委常委，县监委委员，各乡镇纪委书记，县直单位纪检组长，县纪委、监委、县巡察办及巡察组全体人员参加会议。

14 日

安泽县与山西新大象公司举行洽谈会，政府副县长刘合生参加会议。会上，刘合生与山西新大象公司业务代表就生猪养殖农业产业化项目战略合作协议的合作原则、建设内容、双方权利和义务、贫困户分红比例、贴息方式等交换了意见。会议明确了增加农村集体收入，集体建场、集体经营，发展“211”模式的可行性。

15 日

市农发办主任孙延震深入和川镇车道村就“233”产业扶贫项目百亩水稻种植基地进行调研。

16 日

由山西省经济转型与企业发展研究会秘书长朱自远带队的研究会一行前往安泽县调研座谈。县委副书记、政府县长牛庆国，政府副县长张可新、刘合生出席会议。

安泽县委副书记、政府县长牛庆国主持召开县长办公会。县委常委、常务副县长李峻石，县委常委、宣传部部长魏书亮，政府副县长张可新、刘合生、盖勇、刘剑参加会议。会议对安泽县存在问题的整改工作进行了安排部署，还对近期的安全生产工作和森林防火工作进行了安排部署。

安泽县委常委、宣传部部长魏书亮陪同市委宣传部副部长陈海平到和川镇岭南村调研脱贫攻坚工作，并走访慰问贫困户尚璐根、林小改。

17 日

安泽县委副书记郭婷慧调研安泽县农贸市场选址和建设工作，县发改、土地等相关部门陪同调研。

19 日

安泽县和川镇孔旺村举行村办企业孔旺山泉纯净水有限责任公司投产剪彩仪式。

21 日

安泽县组织人员收听收看国务院第五次廉政工作会议。县委副书记、政府县长牛庆国，政府副县长张可新、刘剑，政府党组成员、公安局局长崔军出席会议。县直各相关单位负责人在安泽县分会场参加会议。

安泽县委书记、政府县长牛庆国主持召开中石油天然气抽采项目推进会。政府副县长张可新出席会议。县政府办、国土、林业、马壁乡负责人参加会议。会上，安泽县与中石油天然气抽采项目负责人，就 7 个集成站点建设进度情况进行了沟通交流。

22 日

安泽县召开“讲政治　知敬畏　守规矩”专项治理活动推进会。县委副书记、统战部部长、县委党校校长郭婷慧，县委常委、组织部部长张曙光，各乡镇书记、社区党工委书记、县直各单位负责人、督查组、领导组、办公室、巡查组相关人员参加会议。会上，府城镇、司法局、电力公司、唐城镇固县村负责人分别根据工作实际和“讲知守”工作举措并结合前一段的学习成果做了工作交流。

安泽县举行 2017 年文化科技卫生“三下乡”活动启动仪式，县委常委、宣传部部长魏书亮，政府副县长刘剑及宣传、农委、教科、文化、卫计等 15 家单位参加启动仪式。此次活动，安泽县组成了文艺演出、文化服务、卫生服务、科技宣传等小分队为十里八乡的村民答疑解惑。

23 日

临汾市农发办主任孙廷震一行深入良马乡良马村、宋店村，对 2016 年国家农业综合开发高标准农田建设项目进行考核。政府副县长刘合生、财政局局长赵红兵陪同考核。

24 日

安泽县召开“产业转型、城建提质、国卫创建”工作大会。会议的主要内容是充分认清形势，总结经验与不足，早安排，早行动，做好当前和今后一个时期的重点工作。县委副书记、政府县长牛庆国，县委常委、政府常务副县长李峻石，县委常委、宣传部长魏书亮，政府副县长张可新、刘合生、盖勇、刘剑出席会议。各乡镇书记乡镇长、社区党工委书记、主任，县直各单位一把手和部分企业代表参加会议。魏书亮主持会议。

安泽县组织人员收听收看全国、山西省危险化学品安全综合治理电视电话专题会及临汾市三月份安全生产工作例会。县委常委、政府常务副县长李峻石出席会议，各乡镇、县直各相关单位，各相关企业负责人在安泽县分会场参加会议。会议通报了危化品安全综合治理工作有关情况，部署深入开展危化品安全综合治理工作。

27 日

临汾市环境卫生百日综合整治督导检查组在安泽县就城乡环境卫生综合整治工作进行实地督导检查，政府副县长刘剑陪同督查。

安泽县组织人员收听收看全国国土绿化和森林防火工作电视电话会。全县各乡镇及相关单位负责人在安泽县分会场参加会议。

28 日

安泽县召开十六届人大常委会第七次会议。县人大常委会主任韩建辉，副主任尹淑兰、崔斗庆、苏国珍出席会议。县委常委、政府常务副县长李峻石，政府副县长张可新、盖勇、刘剑、检察院检察长张临生，政府党组成员、公安局局长崔军，县法院副院长牛瑞明，各乡镇人大主席、部门县人大代表及各建账单位负责人列席会议。尹淑兰主持会议。会议听取并审议各建账单位2016年交账和2017年建账情况的汇报。并对年初建账单位2016年工作完成情况进行测评。

临汾市委督查组一组组长、侯马开发区党工委副书记、纪工委书记何建雄带队到安泽县督查“讲政治、知敬畏、守规矩”专项治理活动开展情况，县委常委、纪委书记晋红峰、县政府办一同参加活动。

29 日

安泽县召开沁河生态修复暨农业调产调研座谈会。县委副书记、政府县长牛庆国，县委常委、政府常务副县长李峻石，政府副县长张可新、盖勇，县农委、林业、国土、住建、部分乡镇负责人参加会议。

山西省爱卫办深入安泽县就创卫工作进行督导检查，政府副县长刘剑陪同检查。

30 日

国家统计局山西调查总队巡视员王续孔在安泽县调研工作，政府副县长张可新陪同调研。

安泽县举办2017年农村（社区）“领头雁”第一期培训班，县委常委、组织部部长张曙光出席培训班开班仪式并讲话，各村党支部书记参加培训。

31 日

由临汾市委政研室副主任苏孟彦带队的调研组就乡镇基层政权建设在安泽县调研。县委常委、组织部部长张曙光一同调研。县委办、财政、民政、人社、农委、林业、水利、统计等相关部门参加了座谈会。会上，与会人员就基层政权建设中的困难和问题进行了发言，并对下一步工作提出意见和建议。

安泽县组织人员收听收看山西省深化供销合作社综合改革电视电话会议。政府副县长张可新及相关部门负责人在安泽县分会场参加会议。

4 月

1 日

安泽县人大、政府和政协的部分领导和全县广大干部职工一起到义务植树造林点，参加植树活动，绿化荀乡大地。此次植树面积达到108亩，主要种植油松和连翘，打造景观效益和经济效益，助推安泽县林业转型发展。

2 日

安泽县委书记李强主持召开四大班子联席会议。县四大班子领导出席会议。会上，县委副书记、政府县长牛庆国传达临汾市脱贫攻坚汇报会精神及临汾市安全生产形势分析研判工作会议精神。会议听取安泽县重点工程进展情况并逐项对2017年拟建重点工程、民生实事进行研究确定。会议还研究通过《中共安泽县委关于规范"三重一大"事项决策和执行的实施意见（试行)》《安泽县实行党政主要领导"五个不直接分管"制度的暂行办法》。

安泽县召开安全生产工作会议。县委副书记、政府县长牛庆国，县委常委、政府常务副县长李峻石，县委常委、宣传部部长魏书亮，政府副县长张可新、刘合生、盖勇、刘剑，政府党组成员、公安局局长崔军出席会议。各乡镇、县直各安委会成员单位参加会议。

安泽县召开连翘示范园区建设汇报会，政府副县长刘合生出席会议。政府办、县果业中心负责人及各乡镇分管副职参加会议。会议听取了各乡镇连翘示范园区建设情况工作汇报，并对当前示范园区建设各项工作进行了详细的安排部署。

3日

安泽县组织人员收听收看临汾市民爆物品安全大排查大整治紧急会议。县委常委、政府常务副县长李峻石，政府党组成员、公安局长崔军出席会议。各乡镇、县直各相关单位负责人在安泽县分会场参加会议。会议通报了当前民爆物品安全管理的有关情况，并宣读了临汾市涉爆安全隐患排查整治工作方案。

5日

临汾市督查组深入安泽县就严厉打击非法盗采矿产资源行为"2017利剑行动"的工作进展情况进行督查。政府副县长刘合生及国土、公安、人社等相关单位负责人出席汇报会。督查组通过听取汇报，实地查看安泽县唐城镇上庄村关闭煤矿工作进展情况，对安泽县"利剑行动"工作给予充分肯定。

安泽县召开山西省扶贫资金专项进点会。政府副县长刘合生、山西省扶贫资金专项督查组、县财政、扶贫、发改、和川镇、马壁乡、杜村乡等相关部门负责人参加会议。县财政、扶贫相关负责人向督查组汇报了安泽县扶贫资金管理和投向情况、财政专项扶贫资金使用情况。

6日

台湾华梵大学校长高柏圜先生带领相关学者，在临汾市副市长陈忠辉、山西师范大学副校长车文明等陪同下，到安泽就荀子文化参研交流。

山西省农科院扶贫专家组在安泽县召开规划调研座谈会。政府副县长刘合生，县农委、扶贫、畜牧、林业等涉农部门和部分企业代表参加会议。

7日

安泽县召开创卫暨环境卫生百日综合整治工作推进会。县委副书记、政府县长牛庆国，政府副县长刘剑，爱卫会成员单位负责人参加会议。会上，县创卫办对安泽县第29个爱国卫生月活动实施方案进行了通报并对活动内容进行了安排部署。县卫生局就当前的环境卫生百日综合整治工作重点进行了任务分解。

临汾市综治中心标准化建设观摩培训会在安泽县召开。县委常委、政法委书记连忠武，临汾市政法委副书记、综治办主任段彩，临汾市综治办副主任武建亭，临汾市各县、市（区）综治办主任、综治中心负责人参加会议。

由临汾市委宣传部副部长陈海平带队的督查组深入安泽县就全市宣传思想文化系统“两提一创”大讨论活动第一阶段开展情况进行督导检查。县委常委、宣传部长魏书亮出席汇报会，宣传部、广电、文化、旅游、文联、通讯组等相关单位负责人参加汇报会。

10 日

临汾市委常委、统战部部长张建平在安泽县就统战工作和生态环境治理工作进行了专题调研。县领导牛庆国、郭婷慧、张可新、刘剑陪同调研。

12 日

第一届安泽县黄花岭乡村旅游月活动在黄花岭风景区开幕，中央电视台第七套大型户外访谈栏目《乡约》走进黄花岭进行现场节目录制，为安泽县全域旅游助阵。临汾市政府副市长王兵，安泽县四大班子领导，中国金话筒奖获得者、《乡约》栏目制片人、主持人肖东坡，中国气象先生宋英杰，喜剧明星那威，井冈山红军人物分会秘书组组长李卫雨等出席开幕式。

安泽县与上海秦森园林股份有限公司签署合作框架协议。临汾市政府副市长王兵，临汾市政府机关党委书记刘继东，县委副书记、政府县长牛庆国，县委常委、政府常务副县长李峻石，政府副县长刘合生及府城镇、良马乡、县林业、果业、旅游、农委、水利、国有林场管理局等单位的负责人参加会议。会上，县委副书记、政府县长牛庆国与上海秦森园林股份有限公司高级副总裁周邦社签署《合作框架协议书》。

中国红色传承公益工程“闻书香　听中国”公益活动工作组应邀深入安泽县调研指导、对接交流并召开座谈会。县委常委、组织部部长张曙光出席会议，各相关乡镇、县直各相关单位负责人参加会议。张曙光主持会议。

14 日

临汾市扶贫办对安泽县 2017 年易地扶贫搬迁工作进行了专项检查。

15 日

“追根说炎帝　溯源初国伊”笔会在安泽县举行，来自山西省内的 30 余位史学专家、文化学者畅谈炎帝文化，解读安泽与炎帝的深厚渊源，县领导牛庆国、高成锁、李峻石参加会议。

18 日

临汾市人大常委会副主任张庚博深入安泽县开展“走基层　访代表　听民声”活动。县委副书记、政府县长牛庆国，县人大常委会主任韩建辉，副主任尹淑兰、崔斗庆，政府副县长刘剑参加活动。

20 日

临汾市工商行政管理局局长曹洪安带领督查组到安泽县督导检查工作。督查组听取汇报后，查阅了相关资料，并实地察看了安泽县煤炭销售点的治理情况。对安泽县的工商行政管理工作给予肯定，并提出了合理化的意见和建议。

省委、省政府督查组到杜村乡东唐村、马壁乡郎寨村对旅游扶贫工作进行督查，并走访贫困户。县委副书记、政府县长牛庆国随同督查走访。

由山西省农业厅总畜牧兽医师姚继广带队的脱贫攻坚督查组在安泽县检查指导工作。临汾市政府副市长王兵，县委副书记、政府县长牛庆国陪同检查。督查组一行先后深入到杜村乡东唐村、马壁乡郎寨村，听取脱贫攻坚工作开展情况汇报，详细查看他们的工作档案，并深入到贫困户家中进行了走访。

山东省兰陵县政协考察团在安泽县开展“看荀子故里　品安泽文化”考察活动。县政协副主席娄和玮陪同考察活动。

21 日

安泽县委副书记、政府县长牛庆国主持召开全县路域河道环境卫生集中整治推进会，政府副县长刘剑、县环境卫生整治办、县创卫办、各乡镇及各成员单位负责人参加会议。会上，宣读《安泽县关于开展路域、河道环境卫生集中整治工作的实施方案》。

24 日

临汾市交通运输局局长白建成一行在安泽县就长临高速建设和乡村旅游公路规划情况进行调研。县委副书记、政府县长牛庆国，政府副县长盖勇陪同调研。

26 日

安泽县特邀山西省林业厅有害生物防治局原局长王加强，山西省农科院经济林研究所所长史敏华教授在府城镇义唐村开展连翘抚育培训。县委副书记、政府县长牛庆国出席培训活动。

27 日

安泽县召开全县非公和社会组织工委第一次委员（扩大）会议暨非公和社会组织党建工作“规范建设年”活动部署会议。县委常委、组织部长张曙光，工委班子成员出席会议。工委委员、各乡镇（社区）党（工）委书记，工商、民政党建工作股负责人，非公和社会组织党建工作指导员，县非公和社会组织党组织书记参加会议。会议通报了安泽县非公和社会组织工委机构组建情况、“两个覆盖”工作基本情况。并对非公企业和社会组织党建工作“规范建设年”活动进行了安排部署。

28 日

安泽县举行企业向政府捐赠环卫机扫车辆仪式，县委副书记、政府县长牛庆国，政府副县长盖勇出席捐赠仪式。县住建、环保参加仪式。为建设“山水田园城　精品旅游县”永鑫煤焦化有限责任公司、太岳焦化有限公司、登茂通焦化公司分别向住建局捐赠环卫机扫车。

安泽县和川镇沁河庄村刘少奇路居地举行开馆仪式，来自全国各地的游客重温当年少奇同志与老百姓的鱼水情深。

安泽县召开沁河生态修复座谈会。县委副书记、政府县长牛庆国，政府副县长刘合生、盖勇、刘剑，以及水利、发改、住建、林业、旅游等相关单位负责人参加会议。

由临汾市经信委副主任余瑞金带队的生态环境攻坚行动督察组到安泽县督察生态环境治理攻坚行动，政府副县长张可新陪同督察。

29 日

安泽县乡村旅游节正式开幕。府城镇小黄村、飞岭村、和川镇岭南村、马壁乡依托各自地域文化特色，举办了主题鲜明、形式多样、内容丰富的开幕仪式。县政协主席高成锁、政协副主席李树清、宋晓琴参加休闲旅游节开幕仪式。

5 月

2 日

一场由“荀乡古色、太岳红色、生态绿色“三色”元素构成的“荀子故里　生态家园”安泽文化旅游宣传原创歌曲演唱会在省城太原举行，旨在通过艺术和美让更多的人了解安泽、迷上安泽、爱上安泽、走进安泽。

5日

安泽县召开迎接中央环境保护督察工作第二次会议。县领导李强、牛庆国、郭婷慧出席会议，李强在会上对安泽县环境保护工作进行全面部署，牛庆国主持会议。

7日

安泽县委书记李强主持召开革命历史题材《黄花花》（暂定）电视剧筹备座谈会，县委常委、宣传部部长魏书亮出席会议，县委办、电视剧主创及制作团队工作人员参加会议。

9日

安泽县组织人员收听收看临汾市推进“两学一做”学习教育常态化制度化开展维护核心见诸行动主题教育动员电视电话会议。全县副县级以上领导在安泽县分会场参加会议。会议传达学习了中央、省、市相关会议精神。

10日

广州香雪制药股份有限公司一行到安泽县考察土地建厂落实情况及洽谈药业合作相关事宜。县委副书记政府县长牛庆国陪同考察。

临汾市委办公厅副调研员、临汾市委群团工作改革领导组办公室主任刘生明带队的督查组对安泽县群团工作改革情况进行督查，并召开座谈会。县委副书记统战部部长郭婷慧陪同督查。督查组对安泽县和川镇、314电商平台、府城镇群团改革工作进行实地督查，听取相关负责人的工作汇报并查看资料。刘生明对安泽县群团改革工作给予肯定。

安泽县展开规范盐业市场专项行动，由临汾市盐务分局、县政府办、公安局、食药局、工商质监局、盐务支局、联合执法，对安泽县辖区内的个体经销商进行的摸排调查，对查出的问题盐产品进行了查封，确保群众食盐安全。

中国流动科技馆安泽巡展在安泽一中科技楼正式启动，县委常委、组织部部长张曙光，县人大常委会副主任崔斗庆，县政协副主席党爱贞，临汾市科协主席柴志强，临汾市科技馆馆长高新民及县科协、县一中负责人与广大师生一起参加启动仪式，并共同参观了科技展览。

11日

安泽县举行2017年系列重点工程项目统一开工仪式。县四大班子领导及各乡镇、县直各单位负责人参加仪式。

“相约黄花岭、祈福药王山”黄花岭乡村文化旅游月闭幕式暨黄花岭旅游月摄影比赛颁奖仪式在黄花岭风景区举行。

12日

安泽县脱贫攻坚现场推进会在府城镇飞岭村飞龙山庄农家乐举行。县四大班子领导，各乡镇书记、乡镇长及分管副职，县直各单位负责同志，贫困村党支部书记、第一书记、府城镇各村党支部书记参加会议。

14日至19日

安泽县委书记李强赴安徽省合肥市参加山西省临汾市太行山水全域旅游推介会，17日与肥东县委签订“友好县市”协议，县委书记李强，县委副书记、政府县长牛庆国，县委常委、政府常务副县长李峻石，县委常委、宣传部刘长魏书亮，县委常委、组织部部长张曙光，县政协副主席娄和玮，县政府党组成员、公安局局长崔军参加。

15日

安泽县召开政府环境管理体系培训工作会议。特邀北京中经科环的资深讲师张虹对安泽县体系涉及的单位一把手和具体承办人进行换版培训。政府副县长张可新出席开班仪式，各乡镇、社区、县直各相关单位负责人参加培训会。

安泽县委副书记政府县长牛庆国带领各有关单位及各乡村扶贫工作负责人赴兰考就当地脱贫攻坚工作进行了专题学习与考察。

市人大常委会委员、农村工委原主任张东红带领市脱贫攻坚第五督查组到安泽县督查脱贫攻坚工作。

16日

临汾市督查察组深入和川镇督察脱贫攻坚相关工作。

安泽县委常委、政法委书记连忠武陪同新华社山西分社副总编陈忠华一行深入和川镇孔旺村调研第一书记程鹏扶贫工作开展情况。

17日

以“天安地泽　泽约天下”为主题的2017山西省临汾市招商引资推介会太行山水全域旅游专场在合肥举办，临汾市市长刘予强为“临汾市安徽招商引资分队”授旗。推介会共签约项目14个，签约总金额近400亿元。

18日

山西省档案局副局长孔凡春一行对《抗日战争档案汇编》编纂及国家重点档案保护与开放立项工作进行调研，政府副县长刘剑陪同调研。

19日

临汾市副市长陈忠辉在安泽县调研沁河治理、创卫、高考备考等工作，县领导牛庆国、刘合生、刘剑及相关职能部门负责人陪同调研并参加座谈会。

临汾市生态环境治理攻坚第二督导组在安泽县督查环境治理整改工作。政府副县长张可新陪同督查。

山西省委党史研究室副主任巨文辉，临汾市党史研究室主任屈波深入安泽县就党史工作进行专题调研，县委常委、政法委书记连忠武，史志办负责人陪同调研。

22日

安泽县委副书记、政府县长牛庆国赴长治参加全省产业扶贫到村到户现场观摩会。

23日

临汾市副市长王兵深入安泽县就山西省沁河重点段河道治理工程进行调研。县委副书记政府县长牛庆国陪同调研。

山西省军区政治局局长武景润深入安泽县就人武部建设情况进行调研。政府副县长盖勇、县人武部政委杨巨松陪同调研。

26日

临汾市纪委副书记、监委副主任任建英，临汾市监委委员冯全生一行结合“四风”问题专项检查工作，深入安泽县对“四位一体”纠“四风”品牌创建等工作进行调研指导。县委书记李强，县委常委、纪委书记晋红峰陪同调研。

27日

凌晨1:00，县委书记李强主持召开专题会议研究脱贫坚相关工作。

28日

安泽县委书记李强深入杜村乡东唐村、冀氏镇良种场村调研乡村旅游和扶贫工作，并深入到杜村乡东唐村贫困户安永堂、冀氏镇良种场村贫困户赵九林家中进行走访慰问。县委常委、政府常务副县长李峻石随同调研。

31日

在山西省辖区法院案件收结存统计中，安泽法院2017年5月底审判案件结案率76.35%、法定审限内结案率100%，两项指标全省排名第一。安泽县人民法院先后被最高院评为“全国优秀法院”，被省高院评为“诉调对接工作先进单位”，连续五年被市中院评为“综合工作先进集体”。

6月

1日

安泽县委书记李强深入唐城镇玉和泰煤业就安全生产工作进行突击检查。

临汾市扶贫办主任孙延震在安泽县就扶贫工作进行调研。县委书记李强，县委常委、宣传部长魏书亮与相关部门、乡镇一同调研。

市财政局原局长祁寒冰深入府城镇小黄村、飞岭村调研脱贫攻坚，县委书记李强陪同调研。

安泽县委书记李强到唐城镇南湾村看望“一对一”帮扶孤儿，并对小朋友送上了生活和学习用品。

2日

国家统计局山西调查总队党组书记、总队长刘顺国带队一行到安泽县调研检查指导党建及党风廉政建设工作，县委书记、政府县长牛庆国，政府副县长张可新陪同调研。

临汾市疾病预防控制中心主任张重辉带队对安泽县疾病预防工作进行督导检查。

2日至3日

市委书记岳普煜调研安泽县脱贫攻坚、环境保护、项目建设工作，县委书记李强，县委副书记、政府县长牛庆国，县委副书记、统战部部长郭婷慧陪同调研。

6日

安泽县召开脱贫攻坚八大工程、二十项专项行动汇报座谈会，县委副书记、政府县长牛庆国出席会议。

临汾市水利局联合安泽县水利局共同开展沁河安泽段渔业资源增殖放流活动。

7日

临汾市政协主席刘小才带领临汾市食药监局等部门在安泽县就民生领域改革事项进行专题督查调研。县委书记李强、县委副书记、政府县长牛庆国，县政协主席高成锁，县委常委、纪委书记、监委主任晋红峰，县政协副主席宋晓琴及府城镇与部分政协常委陪同调研。

山西省卫计委监察专员李立在安泽县就创卫工作进行检查指导。县委书记李强、县委副书记政府县长牛庆国、政府副县长刘剑出席座谈会。宣传部、府城镇、住建局、交通局、水利局、卫计委等爱卫会成员参加活动。

临汾市地税局党组书记、局长陈明泽到安泽县调研基层重点工作。

安泽县举办“助力临汾、投票临汾、安泽在行动”启动仪式。

8日

安泽县与侯马市出入境检验检疫局举行签约仪式，县领导牛庆国、张可新、刘合生出席会议，县农委、发改、林业、食药监、果业中心、工商质监等部门负责人参加仪式。

山西省财政厅煤炭资源基金稽查局局长裴克存一行对安泽县采煤深陷区综合治理进行督查，并召开全省采煤沉陷区综合治理专项核查安泽汇报会。县委常委、政府常务副县长李峻石出席汇报会。

9日

安泽县委副书记政府县长牛庆国主持召开政府党组会议，县委常委、政府常务副县长李峻石，县委常委、宣传部部长魏书亮，政府副县长张可新、刘合生，政府党组成员公安局局长崔军出席会议，国土、发改、林业、水利等单位负责人参加会议。

共青团县委组织开“保护母亲河聚力沁河行”公益宣传骑行活动，县委常委、政府常务副县长李峻石、县人大常委会副主任张俊宏、政府副县长刘合生、县政协副主席宋晓琴出席活动。来自全县各行各业的近百名青年志愿者们参加了此次活动。

临汾市委组织部常务副部长武卫东深入安泽县就党政班子建设和领导班子队伍建设等工作进行调研。县领导李强、郭婷慧、晋红峰、张曙光陪同调研。

临汾市委组织部副部长、老干部局局长张瑞萍对安泽县老干部工作进行调研并召开座谈会。县委书记李强、县委常委、组织部部长张曙光陪同调研。

12日

临汾市委常委、政法委书记郭行杰在安泽县调研综治工作。县委书记李强，县委副书记政府县长牛庆国，县委常委、政法委书记连忠武，安泽县人民法院院长陈建国，政府党组成员公安局局长崔军陪同参加调研活动。

团市委副书记栗军就安泽县共青团改革工作进行督导检查。

13日

安泽县召开四大班子联席会议，县委书记李强主持会议。会上，政府副县长刘合生汇报关于呈报《安泽县全面推行河长制实施方案》的报告，关于做好禁止提前采摘青翘工作的实施方案。

14日

安泽县召开县委常委会议。县领导李强、韩建辉、李峻石、魏书亮、连忠武、晋红峰出席会议。县委书记李强主持会议。会上，县委常委、宣传部长魏书亮汇报了安泽县创立省级文明城市实施方案和“喜迎十九大、永远跟党走”广场消夏月活动实施方案，并提交研究了近期活动方案。

全县开展城乡环境集中整治活动。县领导李强、郭婷慧、李峻石、魏书亮、连忠武、盖勇、崔军带领财政、住建、国土等相关单位负责人统一行动。

15日

山西省少工委副主任郭贵平一行在安泽县调研“文明礼仪体验教育”活动开展推进情况，县委书记李强陪同调研活动。

安泽县委书记李强带领县委办、扶贫局深入到杜村乡河阳村检查指导环境卫生整治、脱贫攻坚、易地扶贫搬迁、壮大村集体经济、旅游发展等工作；深入马壁乡卫寨村检查指导脱贫攻坚、驻村帮扶、环境卫生整治、易地搬迁、产业发展等工作；深入府城镇义唐村检查指导环境卫生整治工作；深入冀氏镇冀氏村、南孔滩村检查指导环境卫生整治、脱贫攻坚、驻村帮扶等工作。

16日

临汾市环境卫生百日综合整治督察组深入安泽县督查环境卫生工作。各相关乡镇、社区、公路段等单位负责人陪同督查。

19日

河北省安国市药材贸易有限责任公司董

事长一行四人先后深入安泽县宏运农产品集散中心、香雪制药、瑞生园等企业，对以连翘为主的中药材种植及加工生产情况进行实地考察。

20日

安泽县与临汾市煤层气勘探分公司经理姚天鹏就民生工程提供气源召开协调会。县委副书记政府县长牛庆国，县委常委、政府常务副县长李峻石，政府副县长刘合生、盖勇、张建、刘剑出席会议，县安监、发改、住建等相关单位负责人参加会议。

山西省人大常委会城建环保工委副主任高建平为团长的“三晋环保行记者团”深入安泽县，对环保方面工作进行检查和采访报道，临汾市人大常委会副主任王金珍，安泽县委副书记政府县长牛庆国，安泽县人大常委会副主任崔斗庆、苏国珍，安泽县政府副县长张可新陪同此次活动。

21日

由临汾市委组织部部务委员、临汾市第一巡察组组长刘生明带队的临汾市委第一巡察组教育卫生暨脱贫攻坚专项巡察安泽县情况反馈会在安泽县召开。县委书记李强、县委副书记政府县长牛庆国、县委副书记统战部部长国婷慧参加会议。县委巡察工作领导小组有关成员、县委巡察办主任、副主任列席会议。

22日

市林业局正县级调研员董顺兴带领市易地搬迁工作督查组督查指导安泽县易地扶贫搬迁工作并召开汇报会，县委副书记、政府县长牛庆国出席汇报会，政府副县长刘合生汇报了全县易地扶贫搬迁工作情况。

23日

安泽县委书记李强深入冀氏镇青松岭景区实地查看旅游扶贫情况，深入杜村乡河阳村调研旅游资源开发和扶贫工作，县委常委、政法委书记连忠武随同调研。深入良马乡黄花岭景区就乡村旅游、城乡环境集中整治等工作进行调研指导；深入府城镇小黄村田家庄等村，就沁河防汛和旅游开发工作进行调研。

临汾市委督察组深入安泽县和川镇、唐城镇督查易地扶贫搬迁工作并召开反馈会。县委副书记政府县长牛庆国、政府副县长刘合生及相关单位负责人陪同督察。

25日

安徽省亳州井泉集团对安泽县中药材资源进行考察并召开座谈会。县委副书记政府县长牛庆国，县政协主席高成锁，政府副县长刘合生陪同考察并参加座谈会。

26日

临汾市城乡环境卫生集中整治督查组深入安泽县就城乡环境卫生情况进行督查。县委书记李强，县委副书记、统战部部长郭婷慧，政府副县长盖勇陪同督查。

28日

临汾市“红色护照”主题示范活动安泽县启动仪式在北门小学拉开帷幕。县委常委、宣传部部长魏书亮，政府副县长刘剑及县教科局等相关部门负责人参加活动。

安泽县举办“喜迎十九大　永远跟党走”庆“七一”歌咏比赛，庆祝中国共产党建党96周年，讴歌党的丰功伟绩，用歌声表达对党的无比热爱，唱响时代主旋律。

安泽县委书记李强深入府城镇府城村、义唐村，对省级劳模、老党员宋培战，建档立卡贫困老党员韩树清和建国前老党员郝全珍家中进行走访慰问。在县监委，与县委常委、政府常务副县长李峻石，县委常委、纪委书记、监委主任晋红峰，财政局、扶贫局、交通局、水利局、联社、农委、联通等部门负责人共同研究脱贫攻坚推进工作。

28日至30日

安泽县委书记李强赴安徽亳州考察中药材制药企业。

30日

安泽县召开中国共产党建党96周年暨“两学一做”学习教育常态化、制度化表彰大会。县委书记李强及县四大班子出席会议，各乡镇党委书记、乡镇长，乡镇副书记、组织委员，各村支部书记、第一书记，县直各工委书记、党办主任，县直各单位负责人，以及受表彰的先进集体和优秀个人参加会议。县委副书记政府县长牛庆国主持会议。

临汾市司法局在安泽县召开全市司法行政系统“三基建设”现场会，实地观摩安泽县府城、冀氏、马壁司法所“三基建设”情况，认真总结上半年全系统“三基建设”工作，安排部署了下半年“三基建设”各项任务。山西省司法厅党委委员、政治部主任翟新山，临汾市副市长、公安局局长马德荣，临汾市司法局局长秦希强，县委副书记、政府县长牛庆国，县委常委、政法委书记连忠武，县委常委、组织部部长张曙光，政府副县长张建出席会议。各县司法局局长、副局长，以及安泽县司法局全体人员参加会议。

7月

1日

安泽县委书记李强，县委副书记政府县长牛庆国，政府副县长刘剑带领教科局、安泽一中等单位负责人赴晋城市第一中学考察学习，寻求合作发展。

4日

安泽县召开政府党组会议。县领导牛庆国、魏书亮、张可新、刘合生、盖勇、张建、刘剑，县政府党组成员、公安局局长崔军，财政局局长赵红兵出席会议。县国土局、公路段、林业局、教科局负责人参加会议。

临汾市委督查组王小彦一行对安泽县巡视巡察整改自行“回头看”工作进行检查并召开座谈会。县委常委、纪委书记监委主任晋红峰，县人大常委会副主任张俊宏及相关单位负责人参加座谈会。

安泽县召开工业经济指标“双过半”和入企服务常态化工作汇报会。临汾市经信委（国资委）党委副书记高向阳出席会议。政府副县长张可新参加会议。

省统筹整合涉农资金用于扶贫项目督查组到安泽督导检查，政府副县长刘合生汇报了全县工作情况。

省委督导组进村入户走访、查阅档案，并与第一书记、驻村工作队做交流。

5日

山西省督查组一行到安泽县就统筹整合涉农资金用于扶贫项目进行督查并召开安泽汇报会。政府副县长刘合生及相关单位负责人参加汇报会。

临汾市委副书记雷健坤先后深入安泽县冀氏镇、马壁乡、杜村乡、府城镇就脱贫攻坚、生态旅游工作进行调研。县委书记李强、县委副书记统战部部长郭婷慧、政府副县长刘合生陪同调研。

临汾市煤炭局深入安泽县唐城镇就煤矿企业安全生产标准化进行检查并召开反馈

会。政府副县长张建出席会议。

6日

安泽县召开全县干部大会。县四大班子领导、县直单位负责人、各乡镇、社区、乡镇书记、乡镇长、党工委书记参加会议，县委副书记统战部部长郭婷慧主持会议。

忻州市政法委副书记、综治办主任高彦明到安泽县就综治中心标准化建设工作进行参观学习。县委常委、政法委书记连忠武参加此次活动。

7日

安泽县召开十六届人大常委会第九次会议。县人大常委会主任韩建辉、副主任张俊宏、尹淑兰、崔斗庆、苏国珍出席会议，县委常委、政府常务副县长李峻石，县委常委、政法委书记连忠武，政府副县长张建，法院院长陈建国，检察院检察长张临生，政府党组成员、公安局局长崔军列席会议。

8日

山西农业大学脱贫攻坚第三方评估组到安泽县指导脱贫攻坚工作，县委副书记、政府县长牛庆国随同检查指导。

8日至9日

安泽县委书记李强赴晋中市榆次区乌金山参加山西省广电嘉年华活动，对安泽县文化旅游进行推介，为脱贫攻坚提供有力产业支撑。

11日

安泽县召开2017年精准扶贫成效第三方评估反馈会，听取第三方评估组对安泽县精准扶贫工作的集中反馈意见和建议，县委书记李强，县委副书记、政府县长牛庆国，县委常委、组织部部长张曙光，县委办、政府办、组织部、扶贫局等相关部门负责人参加会议。

安泽县召开安泽扶贫团学习习近平总书记视察山西讲话精神暨上半年汇报交流会。临汾市委宣传部副部长、驻村帮扶工作团团长陈海平，临汾市委事务管理局副局长、驻村帮扶工作团政委陕磊平，县委书记李强出席会议。

安泽县公安局、交警大队、中国人民保险安泽支公司举行道路交通事故快速理赔服务中心揭牌仪式。

12日至16日

安泽县委书记李强在太原与省政府、省林业厅对接举办中国安泽连翘产业助力精准扶贫推介会相关事宜。副省长郭迎光对安泽连翘产业助力精准扶贫推介会初步方案作出了“这是件好事，应予以支持。请刘星同志协调中药材产业办公室各部门提供帮助”的重要批示。

14日

安泽县政府副县长刘剑赴曲沃县参加全市县乡医疗机构一体化改革推进会暨健康扶贫“双签约”启动会。

17日

安泽县举行县城区集中供热项目开工仪式。

18日

《山西日报》《中共中央党校学习时报》分别刊发中共安泽县委书记李强《撸起袖子加油干、打好脱贫“三张牌”》《山西安泽：打好脱贫“三张牌”》的署名文章。

由山西省外宣办、山西民航集团公司、中国民航报社共同组织的“中国民航带您看山西”临汾行采访团莅临安泽县就历史文化、风景名胜、生态资源、旅游发展等进行采风，用手中的笔和镜头进行了全方位、大视野、多维度的宣传展示，对安泽发展全域旅游起到了积极的推动作用。

19 日

截至 7 月 19 日安泽全县一般公共预算收入完成 3.12 亿元，占全年预期目标 103.01%，高于序时进度 44.68%，按进度超收 1.35 亿元，同比增长 59.10%，提前 165 天完成全年任务。

临汾市委群团工作改革第四督查组到安泽县开展第二轮督查。县委常委、政府常务副县长李峻石，县委常委、组织部部长张曙光，政协副主席宋晓琴陪同督查。

临汾市中级人民法院、安泽县人民法院，对曹某强制搬迁一案采取了强制搬迁的执行措施。此次行动是市、县两级法院首次协同执行的实施案件，临汾市中院执行局局长郑燕燕、安泽县人民法院院长陈建国做战前动员。

20 日

安泽县委副书记政府县长牛庆国、政府副县长盖勇带领交通局、府城镇等单位负责人在府城镇高壁村对北外环公路建设规划内的房屋进行指挥拆迁工作。

山西省林业厅林权管理中心主任谢英杰一行在安泽县就扶贫攻坚造林专业合作社运行工作进行督查指导，并召开座谈会。政府副县长刘剑及县林业、扶贫、工商、农委等相关单位负责人参加会议。

21 日

安泽县委书记李强带领政府副县长刘合生，县委办、农委、果树中心等部门负责人，赴长治市康宝集团、振东集团考察中药材合作相关事宜。

24 日

由中国林业产业联合会森林药材与饮品酒类促进会主办，安泽县具体承办的“安泽连翘产业助力精准扶贫”观摩研讨会在安泽隆重召开，来自省内外林业、中药材等方面的百余名专家学者和企业代表欢聚一堂，共推“安泽连翘”品牌，共商连翘产业发展助力精准扶贫举措。

安泽县举办“学习贯彻习近平总书记视察山西重要讲话精神专题培训班”。

临汾市人大常委会副主任张庚博带领市人大常委会委员、部分市人大代表深入安泽县，就脱贫攻坚工作进行专项考察调研。县人大常委会主任韩建辉、副主任张俊宏、政府副县长张可新陪同调研。

由中共安泽县委宣传部主办，县文联、音协协办的“农行杯”安泽县十大声乐杰出人才选拔赛在黄河京都金色大厅举行。来自全县各行各业的 30 名选手参加角逐。

26 日

由中国林业产业联合会森林药材和饮品酒业促进会主办的“安泽连翘产业助力精准扶贫推介会”在北京人民大会堂举行。中国工程院院士尹伟伦代表专家组做出科学论证意见：“世界连翘在中国，中国连翘数安泽。”“安泽县成为发展多功能林业的典型案例、践行两山理论的鲜活示范。”国家林业局总工程师封加平为山西安泽授予“中国森林生态药材连翘种植基地”牌匾。国家林业局总工程师封加平，山西省人大常委会副主任、省科协主席周然，中国工程院院士、原北京林业大学校长尹伟伦，团中央办公厅副主任李骥，中国林业产业联合会副秘书长陈圣林，《绿色时报》党委书记陈绍志，宁夏回族自治区林业厅副厅长陈建华，山西省卫计委副主任刘中雨，山西省林业厅总工程师尉文龙，山西省中药材产业发展领导小组办公室主任、山西省农业厅副巡视员张红星，临汾市副市长王兵等中央、省、市领导专家、安泽县委书记李强，县委书记、县长牛庆国及相关职能部门参加了推介会（中国新闻网、新华网、山西新闻网、山西日报对此事进行了报道。）

临汾市旅游发展委员会副主任杨文革到安泽县调研全域旅游发展情况，政府副县长张可新陪同调研。

临汾市非公和社会组织工委、临汾市委人才工作领导组办公室、临汾市中小企业局主办的“党建引领、人才支撑、企业创新”成果展示会在临汾市举行。安泽县组织部非公党委、县中小企业局带队的特色产品展示团队参加此次展示会。

27日

上午8时，一场大暴雨肆虐临汾，致使市区解放路立交桥积水严重，一名年轻女孩不慎翻入积水最深处，被经过的市商务局副局长高建军救起。

28日

山西省农村集体建设用地和宅基地使用权地籍调查工作现场推进会在安泽县召开。山西省国土资源厅党组成员、副厅长武耀文，山西省国土资源厅地籍处处长冯智，山西省地籍处调研员宋维柱，临汾市国土资源局党组书记、局长毕研华，县委副书记、政府县长牛庆国等领导出席会议，全国各地市区县国土资源部门负责人参加会议。山西省地籍处调研员宋维柱主持会议。

安泽县委书记李强带领政府副县长张建，县委办、发改局、府城镇等部门负责人，深入府城镇桃曲村实地调研“三无”困难人员安置点和永鑫铁路专线建设情况。

安泽县组织人员收听收看山西省、临汾市防汛工作电视电话会。县委副书记政府县长牛庆国，政府副县长刘合生及水利、国土、气象等单位负责人在县防汛抗旱指挥部参加会议。会议传达了山西省委书记骆惠宁、省长楼阳生关于防汛工作的重要批示和讲话精神。

31日

由临汾市委宣传部副部长张红亮带队的督导组对安泽县宣传工作和市级以上文明单位进行督导调研。县委书记李强，县委常委、宣传部部长魏书亮，县委常委、组织部部长张曙光，财政局长赵红兵陪同督查。

8月

1日

安泽县召开安泽县原县委书记任秀红经济责任审查进点会、县人民政府2016年财政决算跟踪审计进点会和县人民政府2017年第三季度末重大政策措施落实情况跟踪审计进点会。县委书记李强，县委副书记、政府县长牛庆国及县四大班子领导，临汾市审计局副局长毛志中带队的审计组成员出席会议，各乡镇、县直各有关部门参加会议。

2日

临汾市政协主席陈小洪深入安泽县就城乡环境卫生集中整治工作进行督导调研，县委书记李强，县委副书记、政府县长牛庆国，县委副书记、统战部部长郭婷慧，县政协主席高成锁，政府党组成员、公安局局长崔军陪同督查。

市财政局副调研员毛伶秀督查统筹整合使用财政涉农资金情况，政府副县长刘合生，县财政局长赵红兵，扶贫局等相关单位参加汇报。

2日至3日

临汾市政协原副主席杨玉龙带领60余名老干部及作家、诗人、艺术家走进安泽，开展系列观摩活动，助力安泽脱贫攻坚和全面发展，并召开了临汾市中华文化促进会安泽县文化扶贫座谈会。县委书记李强，县委副书记、政府县长牛庆国，县委副书记、统战部部长郭婷慧出席会议。

市政府考核组对安泽县2017年上半年消防工作目标完成情况进行考核，政府副县长张建出席汇报会，并对安泽县2017年上半年落实消防安全责任、火灾隐患整治等方面工作进行了汇报。

3日

市环保局副局长赵向阳带领市城乡环境集中整治第四督导组一行8人，对安泽县农村环境集中整治工作进行专项督查。县委副书记、统战部部长郭婷慧，县爱卫办主任李软萍，县农委主任赵春亮等单位负责人陪同。

安泽县城北农贸市场正式开工建设。

4日

安泽县新大象6000头种猪繁育基地扶贫项目在安泽县马壁乡郎寨村正式开工。临汾市检察院检察长苑涛，检察委员、市检察院驻安泽县郎寨村工作队队长王华，山西大象农牧集团总裁刘文革，中共安泽县委书记李强等出席了开工仪式。项目总投资1.2亿元，年提供15万头优质猪苗，辐射晋东南地区。

临汾市人民检察院检察长苑涛深入包联村马壁乡郎寨村调研脱贫攻坚工作，县检察院检察长张临生陪同调研。

5日至6日

由团市委、市委人才办主办，县委组织部、团县委承办的“北京大学博士生服务团安泽县‘红色教育行’”活动在安泽县杜村乡太岳革命根据地党性教育基地拉开帷幕。县委常委、组织部部长张曙光，团市委副书记栗军参加启动仪式。

5日

安泽县首批31名“三无”特困人员住进了府城镇红叶康养中心。

8日

安泽县与安徽井泉中药材股份有限公司签约，就建设道地中药材种植基地，以及中药饮片加工厂事宜进行合作。县委书记李强致辞，县委副书记、政府县长牛庆国同安徽井泉中药材股份有限公司董事长李井泉签约。

安泽县委书记李强主持召开市委第三巡察组巡察安泽县动员部署会议，并对组建“3+X”帮扶队伍做了具体安排。随后组织召开县委中心组学习。

临汾市委书记岳普煜到安泽和川镇检查脱贫攻坚工作，县委书记李强，县委副书记、政府县长牛庆国随同检查。

市统计局总经济师张增福一行对安泽县经济形势进行督查调研，政府副县长张可新出席座谈会。

9号

安泽县召开迎接市重点工程项目观摩团筹备会，安排部署观摩活动相关筹备工作。县委副书记、政府县长牛庆国，县委常委、常务副县长李峻石，县委常委、组织部部长张曙光，政府副县长张可新、盖勇、张建、刘剑，政府党组成员、公安局局长崔军出席会议，县委办、政府办、宣传部、住建、发改等相关单位负责人参加会议。

省财政厅预算绩效管理处处长王东升深

入安泽县，就“三基建设”财政投入保障工作进行督导调研。县委书记李强，县委常委、政府常务副县长李峻石，县委常委、组织部部长张曙光，财政局局长赵红兵陪同调研。

10 日

市行政审批中心主任尉俊、副主任任泰成深入安泽县检查政务服务工作。县委副书记、政府县长牛庆国，政府副县长张可新陪同检查。

14 日至 19 日

安泽县邀请《一把酸枣》的创作演出团队——山西华晋歌舞剧团，为全县 40 个贫困村进行了一次高规格的惠民演出。

15 日

由省农业厅巡视员陈明昌任组长、晋城市政协副主席崔守安任副组长的省委脱贫攻坚第三督导组到安泽县督导脱贫攻坚工作。县委书记李强，县委副书记、政府县长牛庆国，县委副书记、统战部部长郭婷慧随同督导。县委书记李强主持省委督导脱贫攻坚工作安泽汇报会，并代表安泽县委作表态发言。

15 日至 16 日

省第二督导考评工作组组长杨晋涛、市交通运输局局长白建成带队的督导组，就省市“四好农村路”建设和交通扶贫工作进行督导检查，政府副县长盖勇陪同检查，并到和川镇实地查看工作推进情况。

16 日

省委第三督导组一行深入唐城镇实地督查脱贫攻坚相关工作，政府副县长刘合生陪同督查。

安泽县委书记李强赴忻州市岢岚县参加全省“践行习总书记视察山西重要讲话精神抓党建促脱贫攻坚暨深度贫困村整体搬迁”现场推进会。

安泽县在临汾市召开设立安泽经济技术开发区可研报告论证会，县委副书记、政府县长牛庆国，市商务局局长张剑，政府副县长张可新出席会议。

19 日

全市重点项目观摩团在安泽观摩重点工作和部分扶贫项目，促使“光伏发电、集中供热、步行街改造”等一批民心工程相继完成。

20 日

安泽县召开脱贫攻坚驻村帮扶培训会。政府副县长刘合生出席会议，蒲县黎掌村第一书记郭伟，以及县委办、政府办、扶贫局、下乡办各乡镇党政负责人，分管副职，各驻村工作队，第一书记，支部书记共计 500 余人参加会议。

20 日至 25 日

由《中国青年报》发起的全国大学生深度报道“脱贫攻坚　魅力安泽”特训营活动在安泽举行。

22 日

由市文化局副局长张龙梅带队的督查组在安泽县督查政府信息公开和政府网站建设工作。县委常委、政府常务副县长李峻石出席会议。县政府办、编办、文化局、广电中心、行政审批中心、新闻网络中心等单位负责人参加了会议。

23 日

安泽县委书记李强深入府城镇凤池村走访慰问贫困户李巧梅；随同省农业厅副巡视员张红星一行深入到马壁乡、府城镇小黄村、飞岭村检查指导工作。

24 日

省财政厅农村综合改革处处长王上福带

领省农村环境集中整治行动第二督查组就安泽县城乡环境集中整治工作进行督查。市政协副主席杨益民，市政府副秘书长、市城乡环境集中整治行动领导组办公室主任刘锋，县委书记李强，县委副书记、政府县长牛庆国，县委副书记、统战部部长郭婷慧，县政协主席高成锁及相关部门负责人陪同督查。

"脱贫攻坚，魅力安泽——大学生深度报道"特训营活动分享会暨结营仪式在安泽召开。

25 日

省"铁腕治污"强化督导组深入安泽县就焦化企业提标改造工作进行现场督查，政府副县长张可新陪同检查。

28 日

安泽县召开与安徽井泉药业有限公司实地选址落地会议。县委副书记、政府县长牛庆国,县政协主席高成锁，县委常委、政府常务副县长李峻石，政府副县长张可新，安徽井泉药业董事长李井泉出席会议。

安泽县举办"发展特色产业 助推精准扶贫"专题讲座，特邀山西农业大学农业经济管理学硕士姚晓萍进行授课，县四大班子领导出席讲座，各乡镇、县直各有关单位负责人参加讲座。

29 日

由省委组织部部务委员、省非公经济组织和社会组织工委专职副书记张志刚带队的督察组，对安泽县主题教育和"三基建设"工作进行督查。督察组一行深入到和川镇、府城镇小黄村、飞岭村检查指导工作。县委书记李强，县委副书记、政府县长牛庆国，县委常委、组织部部长张曙光陪同督查。

安泽县创卫办聘请省爱卫专家李立、刘东彦，市创卫办张保吉，对安泽县的创卫工作进行专题培训，县委书记李强出席会议并讲话，政府副县长刘剑主持会议，创卫领导组成员单位负责人参加会议。

30 日

安泽县举办 2017 年"金秋圆梦学子、聚力脱贫攻坚"资助金发放仪式。

31 日

人民网对"电商脱贫：安泽从 0 到 1 的突破"进行了宣传报道。

安泽县召开市委第三巡察组巡察安泽县边巡边改情况通报会，市委第三巡察组组长乔建仲，副组长郭小平，县四大班子及副县以上领导出席会议。县委巡查工作领导小组成员，巡察办主任，县纪委检委、组织部班子成员，各乡镇党委书记，社区党工委书记，县直各部门参加会议。

9 月

2 日

安泽县委书记李强深入杜村乡文洲村检查指导脱贫攻坚工作；深入冀氏镇大渠村看望贫困户宋何山、裴根有、宋红星、杜同福、杨保才，送去了慰问品，并邀请五位贫困户一起吃团圆饭。

安泽县召开工会第七次代表大会。来自全县各条战线的 132 名会员代表出席大会。县委书记李强，市总工会党组书记、常务副主席冯珍，县委副书记、统战部部长郭婷慧，县人大常委会主任韩建辉，县委常委、常务副县长李峻石，县委常委、宣传部长魏书亮，县委常委、政法委书记连忠武，县委常委、纪委书记、监委主任晋红峰，县委常委、组织部部长张曙光，市总工会常委付强出席开幕式，应邀出席开幕式的还有各乡镇（社区）群众工作部长、群团单位负责人和历届工会已退休的老领导。

5日

安泽县举办2017年省委党校“送教下乡”安泽培训班，省委党校沈莹教授授课。

6日

临汾军分区司令员车胜良参加县人武部民主生活会，县委书记李强参加座谈会。

市政协副主席梁清燕带领部分市政协委员深入安泽县调研基层政法工作，县委副书记、政府县长牛庆国，县政协主席高成锁，县委常委、政法委书记连忠武，政协副主席宋小琴，县法院院长陈建国，政府党组成员、公安局局长崔军陪同调研。

安泽县举办2017年山西农业大学“送教下乡”安泽培训班，山西农业大学刘豪进行授课。

9日

安泽县召开教师节表彰大会,对2017年度涌现出的教育先进单位和模范个人进行了奖励，对下一阶段的教育工作进行了安排部署。县委书记李强出席会议并作重要讲话。县委副书记、政府县长牛庆国主持会议。县四大班子领导出席会议。表彰会之后，县委书记李强深入安泽县81岁退休教师王洪福家中，送上节日祝福。

11日

安泽县委书记李强带领县委常委、宣传部部长魏书亮，政府副县长盖勇，财政局局长赵红兵，县委办、交通局、府城镇负责人，先后深入府城镇李垣村朱德路居地、红叶岭景区南门广场、红叶岭至麻衣寺塔旅游循环公路、石渠村（红叶岭景区东门）、沁河（府城镇、和川镇连接线）、岭南村和川水利枢纽等地进行现场办公，研究迎接国庆节全域旅游工作。

团省委少工委副主任郭贵平在安泽县调研少先队工作，县委副书记、统战部部长郭婷慧陪同调研。

13日

由市卫计委副主任苏建生带队的城乡环境集中整治督查第三组，深入安泽县就城乡环境集中整治工作进行督察，并召开汇报反馈会。

市卫计委副主任苏建生还实地调研县乡医疗机构一体化改革和健康扶贫“双签约”工作。

14日

安泽县委书记李强陪同省文旅集团总经理高建光，市旅发委主任李艾珍一行先后深入望岳楼、荀子文化园、龙门口景区、杜村乡小李村、府城镇小黄村飞岭村，就文化旅游产业进行调研。

15日

安泽县举办“情暖荀乡”志愿服务活动启动仪式。

16日

省易地扶贫搬迁督导组组长、省扶贫办异地搬迁处副处长姜晓武一行，历时三天，对全县23个易地扶贫搬迁集中安置点逐一进行督查，对安泽县的工程进度、质量给予了充分肯定。

19日

全国社会治安综合治理表彰大会在北京人民大会堂隆重举行。安泽县捧回了中央在政法综治领域设立的最高奖项——“长安杯”。安泽县委书记李强参加全国社会治安综合治理表彰大会。受到习近平、李克强等中央领导同志亲切接见。

安泽县举行医疗集团成立揭牌仪式。市卫计委副主任苏建生，县委副书记、统战部部长郭婷慧，县人大常委会副主任尹淑兰，政府副县长刘剑，县政协副主席党爱贞以，及县医改领导组成员单位，各乡镇卫生院负责人参加揭牌仪式。

21 日

全市“三基建设”重点任务县（市、区）推进会在安泽县召开。市委常委、组织部部长、市委“三基建设”办公室主任刘文华出席会议并讲话。市、县两级“三基建设”办公室及相关部门负责人共 65 人参加会议。

市纪委副书记、监委副主任成功深入安泽县围绕扶贫领域监督执纪问责工作进行调研，县委常委、纪委书记、监委主任晋红峰陪同调研。

21 日至 22 日

市委目标责任制考核组对安泽县目标任务上半年推进落实情况进行考核。县四大班子领导陪同。

22 日

安泽县召开百日攻坚大会，县四大班子领导，全县副县级以上领导，各乡镇党委书记，乡镇长、社区党工委书记、主任，县直各相关单位负责人参加会议。

市财政局副局长姜永新深入到安泽县调研“三基建设”财政投入保障情况，县委副书记、政府县长牛庆国，财政局长赵红兵陪同调研。

26 日

安泽县召开落实全国社会治安综合治理表彰大会精神座谈会，县委书记李强，县委常委、政法委书记连忠武，县委常委、纪委书记、监委主任晋红峰，县人大常委会副主任崔斗庆，县人武部政委杨巨松，政府党组成员、公安局局长崔军出席会议，县综治委各成员单位负责人，各乡镇综治办主任，各乡镇网格长代表参加会议。

市煤炭局副局长王贵民深入安泽县检查煤矿安全生产工作，政府副县长张建陪同检查。

安泽县召开选派年轻干部到乡镇挂职帮助工作动员会暨培训班开班仪式。

由市财政局总会计师刘忠平带队的督查组一行，对安泽县劳动人事争议处理效能建设工作进行督查，并召开汇报会，县委常委、政府常务副县长李峻石出席汇报会。

临汾市文物旅游工作推进会在安泽县召开，市旅发委主任、文物局局长、外事侨务办主任李艾珍对全市旅游文物工作进行安排部署，各县市区的旅游局局长参加会议。

27 日

临汾市“山水太行·休闲旅游”启动仪式在安泽县和川镇举行。临汾市政协副主席杨益民，中共临汾市委宣传部副部长陈海平，临汾市旅发委主任李艾珍，中共安泽县委书记李强，山西省房车协会会长董瑞江，临汾市联通公司总经理杨金民等领导出席启动仪式。全市 17 个县市旅发委主任、省市各大新闻媒体、省房车协会 200 余名协会成员、市 20 家知名旅行社，以及社会各界人士参加了启动仪式。

市宣传部副部长陈海平在包联村和川镇岭南村参加“喜迎十九大　助力乡村游”主题志愿服务活动，县委常委、宣传部部长魏书亮陪同。

市煤矿防治水和机电管理经验交流会在唐城镇安鑫煤业公司召开，政府副县长张建出席会议。

28日

唐城镇议宁村易地扶贫搬迁集中安置点举行集中入住仪式。

30日

安泽县在烈士陵园举行烈士纪念日公祭活动。

由市人大法制工委主任张应钦带队的督查组就安泽县党政主要负责人履行法制建设第一责任人进行督查并召开汇报会。县委书记李强，县人大常委会主任韩建辉，县委常委、政法委书记连忠武，县政协副主席李树清，县法院院长陈建国出席汇报会。

临汾市委老干部局副局长李保恩带领市委老干部局下乡工作队深入包联村马壁乡下石村进行走访慰问。

10月

1日

安泽县举行“低碳环保　时尚生活”免费共享单车投放启动仪式。

山西安泽“青松岭”杯渔纳多钓鱼邀请赛在安泽县冀氏镇清河湾农业生态园竞技钓场拉开帷幕。来自河南、山西、山东、陕西、河北等全国各地的钓友欢聚一堂，共襄盛事，缔造精彩。

4日

安泽县政协副主席娄和玮陪同新加坡华侨、国家“一带一路”诗歌文化传播大使韩昕余，分别到荀子公园、望岳楼史情馆、和川镇刘少奇路居地、府城镇红叶岭景区、冀氏镇青松岭景区调研了安泽县旅游发展情况。

8日至9日

由国家林业局场圃总站调研员许晶带队的考察组在安泽县考察评估山西况山国家森林公园和山西安泽黄花岭国家连翘公园建设工作，考察组在考察期间实地察看了安泽县黄花岭、青松岭、安太山等森林公园景区建设情况后召开安泽县申报国家森林公园考察汇报会。国家林业局场圃总站调研员许晶，中国森林风景资源评价委员会教授武弘麟、李晓文，国家林业局西北院园林处处长张霖，临汾市副市长王兵，中共安泽县委书记李强，县委副书记、政府县长牛庆国，县政协主席高成锁，县人大常委会副主任张俊宏，政府副县长刘合生等领导出席会议。山西省森林公园管理中心主任聂贵仕主持会议。

10日

安泽县召开十六届人大常委会第十一次会议，县人大常委会副主任张俊宏、崔斗庆出席会议，县委常委、政府常务副县长李峻石列席会议。会议表决通过了徐岭松任安泽县人民政府副县长职务。

13日

山西戏剧职业学院院长谢玉辉、副院长闻志中，县委书记李强，政府副县长刘剑、徐岭松，在青松岭景区参加了山西戏剧职业学院教学实践基地挂牌仪式。

“安泽党建”隆重推出一款“喜迎十九大　安泽黄花主题头像生成器”。

15日

安泽县举办“喜迎十九大　荀乡儿女诵〈荀子〉——最是书香能致远”诵读会。

17日

安泽县“手牵手　帮秋收”主题活动启动仪式在县奥体中心举办。

山西省心血管医院心脏专科联盟安泽分院授牌仪式在安泽县医疗集团县人民医院举行。省心血管医院院长韩学斌，县政协主席高成锁，卫计局负责人及县医疗集团中层以上干部职工参加了授牌仪式。

18 日

上午 9 时，党的十九大在北京隆重开幕，县四大班子领导收看了十九大开幕盛况。

18 日至 20 日

喜迎十九大“太行山水杯”三市十一县（安泽）篮球邀请赛在安泽县举行。来自临汾、晋城、长治三市十一县的篮球健儿们欢聚在安泽，为观众带来了一场场精彩激烈的篮球盛宴。

临汾市“1+N”梯次帮带系列培训（安泽）乡村休闲旅游专题班在县委党校开班。

19 日

临汾市交警支队支队长高岭深入安泽县就十九大期间道路安保工作进行督导检查。县委副书记、政府县长牛庆国，县委常委、纪委书记、监委主任晋红峰，政府副县长张建，政府党组成员、公安局局长崔军先后陪同调研。

20 日

由省财政厅农改处副处级调研员田春茂带队的督查组，对安泽县扶持村集体经济发展工作进行调研并召开汇报会。县委常委、政府常务副县长李峻石，政府副县长刘合生陪同调研。

22 日

省公安厅副厅长张立刚，市政府副市长、市公安局局长马德荣在安泽县检查指导十九大期间安保工作。县委书记李强，县委副书记、政府县长牛庆国，政府副县长张建，政府党组成员、公安局局长崔军陪同检查。

安泽县委书记李强，政府副县长刘合生利用双休日时间，带头开展“手拉手，帮秋收”扶贫活动，带领县委办、安监局全体工作人员和驻村工作队员到和川镇和川村帮助王长青等贫困户收玉米。

24 至 25 日

由省政府办公厅正处级督察专员赵文春带队的督查组前往安泽县，就全省农村饮水安全工作进行专项督查并召开汇报反馈会。政府副县长刘合生，县直各单位、各乡镇负责人参加汇报反馈会。

25 日

安泽县召开村（社区）两委换届选举工作推进会暨培训会。

26 日

市政协原副主席陈保堂带领市老三届联谊会、市诚信促进会、市老促会成员 110 余人走进安泽县，就全域旅游工作进行观摩指导。县委书记李强，县委常委、宣传部部长魏书亮及府城镇、冀氏镇、县老促会负责人陪同观摩。

31 日

安泽县集中供热工程经适房片区热源站成功点火试水，标志着安泽县集中供热工程建成并投入使用，同时也标志着广大群众期盼多年的集中供暖变成了现实。县城集中供热工程，总投资 2 亿元，总供热面积 150.4 万平方米，每年供暖季全县可减少燃煤量 6.4 万吨，烟尘 4400 吨，二氧化硫 1000 吨，氮氧化物 200 吨。

11 月

2 日

安泽县召开省委脱贫攻坚第三督导组安泽汇报会。省委脱贫攻坚第三督导组组长、省农业厅巡视员陈明昌，县委书记李强，县委副书记、政府县长牛庆国，政府副县长刘合生及省脱贫攻坚督导组成员出席会议。

7日

安泽县召开省财政厅清投公司与安泽县重点项目对接洽谈会，县委副书记、政府县长牛庆国，政府副县长徐岭松，财政厅清投公司顾问、中联创投咨询公司总经理李军平出席会议。县财政、交通、城建、发改、招商等部门负责人参加会议。

8日

临汾市爱国主义教育基地挂牌仪式在沁河庄刘少奇路居地举行。市委宣传部副部长张红亮，县委常委、宣传部部长魏书亮，县政协副主席娄和玮，县财政局长赵红兵参加挂牌仪式。

10日

安泽县召开2017年国家安全领导小组会议暨国安办揭牌仪式。市国家安全局副局长王学庚，县委常委、政法委书记连忠武，政府副县长张建，政府党组成员、公安局局长崔军出席会议。各乡镇及县国家安全领导小组成员单位负责人参加会议。

13日

省相关部门组织专家在太原就安泽县经济技术开发区设立可行性报告召开评审会。县委书记李强，市政府副秘书长白岗峰，政府副县长张可新及市直相关部门出席会议。安泽县开发区可研报告顺利通过省级评审，开发区总体规划、产业规划、勘测定界已完成招投标工作。

安泽县举行城区集中供热工程1号热源站（种子公司片区）点火仪式。

14日

市纪委副书记、监委副主任任建英深入安泽县马壁乡、冀氏镇就乡镇监察体制改革、扶贫领域不正之风和腐败问题专项治理工作开展情况进行实地调研指导。市纪委党风室主任刘炜，安泽县委常委、纪委书记、监委主任晋红峰陪同调研。

15日

副市长陈忠辉在安泽县调研创卫和县乡一体化医疗卫生改革工作。县委书记李强，县委副书记、政府县长牛庆国，政府副县长盖勇，政协副主席党爱贞，市卫计委、县委办、创卫办等相关部门负责人陪同调研和参加座谈会。

由省委防范办副主任尚国俊带领的调研组在安泽县开展省委“万名干部大调研”活动，调研全县防范和处理邪教工作。县委书记李强，县委常委、政法委书记连忠武，政府党组成员、公安局局长崔军，县委办、县政法委、县委防范办负责人陪同调研。

16日

省妇联副主席刘一平一行深入安泽县就党的十九大精神进行宣讲，并对乡镇基层组织建设和妇女维权工作进行调研。市妇联主席杨玉果，县委副书记、政府县长牛庆国，政府副县长徐岭松，县政协副主席宋晓琴陪同调研。

21日

中国共产党安泽县第十四届委员会第五次全体（扩大）会议召开。会议深入学习贯彻党的十九大和十九届一中全会精神，按照省委十一届五次全会、临汾市委四届三次全会的要求，对全县学习宣传贯彻十九大精神进一步作出全面部署，并就做好当前工作提出要求。

22日

安泽县召开学习贯彻党的十九大精神市委宣讲团报告会，报告会由县委副书记、政府县长牛庆国主持，特邀市委党校副校长郑巨东开展专题讲座。

安泽县和川畜牧兽医中心站被授予“全国基层畜牧技术推广示范站”称号。山西省仅6家单位入围，也是全省唯一一家国家级（乡镇）畜牧技术推广示范站。

23日

由财政厅预算处副处长贾岐山带队的调研组深入安泽县开展盘活存量资金加快预算执行进度调研活动。县委副书记、政府县长牛庆国，县委常委、政府常务副县长李峻石，县财政局局长赵红兵参加座谈会。

冀氏镇集中安置点举行搬迁户入住仪式。

28日

安泽县委书记李强主持召开县委常委会议，研究国有林场改革及人事任免相关事宜。县委副书记、政府县长牛庆国，县委副书记、统战部部长郭婷慧，县委常委、政府常务副县长李峻石，县委常委、宣传部部长魏书亮，县委常委、政法委书记连忠武，县委常委、纪委书记、监委主任晋红峰，县委常委、组织部部长张曙光出席会议。县人大常委会主任韩建辉列席会议。

省地方志办公室党组书记、主任张志仁带领督导组深入安泽县就志鉴“两全”工作进行督导并召开座谈会。县委书记李强，县委副书记、政府县长牛庆国，政府副县长刘剑陪同督导。

29日

临汾市政协主席陈小洪深入安泽县实地调研脱贫攻坚工作，深入杜村乡河阳村查看扶贫档案和安泰山森林旅游乡村别墅项目建设情况，县委书记李强陪同调研。

临汾军分区副司令员姜源在安泽县检查指导工作，县委常委、政法委书记连忠武，县人武部政委杨巨松陪同检查。

30日

安泽县政府与太原龙翔精灵科技有限公司在安泽黄河京都大酒店成功签约。此次签约标志着国内首个森林防火智能信息服务系统正式落户安泽。县委书记李强，县委副书记、政府县长牛庆国，县委副书记、统战部部长郭婷慧，县人大常委会主任韩建辉，县委常委、政府常务副县长李峻石，县委常委、宣传部部长魏书亮，县委常委、政法委书记连忠武等领导出席签约仪式。

由省发改委巡视员康志杰带队的省项目稽查监管工作督察组在安泽县对重大项目稽查监管工作进行专题调研。县委书记李强，县委副书记、政府县长牛庆国，县委常委、政府常务副县长李峻石陪同调研。

安泽县召开创建省级出口连翘质量安全示范区工作汇报会。山西出入境检验检疫局植检处处长吕彦彬，省农业厅外事处处长白国平，县委副书记、政府县长牛庆国，政府副县长刘合生出席会议，县直各相关单位负责人参加会议。

12月

1日

由省档案局党组成员、副局长孔凡春，市档案局党组书记、局长高树森带队的省、市调研组到安泽县，就档案馆基础业务工作进行调研。县委副书记、政府县长牛庆国，县档案局负责人陪同调研。

2日

全市“三基建设”观摩团在安泽县观摩“三基建设”工作。县委书记李强，县委常委、组织部部长张曙光一同参加观摩活动。

安泽县妇联在府城镇上梯村金剪子服装加工厂举办巾帼脱贫行动贫困妇女就业创

业缝纫工技能培训班。

4日

在北京召开的2017年国家级森林公园专家评审会上，中共安泽县委书记李强向评审团全面介绍安泽创建国家级森林公园情况，获得22名专家评审的高度评价并全票通过。

安泽县公安局举行人民警察从警特定年限纪念仪式、退休仪式、入警宣誓仪式。县委副书记、政府县长牛庆国，市公安局党委委员、政治部主任郭春平，县委常委、宣传部部长魏书亮，政府副县长张建，县人民法院院长陈建国，县人民检察院检察长张临生，政府党组成员、公安局局长崔军等领导出席了荣誉仪式。

全县39个执法部门联合开展“12·4”国家宪法日暨全国法制宣传日活动。

6日

省文明办测评组到安泽县，对省级文明村镇、文明单位创建工作进行检查验收。县委常委、宣传部部长魏书亮陪同检查。

7日

市政协副主席杨益民在安泽县就政协提案成果转化情况进行专题调研。县政协主席高成锁、副主席宋晓琴及部分政协委员陪同调研。

山西师范大学十九大精神宣讲实践队走进和川村与群众面对面宣讲十九大精神。

安泽县政府副县长张可新带领唐城镇、环保、安监、发改等相关单位负责人，深入唐城镇就各煤焦企业环保工作进行检查。

8日

山西省社会治安综合治理表彰大会在太原举行。中共安泽县委书记李强作为全国平安县代表，受到了省委书记骆惠宁和省长楼阳生的亲切接见。

11日

安泽县开展“送温暖、献爱心”社会捐助活动。县委书记李强，县委副书记、政府县长牛庆国，县委副书记、统战部部长郭婷慧，县人大常委会主任韩建辉，县委常委、政府常务副县长李峻石，县委常委、宣传部部长魏书亮，县委常委、政法委书记连忠武，县委常委、纪委书记、监委主任晋红峰等领导，以及各乡镇、县直单位、企业的干部职工参加捐助活动并捐款。政府副县长刘合生主持社会捐助仪式。

12日

安泽县委书记李强深入冀氏镇易地搬迁集中安置点、冀氏镇敬老院、冀氏村南湾生态休闲农业项目园区进行了调研指导，深入良马乡上寨村、曹家沟村、英寨村走访慰问贫困户，面对面宣讲党的十九大精神，调研脱贫攻坚、两委换届、驻村工作队及学校取暖等工作。

安泽县举办科普中国乡村e站培训班。县委副书记、统战部部长郭婷慧，山西科技新闻出版传媒集团董事长石宝新出席开班式并讲话，县医疗集团负责人和乡村e站负责人参加培训。

13日

在安泽县脱贫攻坚指挥部，县委书记李强就脱贫攻坚工作接受人民网山西频道、中国新闻社山西分社、中国新闻网和山西经济日报、山西经济网等媒体的联合专访。

14日

安泽县委书记李强深到府城镇神南村走访慰问了贫困户李锁柱并为其清扫家中积雪；深入困难群众过冬安置点和困难群众家中，就安置点准备工作及困难群众取暖情况进行调研，县委常委、政府常委副县长李峻石陪同调研；深入府城镇桃曲村易地扶贫搬迁集中安置点查看建设情况，走访慰问了和川镇上县村贫困户张金玉和唐城镇固县村贫困户申志忠。

安泽县召开全省党的十九大精神和脱贫攻坚政策宣讲专场报告会，省干部驻村帮扶工作联席会议办公室“十九大精神和脱贫攻坚政策宣讲团”成员、省商务厅驻右玉县扶贫工作队队长、应急管理处处长王庆住，大同市天镇县张西河乡许家窑村“第一书记”、大同市人社局公务员考试录用科主任杨河芬，县委书记李强，县委副书记、政府县长牛庆国，县委副书记、统战部部长郭婷慧及在家的县级领导出席会议。各乡镇书记、乡镇长，县直单位负责人，各驻村工作队队长在主会场参会，各乡镇分管扶贫工作的副职，农村“两委”班子成员，第一书记，大学生村官，驻村工作队队员以视频形式在分会场参会。

17 日

省纪委监委第三执纪监督室副主任宁风，市委常委、纪委书记、监委主任张晓永一行，深入府城镇就乡镇监察体制改革进行调研，召开省纪委监委进一步深化监察体制改革安泽座谈会。县委书记李强陪同调研并主持座谈会。

19 日

安泽县举行全县学习贯彻党的十九大精神集中轮训班开班仪式，县委书记李强出席仪式并授课。

省纪委监委第三执纪监督室副主任宁风，市委常委、纪委书记、监委主任张晓永深入府城镇调研监察体制改革，深入到高壁村调研村务监督委员会建设情况。县委书记李强陪同调研。

20 日

安泽县召开 2017 年度县乡党委书记抓基层党建工作“面对面”述评会议，县委书记李强主持会议。市委组织部部务委员、组织一科科长任丽岗，市委组织部研究室主任陈文挺出席会议。

十九大精神进基层“百千万”师生面对面行动山西师范大学安泽首场宣讲在安泽县委党校举行，校长卫建国作了《学通弄懂　做实十九大精神》的主题宣讲。县委书记李强主持宣讲活动。

山西师范大学支教巡演艺术团走进安泽专场晚会在安泽县上演，山西师范大学党委副书记、校长卫建国，县领导李强、牛庆国、郭婷慧、刘合生、陈建国观看演出。

21 日

安泽县召开全市贫困退出初审检查汇报会，县委书记李强，市贫困退出初审检查组组长郭波，县委副书记、政府县长牛庆国，县委副书记、统战部部长郭婷慧，县委常委、组织部部长张曙光，政府副县长刘合生出席会议。

安泽县召开“基本解决执行难”工作联席会议，县委书记李强，县委常委、政法委书记连忠武，县政协副主席李树清，县人民法院院长陈建国，县人民检察院检察长张临生，政府党组成员、公安局局长崔军出席会议。

省健康扶贫脱贫成效专项督导组深入安泽县就健康扶贫工作进行督导检查，县委副书记、政府县长牛庆国，副县长刘合生、刘剑陪同检查，并召开了省健康扶贫脱贫成效专项督导安泽汇报会。

临汾市副市长王兵深入安泽县对森林防

火和脱贫攻坚工作进行调研。市林业局局长丁向阳，县委书记李强，县委副书记、政府县长牛庆国，县政协主席高成锁陪同检查。

省2017年度健康扶贫脱贫成效对标提升专项督导组深入安泽县对2017年度健康扶贫工作进行检查。县委副书记、政府县长牛庆国，政府副县长刘合生、刘剑陪同检查。

23日

山西省文明办公布了拟表彰的“省级文明县城”“省级文明单位”“省级文明村”名单，安泽县及县财政局、公安局、国税局、地税局、电力公司、唐城镇三交村上榜。

安泽县委书记李强赴太原市，与省地方志办公室对接安泽县《方志山西·每周一域》编辑工作。《方志山西·每周一域》旨在弘扬三晋文化，深入挖掘地域特色，集中展示一市或一县的自然地理、历史沿革、经济水平、社会事业、人文历史、民俗风情等内容，重点突出当地的文化和特色。《方志山西·每周一域》安泽篇在2017年如期刊登。

24日

人民网山西频道播出县委书记李强专题访谈《乘十九大东风　开启安泽发展‘动车组’》。

山西省命名了山西省第三批国防教育基地，临汾市有3家单位入选。其中安泽县太岳行署旧址入选。

26日

国家统计局山西调查总队副总队长张国栋深入安泽县就城镇居民收入情况进行调研。县委书记李强，政府副县长徐岭松陪同调研。

临汾市副市长陈忠辉深入安泽县调研企业环保和城市创卫工作。县委书记李强，县委副书记、政府县长牛庆国，政府副县长张可新陪同调研。

临汾市供销社主任冯双贵深入安泽县对农副产品加工厂进行调研指导。县委副书记、政府县长牛庆国，政府副县长张可新陪同。

安泽县文物旅游局考察组，根据相邻县沁水县文物局提供的关于宇峻山古长城资料记载，找到了位于安泽、沁水、长子交界处的宇峻山古长城遗址。

27日

安泽县召开脱贫百日攻坚总结表彰暨迎“三考”动员会，县委书记李强，县委副书记、政府县长牛庆国，县委副书记、统战部部长郭婷慧，县委常委、组织部部长张曙光，政府副县长刘合生出席会议。

安泽县举办临汾市“慈善情暖万家”活动救助金发放仪式。临汾市民政局局长廉鹏，临汾市中华慈善总会会长郭栋梁，县委书记李强，县委副书记、政府县长牛庆国，政府副县长刘合生出席仪式。

28日

安泽县委书记李强赴临汾市参加临汾市2017年度市县党（工）委书记抓基层党建工作专项述评会议，并汇报工作。

由省文化馆培训部主任李世平、省文化馆活动部主任李日泉，以及市文化局副调研员李俊勇、市文化局公共服务科科员庞旭霞组成的评估组，深入安泽县对拟退出贫困县公共文化服务指标进行评估，县委副书记、政府县长牛庆国，政府副县长刘剑陪同检查评估。

在山西省肿瘤医院薛跃勤主任的指导下，安泽县医疗集团导管室成功为一名肾癌患者进行了肾癌肾动脉介入栓塞术，开创了县级医院开展肾癌肾动脉介入栓塞术的先河。

按照村民委员会组织法中“村委会的设立、撤销、合并，由乡镇政府提出，经村民会议同意后，报县人大政府审批”的规定，唐城镇井上村合并到唐城镇议宁村，杜村乡良种场村合并到杜村乡杜村村，撤销的两个村完成了撤并审批程序，安泽县行政村数由原来的104个合并为102个。

县情概览

地理资源

【位置　面积】　安泽县位于山西省南部，临汾市东北、太岳山东南麓，东与屯留、长子交接，西与古县、浮山接壤，北与沁源毗邻，南同沁水相连，是临汾、长治、晋城三市交会地。地理坐标北纬35°53′28″~36°32′38″，东经112°05′01″~112°34′20″之间，南北长91公里，东西宽43公里，周边246公里，总面积1967.3平方公里，309国道纵贯东西，326省道南北通行，山西第二大河流沁河由北向南横穿而过，流经全境109公里。县城所在地府城镇居县域中部略偏西，以县城为起点，西距古县界12公里，东距屯留县界31公里，北距沁源县界38公里，南距沁水县界48公里，西去临汾市80公里，东抵长治市112公里，北趋省会太原市314公里，东北上首都北京市（公路）744公里。

【地质　地貌】　安泽位于太岳山腹地东南麓，整体地貌形似马鞍，境内山峦起伏，沟壑纵横，地形复杂。整个地势北高南低，东部山峰有安泰山，泉庙凹、盘秀山等，海拔都在1400米以上，以安泰山为最高，海拔1592米。西部有大东沟梁、牛头山等，海拔在千米以上。南部沁河谷地，地势较低，土质肥沃，良田万顷，海拔在800米左右。河流以沁河最大，是黄河一级支流，山西第二条大河，由北向南纵贯全境，其主要支流有王村河、李垣河、蔺河、泗河、兰河、石槽河等23条。土壤分2个大类、7个亚类、24个土属，51个土种。褐土系安泽县的地带性土壤，从海拔750–1592米的沟川丘陵及低中山岭各地表遍有分布，面积19.27万公顷，占全县总面积的98.89%。草甸主要分布于沁河及各大支流两边地下水位较高的一级阶段地和少量河漫地。大体可分为褐化浅色草甸土，浅色草甸土2个亚类，3.3万亩，占总面积的1.11%。

安泽县属低土石山区，东西两翼高高隆起，中间川谷相对平缓。西侧有从北平至永乐突起的霍山分支草峪岭与东坞岭北南高翘，形如马鞍；东侧受太行山山字形构造的控制，安泰山、盘秀山、安子山并肩耸立，错落有致，气势昂然。全境各山脉自成体系又相互交错，形成了山峦叠起、沟壑纵横、丘陵发育、深谷遍布的景象。全县海拔高度平均在1000米以上，最高处杜村乡安泰山海拔1592米，最低处马壁乡马壁前滩海拔750米。西北部界古县的祭星台海拔1511.1米，相对拔高569米；西南隅界古县的将军墓海拔1446.2米，相对拔高620.7米；东部界屯留的盘秀山海拔1575米，相对拔高461米；东北隅界沁源的安子山海拔1399米，相对海拔557米。全境海拔1400米以上的山峰57座。总的趋势是东西诸山峰逐渐向内倾斜，构成宽窄不等的沁河川谷。黄河一级支流、山西第二条大河沁河北南流向穿越全境，入境处高程942米，出境处高程732米，落差210米。两翼有支流23条，网络着610条5公里以上的沟壑山谷。

【气候特征】 安泽属亚热带大陆性气候，一年四季分明，春季干燥多风，温升缓慢；夏季短期炎热，雨量集中；秋季温和凉爽，多阴雨天；冬季西北风凛冽，雨雪偏少。境内气候差异很大，西、南温和、东、北寒冷，年均气温9.5℃，极端最高气温35℃，极端最低气温-20℃。年降雨量500毫米左右，雨季多集中于夏、秋两季，冬、春比较干旱。霜冻期为10月上旬至次年四月中旬，无霜期180天左右。

日照　2017年日照2127.3小时，比历年日照平均2246.1小时偏少118.8小时。春季总日照647.9小时，比历年636.4小时偏多11.5小时；夏季总日照606.5小时，比历年600.1小时偏多6.4小时；秋季总日照为397.3小时，比历年511.4小时偏少114.1小时；冬季总日照为475.6小时，比历年498.2小时偏少22.6小时。

气温　2017年全年年平均气温9.9℃，比历年9.4℃偏高0.7℃；春季平均气温11.0℃，比历年10.6℃偏高0.4℃；夏季平均气温22.4℃，比历年21.7偏高0.7℃；秋季平均气温9.8℃，比历年12.1℃偏低2.3℃；冬季平均气温-3.0℃，比历年-4.3℃偏高1.3℃；

降水　2017年全年平均降水量556毫

2016年—2017年安泽县日照情况

表1　　单位：小时

年份	一月	二月	三月	四月	五月	六月	七月	八月	九月	十月	十一月	十二月	合计
2016	151	191.6	182.7	199	197.8	226.7	165.6	174.6	174.7	122.3	148.6	149.2	2083.8
2017	138.8	151.3	169.1	199	279.8	233.8	199.9	172.8	148.4	75.3	173.6	185.5	2127.3
历年	169.3	162.3	183.6	218.5	234.3	217.9	197.4	184.8	165	175.2	171.2	166.6	2246.1

2016年—2017年安泽县气温情况

表2　　单位：℃

年份	一月	二月	三月	四月	五月	六月	七月	八月	九月	十月	十一月	十二月	
2016	-6.5	-3	4.7	12.8	15.4	20.6	22.6	22.7	17.6	10.7	5.1	-1.6	9.9
2017	-3.5	-1.1	3.8	11.7	17.6	20.8	24.4	22	16.9	10.3	2.3	-4.3	10.1
历年	-6.1	-2.7	3.8	11.2	16.7	20.9	22.9	21.5	18.6	11.7	6.1	-4.1	9.4

米，比历年539.1偏多16.9毫米；春季平均降水量92.9毫米，比历年92.8毫米偏多0.1毫米；夏季平均降水量322.5毫米，比历年290.9毫米偏多31.6毫米；秋季平均降水量为125.5毫米，比历年137.2毫米偏少11.7毫米；冬季平均降水量为15.1毫米，比历年18.2毫米偏少3.1毫米。

【自然资源】 安泽县有丰富的自然资源。生物垂直分布明显，且种类繁多。有林木、果木、药材、花卉、菌类647种，其中野生乔灌木144种，草卉215种，中草药288种，野生连翘量大、质优，产量占到全国的四分之一，是中国连翘主产地之一，主要销往河北安国、安徽亳州、四川成都等中药材市场。干果以核桃为主，年产量在1000吨左右。动物种类繁多。其中兽类有金钱豹、狍子、青羊、山猪、山羊、野兔、石貂、獾等23种。鸟类47种，其中鸢、苍鹰属国家二级重点保护动物。（县统计局）

【土地资源】 安泽县总面积294万亩，已利用土地面积245.17万亩，未利用土地面积48.38万亩。耕地面积21.53万亩，林地面积152万亩，牧草地面积65万亩，水域面积2.14万亩，园地面积5743亩。安泽县域辽阔，地广人稀，人均土地资源丰富，农民人均林地面积24亩，农民人均牧草地面积10亩，农民人均耕地面积3.6亩，发展林果业、高效农业、畜牧养殖、水产养殖前景广阔。（县统计局）

【森林资源】 安泽境内杨柳成荫，油松满山，森林面积152万亩，林木蓄积量330万立方米，林木覆盖率高达67.2%，位列全省第一。良好的生态成为安泽发展的靓丽名片，是安泽农民增收的绿色银行，也为工业发展提供了环境保障。同时，每年春、冬两季也是安泽县森林防火的特险期。

（县统计局）

【水利资源】 安泽有较大河流12条。其中最大的河流为沁河，发源于沁源县西北山麓二郎神沟，自和川镇议亭村东铁布山入境，流经和川、府城、冀氏、马壁四乡镇35个村，于马壁村入沁水县。纵贯全县109公里，北南落差达210米，东西两侧有23条支流汇入，枯水季节清水流量保持在每秒1.2—1.5立方米，1993年8月5日1时许，出现了百年罕见的特大洪峰，最高流量2300立方米每秒。境内全年来水量5亿立方米，年径流量4.933亿立方米，其中：清水流量为1.78亿立方米，洪水流量为3.153亿立方米。安泽水资源充足，为工农

2016年—2017年安泽县降水情况

表3 单位：毫米

年份	一月	二月	三月	四月	五月	六月	七月	八月	九月	十月	十一月	十二月	合计
2016	0.6	7.3	2.2	40.6	87.1	58.9	230.9	42	15.4	81.7	19	7.6	593.3
2017	5.2	6.9	7.9	34	51	67	176.8	78.7	19.8	104.8	0.9	3	556
历年	4.9	8.2	16.7	26	50.1	62.5	117.8	110.6	80.6	39.2	17.4	5.1	539.1

业的发展奠定了坚实基础，在县城以北和川镇岭南村建有引沁入汾工程引水水库，在县城以南马壁乡郎寨村建有西里水电站，沁水张峰水库延伸至安泽县马壁乡马壁村。

（县统计局）

【煤炭资源】 安泽境内已探明煤炭贮藏面积达1944平方公里，占全县总面积的九成多，总贮量达247亿吨，煤层气贮量高达4400多亿立方米。除北部唐城一带约40平方公里的主焦煤正在开发外，其余的煤炭资源尚待开发。其中县城以北贮藏面积约200平方公里，贮量约5亿吨的优质主焦煤，灰分11%-12%，热量为8500大卡，含硫量低于0.4%；县城以南的2#、3#、9#、11#煤，灰分6%-23%，热量为7500-8500大卡，含硫量低于0.5%，属贫瘦煤或贫煤（优质电煤）。（县统计局）

【旅游资源】 安泽县旅游资源丰富，生态环境良好，名胜古迹较多，主要旅游景点有荀子文化园、黄花岭、红叶岭、青松岭、龙门口、荆村小瀑布、麻衣寺、安泰山、红泥寺等。近年来，县委、县政府凭借良好的生态人文资源，围绕“精品旅游县”目标，做好“黄花、红叶、荀子”三篇文章，深入推进绿色生态游、红色文化游、休闲娱乐游，成功举办了首届乡村旅游节，全力推进全域旅游，实现了村集体经济和贫困户双增收。（县统计局）

【历史文化】 安泽物华天宝、人杰地灵，据《左传》记载“其富半公室，其家半三军”的冀芮、冀缺、四代八杰、“五夫三卿”，就出生在安泽县冀氏镇。早在公元前313年，这里就诞生了中华民族的伟大先哲，集诸子百家之大成者的“后圣” 荀子，其“天人相分”的唯物史观，“学不可以已”的教育思想，“法礼并用”“以政裕民”“强本节用”的诸多治国理论，“和而不同”的和谐思想等，影响中华民族两千多年，至今仍闪烁着耀眼的光芒。著名法家韩非、李斯，当世名儒浮丘伯、毛享、张苍都是他的学生。2000年，申报成功山西省首家“中华千年古县”。

抗日战争和解放战争时期，在安泽这块红色的土地上，留下了中国共产党刘少奇、朱德、邓小平、薄一波、陈赓等老一辈无产阶级革命家的战斗足迹，安泽曾是中共太岳区党委、太岳行署，中共太岳二、四地委、专署、军分区，八路军386旅汾东游击队，洪赵支队等领导机关的驻地。安泽的山山水水为保存和壮大革命力量建立了不朽的功勋，为抗日战争胜利和全国解放做出了不可磨灭的贡献。（县统计局）

【名优土特产】 土特产主要有和川的荀子系列酒、将相醇酒、和川白酒，以及核桃、小米、野生木耳、松蘑、羊肚菌、老陈醋等。（县统计局）

人口　民族　宗教

【人口】 人口继续保持低速增长。据2017年人口变动抽样调查推算，年末全县常住人口为85238人，男45395人，女39843人，性别比113.93;出生率为9.01‰，死亡率为4.67‰，人口自增率4.34‰;城镇人口为36362人，乡村人口为48876人，城镇化率达到42.7%。（县统计局）

表 4　　**2017 年抽样人口数据**

	单位	2017 年	2016 年	+-%
总人口	人	85238	84869	0.43
男	人	45395	43875	3.46
女	人	39843	40994	-2.81
性别比	%	113.93	107.0	6.93
出生率	‰	9.01	11.39	-
死亡率	‰	4.67	5.9	-
自然增长率	‰	4.34	5.49	-
城镇人口	人	36362	35020	3.83
比重	%	42.7	41.26	1.44
乡村人口	人	48876	49849	-1.95
比重	%	57.3	58.74	-1.44

表 5　　**2017 年户口人数变动情况**

	单位	2017 年	2016 年	+-%
总户数	户	34445	34831	-0.01
总人数	人	82281	82927	-0.01
男	人	42083	42465	-0.01
女	人	40198	40462	-0.01
农业人口	人	64936	65675	-0.01
非农业人口	人	17345	17252	0.01
出生人口	人	766	837	-0.08
死亡人口	人	1221	249	390.4
迁入人口	人	388	352	10.2
迁出人口	人	476	435	9.4
人口出生率	‰	9.31	10.01	-0.7
人口死亡率	‰	14.84	3	11.84
人口自然增长率	‰	-5.53	7.01	-12.54

注：此表为公安人口年报表

【民族】　人口主要为汉族，约占总人口的99.8%，散杂居有 7 个少数民族，分别是回族、佤族、彝族、黎族、蒙古族、满族、拉祜族，少数民族人口有 47 人，约占总人口的 0.06%,其中以回族人口居多，约 21 人，占少数民族总人口的 44.6%。

（县民政局）

【宗教】　全县境内有 2 个宗教团体，天主教和基督教，依法登记的宗教 324 人，合法活动场所 3 处，已备案的宗教教职人员 3 人。天主教信徒 165 人，宗教教职人员 1 人，宗教活动场所 1 处；基督教信徒 159 人，教职人员 2 人，宗教活动场所 2 处。

（李　丽）

建置区划

【建置沿革】　安泽县历史悠久，据境内府城镇义唐遗址、川口遗址、白村遗址，冀氏镇南庄遗址，和川镇西洪驿遗址挖掘出的断崖灰坑，大量灰、红两色泥质陶片和石斧、石锤等石器考证，早在新石器时代就有人类在此繁衍生息。

上古至唐、虞、夏、商之世，俱属冀州。

春秋，属晋国。

战国，先属韩，后归赵。

秦，属上党郡。

汉，置猗氏县，治同今。北部谷远县治沁源地，也属上党郡。

晋，猗氏省县入襄陵。

北魏，太和十一年（487 年），析襄陵于原猗氏地置冀氏县治冀氏村。景明元年（500 年）析长子寄氏于汉猗氏地置合阳县，治兰河中游河阳村。北魏建义元年（528 年）置冀氏郡，领冀氏、合阳二县；析谷远地置义宁、安泽县。北魏永熙三年（534

年）安泽取境内安吉、泽泉两村名首字始称之，治安吉之南泽泉以北的古阳村（今古县古阳镇）。是时北有安泽、义宁，南有冀氏、合阳共四县。义宁治和川村，后义宁置郡，义宁、安泽并属之。北齐冀氏省郡、合阳省县入冀氏。

隋，冀氏归属临汾郡。开皇三年（583年）义宁省郡，后改义宁称和川县，属沁州。大业二年（606年）安泽县治南移至西赤堡（今古县旧县镇），更名岳阳，属临汾郡。第二年和川省县入沁源。

唐，武德元年（618年）复和川县，仍属沁州。贞观六年（632年）岳阳县治移至今古县老城。冀氏、岳阳同属晋州。

宋，熙宁五年（1072年）和川省县入冀氏。元祐元年（1086年）和川复为县，和川、冀氏、岳阳俱属河东路平阳府。

金，和川、冀氏、岳阳俱属河东路平阳府。

元，至正二年（1342年）省和川、冀氏入岳阳，后省岳阳复冀氏县，至正十三年（1353年）再省冀氏复岳阳县，属河东山西省晋宁路。

明，岳阳属山西省平阳府。

清，岳阳属山西省平阳府。

中华民国，民国3年（1914年）岳阳复名安泽。民国26年（1937年）划入山西省第三行政区。民国29年8月（1940年）析安泽西部置岳阳县，安泽、岳阳俱属晋冀鲁豫边区太岳行政公署二专署。次年6月省岳阳入安泽。1949年6月划属翼城专区。

1950年11月属临汾专署。公元1954年属晋南专员公署。1971年8月经国务院批准，安泽、古县分治。

2001年，临汾地区撤区设市，安泽县隶属临汾市。

【行政区划】 安泽县治自古多有变迁。今治府城村，西汉猗氏县治即此，曾名故城，亦称附城。唐中叶戎府兵设府城关。宋置府城寨。明清复称关。民国称镇，第三区行政公所治地。民国27年（1938年）7月1日安泽县治由岳阳（今古县县城北1公里处老城）迁往和川。战争年代先后驻罗云、双头、唐城、义亭、周家沟、石仁平、义宁、野虎沟、亢驿、北三交等地。民国35年（1946年）11月重新驻和川。1951年5月6日由和川移驻府城村至今。

安泽县所属行政区划，历史上也曾多次变更。清代实行里甲制（以区划里，分户编甲，10户为1甲），全县共划分15里（分别是崇信里、归化里、西池里、并侯里、古县里、永乐里、府高里、冀氏里、卫寨里、苏村里、和川里、唐城里、宝丰里、金堆里、董必里），下辖277个村庄。

民国6年（1917年），阎锡山仿照日本町村制和中国古制开始在山西推行“村制改革”。将农村中300户左右编为一个编村，25户设一闾，5户设一邻，分级设村长（村副）、闾长、邻长。民国8年（1919年），全县共设4个区，一区治城关（岳阳老城），二区治旧县镇，三区治府城镇，四区治唐城镇；四个区共领54村、632闾、2748邻。抗日战争爆发后，实行大编村制，全县仍设4个区，共领29编村。之后南北分治、区划屡变，直到民国31年（1942年）趋于稳定。

安泽县抗日政府领6区58村，民国34年（1945年）日军投降后，又增设第七区。民国32年（1943年）时，冀氏县抗日政府领4区，29村。

民国35年（1946年）10月，安泽冀氏合并，调整为11区97村。

新中国成立初期，安泽县调整为7区98村。1953年划分为81乡。1956年全县省区并为42乡。1958年并42乡成立了府城、冀氏、杜村、和川、北平、岳阳、古县7个人民公社，106个管理区。1961年8月全县调整为17个人民公社（分别是:府城、和川、唐城、冀氏、杜村、马壁、石槽、郭都、三交、罗云、北平、热留、下冶、岳阳、石壁、古县、永乐）、177个生产大队、786个生产队。1971年6月，国务院批准组建古县，分安泽、古县两县;分安泽县西部七个公社（北平、热留、下冶、岳阳、石壁、古县、永乐）84个大队设置古县，同时将屯留县良马公社5个大队47个生产队划归安泽县。1984年8月，根据《中华人民共和国宪法》关于改变“政社合一”体制的有关规定，经山西省人民政府晋改〔1984〕94号文件批准，改人民公社称乡（镇），生产大队为行政村，生产队为村民小组；全县计4镇7乡（即:城关镇、冀氏镇、和川镇、唐城镇、杜村乡、马壁乡、石槽乡、良马乡、英寨乡、罗云乡、三交乡），105个行政村。2001年3月，根据党中央、国务院《关于地方政府机构改革的意见》中发〔1999〕2号“党中央关于地方党委机构改革的要求”和《山西省关于撤乡并镇工作方案》精神，安泽县合乡并镇。安泽县现辖4镇3乡（即府城镇、和川镇、唐城镇、冀氏镇、杜村乡、马壁乡、良马乡），104个行政村。

府城镇辖府城、高壁、飞岭、小黄、大黄、桃曲、神南、第五、孔村、桃寨、凤池、石桥沟、义唐、三交、花车、佛寨、原木、寺村、上掌、李垣、上梯21个行政村。和川镇辖和川、石渠、岭南、荆村、上县、西洪驿、东洪驿、孔旺、沁河庄、法井、罗云、议亭、双头、车道、安上、上田、北崖底、河东、麦地庄18个行政村。唐城镇辖唐城、上庄、北三交、东湾、亢驿、南湾、庞壁、梨八沟、义宁、冯子节、李家沟、固县、井上13个行政村。冀氏镇辖冀氏、兰村、马寨、柳树沟、和平、白村、关庄、半道、北孔滩、李庄、核桃庄、王村、沟口、南孔摊、斜沟15个行政村。马壁乡辖马壁、郎寨、卫寨、东里、海东、刘村、秦壁、唐村、荆村、石槽、辛庄、王河、下石13个行政村。杜村乡辖杜村、桑曲、郭庄、魏家湾、陈家沟、小李庄、河阳、文州、苏村、东唐、窑上、良种场12个行政村。良马乡辖宋店、华寨、边寨、小寨、良马、郭都、劳井、司马、英寨、东上寨、文上、曹家沟12个行政村。

根据第五次全国人口普查的数据，2000年时，安泽县总人口为76139人，各乡镇人口分别是:城关镇22813人，和川镇7633人，唐城镇10023人，冀氏镇9637人，英寨乡2465人，三交乡2052人，罗云乡3847人，马必乡4579人，石槽乡2791人，杜村乡6197人，良马乡4102人。2001年3月重新调整为4镇3乡，全县有行政村105个，自然村1132个。2011年末辖府城、冀氏、和川、唐城4个镇，杜村、马壁、良马3个乡，共7个乡级政区；设有4个社区居民委员会，102个村民委员会。

经济建设

【概述】 2017年，安泽人民在县委、县政府的领导下，按照中央“四个全面”战略布局、省委“一个指引、两手硬”重大思路和市委、市政府“345”发展战略、“12345”工作思路要求，统筹推进党的建设、经济发展、产业转型、民生改善等各项工作，加快建设山水田园城和精品旅游县，全力推进安泽的全面振兴、绿色崛起，经济和社会各项事业取得显著成就。全县地区生产总值达到46.3亿元，同比增长1.5%；财政总收入达到12.1亿元，同比增长79.3%；规模以上工业增加值达到29亿元，同比下降4.9%；固定资产投资完成额完成23亿元，同比增长6.2%；社会消费品零售总额完成9.66亿元，同比增长6.8%；城镇居民人均可支配收入达到27185元，同比增长7.9%；农民人均可支配收入达到9176元，同比增长10.1%。（县统计局）

表6　**安泽县国民经济主要指标（一）**

注：年末总人口为抽样人口数据；全社会固定资产投资按投资新口径统计

	单位	2017年	2016年	+-%
年末总人口	万人	8.52	8.49	0.43
地区生产总值	万元	463340	428065	1.5
第一产业	万元	41494	39577	3.0
第二产业	万元	315519	306314	-1.4
第三产业	万元	106327	94173	10.4
人均生产总值	元/人	54476	50577	1.0
农林牧渔业总产值	万元	76237	82674	4.09
公路通车里程	公里	890.6	885	0.63
全社会固定资产投资额	万元	230374	558759	6.2
财产总收入	万元	121438	67721	79.32
#公共财政收入	万元	40800	30005	35.98
公共财政支出	万元	93237	85744	8.74
社会消费品零售总额	万元	96592	90480	6.8

表7　**安泽县国民经济主要指标（二）**

注：增长按可比价计算

	单位	2017年	2016年	+-%
城乡居民储蓄存款余额	万元	267647	243959	9.71
农村居民人均可支配收入	元	9176	8335	10.1
城镇居民人均可支配收入	元	27185	25195	7.9
在岗职工平均工资	元/人	55242	51496	7.27
粮食总产量	吨	155030	154258	0.5
玉米产量	吨	152450	150576	1.24
油料产量	吨	413.4	653	-36.72
水果产量	吨	2440	2368	0.03
药材产量	吨	9071	4859	86.7
蔬菜产量	吨	44210	43501	1.63
肉类总产量	吨	1868	1824	2.41
原煤产量	万吨	454.83	446.25	1.92
焦炭产量	万吨	198.34	230.59	-13.98
地区生产总值	万元	463340	428065	1.5
第一产业	万元	41494	39577	3.0
第二产业	万元	315519	306314	-1.4

表 8　　全县生产总值

	单位	2017 年	2016 年	+-%
工业	万元	296104	274725	-1.2
规模以上工业	万元	-	-	-
规模以下工业	万元	-	-	-
建筑业	万元	19415	19589	-4.6
第三产业	万元	106327	94173	10.4
交通运输仓储及邮电业	万元	7401	6698	10.3
金融业	万元	14635	11772	20
房地产业	万元	18520	16312	7.2
其他服务业	万元	49179	44426	9.8
批发零售	万元	10957	9992	8.7
住宿餐饮	万元	4298	3952	6.1

【农业】　种植面积：2017 年全县农作物种植面积 388314 亩，比上年增长 2.33%。其中:粮食种植面积 345580 亩，减少 0.18%；油料种植面积 9557 亩，比上年增长 177.2%。在粮食种植面积中，玉米种植面积 334204 亩，增长 1.84%。

粮食产量：2017 年粮食总产量 155030 吨，比上年增产 0.5%。其中:玉米 152450 吨，增产 1.24%。

表9　　2017 年主要农产品产量及其增长速度

产品名称	单位	产 量	比上年增长%
粮 食	吨	155030	0.5
秋 粮	吨	155030	0.5
玉 米	吨	152450	1.24
油 料	吨	413.4	-36.7
蔬 菜	吨	44210	1.63
烤 烟	吨	238.7	-67.66

畜禽产品产量：2017 年全县肉类总产量 1868 吨，其中:猪肉产量 791 吨；牛肉产量 320 吨；羊肉产量 257 吨。禽蛋产量 3056 吨，增长 3.07%。

林业生产：2017 年末全县有林面积 198 万亩，林木绿化率达 67.2%,森林覆盖率 45.44%；全年完成人工造林 2.03 万亩，四旁植树 65 万株，育苗 28395 亩，其中:新增育苗面积 1500 亩。

农业机械：2017 年末全县农业机械总动力 59887 千瓦。机械耕地面积 23.1 万亩，比上年减少 5.71%；机械播种面积 23.1 万亩，比上年增长 22.22%；机械收获面积 3.1 万亩，比上年减少 36.73%。全县农机化经营总收入达到 1000 万元，同比减少 43.53%。（县统计局）

表 10　　农林牧渔业总产值（当年价值）

	单位	2017 年	2016 年	+-%
农林牧渔业总产值	万元	76237	72062	4.09
农业产值	万元	57232	52162	6.25
林业产值	万元	5231	4725	17.13
牧业产值	万元	10932	12611	-10.88
渔业产值	万元	4	4	-
农林牧渔服务业	万元	2838	2560	9.54

注：发展速度按可比价计算

表 11　　农林牧渔业增加值（当年价值）

	单位	2017 年	2016 年	+-%
农林牧渔业增加值	万元	42832	41452	3.33

续表 11

	单位	2017 年	2016 年	+-%
农业	万元	32064	30971	3.53
农业	万元	32064	30971	3.53
林业	万元	2959	2144	38.04
牧业	万元	6461	7099	-9.20
渔业	万元	2	2	-
农林牧渔服务业	万元	1346	1326	8.91

表 12　农作物播种面积和产量（一）

	单位	2017 年	2016 年	+-%
农作物总播种面积	亩	388314	379472	2.33
一、粮食播种面积	亩	345582	346212	-0.18
总产量	吨	155030	154258	0.5
亩产量	公斤	449	446	0.67
小麦面积	亩	-	-	-
总产量	吨	-	-	-
亩产量	公斤	-	-	-
秋粮面积	亩	345582	346212	-0.18
总产量	吨	155030	154258	0.5
亩产量	公斤	449	446	0.01
1. 玉米面积	亩	334205	328170	1.84
总产量	吨	152450	150576	1.24
亩产量	公斤	456	459	-0.65
2. 谷子面积	亩	7016	9823.5	-28.58
总产量	吨	1090	1403.4	-22.31
亩产量	公斤	155	143	8.39
3. 高粱面积	亩	1059	1258.5	-15.85
总产量	吨	390	410.5	-5.11
亩产量	公斤	368	326	12.88

表 13　农作物播种面积和产量（二）

	单位	2017 年	2016 年	+-%
4. 薯类面积	亩	2609	3631.5	-28.17
总产量	吨	4750	6589.2	-27.92
亩产量	公斤	1821	1814	0.39
5. 大豆面积	亩	372	2965.5	-87.46
总产量	吨	75	462.1	-83.77
亩产量	公斤	216	156	38.46
二、油料面积	亩	9557	3448.5	177.12
总产量	吨	413.4	653.3	-36.72
亩产量	公斤	43.3	189.4	-77.14
其中：花生面积	亩	247.5	1663.5	-85.12
总产量	吨	51.4	305.7	-85.19
亩产量	公斤	207.7	184	12.88
三、烟叶面积	亩	1101	4323.5	-74.54
总产量	吨	238.7	738	-67.66
亩产量	公斤	216.8	170.7	27.01
四、蔬菜面积	亩	13653.5	14440.5	-5.45
总产量	吨	44210	43500.8	1.63
亩产量	公斤	3238	3012.4	7.49
五、瓜类面积	亩	709.5	924	-23.21
总产量	吨	2979	2971.6	0.25
亩产量	公斤	3122	3216	-2.92

表 14　农业生产情况

	单位	2017年	2016年	+-%
农村用电量	万千瓦	559	512	9.18
化肥施用量	吨	28525	29896	-4.59
氮肥	吨	14310	15104	-5.26
磷肥	吨	11562	12220	-5.4
农用薄膜使用量	吨	250	265	-5.7

续表 14

	单位	2017年	2016年	+-%
农药使用量	公斤	45	45	-
水果产量	公斤	2440	2368	3.04
苹果	万株	1144	1127	1.51
梨	万株	441	436	1.15
果园面积	亩	2680	2680	-

表 15　　林业生产情况

	单位	2017 年	2016 年	+-%
当年造林面积	公顷	1353	373	-
# 用材林	公顷	-	-	-
经济林	公顷	956	100	-
防护林	公顷	397	273	45.4
义务植树	万株	-	-	-
四旁植树	万株	65	65	-
其中：本年新增育苗面积	公顷	387	230	68.3
连翘	吨	2457	2245	9.44
核桃	吨	459	493	-6.9

【工业和建筑业】　2017 年规模以上工业企业完成工业增加值 29.04 亿元，比上年下降 4.9%。

2017 年规模以上工业增加值及其增长速度

表 16 单位：亿元

指　标	单位	增加值	比上年增长%
规模以上工业	亿元	29.04	-4.9
其中：轻工业	亿元	-	-
重工业	亿元	29.04	-4.9
其中：国有企业	亿元	-	-
股份企业	亿元	25.6	0.65
其他	亿元	3.44	-32.4

规模以上工业企业原煤产量 454.83 万吨，比上年增长 1.92%；焦炭产量 198.34 万吨，比上年减少 13.98%；洗精煤产量 92.98 万吨，比上年减少 39.65%。

2017 年规模以上工业

表 17　　**主要产品产量及增长速度**

产品名称	单位	产量	比上年增长%
原煤	万吨	454.83	1.92
洗精煤	万吨	92.98	-39.65
发电量	万千瓦小时	37171	-16.83
焦炭	万吨	198.34	-13.98
粗苯	吨	18801	-15.46
甲醇	吨	91548	-27.17

规模以上工业主营业务收入 803809 万元，比上年增长 65.2%。规模以上工业实现利税 196115 万元，比上年增长 144.71%；实现利润 96645 万元，比上年增长 201.37%。

建筑业：2017 年全县建筑业实现总产值 4192 万元，比上年减少 10.4%。

【固定资产投资】　2017 年全社会固定资产投资 23.04 亿元，按照投资统计新口径,比上年增长 6.2%。按产业分，第一产业投资 0.89 亿元，减少 62%；第二产业投资 12.72

亿元，增长 75%；第三产业投资 9.43 亿元，减少 24.7%。　（县统计局）

表 18　　**2017 年分行业全部固定资产投资及其增长速度**

行　业	单位	投资额	比上年增长%
总　计	万元	230374	6.2
农、林、牧、渔业	万元	8933	-62
工业投资	万元	127162	75
基础设施投资	万元	73443	9.9

【节能降耗】　2017 年全县综合能源消费量 84.09 万吨标准煤,比上年同期下降 3.29%；万元 GDP 综合能耗 1.91 吨标准煤/万元,比上年下降 4.71%；万元工业增加值能耗 2.79 吨标准煤/万元,比上年下降 12.88%。

表 19　　**综合能耗**

	单位	2017年	+-%
综合能源消费量	吨标准煤	840875	-3.29
地区生产总值	万元	439879	1.49
万元GDP综合能耗	吨标准煤/万元	1.91	-4.71
工业增加值	万元	278455	-1.17
万元工业增加值综合能耗	吨标准煤/万元	2.79	-12.9

注：地区生产总值为可比价数据

【商业贸易】　消费品零售：2017 年全县社会消费品零售总额 96591.7 万元，比上年增长 6.8%。其中:城镇消费品零售额 74314.8 万元，增长 5.8%；乡村消费品零售额 22276.9 万元，增长 10.1%。

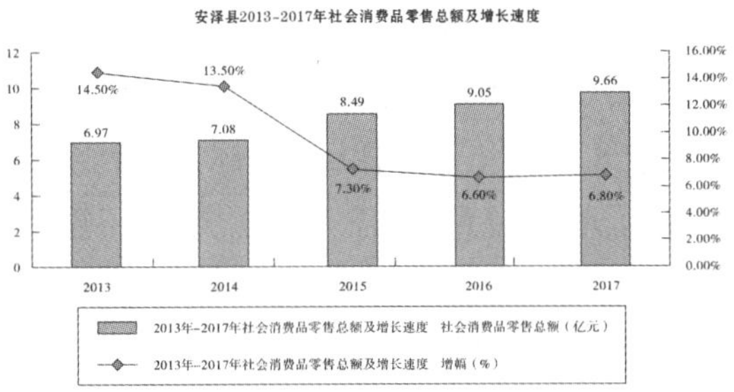

表 20　　**2017 年社会消费品零售总额及其增长速度**

指　标	单位	完成额	比上年增长%
社会消费品零售总额	万元	96591.7	6.8
分地域：城镇	万元	74314.8	5.8
乡村	万元	22276.9	10.1
分行业：批发业	万元	15407.8	8.8
零售业	万元	78350.6	9.3
住宿业	万元	1579.4	30.6
餐饮业	万元	3902.6	-3.19

【交通和邮电】　安泽交通便利，309 国道横贯东西 45 公里，326 省道连接安泽、长子 106 公里，县道马唐公路南北贯通 94 公里。2017 年，全县公路通车里程达 1042 公里。全县货运汽车 981 辆，总吨位 10210 吨；大中型客车拥有量 17 辆，客位 443 座。

邮电：2017 年全县完成邮电业务总量 5054.6 万元,其中：邮政业务总量 240 万元；中国联通业务总量 1611 万元；移动业务总

量3203.6万元。全县固定电话用户5635部，手机用户70181部，宽带接入用户达到21393户。（县统计局）

【财政　金融　保险】　2017年全县财政总收入121438万元，比上年增长79.32%。其中：公共财政收入40800万元，增长35.98%。公共财政支出93237万元，比上年增长8.74%。其中：农林水事务支出24396万元，教育支出17677万元，医疗卫生与计划生育支出10030万元,社会保障和就业支出6559万元。

金融：2017年末全县金融机构各项存款余额408195万元，增长13.47%；各项贷款余额268746万元，增长49.81%。

表21　2017年金融机构存贷款及其增长速度

指　标	单位	年末数	比上年末增长%
各项存款余额	万元	408195	13.47
其中：政府存款	万元	81498	19.88
住户存款	万元	267647	9.71
非金融企业存款	万元	59050	23.55
各项贷款余额	万元	268746	49.81
其中：住户贷款	万元	72399	–5.66
非金融企业及机关团体贷款	万元	196347	91.3

保险：2017年保险公司保费收入稳步增长。其中:寿险保费收入1925万元，财险保费收入1372万元，太平洋保险保费收入3500万元。全年寿险支付各类赔款及给付236.6万元，财险支付各类赔款及给付378.6万元，太平洋保险支付各类赔款及给付145.7万元。

社会建设

【教育　科学技术】　2017年末，有职业高中1所，普通高中1所，普通初中4所，小学32所；注册幼儿园10所。2017年高考119人达二本B类以上分数线，达线率24.2%。年末全县高中阶段毛入学率达到89.6%，初中三年保留率99.2%；适龄儿童入学率100%。成人培训（职工农民）共2667人次。全年共申报专利5件，比上年增长60%；获得专利5件，其中发明专利5件，实用新型专利5件。有2个项目列入各类科技计划。申报临汾市级科技项目2项。全县民营科技企业总数达到10家。产品质量检验4批（次），检定计量器具台684（件），强制检定率达到93%。年末，共有3家企业取得工业产品生产许可证。

表22　2017年各类教育发展情况

指　标	单位	招生	在校生	毕业生
普通高中	人	400	1195	400
初　中	人	615	1912	659
小　学	人	875	5282	845

【卫生】　2017年安泽县医疗集团挂牌成立，人民医院医技门诊综合大楼和中医院住院楼主体工程完工；山西省心血管医院安泽分院挂牌成立；继续实施“四免一降”惠民措施，公共卫生服务均等化成效明显。

2017年全县共有医疗卫生机构（含诊所）140个，其中：村卫生所97个，私人诊所26个。全县卫生机构（含诊所）共有床位 426 张。全县共有卫生技术人员 414 人，其中：医生 163 人。参加农村新型合作医疗人数达到 5.9 万人，筹资 884.7 万元，补偿 2366.3 万元。

【人民生活　社会保障】　人民生活：2017 年，居民可支配收入为 15526 元,比上年增长 8.3%,城镇居民人均可支配收入为 27185 元，比上年增长 7.9%；城镇居民人均现金消费支出 13862 元。农村居民人均可支配收入 9176 元，增长 10.1%；农村居民人均现金消费支出 9299 元。城镇居民家庭恩格尔系数（即居民家庭食品消费支出占家庭消费支出的比重）26%，农村居民家庭恩格尔系数 28.8%。

安泽县2013-2017年城镇居民人均可支配收入及其增长速度

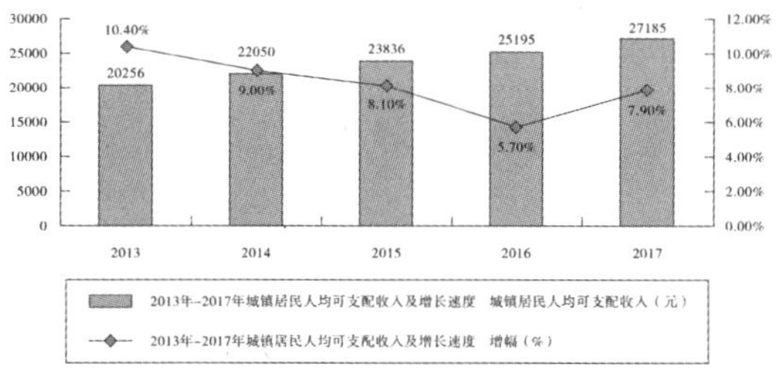

安泽县2013-2017年农村居民人均可支配收入及其增长速度

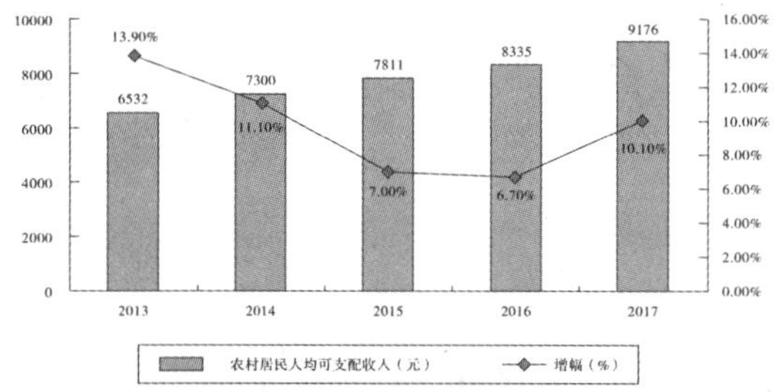

社会保障：2017 年末参加基本养老保险人数达 47458 人，其中：机关事业单位参保 5315 人，全年累计征缴养老金 3975 万元；企业参保 8456 人，全年累计征缴养老金 3235 万元。新型农村社会养老保险累计参保人数 33687 人，征缴保费 443.41 万元。参加失业保险人数为 5108 人，全年累计征缴失业保险金 110.1 万元。城镇职工医疗保险参保人数为 12413 人，城镇居民医疗保险参保人数 68050 人,全年累计征缴医疗保险金 2400 万元。工伤险参保人数 17811 人，基金征缴 954 万元。

2017 年全县纳入城市最低生活保障的居民 172 户 226 人，发放城市低保金 121.56 万元；纳入农村最低生活保障的居民 621 户 1134 人，发放农村低保资金 350.85 万元。全县五类困难家庭学生 838 人,共发放助学金 62.19 万元；城乡困难患者 470 人,发放医疗救助金 137.8 万元。

【资源　环境　安全生产】　资源：2017 年全县耕地保有量 21.43 万亩。全年水资源总量 1.9834 亿立方米。据权威部门勘测，我县的含煤面积高达 1944 平方公里，贮量达 240 多亿吨，煤层气贮量达 4400 多亿立方米，属尚未大面积开采的煤炭资源大县。

环境：2017 年城区空气质量二级以上天数达到 275 天。其中：一级天数 17 天，城区空气综合污染指数 5.6，位居全省前列。沁河水质保持在三类水质以上。

安全生产：2017 年全面加大专项整治和隐患排查治理，全年没有发生大的森林火灾，全年无重大安全生产事故。未发生一起一次死亡 6 人以上事故或 2 起以上一次死亡 3—5 人事故。

【旅游】　2017 年全县共接待游客 176 万余人次，综合旅游收入 4.3 亿元，增长 26%。

文化建设

【公共文化体系】 2017年，有文化馆1个，文化站7个，农村文化活动场所104个，民间艺术表演团体15个，图书馆1个（1995年4月在全省公共图书馆首次评估定级工作中被山西省文化厅评定为四类图书馆；2009年在第四次全国公共图书馆评估中被评为三级图书馆；2013年在第五次公共图书馆评估中被评为二级图书馆），史情馆1个，体育场所及设施236处，公共体育场馆面积达到10.53万平方米。拥有广播电视台1座，广播节目1套，有线电视节目136套，有线电视用户31556户，广播人口覆盖率100%，电视人口覆盖率96%。省级非遗项目4个，市级项目12个，县级项目15个。销售体育彩票538.3万元。

【群众性文化活动】 2017年大力弘扬荀子文化、廉政文化、红色文化、法治文化，设立善行义举榜，加大“感动安泽”人物宣传力度，为促进富民强县凝聚强大精神力量。群众精神文化生活不断丰富，举办了首届农民运动会；实施文化惠民工程，文体场馆免费开放；杜村乡小李村连续两年自办春晚；“乐在周五”群众舞台持续开展，受到群众广泛好评。大力开展文化旅游大型推介活动，央视七台《乡约》栏目走进安泽，向全国宣传推介大美安泽；在安徽合肥开展了“太行山水旅游”推介活动；在太原开展了“荀乡文脉”新书发布会；在晋中参加了全省广电嘉年华文化旅游产品推介活动。成功举办了黄花旅游月、五一黄金旅游周、国庆旅游月等活动，加速发展全域旅游，加快推进精品旅游县建设。

机构设置和负责人名录（2017）

中共安泽县委员会

书　　记　李　强
副 书 记　牛庆国　郭婷慧（女）
县委常委　李峻石　魏书亮　连忠武
　　　　　晋红峰　张曙光
　　　　　张红山（3月免）
　　　　　杨巨松（4月任）

安泽县人大常委会

主　任　韩建辉
副主任　尹淑兰（女）　崔斗庆
　　　　张俊宏　苏国珍
常委会办公室主任　孟晋鹤

安泽县人民政府

县　　长　牛庆国
常务副县长　李峻石
副 县 长　张可新　刘合生　盖　勇
　　　　　张　建　刘　剑

政协安泽县委员会

主　席　高成锁
副主席　李树清　宋晓琴（女）
　　　　党爱贞（女）　娄和玮
秘书长　王　军

县纪律检查委员会

县委常委、纪委书记　晋红峰
纪委常务副书记、监委副主任　宋晓军
纪委副书记、监委副主任　马辉峰

县直机关机构设置和领导人员名单

县委办公室

主　任　王朝峰

副主任　王　莉（女）　吕海瑾

　　　　雷　军（9月免）　崔　伟

　　　　陈晓霞（女）

县委办主任科员、机要保密局局长　李庆霞（女）

防范和处理邪教问题领导小组

　办公室主任　郝　瑞

县委办正科级干部　赵　峰

县纪律检查委员会（监察委员会）

县委常委、纪委书记　晋红峰

纪委常务副书记、监察委员会副主任　宋晓军

纪委副书记、监察委员会副主任　马辉峰

纪委常委　高　军（7月免）　陈伟芳（女）

纪委常委、监察委员会委员　翟海元

　　　　　　　　　　　　　郝亚俊

监察委员会委员、纪委正科级

　监察员　刘红艺（女）

监察委员会委员　刘小春

纪委监委、党风政风监督室主任　张永兰（女）

纪委监委、案件监督管理室主任　张　磊

纪委监委、案件审理室主任　段　东

纪委监委、办公室主任　宋建国

纪委监委、第一执纪监督室主任　史岩军

纪委监委、第二执纪监督室主任　宋国辉

纪委监委、第三执纪监察室主任　李霞（女）

纪委监委第一执纪审查（调查）室主任　史岩林

纪委监委第二执纪审查（调查）室主任　程永健

纪委监委、副科级干部　雷云庆（1月任）

纪委监委、第一派驻纪检监察组组长

　　　　段国荣（1月任）

纪委监委、第二派驻纪检监察组组长

　　　　任红叶（女）（1月任）

纪委监委、第三派驻纪检监察组组长

　　　　杨剑锋（1月任）

纪委监委、第四派驻纪检监察组组长

　　　　杨建明（1月任）

纪委监委、第五派驻纪检监察组组长

　　　　朱章锁（1月任）

纪委监委、第六派驻纪检监察组组长

　　　　张　宏（1月任）

纪委监委、第七派驻纪检监察组组长

　　　　申晗晖（女）（1月任）

纪委监委、第八派驻纪检监察组组长

　　　　张向卫（1月任）

纪委监委、第九派驻纪检监察组组长

　　　　宋书红（1月任）

纪委监委、第十派驻纪检监察组组长

　　　　孙　剑（1月任）

纪委监委、派驻纪检监察组副科级干部

　　　　邱璐璐（女）（1月任）

纪委监委、派驻纪检监察组副科级干部

　　　　卢华平（1月任）

县委组织部

县委常委、组织部长　张曙光

常务副部长　宋林乔

副部长　李　伟

副部长、非公工委书记（兼）　李建华

考核办主任　郭　峰

非公有制经济组织和社会组织工委专职

　副书记、统战委员　余建新

人才办主任　马鸣奇

组织部副主任科员　贾奇瑜（女）

县委宣传部

县委常委、宣传部长　魏书亮

副部长　袁洪生（9月免）

宣传系统党委书记、副部长、主任科员

　　　　李软萍（女）

主任科员　陈爱荣（女）　刘艳荣（女）
精神文明办主任　赵　鹏

县委统战部

县委副书记、统战部长　郭婷慧（女）
副部长、工商联党组书记、专职副主席　焦红胜
副部长、宗教局局长　武秋红
副主任科员　李泽艳

县委政法委员会（县综治办）

县委常委、政法委书记　连忠武
副书记、国安办主任　张玉生
副书记、综治办主任　雷巧萍（女）
副书记、政法系统党委书记　曹旭东
国家安全领导小组办公室专职副主任　李　睿
法制办专职副主任　谭　伟
主任科员　郭平安
副主任科员　田海军

县巡察办

主　任　高　军
副主任　李　博（5月任）
巡察专员　李　巍　任小军　贾　聪

县机构编制委员会办公室

主　任　曹金强（2月任）
副主任　曹　莉（女）
主任科员　任海云（女）

县直机关工作委员会

书　记　卫建华

县委、县政府信访局

局　长　李拴香（女）
副局长　宋艳红

县委老干部局

局　长　迟同斌（9月任负责人，兼县委组织部副部长）
副局长　张　宏（1月免）　王　洁（女）

县政府办公室

主　任　任泰成（9月免）
政府机关党委书记，政府党组成员、政府办主任、应急办主任　雷　军（4月任）
副主任、主任科员　马　勇
副主任　杨洪泉（3月免）
　　　　邱树强（9月任）
应急办公室副主任　冯　伦（女）
副主任科员　吴晓强
副科级干部　党辉亮（9月免）

发展改革和经济信息化局（粮食商务局）

发改系统党委书记，发改局党组书记、局长　白　璞
党组成员、副局长　吴红祥
　　　　刘玉贵
　　　　王海燕（女）
党组成员、总工程师　曹文川
转型综改办公室主任　窦淑珍（女）
副主任科员　丁国成
物价办副科级干部　张天林
商务局副局长　赵保忠
商务局总工　武　印
粮食局总经济师　曹广乐（女）
粮食局副科级干部　张年成

县教育科技局

教育工委书记，教科局党组书记、局长　魏金平
党组成员、副局长　侯敬峰　李新华
　　　　郭玉红
正科级教育督学、安泽二中校长　张建青
主任科员　韩红萍（女）
教育督导室主任　苏玉河
副科级教育督学、幼儿园园长　王素玲（女）
副科级教育督学、城关小学校长　申世魁

县公安局

党委书记、局　长　崔　军

党委副书记、政委　朱新民

党委委员、副局长、主任科员　王雄虎

党委委员、副局长　段吉峰

副　局　长　张　剑

党委委员、主任科员　程和平　李晋生

党委委员、交通管理大队大队长　刘学平

交通管理大队教导员　徐安生

交通管理大队副大队长、交通局副局长（兼）　李安刚

交通管理大队副大队长　孙　维

交通管理大队副大队长、治安管理大队大队长、教导员　任海荣

主　任　科　员　宋红艳

副科级侦查员　李玉红

副主任科员　周广玉　刘丽娟（女）　刘　佳　靳　松　弓亚磊　靳　亮　李　锋

交警大队副主任科员　郭园园

正科级干部　王　刚

副科级干部　许九红　董　洁（女）

府城派出所所长　贾　勇

110 指挥中心主任　白　娟（女）

110 指挥中心教导员　张志峰

政工室主任　李　伟

国内安全保卫大队大队长　张志杰

国内安全保卫大队教导员　耿小春

看守所所长　王永红

看守所指导员　牛芳祥

刑事侦查大队大队长　程　孟

刑事侦查大队教导员　秦永刚

主任科员　王大林　刘玉喜　王小青

府城派出所指导员　范火明

府城派出所副所长　赵保平

府城派出所副所长　蒋绪鹏

冀氏派出所指导员　王若锴

马壁派出所所长　申俊刚

唐城派出所所长　田春平

良马派出所所长　陈晓鋐

良马派出所指导员　张　峰

和川派出所所长　李双山

杜村派出所所长　赵　军

杜村派出所指导员　李金明

县民政局

党组书记、局　长　王家国（2 月免）
闫秀武（2 月任）

党组成员、副局长　杨俊明
申艳丽（女）（9 月任）

副科级干部　石冰玉（女）
赵梅凤（女）

司法局

党组书记、局　长　张安红

党组成员、副局长　关军辉　任志恩

主任科员　郭　燕（女）（9 月任）

副主任科员　余　芳（女）

县财政局

局　　长　赵红兵（副县级）

党组成员、支部书记、副局长兼煤税办主　任　郭红江

党组成员、副局长　李　丰

党组成员　常　巍（女）（1 月免，保留原职级待遇）

党组成员、总会计师　武芳杰

主任科员　闫张俊

正科级干部　邱东升

县人力资源和社会保障局

党组书记、局长　任志勇（2 月免）

组织部常务副部长，人社局党组书记、局长　宋林乔（2 月任）

党组成员、副局长　闫忠信（正科）周安红　弓志润（女）　窦安民

县环保局

党组书记、局长　郭万泽（9月免）　袁洪生（9月任）

党组成员、副局长　张俊玲（女）　晋春萍（女）

党组成员、总工程师　郝亚敏

正科级干部　郭万泽

县住房保障和城乡建设管理局

党组书记、局　长　张拥军

党组成员、副局长　李垠锁　李国民

纪检组长　宋书红（1月免）

总工程师　王学勇

党组成员、副主任科员　乔兴刚

县交通运输局

党组书记、局长　邱金亮（2月任）

党组成员、交通中心副主任（正科）　李建设

纪检组长　雷云庆（1月免）

副科级干部　付顺有　窦超有

公安局交通管理大队副大队长兼交通局副局长　李安刚

府城镇党委委员、副镇长兼交通局副局长　曹安庆

县水利局

党组书记、局　长　李　晓（9月免）　冯清华(女)(9月任)

党组成员、副　局　长　武生军（6月免）　孙学灵

党组成员、总工程师　王国盛

副　科　级　干　部　谭　英(女)

县农业委员会

农林系统党委书记，农委党组书记、主任　赵春亮

党组成员、原农林局副局长(正科)　尚旭峰

党组成员、副主任　李海春

纪　检　组　长　张向卫（1月免）

党组成员、总农艺师　王国宝

党组成员、主任科员、扶贫开发中心主任　丁　波

正科级干部　王文涛

副科级干部　白洪斌

县林业局

党组书记、局长　刘东昕

党　组　成　员　侯红军

党组成员、原林业中心副主任　杜　军　杨玉真

党组成员、纪检组长(1月免,保留原职级待遇)　陈晓宏

副科级干部　刘永红

党组成员、总工程师　周栓柱

县文化和旅游发展委员会（版权局）

文化局（版权局）党组书记、局长　雷改萍（女）

文体局党组成员、副局长　李满裕　谭　伟(9月免)

文广新局副局长　刘祎玲（女）

正　科　级　干　部　郝爱民

县卫生和计划生育局

卫计系统党委书记，卫计局党组书记、局长　任泰成（5月免）　王新文（9月任）

党组成员、副局长　赵志梅（女）　刘引霞（女）　宋国庆

党组成员、纪检组长（1月免，保留原职级待遇）　任少杰

正科级干部　邓宏斌

县审计局

党组书记、局　长　王若刚

党组成员、副局长　张拴成　周新利

党组成员、总审计师　卢志云（女）

县工商和质量监督管理局

党组书记、局　　长　王新文（9月免）

党组成员、副局长　朱建青（女）
张爱廷　刘　刚

党组成员、纪检组长（1月免，保留原职级待遇）
田俊丽（女）

党组成员、主任科员　赵世宏　夏东升

府城工商所所长　宋金北

县食品药品监督管理局

党组书记、局　长　任丽锋（女）

党组成员　王志刚（保留原正科级待遇）

副主任科员　贾晓娟（女）

县统计局

党组书记、局　长　李玉安

党组成员、副局长　王　芳（女）

副局长　申丽峰（9月免）
王洪星（9月任）

党组成员　李林峰（保留原正科级待遇）

总统计师　张春红（女）

县安全生产监督管理局

党组书记、局　长　李世明

党组成员、副局长　王双喜　杨惠明

安监一队队长　蒋绪宏

县文物旅游局

党组书记、局长　冯俊跃（1月免）

副主任科员、博物馆馆长　逯秀珍（女）

副主任科员　安丽丽（女）

县民族宗教事务局

统战部副部长兼宗教局局长　武秋红

县人大办公室

内务司法工委主任　任志勇（2月任）

办公室主任　孟晋鹤

人事工委主任　冯占先

财经工委主任　李社明

科教文卫工委主任　薛增立

农村工委主任　李光明

专职常委　贾　伟

县政协办公室

办公室主任　王　军

提案委员会主任　李福明

经济委员会主任　杨清河

文史委员会主任　徐向党

副主任科员　王　芸（女）

常　委　倪志俊

县人民法院

党组书记、院　长　陈建国

党组成员、副院长　牛瑞明　郭新田
王玉玲（女）

党组成员、主任科员　郭建江　郭保忠

党组成员、副主任科员　赵和平

正科级专职委员　尚绪安

副科级专职委员　尚晓琴（女）

副主任科员　卢晋云　李晋忠　卢红堂

副科级干部　姜登云

县人民检察院

党组书记、检察长　张临生

党组成员、常务副检察长　刘　军

党组成员、副检察长、正科级检察员
郝永忠

党组成员、副检察长　张建国

党组成员、纪检组长　赵　勇

党组成员、政工科科长　申艺俊

主任科员　刘　霞

副科级专职委员　王少俊　李　伟

后勤服务中心主任　李　鑫（10月任）

县总工会

党组书记、主席　李　颖（女）

副主席、主任科员　郭振玲（女）

副主席　杨巧梅（女）

副科级干部　李长庆

共青团县委

书　　　记　赵宁伟

副　书　记　郑霓霓（女）

副主任科员　王　文

县妇女联合会

主　席　王秀娟（女）

副主席　徐　尧（女）

县文学艺术界联合会

主　席　赵俊峰

副主席　高凌飞

县科学技术协会

主　　　席　裴祥亮（2月免）

　　　　　　王家国（2月任）

副　主　席　元成宝

正科级干部　裴祥亮

事业单位机构设置和负责人员名单

县委党校（行政学校）

校　长　郭婷慧（女）（兼）

常务副校长、行政学校常务副校长

　　田淑珍　（女）（11月免）

主任科员　展天亮

副 校 长　尉小芳（女）

县机关事务管理局

局　长　李　勇

副局长　宋宏伟

县史志办

主　任　郭　胜

副主任　亢　琳（女）

县新闻网络中心

主　任　吴桂平

副主任　单少华

县广播电视服务中心

主　任　李根明

副主任　秦安生　董晨梅（女）

县工商业联合会

主　席　张宏新

副主席　杨巧梅（女）（9月免）

　　　　申丽峰（女）（9月任）

政务大厅管理服务中心

主　　　　任　杨洪泉（2月免）

　　　　　　　王耀东（2月任）

审批中心副主任　茹吉祥　曹　秀

县老龄工作委员会办公室

主　任　张爱虎

副主任　曹　卿

县农业综合开发办公室

主　任　王文亮

副主任　窦书庆

县扶贫开发中心

农委党组成员、主任科员，扶贫开发中心

主　任　丁　波

副主任　王小慧

县中小企业局

局　长　张天云

副局长　朱宏新

县地震局

局　长　冯应端

县档案局

局　长　张爱林(2月免)

　　　　杨洪泉(2月任)

正科级干部　张爱林

县国际资金管理局

财政局主任科员、国际资金管理局局长

　　　　尚道亮

县畜牧服务中心

主　任　张勇增（2月任）

副　主　任　高　山

副科级干部　孙延云

县农业机械发展中心
主　　任　谢军平
副 主 任　李少峰　李向东　弓常斌
副科级干部　胡宇波
县疾控中心
主　　任　蒋璟爱（女）
副 主 任　黄秀全　焦红玲（女）
　　　　　李　斌
副科级干部　田红芳（女）
县供销合作社联合社
主　任　王耀东（2月免）　高建忠（2月任）
副主任　郭向阳
县城镇集体工业联合社
主　　任　贺玉宁
副科级干部　方吉祥
县残疾人联合会
党组书记、理事长　卢青泰
支部书记、党组成员、副理事长　郭彩琴（女）
副理事长　王　芳（女）
计划生育协会
副会长（正科）　郭爱军
秘书长　赵文庆
县人民医院
院长、党委书记　迟同斌（9月免）
党委副书记、纪检组长、副院长　王永铭
副 院 长　孙战彬　蒋青峰　张旭昀
工会主席　李庆文
县中医院
院　长、党支部书记　赵红林
党委副书记、副院长　任红生
副院长　李卫国　王清泉
采购中心
主　任　元忠平
国库集中支付局（会计核算中心）
主　任　范文庆

非税收入征收局
主　任　崔永斌
矿区称重公正计量中心
支部书记、副主任　胡秋科
副 主 任　窦明亮　马海云
通讯组
组　长　苏晓峰（9月免）
副组长　腾　宁
县招商局
局　长　吴卫忠
副局长　项　军（1月任）
招标办
主　任　倪志俊（9月免）
　　　　苏晓峰（9月任，保留原职级待遇）
县果业中心
主　任　亢建峰
副主任　刘岩明　田高升
县重点项目建设领导组办公室
主　任　宋国宏
投资建设管理中心
主　任　王国胜
副主任　程　鹏
社会管理联动服务中心
主　任　吕晓娟（女）
副主任　李晓晖（女）
信息化中心办公室
主　任　吕　瑞
党代表联络办公室
主　任　申俊伟
信访帮教中心
主　任　王　伟
节能监察大队
大队长　刘　峰
房地产管理局
局　长　韩艺卿（保留原职级待遇）

县妇幼保健和计划生育服务中心

主　任　李爱梅（女）（保留正科级）

县红十字会

专职副会长　滕新年（女）（副科）

县卫生监督所

所　长　宋设生

治理非法超限超载车辆办公室

主　任　展瑞刚

劳动监察大队

大队长　刘安峰

人才交流服务中心

主　任　王秀军

县事业单位登记管理局

副局长　李念东

县综合检验检测中心

主　任　郑汉星

副主任　郑　凯

烤烟中心

主　任　马红岩

副主任　臧洁民　张雪莲（女）

水资源管理办公室

主　　任　李军辉（女）（9月任）

县一中

校　　长　张安祥

支部书记　侯勇军

副 校 长　王建忠　杨秀文

副科级干部　孟爱玲（女）

县二中

校　　长　张建青

副 校 长　段伦亮

副科级干部　柴跃彬

教师进修校

校　长　郭　强

法律事务所

所　长　崔利文

国有林场

场　长　任晓红

副场长（保留原职级待遇）　庄钢财

畜牧执法大队

大队长　申光耀

水工程移民工作办公室

主任（正科）　赵　红

大型农机站

站　长　卫永生

文化体育市场行政综合执法队

队　长　杨海生

残疾人劳动服务所

所　长　董　慧（女）

乡镇　社区

唐城镇

党委书记　张俊生

党委副书记、镇　长　亓根平

党委委员、人大主席　李建军

党委委员、党委副书记　孟连根

党委委员、纪委书记　李春明

党委委员、副镇长　王小方

张玉忠

党委委员、武装部长　王国栋

党委委员、组织委员　吴　瑾（女）

副镇长　李红梅（女）　黄　娟（女）

副主任科员　田　芸

和川镇

党　委　书　记　张福增

党委副书记、镇　长　张里锁

党委委员、人大主席　冯安芳（女）

党委委员、党委副书记　魏海军

党委委员、纪委书记　姜冬云

党委委员、副镇长　牛国根

王　蕾（女）

党委委员、武装部长　李　军
党委委员、组织委员　王秋林
副镇长　刘　振　赵　芳（女）

府城镇

党　委　书　记　张建富
党委副书记、镇长　牛宏军
党委委员、人大主席　薛长森
党委委员、党委副书记　王力士
党委委员、纪委书记　李喜俊
党委委员、政府副镇长　曹安庆
段　东（9月免）
党委委员、武装部长　董德良
党委委员、组织委员　余俊萍（女）
政　府　副　镇　长　武素青
崔　敏（女）

冀氏镇

党　委　书　记　付　强
党委副书记、镇长　窦金亮
党委委员、人大主席　卢国梁
党委委员、党委副书记　袁翠英（女）
党委委员、纪委书记　曹　斌
党委委员、副镇长　娄雁楠
宋红梅（女）
党委委员、武装部长　裴文静
党委委员、组织委员　高　峰
副镇长　高金凤（女）　田　龙
党　委　委　员　王根宝

良马乡

党　委　书　记　周来群
党委副书记、乡长　李淑玲（女）
党委委员、人大主席　宋海林
党委委员、党委副书记　罗艳丽（女）
党委委员、纪委书记　马旭鹏
党委委员、政府副乡长　王红刚
宋文彬
党委委员、武装部长　李连宏（享受正科级待遇）
党委委员、组织委员　李春梅（女）
副乡长　张红俊　李根虎

马壁乡

党　委　书　记　张国强
党委副书记、乡长　许勇辉
人党委委员、大主席　孙爱民
党委委员、党委副书记　张田云
党委委员、纪委书记　郝　云
党委委员、副乡长　宋海兵
胡东侠
党委委员、武装部长　李　博（5月免）
党委委员、组织委员　郭海龙
副乡长　邱璐璐（女）（1月免）
高玉芳（女）
副　科　级　干　部　任德茂

杜村乡

党　委　书　记　刘建军
党委副书记、乡长　刘　宁
党委委员、主任科员　王少华
党委委员、人大主席　张榧杰
党委委员、党委副书记　赵　龙
党委委员、纪委书记　李泽敏
副　乡　长　刘　钊
刘香兰（女）
党委委员、组织委员　卢华平（1月免）

社区服务指导中心

主　任　郭有锁
副　主　任　成跃红
党工委副书记　王海霞（女）

驻安泽县单位和负责人名单

人民武装部

县委常委、武装部长　张红山（3月免）

县委常委、政治委员　杨巨松（4月任县委常委）
副　部　长　庞红平（4月免）
雷晓飞（7月任）
政治工作科科长　安沛华（7月任）
政工科干事　谢海涛（7月免）
后勤科科长　乔志成（7月免）
保障科科长　乔志成（7月任）

县国土资源局

局　长　毋宏祥
副局长　刘志刚
矿业开发中心主任　刘　峰
土地收购储备中心主任　王　鑫
土地执法监察大队大队长　李清龙

县气象局

局　长　张红安（女）
副局长　夏林喜　陈虎英（9月免）
副主任科员　黄向文

武警中队

中队长　任杰军
指导员　刘浩森

消防大队

教导员　曹跃亮（5月免）郭鹏飞（8月任）
大队长　史爱福

国税局

党组书记、局　长　程重元
党组成员、副局长　范红军　党辉斌　刘安生

地税局

党组书记、局　长　张建兵
党组成员、副局长　李海生　尚宪筠　苏永刚
党组成员、纪检组长　崔永辉

地电安泽分公司

党支部书记、经　理　刘力杰
党组成员、副经理　李宏宇　郝爱军
党组成员、工会主席　原国宏

国家统计局安泽调查队

党支部书记、队长　宋书庆
副队长　王　丽
副主任科员兼职纪检监察员　张海涛

临汾市住房公积金管理中心安泽管理部

主　任　崔生岳

银监办

主　任　杨建民
副主任　王学军

中国人民银行安泽支行

党组书记、行　长　刘志平（10月免）
赵　彤（10月任）
党组成员、副行长　梁亚军（10月免）
秦永文
党组成员、纪检组长　赵建宏（7月免）
晋志俊（7月任）
主任科员　曹新跃
副主任科员　魏晓明

中国农业银行股份有限公司安泽支行

党组书记、行　长　崔金昌
党组成员、副行长　宋宏伟（11月免）
李　庚（11月任）
杨志凯（12月任）
党组成员、工会主席　郭俊峰

中国农业发展银行安泽支行

党组书记、行　长　王国荣
党组成员、副行长　段徐军
夏　岩

安泽县农村信用合作联社

党委书记、理事长　王九生（4月免）
董新伟（4月任）
党委副书记、主任　徐　红（女）（4月退休）
薛俊辉（4月任）

纪检书记、监事长　吉守智（4月免）
魏彦彬（4月任）
党委委员、副主任　郭海军　曹志伟

安泽邮政

局　长　成长青（7月免）
雷鸣宏（7月任）

中国移动通信集团山西有限公司安泽县分公司

经　理　柴云青
副经理　毛　鹏

中国联合网络通信有限公司安泽县分公司

经　理　由院丰
副经理　郭小军

中国电信股份有限公司安泽县分公司

经　理　宋国华

中国石油化工股份有限公司山西临汾安泽石油分公司

经　理　周新华
副经理　何　凡

中国人寿保险股份有限公司临汾分公司安泽县支公司

经　理　杨　勇
副经理　张海宏

中国人民人寿保险股份有限公司临汾市中心支公司安泽营销服务部

经　理　刘改娥（女）

安泽公路段

党支部书记、段长　杨洪昌
党支部副书记、副段长　许春生
副段长　任　华　于　涛
工会主席　秦安平

安泽烟草专卖局

局长、经理　武俊平
副局长　焦红萍（女）（7月免）　梁文虎
徐彩红（女）（7月任）

山西省临汾交通运输执法局安泽县分局

局　长　任记廷
副局长　王海珍（女）

药材公司

经　理　王雨胜
副经理　范志进

新华书店

经　理　李东生

中国共产党安泽县委员会

综　述

【概述】 2017 年，深入学习贯彻习近平新时代中国特色社会主义思想，全力落实省委“一个指引、两手硬”的重大思路和要求，按照市委、市政府“345”发展战略和“12345”工作思路，强化政治担当、自加压力作为，统筹推进党的建设，全力打响绿色生态这一王牌，着力打好国卫创建、脱贫摘帽、产业转型、城建提质“四场”硬仗，全面开启安泽“动车组”，加快建设山水田园城、精品旅游县，奋力实现安泽全面振兴、绿色崛起，全县始终保持大局稳定、经济发展、社会和谐、人民安康的良好局面。

【理论学习】 1. 把学好用好习总书记系列重要讲话精神作为首要政治任务，对习总书记发表的重要讲话，通过召开县委常委会、县委中心组学习进行系统学习，第一时间学习传达，研究部署贯彻落实。习总书记视察山西之后，迅速组织召开全县干部大会，传达学习省市会议精神，对贯彻落实作出进一步安排部署。制定了《关于深入学习贯彻习近平总书记视察山西重要讲话精神的实施方案》和《关于深入学习贯彻习近平总书记在深度贫困地区脱贫攻坚座谈会上重要讲话精神的实施方案》，对各项工作任务进行细化分解，推动重点工作取得新实效。2. 把维护习近平总书记的核心地位、维护党中央权威作为最大的政治，作为各项工作的重中之重。坚持开展“讲知守”专项治理活动，扎实推进“两学一做”学习教育常态化制度化，深入开展维护核心、见诸行动主题教育，坚决维护以习近平总书记为核心的党中央权威，已经成为全县各级党组织和党员干部的思想自觉、党性观念、纪律要求和实际行动。3. 党的十九大召开后，县委班子迅速对学用习近平新时代中国特色社会主义思想进行安排部署，迅速掀起学习贯彻十九大精神的热潮。县委班子带头对十九大报告进行系统深入的学习研讨，积极开展“盛赞十九大　寄语新时代”等系列活动，切实把思想和行动统一到了习总书记提出的重大任务、战略部署上来，切实以实际行动确保习近平新时代中国特色社会主义思想在安泽落地生根、结出硕果。

【经济发展】 2017年发挥党领导经济发展的核心作用，牢牢掌握经济发展主动权，坚定不移推进绿色产业转型，全县经济总体企稳、稳中有进、进中向好。

1. 项目建设。严格推行项目建设“六个一”责任制，倒排工期，挂图作战，全面实行“周报告、月调度、季观摩”督查机制，全力推动项目建设。年初确立的30项重点工程项目全部完成序时进度。同时，积极引项目，全县完成招商引资108.62亿元，完成年度目标任务的103.4%。

2. 产业转型。农业上积极推进玉米、生态畜牧养殖链条循环发展，产业的规模持续壮大，质量效益全面提升。山西大象集团成功入驻，成为辐射晋东南地区的唯一种猪基地。以连翘为主的中药材产业进展顺利，在北京人民大会堂成功举办“安泽连翘产业助力精准扶贫推介会”，安泽县被授予“中国森林生态药材连翘种植基地”殊荣，安徽井泉药业等知名药企成功落地，“安泽连翘品牌”全面打响。工业上坚决落实“三去一降一补”重点任务，持续推进传统煤焦产业提能升级。2017年，全县生产原煤454.8万吨、洗精煤93万吨、焦炭198万吨。扎实推进转型标杆项目建设，耀阳光电200MW/年光伏组件生产线项目投产达效；永鑫千吨甲醇制丙烯分子筛催化剂项目完成可研等前期工作，省发改委已备案；投资近3亿元的马壁东年产4亿方煤层气项目加快推进，总投资达4.8亿元的安泽南等三大区块近900平方公里煤层气探矿权已经成功招标，即将全部进入勘查期。全力加快省级经济技术开发区建设，安泽县省级经济技术开发区评审已原则通过。三产上完成营造林2.03万亩，国家森林公园全票通过评审，与太原龙翔精灵科技有限公司成功签约，国内首个森林防火智能信息服务系统正式落户安泽。全力打好“黄花、荀子、红叶”三张牌，持续加大旅游基础建设，实现了乡镇旅游景点全覆盖。持续打造“山水太行　休闲安泽”旅游品牌，中央七台《乡约》栏目在黄花岭景区成功录制。全年共接待游客176万人次，同比增长46.7%，旅游综合收入达4.3亿元，同比增长38.7%，安泽全域旅游迈进了新时代。

3. 城乡面貌。全力推进“国卫”创建和环境集中整治，大力实施“八大工程”，累计拆除危旧建筑6.23万余平米，清理垃圾5.6万余立方米。全力推进城建提质，大力实施县城集中供热、步行街改造、城南城北两个集贸市场等基础设施建设，城市功能全面提升。全面推进农村环境卫生整治，大力实施冀氏、马壁乡镇创卫工程，扎实推进美丽乡村建设，城乡环境面貌焕然一新。

【改革发展】 2017年推动全面深化改革向纵深发展，为绿色崛起注入强大动力和生机活力。县委常委会、县委全面深化改革领导小组会研究改革议题34次，及时学习传达中央、省委和市委全面深化改革会议精神，跟进研究解决。制定印发《深改小组2017年工作要点及责任分工》，细化6大方面39项具体内容，明确责任分工，高效确保任务扎实推进。深化农业供给侧结构性改革，创新为农服务方式，扩大为农服务规模，扎实推进供销社综合改革，完成土地托管1000余亩，带动辐射3万余亩。全面推行河长制，明确县乡村三级河长171

名，实现了县域所有河流全覆盖。全面深化社会治安综合治理改革，扎实推进综治中心国标建设，建立完善了三级矛盾纠纷调解中心，全市综治中心标准化建设现场会在安泽县召开，圆满完成了市定综治中心、矛盾纠纷调解中心规范化建设试点县任务。深化监察体制改革稳步推进，在全市率先完成组建挂牌；乡镇监察体制改革，为全省开展乡镇监察工作提供了安泽样本，工作经验在全省得以推广。创新推动群团改革，全县各乡镇（社区）和行政村全部成立群众工作部和群众工作站，群团组织活跃度和群众满意度显著提升。同时，司法体制改革、公共文化服务领域改革、环境污染防治改革等方面均取得阶段性成果。

【民生保障】 1. 全力以赴决战脱贫攻坚。强化党建、支部、党员“三抓手”，四大班子人人包联贫困村，县乡村三级层层建立指挥部，全县 124 个单位和企业、116 支扶贫队进村进行“一对一”结对帮扶。大力开展“手牵手、帮秋收”扶贫主题活动，组织全县 5000 余名党员干部深入 500 余户贫困户地中抢收秋粮，极大地提高了贫困户的满意度。用好旅游、光伏、连翘“三件宝”，强化“村委会+公司+贫困户”的链条保障，村村成立公司，制定“旅游扶贫菜单”，积极吸收贫困户参与旅游开发的全过程，带动村集体增收 215 万元，带动贫困户增收 60.75 万元；全力推进行政村光伏电站建设全覆盖，带动村集体经济破“5 万”；安装建设 4KW 屋顶光伏电站 500 余户，使每个贫困户年收入稳定在 5000 元左右；让贫困户参与连翘的管护、采摘、经营，实现了增收致富。组建“3+X”帮扶队伍构建大帮扶格局，累计开展各类走访帮扶活动 200 余次，走访帮扶群众万余人次，为贫困村和贫困户办了一大批实事好事难事。14 项退出指标全部达标，顺利通过市初审检查、第三方评估，可实现脱贫摘帽。

2. 提升教育水平。深入推进“三优”工程，县一中与晋城一中对接合作，教育教学质量显著提升。

3. 提升社会保障水平。持续深化社会保障制度改革，机关事业单位养老保险制度改革稳步入轨运行，城乡居民养老保险参保人数完成市定年度任务。创新养老模式，府城红叶康养中心、改建的一批农村老年人日间照料中心投入使用，社会保障更加有力。

4. 提升医疗卫生水平。完成县人民医院医技门诊综合大楼和县中医医院住院楼建设项目主体工程，山西省心血管病医院安泽分院挂牌成立，继续实施“四免一降”惠民措施，居民健康档案建档率达 85%，公共卫生服务均等化成效明显。

5. 提升公共文化服务水平。开展消夏晚会、书香安泽等 20 多项丰富多彩的文化主题活动，全县公共文化服务水平不断提高。深入挖掘安泽红色文化，3 个作品参加全市“好基地讲好故事”活动，取得优异成绩。杜村太岳革命旧址、革命烈士陵园均被批准纳入全市“红色护照”主题活动承接基地，太岳行署旧址等被列为省级爱国主义教育基地。

6. 夯实“平安安泽”根基。狠抓安全生产责任落实，持续深化重点行业领域专项治理整顿，大力开展社会稳定风险隐患大排查大整治行动，全力构建立体化治安防控体系，扎实推进“雪亮工程”，基本实现“天眼”全覆盖；推进国安实体化建设，县国安办成功挂牌；圆满完成重大节点安保工作，狠抓信访问题源头预防和专项治理，无群体性赴省进京上访案件发生，群众安全感和满意度连续三年排名全省第一；第三次获得全国平安建设先进县称号，被中央综治委授予政法综治领域最高荣誉——长安杯，成为山西省自建国以来唯一获此殊荣的县，受到了习近平总书记等中央领导同志的亲切接见。

【民主法治建设】 完善人民代表大会制度。加强对人大工作的领导，先后听取和审议工作报告13项，开展视察调研6次，通过决议决定3项，开展专项督查8次，依法任免“一府两院”干部21人，有效促进各项工作的推动和落实。支持政协在推进协商民主上发挥重要作用。召开协商议政会3次，累计处理委员提案204件；围绕全县中心工作，开展视察活动6次，开展调研5次，编发社情民意30余篇；组织召开了“追根说炎帝，溯源初国伊”笔会；全县征集县歌稿件525件，评选15首优秀作品，先后在太原、临汾、安泽举办三场“荀子故里、生态安泽”原创歌曲演唱会，为全县发展作出了积极贡献。扎实推动法治安泽建设。制定出台《安泽县2017年法治建设工作要点》《法治安泽创建实施方案》，带头落实法律顾问制度，深入推进执法规范化建设，深入挖掘荀子法治思想精髓，全力打造荀子法治思想文化的“安泽品牌”。

【党建工作】 1. 凝心聚力，狠抓思想建设。扎实推进“两学一做”学习教育常态化制度化、维护核心见诸行动主题教育活动，严格对照省委“8+5”工作任务，编发四本“工作手册”，印发三本工作指导手册，分行业分领域打造34个示范点。从严党内政治生活，先后出台党员活动日制度、规范“三会一课”制度、科级干部有关情况报告等文件。精心打造了一批红色教育基地，多种形式讲好“安泽故事”，全面加强党内政治文化建设。

2. 加油鼓劲，狠抓意识形态工作。定期分析研判意识形态领域形势，积极策划“喜迎十九大”系列主题宣传活动，广泛进行正面宣传，在新华社、网易新闻客户端、省级以上报刊刊发各类报道145篇，被中央、省、市电视台采用电视新闻60余条。2名“安泽好人”入选临汾市第四届十大道德模范楷模。通过举办“太行山水全域旅游”安徽合肥招商推介会、“喜迎十九大太行山水杯”三市十一县篮球邀请赛、“晋城微媒摄影人走进安泽”等活动，全面聚合了安泽发展正能量。

3. 从严治吏，狠抓队伍建设。全面贯彻落实《党政领导干部选拔任用工作条例》，严格落实好干部标准，分三批调整配备56名科级干部，优化了干部队伍结构。持续举办干部大学堂、“领头雁”培训等各类培训50余期，培训干部2.3万余人次；选派22名优秀年轻干部赴肥东县挂职锻炼，选派35名年轻干部赴乡镇挂职帮助工作。严格落实提醒、组织约谈等监督管理制度，全县在职科级干部完成个人与家庭有关情况报告，建立健全“八小时之外”监督管理办法，将从严贯穿于干部监督管理全过程。

4. 固本强基，狠抓组织建设。积极开

展撤村并组试点工作，完成撤并销号村数2个；高标准完成城墙岭、清华园两个社区活动场所1000平方米的提档升级任务。扎实推进非公经济组织和社会组织“两个覆盖”，覆盖率远超市定标准。农村党组织换届全面完成，为每村选配1—2名村级组织员，协助村“两委”工作。每个村党建经费平均达到12.98万元。6个乡镇293套干部周转房近期将投入使用。全县102个行政村集体经济全部破5万元。

5. 从严从实，狠抓党风廉政建设。坚决扛起主体责任，先后21次研究党风廉政工作，定期听取纪委工作报告和案件查办情况汇报，推进全面从严治党向纵深发展。抓紧扛牢主体责任，“六责”压实“两个责任”，推动主体责任向基层延伸。深入开展教育、卫计、扶贫领域专项巡察，启动了第三轮巡察工作。修订完善《关于进一步贯彻落实中央八项规定精神的实施细则》，开通“荀乡四风举报”微信平台，认真践行“四种形态”，2017年，全县纪检监察机关共立案114件，给予党纪政务处分107人，运用“四种形态”处理党员干部409人次，有腐必反、有贪必肃的震慑效应持续强化。

县委办公室

【办文质量】 2017年严把起草关、创新关和审核关，坚持从解决问题、指导实践和落实决策的需要出发，着重于改文风、亮观点、出真招，确保文稿内容准确、鲜明、精炼，文稿质量不断提升。全年共完成了县委全会、县党代会、县委经济工作会等县委主要领导讲话和各类工作汇报材料140余篇，先后在中央学习时报、山西日报等中央省市报刊发表《打好脱贫“三张牌”》《抓好基层、打好基础、练好内功》《履行第一责任　建设法治安泽》等10余篇署名文章，制发县委文件86期，印发县委办公室文件95期，起到了以文辅政的作用。

【信息报送】 2017年充分发挥信息科、社情民意通道和信息化中心等各个平台作用，严格执行信息日常报送、紧急信息报送、全员办信息等制度，密切关注社情民意和经济社会发展动态，努力在第一时间发现和捕捉各类信息，为县委把握大局、科学决策、推动工作提供可靠服务。先后完成电子政务内网分级保护测评建设项目、无纸化办公项目，被评为“临汾市电子政务内网分保测评建设先进单位”。积极用好微信、美篇等新媒体，制作“盛赞十九大　寄语新时代”专题报道36期，发布《安泽脱贫攻坚·百图百故事》100余期，微信推送宣传信息150余篇。收集编发《安泽信息》214期，切实为县委推动工作提供了参考依据。上报省、市委信息400余条，信息工作全面提升。

【会务工作】 2017年全面完成党群OA办公系统建设，建立党群系统微信联络群，及时高效做好会议通知，始终坚持提前准备、分工负责、层层把关，精心组织各类会议，确保会务工作“无失误”“无差错”。2017年，共办理临时交办事项200余件，办理会议通知事项110余件，接处紧急重要情况报告4件次，承办了全委会、县委经济工作会议、党务会等重要会议及大型活动50余场，全部做到了忙而不乱、有条不紊、万无一失。此外，还切实加强对台工作，于3月份进行赴台交流，同时，广泛宣传对台方针、政策和理论知识，在全社会营造起关心支持对台工作的良好氛围。

【督查工作】 2017年坚持“高效、有序、务实、创新”抓督查，积极构建上下畅通、左右衔接、内外结合、覆盖全县的督查工作网络体系，坚持围绕全局督大事，先后对县委、政府高度重视的供热、环保等重点工程和民生实事进行督查19次，及时准确、全面客观的反馈给县委、政府主要领导，全力推动了县委决策部署的落实。全年编发上报《督查专报》13期，较好地履行了督促检查职能，为促进安泽经济社会的平稳较快发展发挥了重要的作用。

【保密工作】 2017年坚持“两个确保”“两个必须”和“三个不动摇”，完成了密码通讯主渠道升级改造和装备更新工作，并开展了全县涉密人员保密常识能力教育培训。全年通过机要专线收明传电报856份，收密码电报527份，发明传电报26份，发密码电报36份，确保了县委与上级党委机关的工作联系和信息畅通，保证了中央、省市重大决策和重要工作部署的迅速贯彻落实，实现“无事故、无差错、无错情”。

【防范工作】 2017年着重加强思想引导，严密防范防控，以十九大安保为主线，开展大排查大整治、防范打击诬告滥诉等活动，从严从实落实了保稳定、护安全工作。不断夯实基层基础，建立起防范到位、管控有效、运转高效的10个社区网格、313个农村网格基层防范控制网络，打通防范邪教的“最后一公里”。全年累计发送短信10000余条，发放宣传资料3000余份，并将警示教育活动纳入了宣传、宗教、群团等部门整体工作，大力宣传“反邪教”知识，传播正能量，取得了很好实效。

【改革（综改）工作】 2017年及时组织学习各级全面深化改革会议精神，承办县委全面深化改革领导小组会议10余次，做好组织协调，制定印发了《中共安泽县委全面深化改革领导小组2017年工作要点及责任分工》，将全面深化改革工作细化为6大方面39项具体内容，做到有路线图、有时间表、有硬措施，全力确保各项改革措施落到实处。先后牵头开展多轮改革工作专项督查，确保各项改革工作落实不打折、推进不延误。按照市委政研室、改革办、综改办“三合一”要求，全面落实人员、经费、场地，相关工作顺利交接，改革办、综改办已正式挂牌。特别是不断优化深改信息动态的收集整理及信息上报工作，全面加强信息报送力度，先后向市委改革办报送近20篇改革信息。

【支部工作】 2017年紧紧围绕年度工作目标，积极开展“两学一做”主题教育常态化制度化、维护核心见诸行动主题教育活动，认真落实“三会一课”制度，定期开展党员活动日，从严支部组织生活。采取“1115”学习模式，即每名党员通过手抄一次十九大报告全文、作一次专题辅导、进行一次讨论发言、撰写5篇心得体会的方式，全面加深对党的十九大精神的理解和运用。全面加强“三基”建设，深入开展“三联两报到”活动，在做好府城镇三交村帮扶工作的基础上，选派9名干部帮助参与李垣村、飞岭村包扶工作，包联村、包联贫困户2017年度全部脱贫，支部工作扎实推进，支部党员的凝聚力、战斗力进一步提升。

【干部队伍建设】 2017年打造高素质干部队伍，激发办公室生机与活力。抓好班子，严格执行“五个不直接分管”，及时调整办公室班子成员间的职务分工，协调推动工作，给全办干部作出榜样。建好梯队，发扬“传帮带”传统，形成“老将+新兵”梯次式工作班子，选派2名干部赴合肥市肥东县进行三个月挂职锻炼，6名干部赴清华大学、右玉干部学院、全国组工干部学院走出去学习，积极推荐2名干部上挂市委、市政府办公厅学习，选取全县各乡镇、县直单位12名干部到办公室进行轮岗培训，全面提升干部素质，激发干部队伍活力。抓好文化，建好县级精神文明单位，积极营造心情舒畅、安心工作的良好氛围。

巡察办

【配备专职巡察干部】 2017年5月12日，县委常委会对县委巡察办主任、副主任、巡察组专员人选进行了研究任命。6月5日，9名专职巡察干部全部配备到位。

【巡察工作人才库建设】 2017年专职巡察干部配备到位后，县委巡察办根据《中共安泽县委巡察组组长库管理办法（试行）》《中共安泽县委巡察人才库管理办法（试行）》和市县巡察统筹工作要求，本着政治素质高、易于抽调、本人有积极性的原则，通过推荐考察等组织程序充实调整了原有的巡察组长和人才库，建立了巡察人才“四库”即巡察组组长库6人，副组长库6人，巡察专业人才库6人，巡察工作人员库15人，确保了抽调巡察干部的充足，满足了市、县巡察统筹的需求。

【巡察规划编制】 2017年10月，根据市、县巡察工作部署，县委巡察办起草编制了《中共安泽县委巡察工作五年规划（2016—2021)》，并经县委审定予以印发。

【第二轮交叉巡察工作】 2016年11月至2017年3月，根据市委统一安排部署，安泽县派出3个巡察组15人赴曲沃县对该县教育、卫计系统8个单位及其曲沃县脱贫攻坚工作开展了专项巡察。市委第一巡察组联系指导的翼城县委巡察组对安泽县教育、卫计系统9个单位及其全县脱贫攻坚工作开展了专项巡察。

【“机动式”巡察工作】 为创优全县发展环境，推动长临高速公路重点工程建设，根据县委和县委巡察工作领导小组安排，2017年4月中旬至2017年5月下旬，组织开展了对长临高速公路建设沿线乡村的“机动式”巡察。

【第三轮巡察工作】 根据县委安排部署，2017年8月下旬至10月中旬，实施了县委第三轮巡察工作。本轮巡察采用常专结合方式，紧盯扶贫领域和群众身边的腐败问题，派出三个巡察组开展对冀氏镇、和川镇2个乡镇党委和林业局、果树中心2个县直单位的常规巡察，同时开展全县扶贫资金专项巡察以及扶贫中心巡察“回头看”。

【第四轮巡察工作】 2017年12月下旬，按照市委市、县巡察统筹工作要求，启动了县委第四轮巡察工作，派出三个组15名巡察干部分别到尧都区、襄汾县、曲沃县开展巡察工作。与此同时，来自曲沃县、浮山县、襄汾县的15名巡察干部，与安泽县6名巡察干部混合编组，分为3个巡察组，在安泽县开展巡察。其中，县委第一巡察组对第一轮巡察过的良马乡、马壁乡进行巡察“回头看”；县委第二巡察组对安监局、供销社、县投资建设管理中心进行巡察；县委第三巡察组对交通运输局、水利水保局、水工程移民办公室进行巡察。

【巡察内容】 2017年通过紧盯重点人、重点事、重点问题，着力发现和推动解决党的领导弱化、党的建设缺失、全面从严治党不力，党的观念淡漠、组织涣散、纪律松弛，管党治党宽松软等问题。1. 学习贯彻落实党的十九大精神情况；2. 维护党中央权威和集中统一领导，落实上级党委重大决策部署情况；3. 严肃党内政治生活情况；4. 干部队伍作风建设和落实中央八项规定精神情况；5. 贯彻执行干部选拔任用和监督制度情况；6. 构建良好政治生态情况。

【巡察成效】 2017年，全县巡察工作共发现各被巡察党组织党的领导弱化、党的建设缺失、全面从严治党不力三大方面共性问题108项，通过加强巡察整改督促检查，已整改82项，长期整改9项，通过巡察整改，制定和完善制度60项，开展专项治理15次，促进改革7项，挽回经济损失15.89万元。通过开展巡察工作，督促被巡察单位纠正政治偏差，加强党组织建设，落实全面从严治党要求，推动了各项问题解决，切实将巡察成果转化成推动改革、促进发展的工作成效。 （李博　韩慧健）

组织建设

【学习教育】 2017年把学习宣传贯彻党的十九大精神作为当前和今后一个时期的首要政治任务，着力在学懂弄通做实上下功夫。

1. 全县282个党支部集中观看了十九大开幕式，认真聆听了习近平总书记所作的十九大报告，县委中心组率先垂范，组织集中学习讨论党的十九大精神，先学一步，深学一层。县委组建十九大精神宣传小分队，通过“报告宣讲+文艺演出+送图书”的方式，推动党的十九大精神进农村、进企业、进机关、进校园，切实让十九大精神传遍荀乡大地，走进群众的心坎里。各基层党支部组织通过集中讨论学、大喇叭广播学、微信平台学、知识测试学、印发手册学等“五学并进”深入学习十九大。以11月党员活动日为载体，全县所有党支部开展了以“学习贯彻十九大，建设美丽新安泽”为主题的系列活动，通过集中研讨、知识竞赛等方式使得十九大精神深入人心。

2. 扎实推进主题教育各项重点任务。县委书记亲自挂帅学习教育领导组，制定了工作要点图解、计划安排，挂图作战，跟踪问效，全面推开主题教育。按照“六个好”内容，紧跟时间节点、完成各项任务，县级党组织8项重点任务已经完成7项，基层党组织5项重点任务已经完成4项。将习近平总书记视察山西重要讲话精神和“7·26”讲话精神作为主题教育重要内容。县委成立由8名党校教师和7个乡镇党委副书记组成的宣讲团，对所有党支部和党员开展“总书记视察山西讲话”全覆盖宣讲；各级党组织制定学习方案、开展交流研讨、组织专题研讨会等，在学深学透上出真招、见实效。把“一文一书”纳入主题教育必读篇目，为全县每个党组织、每名党员印制《习近平总书记的成长之路》学习手册，将《习近平的七年知青岁月》一书下发至每个支部，确保学有成效、学有载体。县级领导以中心组学习的形式集中学习2次，结合自身工作实际撰写了心得体会，确保学在前、用在前、走在前。

【党建扶贫】 引深党建载体，引导党员在“做”上下功夫。对照中央提出的“四个合格”标准，对领导干部、机关党员和农村党员分别提出合格“十条标准”，让党员干部做有途径、干有目标、创业创新有平台。用好旅游、光伏加连翘脱贫“三件宝”，开展精准帮扶、结对帮扶、亲情帮扶，把党员力量聚焦到脱贫攻坚工作中，做到扶贫帮扶“人到、心到、责任到、支持到”。具体工作中，坚持以党建为统领，突出打好旅游牌，举办乡村休闲旅游活动，“五一”和“十一”期间，旅游总人数达166.5万人次，旅游综合收入3.86亿元。突出打好光伏牌，完成40个贫困村3800千瓦村级光伏电站建设，64个非贫困村建设3200千瓦分布式光伏扶贫电站。完成屋顶分布式光伏465户，其中贫困户398户。突出打好连翘牌，实行封山管护、杜绝抢青、统一收购销售，实现收益翻番，把“连翘黄花”打造为“扶贫富花”。

【组织生活】 2017年，“4+2+3+5”着力规范组织生活。以市委《关于在推进“两学一做”学习教育常态化制度化中进一步抓实基层党支部的意见》为抓手，印制党委、党支部、党小组、党员四本工作手册，实行痕迹化、节点化、规范化管理，全程纪实党组织活动、党员工作学习；出台进一步规范“三会一课”制度、全面推行党员活动日制度两个重要文件，着力增强党内政治生活的政治性、时代性、原则性、战斗性；编印三本常态化制度化工作指导手册，为支部和党员规范开展组织生活提供指导。同时，以先进人物和事迹为示范引导，编印出村第一书记和大学生村官事迹、干部驻村帮扶事迹等五本系列丛书，分行业分领域打造示范点，引领带动常态化制度化不断推进。

【基层组织】 1. 严格落实2017年发展党员计划，全年共发展党员116名，其中农民党员68名，机关党员43名，社区党员1名，非公企业和社会组织党员4名。大力推广并应用全国党员管理信息系统，对各党（工）委党务人员系统应用培训2次。2. 实施“百村示范、千村提标”工程。以集体经济强、场所建设优；支部服务能力强、群众满意度优；领导班子强、党员素质优的“三强三优”标准，着力打造7个农村示范点，对37个提标村进行集中整改，通过以两头带中间，达到整体晋位。3. 做好农村（社区）“两委”换届选举工作。制定换届实施方案，成立换届领导组，印发换届流程图和换届指导手册全面铺开换届工作，11月17日，全县102个农村党组织和4个社区党支部换届全面完成，其中留任74名，回归人才当选支委班子成员的30名。为每村选配1–2名村级组织员，作为农村后备干部，协助村“两委”工作。各村村委换届选举委员会已经成立，正在进行选民登记。4. 顺利完成农村（社区）组织活动场所建设任务。以19项基础功能、X扩展功能的“19+X”为标准，完成了全县村级组织活动场所规范化建设。2个新建和6个改扩建村级组织活动场所已全部完工、验收、投入使用。年底完成城墙岭、清华园两个社区活动场所1000平方米提档升级任务。5. 开展撤并行政村试点工作。作为撤村试点，安泽县先行先试，制定开展撤村并组试点工作实施方案，撤并销号行政村2个，撤并后全县共有102个行政村。6. 加大经费保障力度。乡镇运转经费平均达到72万元，最低63万元；村级运转经费平均12.98万元，最低10.1万元；社区工作经费平均达到20万元，服务群众专项经费平均达到10万元；按不低于上年度农民人均可支配收入两倍标准兑现农村“两委”主干基本报酬，每年提高至1.67万元，对于村党支部书记兼任村委会主任的，额外每年增加0.36万元；8个社区“两委”主干中，有4人为事业财政工资，其余4人每月岗位报酬4300元，全部落实“五险一金”；在省级财政补贴5元的基础上，县财政为每人每日增加5元乡镇食堂伙食补助，统筹解决乡镇干部在基层工作就餐问题。7. 做好乡镇挂职干部选派工作。举办了为期4天的乡镇挂职年轻干部能力提升专题培训班，59名乡镇挂职帮助干部全部到岗，并妥善安置了挂职干部食宿。8. 大力实施农村本土人才回归工程。以乡镇为单位完成了在外人才大摸底工作，建立了在外人才台账，共296名，回乡创业的23名，列入村级后备干部的104名。9. 发展壮大村级集体经济。大力开展省级财政扶持壮大村级集体经济试点工作，确定试点村16个，省级1000万专项资金、县级829万元、其他资金1964万元全部到位，已有9个项目见效，实现营收47.3万元。多措并举发展壮大村级集体经济，截至年底，全县收入达5万元以上的村96个，占行政村总数的94.1%，12月中旬，全县所有行政村集体经济收入全部“破五万”。10. 强化干部驻村帮扶工作。加大对农村第一书记管理考核，成立第一书记管理办公室，负责第一书记的考核、考勤、巡查、宣树等管理工作；坚持工作去向日报制、周备案、月巡查、半年评测等制度。2017年共巡查11次，建立月巡查工作台账；对第一书记进行了任职期满考核，严格考核程序、纪律和打分标准，确保考核结果能够客观公正的反映第一书记任期的工作表现。市派第一书记“优秀”等次2名；县派第一书记“优秀”等次8名；其余36均为“称职”等次，无“基本称职”和“不称职”等次。召开了全县农村第一书记轮换工作动员会，根据提倡鼓励留任、坚持“硬抽人、抽硬人”和压茬轮换等原则，有21名农村第一书记选择了留任，有16名机关干部新报名，加上市派的9名第一书记不轮换，2017年全县共有46名农村第一书记坚守岗位。同时，在发挥原有“三支队伍”作用的基础上，组建脱贫攻坚“3+X”帮扶队伍。“X”主要包括：本村在外工作的中层干部和副科以上领导干部实行回村帮扶，本村优秀青年、入党积极分子、预备党员组成村级组织员队伍实行常态帮扶，文明理事会实行就地帮扶，各类志愿者队伍主动参与帮扶，其他各类帮扶队伍进行爱心帮扶，集中优势兵力推进精准扶贫、精准脱贫。11. 强化其他领域党建工作。扎实推进非公经济组织和社会组织“规范建设年”活动，成立非公经济组织党委和社会组织党委，调整理顺了隶属关系，并在县委组织部成立了非公和社会组织党建工作办公室。为非公和社会组织工委申请 4.5 万元党建经费，为联合组建的非公经济组织党组织拨付 0.4 万元的党建工作经费，为单独组建的非公经济组织党组织拨付 0.2 万元党建工作经费。同时，为非公经济组织和社会组织党组织配备 25 名“第一书记”，由主要分管职能部门“一把手”担任，使非公和社会组织党建能管理、有抓手。全面理顺中小学党建工作管理体制，县教育工作委员会已经县委常委会批准成立，9 个隶属于乡镇党委的中小学党支部，223 名党员全部整建制划归至县教育工作委员会。

【基础工作】 2017 年梳理基础工作，制定《党政群机关事业单位制定基础工作目录和工作运行流程图的指导意见》《党政群机关事业单位基础工作达标指导意见》，召开加强“三基建设”基础工作推进会，对加强全县党政机关事业单位基础工作进行了动员部署，就如何做好“一目录三手册一流程图”做了专题培训。在编办成立基础工作达标督导组，由组织部和编办组成的 4 个督导组，对全县各机关事业单位的基础工作达标情况进行全方位督查指导；推行精细化管理，建立岗位责任书制度，科学设置工作岗位，严格定员定岗定责，建立完善内部工作制度和部门间协调配合机制，实现事有人管、办事有章、人尽其责。强化效能建设，形成定期整理归档制度，推行服务承诺、限时办结、首问负责制、AB 岗制度等 8 项工作制度；提升工作标准，坚持“三个对照”，进一步理清工作思路，找准薄弱环节，主动攻坚克难，持续树标、对标、达标，自加压力、争创一流。

【基本能力】 2017 年制定机关、事业单位干部基本能力标准规范，建立以党政机关通用能力标准、行业部门专业能力标准为主要内容的干部基本能力标准体系。2017 年底，对现有干部统一开展基本能力培训、测评，并形成长效机制，测评成绩不合格的离岗培训，培训后仍不合格的调整岗位。探索建立涵盖参加各类培训班情况、实践能力提升情况、个人能力提升年度计划和总结的干部基本能力提升档案，全程记录、一人一档，并与个人考核挂钩、与干部任免挂钩。

【干部培训、挂职】 2017 年下发了《中共安泽县委关于进一步加强党政领导班子思想政治建设的意见》《安泽县激励干部担当作为干事创业实施办法》和《安泽县支持干部改革创新合理容错实施办法》。同时，根据“一个意见、两个办法”要求，先行先试，探索实施了以下几项活动：1. 全县开展党性教育活动，全县各单位党员干部在杜村乡红色教育基地开展党性教育，重温入党誓词；2. 选派了 33 名干部到清华大学参加工作理念创新和提升培训班；3. 选派 22 名优秀年轻干部赴合肥市肥东县进行为期 3 个月的挂职锻炼；4. 选派了 57 名优秀年轻干部赴乡镇挂职帮助工作。

【干部选任工作】 2017年按照《党政领导干部选拔任用工作条例》和《公务员法》等有关规定，在对安泽县干部队伍进行综合分析研判的基础上，根据安泽县经济社会发展需要，着重从以下几个方面选任干部：1. 加大对关键岗位干部的交流力度，以鲜明的用人导向，引导广大干部脚踏实地、真抓实干。2017年分三批共调整干部59人，其中正科级干部26人，副科级干部33人；平调38人，提拔21人。2. 从县直单位选派35名优秀年轻干部到乡镇挂职帮助工作，为期两年，全面提升年轻干部适应社会发展能力。3. 从第一书记中，选拔了1名服务期满且考核优秀、扶贫成效显著、业绩突出、群众认可、组织满意的干部担任重要岗位领导副职，引导广大干部脚踏实地、真抓实干。

【科级后备干部库】 2017年为进一步加强安泽县干部队伍梯队建设，储备和培养一支德才兼备、素质优良、数量充足、结构合理的优秀年轻干部，根据《党政领导干部选拔任用工作条例》和《党政领导班子后备干部工作规定》等有关要求，结合安泽县实际，制定了《安泽县科级后备干部选拔工作方案》，建立了科级后备干部库。截至年底，安泽县正科级后备干部20名，副科级后备干部18名，正科级后备干部为35周岁以下全日制大学本科及以上学历，现任副科级干部；副科级后备干部为30周岁以下全日制大学本科及以上学历的单位骨干或中层干部，严格按照后备干部选拔工作方案要求的程序产生。

【干部日常管理】 1. 按照省、市《关于县以下机关建立公务员职务与职级并行制度的实施方案》的相关要求，继续开展职务与职级并行工作，2017年共有33名干部符合职务与职级晋升条件，其中晋升副处级待遇干部17名，晋升正科级待遇干部11名，晋升副科级待遇干部5名，晋升职级后的待遇已全部落实到位。2. 根据公务员考录工作相关要求，配合市委组织部完成了安泽县2017年党群系统公务员招录工作的资格审查、体检、考察等工作。为安泽县2016年招录的17名和2017年招录的22名党群系统公务员，以及2017年招录的2名选调生办理了录用相关手续。同时，完成对19名2015年录用的党群系统公务员和选调生的任职定级工作。3. 完成了安泽县法官、检察官单独职务序列等级评定审核工作，且工资落实到位。4. 根据相关规定及干部管理权限，为2017年到龄的10名科级干部办理了退休手续。5. 完成了2016年度机关事业单位工作人员年度考核工作。根据2016年考核结果完成2017年党群系统公务员及全县科级干部工资调整工作。6. 按照全市公务员信息采集和统计年报会议精神，认真做好安泽县公务员信息采集和公务员统计年报、全市领导班子成员统计年报、后备干部统计年报、事业单位领导人员统计年报等工作。

【干部监督工作】 2017年不断总结经验、探索创新、完善制度，把干部监督贯穿于干部培养、选拔任用、日常管理等多个环节，实现了干部监督工作的科学化、制度化、常态化、公开化。加强组织全县1344名“四必看”人员全部完成了警示教育片《警钟》的学习观看任务。认真落实“两项法规”部署会议精神，制作了安泽县《领导干部个人事项报告填写示范稿》，转发了《领导干部个人有关事项规定》和《领导干部个人有关事项报告查核结果处理办法》若干问题解答，利用县委中心组学习，对全县28名县级领导进行集中培训，并按时按要求上报了《领导干部个人有关事项报告表》。以严格执行制度为抓手，强化干部日常监督管理。1. 监督监管规范化，健全完善了《领导干部日常监督管理办法（试行）》《安泽县党员领导干部谈话提醒制度》，严格落实提醒、函询、组织约谈、诫勉谈话、干部任前谈心谈话制度、干部任前公示制度、个人事项报告制度等多项监督制度，并跟踪建立工作台账。2. 谈心谈话常态化，县委主要领导与各乡镇和党政部门的主要领导及其他干部进行经常性地谈心交流；县委组织部领导班子成员同乡镇和县直单位的其他班子成员进行谈心谈话，及时了解和掌握干部的思想、工作、生活等情况，对干部的存在的苗头性问题及时提醒。3. 审察审计制度化，成立了领导干部经济责任审计小组，开展离任审计、任中审计工作，并重视经济责任审计成果运用，形成良好的用人导向。4. “八小时以内”“八小时以外”，监管同等化，在四个社区建立“八小时之外”监督信息台账，每季度梳理一次《干部监督信息反馈表》，作为干部教育、培养、奖惩、任免的依据。通过建立健全“八小时之外”监督管理办法，及时了解掌握干部的思想状况，工作作风等方面的情况，真正做到“八小时以外”与“八小时以内”一个样。

【提升干部能力素质】 2017年，安泽县积极贯彻落实党的十九大会议精神和省第十一次党代会关于加强“三基”建设的决策部署，着眼安泽当前实际和长远发展，通过学习借鉴先进地区的先进经验和开展各类专题培训，使全县科级干部的理想信念更加坚定，党性修养进一步增强，理论知识进一步充实，履职能力进一步提升，推动县域经济发展能力进一步提高，为打造山水田园城和精品旅游县培养和储备一批坚定信念、为民服务、勤政务实、敢于担当、清正廉洁的“五好”干部，为安泽县全面振兴、绿色崛起提供了坚强的组织保证和干部保证。根据中央、省委、市委和县委关于干部教育培训工作要求，紧紧围绕县委、县政府中心工作和《2017年干部教育培训工作计划》，明确培训重点，创新培训内容，改进培训方式，较好地完成了全年工作任务。举办“干部大学堂特色培训”15期，培训干部4450余人次。举办“‘三基建设’——乡镇挂职年轻干部能力提升专题培训班”“‘三基建设’——气象防灾减灾暨气象信息员能力提升培训班”“‘三基建设’——农村财会人员继续教育培训班”“‘三基建设’——涉密人员能力提升培训班”“‘三基建设’——文秘、信息能力提升培训班”和“‘三基建设’——档案管理工作人员能力提升培训班”等能力提升专题培训班6期，培训干部610余人次。和县人社局联合举办2期“安泽县党政机关事业单位干部基本能力提升培训班”，培训干部260余人次。举办“学习贯彻习近平总书记视察山西重要讲话精神专题培训班”“‘两学一做’学习教育常态化制度化培训班”“农村领头雁培训班”等专题培训班4期，培训干部1250余人次。

围绕“脱贫攻坚”“国卫创建”“招商引资”“城建提质”等县中心工作举办专题讲座18期，培训干4558余人次。举办为期1个月的安泽县委党校2017年秋季学期主体班——安泽县2017年科级领导干部培训班，培训干部36余人次。举办“清华大学工作理念创新与提升培训班”、安徽肥东县挂职培训等外出高端培训6期，培训干部126人次，尤其在肥东挂职培训中，创新开展挂职干部+学员+招商分队队员“三位一体”培训模式。自主推进“讲台”培训，29名县级领导干部以及86名科级干部登台授课，培训干部3600余人次。充分挖掘太岳精神，打造了太岳革命根据地党性教育基地和刘少奇路居地党性教育基地，截至2017年底，基地培训干部8500余人次。依托好干部在线学习平台开展网络培训，全县523名在线学员平均学时达81.26学时，上线率100%。

【年度目标责任考核工作】 2017年目标责任考核是量化衡量工作优劣的重要手段，也是推动各级各部门查漏补缺、改进提高工作的有效举措，起着指挥棒、导向标的引领作用。安泽县的考核工作在县委、政府班子领导下：1. 细化各项目标任务的责任单位。按照“点在穴上、压在点上”的要求，改革了部分安泽县对各单位落实省、市目标任务的考核办法，将大目标分解成一个个小目标，确保了这项工作每一小项都能推进有力。并完善了2017年考核任务指标，将“三基建设”、人才工作、创卫工作、脱贫攻坚、生态环境损害、驻村帮扶工作、档案规范化管理、工作气象工作纳入年度目标责任考核中。2. 压实县乡两级领导目标落实进展的责任。明确县级分管领导的把关责任，要求每月要对分管单位的目标责任落实情况，进行审核把关，在进展情况汇报表上签字，对落实不力要指出不足，提出整改要求，限期整改。明确各乡镇、县直各机关事业单位的主要领导的第一责任人责任，要求牢牢扭住承担的各项考核指标，多深入工作一线，多解决实际问题，多衔接沟通联系，制定出指标推进时间表，挂图作战，全力促进指标提升。特别是落实比较困难的指标，要求各责任单位认真研究措施，切实把工作落实好，力争落后指标迎头赶上。对于年终没有达到这个要求的，影响到全县考核工作的按有关规定进行惩戒，努力形成齐抓共管的良好局面。3. 实行了目标任务落实情况月报告制度。由县考核办牵头，每月15日前按照“全面完成任务”“完成任务序时进度”“未完成任务”“需年终期定完成情况”四个方面对各责任单位的进展情况进分类统计汇总，及时发现和解决问题，对进度缓慢的指标，采取及时通报，及时预警提醒，乃至约谈负责人的办法，督促部门制定出针对性强的推进措施，促使各项考核指标都有新提升。在2017年度目标责任中期考核中，安泽县考核成绩位列省定贫困县第一。

【人才强县战略】 1. 与113名中短期人才签订了服务合作协议书；制定了《安泽县引进高层次创新创业人才实施办法》，成功引进中科院山西煤化所603组专家团队和国家“千人计划”专家冯翔、全省知名林业专家王加强等高级人才，特聘井冈山红军人物分会秘书组组长李卫雨女士为旅游形象大使。

2. 建立县委联系专家业绩考评制度；积极开展人才服务基层活动，组织县委联系专家和各类专业技术人才深入基层，开展技术指导153次，举办培训23期，培训4236人次，送科技图书2万册；聘请国家级、省级知名专家实地指导帮助全县旅游、连翘产业发展。

3. 制定出台《县委联系专家管理办法（试行）》，更新县委联系专家；开展了5次人才专项培训，涉及农村实用人才专业技能、种植养殖、脱贫攻坚实用技术等多个方面，共培训600余人次。承办临汾市“1+N”梯次帮带系列培训乡村休闲旅游专题班，培训全市各级旅游工作人员100余名。

4. 为全县43名教育、卫生一线的副高级职称专业技术人员每人发放800元书报费；开展安泽县优秀杰出人才评选表彰活动，为评选出的8名杰出人才和15名优秀人才分别发放5000元和2000元奖励；根据《安泽县引进高层次创新创业人才实施办法》中的规定，组织召开了人才引进评审会议，为引进的专家发放生活补助110万元，提高人才待遇，帮助用人单位留住人才。

【组工干部综合素质建设】 带头贯彻全面从严治党要求，持续深化从严治部，坚持更高标准、更严要求，努力建设模范部门、打造过硬队伍、营造合格“三个之家”。在抓学习锻炼、服务延伸、效能提升，弘扬“安专迷”精神的基础上，创新开展“组工讲堂、写作小组、党建示范田、党员活动日”四项活动，全面提升组工干部队伍的综合素质能力。1. “组工讲堂”提高组工干部理论素养。坚持每周五集体学习、每月举办业务知识讲座，通过轮流授课、专题讨论以及讲心得、晒体会等方式，让全体组工干部内修心外树形，真正学精学通党的政策理论和组工业务知识。2. “写作小组”提升组工干部文字水平。建立由副部长牵头，下设三个小组，涵盖全体组工干部的写作小组，强化领导机制、运行机制、帮带机制，采取“老将+新兵”的模式，提高文字材料整体水平。选取优秀评论员文章、领导讲话、新闻报道和典型材料等内容编辑形成11期《日积月累》，供大家学习交流。3. “党建示范田”提炼组工干部实干精神。在包联村创建组工干部“党建示范田”，集中连片种植油用牡丹7.2亩，建立轮值管护制度，轮班驻村抓示范田管护、抓贫困户脱贫，带头发展致富产业，带动集体经济增收。4. “党员活动日”提起组工干部工作劲头。每月中旬定期组织开展“党员活动日”，领导带头，以上率下，集体劳动、集中研讨、集聚合力，听讲党课、锤炼党性、缴纳党费，树起宗旨意识、服务意识、奉献意识，提起精气神。5. 及时组织各科室将本职工作以信息的形式进行反映，1至11月，各科室共撰写报送信息93篇，在市级以上相关报纸、杂志、官方微信公众号发表70篇。同时，完成2017年度安泽县重点课题和自选课题申报与调研工作并形成报告。分别为《安泽县城市基层党建工作重点难点课题研究报告》《安泽县“两学一做”学习教育常态化制度化课题研究报告》《强基础 重服务 用心、用情、用力做好老干部工作》。

宣　传

【宣传思想文化工作】 2017年按照全县宣传系统“一盘棋”的工作要求，围绕如何贯穿落实这条主线、做好宣传思想文化工作，召集系统各单位负责同志召开多次会议研究讨论，共同敲定了全县宣传思想文化工作的大盘子。2017年，凡举办全县大型宣传文化活动，涉及系统内重要事项重点工作，都召集系统各单位负责同志上会研究，相互配合，群策群力。7月上旬，按照市里要求，印发《关于建立全县宣传思想文化系统联席会议制度的决定》（安宣发〔2017〕11号），正式成立联席会议制度，确定成员组成、会议内容、组织方式，形成全县宣传思想文化工作“一盘棋”“大合唱”格局。

为迎接党的十九大胜利召开，制定印发《迎接党的十九大宣传工作方案》，对迎接十九大宣传工作做了系统部署周密安排。策划“喜迎十九大”主题系列活动，成功举办“喜迎十九大　铭记党史团史”主题知识竞赛、“喜迎十九大书画展览”“喜迎十九大歌咏比赛”“喜迎十九大·荀乡人民齐欢唱”“喜迎十九大·第三届青歌赛”“喜迎十九大·永远跟党走”消夏月系列活动、“全民悦读，书香安泽”“安泽县第三届青歌赛颁奖晚会”等20多项形式丰富多彩、群众喜闻乐见的主题群众文化活动。结合喜迎“十九大”主题和创建全国文明城市工作，创作、编排一批具有较高艺术性和观赏性的文艺节目《为人民服务》《纪念白求恩》《愚公移山》《百姓情怀》等，在统筹协调好消夏月主题活动的同时，还组织开展好全县各类群众文化活动，结合喜迎“十九大”主题和创建全国文明城市活动，创作、编排一批具有较高艺术性和观赏性的文艺节目《为人民服务》《纪念白求恩》《愚公移山》《百姓情怀》等，举办“安泽县第三届青歌赛颁奖晚会”和“全民悦读，书香安泽”专场晚会，为党的十九大的胜利召开营造热烈浓厚的文化氛围。

在《安泽新闻》中开设《砥砺奋进的五年》专栏，播出5期，用科学的大数据、鲜活的人物故事，全方位展现安泽五年来主动适应新常态、奋力打造“山水田园城”“精品旅游县”、强力推进“国卫”创建、打好脱贫“三张牌”赢取脱贫“攻坚战”的创新实践，栏目播出后在社会中引起了强烈反响，受到观众的一致好评。“七一”前夕，在县图书馆前推出“砥砺奋进的五年和红色精神”系列图片展。

【意识形态工作】 1. 加强学习，凝聚意识形态工作责任制的思想共识。以县委中心组学习为平台，组织县四大班子领导专题学习“做好新形势下意识形态工作”，对意识形态工作责任制相关内容以及当前意识形态领域的形势，如何做好新形势下意识形态工作作了详细解读，充分认识当前做好意识形态工作的重大意义，增强抓意识形态工作的责任意识和使命担当。

2. 完善制度，夯实意识形态工作责任制的责任意识。成立以县委书记书记为组长、副书记及宣传部长为副组长，相关部门为成员的意识形态工作领导小组。形成党委统一领导、党政齐抓共管、宣传部门组织协调、有关部门分工负责的意识形态工作格局。制定意识形态工作责任制实施办法，把意识形态工作作为党的建设和政权建设重要内容，纳入党建工作责任制，纳入领导班子、领导干部目标管理考核。建立党委（党组）领导班子、领导干部意识形态工作责任清单，认真落实工作责任。

3. 分析研判，强化意识形态工作责任制的危机意识。成立意识形态领域形势分析研判小组，召开意识形态领域形势分析研判座谈会，定期分析研判意识形态领域形势，听取意识形态工作汇报。对重大事件、重要情况、重要社情民意中的苗头倾向性问题，有针对性地进行引导，切实当好意识形态工作的领导者、推动者、执行者。

【县委中心组理论学习】 2017年县委中心组理论学习积极借鉴中央、省、市理论学习中心组集体学习方法，不断推动党委（党组）理论学习中心组学习制度化、科学化、规范化。1. 建立长效机制，不断增强学习的规范性。为保证县委中心组理论学习的规范、有序进行，年初制定县委中心组理论学习方案及学习计划，明确规定了学习内容、学习形式、时间安排及学习要求，统一印制学习笔记本。县委中心组一般情况下至少每两周安排一次专题学习，截至2017年底共学习23次。为贯彻落实《中国共产党党委（党组）理论学习中心组学习规章》，制定印发《安泽县贯彻〈中国共产党党委（党组）理论学习中心组学习规则〉实施办法》和《中共安泽县委理论学习中心组组织机构及职责分工》的通知。完善中心组学习相关制度，配备由宣传部分管理论的副部长、组织部分管干部教育的副部长、县委办公室、党校等负责人担任中心组学习秘书，明确相关职责，共同做好学习协调、服务和指导工作，推动学习任务和要求落实落地。2. 改进学习方式，不断增强学习的针对性。每次学习都邀请党校教师或理论骨干进行专题辅导，并辅以时政类学习内容作为学习资料，并装订成册。把集中学习和个人自学结合起来，把政治理论学习和学习当代政治经济、科技、法律、文化知识、历史知识、时事政治以及观看教育片结合起来，结合以上所列专题，灵活安排每一次的理论学习内容及自学资料。不断改进学习方式方法，顺应新媒体发展，开设“理论学习微课堂”，利用微信群，面向县委中心组成员，每天一期，定时推送理论学习内容，从“指尖学习”入手，搭建中心组学习新载体，切实提高中心组理论学习的时效性、便捷性和灵活性。2017年，共推送《关于新形势下党内政治生活的若干准则》《中国共产党地方委员会工作条例》《习近平用典》《中国共产党工作机关条例》《十九大报告》等160余篇学习内容。县委中心组积极带头经常学习，为全县各级党员干部理论学习做出表率。作为理论宣传的职能部门，县委宣传部在积极为中心组理论学习做好服务的基础上，组织理论骨干、党校教师深入各单位、乡镇、农村、厂矿、企业，围绕“两学一做”学习教育、“讲政治、知敬畏、守规矩”专项治理活动、习近平总书记系列讲话、扶贫政策解读、省市县党代会精神、十八届六中全会、十九大精神等基层群众普遍关心的热点难点问题开展宣讲活动，累计受训人数达5000余人，用群众的语言、群众喜欢的方式，面对面地解答问题，推动基层群众受教育、懂政策、能致富。尤其是党的十九大召开以来，县委中心组第一时间进行学习，并成立十九大理论宣讲小分队，进农村、进企业、进田间开展宣讲，取得良好的效果。3. 理论联系实际，不断增强学习的实效性。随着理论学习的不断深入，县委中心组自觉地坚持学精管用的原则，把学习的着力点放在运用上。在深入调查研究的基础上，找准理论与实际的结合点，把学习理论与实践“两学一做”的要求结合起来；与谋划和完善本地区改革与发展的思路结合起来；与研究和制定推进当前各项工作的具体措施结合起来；与解决人民群众普遍关心的热点难点问题结合起来，确保学习、调研、决策相结合，使思想更加统一、思路更加清晰，决策更加有效。中心组组长每次主持集体学习，进行学习讲评和总结时都紧扣安泽实际，把学习成效转化到推动安泽发展上来；研讨发言时中心组成员都结合各自分工，通过学习落实到各项工作中。县委李书记在山西日报发表了《撸起袖子加油干　打好脱贫“三张牌”》，组织部张部长在山西党建网发表了《安泽县五措并举发展壮大农村集体经济》等多篇署名文章。全年县委中心组成员发表理论文章、撰写调研报告、心得体会100余篇。

【网信工作】　2017年成立了县委书记任组长、县长任副组长的安泽县网络安全和信息化领导小组，领导组下设办公室，办公室设在县新闻网络中心，为做好全县网信工作提供组织保证。强化舆情监测，注重舆论引导。在舆情应对工作中，坚持“反应快速、处置科学”工作原则，实行“126”工作法，即：定好一项“工作机制”，成立两个“领导组”，把握好六个“时间节点”，确保舆情及时有效处置。1. 一项“工作机制”，即：制定印发《安泽县舆情应急处置办法》，确定舆情应急处置机构及相关部门工作职责，建立网络舆情处置工作机制，制定工作原则和监督办法，使舆情处置有章可循、有据可依。2. 两个“领导组”：成立网络舆情应急处置工作领导组，由县委副书记任组长，政府常务副县长、宣传部长、纪委书记、组织部长、公安局长、财政局长任副组长，县直各职能部门为成员。成立网络舆情分析研判领导组。由县委办、政府办、宣传部、纪委、组织部、公安局负责人及涉事部门负责人组成。按照全面、及时、准确、有效的原则，及时研判决策，扎实做好舆情监控处置工作。3. 六个“时间节点”，即：第一时间发现，第一时间报告，第一时间批示，第一时间研判，第一时间介入调查，第一时间回复。使每个涉事部门都能“快速反应”，把握舆情处置的“黄金时间”。共有效处置舆情36起，其中较大舆情2起（5.03太岳焦化排污；3. 30数字电视免费风波）。

强化队伍建设，提升网评水平。为进一步做好网评工作，印发《关于加强全县网络评论员队伍建设的通知》，制定《安泽县网评员管理办法》《安泽县网评任务完成情况统计表》，组建由2名核心网评员、30名网评员组成的网络评论员队伍，加强对网评员管理培训，对每次安排的网评任务进行通报。组建“安泽县网评员工作交流群”，不定期推送好的网评文章和优秀跟帖评论供大家学习，不断提高网评工作水平。全年共完成市网信办下达网评任务55次，网评2600多条。

强化网络管控，确保网络安全。对全县关键信息基础设施、网站、“两微一端”进行详细统计，组织涉及关键信息基础设施的单位、“两微一端”主办单位，开展《网络安全法》等相关法律法规的学习，提高工作人员的网络安全意识。联合县公安局网监大队、文化局等部门开展“关键信息基础设施网络安全大检查”和“公办网站安全检查”工作，及时检查漏洞，及时整改落实，确保网站安全。充分发挥媒体宣传，营造良好舆论氛围，在政府网站开设“十九大时光”专栏，与全县党员干部一起喜迎十九大、聆听十九大、共度十九大时光；开设“政务要闻”栏目，全年自采编发新闻稿件510条；利用“两微一端”等新媒体进行形式多样的正面宣传，2017年发布百余条新闻稿件，发布30余篇深度稿件，为全县经济社会健康发展营造良好舆论氛围。

【文明创建工程】 2017年在扎实开展“两提一创”大讨论活动中，立足实际，坚持学习为先、问题为导、创新为要、提高为本，开展“六个一”自选动作，取得了显著成效。制定的《活动实施方案》被市里评为A级，活动第一阶段工作被评为优秀。2017年，大讨论活动正在按照市里的新部署新要求，扎实稳步开展。活动中，坚持边学边查边改边创，特别是对干部群众长期反映的文明创建程度不高、对外宣传推介力度不大、文化旅游产业发展不快等问题，以工程化方式推进，坚持做到立改立行。

文明创建工程以培育践行社会主义核心价值观为主线，持续深化群众性精神文明创建活动。1. 继续争创省级文明县城。2017年是省级文明县城创建重新申报年。总结以往创建经验，以更高标准、更严要求，再创安泽文明建设新高度。结合《全国县级文明城市测评体系》认真做好2016—2017年度省级文明县城申报准备工作。召开全县创建省级文明县城动员会，下发《安泽县创建省级文明县城实施方案》《安泽县创建省级文明县城目标责任状》《创建省级文明县城任务分解》等文件，成立创建领导组，不定期对创建工作查问题、摆原因、催进度，使创建工作及时查漏补缺，有序推进。2. 强化文明单位监督管理。按照省、市文明办工作安排，召开文明单位创建工作安排会，制定完善《安泽县文明单位（村镇）管理办法》，改进复查方式，扩大复查面，对文明单位的评选实行动态管理，实行季度考评、年底考核、末位淘汰。同时要求各级文明单位认真履行社会责任，确保让广大群众共享文明创建的丰硕成果。各级文明单位在抓好日常工作的同时，开展扶贫帮扶、志愿服务、社会公益、文化共建等活动。按照《临汾市文明单位（村镇）管理办法》和《安泽县文明单位（村镇）管理办法》，安泽县各级文明单位奖金全部落实到位。3. 做好部机关文明创建工作。作为主管部门，切实抓好自身文明创建工作。召开市级文明单位创建工作安排会，定期组织召开文明创建推进会，下发《安泽县委宣传部创建市级文明单位实施方案》，成立创建领导组，设立善行义举榜，定期开展道德讲堂，组织宣传部志愿服务队开展各类志愿服务活动，并在“志愿云”系统全部注册。通过开展

“的节日”志愿服务活动，不断丰富春节、元宵、清明、端午、等民族传统节日新的内涵，引导示范全县广大干部群众认知传统、尊重传统、继承传统、弘扬传统，增强文化自觉和文化自信，增进爱党爱国爱社会主义情感。在创建过程中要求所有部级机关人员，严格要求自己，做到爱岗敬业、举止文明、勤俭节约、团结协作、遵纪守法。树立宣传人良好精神风貌。4. 扎实推动移风易俗树立文明风尚工作。移风易俗工作直接面向广大干部群众，是一项得民心、顺民意的“民心工程”。县文明办制定印发《关于在全县开展“推动移风易俗树立文明乡风”活动的通知》，组织各乡镇、社区召开工作安排会迅速行动部署。加大宣传教育，将移风易俗树立文明风尚作为农村（社区）道德讲堂必讲内容，利用农村广播、宣传栏等人民群众喜闻乐见的形式，在各村镇大力宣传移风易俗新风尚。组织各村镇通过召开党员干部大会、专题座谈会等形式，给广大农村党员干部群众常打招呼、常敲警钟，并及时对有大操大办苗头的人员说服教育，进行正确引导，着力营造婚事新办、丧事简办的社会氛围。积极出台新规，要求各乡镇（社区）按照“一村一策”制定村规民约，对婚丧嫁娶的宴请人数和桌数、违约处理方式等做出了明确要求，由村党员干部担任红白理事会负责人，全面监督工作落实，逐步改变讲排场、比阔气的不良风气。同时，坚持两条腿走路，把堵与疏有机结合起来，在加大专项治理的同时，广泛开展文明村镇创建、“感动安泽”人物评选、好婆婆好媳妇评选等活动，不断丰富群众的精神生活，很大程度上抑止了封建迷信、黄赌毒等不良社会风气。各乡镇（社区）、各村按照“一乡一策”“一村一策”的要求，抓紧制定标准章程，修订村规民约。5. 做好核心价值观宣传教育。打造 309 国道沿线核心价值观宣传路牌和社会主义核心价值主题公园，在各主要街道悬挂“践行社会主义核心价值观”宣传标语，安放《社会主义核心价值观》《中国梦》宣传标语和固定宣传牌；在政府门户网站设置创建专栏，在县电视台、电台黄金时段播放创建宣传片公益公告等。利用移动、联通技术平台发送文明公益短信，在中心街区、县审批大厅、汽车站、医院等窗口单位办公楼及服务网点设置宣传电子显示屏，每天分时滚动播出核心价值观二十四字。还有针对性地印制了《践行社会主义核心价值观　创建省级文明城》《做文明有礼安泽人》《安泽县市民文明礼仪知识手册》等宣传图册，将精社会主义核心价值观融入社会生活的方方面面。

【美好形象展示工程】　1. 借助央视品牌优势，扩大外宣效应。4 月 12 日诚邀央视七台大型户外访谈栏目《乡约》走进安泽，在黄花岭景区成功录制节目，向全国电视观众近距离宣传推介安泽独具魅力的文化旅游资源。2. 广泛征集县歌，开展县歌传唱活动。组织专业人士评选出优秀作品，邀请省内外优秀歌唱家演唱，利用 3 周时间在省、市、县成功举办“荀子故里·生态家园”原创歌曲演唱会，精彩演绎荀乡古色、生态绿色、太岳红色等安泽元素，并利用微信微博广泛宣传推广，让全省干部群众在优美的歌声中，了解关注安泽厚重的人文历史、优美的自然风光和独特的风土人情。3. 做好“助力临汾赢取 2017 山西省旅游发展大会”主办权网络投票工作。创新投票方式，形成全覆盖、立体式的宣传网络，发动县内干部群众，通过多种形式积极发动安泽籍在美国、加拿大等国外人士，安泽籍在北京、上海、广州、深圳、云南、安徽等省市外人士，安泽籍高校大学生，就地就近开展“助力旅发、投票临汾、安泽在行动”活动，前期宣传如火如荼，投票任务超额完成，在市规定的 3 天投票时限里，安泽县仅用 20 小时就完成投票任务。4. 开展“好基地讲好故事”安泽爱国主义教育基地故事会活动。全县 18 个党委积极参加“好基地讲好故事”安泽爱国主义教育基地故事会评选活动，通过层层选拔，推选出 3 个作品代表安泽县参加全市“好基地讲好故事”活动，并取得优异成绩。同时，在全县举办“讲好安泽扶贫故事”活动，经过各乡镇精心准备，报回故事稿件 30 余篇，于 11 月中旬举办故事会活动。为加强青少年爱国主义教育，大力培育和践行社会主义核心价值观，在全县开展以“红色传承　呵护心灵”为主题的“红色护照”活动，为全县中小学生发放 2000 套“红色护照”。拿到“护照”学生可到全市范围内 61 个爱国主义教育基地免费参观。安泽县杜村太岳革命旧址、革命烈士陵园均被批准纳入本次全市“红色护照”主题活动承接基地。5. 积极配合省、市电视台栏目组拍摄安泽县专题宣传片。10 月 20 日至 23 日，山西电视台公共频道栏目组深入安泽县和川镇沁河庄村刘少奇路居地、杜村乡爱国主义教育基地、府城镇红叶岭、荀子文化园拍摄宣传片，于 11 月 7 日和 11 月 9 日在山西公共频道《旅游发展攻略》栏目播出专题宣传片两期。临汾电视台《魅力临汾》栏目于 2 月底拍摄安泽县熏醋，于 3 月 10 日在临汾一套《魅力临汾》播出专题片《熏香犹存》。为传承太岳精神，临汾电视台《魅力临汾》栏目于 7 月上旬在安泽县杜村乡以红色旅游为主题进行拍摄，并于 7 月 14 日在临汾一套《魅力临汾》播出专题片《红色之旅》。

【文化软实力提升工程】　2017 年深入挖掘山水、生态、红色、古色等文化元素，打好“黄花、荀子、红叶”三张王牌，发展绿色生态游、红色文化游、乡村休闲娱乐游、森林康养游，推出“龙门福地·美丽马壁，相约府城·红叶传情，太岳山上小延安·红色之旅”等乡村休闲文化旅游节庆活动，旅游发展实现了由“景点旅游”向“全域旅游”的转变。4 月 12 日至 5 月 11 日举办黄花旅游月活动，开启全域旅游的春季模式，成功举办黄花岭乡村文化旅游月、小黄·飞岭乡村休闲旅游节、青松岭系列旅游活动、第二届龙门口乡村文化旅游节、太岳红色旅游“十个一”活动等特色全域旅游活动。在国庆、中秋两节期间举办“山水太行·休闲旅游”活动，出台一系列鼓励旅行社发展的优惠政策，精心打造一批新的景点景观，策划推出一系列丰富多彩的旅游活动，实施荀子公园景区、红叶岭至麻衣寺塔等旅游循环公路建设，全方位提升“吃住行游购娱”服务质量，带动区域旅游短途热、周边热，旅游人次、收入再创新高，安泽文化旅游产业实现新突破、新发展。《山西日报》《临汾日报》《山西晚报》《三晋都市报》《中国村庄》《山西青年报》，人民网、新华网、山西新闻网、黄河新闻网等多家媒体对安泽县的乡村休闲旅游节活动进行了大量宣传。

【文艺阵地建设】 2017年6月初，召开全县各文艺协会换届选举大会，会上选举产生了新的作家协会、摄影家协会、书画家协会、音乐家协会、民间文艺家协会和诗词楹联学会第二届理事会机构，制定印发《关于加强对各协会管理的意见》，为安泽县文艺工作蓬勃健康发展打下坚实基础。继续实施文化消费零费用、文化参与零门槛、文化培训零距离的“文化惠民”工程，免费开放文化馆、图书馆、体育训练厅、舞蹈排练厅、图书阅览室等场馆，2017年各场馆服务群众上万人次，借阅图书13000余册。免费举办“同筑中国梦　共度书香年”楹联等展览活动。免费开展书法、钢琴、古筝、舞蹈等培训。倾心打造了“乐在周五”文化服务品牌。“乐在周五”坚持每周五为百姓文艺演出，累计演出540场，全县103个行政村全部跳起了广场舞，每周都有回城演出，丰富了老百姓的业余文化生活，为群众所喜爱，被誉为安泽老百姓的“星光大道”。加强“扫黄打非”工作，根据省、市“扫黄打非”工作领导组的总体部署，印发《“扫黄打非”进基层的实施方案》，集中开展“扫黄打非”“护苗”“秋风”“清源”等专项整治行动，对辖区内的文化市场，尤其对KTV、网吧、音像制品经营场所等人员密集场所进行重点检查，严厉查处涉黄涉暴等出版物，从严查处网吧等接纳未成年人的违规行为。

统　战

【概述】 中国共产党安泽县委员会统一战线工作部，属于党政机关正科级，设立领导职数1正2副，内设4个股室：办公室、宣传工作股、经济工作股、党外工作股；批准设立事业单位（股级）1个：安泽县光彩事业促进会办公室。2017年是实施“十三五”规划的重要一年，也是统战工作条例落实年、创新年。下发了《2017年全县统战工作要点》，为全年统战工作指明方向，提出要求。把《条例》的学习贯彻纳入年度工作计划，实行目标管理，纳入党委工作的重要议事日程，建立统战、组织联席会议制度，常委会定期研究统战工作、中心组学习统战理论，定期听取统战工作汇报等制度。逐步形成党委统一领导、统战部门牵头协调、有关方面各负其责的大统战工作格局。

【“两学一做”专项治理活动】 2017年制定“两学一做”常态化制度化、维护核心见诸行动专项治理活动实施方案，成立领导组，通过制定学习计划，知识测试、召开专题会议和民主生活会、手写承诺书和心得体会、赴革命旧址进行传统教育、查找问题和出台整改方案等一系列措施，激发了统战部广大党员干部以此次专项治理活动为契机，以求真务实、真抓实干、勇于担当的精神，忠诚履职，切实做到以活动促进发展，用工作检验活动，为实现安泽全面振兴、绿色崛起贡献自己的力量。

【民族宗教工作】 2017年开展“宗教政策法规学习月”活动，在宗教活动场所广泛宣传国家的宗教理论政策和法规知识，使全县宗教界人士和信教群众的法制观念增强。同时，联合乡镇、消防队深入宗教场所开展消防安全检查工作，制定了安全工作实施方案、与宗教活动场所负责人签订责任书，投资3000余元为全县宗教活动点配备安全消防设施，保证宗教活动场所和信教群众的安全。

【党外人士工作】 2017年继续推进在全县党外代表人士中开展“学习讲话、学习作风、跟党奋进”（简称“双学一跟”）活动。认真落实《中国共产党统一战线工作条例》和省委、市委《实施意见》要求，通过统战部把政治可靠、能力突出的党外干部和热爱党派工作的优秀代表人士推荐为代表和委员，2017年安泽县共有党外干部27名，其中人大副主任2名，党外副县长1名，政协副主席2名，科级干部22名。为进一步做好党外后备干部队伍的人才储备工作，建立党外后备干部信息库，共建立党外后备干部信息档案52份。

【非公经济发展】 2017年围绕“两个健康”工作主题和省委、省政府实施的“三大突破”的重点部署，始终坚持困难与思想“两关注”，鼓励支持与教育引导“两手抓”。1. 继续深化理想信念教育活动，加强思想引导和教育培训，有效提升民营企业家的综合素质。2. 面临经济下滑压力的大环境，针对部分中小型企业尤其是煤炭企业发展困难较大的实际情况，积极出主意、想办法，帮助企业共同渡过难关。尽管企业发展面临困难，但仍然坚持投身公益事业，阳煤集团登茂通分公司常年资助考上大学的贫困学生。爱元教育基金、范志祥教育基金为安泽县部分优秀贫困学生能受到良好教育提供了永久保障，用实际行动践行光彩精神。

【精准扶贫】 1. 2017年统战部和工商联制订实施方案和企业包联贫困村分解表，深入企业宣传中央各项政策和“万企帮万村”精准扶贫行动方案，确保每个企业包联1个贫困村或者多个企业包联1个贫困村，通过信息扶贫、就业扶贫、项目扶贫、资金扶贫，为全县精准扶贫做出贡献。县委提出了要在2017年底打赢脱贫攻坚战，脱贫攻坚的形势严峻，任务艰巨。玉和泰煤业有限责任公司率先行动，出资10万元用于帮扶马壁乡马壁村贫困户购买油用牡丹苗；玉华煤业出资10万元帮扶郭庄贫困户脱贫；永鑫焦化出资2.5万元购买蛋鸡帮扶和川村贫困户50户。

2. 扎实开展“三联两报到”工作，积极投身包联村精准扶贫工作，通过扶贫产业——光伏产业和种植油用牡丹，帮助贫困户脱贫致富。深入包联村马壁乡海东村多次，在森林防火特险期，为该村送去30套防火服装，帮扶贫困户郎拴根光伏发电1000元、帮扶购置农用车一辆。结合“两学一做”学习活动，多次到开展党员活动日，送去100余本学习资料。了解村里生产生活情况，为村里提供可行的发展致富信息和方案，听取群众对工作的意见和建议，提高了工作效率。

【工商联换届工作】 工商联是县委、县政府联系非公经济的桥梁和纽带，是政府管理非公经济的助手。根据市委统战部、市工商联有关换届工作的方案精神，2月27日，安泽县工商业联合会召开第九次代表大会，听取审议安泽县工商业联合会第八届执委会工作报告，选举产生安泽县工商业联合会第九届执行委员会委员，选举产生新一届工商联主席、副主席、秘书长、总商会会长、副会长、秘书长。

【社会阶层人士摸底调查工作】 2017年根据市委统战部文件精神和工作部署，召开新的社会阶层人士联席工作会议，并对全县新的社会阶层人士进行摸底、统计、上报数据工作。向市委统战部推荐两名优秀新阶层人士代表，参加临汾市统一战线新的社会阶层代表人士学习贯彻党的十九大精神培训班。

【网络统战工作】 2017年探索“互联网+统战”的思路方法，建立“大数据”，对统战成员实行动态管理，开设“网上课堂”“微课堂”等方式，开展教育培训。创建“安泽统一战线”微信平台，以思想政治教育、统战知识宣传为重点，利用“网言网语”宣传党的统战理论方针和政策，引导社会各界人士了解统战工作、参与统战工作、关注统战工作，共发布统战信息42条。

【“金秋圆梦学子、聚力脱贫攻坚”资助金发放】 2017年，由县委统战部牵头，将相关部门的助学资金统一整合，并提高资助标准，进行统一发放，活动得到全社会的广泛支持和参与，玉和泰煤业、玉华煤业、安鑫煤业等一大批非公有制企业积极慷慨解囊，为“金秋助学”提供资助金。经过认真细致的调查、核实，最终为45名贫困家庭考入二本B类学生发放了资助金，资助金额达22.5万元。（李泽艳）

工商业联合会

【政治理论学习】 2017年安泽县工商联组织全体人员系统学习关于非公有制经济的新思想、新观点、新论断，深刻领会，贯彻落实。特别是十九大召开后，即时组织全体人员认真学习十九大报告，学习习近平总书记关于鼓励支持民营经济发展的新的重大论述，并针对报告中提出的坚持“两个毫不动摇”、支持民营企业发展、把发展经济的着力点放在实体经济上来等内容展开热烈的讨论，为今后如何发挥职能作用做好谋划、奠定基础。

【换届工作】 2017年2月28日召开安泽县第九届工商联会员代表大会，参会代表82人，会议以投票方式选举产生新一届工商联领导班子。选举会长1人，副会长9人，其中专职副会长2人，非公经济人士6人，秘书长1人，执行委员21人。

【服务非公经济工作】 2017年把服务作为工商联的立会之本、强会之基，充分发挥桥梁纽带作用，服务水平全面提升。

1. 围绕安泽县非公经济工作中的热点、难点问题，从着力营造发展环境、服务领导决策、探索工作方法、完善工作机制、拓宽服务渠道等方面确定调研课题，认真组织广大非公经济人士深入基层，调查研究，及时发现非公经济发展中的新情况、新问题，有针对性地提出合理化建议，为全县经济发展建言献策，为县委、县政府科学决策提供有价值的参考。

2. 始终关注企业发展，为安泽县非公

企业提供政策信息、资金服务和法律保障。先后与政法委制定出台《安泽县政法机关服务和保障非公有制经济发展十条措施》，与检察院成立服务非公有制企业领导组，与国税、地税、银监委、中小企业局联合出台《关于加快推进全县银税合作的实施意见》，在税收、资金和法律维权方面给予大力支持，积极优化环境，为非公企业健康发展保驾护航。利用微信平台，建立"企业家风采"微信群，定期发布工作信息，通报工作动态，展示工作成效，为企业家提供相互学习、交流沟通、共谋发展的资源共享平台。

3. 春节前后，对全县非公经济人士代表、老工商业者和包联村贫困户进行走访慰问，使非公人士和贫困户真正感受到党和政府的关怀与温暖。

【帮扶工作】 2017 年工商联广泛发动非公经济人士，积极投身扶贫攻坚和产业发展，充分发挥非公经济人士的智慧和力量，为县域经济发展注入活力。

1. 制定实施方案和企业包联贫困村分解表，深入企业大力宣传中央各项政策和"百企帮百村"精准扶贫行动方案，引导企业与贫困村结对子，实施产业扶贫、商贸扶贫、就业扶贫、智力扶贫和捐赠扶贫。玉和泰煤业、玉华煤业为马壁乡马壁村和杜村乡郭庄村帮扶资金 10 万元，解决了村民调整产业、发展产业的燃眉之急。玉华、永鑫、和川酒厂等企业积极实施就业扶贫，帮助解决 240 人贫困人口的就业问题。永鑫煤焦化公司为和川镇和川村 50 户贫困户购买了 1000 只蛋鸡。刘建文、杨建广等 6 名执委为府城镇桃曲村 6 户贫困户出资 3 万元用于发展木耳种植。

2. 深入各企业，号召全县各企业家对生活困难的大学生进行捐资助学，开展"金秋圆梦"行动。各企业家踊跃参加、慷慨解囊，捐助资金 30 万元，使 80 名家庭经济困难学生得到资助，圆了他们的"求学梦"。

3. 深入包联村唐城镇梨八沟村开展帮扶工作。帮助制定农业产业结构调整具体目标任务，将农业经济的增长点放在核桃、小杂粮、蔬菜和小规模养殖上，将脱贫产业确定为光伏发电和油用牡丹种植，确保农民人均增收 500 元以上、村集体经济收入达 5 万元的目标。完善扶贫档案，深入农户广泛宣传光伏发电等系列惠农政策，帮助群众解决实际困难和问题。梨八沟村安装光伏发电 26 户，种植油用牡丹 60 亩，26 户贫困户稳定脱贫。森林防火特险期，送去宣传资料和防火服装。中秋节前夕，为 36 户贫困户送上米、面、油、月饼等慰问品。

4. 组织机关人员先后多次前往包联的唐城镇梨八沟村，开展清理卫生死角、清理白色垃圾、打扫卫生等环境卫生整治活动，安排专人到居民家中发放创建国家卫生县城宣传资料，为推动创建活动做一些力所能及的服务工作。

【自身建设】 1. 发展会员队伍。适应新形势、新任务和新要求，调整会员结构，提高会员素质，开展全面细致的会员登记工作，掌握会员情况，重点发展一批经济实力强、思想觉悟高、热爱工商联工作、热心社会公益事业的非公有制经济代表人士入会，提高会员的整体素质，推进工商联的组织建设，为各项工作的顺利开展提供保障。2017 年底，全县建立 2 个城镇商会、4 个行业商会、1 个异地商会，会员总数达到 685 个，队伍结构进一步优化，整体素质得到明显提升。

2. 作风建设。工商联党组认真落实“两学一做”活动要求，持续推进“两学一做”学习教育常态化长效化，积极组织全体党员集中学习、自主学习，深入贯彻党章党规、习总书记系列重要讲话精神，做到学习常态化、教育持久化。活动中，紧扣“学”这个基础、“做”这个关键、“改”这个重点，认真践行“四讲四有”，把合格的标尺立起来，切实转变工作作风，有效提高工作效率。

3. 狠抓机关建设。加强管理，引导机关人员树立节俭意识，厉行节约，反对浪费，减少水、电、油、纸等能源资源消耗，严格控制“三公”经费支出，降低行政成本，提高机关效能，努力建设节约型机关。

（高凌燕）

机构编制

【机构概况】 安泽县机构编制委员会办公室是县机构编制委员会的常设办事机构单位正科级。既是县委的工作机构，又是县政府的工作机构，列入党委机构序列，编办下设事业单位 1 个（事业单位登记管理局挂编办电子政务中心牌子）。2017 年底，编制（包含下属事业单位事业单位登记管理局）14 人，其中公务员编制 5 人，事业编制 8 人，工勤编制 1 人；实有人数为 13 人，其中公务员 5 人，事业7 人，工勤 1 人，离退休 2 人；在职科级干部有 4 人，其中正科 1 人，主任科员 1 人，副科 2 人。

【“放管服效”工作】 2017 年优化营商发展环境，及时取消中央、省、市要求取消的审批项目，承接省、市下放的审批项目 10 项，取消下放的行政审批事项 9 项。在推行权力清单制度和推进“互联网+政务服务”的基础上，对县级行政审批前置申请材料进行全面清理规范并装订成册，待县政府审定确认后向社会公布，录入县政府部门权责清单动态管理系统，统一纳入县政务服务平台及时运行。

【政府部门权力清单制度平稳运行】 2017 年在建立公布县政府部门权力清单的基础上，统筹协调，进一步完善县政府部门权力清单。安泽县 35 个单位的权力清单和责任清单权责事项共有 2487 项，其中：政府工作部门 2312 项，事业单位 132 项，垂直管理部门 43 项。安泽县政府部门权力清单制度平稳运行，形成了边界清晰、分工合理、权责一致的职能体系和科学有效的权力监督、制约、协调机制。

【监察体制改革工作】 2017 年根据省市编办相关要求安泽县监察委员会已由本级人民代表大会产生并挂牌成立，同时安泽县监察局及人民检察院反贪污贿赂、反渎职侵权、职务犯罪预防等机构相应撤销，相关职责已全部整合至安泽县监察委员会。安泽县检察院涉及的人员及编制（共 7 名）均已划转。在实施纪检监察体制改革全覆盖工作中，安泽县开展乡镇监察试点工作，根据省、市要求赋予安泽县 7 个乡镇纪委监察职责先行探路，对乡村行使公权力的公职人员包括群众自治组织、从事集体事务管理的人员依法实施监察，强化基层党风廉政建设，厚植党的执政基础，形成安泽县纪检监察试点县的“安泽模式”。

【市场监管体制改革】 2017年按照全省统筹谋划、先行试点、有序推进的要求，整合工商质监、食药监管理职责和机构。组建“安泽县市场监督管理局”（挂“食品安全委员会办公室”牌子）。不再保留安泽县工商和质量监督管理局、安泽县食品药品监督管理局，为县政府工作部门。同时，组建安泽县市场监管综合行政执法队。按照区域综合设置3个市场监督管理所（挂工商所牌子）。优化监督力量，提高监管效能。

【文化旅游管理体制改革】 2017年结合安泽实际，经临汾市政府和市编办批复，成立安泽县文化和旅游发展委员会（挂县版权局牌子），为县政府工作部门。同时，撤销文物旅游局，成立旅游服务中心，并将该中心和原县文化局（县版权局）的所属事业单位整体划归县文化和旅游发展委员会（县版权局）管理。

【医疗卫生体制改革】 2017年根据中央国务院深化医疗卫生体制改革的决策部署，按照《山西省深化医药卫生体制改革领导小组关于全面推开县乡医疗卫生一体化改革的指导意见》（晋医改组发〔2017〕2号）和《山西省机构编制委员会关于县乡医疗卫生机构一体化改革有关机构编制事项的通知》（晋编字〔2017〕21号），以及市编办相关要求，结合安泽实际，整合组建安泽县医疗集团。将县级2个公立医疗（县人民医院、县中医医院），7个乡镇卫生院（站）（含撤并乡镇后保留的基层医疗卫生机构）予以整合，组建集中统一的医疗集团。医疗集团整合组建涉及的县级公立医院，乡（镇）卫生院（站），由县卫生和计划生育局管理调整为县医疗集团管理。其内设机构和分支机构不再确定机构规格和核定领导职数。顺利完成医疗体制改革任务。

【国有林场体制改革】 2017年根据《临汾市机构编制委员会办公室关于县属国有林场机构编制调整的通知》（临编办发〔2017〕275号）要求，经县编委会研究同意，将安泽县原府城国有林场、兰村国有林场、良马国营林场、罗云林场、三交林场、英寨林场、石槽林场共7个林场进行整合，组建安泽县国有林场，副科级建制，核定事业编制160名，其中：场长1名（副科级），副场长3名。安泽县国有林场下设3个分场，分别是安泽县国有林场府城分场、安泽县国有林场兰村分场、安泽县国有林场良马分场，3个分场均为正股级建制，各核定股级领导职数1名。之前国有林场核定的机构、领导职数不再执行。

【机构编制管理】 1. 严管严控机构编制。严格落实中央“财政供养人员只减不增”的总要求，在严管严控机构编制的同时，加大动态调整力度，盘活机构编制存量。对各部门提出的增编要求，除个别急需增编的情况外，均采取动态调整、内部挖潜的方式予以解决。

2. 严格落实减编任务。安泽县2017年的核减任务36名。为此，突出源头管理，严把控制关，编办在深入调研的基础上，拟出初步意见提交编委会研究，并根据编委会集体研究的意见实施。确保2017年减编任务按时完成。

3. 扎实开展编制证年检工作。2017年，对全县49个行政机构和309个事业单位的机构编制和实有人员情况进行摸底核查，确保全县机构清，编制清，实有人员清，为实现机构编制实名制管理系统的正常运转和适时更新提供精准的基础数据。

4. 全面落实机构编制实名制管理。根据中央、省、市相关文件精神，将“四清两对应”的工作目标贯穿始终，从机构编制日常管理台账入手，重视基础统计工作，有效提升机构编制管理水平。日常管理突出“实”。以原有机构编制管理台账为基础，进行细化完善，实行分类运转，分别建立党政群机构编制管理台账、事业单位机构编制台账，记录机构编制及人员的调整变化情况，并在日常管理中逐步优化台账形式和内容，做到便捷、实用。数据更新突出“准”。建立协调配合机制，加强部门信息共享。机关事业单位名称、规格、经费形式、内设机构等发生变化，或人员变动、编制增减时，由专人及时对机构编制实名制数据库进行调整和维护，做到基础台账和实名制系统同步更新，确保数据信息准确。

5. 不断加强机构编制监督检查力度。坚持日常检查和专项督查相结合，进一步发挥机构编制监督检查对落实控编减编工作的推动作用。2017年度在开展机关事业单位养老保险参保登记和基础数据申报审核工作中，积极配合县人社、财政等相关部门，成立专人工作组，审核各单位机构编制人员基础数据，先后审核各类材料6000余页次，核对各类信息指标300多个，确保各部门基础数据真实准确无误。

【“三基建设”工作】 2017年在全县开展“三基建设”基础工作达标升级过程中，机构编制部门积极与县“三基建设”领导组办公室密切配合，成立领导机构，召开全县“三基建设”基础工作达标工作会议，要求各单位结合“三基建设”基础工作“三手册一目录一工作流程图”编制中，围绕自查评估、对标达标、申请验收三个阶段，组织全县各单位对照达标标准，查缺补漏，及时完善，逐条对照自查，写出自评报告，并向县委“三基”办和县编办提出验收申请。由专门督查验收组进行把关验收，12月底，全县完成党政群机关事业“一目录三手册”238个，建立岗位责任制度的单位225个，基础工作达标达90%，为全面提升各单位标准化水平奠定坚实基础。与此同时以唐城镇基础工作为典范，通过以点带面，全面推进，于11份月在唐城镇召开全市各县、市参加的“三基建设”观摩会，受到与会领导的一致好评。

【事业单位登记管理工作】 2017年共办理各类事业单位登记事项183件，对全县166家事业单位进行年检，变更16家，设立1家。开展事业单位法人公示信息抽查，按照“双随机、一公开”的原则，从年度报告公示单位中随机抽取10家单位进行公示信息抽查，进一步加强事业单位法人事中、事后监管。

【扶贫工作】 2017年包联村为唐城镇南湾村，唐城镇南湾村共有建档立卡贫困户10户21人。坚持定期到村了解情况的工作机制，主动深入基层，开展帮扶活动。每名党员干部都有自己的帮扶对象，实现“定点、定期、定人”，达到精准扶贫的效果。

1. 摸“准”扶贫对象，确保精准扶贫“靶向定位”。按照国家和省、市、县对贫困户、贫困村进行识别和建档立卡的工作要求，严格执行识别标准，把最贫困的户纳入帮扶范围，科学合理制定帮扶计划。分社逐户建立基本情况数据库，并按照“规划到社、帮扶到户、责任到人”的总体思路，精心编制南湾村精准扶贫实施方案，确立贫困户主导产业，填写发放贫困户登记表、扶贫手册，制定贫困户脱贫计划，真正做到“有卡、有簿、有册、有档”，对贫困人口、贫困家庭实行信息化管理。并对识别出来的贫困户制定帮扶措施，通过分析致贫原因，对扶贫对象逐户确立帮扶项目，建立脱贫规划明白卡、台账，明确帮扶责任单位、帮扶人员。具体采取扶贫项目拉动、合作社捆绑发展、就近务工等扶贫模式，集中力量予以扶持。

2. 创“优”工作机制，确保精准扶贫“阳光普照”。深入开展走访，认真倾听贫困群众诉求，耐心询问每户家庭情况，深挖致贫根源，逐户走访建档，与贫困户交心谈心、算账对比，制定帮扶计划，谋划布局产业项目，推进精准扶贫。摸清贫困底数，分析致贫原因，制定帮扶计划，把产业培育起来，把土地流转起来，把群众带动起来，把医疗体系完善起来，把发展环境优化起来，着力推动贫困户的经济和产业健康发展起来。

3. 开展走访慰问，送去党组织温暖。于2017年5月17日入户送温暖，编办全体党员给所有贫困户每户100元，于7月12日给贫困户送去各类衣物，于9月30日给所有贫困户送温暖送去中秋祝福和慰问品，于10月23日、24日对贫困户进行“手牵手、帮秋收”活动，帮助贫困户秋收，于12月13日给贫困户送温暖送去棉被、棉门帘、床上用品和大米、食用油等生活用品。

【机关自身建设】 1. 加强理论学习，不断提高思想和理论业务水平。始终把内强素质、外树形象摆在干部队伍建设的首要位置，注重从根本上提高全办干部的理论水平和工作能力。坚持每周一、五学习制度和县上举办的大学堂学习制度，推进人人结合本职工作开展讲课辅导学习，进一步提升干部职工的各方面素质。2. 深入开展党风廉政建设工作。以“建立服务型机关”为目标，不断加强机关内部的制度建设和议事决策机制，压实党风廉政建设 “两个责任”。认真履行“一岗双责”，进一步增强党员干部的廉政意识，筑牢拒腐防变的思想防线，为创建和谐、诚信、廉政型机关，打下扎实的机制保障，树立编制部门热情服务、严谨诚信、务实创新，勤政廉洁的良好形象。 （刘婕）

县直机关工委

【队伍建设】 1. 从严从实抓好“两学一做”常态化制度化。按照县委“两学一做”常态化制度化领导组要求，在学上求突破，在做上下功夫，在改上抓长远，抓关键环节，抓关键少数，使“两学一做”在机关支部实现制度化常态化。2017年6月和10月，对宣传党委、政法党委、教科党委、非公党委和非公工委进行两轮督查，下发整改意见310余条，有效解决机关党建“灯下黑”问题。

2. 入脑入心抓好十九大精神学习贯彻落实。定购十九大辅导读本300余本，发放到县直机关支部，帮助党员干部按照总书记要求，把十九大精神学懂弄通做实。

3. 明岗明责推进效能建设八项制度的落实。根基县委组织部安排，会同考核办印发《关于印发效能建设八项制度的》通知，要求县直各单位成立领导机构、制定实施方案、依据省市标准修订完善工作制度，着力提升县直机关工作效能。

【年度考核工作】 1. 顺利完成乡镇社区考核。按照县委安排，分两个时间段，带领县直有关单位工作人员14名，组成考核组，对各乡镇、社区的工作进行年度考核。2017年1月30日至2月8日，完成乡镇社区2107年度目标责任制考核。

2. 参与驻村工作队、第一书记工作督查。由工委、扶贫局、农业局工作人员组成督察组，对马壁乡、冀氏镇的脱贫攻坚工作、农村第一书记、机关驻村工作队进行考核。利用10天的时间，对府城镇21个驻村工作队和两名第一书记进行年度考核。

3. 完成第一书记考核。在和川镇、唐城镇党委配合下，从脱贫攻坚、党的建设、服务群众、社会治理等方面对16名（和川镇15人，唐城镇1人）农村第一书记进行考核。

4. 完成先进支部和招录公务员考察。“七一”前夕，对各县直机关党委（社区党工委）推荐的优秀支部进行考察，8月份，对2017年新招录部分公务员（6名）进行考察。

5. 完成对和川镇和林业局的巡查。根据县委安排，从8月下旬到10月上旬，将近两个月时间对和川镇和林业局进行政治巡查。其间，听取和川镇党委和林业局党组工作汇报，听取和川镇纪委林业局纪检组专题汇报，先后走访20余个村（或单位），谈话50余人。通过调阅资料、受理来信来访、个别谈话、到各村各单位了解情况等方式开展巡查，对反映的突出重点问题进行深入了解，发现了两单位在党的建设和业务工作中存在的诸多问题，形成了巡查情况报告。

【脱贫攻坚】 2017年多次深入唐城镇冯子节村，向建档立卡贫困户宣传党的政策和县委县政府优惠政策，把扶贫和扶志扶智结合起来，和包村干部、村两委研究产业调整农民增收的新路子。购买茶叶、白糖等物品1100余元对20户贫困户进行慰问。在“手拉手　帮秋收”系列活动中，帮身患重病缺劳力的贫困户李关根抢收玉米。

2017年11月20日开始，和团县委共同组成工作队，包联良马乡劳井村，采取不间断入户走访的方式对11户15人进行精准帮扶，着力降低“三率”提升“一度”，积极向非贫困户宣讲党的政策，普及知晓率，该村于2018年1月14日顺利通过省第三方评估组验收评估。为该村贫困户、老党员、80岁以上老人发放慰问品30份4500余元。春节前夕，邀请县书法家协会部分成员，进村为劳井村全体村民义务书写春联400余副。

【"三基"建设】 2017年争取办公用房两间，重新装修后于9月份投入使用，重新购置办公家具设备，争取公益性岗位工作人员1名，建立健全机关工作制度和管理制度，工委开始正常工作。完成基础工作目录、工作流程图、机关管理手册、应知应会手册，以及相关管理制度的制定。参加县委组织的学习培训和市直工委举办的业务学习。完善县直工委党支部相关主要档案资料，健全"三会一课"制度，党员活动日制度，及时跟进对十九大精神和十九大新党章进行初步学习，为学懂弄通做实打下基础。

党校教育

【概述】 2017年，在县委、县政府的正确领导和省市党校的指导下，安泽县委党校加强队伍建设、强化党员干部教育培训、深入开展理论研究、扎实推进脱贫攻坚工作，充分发挥了党校的主阵地作用。2017年12月，安泽县委党校共有在编人员20人，其中校委班子成员2名，分别是：常务副校长1名、副校长（兼支部书记）1名。

【教职工强素质】 2017年结合"两学一做"学习教育常态化制度化的要求，坚持每月2次的政治理论学习、每月1次的教师业务学习，通过讲课、研讨等多种形式，有效提高教职工的理论水平和业务素质。2017年，班子成员及教职工个人的学习笔记均达到3万字以上，每人撰写心得体会8篇。

【教职工文化生活】 2017年创办《党校之声》期刊（双月刊），进一步增强党校教职工的凝聚力和战斗力。同时，在"三八"妇女节来临之际，组织全体教职工进行文艺展演；"清明节"之际组织全体教职工到王光烈士墓瞻仰烈士、敬献花圈；"五一"和"五四"期间，举办丰富多彩的文体活动；八一建军节，组织开展党校微课堂进社区活动；9月份，全体教师深入到刘少奇同志路居地沁河庄接受党性教育的洗礼，重温入党誓词；中秋节校委班子带领教职工到包联村慰问贫困户，为他们送去月饼和生活用品，给他们带去物质上和精神上的双重关怀。通过开展各类活动，丰富了教职工文化生活，凝聚了团队精神。

【师资培训】 2017年进一步提升党校教师队伍的素质和能力，切实发挥好党校党性锻炼大熔炉、培训干部主阵地的作用，县委在全市率先选派党校4名教师分别到府城镇、县文物旅游局、县创卫办、县扶贫开发服务中心挂职任班子成员一年。挂职教师在所在单位参与班子分工、参加具体工作，主动工作、积极作为，把理论与实践相结合，提高综合素质，增强实践能力。2017年组织开展2次教师赛讲活动，党校教师结合当前形势，对自己所授课题进行深入思考和分析，达到听课者有所收获、讲课者有所提高的效果。7月，组织7名骨干教师参加"临汾市委党校第六次赛讲暨第三期党校系统教师培训班"；10月底，组织12名教师分赴四平党校举办的"十九大研讨会"和北京人民大学举办的"十九大师资培训班"；10月，选送1名教师参加省委党校为期1个月的师资培训班；11月，组织6名教师参加"临汾市事业单位'三基建设'通用基本能力提升培训示范班"。

【主体培训】 2017年先后举办和承办安泽县2017年农村（社区）“领头雁”培训班(2期)、安泽县“两学一做”学习教育常态化制度化示范点建设培训班、科级领导干部培训班、学习贯彻党的十九大精神集中轮训班（3期）等培训班次，共28期，参训达3700余人次。在“领头雁”培训班上，先后邀请县委常委、组织部部长张曙光，政府副县长刘合生作专题党课；邀请相关部门的领导和同志作专题辅导；党校教师按照课程安排，对所授课程精心准备、精彩讲解，有效激发学员的学习热情，受到参训人员的一致好评。9月份，首次举办为期一个月的科级干部培训班，培训采取封闭式管理的模式，且教学形式多样，不仅有理论教学，还有军事体验、拓展训练、文艺联欢、体验式教学、小组讨论和论文答辩等方式，得到参训学员的一致好评。在十九大精神轮训班上，由县委书记李强讲开班第一课，其余课程全部由党校教师承担。同时，党校配合县委组织部做好每月一期的干部大学堂工作，确保干部大学堂的顺利举办。

【宣讲工作】 2017年按照县委要求、结合“两学一做”学习教育和各单位培训需求，党校在全县范围内开展省市县党代会精神、习近平总书记视察山西的讲话精神、十九大精神等宣讲活动。累计宣讲126次，参训达11000余人次。

【理论研究】 2017年，党校结合实际确立了10个常规课题和“荀乡古色、太岳红色、生态绿色”3个重点课题；要求每名教师主攻一个常规课题，并自选一个重点课题组成课题研究小组，为实现干部教育培训菜单式教学奠定基础。同时，党校教师积极到乡村、企业一线搞调研，通过调查研究形成科研成果，发表各类作品6篇。其中《改进农民生存环境就是顺应人民美好生活需要》《研修下力气、课堂添活力》《以营造良好营商环境推进经济转型发展》3篇论文均发表在《山西党校报》上；《党建育人思想政治教育中的核心作用》《党建与社会主义核心价值观教育联动创新》2篇发表在《科技部西南信息中心》上；《供给侧改革促进产业结构调整探讨》发表在《临汾日报》上。

【脱贫攻坚】 2017年党校包联村为马壁乡唐村，校委班子多次进村入户与两委班子成员座谈，结合唐村村情扎实开展脱贫攻坚工作。春节期间慰问贫困群众，为他们送去米、面、油等生活用品。资助唐村环境整治款5000元，为唐村瀑布群美化环境。推动产业扶贫，全体党员每人出资100元购买1000余只优质鸡苗，送到了包联村的19户贫困户手中。印制120余份《禁止提前采摘青翘明白纸》，并及时发放到唐村村民手中，杜绝在包联村范围内出现抢青现象。困户购买生活用品（挂历、门帘、棉被、热水壶、营养品），并为每户贫困户购买化肥3袋；为受灾群众赵玉保发放慰问品，并协助其办理大额临时救助5000元。为唐村村委开通宽带网络并安装了无线路由器，协调交通部门为唐村维修高岭危桥一座，保障村民出行安全，协调有关部门解决村里吃水困难问题，为上段峪更新用水设施保障村民用水安全。在秋收时节，党校党员在常务副校长冯俊跃的带领下帮助贫困户收秋，共计帮助收获玉米15亩。协助村委完善扶贫档案及协助村两委班子成员及党员完成第一轮“两学一做”学习微信测试工作，为唐村党员讲党课，送政策，指导发展。（曹俊锋）

老干部工作

【夯实老干部工作基础】 2017年建立涵盖时事政治、工作动态、养生保健等内容的“安泽老干部之家”微信公众平台，为老干部提供学习、宣传、健康等方面咨询，也为吸收老干部和社会各界对安泽县老干部工作的意见和建议提供良好渠道，安泽县公众平台共为老干部发布各类信息200余条，收到老干部意见28条，促进了安泽老干部工作更好地发展。为创建花园式机关，将办公楼前的活动场地安装射灯，绿地进行重新绿化，室内棋牌室重新翻修，为老干部提供更方便、舒适的活动场地。

【落实老干部政治待遇】 1. 2017年召开全县科级老干部迎新茶话会，县委书记李强、县长牛庆国向全县老干部传达节日的慰问和组织的关爱，并向老干部介绍安泽县一年来经济社会各项事业发展情况，并邀请20余名老干部参加年初政府工作报告老干部座谈会，听取老干部们对安泽县各项事业发展的意见建议。2. 春节、“七一”前夕、重阳节，由县委常委带队对全县由县委常委带队对全县离退休老干部进行走访慰问，共慰问离退休老干部1521人次，慰问建国前入党的老干部13人，发放慰问金23万元。每逢80岁以上老干部生日，都要送一份蛋糕、一束鲜花由领导班子成员专门登门祝贺，为老干部送去生日的祝福和组织的关怀。2017年日常走访探望老干部70人次，参加在县城居住的12名老干部的生日。3. 在老年大学组织开展以信仰、信念、信任、信心和科学知识、科学思想、科学方法、科学精神为主题的“四信”“四科”教育活动，充分利用老年大学大课堂平台，定期组织离退休老干部学习党的方针政策、实时政治。每年都为每位老干部征订两报一刊400余份，为老干部活动中心、离退休党支部订阅《中国老年》《山西老年》《中外健康文摘》《党的十九大读本》《临汾日报》《老友报》等报纸杂志，满足老干部的学习需要。此外，还开展“送学”活动，把十九大精神摘录打印成册，由工作人员送到每一名离退休干部手中，保证学习效果和质量。同时组织一部分老干部先后参加市、县集中培训班，组织老干部学习文明礼仪，带头改陋习，树新风。开展“文明需要你我，你我与文明同行”礼仪活动。举办以“关爱老人健康，构建和谐社会”为主题的“专题讲座”活动讲理论、讲传统、讲政策，这些活动的开展受到广大离退休干部的一致好评。结合习近平总书记重要讲话和十九大精神共开展专题讲座6次，参训学员达300余人。

【落实老干部生活待遇】 2017年安泽县扎实落实离退休干部“三个机制”，将干部离休费全部纳入县财政预算，按时足额发放；医药费做到实报实销，凡中央、省、市有关离休干部各项待遇的文件全部兑现。2017为离休干部报销医药费82.1872万元，设立特困老干部帮扶基金每年5万元，列入财政预算，为保证帮扶资金的专款专用，公开公平公正，制定出台《安泽县离退休干部特殊困难帮扶救助暂行办法》，对帮扶救助的范围、条件，帮扶申请、审批、管理、监督做出明确规定。2017年帮扶特困老干部7人，资金1.2万元。建立健康档案，每年老年节前夕，为全县19名离退休老干部进行健康体检。根据体检结果，为老干部建立较为详细的健康档案，使老干部在详细了解个人身体状况的基础上加强疾病防范意识。

【发挥老干部正能量】 1.组织老干部与年轻乡村干部“手牵手”活动，组织20余名老干部到全县7各乡镇进行观摩督查，通过听汇报、召开座谈会等形式，老干部向年轻干部传授经验方法，提出意见建议，不断提升基层年轻干部的工作本领。2.在全县老干部中开展“展示新风采 传播正能量，引领新风尚 争做好榜样”主题实践活动，在老干部中开展争做好公民、好学员、好老人的“三好”老人活动，引导老干部政治引领、担当作为，为社会增添正能量做出好榜样。3.通过各老年组织向全县老干部发出“创建国家卫生县城、争做安泽文明老人”的倡议书。倡导老干部在“创卫”活动中争做榜样，做好创卫宣传员、保洁员、监督员。4.组织老干部发挥正能量，做好“三大员”即：特邀组织员、干部8小时以外监督员、“两学一做”常态化制度化督导员。

【丰富老干部文体生活】 2017年以“不忘初心跟党行、增光添彩献晚晴”为主要内容，坚持“校会结合”，创新开展多种形式的文体娱乐活动，努力丰富老干部精神文化生活。组织老干部举办和参加“巾帼心向党”庆“三八”文艺展演。成立老年“红叶模特”队，现已有两批经过培训结业，共有120人参加。组织老干部200人次参加黄花岭乡村文化旅游月老干部专场演出，老干部文艺、书法助力小黄村、飞岭村、和川麻衣寺乡村休闲文化旅游节。举办首届“老年乐”趣味比赛，参加活动的老干部达100余人。举办消夏月“喜迎十九大 永远跟党走”专场文艺晚会，庆“八一”“铭记光辉历史 开创强军伟业”专场文艺晚会。开展文体下乡助力扶贫活动，组织老干部前往和川、三交、下石、冀氏及社区慰问演出，宣传十九大精神，助力脱贫。开展“喜庆十九大 欢度重阳节”系列活动，组织老干部举办“喜庆十九大 欢度重阳节”文艺会演，组织离休和副县级以上老干部进行一次健康体检，时时处处都展现了老干部积极向上的精神风貌。

（王洁）

信　访

【概述】 2017年，坚持以“事有人管、事要解决、人要幸福”为出发点和落脚点，深化信访工作制度改革，继续推进“阳光信访”“责任信访”“法治信访”，围绕“153”工作思路，有效解决一大批信访突出问题，以实实在在的工作成效维护社会稳定。共接待群众来信来访事项152件569人次。其中，县级接待来访群众131批398人次，受理求决类信访事项112批359人次；国家信访信息系统交转事项21件，已全部办结；县级交办91件，到期办结率100%。

信访形势总体形势平稳可控，没有发生群众非正常上访，继续实现“四无”工作目标。

【重大节会期间信访稳控】 2017年全国、省、市“两会”期间，“一带一路”国际合作高峰论坛、党的十九大期间，共开展矛盾排查8次，接收矛排表300余份，上报重大节会信访情况“零报告”80余份。针对排查出的矛盾纠纷隐患，全部落实“五包一”措施，明确县级包案领导、责任单位负责人、化解责任人、稳控责任人以及化解措施和稳控方案。抽调精兵强将参加重大节会的驻京、驻省值班工作，党的“十九大”期间，安泽县未发生一起进京上访，获得了省市领导的一致好评。

【重点信访事项化解】 2017年全省开展的“重点信访问题源头化解”专项活动交办安泽县城乡建设领域信访事项17件，县级分管领导亲自包案，严格落实“四定”“五包”责任制，逐案明确包案领导、责任单位和具体承办人，确保各项案件一包到底，逐案化解，在规定时间内按要求完成销号交账。同时在全县范围内集中开展信访矛盾纠纷大排查大化解，按照“控新治旧”要求，聚焦事关群众切身利益的突出矛盾，抓住经济新常态下出现的新问题，推动信访疑难问题得以解决，信访秩序持续改善，信访工作规范化进一步加强。

【县级信访系统运行】 2017年，国家信访局发出通知在中央、省、市、县全面建设视频信访系统，要求5月31日前完成国家信访局与市信访信息系统联调。安泽县完成初始化数据采集以及乡镇、社区、县直单位系统的开通，达到了省、市要求。信息中心及接待室工作人员分批在省市参与了信访信息系统规范录入培训，信访案件到期办结率100%，受到市级表扬。于4月26日对全县8个乡镇（社区）、30个县直部门业务能力强、素质高、懂电脑的年轻干部进行网上信访信息系统操作培训，提高网上信访信息系统应用能力和水平。

【信访法治宣传】 2017年开展普法宣传教育活动，通过派送宣传单、悬挂宣传横幅、工作人员一对一宣传讲解等方式进行，向群众全面介绍维护信访人合法权益、维护信访秩序、规范信访工作行为、法律责任等内容。通过宣传活动的开展，进一步提高公民法律素质，增强法治意识，加强群众理性依法反映诉求、增强遵章守规、依法信访的自觉性，形成群众理性、有序、依法依规逐级信访的良好氛围。在加强宣传的同时，推进“三个规范”活动的开展，即规范信访受理范围、规范信访事项办理程序、规范依法依规解决问题，努力提升依法及时就地解决问题的能力，将信访问题化解在基层，化解在源头。

社会管理联动服务中心

【大厅接待工作】 2017年，解决群众诉求116件1037人次，其中矛盾纠纷类100件1010人次，政策咨询2件2人次，便民服务14件25人次。全县三级中心共解决群众诉求5569件6502人次，其中矛盾纠纷类223件1138人次，政策咨询类212件212人次，便民服务类5134件5152人次。真正使来访群众“抱怨而来，满意而归”，群众合理诉求得到解决，有效化解社会矛盾，促进社会和谐稳定。

【矛盾纠纷调处工作】 根据省政法委《关于进一步加强矛盾纠纷大调解工作的意见》及综治中心标准化建设要求，中心发挥群众接待和矛盾纠纷调处职能，为群众提供解决诉求、便民服务、困难救助、矛盾纠纷调处、信息咨询等全方位的“一站式”服务。针对反映较为突出的学生入学问题、大暖供热问题及拖欠工资问题，三级中心2017年共调处矛盾纠纷类事件223件，其中转交办100余件，调处率达92%。

【指导、培训、督查、考核工作】 1. 2017年，贯彻执行《关于进一步加强网格长手机直报信息工作的通知》《关于调整网格长手机直报信息相关工作的通知》等文件精神，确保安泽县“311”体系信息上报工作的规范化和标准化。2. 加强监督力度。为贯彻执行一季度一考核，半年一督查的工作要求，定期对各乡镇中心和便民服务室的诉求事项进行督查，对处理事项进行督办，同时通过下级中心和便民服务室的视频监控，对其工作情况不定时进行抽查，规范工作人员的行为、提高工作效率。3. 印制《网格长工作手册》和《网格长工作日志》，加强对网格长的教育培训及档案资料的管理。同时，还建立“安泽综治网格化工作微信群”，采取线上线下、以会代训的形式，就矛盾纠纷调解技巧、网格长手机信息直报等业务知识共开展综治专干及网格长培训5次。此外，中心对各乡（镇）、村级中心的档案资料、网格长民情日志的填写情况进行督查，对诉求事项的真实性问题和档案资料填写规范性问题进行了现场抽查。4. 按照《关于强化“三级中心”服务功能提升服务水平的实施意见》《安泽县网格化管理办法》等文件要求，结合2016年全县“三级中心、一网一格”工作督查考核情况，评选出2016年度“三级中心、一网一格”工作先进单位和个人，并由安发〔2017〕13号文进行发文表彰。

【网格长手机直报工作】 贯彻执行《关于进一步加强网格长手机直报信息工作的通知》《关于调整网格长手机直报信息相关工作的通知》等文件，持续推进安泽县网格长手机直报工作的规范化和标准化建设。2017年1月至12月网格长手机直报共结案事件2083件，其中平安建设类事件440件，占总数的21.13%，社情民意类事件共39件，占总数的1.87%，公共服务类事件834件，占总数的40.04%，应急处置类事件4件，占总数的0.19%，其他类事件766件，占总数的36.77%。有效受理上报事件处置率为91.72%。

【诉求事项研判工作】 三级中心严格执行群众诉求事项定期研判制度。每月将全县群众诉求事项、网络舆情等信息进行汇总，并根据汇总情况进行分析、研判，提出解决措施和工作建议，形成诉求事项研判报告，及时上报县领导组。2017年，印发研判报告12期，重点对拖欠工资、土地纠纷、帝景铭府小区纠纷、小区物业及取暖锅炉拆除问题、劳资纠纷、天然气入户政策问题、公交车事故赔偿问题、学生入学问题、特岗教师转正问题、脱贫问题、大暖供暖问题、聋哑人待遇问题等15类66个群众反映强烈且容易引起群体性上访事件的重点、难点问题及时进行分析研判为领导决策提供现实依据。

【调研观摩接待工作】 2017年做好三级中心工作标准化、档案规范化建设工作，成功接待省市领导以及兄弟县市的调研观摩7次。山西省委副书记黄晓薇，市委副书记、市长刘予强，市委政法委副书记、综治办主任段彩，先后莅临中心调研指导工作。长子县、交口县、太谷县、阳泉市郊区参观团共80余人先后到中心观摩三级中心建设工作，对中心工作给予高度评价，并表示要充分借鉴学习。

【党组织活动】 2017年中心扎实开展“讲政治、知敬畏、守规矩”专项治理活动，坚持问题导向，务求实效、重点突破，强力推进，活动开展取得了实效。在推进“两学一做”学习教育常态化、制度化过程中，严格执行党支部各项要求，扎实组织学习，丰富学习形式，严标准、高质量地完成党员工作手册。

【脱贫攻坚工作】 2017年确定两名驻村工作队队员，并挂牌公示实时监督，持续加强对驻村工作队的管理力度，致力打造脱贫攻坚一线力量。驻村工作队队员还深入到贫困户的田间地头开展“脱贫攻坚助力帮扶”活动，帮助贫困户抢收“秋粮”，切实把党的好政策运用到贫困户脱贫的道路上，把党的温暖送到贫困户的家中。

史志办工作

【学习教育和主题教育】 2017年完善学习计划，以支部示范引领，强化“三基建设”，组织党员干部深入学习党章党规、习近平视察山西重要讲话精神、《习近平的七年知青岁月》《习总书记成长之路》和党的十九大精神。在组织集中学习、个人学习的基础上，利用党员活动日，支部书记带头讲党课，开展交流讨论会谈个人学习心得，做知识问答题，切实把学习教育作为履职尽责的基础性工作抓实抓好，学以致用。同时，坚持问题导向，在组织生活会上开展自查自纠，列出问题清单，制定整改措施，从严抓好整改落实，做到以改促学、以学督改、学改结合，认真践行“四讲四有”，实现了以学促做、相互启发、共同提高的目的，有效提升了广大党员干部的政治意识、大局意识、核心意识、看齐意识，增强了党性，凝聚了人心，增强了干事创业的责任和信心。

【志鉴“两全目标”工作】 2017年根据省政府《关于推进志鉴“两全”》工作目标，完成50万字的《安泽年鉴（2016）》稿件征集编辑任务，国家方志出版社购置出版书号，2018年1月底完成出版发行工作；二轮《安泽县志》初审后，抽调退下来的老干部5人，加强编纂力量，推进编纂进度，补充缺失资料，2017年底稿件已完成80%；2017年完成方志山西《每周一域》安泽供稿任务，并如期刊登，全方位从历史到安泽的发展变化宣传安泽；完成《山西年鉴（2017）》的供稿任务。

省政府要求2017年后各县市年鉴必须公开出版，在《安泽年鉴》的资料征集完成中，采取以县委办公室、政府办公室联合下文、史志办公室电话通知的方式。于2017

年6月5日下发安办发〔2017〕44号文件和年鉴资料的征稿要求。对于不能按时交稿的单位采取多次电话通知、亲自上门催要的办法。为了保证稿件的质量，要求各单位一把手审核并签字，加盖单位公章。

【党史工作】 2017年5月份，省党史研究室副主任和市党史研究室主任屈波一行到安泽调研安泽红色文化资源后，成功申报杜村太岳革命纪念馆为全省党史教育基地。8月配合国家图书馆、市文化局、市党史研究室对安泽县唐城镇亢驿村山上赵城金藏转移存放的窑洞进行实地勘察，拍摄资料存放国家图书馆。10月配合县委宣传部魏部长对和川镇西洪驿刘少奇路居进行调研，充实丰富安泽红色旅游资源，完成市党史论文两篇和《安泽大事记述》稿件收集整理工作，启动《安泽县党史正本》资料的收集工作。

【"三联系两报道"驻村帮扶工作】 2017年，史志办包联村是唐城镇井上村，共31户69口人，耕地面积900余亩，人均10亩，没有贫困户，组织全体党员深入井上村，调查研究制定村集体经济破万工作规划，流转土地50亩，集体经济破5万元，帮助村支部修建支部阵地房屋4间，在七一前夕竣工交付使用，并赠送沙发、茶几、公文柜、档案盒等共计6700元，防火期送去防护服5套，制作防火标语2条，秋收季节，积极开展"手牵手　帮秋收"活动，帮助包联村秋收。春节送去慰问品31袋面粉，对老党员、老干部亲自上门进行慰问，扎实做好帮扶工作。

【党风廉政建设】 2017年始终牵住党风廉政建设和反腐斗争这个牛鼻子，认真履行党风廉政建设党委主体责任和全面从严治党主体责任，按照单位一把手、支部书记第一责任人的要求，组织机关干部职工认真学习《中共安泽县委关于落实主体责任、纪委监督责任的实施办法》，认真履行"一岗双责"，做到心中有党、心中有民、心中有责、心中有戒，把党风廉政建设同机关工作统筹结合，同谋划、同部署，认真落实县委《关于落实党风廉政建设党委主体责任和纪委监督责任的实施办法》，召开专题会议安排部署，建立健全机关党风廉政建设责任制，签订责任书，成立领导组，把机关廉政建设工作细化分解，责任到人，出台党风廉政建设约谈工作实施办法和监督提醒制度，切实把反腐倡廉工作落到实处。结合"两学一做"强化学习教育，从严监管干部，增强反腐廉政意识，深入推进机关正风肃纪工作，通过观看警示教育片、上党课，专题讨论召开民主生活会，引导党员干部牢固树立正确的权力观、地位观和利益观，增强拒腐防变能力，营造爱岗敬业、风清气正的机关工作环境。单位一把手，带头执行《廉政准则》和《领导干部报告个人有关事项的规定》，严格遵守公务用车、办公用房、公务接待等方面的有关规定，做到艰苦奋斗，廉洁自律，工作生活中经常检查自己的一言一行，时常提醒党员干部要经得起考验，抵得住诱惑，做到自重、自省、自警、自励，使自己成为党风廉政建设的领导者、执行者和推动者。（张磊）

安泽县人民代表大会

综　述

【**概述**】　2017年安泽县人大常委会在市人大常委会的正确指导下，在安泽县委的坚强领导下，全面贯彻落实党的十九大和习近平总书记系列讲话精神，坚持党的领导、充分发扬民主和严格依法办事有机统一，认真行使法定职权，促进精准脱贫摘帽、保障民生持续改善、维护社会和谐稳定、推进民主法治建设，实现安泽全面振兴、绿色崛起提供强劲动力和法制保障。全年共召开常委会9次，主任会议15次，听取和审议工作报告17项，组织代表开展视察调研7次，通过决议决定4项，切实履行了地方国家权力机关的职能。

【**重点工作监督**】　2017年重点工程项目是调结构、促转型、谋跨越的关键，事关安泽经济社会发展全局。为督促县政府在人代会上承诺的重点工程和民生事实年底兑现，常委会多次召开主任会议，研究对重点工程项目和民生实事的监督。在年中查账时，常委会安排副主任带队，分口对全县重点工程进行督查，有力推进重点工程的进展。组织全体委员及部分市、县人大代表，对全县重点工程和民生实事的进展情况进行视察。并在第十次常委会上听取审议重点工程和民生实事进展情况的报告，建议政府在确定重点工程项目时要实事求是，严谨科学，及时高效，各项目审批单位要集中办公，实行“一站式”服务，简化前期手续办理程序，明确办理时限，力争一季度办完前期手续，给建设单位留足施工时间。同时要加大工作的考核力度，杜绝庸官懒政，为官不为的现象，形成人人干事担当、主动作为的发展环境。

5月份，常委会对唐城工业园区建设和工业经济增长等情况进行专题调研，建议政府要尽快成立开发区管委会，稳步推进园区设立工作。加快园区供电、给排水、路网等相关配套设施建设，并着力优化园区发展的软环境，增强服务意识，提高办事效率，努力做到园区办事“零障碍”。同时要加强对外宣传与招商力度，引进一些有定力、有市场的知名企业入驻，构筑开放式的投资主体，多元化、多层次的经济发展新格局。

旅游业是优化全县经济结构的重要产业之一，在深入调研的基础上，常委会建议，要做好全县旅游发展规划，将顶层策划与旅游实施路径结合起来，为全县旅游业发展勾勒蓝图、指明方向。在景点打造上要依托安泽县的荀子文化优势，绿色生态优势和太岳红色优势，建设精品景区，打造精彩线路，推行精细服务。同时要加强全县基础设施建设，将旅游业与城乡发展高度融合，充分发挥旅游经济的乘数效应，带动城乡经济全面发展。

【财税监督】 2017 年常委会坚持把促进发展作为工作的重中之重，就财政运行支持地方经济建设工作进行有效监督。听取和审议 2016 年财政决算及 2017 年 1—8 月份财政预算执行情况的报告和预算调整情况的报告，要求县政府及财政部门要认真贯彻落实预算法和人大常委会通过的决议决定，财政支出要严格按人民代表大会批准的预算执行和法律规定的预算收支科目列支，预算调整必须报人大常委会审议通过，方可支出。同时要完善财政资金管理和绩效考核制度，确保财政资金安全、规范、高效运行。与此同时，听取审议关于 2016 年预算执行和其他财政收支情况的审计报告，建议县政府及审计部门要进一步深化预算执行审计工作，加大对财政资金的监督检查力度，并跟踪监督被审计单位对审计结果的落实情况，针对审计的共性问题，要召集所有被审计单位，在一定范围内公开审计结果，起到预防警示的效果，确保把有限的财政资金用在强县富民的各项事业上。

【“三农”监督】 2017 年常委会长期关注农业产业化发展，多次深入一线了解有关情况，听取和审议农业主导产业巩固提升的工作报告。建议县政府要制定产业发展详规，形成便于操作的运行机制。立足安泽县天然良好的生态优势，在绿色、生态、环保上大做文章，并与大中院校、科研机构合作，研发保健品、药品等系列产品，切实提升农产品的附加值，优化发展环境，吸引农业龙头企业来安泽县投资办厂，积极与市场对接，稳定销售渠，使全县农业发展逐步走上规模化、标准化、产业化的路子。

2017 年是安泽县脱贫摘帽之年，为助力全县脱贫攻坚工作。4 月份，常委会听取审议了扶贫局关于全县脱贫攻坚工作报告，7 月中旬又对安泽县脱贫攻坚情况进行专题调研。建议政府要进一步强化农村基层组织建设，通过学习培训、典型引领、观摩交流等形式，不断增强基层组织的主体责任意识。积极鼓励贫困户参与到光伏、旅游加连翘这三项脱贫产业中来，依托产业稳定增收，年底摘掉贫困的“帽子”，打赢脱贫攻坚的“战役”。同时积极探索建立精准脱贫的长效机制，制定防止返贫的措施，做到脱贫政策不变，财政扶持力度不减，帮扶队伍不撤、人员不散，有效巩固脱贫成果，确保不再返贫。

【焦点问题监督】 教育、卫生是常委会长期关注的民生问题。2017 年 3 月中旬，常委会对教育和卫生未落实项目进行专项督查，建议政府要加快工程项目的推进步伐，力争项目早完工、早见效。9 月份，常委会听取审议县教科局关于学前教育发展情况的报告，建议县政府要把学前教育作为落实民生改善的重要举措来抓，将其纳入教育优先发展范畴，着力解决学前教育相对滞后的问题，研究制定符合安泽县学前教育的长期规划，鼓励社会力量和资本进入学前教育领域，进一步推动学前教育事业的健康发展。

环保问题直接关系到人民群众身体健康和生活环境，是群众关心关注的焦点问题。常委会对安泽县大气污染防治工作进行深度调研。建议政府要牢固树立“绿水青山就是金山银山”的环保发展理念，进一步调整优化产业结构，优化工业布局，加速产业集聚，延伸产业链，同时积极推行循环经济和清洁生产，鼓励和支持使用清洁能源，减少源头排放。要加强环境执法力度，实施多部门联动执法，多管齐下，促使企业全面落实节能减排措施，走可持续发展的道路。加强宣传，引导公众树立环保意识，共创蓝天碧水。

对全县道路交通安全情况进行专题调研，建议政府要加大交通公路管护投入，对标准低、等级差的乡村道路逐步升级改造，提高通行能力和安全标准。加强道路交通市场和车辆安全状况的监管，规范、净化道路交通市场秩序及通行秩序，确保居民便捷安全出行。

【法律执行监督】 2017年认真贯彻落实《山西省各级人民代表大会常务委员会监督司法工作办法》，强化对全县司法工作的监督。3月份，在第七次常委会上，听取由人大及其常委会选举、任命的公、检、法、司工作人员的述职。10月份，在第十二次常委会上，听取县人民法院关于解决法院案件执行难问题、县人民检察院关于检察监督工作。建议县人民法院必须进一步加大依法执行力度，对有能力履行法律义务却恶意逃避执行、暴力抗拒执行的，要善于运用媒体和法律手段，采取强制措施，震慑违法行为。检察机关要围绕发展大局，严厉打击经济犯罪，维护市场秩序，为全县经济建设保驾护航。年底听取和审议“七五”普法实施情况的报告，建议政府要进一步加大全民普法力度，在推进普法“全覆盖”的基础上，要突出政府、行政主管部门和司法干部这个重点，使他们掌握依法行使职权必备的法律知识，严格依照法定权限和程序行使权力、履行职责，着力提高依法行政的能力和水平。要进一步创新法治宣传的形式和方法，引导群众学法、用法、依法表达合理诉求、调解矛盾纠纷，维护自身权益，切实推进普法工作在全县范围内的贯彻实施。

【依法履职】 2017年常委会贯彻执行民主集中制原则，充分发扬民主、集中民智、反映民意，行使重大事项决定权和人事任免权。依法决定重大事项。常委会注重从全县发展大局出发，认真把握经济社会发展的阶段性特征和结构性特点，依法审议、决定本行政区带有全局性、长远性、根本性的重大事项和人民群众关心、关切的热点问题。2017年常委会依照法定程序表决通过县政府提请的《关于统筹整合财政资金用于扶贫项目及项目安排的议案》《关于2017年预算调整的议案》等，使县委的重要主张经过法定程序上升为全县人民的共同意志，对全县发展稳定奠定坚实基础。依法进行人事任免。县人大常委会始终坚持监督与任免相结合，严把“提请关、表决关、监督关”，做到任前知情、任中知人、任后知行，既保障坚持党的领导和依法任免干部的有机统一，又充分体现人大依法任命的干部受人大监督、对人大负责原则。2017 年，共依法任免“一府两院”干部 21 人，为全县经济社会发展提供人才保障。

【发挥代表主体作用】 2017 年常委会不断探索和改进代表工作方式方法，支持和保证代表依法履职，使代表的作用得到充分发挥。强化学习培训。常委会通过坚持为代表订阅学习资料，专题培训、以会代训等形式，努力提高代表的整体素质。并邀请三届省人大代表石金平、市委党校理论教师孟飞虎、律师崔利文对全县 300 余名代表进行了集中培训，代表的履职能力和水平得到有效提升。强化交流履职。坚持有计划、有组织地邀请代表列席常委会会议，参与常委会开展的视察调研、执法检查、工作评议等活动，认真吸纳代表意见建议，不仅丰富代表的履职形式，而且使常委会各项工作更加接地气、顺民意。召开代表履职交流座谈会，实地参观代表活动室建设，组织首次县代表跨乡镇交叉视察等系列活动，增进交流学习，拓宽代表视野，代表的主体作用得以发挥。加强意见建议督办落实。常委会始终把提高代表议案建议意见办结率作为激发代表履职热情、推进民主政治建设的重要抓手，提高议案建议的办理质量。2017 年人代会上收到社会、农业、经贸、司法、计划五大类，58 件议事原案。会后，常委会将代表议案按口归类整理，召开意见建议办理专题会议，转交给政府各相关部门进行办理。办理过程中，适时听取县政府关于代表议案和建议、意见办理情况汇报，督促各职能部门加快办理进度，做到事事有回音，件件有着落。

【常委会自身建设】 2017 年常委会一如既往的狠抓思想建设、政治建设和业务建设，严格遵守党的政治纪律和政治规矩，在思想上政治上行动上同习近平同志为核心的党中央保持高度一致，积极适应形势发展和工作需要，不断提高履职的能力和水平。

1. 提高常委会干群的政治站位。坚持机关周一学习制度，深入开展理论学习，组织常委会组成人员和机关干部不断加强政治、法律和业务学习，认真学习党的十九大精神，深化对中央方针政策、习近平总书记系列重要讲话和省、市、县委重大决策部署的再学习、再认识、再提高，增强党的观念、政治观念和大局观念，保证人大工作的正确方向。

2. 提高常委会拒腐防变的定力。人大常委会始终将党风廉政建设作为自身建设的重要环节常抓不懈，深入落实党风廉政建设责任制，认真贯彻执行民主集中制，坚持落实重大事项请示报告制度。此外，常委会严格执行中央“八项规定”和廉政准则各项要求，严格执行财务管理、公务接待等规章制度，做到时时处处心中有戒、清白做人、踏实做事、廉洁做官。

3. 提高服务全县中心工作的能力。环境卫生整治是县委政府改善人居环境的一项重要举措，常委会持续深入的进行 20 余次督查，在督促政府及时拨付环境整治资金、明确整治措施措施，提高村民的主人翁意识，引导他们养成良好卫生习惯，共建美丽乡村等方面起到积极作用。脱贫攻坚工作是全县工作的重中之重，县人大机关全体干部群众积极参与，利用多种形式为贫困户宣传各类富民惠民优惠政策，为他们提供信息、技术、项目等方面的服务。10 月份，常委会机关全体人员深入包联村帮助孤、残、年老体弱等无劳动能力的贫困户收秋，提高贫困户对扶贫工作的满意度，展现人大干部的良好形象。

重要会议与机关工作人员任免

【安泽县第十六届人民代表大会第三次会议】 会议议程：(1) 听取和审议安泽县人民政府工作报告；(2) 审查和批准县人民政府关于安泽县 2017 年国民经济和社会发展计划执行情况的报告与 2018 年国民经济和社会发展计划草案的报告；批准安泽县 2018 年国民经济和社会发展计划；(3) 审查和批准县人民政府关于安泽县 2017 年财政预算执行情况与 2018 年财政预算草案的报告；批准安泽县 2018 年财政预算；(4) 听取和审议安泽县人民代表大会常务委员会工作报告；(5) 听取和审议安泽县人民法院工作报告；(6) 听取和审议安泽县人民检察院工作报告；(7) 表决通过安泽县第十六届人大常委会法制委员会、财政经济委员会组成人员名单；(8) 补选事项及其他。

【安泽县第十六届人大常委会会议】 2017 年，安泽县人大常委会共举行 9 次会议，即第五次会议至第 13 次会议。

第五次会议议程：(1) 审议通过关于召开十六届二次人代会召开时间的决定（草案）；(2) 审议通过关于十六届二次人代会议程（草案）；(3) 介绍安泽县人大常委会工作报告；(4) 审议通过十六届二次人代会筹备机构及工作职责；(4) 审议通过十六届二次人代会列席人员名单；(5) 审议通过安泽县人大常委会 2017 年工作要点；(6) 听取和审议县政府作关于十六届人大一次会议代表意见建议办理情况的报告；(8) 听取和审议县财政局作 2017 年财政预算初步方案和 2016 年财政执行情况的报告；(9) 人事任免。决定任命邱金亮为安泽县交通运输局局长；宋林乔为安泽县人力资源和社会保障局局长；任泰成为安泽县卫生和计划生育局局长；闫秀武为安泽县民政局局长；任志勇为安泽县人民代表大会常务委员会内务司法工委主任。

第六次会议议程：(1) 人事任免。决定任命宋晓军为安泽县监察委员会副主任；马辉峰为安泽县监察委员会副主任；翟海元为安泽县监察委员会委员；郝亚俊为安泽县监察委员会委员；刘红花为安泽县监察委员会委员；刘晓春为安泽县监察委员会委员。

第七次会议议程：听取和审议各单位 2016 年交账和 2017 年建账情况汇报。

第八次会议议程：(1) 听取和审议安泽县农委作关于农业主导产业巩固提升情况的报告；(2) 听取和审议安泽县扶贫局作关于脱贫攻坚工作情况的报告；(3) 听取和审议安泽县人大常委会预算审查小组成员简历。

第九次会议议程；(1) 听取和审议县安泽县教科局作关于全县学前教育发展情况的报告；(2) 听取和审议安泽县人大常委会任命公检法司工作人员工作情况的报

告；（3）审议和通过政府提请的关于2017年度涉农资金用于扶贫项目及项目安排的议案；（4）安泽县人大常委会韩建辉主任向预算审查委员会成员颁发聘书；（5）人事任免。决定任命丁清亮同志为安泽县人民法院唐城人民法院庭庭长；贾军华同志为安泽县人民法院审判员。

第十次会议议程：（1）听取和审议安泽县人民政府作关于2017年全县重点工程、民生实事进展情况的报告；（2）听取和审议安泽县人民政府作2012—2016年全县重点工程完成情况的报告；（3）听取和审议安泽县财政局作2016年财政预算和2017年1—7月份预算执行情况的报告；（4）听取和审议审计局作审计工作的报告；（5）听取和审议预审组预审报告；（6）审议和通过财政决算草案的决议；（7）审议和通过宋晓军辞呈。

第十一次会议议程：人事任免。决定任命徐岭松为安泽县人民政府副县长。

第十二次会议议程：（1）听取和审议法院作关于解决法院案件执行难问题情况的报告；（2）听取和审议检察院作关于检查监督情况的报告；（3）听取和审议环保局作关于大气污染防治情况的报告；（4）听取和审议县人民政府关于人事任免的议案；（5）听取和审议金融部门如何服务县域经济的报告。

安泽县人民政府

综　述

【经济发展】　2017年把稳增长摆在讲政治、保运转、稳大局的突出位置，紧紧抓住煤焦市场升温、价格高起的有利时机，突出抓牢企业安全、环保工作，扎实开展“入企服务”活动，千方百计“保企业、保生产、保增长”。特别是严格落实企业减负的各项政策措施，累计取消各类收费项目13项，减负11次，最大限度降低企业负担，助推企业轻装上阵、加快发展，稳定了全县经济增长的基本面。全年地区生产总值完成46.3亿元；规模以上工业增加值完成29.04亿元；固定资产投资完成23亿元；社会消费品零售总额完成9.66亿元；城镇居民人均可支配收入完成27185元；农村居民人均可支配收入完成9176元；一般公共预算收入完成4.08亿元，同比增长36%。

【脱贫攻坚】　2017年将脱贫攻坚摆在全局工作的突出位置，举全县之力攻坚克难。全面夯实领导责任，组建“三级党政领导一起抓、四大班子齐动手、全体党员干部共参与”的组织领导体系，所有县级领导将包联村调整至贫困村，驻村工作队、第一书记每周“五天四夜”驻村帮扶，广大党员干部根植一线、昼夜奋战，以精准方略做实做细脱贫基础工作，以绣花功夫大力推进“十大扶贫任务”。用好旅游、光伏、连翘“三件宝”，全县102个村实现村级光伏电站全覆盖，贫困人口通过管护、采摘连翘人均收益1500元左右，贫困户至少有1项稳定产业支撑；完成503户1175人的易地扶贫搬迁集中安置；完成40个贫困村、7个非贫困村的农村饮水提质工程，实现2万余名群众安全饮水目标；建设“四好农村路”107.5公里、安装生命安全防护栏59.7公里；全面落实教育、健康、社保兜底、科技、文化等一揽子扶贫保障政策；创新组建脱贫攻坚“3+X”帮扶队伍，群众的满意度、获得感和幸福感显著提升，22个贫困村1825户4362人实现脱贫，贫困退出14项指标和“三率一度”目标任务全部完成，贫困发生率降至0.5%，顺利通过了全市贫困退出初审和省脱贫攻坚成效第三方评估。

【农林生产】 2017年坚持有机、绿色发展方向，有机玉米面积达到2万亩，新增认证无公害农产品4个，认证面积2.7万亩，完成地理标志农产品认证1个。加快发展以连翘为主的中药材产业，新种植中药材7000余亩，野生连翘抚育1.7万余亩，新建井泉药业中药材示范基地5000亩、林下种植基地1万亩。编制完成《安泽县中药材普查大全》（上、下册），扎实开展青翘“护青防抢”“规范市场秩序”专项行动，在人民大会堂成功举办“安泽连翘产业助力精准扶贫推介会”，成功创建省级出口连翘质量安全示范区。完成植树造林2.03万亩，国家湿地公园完成总体规划编制；山西安泽国家森林公园全票通过国家评审。央视《乡约》栏目在黄花岭成功录制。

【工业产业转型】 2017年坚决落实“三去一降一补”重点任务，持续推进传统煤焦产业提能升级。安泽县500万吨以上焦化产业园区成功纳入全省12个焦化园区总体布局。耀阳光电200兆瓦/年光伏组件生产线项目已投产达效，中石油马壁东区块4亿立方米/年煤层气项目完成钻井200口，永鑫永乐区块煤层气勘探项目成功获批，安泽县省级经济技术开发区可研全市率先通过省级评审，为全县工业经济转型奠定了基础。

【文化旅游业】 2017年完成麻衣寺塔至红叶岭等11条旅游公路建设，新建扩建小黄、飞岭、黄花岭、青松岭、红叶岭、朱德路居地、刘少奇路居地等旅游景点，沿沁河田园综合体建设初见成效；相继举办“相遇青松岭”“龙门福地”“红色之旅”“红叶传情”等系列文化旅游月活动，全年接待游客176万人次，旅游综合收入达4.3亿元。

【城乡面貌】 2017年围绕创建国家级卫生城市，坚持城乡融合发展，大力推进城乡一体建设，使城乡更加美丽宜居。完成县城“一纵一横”续建工程、县城集中供热工程，实施商业步行街府西街段改造工程，城北农贸市场如期投入运行，城南农贸市场主体已完工，污水管网改造工程完成前期准备工作，府后街、迎宾馆两侧和安兴路等片区棚户区改造工程完成融资贷款1.23亿元，城市功能进一步完善。以“人人参与环境整治，共建共享美丽安泽”为主题，相继开展环境卫生百日综合整治、城乡环境卫生集中整治、农村环境卫生整治等专项行动。在市容市貌上，通过拆除危旧房屋、取缔私搭乱建、整治乱停乱放、提高园林覆盖率和强化街巷保洁等措施，使群众公共活动空间逐步扩大，生活舒适度不断提升；在村容村貌上，与改善农村人居环境、建设美丽乡村相结合，以环村、环城乡接合部和沿路、沿沟、沿河为重点，扎实开展治乱、治垃圾、治污水、治面源污染等整治行动，小黄村成功创建为省级美丽乡村示范村，马壁村、沁河庄村、唐城村3个村成功创建为市级美丽乡村示范村，为创建国家卫生城镇工作打下坚实基础。

【环保治理】 2017年，持续推进大气、水、土壤污染防治攻坚战，永鑫、太岳脱硫脱硝升级改造工程全部完工，县城区经营性燃煤锅炉及茶浴炉全部拆除，全县餐饮单位全部完成油烟净化安装，完成全县所有乡镇政府机关和乡（镇）直单位的燃煤锅炉改造，建筑工地全部按照“六个100%”的要求进行扬尘治理监管；严格推行“河长制”，大力开展水生野生动物保护、河道环境治理等专项整治行动，乱捕滥杀、垃圾乱倒、黑臭水体等现象得到有效治理。全县4座煤矿全部建成矿井水和生活污水处理站，11家煤焦企业全部建成生活污水处理站，工业废水实现深度处理、达标排放，完成畜禽养殖禁养区划定及发布工作，居民饮用水源地监管逐步加强；探索实施地膜、农药瓶等农业废弃物回收机制，切实强化农业面源污染防控。大力开展联合执法、百人夜查等专项活动，有效督促各项环保要求落到实处。全年二级以上天数及各项减排指标均超额完成市定任务。

【文教、卫生和社会保障】 2017年杜村乡、良马乡中心幼儿园投入使用，和川镇中心幼儿园完成主体建设；深入开展“三优”创建评选活动，示范引领效应凸显。2017年，全县中考600分以上考生达23人，高考二本B类以上达线119人，达线率24.2%，比上年提高3.4%。稳步推进县乡医疗卫生机构一体化改革，县医疗集团人民医院医技门诊综合楼、中医院住院楼主体工程已完工；持续加强医联体建设，建立心血管病远程会诊中心；继续实施“四免一降”惠民措施，进一步减轻群众就医负担；计生、疾控、妇幼等工作扎实推进，公共卫生服务均等化成效明显。奥体中心投入使用，全年接待群众近万人次；广泛开展各类文化活动，组织开展喜迎十九大“太行山水杯”三市十一县篮球邀请赛等体育赛事，有效推动全县文化、旅游、体育事业融合发展。新增就业岗位902个，转移农村劳动力1986人，各项指标均超额完成市定任务；机关事业单位养老保险制度改革稳步入轨运行。同时，府城红叶康养中心、农村老年人日间照料中心投入使用，进一步增进了老年人福祉。

【安全工作】 2017年深入开展安全生产大检查、安全风险大排查大整治等专项行动；持续推进“反三违”行动，纠正“三违”现象2300余起，罚款25万元；全面落实挂牌责任制，工商登记在册的3911家生产经营单位全部实行挂牌上墙；强化社会治安综合治理，完成“天眼”三期工程，县乡村主要部位探头监控实现全天候覆盖；狠抓社会面治安巡逻防控，圆满完成十九大安保和“平安安泽”创建任务；加强和创新社会管理，全年未发生群体性越级上访事件，群众安全感、满意度连续三年排名全省第一，第三次获得“全国平安建设先进县”称号，被中央综治委授予政法综治领域最高荣誉——长安杯。

【政府自身建设】 2017年深入开展“两学一做”学习教育常态化制度化、“维护核心、见诸行动”主题教育和“讲政治、知敬畏、守规矩”专项治理等专项活动，党员干部“四个意识”不断增强；严格执行人大及其常委会的决议决定，主动接受人大、政协监督，全年共办理人大代表建议58件、政协提案200件；“放管服”改革成效明显，累计承接行政审批事项10项、取消行政审批事项9项；对全县41家单位

17 项行政审批中介服务事项进行清理规范；大力落实“13710”工作法，全年共承办市级重点工作 57 项，督办县级重点工作 32 项；在全市率先启用“OA”办公系统，实现非密级文件网上传输及网上办公，工作效率不断提升；认真执行党风廉政建设责任制，切实把从严管党治党责任传导压实到基层一线。

政府办公室

【抓学习强制度】 1. 抓“两项教育”。将“两学一做”学习教育常态化制度化作为重要抓手，常抓实抓。坚持党的理论、政策、规章学习，深入学习党的十九大精神、习总书记系列讲话重要精神和中央、省、市的部署要求；坚持“维护核心、见诸行动”主题教育活动，尤其是将习近平总书记视察山西重要讲话精神和“7·26”讲话精神作为主题教育重要内容。制定学习方案、开展交流研讨、组织专题研讨会等，在学深、学透上出真招、见实效。把“一文一书”纳入主题教育必读篇目，下发《习近平总书记的成长之路》《习近平的七年知青岁月》，确保学有成效、学有载体。坚持每周一集中学习制度，全年组织集中学习 50 余次，开展学习讨论 7 次，撰写心得体会 160 余篇。通过研讨活动，讲认识、谈体会，摆问题、查不足，在思想、作风上进行“补钙”“加油”。组织党员领导干部集体观看《总书记在山西》《将改革进行到底》《永远在路上》等。通过微信推送学、集中讨论学、理论宣讲学、知识测试学、网络灵活学等多种方式达到十九大精神和习总书记系列重要讲话精神入脑入心，提升理论水平，激发干事创业热情。2. 业务学习。依照《山西省政府办公厅（室）系统干部专业能力标准（试行）》，对照提升办公室成员的业务能力水平。加强干部的业务培训，进一步提升干部职工的综合素质，提高机关服务效能，加快建设学习型机关建设，尤其加强对年轻干部的业务能力学习和培训。坚持求真务实，通过各种途径、方式深入开展调查研究，全年调研学习 20 余次，进一步拓宽视野，务实工作作风。通过学习，年轻干部进一步加强了个人在“办文、办会、办事”“服务决策、服务基层、服务群众”、档案管理以及会务、信访等方面的知识和能力，切实提高业务水平。3. 制度建设。反思制度建设上薄弱环节，创新内部管理的体制机制，不断推进制度建设。按照保留、修订和新增进行分类处理。对已完备的制度，认真落实、严格执行；对不健全的制度，进一步加以完善；对缺乏制度规范的事项，建立相应制度，持续推进制度建设和执行。为加强工作的规范性，下大力气重新修订完善制定出台《县政府办公室工作人员管理办法》《县政府办公室政务值班工作制度》《县政府办公室公文处理制度》《县政府办公室会务制度》等制度，形成深入推进工作的长效机制。对办文、办会、办事等各个方面确保有规可依、有章可循、按章办事。4. 激活内生动力。实施工作日志制度，一日一记录、一周一小结、一月一汇总，激励办公室全体人员想干事、争事干，干实事。进一步加强队伍建设和干部培养，调整优化内设机构人员配置，明确人员分工，保持办公室的生机和活力。同时，通过积极参加“迎七一歌咏比赛”

“小李村红色教育拓展训练”等系列活动，丰富干部职工的业余生活，增强工作人员的凝聚力和向心力，形成良好的工作氛围。

【“三办”工作】 2017 年牢固树立服务理念，围绕县政府中心工作，改进工作作风，努力提升办文、办会、办事的能力与水平。在办文方面：1. 严格规范公文办理。坚持统筹考虑，合理安排，精心组织，严把行文关、程序关、政策关、法规关和文字关，努力做到高要求、高效率、高质量。全年共签发政府、政府办文件 200 余份，不仅保证了公文的规范性、政策性和严肃性，而且确保了上传下达、政令畅通。全面加强政府办文信息化建设，在全县各级各部门启用“安泽县协同办公平台”，做到非密级文件的网上传输及网上办公，提高工作效率，提高全县在无纸化办公及信息化办公方面的水平，并借助该系统，做好文书档案的电子化，构建信息平台和行业信息大数据系统平台，实现公文信息的网上共享。2. 以文辅政当好参谋。倡导简洁、明快的文风，围绕全县各阶段中心任务，深入调研，掌握实情，紧贴上级精神和中心工作，认真做好文字材料起草，文稿质量和水平有较大提高。全年共为县政府和县级领导起草各类文件、报告、讲话、汇报材料、署名文章等 300 余篇，编发政务信息 300 余期，被市政务信息采用 23 条。在办会方面：坚持会前、会中、会后三检点，共筹备各类大型会议和专项会议 70 余次。大力精简各种会议，严控次数和规模，认真搞好会务的统筹协调，做到能不召开会议的或者可以通过电话等方式部署的工作坚决不召开会议，能合并套开的会议坚决合并套开，能小范围研究、协调的不扩大会议规模，精简会议约 16%。切实做好会务工作，会后及时形成《会议纪要》，从源头上确保会议的权威性和高效率。全年承办政府常务会议 7 次，县长办公会 10 次，政府党组会 13 次。在办事方面：坚持抓基层打基础，以“三基建设”牵引工作，结合单位职能，强化全县基础工作。对照全县加强“三基建设”各项重点任务，分层级梳理各项基础性工作，对履行职能的基础信息、工作规范、规章制度等基础性业务和管理工作进行分类界定，明确内设机构职能定位，并结合自身实际，重新梳理工作运行流程，强化机关效能。坚持责任到人、无缝衔接，着力加强综合协调，把应急值班、来访接待、会议通知等各项制度落到实处，做到件件有落实，事事有回音。特别是在沟通部门、联系各方上，做到领会领导意图准确，执行政府决策有力，掌握部门情况全面，信息反馈及时，确保政令畅通。

【督查工作】 2017 按照县委、县政府的部署，重点围绕项目建设、脱贫攻坚、环境治理、安全生产等重点工作和中心工作，进行专题督查。特别是按照省、市部署，上线运行“13710”督办系统，实现市县乡三级互联互通。借助互联网+督察的技术手段，有效推动全县各项工作的落实。共中结市政府督办事项 51 件，完成县级督办 31 件。同时，做好建议提案的办理工作，办结率、见面率均为 100%。

【人民防空】 2017 年县人防紧紧围绕“三三三”推进战略，以易地建设费收缴和人防信息化建设为重点，出台人防“十三五”规划等一系列文件，完善全县防空袭预案，健全联审联批制度，人防应急处置能力不断提升。2017年7月24日至7月28日组织参与山西省、市、县三级人民防空联合演习，代号“太行—2017”，此次演习提高了安泽县人民防空指挥机构组织指挥能力和群众防空组织遂行任务能力，全面检验安泽县人防建设成果。在县领导的大力支持下，持续加强人防信息保障中心建设，将人防信息保障工作提高到一个新的水平。

【应急管理】 2017年修订完善《安泽县突发公共事件应急预案》《安泽县安全生产事故应急救援预案》等近28余项县级应急救援预案，先后开展消防、护林防火、危化品、校园应急疏散等方面的应急演练。同时，继续整合全县应急队伍资源，改善其技术装备，健全应急救援队伍体系，严格落实工作责任制。

【政府法制】 2017年制定权力清单制度清理工作方案，完成行政权力事项和责任事项清单制定工作。先后出台《安泽县规范性文件制定与备案规定》《安泽县规范性文件制定与备案审查工作流程》等五项制度。对2015年以前出台的政府规章、规范性文件违反法律法规规定，存在适用期已过等与现实情况不相适应的情况进行全面清理。完成法律顾问制度的建设，出台政府法律顾问工作规则。成立法律顾问室，并聘请临汾市律师事务所的执业律师担任法律顾问。加强专项法制宣传，营造广大干部群众学法、守法、依法行政的良好社会氛围。

【政府信息公开】 2017年对政务信息作全面梳理，修订充实《安泽县人民政府信息公开指南与目录》和《政府信息公开年度报告》，并通过政府信息公开门户网站等途径予以公开。建立起一整套信息采集、审核、发布机制，严格信息发布程序，严谨细致审核把关，对网站内容进行及时维护和更新。通过各种方式，主动公开政府信息8956条。

【市长热线办理】 2017年共受理“12345”市长热线工单664条，较去年同比增长288%。其中，一般诉求类535件，占总量的80%；咨询类90件，占总量的13%；建议类19件，占总量的0.2%，投诉类14件，占总量的0.2%；表扬类3件。总办结率93%，群众满意率95%。

政务管理

【概述】 2017年在县委、县政府的正确领导下，在市政务大厅的具体指导下，通过中心与进驻窗口的共同努力，扎实工作，为打造安泽审批之窗、服务之窗、民生之窗，实现安泽县全面振兴、绿色崛起提供良好的政务服务保障。2017年共办理各类行政许可和服务事项4662件，按时办结率100%，群众满意度99.99%以上。

【基础设施建设】 2017年按照政务服务标准化建设要求，完善LED显示屏、电子触摸屏等职能硬件设施，在各窗口柜台摆放宣传资料和业务办理指南，方便群众及时了解政策及业务流程，在大厅安置休息座椅、“书香安泽”便民书柜以及无障碍通道等人性化服务设施，构建和谐有序的办事环境，做到大厅服务区功能明确、设施齐全，最大程度方便群众和提高工作效率。

【政务服务体系建设】 2017年为切实提高审批工作效率，方便群众办事，将政务服务渠道拓展化，在全县7个乡镇全部成立乡镇便民服务中心，实行工作属地管理，业务大厅指导。县政务大厅为主体，乡镇便民服务中心为纽带，村级行政审批联络员为延伸的行政审批服务格局形成。2017年底，全县7个乡镇，84个自然村实现行政审批服务全覆盖。

【电子政务】 2017年在开展网络服务和发挥网络监督方面，安泽县有着强大的优势，“三级中心、一网一格”，即“311”服务体系的网络资源，为加强网络建设，建立县、乡、村三级行政审批服务网，提供优越的平台，截至12月“311”服务平台与现有的行政审批电子监察系统已经联通，服务功能覆盖全县84个自然村的便民服务室。

【“安泽政务在线”微信公众号】 2017年按照《临汾市行政审批管理中心关于推进建设全市统一行政审批信息平台的通知》（临行审发〔2016〕15号）文件精神，聘请软件工程师建设“临汾政务在线”微信公众号安泽分站点，根据全县所有审批事项整理出详细具体的电子版办事指南、申请表格和表格范本，并在公众号上公开，方便群众查阅信息。开通“安泽政务在线”微信公众号，由专人负责日常管理、运行及信息的发布。年底已实现稳定运行，共有58位用户关注。在大厅和各窗口显著位置张贴、摆放微信公众号二维码宣传海报，向办事群众宣传，扩大微信公众号使用范围。

【行政审批服务】 2017年按照《临汾市人民政府办公厅关于落实行政审批“两集中两到位”工作的通知》（临政办函〔2014〕86号）文件精神，狠抓“两集中、两到位”改革工作落实，成立行政审批办公室（行政审批科）33所，授权首席审批员48名，窗口主任33名，A岗33名，B岗34名，审批项目实现应进必进。“两集中、两到位”改革工作已基本完成。另外，将不动产统一登记窗口的“预购商品房预告登记、一般抵押权、最高额抵押权首次登记”等9项审批项目的“登记费”纳入大厅收费窗口收取，方便办事群众。

【重点项目“绿色通道”】 2017年对于县委县政府确定的重点工程，一律进入“绿色通道”办理，实行统一预登记、并联审批、联合勘察、集中办公。农民养殖专业合作社办理过程牵涉工商、发改、环保等部门，并互为前置，程序繁琐，一定程度上影响办事效率，针对此情况，大厅将该项目纳入“绿色通道”，时限明显缩短，效率提高，受到群众的好评。年底为河源养殖专业合作社、郎寨塔生态养殖发展公司等农民养殖专业合作社提供联审，提高审批效率。

【政务服务标准化建设】 2017年借鉴新泰市和南通市等地的政务服务标准化创建先进经验，按照《临汾市政务服务标准化建设实施方案》（临政办发〔2017〕49号）

要求，召开安泽县政务服务标准化工作动员会，制定出安泽县的政务服务标准化建设实施方案，并以安政办发〔2017〕85号文件在全县范围内下发。积极收集新标准化法等标准化资料，对政务大厅全体人员进行标准化基础知识培训，对标准化工作业务骨干进行相关标准化业务知识培训。

【在线审批监管平台】 2017年根据《山西省人民政府办公厅关于落实“13710”工作制度的通知》，按照县委、县政府的安排部署，安泽县投资项目在线审批监管平台已开通运行，发改局、住建局、国土局等窗口进入平台进行并联审批工作，相关服务事项已实现“一号申请、一窗受理、一网通办”。

【清理、规范进驻事项】 2017年积极配合县编办，及时对上级取消或下放的审批服务事项进行梳理，认真做好进厅事项的调整和承接工作，及时跟进业务手册和服务指南的更新，并通过政府网站、大厅电子屏幕等媒介做好发布公示，确保工作不断档、无盲点。12月底，大厅各窗口均不存在已取消项目仍在办的情况。

【政务公开】 2017年不断加强政务公开力度，通过政务大厅的办事窗口、微信公众号以及政府网站对所有行政审批事项的办事依据、申报条件、申报材料、办理程序、承诺时限、收费标准等进行公示。畅通投诉和举报渠道，设置群众满意度测评表，通过投诉电话、举报箱、邮箱接受办事群众的咨询、建议和投诉。

【健全组织机构，完善规章制度】 2017年，中心成立督查股，配备专职工作人员，在原先制度实行的基础上，通过对日常管理中发现问题和漏洞的分析和研究，修订出台26项工作制度和工作职责。窗口岗位实行“零缺位”AB岗制，大厅实行中心副主任带班制，项目事项办理实行首问负责制、一次性告知制度，置中心与窗口工作人员日常工作行为于长效监督约束之中。

（李敏）

档案管理

【队伍建设】 2017年以“两学一做”和“维护核心 见诸行动”学习教育活动为抓手，大兴学习之风，全面提升档案队伍的整体素质。1. 完善学习制度，制定学习计划。将每周二、五作为固定的学习日，全面加强干部职工的理想信念教育、思想道德教育和反腐倡廉教育，引导大家树立正确的世界观、人生观和价值观。2. 制定学习日程表，精心组织每一次的学习内容，认真撰写学习心得和笔记，并根据学习内容进行讨论交流、集中测试。3. 创新学习方式，以集中学习为主，个人自学为辅。通过观看影片、一把手讲党课等方式进行学习，对于不能参加集中学习的退休党员采取送学上门，做到“全员学习”，营造良好的学习环境。清明节前夕，全体党员干部到烈士陵园宣誓，听党课，再次接受党的教育。通过一系列举措，全体党员干部思想政治素质得到有效提高。4. 派出业务人员参加市档案局举办的“国家重点档案开发及档案鉴定划控”培训会和山西省档案学会举办的“重大活动档案管理研讨会”培训，提升业务人员的业务水平。

【档案管理】 1. 2017年贯彻落实国家档案局8号令、10号令，开展全县各机关单位的《文件材料归档范围和档案保管期限表》编制审批工作，组织全体干部职工学习《各级各类档案馆收集档案范围的规定》。根据档案工作实际，结合年度工作重点，制订详尽的工作方案，完善档案馆收集档案范围实施细则，指导县委统战部、县联社、县林业局、劳动局失业保险所、县城建局等单位的档案规范化管理工作；重新审定教科局等单位的文件材料归档范围和保管期限表。

2. 严格落实国家档案局9号令，确保档案安全万无一失。“安全大于天”。一直以来，严格按照“十防”（防火、防水、防光、防潮、防尘、防鼠、防盗、防虫、防高温、防污染）要求，做好档案库房的安全管理工作。对档案工作人员开展经常性的安全教育，强化管理人员的安全防范意识和责任意识。利用单位的学习日，组织全体职工进行消防培训，学习火灾预防常识、处理方法、用电安全、火场逃生自救以及各类消防器材的使用方法，增强干部职工的消防意识和预防、处置安全事故的能力。完善档案管理规章制度，加强对规章制度执行情况的监督检查，利用智能化档案安全管理系统做好安全配套措施，做好库房温湿度记录、调节工作；定期对档案库房进行卫生清理和安全隐患排查工作，及时更换库房内的防虫防霉剂，做好安全检查记录；四是定期对消防器材进行检查维修或更换，为做好档案工作奠定良好的基础。

3. 贯彻落实省政府第245号令《山西省重大活动档案管理办法》，做好县域内重大活动档案管理工作，上下沟通，纵横协调，印发安办发〔2017〕47号《关于加强和改进新形势下档案工作的实施意见》，召开会议研究部署，并积极参与到县上的重大活动中：先后参与中央电视台七套《乡约》栏目走进安泽、临汾市山水太行休闲旅游安泽启动仪式等重大活动，收集活动资料，使安泽县的重大活动档案管理工作又向前迈了一步。

【档案服务】 2017年提高服务质量，增强服务主动性，突出服务主题，完善各项制度，建立责任制，把握社会需求，有计划、有重点地为领导决策和各部门开展工作提供档案信息依据，为经济社会和广大人民群众提供优质服务。借助馆藏档案和政府公开信息等平台，共接待社会各界档案利用者300余人次，查阅档案870余卷（件）。档案提供利用工作有效地发挥档案在为民生服务、化解各种社会矛盾、重点难点工作突破等方面不可替代的凭证作用。

根据省、市档案部门对《抗日战争档案汇编》和国家重点档案目录上报工作有关要求，对馆藏的32卷旧政权档案和530卷革命历史档案进行两次清查、鉴定，共整理出抗日战争档案18卷40件287页，已经上报市局；国家重点档案（包括旧政权档案和革命历史档案）共清点、整理出562卷6287件56323页，全部上报市局。鉴于安泽县档案馆藏数量较少的现状，经局班子研究决定，同意与市局配合完成这两项工作。

【档案工作宣传】 全民档案意识程度直接影响到档案工作的发展步伐。为做好档案法制建设工作，提高全民档案意识，2017年召开会议安排部署，印发《档案工作规范管理文件汇编》和《档案法律法规选编》各500册；“6·9”国际档案日当天，在安泽电视台打出“提高社会各界档案意识 增强全民档案法制观念”的宣传标语；7月3日，中共安泽县委、安泽县人民政府在县委党校多媒体教室举办的第五期“干部大学堂”，聘请临汾市档案局副局长王志龙同志作题为《为党管档 为国守史 为民服务》的档案知识专题讲座，对全县党政机关、企事业单位的档案工作负责人和档案员进行档案法律法规、档案业务基础知识培训。印发安办发〔2017〕64号《关于在全县范围内开展档案执法检查的通知》，并按计划对20个单位进行档案执法监督检查。这一系列举措，进一步提高社会档案意识和档案法制观念，营造档案事业发展的良好社会环境。

【党风廉政建设】 2017年初制定党风廉政建设目标责任制，并纳入全局目标进行考核。成立工作领导小组，制定加强党风廉政建设工作方案和有关制度，进一步明确各项工作的具体内容、工作程序和监督事项，加强对干部选拔任用、资金运转、政务公开、党务公开、领导干部廉洁自律等权力运行各重点环节和部位的监督。组织干部职工和服务对象对领导班子勤政廉政情况进行评议。领导班子以身作则，带头认真落实廉洁自律各项规定，主动接受群众评议和监督，严格遵守各项党廉条规。一年来，全局未发生违规违纪行为。

【驻村帮扶工作】 2017年驻村工作队员多次深入上梯村调查、座谈、走访，详细了解群众生产生活情况，在和村委会召开座谈会后，针对上梯村实际，帮扶贫苦户种植党参1500株；帮助调整产业结构，鼓励5户农户种植玉露香梨树15亩；协助引进金剪子服装加工有限公司项目，年底该公司已正式投产运营；协调安装光伏发电项目，增加村集体收入（投资35.9万元，2017年已完成安装调试）；协调县公交公司，开通府城至上梯村公交车；为护林防火瞭望人员送慰问品、防火服10套。

（王红玉）

人力资源和社会保障局

【就业】 2017年全县转移农村劳动力2281人，完成市定任务的152%；就业困难人员就业142人，完成市定任务的142%；城镇失业人员再就业165人，完成市定任务的110%；城镇登记失业率3.16%，低于4.2%的控制目标。

【基本养老保险】 2017年企业养老保险参保人数8534人，完成市定任务的106%；征缴基金4299万元，完成市定任务的139%。机关事业养老保险参保人数5330人，完成市定任务的124%；征缴基金1.4亿元。城乡居民养老保险参保人数35593人，完成市定任务的110%；征缴基金468.68万元，完成市定任务的134%。

【基本医疗保险方面】 2017年城镇职工医疗保险参保人数12413人，完成市定任务的100%；征缴基金3166万元，完成市定任务的143.9%。城乡居民基本医疗保险参保人数 67187 人，完成市定任务的 100.87%；征缴基金 1060.88 万元，完成市定任务的 107%。生育保险参保人数 8851 人，完成市定任务的 100%；征缴基金 174.6 万元，完成市定任务的 134.3%。

【工伤保险】 参保人数参保人数 17678 人，完成市定任务的 112%；征缴基金 1037.5 万元，完成市定任务的 107%。

【失业保险】 参保人数 5108 人，完成市定任务的 100%；征缴基金 215 万元，完成市定任务的 179.2%。累计发放社保卡 48125 张。

【就业创业援助工作】 1. 2017 年完善公共就业服务体系。开发公益性岗位 60 个，举办和参加“春风行动”“就业招聘会”等系列公共就业服务活动 4 场（次），320 余人与企业达成就业意向。对京都职业培训学校进行培训资质认定，并依托该校，开展家政、电工、厨师和保育家庭服务员等 14 期技能培训班，完成各类职业培训 641 人。开展创业培训 4 期，培训 120 人。2.强力推动创业带动就业服务工作。与财政，金融等相关部门沟通协作，扎实做好小额担保贷款前期工作。

【收入分配制度改革】 2017 年对全县 3042 名机关事业单位和企业退休人员的基本养老金进行调整并发放到位。调整后，机关事业单位退休人员待遇平均提高 140 元/月，企业退休人员待遇平均提高 172 元/月。落实乡镇工作补贴、信访津贴、执勤津贴等制度，提高乡镇补贴、警察警衔津补贴标准。积极调整工伤、失业保险待遇标准。强化劳动监察执法，开展农民工工资支付专项检查，行政执法和刑事司法多管齐下，全年处理拖欠农民工案件共 28 件，追索劳动报酬 244 万元。通过落实各项工作，为城镇居民收入稳定增长、保障劳动者劳动所得做出了贡献。

【社会保障制度改革】 1. 2017 年城乡居民医保制度整合顺利完成。按照统一覆盖范围、统一筹资政策、统一保障待遇、统一医保目录、统一定点管理、统一基金管理的“六统一”原则，有序的推进整合工作。7 月底，将政府划拨的府东街还迁楼一层建筑面积 730 平方米的业务用房作为新医保大厅投入使用，实现新农合与医保中心合署办公，人员和业务已全部整合完毕。2. 启动机关事业单位养老保险制度改革。初步搭建起社会统筹和个人账户相结合、以职业年金为补充的制度体系，完成全县 178 个参保单位的 5470 名机关事业单位人员的信息采集录入和一次结算、二次清算工作。其中一次结算率 100%，二次清算率 99.8%，工作进展情况位居全市前列。3. 实现社保卡即时制卡。开通社会保障卡即制卡业务，做到社保卡立等可取，大大缩短社保卡的补、换卡时间，为参保人员提供极大的便利。

【队伍建设】 1. 2017 年强化干部队伍管理。对公务员信息库中行政机关的 348 名公务员信息进行认真审核。报送 2016 年度全县事业单位年报。审核聘任取得专业技术职务人员 185 人。2. 围绕“三基”建设举办培训班。举办“安泽县‘三基建设’

涉密人员能力提升培训班”“安泽县‘三基建设’文秘和信息能力提升培训班”，推动行政、事业单位人员基本能力全面提升。3. 严格按照流程规范开展人事工作。按照严肃纪律、严格程序、严守政策原则，共调动人员22人。其中，调出外县13人、调入本县1人（对调），本县内部调动8人。4. 做好军转人员安置工作。妥善将20名企业下岗失业军转人员进行公益性岗位托底安置。

【维权工作】 1. 2017年健全部门联动处置机制，形成属地管理、部门负责、人社监督协调的工作机制。2. 依托乡镇社保中心，进行地毯式摸排，做到摸排“零盲区”。严格执行日报制度，及时发现问题，化解矛盾。3. 把落实企业主体责任作为抓好工作的关键，加强日常监管，将企业是否实行招用农民工实名制管理和是否落实工资支付各项规章制度作为重点检查内容，严格要求企业必须依法与招用农民工签订劳动合同，建立职工名册并办理劳动用工备案。全县劳动合同备案率达90%以上，签订率达98%以上。4. 联合住建部门，要求企业预存工资保证金，年底已预存1000余万元，有效地遏制安泽县建筑施工企业拖欠农民工工资现象，并保持财政专户300万元为政府应急周转金，解决农民工工资问题的最后防线。

【队伍作风建设】 1. 2017年扎实开展“两学一做”学习教育常态化制度化、开展维护核心见诸行动主题教育活动。严格履行“一岗双责”，使日常政治学习、谈心谈话、批评与自我批评、咬耳扯袖、红脸出汗等工作形成常态化。2. 修订完善例会制度、考勤制度、学习制度、财务管理制度和大厅管理制度等，切实提高广大干部职工的执行力和落实力，确保政令畅通，各项工作快落实快推进。

【扶贫工作】 1. 2017年推进健康扶贫工作，落实医疗保障帮扶政策。住院医保目录内费用实行兜底保障。筛选出县级医院7月1日至12月29日已出院报销完毕的建档立卡贫困人口病历178份，其中补充医疗保险支付190430.622元，兜底补偿183682.02元；提高门诊慢病待遇水平，门诊医保目录内的费用按病种支付限额100%报销。2017年全县592名建档立卡贫困人员中享受慢性病，结算并支付8人次，支付金额131338.32元；提供“一站式”服务，为贫困群众看病报销提供便利。与县人民医院、县中医医院签订“一站式”服务协议，为每个医院预拨付了50万元医保垫付资金，将基本医疗保险补偿、大病保险报销和医疗救助在两家医院集中一次性办理。同时，降低贫困人口大病保险起付线，由1万元降低到5000元，支付比例由55%提高至75%。2017年底，享受“一站式”服务人数211人，补充保险支付106041.0415元，兜底补偿274984.2元。

2. 根据《临汾市人力资源和社会保障局 临汾市财政局 临汾市扶贫开发办公室关于转发〈关于切实做好社会保险扶贫工作的意见〉的通知》（临人社函〔2017〕407号）的要求，协调解决1943名贫困人员未缴纳基本养老金问题。贯彻执行国家养老保险政策，为2423名符合条件的60周岁以上贫困人员按每人每月95元（高于规定要求 75 元/月）加个人账户养老金发放养老金，发放率达 100%。

3. 就业扶贫，加大技能扶贫政策落实力度。关注贫困群众的需求，聚焦劳动力技能提升，有针对性地为贫困人口开展家政、裁剪技能培训 9 期，培训 313 人；加强就业扶贫政策落实力度。在公开招考的 60 名公益性岗位中，为贫困家庭人员设岗 20 人，帮助贫困劳动力实现就业。

扶贫工作

【概述】 安泽县扶贫局核定编制 8 名，正科级建制领导岗位一正一副，属县农业委员会管理，下设“一室五股”：办公室、项目股、科教股、财统股、易地扶贫搬迁管理股、外资项目管理办。2017 年，扶贫局全面贯彻落实党的十九大会议精神，深入学习习近平总书记关于脱贫攻坚系列重要讲话精神，严格按照省委、市委和县委的部署和要求，紧紧围绕脱贫攻坚“一个目标”，高效落实“八大工程二十个行动”，到 2017 年底，脱贫 1825 户 4362 人，贫困村退出 22 个，全县剩余贫困人口 317 人，贫困发生率降至 0.5%，高标准高质量地完成脱贫攻坚任务。

【建档立卡工作】 2017 年严格按照山西省脱贫攻坚领导小组办公室《关于印发山西省贫困退出指标解释的通知》（晋脱贫攻坚办〔2017〕53 号）文件精神及临汾市脱贫攻坚领导小组办公室《关于印发〈临汾市 2017 年度贫困退出实施方案〉的通知》（临脱贫攻坚办〔2017〕42 号），制定《安泽县贫困退出实施工作方案》并要求各乡镇严格执行，全面认真做好贫困户的退出、公示、公告等相关工作；同时，成立县级贫困退出验收工作小组，并于 12 月 1 日—12 日对 2017 年拟退出的 22 个贫困村进行了抽取审核。经审核，全县 22 个计划退出的贫困村均已达到“十三项退出指标”的条件，符合退出要求。在贫困县退出工作中，严格对照十四项指标，立体布局，各个部门协同合作，高标高质完成指标。同时组建了“数据清洗攻坚队”，逐户逐人核查修改，全省 11 月份数据统计中，安泽县的线上数据质量在全省 58 个贫困县排名第五、全市排名第一。

【光伏扶贫工作】 2017 年共投入 3112.5 万元，分别为剩余的 10 个贫困村安装 100 千瓦村级集中式光伏电站，为 63 个非贫困村全部安装 50 千瓦村级分布式光伏电站。至此，全县 102 个行政村实现了光伏扶贫全覆盖，使贫困村村集体增收破“10 万”，非贫困村增收破“5 万”。截至 2017 年底，按照《安泽县村级光伏扶贫项目管理暂行办法》的收益分配比例，39 个贫困村共应收益 410.828 万元（国家补贴的 292.148 万元还未到位），安泽县共拨付 118.68 万元，每 100 千瓦村级集中式光伏电站收益 3.1232 万元。待国家补贴到位后，每 100 千瓦村级集中式光伏电站可使村集体发电增收至少 12 万余元。同时在全县自然人分布式光伏发电项目上，采用贫困户贷款、政府全额贴息、财政先行垫付光伏补贴资金的方式，全县安装建设 500 余户，已并网发电 484 户（其中贫困户 365 户，非贫困户 119 户），户均增收 5000 余元。光伏发电增加农民收入，保护了生态环境。

【易地扶贫搬迁工作】 2017年安泽县全面完成“十三五”规划的易地扶贫搬迁工作任务，该项工作涉及全县七个乡镇23个集中安置点，涉及资金达4782.24万元（不含拆旧、复垦的1600.5万元），做到资金全拨付，工程全竣工，在全市易地搬迁工作中名列前茅。在具体工作过程中，充分尊重贫困群众搬迁的意愿，按照政策采取集中安置与分散安置相结合的安置方式，力求使每一个搬迁户都满意，改善他们的居住环境，全面提升生活质量。安泽县集中安置的400户880人及分散安置的103户295人已入住或达到入住条件，高标准地完成这项工作。通过“厕所革命”为70%的集中安置点配备安装水冲式厕所，改善群众的生活条件，让群众居住的更加舒心、生活得更加开心。

【教育扶贫工作】 2017年，对全县“建档立卡”贫困户中，被录取并就读二本B类以上本科院校的18名大学生，每生给予一次性补助5000元，共发放9万元；对就读中职中技（含普通中专、职业高中、技工学校）、高等职（专）业教育（含普通大专、高职院校、技师学院等）的137名在校学生，每生每年给予2000元的生活困难补助。2017年，全县共发放36.4万元资助金，全部通过“一卡通”发放到贫困家庭，切实解决贫困家庭的燃眉之急。同时对2017年秋季新入学就读中职中技（含普通中专、职业高中、技工学校）、高等职（专）业教育（含普通大专、高职院校、技师学院等）的学生补助报名信息按照文件要求，12月初在县电视台进行公示公告，并且将正式文件下发至各个乡镇，要求传达给每一个行政村，每一个在校学生或者学生家长，做到应补尽补，应助尽助，实现贫困学生补助全覆盖。

【党风廉政建设工作】 2017年，扶贫局全面贯彻落实党的十八大，十九大会议精神，围绕2017年党风廉政建设工作目标，认真落实主体责任，坚持党要管党，从严治党，严明党的纪律，扎实开展党风廉政建设和反腐败工作。将党风廉政建设与脱贫攻坚工作紧密结合，坚持贯彻落实“三会一课”制度，坚持集体领导，民主决策，重大问题均由局领导班子会议研究决定。健全完善扶贫资金管理办法，加强对财政扶贫资金项目的审查，加大对财政扶贫资金专户的管理与监督，使项目资金拨付、报账程序规范，扶贫项目公示公告完善。

招商工作

【支部工作】 2017年深入学习宣传贯彻党的十九大精神。组织全体党员干部认真学习了习近平总书记所作的十九大报告，并围绕十九大报告，联系个人思想、工作和生活实际开展了交流研讨，党支部把学习宣传贯彻党的十九大精神作为当前和今后一个时期首要政治任务来抓，认真学习，深刻领会十九大报告精神，用新时代中国特色社会主义思想武装头脑，指导工作。把学习十九大报告精神化为推动业务发展的动力，立足自身岗位，强化风险意识，推进业务发展，增强招商引资能力，为实现“两个一百年”奋斗目标多做贡献。以十九大党建工作的新部署为指导，按照“打铁必须自身硬”的要求，做到讲政治、守规矩，进一步增强行党组织的凝聚力和战斗力，发挥好党员的先锋模范作用。

【党风廉政建设】 2017年严格落实中央“八项规定”，采取签订党风廉政目标责任书、加强廉政教育、加强制度建设、加强重点环节监控、严肃党内政治生活、强化内部监督等措施，构建反腐倡廉工作责任机制、保障机制、约束机制、监督机制、惩戒机制。组织党员认真学习党纪党规，观看了习近平总书记“七一”讲话、十九大报告和大型反腐专题片《永远在路上》，赴刘少奇路居地开展警示教育，与党员开展廉政谈话，层层传导压力，教育引导党员进一步筑牢拒腐防变思想防线。一年来，党员廉洁自律意识进一步提高，求真务实、勤政为民的作风得到体现，全局党员没有发生一例违纪违规事件，有力地推动了招商引资工作持续增长。

【学习教育】 认真开展推进“两学一做”学习教育常态化制度化、开展维护核心见诸行动主题教育活动活动。成立学习教育活动领导小组，制定详细可行的方案，认真组织实施。严格落实每周一集中学习、讨论交流制度，采取集中学习与个人自学、通读原文与专题研讨交流相结合，认真组织党员深入学习党章党规、习近平总书记系列讲话精神等重要文件精神，引导广大党员带着问题思考学、举一反三对照学、联系工作深入学，在学思践悟中深化思想认识、增强使命担当，进一步提升学习质量和效果。至2017年12月，共开展集中学习50次，开展交流发言58人次，局领导干部党课辅导4次，党员学习笔记人均2万字以上，每位党员通抄《党章》1遍，写心得体会10篇。为每位党员购买了学习资料，以保证学习扎实有效开展。督促党员对照标准开展自查，查摆出问题，制定整改措施，建立了整改清单，逐项整改落实。

【“三基”建设】 2017年按照“三基”建设2017年度重点工作任务清单，党支部结合自身实际，先后建立完善了基础工作目录、管理手册、应知应会手册、便民服务手册等程序文件上报编办并通过验收。进一步坚持改革精神，积极主动作为，创新工作方法，努力“提升工作标准，创造一流业绩”，不断提高“三基建设”整体水平，奋力开创招商引资事业新局面。

【扶贫攻坚工作】 2017年持续推行抓党建促脱贫攻坚，认真学习贯彻落实中央、省、市、县有关脱贫攻坚会议的决策部署，深化对脱贫攻坚紧迫性、艰巨性、复杂性的认识，进一步做好今年脱贫攻坚驻村帮扶工作，高度重视，将此项工作列入重要议事日程，与本局业务工作同部署、同安排、同考核，以确保圆满完成包联的小寨村16户（38人）贫困户脱贫目标任务，同时做好已脱贫户的“回头看”工作。2017年小寨村修建集中安置房13间，对10户（13口人）贫困户进行了集中安置，得到贫困户的认可，群众自发为送了锦旗一面。向县里有关部门提出重新修建小寨村至良马乡的村级公路的申请，得到大力支持，小寨村至良马乡的村级水泥路已经修通，改善了村民的出行条件。扎实开展帮扶工作，慰问困难党员及贫困户面、食用油、取暖炉、暖心被等物品。在县委李书记的直接关心下，在县委组织部的大力支持下为小寨村筹措资金 5 万元，给村委会维修大院和村委房坡，加强村级组织建设。

【文明创建】 2017 年认真学习领会社会主义核心价值观，创办“道德讲堂”，每月一课，认真做笔记，写心得体会。学习感动安泽人物事迹，设立善行义举榜，学习身边的好人好事。不定期组织开展形式多样的文体活动；开展“我们的节日”宣传活动；做好助力临汾旅发大会宣传投票活动；对安泽县风池小学的贫困学生进行一对一帮扶活动；积极参加“送温暖、献爱心、办实事”、“博爱一日捐”等活动。通过两年的努力顺利通过市级精神文明单位的验收。

【招商引资】 2017 年度，全县招商引资引进项目 8 个，总投资 108.62 亿元，完成目标任务的 103.4%。分别是：1. 200 兆瓦风力发电项目，总投资 18 亿元；2. 棚户区改造项目，总投资 20 亿元。3. 全域旅游开发项目，总投资 28 亿元；4. 天能重工风力发电项目，总投资 24 亿元；5. 新安家园房地产开发项目，总投资 8 亿元；6. 中药材种植、加工、销售一体化项目，总投资 0.5 亿元；7. 北京京能新能源风能资源开发，总投资 10 亿元；8. 山西新大象养殖股份有限公司万头生猪养殖农业产业化项目，总投资 0.12 亿元。

【项目建设】 2017 年落地项目 4 个，其中，2017 年签约并落地项目 4 个，计划投资额 28.62 亿元，分别是：1. 棚户区改造项目，总投资 20 亿元；2. 新安家园房地产开发项目，总投资 8 亿元；3. 中药材种植、加工、销售一体化项目，总投资 0.5 亿元；4. 山西新大象养殖股份有限公司万头生猪养殖农业产业化项目，总投资 0.12 亿元。

2017 年开工项目 7 个，其中，2016 年签约项目在 2017 年开工项目 3 个，总投资 4.5 亿元；2017 年签约并开工项目 4 个，总投资 28.62 亿元。

2017 年到位资金累计完成 15.106 亿元。

【招商工作措施】 1. 2017 年加强领导，完善机制，着力抓好工作落实。县委、政府始终高度重视招商引资工作，把招商引资工作纳入全县目标管理考核的重点内容，不断完善招商引资领导协调机制、部门责任机制和跟踪服务机制。县委、政府主要领导亲自组织，亲自参加重大项目洽谈，亲自协调解决招商引资工作中遇到的难题，实行专人跟踪服务，加强项目督查、督办，提高质量，加快进度，强化招商引资工作的考核督查，确保招商项目的顺利实施。

2. 坚持走出去，请进来，积极参加各种形式的招商活动。以市政府组织的系列招商活动和市局组织的大型节会为平台，积极开展小分队招商，坚持走出去；通过举办招商项目推介会、专项招商活动，大力宣传安泽县优势，捕捉企业战略布局、投资动向，邀请一批优质企业到安泽县考察，加快引进一批污染少、能耗低、技术新、贡献大的大项目、好项目；依托现有招商引资企业优势，积极开展以商引商，扩大信息资源，采取“上门推介、邀请考察、异地会晤”等方式开展招商。

【招商引资推介会】 2017 年 1 月 10 日，

组织安泽相关单位参加山西省临汾市（杭州）招商引资推介会；3月28日，参加由侯马开发区承办的“2017山西省临汾市创新开放东融工程（天津）启动仪式”；4月19日，参加临汾市（隰县）招商引资推介会；5月17日，安泽县在合肥自主举办“山西省临汾市太行山水全域旅游推介会”，积极邀请客商、准备签约项目，期间共发放招商项目册、投资指南2000余册，签约项目4个，总投资60.5亿元；5月27日，在广州参加由洪洞县承办的“2017山西省临汾市创新开发区发展（广州）招商引资推介会”；7月6日，在上海参加由侯马市承办的2017年山西省临汾市（上海）招商引资推介会；8月25日，在汾西参加2017年临汾（汾西）招商引资推介会；8月31日，在福州参加由襄汾县承办的2017年山西省临汾市（福州）招商引资推介会；9月23日，在吉县参加2017年临汾（吉县）招商引资推介会；9月26日，在深圳参加了由临汾市开发区承办的2017年山西省临汾市（深圳）招商引资推介会，10月27日，在杭州参加了有霍州市承办的2017年山西省临汾市（杭州）招商引资推介会；11月23日，在太原参加乡宁县承办的2017山西省临汾市（太原）招商引资推介会暨县域形象展示会。12月8日—10日，参加在曲沃参加曲沃县、大宁县、永和县共同承办的2017临汾市（晋都曲沃）招商引资推介会。

参加招商相关活动对于进一步拓展安泽县对外开放的广度和深度，提高利用外资质量和水平，具有非常重要的意义。会上安泽县充分利用各种平台，广造声势，积极组织对外洽谈和交流，搞好对外宣传。参会期间，共发布招商项目20余个，发放宣传资料及项目资料5000余份，扩大安泽的知名度。

【太行山水全域旅游推介会】 2017年5月17日在安徽省合肥市成功举办了“2017山西省临汾市招商引资推介会太行山水全域旅游专场”。本次推介会由安泽、翼城、浮山、古县，四县联合承办，由于时间紧、任务重，是四县联合承办，在市招商局的精心指导和相关单位的大力配合下，这次推介会圆满完成各项任务。

本次推介会旨在深入贯彻落实省委、省政府创新驱动转型升级战略和“东融南承西联北拓”战略，全面推进市委“345”战略和市政府“12345”工作思路，大力实施精准招商，承接长三角地区产业转移，促进区域产业转型升级。临汾市委、市政府领导，合肥市委、市政府领导，临汾市直有关部门负责人，肥东县委、县政府领导，临汾市各县、市（区）领导，旅发委、旅行社的负责人，双方邀请的企业和商会协会代表，新闻媒体等将参加推介会。

本次推介活动以“说、唱、演”的形式演绎太行神韵、太行美景、太行精神。翼城、浮山、古县、安泽等四县领导进行主题推介。肥东经济开发区与临汾经济开发区签订飞地经济合作协议；安泽县委与肥东县委签订“友好县市”协议；安泽县委组织部与肥东县委组织部签订人才（干部）双向培养框架协议。浮山县、古县、安泽县政府就生态旅游开发、风力发电、中药材种植、公路改造等14个项目与各企业负责人签约，项目投资总额达395.85亿元。推介会共签约项目14个，签约总额395亿元。

【组建临汾市第一支招商小分队】 2017年安泽县组建的临汾市第一支招商小分队赴安徽合肥开展工作，他们创新思路、明确主攻方向。坚持亲情招商，以商招商，加强同安泽县在外创业的知名人士的沟通；有针对性地选择招商区域，全面了解行业结构、行业地位、扩张战略、经营理念及企业高层管理人员等情况，找准招商切入点，邀请客商来安泽县考察。小分队成员广交朋友，广泛宣传推介安泽。建立客户信息库，保持长期联系，确保洽谈成效，达到客商来安泽投资的目的。小分队了解到重大招商项目及重要招商线索后，及时向上级领导报告，并按要求做好相关协调服务工作。

【安泽连翘产业助力精准扶贫推介会】 7月26日，由中国林业产业联合会森林药材和饮品酒业促进会主办的安泽连翘产业助力精准扶贫推介会在北京人民大会堂举行。会上，安泽县政府同中国生态修复产业技术创新战略联盟、国家林业局林产工业规划设计院、中国林业产业联合会森林药材与饮品酒业促进会、山西国新晋药集团、安徽广印堂中药股份有限公司、南京同仁堂股份有限公司等单位分别签署战略合作协议。

【资源招商】 2017年发挥药材资源优势，实行资源招商。以“绿”色产业为主，充分发挥安泽县野生连翘产量大、知名度高并通过国家地理标志产品认证的优势，用好“安泽连翘”金字招牌，千方百计地引进更多制药企业落地安泽，实现安泽县各类药材就地深加工，切实增加药材产品附加值，努力将资源优势转化为经济优势，全力打造国家级连翘加工基地和现代生物医药产业园区，让全县的绿色宝藏成为富民强县的有力支撑。融合自然人文环境，实行旅游招商。充分发挥安泽县自然环境优势和荀子文化、红色革命文化等人文底蕴优势，结合安泽县建设山水田园城、精品旅游县的宏伟目标，利用安泽县三市交界的区位优势，依托建成的山西中南部铁路、在建的长临高速和拟建的安沁高速等便利交通设施，积极引进旅游开发方面的企业项目前来洽谈合作，共同开发安泽县自然景观旅游区、人文景观旅游区、红色革命旅游区等旅游项目。创优招商环境，实行政策招商。要突出优化招商引资环境，加强服务，以优质服务促进投资环境的改善。在提高办事效率的原则下，执行好有关程序，简化审批手续、减少办事环节、履行服务承诺、提高服务效率，为充分发挥招商环境对招商工作的巨大作用；积极协调相关单位修订完善《安泽县招商引资优惠政策》，力求在政策上有特色、有含金量、有操作性、有比较优势。同时，不断借助传统媒体和新兴媒体力量，宣传安泽优惠政策、基础条件和发展前景，营造浓厚的亲商、安商、扶商、富商的氛围。

重点项目办

【概述】 安泽县项目办成立于1999年4月，根据工作需要于2012年5月单位名称变更为安泽县重点建设项目领导组办公室，属于政府直属全额事业单位。全年共确定实施的重点工程项目30项，省重点1项、市重点8项、县重点21项。其中基础设施类13项，产业转型类7项，民生实事类10项，总投资58.95亿元。

【省、市重点工程项目进展情况】 安泽县2017年省市重点项目共有9个，总投资45.69亿元，当年计划投资15.81亿元，截至12月底共完成投资14.02亿元。其中省级重点项目1个，即永鑫铁路专用线工程，总投资23.3亿元，连接线接轨工程已完工。市级重点项目8项，已完工6项，分别为永鑫煤焦化焦炉烟气脱硫脱硝项目、耀阳能源年产200兆瓦太阳能光伏组件项目、县城集中供热工程、和川移民搬迁工程、“一纵一横”改造提升工程、电力综合项目；中石油天然气煤层气勘探、综合住宅楼2个项目按计划、按进度有序施工建设。

【县级重点工程项目推进情况】 2017年安泽县县级重点项目21项，总投资13.26亿元，年度计划投资6.12亿元，截至12月底累计完成投资5.89亿元。绿化造林工程项目、府城镇集中安置点项目、县乡道路安全生命防护工程、连翘种植和抚育基地建设、联社营业大楼、易地扶贫搬迁、县中医院与北京阜外诊疗中心合作建设项目、平安安泽工程、农贸市场建设工程、种植油用牡丹1万亩项目、农村基础设施提质工程等11项工程项目已完工。正在抓紧开工建设的项目有3项，分别是县城北外环公路工程、打造国家森林公园和湿地公园工程、松林生态旅游休闲观光项目。有7项工程处于前期手续办理中，其中城市污水管网改造工程和义唐河县城段治污工程已完成招投标，具备开工条件；其余府后街棚户区改造工程、孔村大桥、山西中科永鑫科技有限责任公司千吨级催化剂生产项目、沁河修复工程、长临高速连接线公路工程等5项完成当年计划序时进度，截至12月底，省市县重点工程项目年度计划投资21.93亿元，累计完成投资19.91亿元，完成率达到了91%。

【实施在建重点项目无障碍施工专项行动】 2017年按照市要求制定《在建重点工程项目无障碍实施专项行动工作方案》，按照坚持问题导向、改革创新、重点突破、注重实效的原则，明确工作重点，细化工作措施，压实工作责任，加强各部门工作联动，实行县级领导包联重点工程制度，开展在建重点工程项目中突出问题的集中摸排，建立联动工作机制，落实“13710”工作制度，实施问题销号管理。加大在建项目的协调服务力度，化解各类矛盾，优化建设环境，全力解决好安泽县重点工程在建项目中存在的六类突出问题，实现无障碍施工，确保年内各项工程项目顺利推进。

【唐城工业园区展厅项目投入使用】 唐城工业园区展厅项目共投资1031万元，建筑面积1493.97平方米，分展示厅、室内智能化地沉式沙盘、多媒体灯光影像及室外绿化、硬化等相关配套设施。

展厅按照“项目入园、产业聚集、循环发展”的总体要求进行规划，通过地沉式沙盘、图文展版、声光多媒体影像等方式，对全县规划发展的中部农副产品加工园区、已初具雏形的北部煤焦化工业园区、未来发展的南部煤电化工业园区三大园区进行集中规划展示，重点突出北部唐城煤焦化工业园区。2017年重点实施室内装饰，智能化部分设备安装调试、消防设施、室外绿化、硬化等附属工程的施工。工程已基本全部结束，正常投入运行使用。

【精准扶贫工作】 2017年5月份，扶贫帮扶府城镇上掌村。项目办5名党员，结队帮扶了11户贫困户。为切实增强帮扶村党组织的创造力、凝聚力和战斗力，加快上掌村脱贫攻坚步伐，采取以下措施抓帮扶：1. 建档立卡，规范档案信息管理。2. 抓实载体，激发基层组织活力。3. 进行产业规划，促进农民增收致富。4. 兜底救助，助推群众脱贫致富。自包村帮扶以来，坚持驻村扶贫，深入帮扶户家中了解帮扶户实际情况，因人制宜，为贫困户提供不同形式的帮扶工作，6月14日在追施肥料的关键节点为上掌村包联贫困户每户送去尿素两袋，在中秋节、春节前夕为各贫困户送去慰问品等。积极响应“手拉手　帮秋收”活动，带领工作人员，帮助贫困户收玉米。还针对村民生产生活用水困难，帮助解决机井水房的维修改造，使村民用上干净卫生的自来水，将党和政府的关怀和温暖送到群众心中。（许慧艳）

招标投标办公室

【概述】 2010年5月20日县委常委会研究决定独立设置招投标办公室。遵照县政府《关于成立安泽县工程建设招标投标办公室的通知》文件精神和工作需要，经研究决定，于2010年8月12日成立了工程建设招标投标办公室。2017年，招标办内设办公室：负责单位的公车管理、档案管理、材料撰写、出勤签到及请销假报备登记、工程项目报表、文件收发上传下达等工作。市场管理科：招标手续审查、招标公告核发、开标评标监督、招标文件备案。监督检查科：受理、调查和处理招投标投诉，审核中标公示、财务支出日常审查、支部纪检等相关事项办理、工作队日常工作。2017年招标办在职职工9人。

【强化监管、规范程序】 严格依照法律、法规认真履行职责。2017年，及时组织学习省市文件，积极学习新的招投标程序，凡招标项目统一进入临汾市公共资源交易管理信息平台进行招标，促进招投标交易活动的规范高效性，确保安泽县招投标活动有序进行。加强与各部门的协调与沟通，协作配合。坚决抵制招投标活动中的违规行为，不断规范、加强行政监管力度，优化招投标环境，促进全县重点工程、重点项目健康发展。

【创新机制、完善制度】 2017年紧紧围绕县委、县政府中心工作，积极推进重点工程、重点项目建设。在对招标项目手续前期审查中，实行一次性告知函，对不规范的手续和缺手续的进行一次性告知，要求招标人规范手续，加快办理，双方签字，留根存档，避免推诿扯皮现象，让招标人少跑路，让程序更严密，让招标工作更高效。

【工程招投标情况】 2017年共招标工程19项，总投资16415.22万元，中标价14423.3万元。其中：房屋建筑和市政类工程9项，总投资12837.74万元，中标价11169.06万元；交通、林业、水利等其他类项目10项，总投资3577.48万元，中标价3254.24万元。完成了安泽县农村信用合作联社综合营业大楼装饰装修工程、第安线和川村段道路改造工程、中峪—唐城、高壁—交口河公路安全生命防护工程、石栈至义唐生态旅游公路（国道309安泽县城过境公路改线）工程初步设计阶段勘察设计、安泽县2017年野生连翘禁封抚育项目、城北农贸市场建设项目、安泽县风池村以工代赈三岔口片区综合开发项目、安泽县2017年贫困村农村饮水安全提升改造工程、安泽县沁河治理工程勘测设计、城南农贸市场建设项目、安泽县马壁村、海东村田间道路修复项目、安泽县荆村街道硬化项目、和川建筑垃圾填埋场工程、沁河县城污水管网改造监理、沁河县城污水管网改造施工、农村公路安全生命防护、马壁—荆村公路完善提质工程、沁河流域城区文化段景观项目勘察、安泽县沁河流域城区文化段景观项目施工监理、安泽县沁河流域城区文化段景观项目设计、施工一体化总承包项目的公开招标。公开招标率100%，招标公告和中标公示发布率100%，招投标情况书面报告备案率100%。

【统计报表及档案管理】 2017年按照省市相关统计报表要求，严格落实，对每月、每季度房屋建筑和市政类工程进行及时汇总上报，统计报表上报率、准确率均达到100%。在档案管理方面，不断完善制度，改进方法，着力推进档案管理规范化、科学化、制度化建设；对档案及时整理归档，建立档案统计登记。

【“讲、知、守”专项治理活动】 2017年为切实开展好“讲政治、知敬畏、守规矩”专项治理活动，按照住建局党支部专项治理活动计划安排，高度重视开展此次活动的意义，认真部署，积极开展各项工作。按照支部学习计划表，积极参加党组班子每周的集体学习活动，每月撰写心得体会1篇，完善个人自学和集体学习相结合的制度，提高综合素养，着力把抓好学习与研究、解决实际问题紧密结合起来。通过深入学习习近平总书记一系列重要讲话精神和相关工作政策，增强学习的自觉性和系统性，用党的理论和政策武装头脑、指导工作、推动实践。结合招标办自身业务实际系统地学习相关业务和法律法规知识，提高政策理论水平，坚持学以致用。

【驻村帮扶工作】 1. 2017年积极帮助村委协调相关部门争取资金255万余元，硬化乡村道路5.1公里；2. 协调资金3万元维修窑上村桥涵一处，有力的保障了村民出行安全。3. 积极协助村两委投资150万元落实200千瓦光伏发电项目；4. 为村里拨付资金一万元作为玉露香梨树基地的管护费用；5. 协助村委为贫困户流转200亩连翘采摘基地；6. 协助村委成立村公司，将所有贫困户纳入公司，巩固脱贫成果，杜绝返贫现象发生。为拓宽贫困户增收渠道提供产业发展保障。7. 给他们送去米、面、油、蔬菜、肉、棉门帘、电热毯、桌子、板凳等生活用品；8. 组织单位全体人员帮助贫困户收秋，给村民发放收秋劳保用品；9. 自己带照相设备，为村民照相、洗照片，给他们送去全家福。

机关后勤服务

【队伍建设】 2017年把理论学习作为日常工作的一项重要内容，平时注重狠抓学习，形成常态化，使党员干部职工的思想认识不断适应新形势发展的需要，牢固树立大局意识、责任意识、服务意识。

1. 推进“两学一做”学习教育常态化制度化专题教育，学习习近平总书记视察山西重要讲话精神，围绕“为民、务实、清廉”主题，开展各环节工作，始终坚持两手抓、两不误、两促进，形成学习教育与机关事务管理局工作整体推进的良好局面。开展宣传动员，成立学习教育领导小组，制定活动计划和学教方案，召开学习教育动员大会；严格落实方案，多种形式开展活动。采取集中学习与个人自学、专题辅导与座谈交流相结合等形式，每位党员按要求完成读书笔记和撰写心得体会，通过召开座谈会、发放征求意见表、谈心谈话等方式征求意见、建议；认真查找问题，扎实开展批评与自我批评。班子成员认真开展交心谈心活动，召开领导班子专题民主生活会。

2. 完善制度，加强作风建设。2017 年，结合学习党的十九大会议精神及习近平总书记系列重要讲话精神，根据推进“两学一做”学习教育常态化制度化专题教育学习要求，把解决队伍作风、提升队伍活力，肃清队伍陋习，挖掘队伍潜力结合起来，切实加强队伍建设，为各项工作的开展提供强大保障。加强班子建设，带好队伍。充分发扬民主，注重班子团结，坚持团结就是大局，团结就是力量；在重要工作、重大活动及大额开支上执行民主集中制，不搞一言堂，真正做到党组班子认真讨论研究，以公平公正和求实求效的原则，做好每项决策。加强队伍建设，提升素质。在加强了机关作风整顿，在重落实、强执行、干实事上下功夫。切实打造接待服务“零差错”、安全防控“零隐患”、后勤保障“零搁置”。进一步增强全局职工的服务意识、创新意识、争先意识。

【公共机构节能工作】　1. 通过电子屏幕、标语进行节约能源资源和环境保护的宣传工作。在公共机构大力推行节能减排，倡导低碳生活，培养公众绿色生活，绿色办公，绿色消费的良好行为习惯。组织开展节能宣传周活动，并在 6 月 13 日至 25 日开展节能减排知识宣传，提高广大干部群众的节能意识和参与意识，真正做到依法节能、全民行动，形成“人人节约、事事节约、处处节约”的良好节能氛围。

2. 强化节能工作落实。在全县公共机构大力推广节水设备并开展公共机构节水型单位创建，要求各单位对不合格的用水设备进行更新，并加强用水设备日常维护和管理，防止出现“跑、冒、滴、漏”现象。

3. 狠抓节能工作监管。组建专业队伍，责任明确到人，建立健全各项能源资源消耗统计、报告、公示制度，促进各单位耗能设备管理规范化、科学化。

2017 年底全县公共机构汽油消耗、电消耗、水消耗、人均能耗、单位建筑面积能耗均明显下降，圆满完成市下达节能目标管理任务。

【公车平台平稳运行】　2017 年公务用车平台严格执行公务用车制度改革有关实施方案，积极稳妥落实各项工作。为保障全县相关单位公务用车，平台实行 24 小时值班制度，工作日白天全体人员正常上班，工作日下班时间和节假日实行轮班制度。机关事务管理局完善了公车平台管理的各项规章制度，实行规范化管理。公务用车平台紧紧围绕“安全、高效、优质”的车辆保障目标，要求驾驶员每次发车前进行安全检查，发现隐患，及时排除。组织全体驾驶员认真开展安全教育，每次会议必提安全，每月发送一次以上安全温馨提醒短信，每季召开安全例会，做到警钟长鸣，切实提高他们的安全意识、法治意识。2017 年，累计出车总次数为 5400 余次，出车公里总数为 56.8175 万余公里。为更好地服务全县，公务用车平台在 2017 年又新购置了公务用车中巴 1 辆、商务车 3 辆，置换老旧车 2 辆。通过一年来合理调度，安全行驶，高水平完成各类出车服务任务，得到用车单位的高度好评，全年未发生重大交通安全事故。

【公务接待工作】 2017 年根据中共中央办公厅、国务院办公厅印发的《党政机关国内公务接待管理规定》、中国共产党中央《关于国内公务接待工作中切实做到勤俭节约的通知》《中国共产党中央、国务院关于党政机关厉行节约制止奢侈浪费行为的若干规定》和省市机关规定，严格执行《公务接待管理办法》，确保接待工作顺利展开。面对安泽县接待任务日益繁重，接待批次、接待层次、接待规格日益提高的新形势，本着实事求是、因地制宜、勤俭节约、方便务实的原则，努力做到高标准、严要求、慎思慎行、细致周到，紧紧围绕县委、县政府的各项重大活动，为宣传安泽县文化，较好的履行了接待部门的职能作用。10 月份“三市十一县”安泽篮球邀请赛在安泽县隆重召开，为宣传安泽、推广安泽奉献了微薄之力，为领导顺利开展工作、扩大对外交流、推动经济社会快速发展做出了积极贡献。2017 年共接待大型、小型任务共计批次 100 余次，1500 余人。

【办公用房清理】 2017 年根据《国家党政机关办公用房建设标准》等有关规定，结合安泽县实际情况，按照分级负责、各负其责、齐抓共管的原则积极配合相关部门做好办公用房使用的监管工作。

按照县委、县政府指示，将林业局调配至一纵一横 3 号楼二层；盐业公司、生产资料、果品公司、商场、综合检测检验中心等单位调至幸福小区西楼；并对进修校、公社医院、粮局、城投公司、县社、地震局等多家单位进行合理调配。共累计调配办公用房 170 余间、外墙涂料 2300 余平方米，内墙涂料 6900 余平方米，屋内地板铺装 1100 余平方米，屋顶防水 1430 余平方米，安装钢结构三层楼梯一个，为奥体中心沿路安装太阳能灯 54 个，全县中小学空调共安装 64 台、办公楼空调 23 台。

为了抓好办公用房的调配及查询等工作，请专业技术人员为政府办公大楼、人大、政协办公楼、信访局、档案局、县总工会、扶贫局等十几个单位绘制了 2 万余平方米的办公用房平面图，受到县上的领导及专业人士的肯定与赞赏，通过不懈努力，基本实现《国家党政机关办公用房建设标准》有关规定的要求。

【帮扶贫困户工作】 扶贫包联村为唐城镇议宁村，根据安泽县扶贫工作规划和扶贫工作要求，认真贯彻县委重要决策，进行“一对一”“一对多”结对帮扶精准扶贫方案，定期深入唐城镇议宁村走访调研，全面掌握该村基本情况，认真开展帮扶慰问。进村入户建立完善扶贫帮扶档案；精准摸清贫困户的致贫原因，家庭状况，脱贫需求。为议宁村缺乏生产能力的10户贫困户从破窑洞搬迁安置到宽敞明亮的集中安置房，住新房、睡新床、盖新被，生活厨具样样俱全，真正做到拎包入住，个个喜笑颜开，通过改善安置区的生产生活条件，帮助搬迁人口逐步脱贫致富，于9月28日，举行易地扶贫搬迁集中安置入住仪式；投资8000元为6户贫困户送去360多只鸡苗与笼舍，并请养殖能手手把手进行指导养殖；投资5000元为贫困户安装太阳能灯具；在亲情帮扶的基础上，开展“手拉手、帮收秋”活动。带领干部职工为议宁、安上的贫困户收割玉米，帮扶工作取得良好进展。

【平安单位创建】 2017年继续以“平安单位”创建活动为载体，坚持“预防为主、单位负责、突出重点、保障安全”的工作方针，落实安全目标责任制和责任追究制度，分别与各股室负责人签订《安全责任书》，完善与公安、消防等部门的协作机制。加强门卫管理，配合信访、公安部门，及时处置群体性上访事件，询查和妥善处置个访人员，维护机关正常工作秩序。2017年共接待上访人次50次，计800余人。

【机关卫生工作】 组织开展环境卫生清洁和除“四害”活动。加强对机关大院内的环境综合整治力度，加大了保洁力度，强化卫生死角的重点整治，营造干净整洁的办公环境；在机关办公区域设立禁烟标识，通过宣传和劝导，倡导良好的生活习惯；扎实搞好庭院绿化美化，实施园林式管理，综合科实行分类管理和定时跟踪，加大养护、修剪、补种和提档力度。为改善政府环境，为后院铺大理石地砖260余平方米，整修草坪410余平方米，维修自行车棚等。为干部职工营造舒适、舒心、美观的政务环境。

【干部职工供餐服务】 2017年抓好食堂的食品安全和卫生，严格餐具餐前消毒制度，强化食堂清扫保洁，每天要求配送的蔬菜必须新鲜，以绝对保证食品的安全。着力在增加菜的品种、提高菜肴品质、提升服务质量上下功夫，提高服务满意度，为日均50余人，年均达18000余人的干部职工提供营养、可口的一日三餐。

【支部建设】 2017年按照“两学一做”和党风廉政建设的要求，严肃党内政治生活，坚持和完善民主集中制，抓好机关党建工作，加强党员干部队伍理论武装，组织开展多种形式的机关文化活动，增强凝聚力和向心力。在党的十九大圆满结束之际，党支部组织全体党员干部职工，到和川镇沁河庄刘少奇路居地开展“红色革命传统教育”主题活动，这次活动以宣讲党的十九大、重温入党誓词、聆听特殊党课，开展徒步拉练，与群众一起联欢等形式，重温党的光辉岁月，传承革命先辈的优良传统，以新的精神面貌更好地、更优质地做好机关事务管理服务工作。

【宣传】 楼阳生省长签署的《山西省机关事务管理办法》自2018年1月1日起正式施行。按照省市要求，市委、市政府、管理局印制《机关事务管理法规汇编》，同时印发“关于学习贯彻《山西省机关事务管理办法》的通知”。接到市局通知后，在政府大院、重要职能部门办公地、重要街道、路口等处悬挂宣传标语进行大力宣传。

【成立安泽县临时救助安置点】 2017年按照县委、县政府的要求，选择在武装部西楼成立安泽县临时救助安置点，配备应急救助设备，增添锅碗、被褥、灶具等，做好受灾群众集中安置点应急救助，完善救助安置点的服务功能。（李建萍）

综合检验检测中心

【概述】 2017年根据“安编办发〔2014〕1号”《关于成立安泽县综合检验检测中心的通知》，安泽县综合检测检验中心成立。为县政府直属正科级全额事业单位，编制10名，正科级领导、副科级领导职数各1名。现有人员：共10人，其中主任、副主任各1名，检验技术人员8名。职责为：承担食品、药品、农产品等各类检验检测任务；餐饮业餐具消毒效果检测；食品中亚硝酸盐、甲醇、吊白块、苏丹红等非食用物质定性测定；果蔬样品中有机磷和氨基甲酸类农药的残留情况判断；食品中致病菌和大肠杆菌群检测；药品常规检测等工作。目前具备开展食用油、肉类、大米、农药残留、食醋等16类共26项食品快速检测能力。

【工作情况】 2015年10月15日中心正式成立，先后通过县里统一招考、调动，10名工作人员陆续到位。2017年10月12日通过政府划拨的方式解决办公及实验用房400平方米，完成机构代码证、事业单位法人证书、机关编制登记等工作，制定涵盖办公、学习、考勤、实验等共25项内容的《日常管理制度》。

【检验检测工作】 2017年在县发改部门的指导下，制定《安泽县综合检验检测中心五年发展规划（2016年—2020年）》；与省、市食品药品检验机构积极沟通协调，派出专业人员开展实验技能操作实践180人（天）次；新建食品安全快速检验室两间，总面积60平方米；通过与县药监部门协调，调剂解决食品安全快速检测仪、多功能食品综合分析仪、农残速测仪、食品样品处理箱、药品快速鉴别箱等全套快检设备；新购置食品安全快速检测试剂30类；在省质检、省、市食品药品监管部门及食品药品监管部门的指导下，拟定常规实验室建设规划，已送达上级有关部门审定；2017年在“两会期间”食安办专项整治活动中共计完成蔬菜农药残留、食用油、大米、面粉、食醋、火锅底料、餐饮具表面洁净度等共105份单项检测任务，为食品安全监管部门监督执法工作提供有力的技术支撑。

防震减灾工作

【基础建设】 2017年在致力于常规工作扎实完善的基础上，重点工作有三项：1. 台站建设；2. 视频会商系统建设；3. 地震应急避难场所的竣工验收扫尾工作。经过努力，已完成了台站建设的资金落实，视频会商系统的资金落实，总计落实45万元资金推进了上述两项工程项目建设。以上两项工程已相继完成招标工作。2017年继续狠抓地震应急避难场所的后序建设，又争取县上拨付50万元购置设备物资，视频系统和物资购置已全部完毕，现该工程已进入审计阶段。上述三项建设的全面竣工完成必将对安泽县的防震减灾工作产生积极深远的影响，使防震减灾工作提高到一个新的水平。

【防震减灾】 2017年防震减灾常规工作提出：1.“三个结合”即：防震减灾工作的总体要求同各部门的实际相结合；防震减灾工作总体要求同各相关企业的安全要求相结合；防震减灾工作的总体要求同全县各中小学的科普知识普及相结合。2. 三侧重：在考虑总体工作和分级分部门的结合点上予以侧重，比如：同各部门的侧重点就是突出各部门的职能，根据应急工作的需要，对职责具体划分，从而明确各自的工作重点。在同各企业的侧重上则考虑地震后企业易发的次生灾害，而重点考虑应急抢险和应急演练。比如：永鑫、太岳煤焦化公司每年都要举行规模宏大的突出事件处置演练工作，同时县石油、民爆等行业企业、地质灾害的相关部门也相继举办了次生灾害的应急演练工作。在与全县中小学的侧重方面主要考虑人员密集、集中的因素，开展定期与不定期的紧急疏散救援演练，并把防震科普知识引入学校、引入课堂。今年“5·12”，联合县气象局积极组织参加了冀氏中学的地震应急演练和科普推广活动，取得了非常好的效果。3. 三个到位：领导支持到位。新一届县委政府换届后，积极跑领导、找领导、给领导汇报，用实际行动赢得了县委领导的理解、重视和支持。特别是赢得了领导对台站建设、视频会商系统项目的极大大支持，县委李强书记亲自关心资金落实问题，县长牛庆国、分管县长盖勇多次召开政府会、常务会议、协调会议，研究解决落实资金问题，并一次性解决了45万元的项目资金。同时，针对2016年的地震应急避难场所建设工程，进行督促和协调，解决后序扫尾问题，保证了应急避难场所重点工程的圆满完成。职责细化到位。防震减灾工作是一项涉及民生的重大工程，关联到很多单位部门和社会各个方面，对此，根据《防震减灾法》的要求，将职责职能各个部门各个层面，切实做到政府领导、地震局主导、各成员单位协同作战的格局。全县成立了专群结合的五类应急救援队伍，物资储备方面：储备食品1.2240万公斤、饮用水2.448万公斤；做好帐篷、活动板房储备816顶；卫生、电力部门也储备了足够的应急药品和器材。保证了全县8000人三天的生活需求。各部门职责的进一步明确细化，为防震减灾工作特别是应急情况，打下了坚实的基础。工作落实到位。防震减灾工作牵一发而动全身，就常规而言，必须抓好监测、设防、宣传，这是工作的主流，但也存在一个常抓常新的问题。所以，实践中切实要求各项工作必须落实到位。比如：群测群防、法制宣传和抗震设防，都是工作的重心。对此，明确专人、明确责任、担当作为、工作到位、落实到位、严考细核、保质保量全面完成。

（李媛）

中国人民政治协商会议
安泽县委员会

综　　述

【民主监督】　2017年高度重视民主监督工作，以提案、专题视察等方式，对角度开展监督。提案工作方面，九届二次会议共收到委员提案204件，立案200件，作为意见处理的4件，立案提案由县政府督查室面对面向各承办单位进行交办.提案办理中，由分管副主席任责任领导，加大提案督办力度，协调提案办理回复，提案办复率达100%。专题视察方面。首先是人大、政府、政协三方联合，对安泽县重点工程建设情况开展专题视察，收集整理人大代表、政协委员的意见建议，推动全县重点工程的建设；其次是按照临汾市政协安排，由市政协刘小才副主席带队，对安泽县食品药品监管工作情况进行专题视察，视察后形成的《安泽县关于食品药品监管工作情况的调研视察报告》分别报送市政协和县委、政府，受到相关领导的重视。

【协商民主建设】　2017年积极组织委员开展协商议政，危险与经济社会发展建言献策。九届二次全会以来，共开展调研活动13次，涉及基层政法、交通工作、扶贫易地搬迁、脱贫攻坚、造林扶贫、义务教育一体化、提高教师积极性、文化旅游融合发展等多个方面。通过调研形成的《关于安泽县基层政法“三基”工作情况的报告》在临汾市政协专题协商议政会作交流发言。《关于安泽县道路交通工程项目建设情况的调研报告》《关于安泽县脱贫攻坚工作情况的调研报告》《关于推进城乡义务教育一体化，加大薄弱学校教育投入力度的调研报告》等调研报告得到县委、政府主要领导的批示，推动相关工作的开展。在开展“万名干部下基层”调研活动中，分别选定招商引资、激发企业家精神、中药材产业、义务教育均衡提质和大气污染防治课题开展调研，调研过程中，结合学习贯彻十九大精神，协调解决相关问题，切实达到通过调研推动工作开展的目的。

积极主动参与中心工作。积极推动“一纵一横”建设工程，协调解决占地赔偿等相关事宜。积极开展招商引资工作，组织有关负责同志，先后两次到云南、四川、甘肃和安徽等地考察引进制药企业，使井泉制药成功落户安泽。积极参与太原市安泽商会成立揭牌仪式暨安泽太原招商引资推介会，大力推介安泽县独特的生态优势、光荣的红色文化和良好的投资环境；县政协努力为无党派人士、党外人士参政议政搭建平台，多次召开座谈会，听取他们对县委、政府中心工作及政协各项工作的意见建议。

【委员议政建言】 2017年积极反映社情民意。全年编发社情民意信息41篇，其中《煤炭行业供给侧结构性改革的相关情况》《关于实施精准扶贫中存在的问题和建议》被全国政协采用；《关于加强“三基建设”的意见和建议》被省政协采用，《关于大力推动文化旅游融合发展的建议》《矿难与煤价一起“反弹”应引起高度重视》被省政协转报全国政协，《明确婚姻法关于禁止包办买卖婚姻的规定，降低欠发达地区婚姻彩礼》等10余篇信息被市政协采用。另外，《关于改进央视3.15晚会的建议》《建议重拳打击非法会销行为》等信息，编发上报后被相关部门重视和采纳。

【民生服务】 2017年按照县委脱贫攻坚工作要求，选派3名优秀干部到机关包联村——和川镇上县村开展驻村帮扶，工作队和村一班人通过发展产业推动脱贫，新办的众腾食品有限公司生产年馍3000余箱，销售额15余万元。

【慰问帮扶】 2017年县政协积极引导广大委员投身社会公益事业，广大委员累计捐款110余万元，办好事实事270余件。政协常委刘建文投资4000余万元开展县城棚户区改造工程，为白血病家庭捐款5000元、为贫困户扩大木耳种植提供帮扶资金5000元；政协常委杨建光投资500余万元为“三无特困人员”建设了“红叶康养中心”集中供养安置点，为贫困户捐款5000余元等等，他们用实际行动彰显政协委员的时代风采。

【文化传播】 2017年县政协文史委立足安泽荀子文化，唱响荀子品牌。编撰出版《荀思梦响》《望岳楼文帖》两本书；2017年4月组织召开“追根说炎帝，溯源初国伊”笔会，邀请20余名著名专家学者，对炎帝最初建国地在安泽进行研讨论证，会后编撰出版《溯源炎帝初国伊》一书，并在太原召开了新书的发行会，取得良好效果。文史委积极开展文化交流活动，先后参加山东兰陵荀子文化交流、高平炎帝文化交流和长子神农炎帝文化论坛。积极参与国家图书馆来安泽重走《赵城金藏》抢救之路，与部分专家学者一道参加赵国古长城科考活动，深入发掘安泽县古长城遗迹。

按照县委安排，县政协在全国范围内征集安泽县歌，收到稿件525件，评出15首优秀作品。2017年5月，由中共临汾市委宣传部、中共安泽县委、安泽县人民政府主办，安泽县政协、中共安泽县委宣传部承办的“荀子故里、生态安泽”原创歌曲演唱会分别在太原、临汾、安泽成功举办，三场演唱会到场观众数千人，网络点击量数超过十万次。

【学习培训】 2017年扎实开展“两学一

做”学习教育。按照县委推进“两学一做”常态化制度化，开展维护核心见诸行动主题教育要求，政协党组和党支部根据“8+5”工作安排，开展一系列富有成效的工作。党组结合工作实际和征集到的意见，制定整改清单，排出整改时限。政协办党支部按照各个时段部署，十九大召开前，分别以学习《习近平总书记成长之路》《习近平的七年知青岁月》和“习近平总书记视察山西重要讲话精神”为专题开展研讨交流；十九大召开后，组织党员和政协委员学习十九大精神、宣讲十九大精神。

努力开展政协业务知识学习培训。通过召开主席会议、专门会议集体学习和个人自学等多种形式，把学习和履行职能相结合，重点学习了习近平总书记关于社会主义协商民主的重要论述和党的统一战线理论。机关科级以上干部通过山西干部在线学习平台，认真学习党的十九大精神和全省各项重要会议精神。邀请临汾市政协信息科关东红科长，就社情民意工作开展培训，全体政协委员、特邀信息员及机关干部150余人参加了培训。一年来，县政协从班子、常委会到组织的学习培训会、民主生活会形成不念稿子，联系实际讲真话的惯例，每次活动都能解决一些问题，积少成多，大家普遍感到政治素养和工作能力都有了明显提高，说政协话、做政协事、像政协样已成为政协新风。

重要会议

【政协全会】 2017年3月9日至12日，中国人民政治协商会议第九届安泽县委员会第二次会议在县城举行。

会议以中共十八届三中、四中、五中、六中全会及习近平总书记系列重要讲话精神为指导，深入贯彻县十四届二次党代会和全县经济工作会议精神，牢牢把握团结和民主两大主题，切实履行政治协商、民主监督、参政议政职能，为安泽县发展聚智谋略、建言献策，是一次团结民主、激励奋进的大会，是一次凝聚共识、鼓舞人心的大会。中共安泽县委、县人民政府对这次会议高度重视，李强书记、牛庆国县长分别在开幕会、议政会上作了重要讲话，对县政协的工作给予了充分肯定，并对做好新时期人民政协工作提出了殷切期望和明确要求。会议听取并赞同牛庆国县长所作的《政府工作报告》和其他报告，圆满完成了各项任务。

会议听取和审议了主席高成锁代表政协第九届安泽县委员会常务委员会所作的题为《围绕中心、建言献策，不忘初心、履职为民，为安泽全面振兴绿色崛起聚智谋略献计出力》的工作报告、副主席宋晓琴代表政协第九届安泽县委员会常务委员会所作的关于政协九届一次会议以来提案工作情况的报告，对两个报告表示赞同。

会议认为，政协第九届安泽县委员会常务委员会在过去的一年里，深入贯彻中央、省、市大政方针和县委各项决策部署，团结带领广大政协委员，围绕全县大局，认真履行职能，积极主动作为，各项工作取得了新的进步，政协事业实现了新的发展，为推进全县经济社会发展作出了积极贡献。

会议强调，2017年是党的十九大召开之年，是决胜全面小康的关键之年，也是落实省、市、县党代会精神的起步之年。广大委员要在县委的领导下，深入贯彻落实县十四届二次党代会和全县经济工作会议精神，同心同德、努力拼搏，不辱使命、不负重托，共同开创安泽县改革发展和各项事业的新局面。

会议要求，广大政协委员，要不断加强理论学习，保持坚定的政治方向，要牢牢把握团结和民主两大主题，深入调查研究，积极咨政建言，加强民主监督，要自觉当好"参谋"与"助手"的角色，为国卫创建、脱贫摘帽、产业转型、城建提质"四场"硬仗凝心聚力、建言献策，坚决把县委政府决策部署落实到政协工作的各方面和全过程。

会议号召，全体委员要更加紧密地团结在以习近平同志为核心的党中央周围，在中共安泽县委的坚强领导下，不忘合作初心，继续携手前进，扎实工作，锐意进取，认真落实本次大会提出的各项任务，不断谱写安泽县政协事业的新篇章，为加快建成山水田园城、精品旅游县，实现安泽全面振兴、绿色崛起而努力奋斗，以优异成绩迎接党的十九大胜利召开!

【常委会议】 2017 年 2 月 16 日，安泽县政协九届二次常委会议在常委会议室召开。县政协主席高成锁，副主席宋晓琴、党爱贞、娄和玮，秘书长王军，常务委员李福明、杨清河、徐向党、徐红、张红新、梁博、范晓刚、孙德胜、史云、郭建红、周文瑞、王建忠、陶军安、武素青、李长江出席会议。会议通过了《政协第九届安泽县委员会第二次会议召开时间的决定》《政协第九届安泽县委员会第二次会议议程（草案)》《政协第九届安泽县委员会第二次会议日程（草案)》《政协第九届安泽县委员会第二次会议主席团、秘书长名单》《政协第九届安泽县委员会第二次会议主席团常务主席名单》《政协第九届安泽县委员会第二次会议执行主席名单》《政协第九届安泽县委员会第二次会议特邀列席人员名单》《政协第九届安泽县委员会第二次会议分组办法和召集人名单》，讨论通过了《安泽县政协常委会工作报告》。

专门委员会

【提案委员会】 2017 年，安泽县政协提案委在政协党组和各位主席的正确领导下，紧紧围绕全县的中心工作，坚持以德为先、廉洁从政、务实担当、率先作为，认真履行提案委的日常工作。首先，把加强思想建设，提高政治觉悟摆在突出位置。深入学习习近平总书记系列重要讲话和党的十九大会议精神，特别是习总书记视察山西时的重要讲话精神，坚决把思想和行动统一到习总书记对山西的重要讲话指示上来，统一到省委、市委、县委的决策部署上来。切实增强政治意识、大局意识、核心意识、看齐意识和做好政协工作的责任感、紧迫感、使命感，始终在思想上政治上行动上同以习近平同志为核心的党中央保持高度一致，同县政协党组同步同调、同心同力。认真研读党的十九大报告，坚持全面准确学习理解领会精神实质和党的十九大提出的新思想、新观点、新论断、新要求。其次，强化培训，突出政协特色，做好提案工作。九届二次会议召开之前，印发了

《政协委员撰写提案要求》及《提案导向》，引导委员充分利用自己的行业优势和工作特点，结合实际，建言献策，撰写出高质量的提案供县委、政府及相关部门决策参考。九届二次会议期间，收到委员撰写的各类提案204件，经提案审查委员会审查，予以立案处理200件，占提案总数的98%。2017年委员的提案呈现以下特点：1.委员建言献策热情高涨。2.提案议题更加集中。3.提案质量进一步提高。绝大部分提案言之有据，建议可行，充分体现了政协委员和各参加单位的履职能力和水平，体现了高度的责任感和使命感。同时，开展了政协提案成果转化情况的视察调研，极大地推动了各承办单位对政协委员提案的办理进程，通过提案的督办方式，有效推动了提案的成果转化。精心组织，深入调查研究，积极建言献策。按照年初的工作要点及市政协的工作部署，2017年组织部分政协委员就“水资源保护、水利基础设施建设及应用情况；食品药品安全监管工作；脱贫攻坚专项督查工作；中药材产业发展；造林扶贫”等工作进行专题调研和视察，提出了许多建设性的意见和建议。对社会事业和民生工作进行广泛协商讨论，献计出力，提出了一些具有超前性、可行性的意见和建议，协助县委、县政府及有关部门完善决策，充分发挥参谋助手作用。

【经济委员会】 2017年是中共十九大胜利召开之年，也是安泽县经济社会全面发展进步、各项事业统筹推进的一年。政协经济委员会在县政协的正确领导下，围绕县委着力打好国卫创建、脱贫摘帽、产业转型、城建提质“四场”硬仗，加快建设山水田园城、精品旅游县，奋力实现安泽全面振兴、绿色崛起奋斗目标，积极履行政治协商、民主监督、参政议政职能，发挥界别委员优势，求真务实、开拓创新、积极作为，搞好调研视察，形成行之有效的调研报告，促进了相关事业的发展，为安泽县建设山水田园城、精品旅游县，实现安泽全面振兴、绿色崛起做出了积极贡献。

2017年，政协经济委员会面对中小企业发展中存在的融资难、用地难、创新难、产业发展难“四难”问题，组织委员进行专项调研，找准问题的根源，为企业出谋划策，给政府提出合理化建议。围绕安泽县脱贫摘帽，组织委员对扶贫易地搬迁项目进行了视察调研，为贫困户搬得出、稳得住、有产业、能致富，提出好的合理化建议。在国卫创建工作中，对住建局分管的污水官网改造、集中供热、农贸市场建设三项重点工程组织委员进行了专题调研，委员们为工程建设献计献策，促进了工程的顺利实施。招商引资是安泽县经济发展的短板，也体现了安泽县经济发展后劲不足。经济委员会组织经企界委员面对经济发展的新形势、新课题进行研讨，充分发挥委员优势，学习外地政策经验，结合安泽县实际，开拓思路，形成调研报告，为政府决策提供依据。

【文史委员会】 2017年，充分发挥专门委员会的独特作用和委员的主体作用，积极推进教科文卫及文史各方面工作，取得了一定成效。4月份深入到安泽二中、安泽一中就“激发教师潜能，提高工作积极性”

议题和校领导班子、教师代表座谈，大家就教师的绩效工作、课时补助、奖金等开展了讨论，最后形成一篇关于“激发教师潜能，提高工作积极性”的专题汇报材料。7月份，市政协下文在全市开展“推进城市义务教育一体化，加大薄弱学校投入力度”调研函，积极与县教科局联系，结合安泽县教育均衡成果，积极上报了材料，为全市教育均衡化发展提供了模板。10月下旬，按照县政协安排，组织数名委员到县文广新局，开展“文化与旅游融合发展”调研，并撰写调研报告上报给县委县政府。年底，编纂出版了《荀思梦想》《望岳楼文帖》，旨在展现荀子故里，中国文化名楼——望岳楼的雄姿风采及书法家的独特魅力。

（贺玉静　李芳　曹心悦）

纪检监察

【监察体制改革试点】 2017年安泽县坚决扛起试点工作政治责任，全面推进县监察体制改革试点工作的同时，率先在全省开展乡镇监察试点，努力拿出高质量改革试点样品，11月初，安泽县乡镇监察试点工作经验在晋中市进行了复制推广，先后有浙江、安徽、内蒙古自治区及山西省内20余县市区赴安泽县进行了考察学习。

1. 按图施工，改革试点取得阶段性成效。在前期推进县监察体制改革试点工作中，着力做好“四个抓”：抓组织领导。县委把坚持和加强党的领导体现在改革的全过程、各方面，切实担起主责。县委书记坚决扛起“施工队长”责任，始终站在改革第一线。纪委切实负起专责，相关部门密切配合，形成上下一条心、全县一盘棋的良好格局。抓转隶组建。严格按照程序和步骤，顺利完成调研摸底、编制划转、机构设置、人员转隶、线索移交、人大选举、组建挂牌等7方面重点工作。3月13日县监委在全市率先挂牌成立；严格按规定比例从县检察院划转政法专项编7个，实际转隶人员5名；纪检监察室由原来的4个增加为6个。抓全面融合。以思想融合为前提，深入开展谈心谈话、家访等工作。以制度机制融合为关键，深入实践运用“四个一”工作制度和“1+4”十项制度体系，对调查措施应试全试，“纪法”“法法”有效衔接。以人员融合为保障，着力推进执纪执法工作理念融合，加强人员选配，检察院转隶的5名人员中，1人进入监委班子，3人担任纪检监察室主任。抓评估整改。对标省委评估指标，细化108项具体任务，责任到人，全面展开自我评估整改。结合市纪委监委“四轮”督查评估发现问题，及时制定问题清单、责任清单、整改清单，逐条对照完成60个问题的整改。

2. 先行先试，打造乡镇监察改革样本。作为全省两个开展乡镇监察试点单位之一，坚持县委统一领导，县纪委监委统筹推进，为开展乡镇监察工作提供了素材和经验。突出“乡镇监察员”队伍建设，为每个乡镇配备3名监察员，2名监察员助理，解决了“谁监督”的问题。突出“监督监察”

的职责定位，全面摸清了乡镇监察对象，共计1511名，其中，乡镇行政机关151人、驻乡镇站所409人、公办教育卫生163人、群众自治中管理人员788人，较改革前共增加1202人，解决“监督谁”的问题。突出“建章立制”，县纪委监委研究制定“乡镇版”“四个一”工作制度，解决“怎么监督”的问题。突出“内涵发展”，围绕提升监督成效，出台13项工作制度，并将监督的“前哨”向村一级延伸，在每个行政村选聘1名监督信息员，重点围绕村务公开、惠农惠民政策落实、村干部廉洁自律等进行监督，做到早发现、早报告，解决“监督成效”的问题。

3. 持续发力，切实发挥“试验田”作用。在深化县监察体制改革方面，在执纪执法协调衔接上求深化，完善职务违法和职务犯罪的调查审理，以及移送检察院审查起诉的程序和文书等。完善六类监察对象界定标准，全县监察对象共计4449人，比改革前增加3370人。在深化乡镇监察工作方面，通过班子成员包乡镇、督导检查、观摩考察、清单管理等方式，解决乡镇之间工作不平衡问题；通过对监察员、村级监督信息员开展“全覆盖”“多轮次”培训，不断强化业务指导，规范各项工作。在派驻机构全覆盖方面，以现有13名县直单位纪检组长为主要力量，对全县70个县直单位实行分组监督，实现了县直机关监督全覆盖，并研究制定了实施方案，稳步推进派驻机构全覆盖工作。

【监督检查】 2017年加强对中央省市和县委决策部署落实情况的监督检查，坚决纠正上有政策、下有对策行为，维护政令畅通。

1. 严肃党内政治生活。坚持以上率下，推动各级领导干部带头落实双重组织生活制度，严格落实“三会一课”制度，定期开展组织生活。将“两学一做”学习教育与监督执纪业务有机结合，扎实开展“三重温一续写”工作。及时督促被谈话函询的领导干部在民主生活会上作出说明。

2. 纪律教育全面加强。对全县“讲政治、知敬畏、守规矩”专项治理活动扎实开展专项督查。对县廉政文化教育基地展板内容进行更新升级，引导全县党员干部进行参观。组织全县干部职工认真学习《准则》《条例》等党纪法规，并参加“清风临汾”在线学习测试。同时，利用“典型案例”，多渠道广泛开展警示教育。

3. 严明村“两委”换届纪律。成立8个监督小组，围绕“九严禁、十不准”等重点内容，对村（社区）“两委”换届选举纪律进行全面监督。印发宣传页5000余份，对676人进行廉政审查，认真梳理排查反映农村党员干部问题线索，坚持以“零容忍”的态度严查拉票贿选等违规违纪问题，做到快受理、快核查、快处理。

4. 切实发挥巡察利剑作用。配齐县委巡察办、三个巡察组共计9名专职巡察干部，并加强巡察组长库、人才库、专业人员库建设，编制《巡察工作五年规划（2016—2021）》。2017年，开展教育、卫计、扶贫领域专项巡察；对长临高速安泽区域沿线2个乡镇及11个村开展“机动式”专项巡察；第三轮巡察中，紧盯扶贫领域腐败问题，对2个乡镇和3个县直单位开展巡察；12月份，启动第四轮巡察。巡察中发现共性问题108条，发现问题线索87条。

【廉政建设】 通过清单明责、约谈压责、巡察查责、提醒促责、“四述”评责、追责问责，压紧压实“两个责任”。

1. 细化清单明责。认真落实责任清单、约谈、巡察、提醒、“四述”等五个实施办法，通过县委带头，督促党委（党组）、纪委（纪检组）进一步健全完善责任清单、问题清单和整改清单，构建起人人有担子、层层抓落实的责任体系，做到清单化明确、项目化推进、台账式落实。

2. 约谈提醒压责。召开全县党员领导干部廉政谈话会，以遵守党的纪律、严肃政治生活、落实两个责任为主要内容，开展廉政集体约谈。县级领导带头开展逐级约谈，切实做到常提醒、常教育。对新任职和调整科级干部进行集体谈话，层层压实了工作责任。

3. 督查巡察查责。成立督查组对“两个责任”落实情况进行专项检查，着力发现和解决责任意识不强、责任落实不力等突出问题，并对发现问题进行了通报。同时，召开全县“四述”工作会议，通过汇报工作、现场质询、集中测评，传导压力，压实责任。

4. 严肃追责问责。坚持把问责作为推动责任落实的有效抓手，倒逼责任落实。2017年，领导干部问责28案46人（其中6案16人为环保问责），给予党纪政务处分19人，组织处理27人。党内问责23案31人，全市排名第一，给予党纪政务处分3人，组织处理28人，使失责必问、问责必严成为常态。

【作风建设】 2017年持之以恒纠正“四风”，驰而不息正风肃纪，释放越往后执纪越严的强烈信号，带动社会风气持续好转。

1. 打造“四位一体”纠“四风”工作品牌。在抓常抓细抓长上下功夫，着力构建作风建设长效机制。2017年着力打造“四位一体”纠“四风”工作品牌，建立一个平台，开通荀乡“四风”随手拍微信举报平台；抓好一支队伍，在全县公开聘请20名荀乡“四风”监督员；出台一套制度，出台通报曝光等7项制度；完善一项机制，形成日常监督、专项监督监察、系统治理的长效机制。

2. 紧盯重要节点强督查。紧盯元旦、春节、五一、端午、中秋、国庆等重要时间节点，聚焦“四风”新形式、新动向，采取宣传教育、短信提醒、监督检查、通报曝光等举措，对顶风违纪行为严查快处，确保节日风清气正。2017年，先后开展明察暗访20余次；分6批次向全县科级干部推送廉洁短信3000余条；通报曝光“四风”问题23案30人次。

3. 开展专项行动严整治。结合安泽县实际、坚持每月一重点，围绕乡镇日常工作、“三支队伍”履职情况、违规使用公务用车、违规发放津补贴、县委政府重大政策部署贯彻执行不力、重大项目推进不力、专项资金长期“趴窝”等问题开展专项检查，2017年共查处“四风”案件29案33人，全市排名第一，给予党纪政务处分12人，组织处理21人。特别是，认真落实习近平总书记纠“四风”重要指示精神，加强分析研判，协助县委制定出台《落实中央八项规定精神实施细则》。

【执纪审查】 1. 有效运用“四种形态”。坚持把“四种形态”贯穿执纪监督监察全过程，2017年全县纪检监察机关共运用“四种形态”处理408人次。其中，第一种形态297人次，占73%；第二种形态89人次，占22%；第三种形态20人次，占5%；第四种形态2人次。

2. 严肃查处腐败问题。对全县2015年10月至2016年12月期间问题线索进行大起底，共清理问题线索224件；开展公检法系统问题线索大起底，起底问题线索23件27人。分两批次接收县检察院转隶移交举报线索45件，并建立台账跟踪督办。2017年全县共处置问题线索310件409人，立案114件，结案113件，给予党纪政务处分107人，其中乡科级干部18人，重处分21人；向县检察院移送案件2件，均被法院判决有罪，各项数据指标位居全市前列。

3. 高度重视办案安全。始终将办案安全作为头等大事来抓，在办公楼一层设专门谈话区，设立谈话函询谈话室和初核谈话室，并在执纪审查谈话点建立指挥中心、监控室、软包谈话室，能够达到有利安全、相对封闭的要求。同时，强化“走读式”谈话安全，严格执行办案安全各项规定。

4. 探索运用信息手段。实施科级干部个人与家庭有关情况报告试点工作，并建立电子信息管理系统，实现对科级干部的基本信息、涉及问题线索、领导干部廉政档案、干部个人与家庭有关情况报告、受处分情况、执纪监督执纪审查数据六项相关信息的快速查询和分析，为执纪监督监察工作提供重要参考和依据。

【扶贫领域监督执纪问责】 2017年始终把扶贫领域监督执纪问责工作作为重要政治任务来抓，为打赢脱贫攻坚战提供坚强纪律保障。

1. 开展常态化监督执纪工作。紧盯扶贫领域重点，建立基本情况、问题线索、扶贫项目资金跟踪、监典型案“四本台账”，确保从源头上做到情况明、数字准。建立对外联络、领导包案、工作约谈、工作周报、定期通报“五项制度（机制）”，夯实了工作基础。开展“六查六看”，通过查监督责任落实、问题线索台账、线索处置情况、案件办理情况、整改落实情况、工作作风等，发现纠正存在问题，狠抓工作落实，推动正风反腐向基层延伸。

2. 开展“百名纪检监察干部”下基层工作。建立班子成员包联乡镇、各室联系贫困村、纪检监察干部包联走访贫困户工作体系，成立专项工作办公室，实行“日报告”等工作制度，全县96名纪检干部进村庄、入农户对1751户贫困户3995人开展“全覆盖”走访，通过一线监督，着力发现和解决扶贫政策宣传不到位、“三支队伍”作用发挥不明显、扶贫项目推进缓慢等问题。

3. 开展扶贫领域不正之风和腐败问题专项治理工作。在扎实开展县际推磨互查的同时，抓住扶贫资金流向和项目管理这条主线，组织全县7个乡镇、16个县直单位自查自纠，着力整治资金项目、政策落地、领导责任和干部作风等方面存在的问题。共发现问题223个，限时整改168个（已整改到位159个），移交纪委监委处理55个（已经办结43个，处理27人），主动承认错误34人次，追缴违纪款8.02万元。2017年，全县共查处群众身边腐败问题85案85人，全市排名第一，给予党纪政务处分 62 人，其中重处分 11 人；全县查处扶贫领域问题 44 案 44 人，全市排名第一，给予党政纪处分 26 人，其中重处分 8 人。

4. 构建涉纪信访工作新格局。围绕做好十九大期间涉纪信访化解稳控，以源头预防为主线，将 77 个县直单位、4 个居委会、102 个行政村为单元将全县划分为 183 个网格，形成一张覆盖全县涉纪信访网，实施网格化管理，形成长效工作机制。对重点涉纪信访案件，进行分类包干、责任到人，严格落实“四定”“五包”“六到位”责任制，对群众反映问题做到严查快结，2017 年，2 件省转和 18 件自查梳理基层涉纪信访举报事项，全部及时办结。

【干部队伍建设】 1. 规范建设明显提升。深入开展学习贯彻十九大精神、“两学一做”常态化制度化、纪律作风整顿年等活动，建立“两月一例会”“每日工作台账”等工作制度，强化机关支部建设和日常管理，开展演讲比赛、知识竞赛、业务比武、红色教育等活动，在纪检监察系统形成了积极向上、风清气正的良好生态和规范有序、团结向上的工作氛围。

2. 人员配备不断优化。拓宽选人用人视野，从县委组织部、审计局、乡镇等部门中，选拔熟悉相关业务的 5 名同志担任室主任，通过省公务员考试招录了 5 名公务员，采取优势互补、交叉配备、混合编排的方式，对干部岗位进行合理配置，并将人员力量重点向案件审理、执纪审查室倾斜，2017 年机关有 6 名同志通过国家司法考试，占纪检监察室和审理室总人数的 43%，人员力量得到增强，结构进一步优化。

3. 履职能力得到加强。突出全面、全员抓培训，围绕党章党规、法律法规及业务知识持续进行充电，做到缺什么就补什么，需要什么就学什么，将培训融入日常、做到经常，有效提升综合素质和履职能力。同时更加注重思想政治、良好作风和工作纪律教育。

4. 内控机制健全完善。建立完善执纪监督专题会、审查调查专题会、案件审理协调会等集体决策制度；严格审批程序，严格请示报告制度，明确划定和严格落实责任分工；不断严明“三条禁令”，建立打听案情、过问案件、说情干预报告和登记备案制度，形成严密的自我监督体系。

重要会议

2017 年 2 月 8 日，中国共产党安泽县第十四届纪律检查委员会召开第二次全体会议。全县处级以上干部出席会议，各乡镇党委书记、乡镇长，县直各单位主要负责人，县委委员，各乡镇纪委书记，县直各单位纪检组长、监察室主任；县委巡查办全体人员、各巡察组组长、巡察专员、县纪委机关全体干部参加会议。县委书记李强出席全会第一次会议并作重要讲话，县委常委、纪委书记晋红峰主持会议并代表县纪委常委会作工作报告。会议审议通过晋红峰代表县纪委常委会所作的《压实政治责任，强化担当意识，为实现安泽振兴崛起提供坚强纪律保障》的工作报告。

全会回顾总结 2016 年全县党风廉政建设和反腐败工作，并从 8 个方面研究部署 2017 年党风廉政建设和反腐败工作任务。

群众团体

工　会

【思想政治建设】　2017年，把“两学一做”常态化制度化主题教育作为首要的政治任务。通过支部书记带头讲党课、个人自学、集体学习、专题研讨、辅导报告等形式，组织干部认真学习。同时，坚持定期开展“三会一课”制度、党员活动日、经验交流会等活动，保证教育活动高质量完成。在党的十九大胜利召开后，举办全县工会干部培训班，教育和引导广大工会干部和职工深刻理解和把握精神内涵和实质，自觉增强政治能力，坚决维护中央权威，自觉做到在思想上高度信赖、政治上坚决维护、组织上自觉服从、行动上始终紧跟以习近平同志为核心的党中央，使工会工作始终保持正确的政治方向。

【纪律作风】　2017年，以“讲政治、知敬畏、守规矩”专项整治活动为契机，弛而不息地抓好纪律作风建设。通过开展党性、党风、党纪教育，重点学习《中国共产党廉洁自律准则》和《中国共产党纪律处分条例》等纪律条例，筑牢工会干部拒腐防变的思想道德防线。按照县委“两个责任”目标，全面落实党风廉政建设主体责任，班子和班子成员分别建立责任清单，签订责任书，开展廉政谈话，真正把责任落到人头，把工作落到实处。同时，把纪律作风建设作为“两学一做”常态化、制度化专题活动。

【做好“总结提高年”工作】　2017年，在整体推进全年工作的同时，认真回顾、梳理总结“调查研究”“依法维权”“组织建设”“素质提升”四个主题年的工作经验，用好的经验促进各项工作实现全面提升。选树一批有代表性的重点工作和创新工作，召开现场观摩会、推进会，加强学习交流、示范引领提高。加大宣传力度，充分利用工会宣传阵地、微信公众平台和微信群，广泛宣传工会工作的先进经验、先进事迹，营造向典型学习、向先进看齐的良好氛围。

【换届工作】　安泽县工会第七次代表大会于2017年9月2日召开，应参会代表132

人，实参会代表 128 人，选举产生了安泽县总工会第七届委员会和第七届经费审查委员会。

安泽县总工会第七届一次全委会，应参会委员 25 人，实参会委员 25 人，选举李颖（女）为安泽县总工会第七届委员会主席。郭振玲（女）、杨巧梅（女）为副主席。卢成广、刘安峰、李贝成、张拴成、尉昌华、崔永斌为兼职副主席。王新爱（女）、卢成广、刘安峰、李长庆、李贝成、李颖（女）、李菊（女）、张栓成、杨巧梅（女）、郭振玲（女）、尉昌华、崔永斌、彭云红（女）为委员会常委委员。

安泽县总工会经费审查委员会第七届一次全委会，应参会委员 5 人，实参会委员 5 人。选举李长庆为安泽县总工会第七届经费审查委员会主任，王岳红（女）、刘圣霞（女）、张建勇、张拴成为经费审查委员会委员。

【工会改革工作】 2017 年，县总工会、七个乡镇、一个社区、102 个行政村（村委+公司）工会全部完成换届选举任务，全部配齐配强了工会领导班子，其中配备兼职副主席 329 人。认真落实“精简、统一、效能”的要求，依法合规开展整合工作。整合后，县总工会内设 7 个机关部室、2 个中心、1 个俱乐部。分别是：办公室、基层组织工作部、经济技术部、权益保障部、财务资产部、经费审查委员会办公室、女职工委员会办公室、宣传网络中心、职工服务中心、职工俱乐部。

【“五小”竞赛】 2017 年，围绕促进供给侧结构性改革和实现安泽经济振兴崛起目标，继续深化“五小”（小发明、小创造、小革新、小设计、小建议）竞赛，拓宽竞赛范围，由工业企业向事业单位延伸，通过对教育、卫生、财贸等系统的组织发动，提高职工参与率与优秀成果转化率，打造各行各业共同参与、整体推进新格局。2017 年安泽县共有 60 余家企事业单位积极参加“平阳工匠”选树活动，共征集职工“五小竞赛”创新项目 110 余项，涌现出一批以接地线警示器为代表的优秀作品。组织县优秀职工参加“选树平阳工匠、助力吉县脱贫”“选树平阳工匠，助力工业振兴”等活动，安泽县永鑫焦化集团职工王红伟荣获全市焊工技能比赛三等奖，地电安泽公司职工郑海军获得临汾市首届“平阳工匠”提名奖，促进了工匠精神在安泽县的传播。

【脱贫攻坚】 2017 年，按照县委“扶贫到村，规划到户，整合资源，合力攻坚”的基本要求，机关干部与包联村贫困户“结对子”，激励贫困户树立自力更生、早日脱贫的思想，激发脱贫致富的内生动力，为每户制定切实可行的脱贫措施，集中开展 6 期技能技术培训，采取政策、资金、产业等帮扶方式，实现勤劳致富。通过与村委领导座谈，逐户走访，实地环境勘察等方式，了解关庄村经济发展、特色产品、村民生产生活等基本情况。制定《关庄村五年发展计划》，帮助村民修建春秋大棚 56 座和暖棚 2 座；与县电力公司协商，为村里架设电线、换变压器，解决蔬菜大棚所需，打深井一口解决全村人的饮水问题；帮助村委会修建改造村委会，新建农家书屋，维修文化广场，有效改善该村的生产生活条件。2017 年村集体收入可达到 10 万元，5 户贫困户全部脱贫摘帽。

【职工文化建设】 2017 年，开展职工文化建设，在全县广大职工中培育和践行社会主义核心价值观，推进职工书屋建设，新建立职工书屋 3 家。依托九大职工文体协会，开展“秀美上党关，浪漫黄花岭”职工摄影、书画作品展及书画笔会、全省职工足球邀请赛、“红叶杯”职工篮球赛、助力安泽县全域旅游、环保宣传等活动。继续开展全县职工“五一”和“十一”系列文体活动，以喜闻乐见、丰富多彩的文体活动，丰富广大职工的精神文化生活，凝聚职工共识，汇聚职工力量，激发职工爱岗敬业热情和快乐奉献意识。推动工会事业整体发展。

【组建职工志愿服务队】 2017 年，机关全体干部职工、每个乡（镇）工会组织二十名职工和县直机关有爱心、关爱社会、热爱公益的同志组建成职工志愿者服务队，成立助力扶贫、卫生保健、抢险救灾、法律援助、环境保护、爱心帮扶、文化宣传、心理咨询、助力旅游、教育助学 10 个专业化志愿者帮扶小分队，将志愿服务的触角延伸到全县社会的各个角落。自志愿服务仪式启动以来，已累计开展医疗义诊、免费理发、免费体检、农民工培训、助力乡村旅游、助力秋收、环保宣传等活动 130 多次，帮扶群众达万余人，职工志愿服务队的“红马甲”已成为荀乡大地上一道靓丽的风景线，推动了各项社会事业的发展。

【四季帮扶工作】 2017 年，在“春送岗位”活动中，县总工会联合人社局举办月嫂、家政培训班 5 期，各乡镇工会开展种养殖业技术培训班 10 期，共培训困难职工和返乡农民工 1000 余人。在“夏送清凉”活动中，为环卫队、焦化厂、电力公司等 800 余名一线职工发放价值 3 万余元的茶叶、白糖、杯子等防暑降温用品。在“金秋助学”活动中，为 60 名困难职工和困难农民工子女发放助学金 12 万元；在“冬送温暖”活动中，慰问困难企业 5 家，慰问困难职工、困难女职工、困难劳模、困难农民工 692 人，发放慰问金 15 万余元。

【关爱职工活动】 2017 年，在开展第十一期职工大病互助活动中，共有 91 家单位 7747 名职工参与，筹措资金 278892 元。全年共为 64 名患大病职工发放互助金 171260 元，完善全县多渠道、多层次的社会救助体系，提高全县职工医疗保障水平，缓解职工因病致贫、因病致困而造成的经济生活压力。全县成立户外“爱心驿站”8 个，为环卫工人、农民工、交警等户外劳动职工提供了临休点。成立“职工职业卫生心理健康室”5 家，为职工身心健康提供保障。加大对女职工帮扶力度，成立 2 个“妈咪小屋”，县人民医院妈咪小屋被评为省级妈咪小屋，在企业中，以落实“女职工卫生费”为主题的活动，多渠道维护女职工合法权益。

【劳动力转移】 2017 年，把农民工返乡创业推动农村剩余劳动力转移作为工会改革的一项重点工作来抓，以工会大学校为依托，开展养殖、种植、加工、销售、技术和服务等职业技能培训 13 期，积极调动返乡农民工创业激情和热情。培育杜村乡畜禽养殖基地、冀氏镇蔬菜大棚种植基地，良马乡小杂粮种植基地、府城镇综合培训基地、府城QQ农场等多个创业园区，覆盖100多个农业专业合作社，辐射带动周边1000余名返乡农民工实现创业和就业。

【劳动竞赛】 2017年，通过举办焊工、厨艺、晒账、赛奖等职工职业技能大赛等多层次的群众性技能比赛活动，拓宽技术工人职业发展渠道，培育更多高素质技术工人。6月，以“安全生产月”为契机，发放安全宣传资料两万余份；与县安监局联合举办“两法一例”安全知识竞赛和安全宣传专项晚会，并组织人员参加市总工会举办的职工安全健康知识竞赛获得“优秀组织奖”。

【维护职工合法权益】 2017年，深入持续开展“农民工有困难找工会、拿不到工资找工会”专项行动、“集体合同与工资集体协商月”和“女职工维权行动月”等活动，促进集体协商提质增效。3月召开全县企业工资集体协商工作现场会，共签订工资集体协商合同16份（其中单签13家，行业1家，区域性2家），覆盖职工4815人，签订率100%，并建立工资集体协商合同实名制档案。深入企业、厂矿、学校宣传，制定“六六”普法领导组、实施方案，“六六”普法学习制度，利用“12·4”法制宣传日，走上街头，走进企业，进行宣传，发放宣传资料3000余份。其中：法律宣传小册800份，农民工维权口袋书1500本，职工职业病防治书700本。进一步提高维权工作工作质量，推进维权工作向纵深发展。

【基层组织建设】 2017年，在全县各级工会组织持续开展“广普查、深组建、全覆盖”工会组建月集中行动，依法推进工会组建活动，加强农民工、外来务工人员、流动就业人员、劳务派遣工的入会工作。在天乐合作社，伟晋养殖有限责任公司等新组建10家工会组织，新增会员达到400余人，在全县460家专业合作社，64个小区39家物业，18家快递物流公司，102个村委+公司等非公经济组织和30余个社会组织中逐步建立工会组织，扩大工会组织的覆盖面。

【网上工会】 2017年，通过运用工会信息管理考核平台、工会微信平台的网络工作优势，推进“互联网+”工会工作，推动职工入会、维权、帮扶、培训、普惠制等服务职工项目上网上线，将更多手段和方式借助互联网运用到提高工会工作效能的工作中。利用平台信息发布和新媒体和工会网宣员队伍培训，加强工会新闻宣传力度，提高工会新闻宣传、网络宣传的实践能力，切实增强工会服务职工群众的工作能力。

共青团安泽县委员会

【概述】 2017年，有团组织（含本级）共176个，其中县直机关事业单位团组织46个，乡镇（街道）团组织8个，村（社区）团组织106个，非公企业团组织10个，学校（非高校）团组织6个。青年之家4个。全县青年志愿者556人，团员人数3363人。青年人数（14—28周岁的户籍人口和流动人口，其中流动人口为已在当地公安机关办理居住证的人口）17496人，团青比（团员人数/青年人数）19.2%。2017年，全县共有少年先锋队大队33个，少先队员5195名。

【基层团组织内生动力增强】 2017年基层团组织是开展工作的前沿阵地，通过工作重心、力量配备、服务资源向基层倾斜，逐步改变倒金字塔工作力量分布。创新用人方式，优化各级团组织班子结构。各级团组织从团干、学校、非公企业等基层各个领域选配德才兼备、青少年公认度高、一线代表性强的兼职副书记，建立起1名共青团专职书记和3名兼职副书记的班子队伍，充实基层团组织的工作力量，优化班子结构。加强组织建设，夯实工作主阵地。加强学校团组织建设，全县6所中学（职）团组织中配齐组织委员、宣传委员、纪律委员，吸纳学生以兼职副书记的身份加入团组织。在2017年村“两委”换届中，实现全县102个村团支部书记进“两委”全覆盖。加强两新团组织建设，依托群团改革契机，冀氏镇14个村委+公司中都设立了团支部。在发姿轩美容美发、314电子商务、能量大咖健身房等非公经济和社会组织中新建团组织6个。

【网上共青团建设】 2017年坚持问题导向，结合青年实际需求，推动网上团支部建设，构建互联网+共青团格局，全县178个团支部全部利用QQ或微信将团支部同步建到网上，覆盖团员青年1.7万余人；2017年，利用微信、微博等平台积极转发上级团组织信息，原创发布共青团最新动态、活动信息等60余条，完成“一学一做”知识测试和安泽共青团改革基层满意度测评工作。

【青少年服务载体】 2017年“荀子学堂”成功启动。为从源头上坚守思想政治教育工作主阵地，积极创新思路，搭建有效平台，于5月17日在安泽一中成功启动荀子学堂。该学堂从树立理想信念、弘扬传统美德、传承荀子文化、发扬中华传统、学史明史辨史五个板块，实行一月一次，一月一主题的方式，采取授课为主的第一学堂和以参观历史古迹、缅怀革命先烈、参加志愿活动等为主的第二学堂相结合，从而为实现全县中小学生素质教育的全面优化提升奠定了坚实的基础。在冀氏中学开通“心灵驿站”，该驿站已组建起1名本校专业心理老师、1名外聘咨询师和10名志愿者的心理健康教育志愿者队伍，从重点青少年个体心理发展及家庭亲子教育着手，标本兼治促进青少年及家庭健康发展。

【团干部的工作作风改进】 2017年，机关3人率先垂范，走出办公室，深入基层一线，到青年身边，与大家一起探讨如何做好青年工作，让青年有组织归属感，让青年能在需要的时候找到组织，特别是共青团改革工作启动以来，强化团干部管理教育。制定《兼职副书记考核管理办法》和《乡镇（社区）团委书记考核管理办法》，开展年中、年终述职评议，举办各类培训9期，培训200余人次。切实改进团干部工作作风。以去“四化”增“三性”为目标，坚持眼睛向下、重心下移，以青年为中心，让青年当主角，建立“青年提出—团组织主导—社会力量承办—青年参与—青年评价”工作机制、团干部“常态化下沉基层”和“1+100”联系服务青年制度，开展“青春走基层”活动，探访各领域优秀青年代表30余名，团县委班子成员直接联系青年300余名。各级团组织开展关爱孤儿、关爱农村留守儿童、爱心捐赠等各类帮扶活动10余次，服务青少年逾2000余人次。建立三级团青微信群，团县委机关群、乡镇团委书记群、团代表群，进一步疏通了联系渠道。

【服务大局实现新作为】 2017年在“共青团助力脱贫攻坚”大潮中，组织全县5家爱心企业，奔赴全县7个敬老院，为50余名无偶无子女的孤寡老人开展义务劳动，送去爱心物资。围绕全县脱贫攻坚中心工作，创造性开展城乡儿童“共度假期　共享快乐”“大手握小手　爱心暖童心”等关爱困难青少年服务活动。开启巡回青年志愿服务，到最贫困最需要帮助的贫困老人家中，开展洗衣服、扫院子、清煤堆、义务理发、送去慰问品等活动，用青年的责任和担当，助力脱贫摘帽，全面提高贫困户的幸福感和满意度。在“雷锋月”活动中，组织城关小学、电力公司、国税局等部门60余人开展“学雷锋服务月”活动，为“创建国家卫生城”的贡献社会正力量。在“创国卫”的浪潮中，联合妇联一起开展“绿色行动、低碳先行”为主题的宣传活动，号召青年干部职工从身边小事做起，步行或乘坐公交车上下班，随手关闭电源，随手捡拾生活垃圾。在“助力临汾赢取旅游申办权”活动中，发动全县团员青年为家乡发声，通过朋友圈向外界介绍安泽、宣传安泽，让每一个安泽青年勇于奉献敢于担当，为家乡点赞。在响应全县“河道治理和水生野生动物保护”的工作中，组织自行车协会、钓鱼协会、青年志愿者等70余人开展“保护母亲河，聚力沁河行”公益宣传骑行活动，带领更多的人参与到保护母亲河的行动中。在全县禁止提前采摘青翘工作中，组织带领法院、国税、地税三家青年文明号单位的20余名青年志愿者深入良马乡劳井村发放“禁止提前采摘青翘”明白纸，为坚守在采摘青翘卡子口的值守人员送去矿泉水和雨伞等必需品。在喜迎十九大“太行山水杯”三市十县篮球邀请赛中，组织14名青年志愿者全程为赛事做好引导、礼仪服务，充分展现出来广大团员青年的良好精神风貌。在助力全域旅游发展中，带领青年志愿者在麻衣寺塔风景区广场设置“助力旅游青年志愿者服务岗”，举办盛大的篝火晚会，以此来欢迎远道而来的山西房车协会的嘉宾朋友。春季在黄花岭风景区，秋季在红叶岭风景区分别举办安泽县第一届和第二届户外运动文化节，吸引县内外青年到安泽旅游，在旅游中交流交友，打造身边共青团。在助力大气环境保护中，带领青年志愿者走上街头发放倡议书，走进学校倡议“小手拉打手”，走进社区提倡清洁取暖，防硫控污，开展“我为安泽蓝代言”活动，助力临汾解限。

【凝聚服务青年呈现新气象】 2017年，以维护青少年权益为主业主责，为青年代言，让青年引路。1. 加强思想引领。开展“一学一做”“入团第一课”“不忘初心跟党走”“手抄《团章》100天”“喜迎十九大——我向习爷爷说句心里话”等主题团课活动，让广大青少年坚定理想信念，增强团员意识和荣誉感。2. 开展困难青少年帮扶。组织各基层团组织与志愿者对孤儿、贫困青少年、留守儿童等弱势群体，从生活、学习、物质等多方面开展教育帮扶。“六一“期间，为特困学生、留守儿童等送去书包、文具、画笔等学习生活用品。强化青少年自护意识，开展自护教育、送法进校园活动，为全县中小学开展法律宣讲和交通安全教育课，覆盖学生2000余人，得到家长及广大青少年的好评。3. 丰富青少年活动。2017年“五四”期间，开展“胸怀理想、立志学习、服务社会、继续前进”系列主题活动，“胸怀理想”即重温入团誓词，落实从严治团，从2017年1月21日至4月30日，各级团组织积极开展手抄《团章》100天教育活动，并在“五四”期间进行集中展示。“立志学习”即在全县中小学开设“荀子学堂”，围绕主流思想，普及荀子文化，开展“学习总书记讲话　做合格共青团员”知识竞赛等。“服务社会”即对重点青少年进行关怀慰问，专职团干部对接孤儿，开启全年帮扶模式，建立日志记录影集。“继续前进”即举办安泽县户外运动文化节，号召全县团员青年选择健康生活方式，加强体育运动，以同呼吸共命运的历史责任感，保护安泽县蓝天白云，绿水青山。此外，2017年8月上旬，协助团市委、县委组织部共同开展“北京大学博士生服务团安泽县‘红色教育行’”活动，博士服务团不仅领略了安泽荀乡古色、生态绿色、太岳红色，坚定了革命理想信念，更为安泽今后发展提供许多宝贵的意见建议。4. 开展志愿服务活动。持续开展“情暖荀乡”巡回青年志愿服务，推动志愿服务在“两新”组织中广覆盖，培育一支由团县委直接管理组织的社会青年志愿者组织，登记青年志愿者70余名。建立完善“青年志愿服务激励机制”，调动和鼓励全县广大青年积极参与志愿服务活动，进一步规范、促进志愿服务的发展。2017年年底，在县委脱贫攻坚“三支队伍”集中表彰中，有5名青年志愿者脱颖而出，受到县委县政府的肯定和鼓励。5. 引领青少年创新创业。组织实施第四届“创青春”创新创业大赛，团县委兼职副书记程鹏创建的孔旺山泉纯净水公司成功入选市级选拔赛。安泽玉华煤业有限公司生产部、永鑫煤焦化有限责任公司焦化二厂冷鼓车间荣获临汾市青年安全生产示范岗，联社董丽、国税局郝芳荣获全市青年岗位能手称号。

【驻村帮扶】 2017年，包联村劳井村顺利通过省第三方的脱贫验收，受到县委县政府的充分肯定。

1. 2017年入驻良马乡劳井村，机关3人全员上阵，单位一把手亲自担任驻村工作队队长，人少不够用，就把机关搬到村里办公，把扶贫工作带回机关完成，基本实现机关和驻村工作两不误。

2. 带领“情暖荀乡”青年志愿者持续开展“十项主动”帮扶活动，最终实现志愿+扶贫，暖心中脱贫。主动为贫困户开展政策讲座，主动为贫困户开展健康体检，主动为贫困户和全村60岁以上老人义务理发，主动开展敬老爱老家务劳动，主动带领贫困户游一次家乡，主动和贫困户吃团圆饭，主动帮助贫困户报销医药费，主动为易地搬迁集中安置贫困户布置新房子，主动为村里送文化活动，主动与全村村民共建“驻村帮扶爱心相册”。

3. 按照县里的驻村帮扶考核办法，将劳井村贫困户分为三组，由驻村工作队成员分组具体负责，出台自己的考核制度，并作为单位目标责任考核的重要内容，要求驻村人员严守工作纪律，严肃考勤请假制度，工作时间不在村里饮酒，不允许收受村干部任何钱物等等，对村里的扶贫工作不等不靠，每一张表，每一份材料都自己起草审核把关，对扶贫档案中成千上万的数据逐户逐人落实，确保基础资料精确无误。同时，在每次走访中，注意听取村民的切身诉求，回来后一件一件认真梳理，与乡村两级干部坐下来商量办法，确保人民群众的正当诉求第一时间得到回复和解决。

妇女联合会

【组织活动和举办培训】 2017 年坚持把政治性摆在工作首位，全面贯彻党的十九大精神，坚持以习近平新时代中国特色社会主义思想为指导，把“两学一做”工作常态化，扎实开展“两学一做”学习教育。制订学习计划，丰富学习内容，开展专题研讨，开好组织生活、民主生活会，举办县乡妇联党员干部、农村优秀妇女党员代表“两学一做”学习教育专题培训班。机关全体党员“两学一做”考评测评优秀率 100%。在“三八”“七一”、国庆等节日期间，举办“巾帼心向党”庆“三八”文艺展演、“喜迎十九大 永远跟党走”文艺晚会、“喜迎十九大 铭记党史团史”主题知识竞赛、“喜迎十九大书画展览”“喜迎十九大歌咏比赛”等多项形式丰富多彩、群众喜闻乐见的主题群众文化活动。在十九大胜利召开后，全县妇联系统掀起学习党的十九大精神的热潮，举办党的十九大精神培训班，特邀临汾讲师团团长贾成奎授课，全县 150 余名妇女干部参加培训。

【妇联组织改革】 2017 年按照“党群共建，党建带妇建”的工作思路，“会改联”工作全面完成。102 个行政村配备主席 102 名、副主席 355 名，执行 1555 名，4 个社区配备主席 4 名，副主席 16 名，执委 60 名，县、乡、村三级妇联组织执委由过去 89 名增加到现在 1888 名，夯实了基层组织，扶正了“倒金字塔”构架；全县共 72 个非公企业妇女组织“全覆盖”。社会组织 32 家，已建立妇女组织 17 家。实行了项目化工作法，全县县乡兼职副主席领题 32 项，1888 名执委通过“1+10”工作法，联系服务妇女群众上万人次，进一步激发了妇联工作活力，妇女群众的参与度明显提高，改革取得了阶段性进展。安泽县森海人家生态产品有限公司，总经理常虹，依托当地优势森林资源，研发、生产松针枕，作为府城镇妇联执委，吸纳周边 50 余名妇女参与松针针的采摘、加工，松针枕的制作，辐射家庭 200 户，人均月增收 1000 余元，为妇女群众创业开辟了一条新路，被省妇联授予“山西省巾帼创业基地”，并在临汾市女性创业创新大赛决赛中荣获二等奖；冀氏镇兰村执委、禾清源茶叶有限公司总经理张胜梅，就近吸纳 100 余名贫困妇女参与连翘茶的采摘、挑选、加工制作等，使每名妇女平均月收入可达 1200 元；

和川镇上田村妇联副主席刘改花创办“田源鹌鹑养殖”农民专业合作社后，联系身边23户妇女，其中建档立卡贫困妇女12名，带动她们一起创业，现在养殖鹌鹑26万只，每年可转化当地玉米975吨，年纯收入34万元。

【帮扶创业就业】 2017年在推进乡镇妇联区域化建设中，结合各乡镇实际，在确定执委构成和选配乡（镇）兼职副主席候选人的过程中，不唯年龄、不唯资历、不唯身份，充分挖掘各行业妇女人才，配齐配强专兼职副主席。不少女企业家、致富带头人、女医生、女教师被选配为兼职副主席或执委，强化乡（镇）妇联领导班子，进一步扩大了基层妇联组织的工作力量。府城镇妇联兼职副主席安丽丽，积极帮助村里开展产业结构调整，带领大黄妇女开展土豆种植实验，种植2000亩土豆，每亩收入达到2000余元，带动周边100余名妇女增收致富；和川镇妇联兼职副主席孟晶积极发挥自身作用，主动联系培训机构针对女性特点开展“烹饪培训”班，培训妇女300余人，让她们有一技之长，在家门口就业；冀氏镇妇联兼职副主席白璐莹以优化维权组织成员为契机，成立“好邻里矛盾纠纷调解队”，设立温馨调解室、心理舒缓室，营造浓厚的家庭调和维权氛围。社区妇联以“妇女之家”为阵地，组织百名巾帼志愿者开展创卫大清扫活动，发放创卫倡议书，倡导广大妇女群众共同践行绿色低碳环保理念，受益人数达万余人。冀氏镇妇联在文明创建中，广泛开展家庭文明建设活动，以“妇女讲堂”为载体，举办“好家风、好家训、好家教”系列讲座，引导广大妇女群众树家风、讲家教、持家训，以好的家风支撑好的社会风气。

【巾帼志愿服务】 2017年在推进妇联改革中，不忘发挥妇联“联”字优势，成立安泽县“情暖荀乡”巾帼志愿服务队，面向社会招募200多名巾帼志愿者，在全县上下掀起争当志愿者、主动搞服务的新高潮。组织广大巾帼志愿者主动参与脱贫攻坚、国卫创建、乡村旅游、爱心帮扶等志愿服务，红叶康养中心是府城镇三无特困人员安置点，积极发挥巾帼志愿者的作用，在红叶康养中心成立巾帼志愿服务基地，从老年人的实际需求出发，以家政服务、心理抚慰、养生保健、文体娱乐等为主要内容，采取一对一爱心结对服务形式，定期开展“六个一”志愿服务活动，即定期开展一次家政服务、开展一次节日慰问、开展一次医疗义诊、开展一次心理辅导、开展一次暖心活动、开展一次文娱活动。通过“六个一”活动的开展，切实让基地老年人感受到志愿服务的温暖和晚年生活的幸福。各乡镇也相继开展巾帼志愿者服务活动。唐城镇组织志愿者来到议宁村易地扶贫搬迁集中安置点，帮助贫困户打扫室内外卫生、搬运家具，为全镇的脱贫攻坚工作贡献自己的力量。马壁乡组织志愿者走进贫困户安置点，为他们贴对联、搬家具、打扫卫生，用实际行动为贫困户送去温暖和祝福。杜村乡巾帼志愿者与县中医院一起深入郭庄村进行脱贫攻坚健康扶贫关爱行动，良马乡组织志愿者深入到辖区内各村慰问困难老人，为他们送去了面粉和月饼。和川镇志愿者积极参与助力旅游，在各个景区显眼位置设置“志愿服务岗”，为来往的游客提供问题咨询、道路指引、提供热水和清洁打扫等便民服务。“情暖荀乡”成为安泽志愿服务的名牌品牌，“红马甲”成为安泽一道亮丽风景线。

【举办技能培训】 2017年为落实好项目化工作法，实现妇联工作由传统的“活动型”向“项目型”转变，县、乡、村妇联执委深入基层调查了解广大妇女群众多样化、个性化需求，邀请具有丰富实践经验的行家、大师进行编制、烹饪、月嫂、农业技术等方面的培训。全县开展培训16期，共培训妇女1200余人，带动百余名妇女就业。府城镇妇联在上梯村金剪子服装加工厂举办服装加工技能培训和技能提升培训，使周边村的100余名学员真正掌握这项技能，实现“致富不必去远方，家乡就是梦工厂”的愿望。马壁乡妇联在下石村举办玉米皮草编培训班，让她们用自己勤劳的双手，将一苞苞玉米皮编织成帽子、杯垫、坐垫等，使她们掌握了增收致富的技能。举办女性健康知识讲座，邀请到从事妇产科专业32年的安泽县人民医院妇产科主任王秀玲为大家讲授“两癌”的预防和自查等方面知识，全县100余人参加此次讲座。

【创建网上妇联】 建立妇女之家微信群160个，实现线上线下两条战线、虚拟实体两个空间共同开展妇女工作，更好联系和服务妇女群众；建立“荀乡好姐妹”微信群等，构建起“百、千、万”联系妇女群众微信工作网，从而达到全县妇女工作者直接联系普通妇女群众的目标，形成“一呼百应”的效应；建立“311”党建联动服务体系和新媒体平台，加强互动服务功能，切实形成服务妇女群众制度；建立微信公众号1个，共发送信息50余条。在《山西妇女报》和平阳姐妹等杂志上，发送信息60余条，并在《山西妇女报》和山西半边天网上刊登了妇联改革专版和改革亮点工作，形成新媒体时代妇联工作互联互通新格局。

【妇女家庭教育工作】 1. 建家教基地、创人才队伍。2017年，安泽县家长学校和家庭教育指导服务点7所，专业人才队伍2支。家庭教育者深入乡村、学校常态化开展心理咨询、健康教育、法律宣传、文艺支教等活动，为广大家长和孩子提供优质的家庭教育服务。2. 举办家庭教育知识讲座。依托农村妇女之家和家长学校等活动阵地，举办6场家庭教育海洋计划专题讲座，培训家长2800人。3. 开展妈妈读书会活动。举办“荀乡芳草园妈妈读书会”10期，参与家长2000余名，发放《“我爱我家·同悦书香”亲子阅读推荐书目》500余份，切实将家庭教育工作深入到千家万户。

【妇女组织宣传工作】 1. 2017年持续推进寻找“最美家庭”活动。在广大妇女群众中广泛开展“讲家事、议家风、谈家规”活动，在全县形成寻找、争创、学习“最美家庭”的社会新风尚。全年共组织专题活动19次，推选出30户文明家庭。参与“晒、议、讲、展、秀”活动的群众近万人次，晒出家庭照片近千张，举办家风家训展示、评议9次。2. 开展巾帼齐参与，创建国家卫生县城活动。在创卫活动中，以社区为依托，以家庭为阵地，以巾帼志愿者活动为载体，组织百名巾帼志愿者开展创卫大清扫活动，发放创卫倡议书 2000 余份。同时开展“控硫治污　万名妇女在行动”巾帼志愿宣传活动。倡导广大妇女群众共同践行绿色低碳环保理念，受益人数达万余人。3. 开展“助力旅发投票临汾”活动。为助力家乡临汾赢得 2017 山西省旅游发展大会主办权，安泽县妇联组织兼职副主席和巾帼志愿者在文体广场和十字街开展“助力旅发投票临汾”活动。积极引导组织群众扫码参与投票，同时，走上街头，深入超市、商铺、门店指导广大妇女群众扫码投票，收到良好的效果。此次活动共设宣传台 2 个，悬挂标语 2 条，发放倡议书 500 余份。4. 开展“乡村环境整治月”巾帼志愿活动。召开“乡村环境整治月”巾帼志愿活动推进会，发放《美丽乡村　巾帼先行》倡议书 2000 余份，动员广大妇女群众对房前屋后、庭院、居室环境卫生进行清扫，呼吁大家立刻行动起来，从自身做起，树立“绿色、环保、生态、文明”的理念，养成良好的生活习惯，努力创造整洁、优美的生活环境。5. 选树典型，表彰先进。通过层层选拔，评选出省级、市级、县级表彰的“最美家庭”20 户，“敬老爱亲”家庭 89 户。其中良马乡村民徐福生被评选为临汾市“十大道德楷模”并获得省妇联最美家庭提名奖。冀氏镇杨兰太、府城镇陈安萍被评选为“感动安泽，敬老爱亲”人物。还有十年如一日照顾瘫痪在床的丈夫并独自一人承担家庭重担的刘云仙家庭，有支持丈夫工作，照顾卧病在床的老公公王爱萍家庭等。

【妇女维权工作】　1. 2017 年持续开展“建设法治安泽·巾帼在行动”活动。利用节点，在“三八”维权周、“12·4”法制宣传日开展“建设法治安泽·巾帼在行动——维权服务进社区、进家庭、到身边”活动，为妇女们提供妇女维权、法制宣传等方面的法律咨询，为妇女群众发放婚姻法、妇女权益保护法、未成年人保护法和反家庭暴力法等法律法规宣传资料。全县各级妇联组织共举办《反家庭暴力法》讲座 2 场，发放资料 1000 余份。各级妇联组织接待上访来访诉求案件 6 起，做到件件有回音，事事有结果，有效化解家庭矛盾，稳定社会关系。

2. 为化解家事纠纷成立家事审判庭，并成立家事审判联动工作领导组，使妇联维权工作抓住源头、落在基层、服务在妇女身边。

3. 制定安泽县妇女儿童“十三五”规划，并定期检测，两纲两规的各项指标正在逐步达标。（刘娟）

文学艺术界联合会

【概述】　文联全称为安泽县文学艺术界联合会，属正科级全额财政事业单位，内设办公室、文艺股和组联股 3 个股室。有 5 个编制，实有人员 5 人，正职 1 人，副职 1 人。

【文化惠民】　2017 年 1 月 19 日，文联工作人员陪同市文联带领的市书协、市曲艺家协会的艺术家在马壁乡开展“临汾市文联下基层送春联、送戏曲”活动，10 余位书法家免费为当地群众写春联送福字，共送出福字和春联 1000 余幅。20 日，组织县书画家协会部分成员深入包联村府城镇第五村送春联，共送春联1000余幅，现场书写800余幅。发放图书500册。在村委胡书记的陪同下，对贫困户、老党员进行慰问，并送去米、面、油。同时，对村里的护林防火工作进行指导。

【脱贫攻坚】 自2017年5月18日起，文联包联村由府城第五村调整为府城桃曲村。桃曲村有贫困户7户，除一户是兜底户外，其余6户已于2016年全部脱贫。2017年脱贫攻坚主要工作是防止其返贫，通过深入调研，摸清村情民意，帮助贫困户发展木耳产业、种植油用牡丹、参与青翘管护、享受采摘青翘补贴、享受光伏发电分红等措施，为贫困户创收。中秋前夕，对桃曲村6户贫困户和1户社会兜底户进行走访慰问，送去食用油、月饼、茶叶等慰问品。进入寒冬，驻村工作队员、府城镇包村领导和村两委一起给贫困户送去爱心洗衣机、棉被、棉衣。以开展“十个一”交友活动为载体，深入结对帮扶的贫困户家中，和他们谈心，一起打扫卫生，干农活，吃农家饭，有生病的贫困户就及时给他们送去药品。开展“手牵手　帮秋收”活动。秋收时节，驻村工作队和府城镇包村人员组成秋收突击队，与桃曲村贫困户直接对接开展“大秋收”义务劳动，先后帮贫困户刘双喜和张小香家采摘玉米5余亩。驻村期间，把边缘户当贫困户对待，一样帮扶，同时还慰问老党员和老龄人共30人。

【文化活动】 2017年开展“迎新春精品春联展”“迎新春灯谜竞猜”活动；组织音协主席团成员开展合唱团活动；举办“仲夏之夜申慧荣个人独唱音乐会”；完成“农行杯·安泽县十大声乐杰出人才选拔赛”；举办“喜迎十九大　唱响家乡歌”“安泽十大声乐杰出人才”颁奖晚会；组织作家协会进行采风活动；举办安泽县“喜迎十九大，永远跟党走”书画展。

【协会换届】 2017年6月2日，所属协会换届选举大会在县委党校召开。应到代表150人，实到代表145人，符合法定人数。会上选举产生作家协会、摄影家协会、书画家协会、音乐家协会、民间文艺家协会和诗词楹联学会第二届理事会机构。

【刊物出版】 2017年编辑出版《迎新春春联作品集》；出版两期《荀乡情韵》。

（王丽）

科学技术协会

【科普惠农】 1. 2017年实现“科普中国乡村e站”乡镇全覆盖。在山西科技新闻出版传媒集团的支持下，在全县建设6个“科普中国乡村e站”，使科普网络信息化和科普惠农工作在安泽落地生根，有力推动全县科普知识的宣传和实际工作中的应用水平。

2. 为8个基层医疗机构赠送远程心电监护仪，实现安泽县乡镇医疗机构远程心电监护仪的全覆盖，方便农民就诊，减轻农民负担。

3. 在全县各社区开通“科普网络书屋”APP书屋。资源包括：期刊600种，图书600本，视频500部，挂图300张，推动科普信息化进程，让城镇居民学用科普知识，丰富科普内容，让科技点亮生活。

4. 实现科技报刊的村村全覆盖。2017年为全县102个行政村、4个社区居委会，征订《山西科技报》52份、《瓜果蔬菜报》62份，增加科普传播的渠道，为农民学科学、用科技提供了便利。

【科普宣传】 1. 2017年举办中国科技流动馆巡展活动。2017年5月，在县一中举办以“体验科学”为主题的中国科技流动馆巡展活动，吸引干部群众1万余人参观学习，让他们体验到科学的魅力，进一步提升全县干部群众的科学文化素质。

2. 开办“科普大篷车”栏目。在山西科普影视传媒公司支持下，与县电视台联合开办“科普大篷车”栏目，内容包括：科学大看台、乡土中国、今日新农村、农机进农家等几个板块，拓展科普服务渠道，推动该县全民科学素质的提高。

3. 在科普活动周和科普日活动期间，以“创新驱动发展，科学破除愚昧”为主题，在全县巡回进行科普宣传，发放涉及农业、环保、健康、防邪教、扶贫、文化宣传资料3万余份，开展科普咨询八次，惠及群众2万余人次。2017年，编印9种科普书4万余册，全部发放到该县青少年、农民、城镇劳动者、领导干部和公务员手中。

【科普培训】 2017年，分类实施科普培训，分别开展青少年、农民城镇劳动者的科普培训，培训涉及农民种植养殖、家政服务、科学生活等内容，丰富农村科普传播内容，及时把农村实用技术送到农民手中，全年举办各类培训6次，培训基层科普人员180人。

【脱贫攻坚】 2017年组织全县科技人员参与精准扶贫，动员农林、医疗卫生科技人员深入农村贫困户家中，送农业技术，进行免费体检，减轻了农民负担；积极推动产业扶贫，在全县发展培育5个农村专业技术协会，分别为：荀祥蔬菜专业种植协会、瑞达养殖农民专业合作社、盛鑫实业种植协会、富民蔬菜种植农民协会、种植合作社；建成2个农村科普示范基地，分别为：安泽县荀祥蔬菜农民种植基地、聚力农民养殖基地。

红十字协会

【机构概况】 安泽县红十字会成立于2001年3月，起始由安泽县卫生局代为管理，办公场所也在卫生局，自2006年安泽县红十字会编制独立后，管理体制也由卫生局代管整改为由政府直接联系管理，办公场所变为平安巷1号，现有工作人员5人，在编人员4人。

【“博爱送万家”】 2017年1月26日，安泽县红十字会“博爱送万家”活动领导组成员，深入到包联村和川镇孔旺村对特困户家庭进行慰问。向贫困家庭发放慰问物品，并与贫困户群众进行亲切交谈。展现红十字会扶危济困的奉献形象，扩大红十字会的影响，更好地为社会服务。

【学习雷锋活动】 2017年3月5日与安泽县文欣社区在安泽县开展一次“学习雷锋精神、弘扬奉献精髓”的活动。通过发动宣传，将“学雷锋”活动与《公民道德建设实施纲要》相结合，积极发动广大红十字志愿者，深入安泽县孤寡老人和残疾人家中，给他们“送衣送物、帮扶解忧”。活动一共走访20多户家庭，志愿者在为孤寡老人和残疾人送衣送物的过程中帮他们打扫卫生、收拾垃圾、宣传红十字法律法规以及一些日常伤害的处理办法和如何防范其他卫生疾病的医疗常识。

【“博爱一日捐”】 1. 2017年5月8日是第70个世界红十字日，根据省、市红十字会部署安排，早部署、早安排、早行动，于5月8日，举办以“开展博爱一日捐——传递博爱 共筑梦想”为主题的“5.8红十字博爱周”宣传，启动“博爱一日捐”活动。

2. 5月8日，悬挂条幅，营造“捐善款、献爱心”的氛围；设立咨询台和募捐箱，进行现场咨询和募捐，对预防艾滋病防治知识和捐献造血干细胞的有关知识进行宣传；深入到包联村对《中华人民共和国新红十字会法》《安泽县红十字会救助条例》《安泽县红十字会救助章程》等相关知识进行宣传，让更多的人了解红十字事业，支持红十字会工作。活动发放宣传资料3000余份，“博爱一日捐”活动在安泽县的全面启动，为提升红十字会的救助能力和整体实力奠定了良好的基础。共接收到社会爱心人士的捐款8万余元。

3. 尽力关注弱势群体，找好切入点，深入开展“红十字救助行动”。

【健全网络】 2017年为保证红十字会工作有序开展，保持工作的连续性，结合各部门人员变动情况，及时调整红十字会领导小组，进行重新分工，对红十字会服务人员也进行调整，健全网络组织，明确专人负责，使红十字会工作走上经常化、制度化、规范化的轨道。

【护林防火工作】 2017年护林防火期间，克服人员少的困难，实行轮流值班，轮流下乡的办法，深入所包联单位对护林防火工作进行督导。在特险期间，对重要山口、路口设卡进行严防死守，确保防火工作万无一失。同时，把10套护林防火工作服送到村委干部手中，以表示对护林防火工作的支持和重视。

【来访接待工作】 随着红十字会社会知晓度的提升、社会影响力的扩大，来访对象也逐渐增多，对每位来访对象都耐心、热情接待，细心解释，认真答复，做到以人为本，把人民的利益摆在第一位，诚心诚意为人民谋利益，让人民群众满意，让领导放心。

【“两学一做”学习教育】 2017年紧紧围绕红十字工作，以“两学一做”学习教育为统领，以办人民满意的红十字、作人民满意的红会工作者为目标，着力加强政治思想建设，着力规范职业行为操守，着力解决突出问题，着力推进制度建设，不断增强全体党员干部的政治意识、大局意识、核心意识和看齐意识。实现党员的四个“进一步”，通过坚定信念、增强意识、树立正气、强化观念，使党员干部带头推进红十字各项工作，起到先锋模范作用。

【对外交往工作】 2017年选派人员参加中国红十字总会、省红十字会和市红十字会举办的各类培训和交流活动，采取轮流外出培训学习，通过培训，切实提高人员业务技能。并且通过学习联合组织安泽县医院医护人员府城镇城关小学对300余名师生进行一次紧急伤害防护及处理等知识培训。

【驻村联户工作】 2017年包联单位是和川镇的孔旺村和东洪驿村。5月份，领导干部深入包联村协同村干部认真落实执行关于“精准扶贫”工作的开展，严格按照党中央制定的“八不进”原则，深入东洪驿贫困户家中认真了解，并制定相应的扶贫措施。1. 督查指导好春季护林防火工作；2. 在县开展党的群众路线教育实践活动以来多次深入包联村参与座谈、调研、征求意见。3. 及时了解当地发展中存在的各种问题及时和县有关部门协调联系。

【党风廉政建设】 2017年完善各项工作制度、学习制度，努力打造“学习型”机关，组织全体干部职工认真学习《中国共产党党内监督条列》《中华人民共和国红十字会法》和《中华人民共和国红十字管理条例》等有关法律法规。将每一项工作以及个人行为纳入制度化管理的轨道，进一步规范工作人员行为，筑牢反腐倡廉的制度防线，促进廉洁型机关建设。

【大病救助】 2017年12月末开展大病救助活动，共接待来访群众265人次，符合救助标准的共计48人，其中尿毒症患者13人、白血病患者10人其他不常见大病患者5人，贫困户16人，在9月份对本年度的4名应届贫困大学生进行爱心助学救助。共救助资金6.05万元。

人民武装

【概述】 2017年，省军区部队体制编制调整改革落地完成，部党委一班人在新班子成立后紧紧围绕深化国防和军队改革这条主线，以党在新形势下的强军目标为统揽，按照“重点工作求突破、创新实践谋发展、全面过硬创一流”的指导思想，深入学习习主席的系列讲话和十九大报告精神，突出筑牢军魂强根基、聚力备战谋打赢、转改作风建班子、夯实基础求作为、改革创新促融合、从严治军保稳定，团结带领全体干部职工锐意进取、攻坚克难、真抓实干，在新的起点上奋力开创人武部全面建设的新局面。2017年，安泽人武部被省军区表彰为先进人武部。

【党委班子建设】 部党委经过调整增补，班子成员现有4人，分别是政治委员杨巨松、副部长雷晓飞、政治工作科科长安沛华、保障科科长乔志成。作为按新的编制体制运行后的第一届人武部领导核心，部党委按照军分区首长的指示要求，及时统一思想，分析研判形势，确立“提高综合素质、激发敬业精神、增强落实效力”的工作思路。党委“一班人”始终把抓好创新理论武装作为班子建设的基础工程，用理论上的清醒保证政治上的坚定，不断提高掌控全局、把关定向、领导发展的能力。在半年的工作实践中，坚持用理论武装奠基、靠改进作风引领、依原则制度规范、以创先争优提质，班子建设呈现出团结凝聚、奋力作为的良好局面。

【思想政治建设】 2017年围绕高举旗帜、听党指挥这个根本，以深入学习贯彻十九大精神为主线，以开展主题教育活动为载体，不断强化维护核心支持改革的行动自觉。坚持把学习贯彻习主席系列重要讲话作为重大政治任务，采取领导导学、专题研学、讨论促学的方法，严密组织党委中心组带机关理论学习。科学统筹两项教育，通过辅导授课、集中自学、岗位实践等方式，推动年度重大教育落地见效。严密组织十九大精神学习宣传，专门购买下发学习资料，广泛开展手抄“报告”“党章”活动，制作更新宣传版面。

1. 组织机关全体党员干部职工召开“讲政治、知敬畏、守规矩”专项治理活动动员部署会，传达学习县委《关于在全县开展“讲政治、知敬畏、守规矩”专项治理活动的实施方案》，对开展此次专项治理活动进行安排部署。会议强调，“讲政治、知敬畏、守规矩”专项治理活动是深入贯彻党的十八届六中全会和中纪委七次全会精神的有效举措。会议要求全体党员干部职工要狠抓学习教育，做到真学、真懂、真用，要严格对照活动要求，按照规定的步骤，逐一查摆问题，逐项抓好落实，做到立整立改，确保活动开展不偏、不虚、不空、不走过场，做到思想上重视，行动上落实，确保活动顺利、有序、正常开展，取得实实在在的成效。

2. 组织干部职工、专武干部和民兵骨干召开两项重大教育动员部署会，对在民兵队伍中开展“维护核心、听从指挥”和推进“两学一做制度常态化”两项教育进行动员部署。按照下发的教育实施计划，采取同步展开、统分结合、分类实施的方法，5 月 26 日，政委杨巨松就“维护核心”这一主题进行专题辅导，党小组组织生活会上，每名党员干部就拥护支持改革这一主题做思想汇报，表明态度决心，撰写心得体会。

3. 组织干部职工集中聆听习近平总书记向十九大作的报告，第一时间了解党中央未来五年奋斗目标和发展蓝图。24 日，十九大闭幕会后，政委杨巨松第一时间召集党委扩大会，组织全体干部职工深刻领悟十九大报告，并围绕习近平总书记重要讲话进行讨论交流。讨论中，干部职工谈体会、话感悟，热情高涨、信心百倍。大家一致认为，习主席的报告描绘了决胜全面小康、走向强国复兴的光明前景，指明了实现新胜利的方法路径和战略举措，是引领中国特色社会主义伟大实践、推进强军兴军伟业的动员令和宣言书。大家纷纷表示，当前和今后一个时期，要把学习好、贯彻好党的十九大精神作为一项政治任务，以饱满的热情将党的十九大精神落实到每一项工作中。

【安全管理工作】 2017 年部党委始终将安全稳定工作贯穿于各项工作任务之中，牢固树立安全理念，严格安全管理，夯实人武部安全发展的根基。着眼改革之年的特殊要求，以“争创安全年”活动为抓手，广泛开展安全常识教育、安全知识竞赛、安全隐患排查等系列活动。按照“全面排查、集中整改、标本兼治”的思路，对人员思想、枪弹管控、车辆运行、信息安全等方面存在的安全隐患进行了排查整治；对 6 名库管人员进行集中培训，强化抓安全的能力素质；投入 3 万余元，制作防冲击路障、安装门禁系统、完善监控系统等；定期组织重要目标警戒防卫和防暴恐袭击训练演练，有效确保了部队安全稳定。

【军事训练】 2017 年着眼任务抓战备，定期组织森林火灾扑救行动演练，有效提高各类人员应急处突的能力。注重实效抓整组，依托唐城镇组织召开整组观摩会，统一悬挂各乡镇“武装部”标识牌，不断提升基层建设质量。瞄准打赢抓训练，深入开展岗位练兵活动，常态组织体能训练、法规学习、手工标图等课目训练，严密组织参加省军区战役集训，全面组织民兵应急分队战备训练考核。投资100余万元，配套建设了县民兵训练基地。

1. 组织干部、职工、非现役警卫人员开展一次灭火演练。此次活动主要对如何正确认识、辨别和应对不同类型火灾进行了讲解，对如何正确使用灭火器等消防器材进行演练。通过实地灭火操作，有效提升官兵处置突发火灾事件的能力，强化防火意识和安全意识。同时，对机关各重要部位的灭火器进行检查，对不达标的灭火器进行打压、更换，在消灭火灾隐患的基础上，确保灭火器材始终处于备战状态。此次演练进一步巩固了营区安全基础，确保了改革期间部队的安全稳定。

2. 2017年为全面贯彻落实改革强军战略，聚力抓好后备力量建设，积极适应民兵力量编成改革。5月10日，启动了全县民兵整组军事训练工作，按照训战一致、突出重点、兼顾一般、训用结合的原则，分批次对全县各乡镇民兵应急排和民兵分队进行了训练。此项工作，由人武部主抓，基层武装部配合，按照《民兵军事训练大纲》，合理设置训练科目，严格落实训练内容，抽调精干力量对民兵应急排进行队列、应急拉练、轻武器结合等训练，开展“听从指挥、维护核心”和“两学一做学习教育常态化”两项重大教育理论知识辅导，通过训练使民兵人员掌握了手中武器，提高能打仗打胜仗的本领，增强各乡镇民兵的应急能力，打牢民兵军事训练基础为全面提升安泽县国防后备力量建设水平奠定了基础。

3. 2017年为全面检验县民兵应急分队军事训练效果、持续提升军事训练水平和遂行任务能力，根据军分区《关于组织年度军事训练考核的通知》要求，12月20日至21日，集中两天时间，分批次组织县民兵应急分队90名队员的军事训练考核，参考率达到95%。考核过程中，按照“聚焦实战、全员参加、以考促训”的思路，区分基础理论和仰卧起坐、引体向上（俯卧撑）、30×2蛇形跑、3000米跑等基础体能等5个科目，严格内容标准、严密组织实施，考试合格率达到98%，优秀率达到42%。通过考核，有效检验民兵年度军事训练落实情况，摸清应急分队遂行任务的能力底数，进一步立起练兵备战的鲜明导向，达到以考促建、以考促改的目的。

【综合保障】 2017年按照“围绕中心保障、严格制度规范”的工作思路，持续抓规范、常态抓落实、从严抓整治，全面加强后勤建设。今年议军会议定后，抓紧对民兵训练靶场建设进行立项建设，已基本完工。按照上级要求，建设完成小而精、简而美的小客房、小菜地、小食堂。为更好发挥作用，制定出台《三小管理制度规定》。根据上级关于加强财经管理规范整治的制度措施，加强对票据的审查审核，大力纠治餐饮报销、虚开发票等问题。严格控制“三公经费”支出，做到财经纪律不允许的不办，不是中心任务需求的不办，没有上会研究的不办，为全面建设发展提供了有力保障。

【国防教育】 2017年抓住领导干部和青少年这个关键，结合重大节日，开展形式多样的国防教育。通过邀请专家授课、组织教育宣讲、举办文艺晚会、播放教育影片、组织图片巡回展等方式，不断浓厚国防氛围、强化群众的国防意识。注重抓实经常性国防教育，充分利用国防教育网和国防教育微平台，及时更新国防教育内容400余条，使广大群众在潜移默化中深受教育。多措并举抓征兵，广泛开展宣传发动，持续组织“一站式”服务，圆满完成了35名新兵征集任务。

1. 在建军90周年到来之际，邀请国防大学战略研究所曹先玉研究员，就“新形势下的中国国家安全”这一主题为全县领导干部做了专题讲座。人武部政委杨巨松主持讲座，县四大班子领导及各乡镇、县直各单位副科以上领导干部共400余人聆听讲座。曹先玉研究员从国家战略全局的高度，由表及里、深入浅出地对我国国家安全面临的新情况、新问题、新挑战进行全面系统的讲解，并围绕保障国家安全、实现国家稳定发展、维护人民利益这一历史使命，提出了自己卓有见地的对策。整场讲座，感情饱满、观点独到、语言精辟、讲解透彻，为全县领导干部送上了一道增智、解渴、释疑、定心的国防教育大餐。通过曹先玉研究员的授课辅导，广大领导干部进一步认清当前我国安全面临的严峻复杂形势和肩负的责任使命，强化了国防观念和国防素养，全县上下一心，关心支持国防建设的氛围更加浓厚。

2. 为庆祝建军90周年，结合国防教育“四进”活动，在安泽一中、二中举行了“赞颂辉煌成就、赓续红色基因、支持强军改革”国防教育图片展进校园仪式。这次图片展分别从听从指挥筑牢军队强军之魂、能打胜仗履行人民军队神圣使命、作风优良永葆人民军队政治本色、辉煌五年护航实现中华民族伟大复兴的中国梦四个方面，回顾中国共产党领导的人民军队诞生后，坚定理想信念、英勇奋战、不怕流血牺牲的英雄气概，展示改革强军、保卫国家、捍卫主权的伟大成就，阐述建设强大军队、加强国防建设对国家安全、发展、实现中国梦的重大意义。开展仪式上，人武部干部对展板的内容进行详细讲解，同学们兴致勃勃地观看图片展，纷纷表示此次国防教育图片展是开学最生动的一堂课，很受教育，通过开展图片展，有力营造了安泽县关心国防、热爱国防、建设国防、保卫国防的浓厚氛围，进一步推进了全民国防教育的普及。

3. 在“全民国家安全教育日”来临之际，结合当前形势任务和官兵思想实际，组织全体干部职工开展一次为期3天的“全民国家安全教育日”主题活动。在活动中，组织全体干部、职工学习军委政法委下发的《官兵安全上网教育漫画读本》，集中观看教育片《为“情”所困》，普及“维护国家安全、荣誉和利益是每个公民、组织应尽的义务”等基本法律精神。通过此次活动，进一步提升干部职工的安全责任意识和防范能力，营造依法维护国家安全的浓厚氛围，保证部队改革期间的安全稳定。

【召开县委议军暨全县党管武装述职会】 2017年8月9日，安泽县召开县委议军暨全县党管武装述职会，县领导和县直相关单位领导负责人、乡镇党委书记、乡镇长共48人参加会议。会议主要研究新形势下国防后备力量建设的相关工作。各乡镇党委书记、人武部第一部长就落实党管武装制度进行述职，人武部政委对去年以来安泽县国防后备力量建设情况作了回顾总结，并对下一步全县武装工作进行安排部署。县四大班子领导和县直相关单位领导负责人就提出的审议事项进行讨论确定。

【作风纪律整顿教育】 2017年为深入学习贯彻《军队规模结构和力量编成改革工作会议》精神，进一步凝聚官兵拥护改革、支持改革、服从改革、投身改革的意志和力量，3月9日至15日，开展为期一周的作风纪律整顿教育。此次作风纪律整顿教育，组织大家认真学习国防和军队改革的重要讲话精神，通过学习有心得、小组有讨论、谈话有交心等方式统一了官兵思想。同时，贯彻从严要求开展作风纪律整顿活动，整顿工作作风，强化作风养成和一日生活制度。此次纪律作风教育整顿，进一步增强大家的政治意识、大局意识、核心意识、看齐意识，强化纪律规矩，理清工作思路，明确任务目标，提振以实际行动积极拥护支持投身改革的士气，为人武部在新的历史起点上加快发展、实现跃升奠定了基础。

【兵役登记工作】 2017年为认真做好兵役登记工作，确保高标准、高质量完成2017年度征兵工作任务。人武部抓住春节期间务工青年，在校学生返乡时机，利用电视广播、国防教育平台广泛开展兵役登记宣传工作，营造了适龄青年踊跃登记的良好氛围。根据征兵“五率”量化要求，人武部采取适龄青年自主登和兵役机关主动入户登的方式，每周对各乡镇兵役登记率进行量化评比，确保兵役登记的数量、质量和实效。5月5日，兵役登记率达到100%，在全市率先完成了兵役登记工作。

【征兵工作】 2017年为贯彻落实国防部征兵办《关于做好2017年征兵准备工作的通知》精神，依据省军区党委全会指示要求，按照临汾军分区的统一部署，安泽县征兵工作紧盯“五率”考评指标，突出大学生征集重点，严格征兵各个关口，严守纪律规矩底线，兵役登记率、报名率、上站率都达到全优。8月10日，安泽县2017年度夏秋季征兵体检工作正式启动。全县118名适龄应征青年在县中医院参加体检。适龄应征青年进行听力、视力、耳鼻喉、胸透、血检、尿检、心电图B超、心理测试等13项健康检查。于9月6日正式启动为期3天的预定新兵役前训练。这次训练围绕“基础性教育、适应性管理、体验式训练、过筛式查验”四个层次，把住“精心准备、精选骨干、精准教学、精确保障”四项重点，采取全员参加、全面考查、全程淘汰的方式，严格执行连队一日生活制度，抽调4名武警班长对新兵进行队列、体能、整理内务等科目的训练，开展役前教育、条令学习、交流谈心和文体活动。经过三天役前封闭训练，新兵真实体验军营生活，感受部队氛围，提高认识，磨炼意志，洗去娇气，适应了紧张的训练生活节奏，通过全面考查、全程淘汰，有力提高了安泽县兵员质量，确保征兵“五率”的优异成绩。9月8日，在安泽县人武部为即将启程奔赴军营的35名新兵举行欢送会。新兵代表和新兵家长代表分别作表态发言，人武部与接兵部队互赠锦旗，并为新兵赠送了纪念品。

【学生军训工作】 2017年9月1日起，安泽县人武部组织县一中、二中800余名新生进行为期一周的军事训练，这次学生军训旨在增强学生的国防观念，提高学生的综合素质。为搞好这次新学年军训工作，人武部高度重视，专门抽调军事素质过硬官兵及县应急分队骨干，担负训练教学工作，同时与学校一起进行认真的筹划准备，制定训练计划，为军训工作顺利开展创造良好条件。军训期间，人武部合理组训，科学安排时间，在完成队列训练、内务整理、教唱军歌等科目的基础上，还组织学生参观国防教育图片展、观看国防教育片、聆听国防教育讲座。通过这次军训，有力激发了参训学生的爱国主义热情，培养艰苦朴素、不怕困难、顽强拼搏、严谨细致的优良作风，为新学期的学习和生活创造有利条件，为战时动员、后备力量建设和平时服兵役打下良好的基础。

【“送立功喜报　挂光荣军属牌”活动】　2017年为落实《军队奖励和表彰管理规定》，12月26日，人武部积极协调民政局及乡镇领导分别来到马壁乡王河村翟军亮、冀氏村孔建慧等3名现役军人家中，把他们荣立三等功的喜报送到家属的手中，并与军人家属进行亲切交谈。军属们纷纷表示一定会叮嘱儿子在部队里好好努力，干出好榜样，绝不能辜负政府和乡亲们的期望！近年来，安泽县高度重视双拥工作，积极落实各项拥军优属政策，通过平时走访、节日慰问、特别帮扶、对在工作中立功、获得优秀士兵等荣誉人员给予奖励等多种形式，全力推进安泽县双拥工作再上新台阶。此次送喜报活动激发了广大群众拥军爱军的热情，也激励现役军人在部队建功立业、献身国防的责任感和使命感。营造“一人受奖、全家光荣”的浓厚氛围！

【军民融合】　2017年部党委始终抓住军民融合这个强军之策不放手，认真贯彻习主席关于推进军民融合深度发展的决策指示，充分人武部发挥联系军地的职能优势，广泛开展双拥共建，组织民兵1500余人次参与植树造林、治安巡逻、投身“双创”等双拥共建活动。开展“传承红色基因、助力脱贫攻坚”主题实践活动，以实际行动帮助对口帮扶村贫困户解决生产生活中的实际困难。选派4名优秀骨干驻村帮扶，年内协调投资180万元为结队帮扶村修路固房、完善基础设施，为过冬困难贫困户提供临时居住地。秋收之际安泽县降雨较多、秋收进展缓慢，10月23日至25日，人武部16名干部、职工组成帮扶工作队，奔赴马壁村、马寨村、司马村的秋收一线，帮助贫困户抢收玉米、大豆等秋作物。帮扶队连续奋战3天，帮助2户缺少劳动力的贫困户和1户老党员共抢收玉米30余亩，以实际行动续写了“军民鱼水情深、人民军队为人民”的生动篇章。在秋收过程中，杨政委一边干农活，一边与贫困户拉家常，仔细询问他们的生产生活情况，并鼓励他们要树立信心，克服困难，增加收入，早日实现脱贫致富。

武警中队

【概述】　武警安泽县中队编制38人，2017年有人数28人，在位25人（3人参加新训），其中干部2人，士官16人，上等兵7人，分别来自山西、山东、河南、河北、浙江、四川、黑龙江七个省份。2017年，坚持以科学发展观为指导，并严格依据《军队基层建设纲要》和支队党委（扩大）

会议精神为指导，以提高支部“三个能力”为突破口，按照“抓班子强素质、抓教育铸忠诚、抓能力保中心、抓规范严管理、抓保障增效益”的工作思路，狠抓经常性基础性工作落实。坚持把按纲建队的思想灌输给全体官兵，把争创先进的目标贯穿工作全过程，把建设先进中队的要求落实到全方位，中队建设呈现出持续发展、不断进步的良好势头。

【支部建设】 2017年，在认真回顾去年按纲建队形势的基础上，深入贯彻上级指示精神，以迎接保卫、学习贯彻党的十九大为主线，以习主席强军兴军思想为指导，坚持夯实基础、落实依法抓建，按照“能打胜仗”的要求建队，科学谋划各项工作，圆满完成总队军事训练监察、总队正规化执勤等级评定及战备工作交叉检查、党的“十九大”安保等各项任务。坚持严格按照支部议事规则和程序讨论决定中队建设的重大问题，充分发挥集体领导作用，在涉及官兵切身利益的敏感问题上，坚持原则，严格标准。2017年研究发展党员1名，改转士官2名，选送技术兵4名，在评选“最美士兵”“岗位之星”和“优秀军属”、选改士官、加强干部队伍教育管理、肃清郭徐流毒等大项工作中，支部严格程序审议，均能做到公开公平公正，官兵反应良好。

【学习教育】 党的十九大召开期间，认真落实“三个半小时”制度，使官兵思想紧跟会议进程，始终坚持第一时间聆听党的声音，让党的最新理论始终占领官兵思想阵地的制高点；制作十九大精神宣传版面，营造浓厚的学习氛围，进一步增强全体官兵学习十九大精神的深度和广度；建立学习讲评补课制度，坚持对每次参加学习人数进行统计、学习情况进行讲评，对因公未参加官兵进行集中补课，确保学习一人不漏。动员官兵积极撰稿投稿，广泛征集官兵学习十九大精神的心得体会，组织交流学习，开展“看齐追随迎盛会、心存使命铸忠诚”演讲比赛，使官兵始终全身心融入十九大盛况之中。开展“小课堂、小演讲、小座谈、小讨论、小竞赛”活动。

【勤务工作】 2017年，党支部始终坚持中心工作这条主线，认真贯彻“整体建设、全面规范、正规执勤、确保安全”的总体思路，深刻吸取经验教训，以王宁司令员在2017年执勤工作座谈会上的讲话为指导，坚持把执勤作为“饭碗工程”摆上位，严密勤务部署、严格勤务制度、严肃勤务纪律、严抓勤务训练、严治执勤隐患，支部一班人“围绕中心抓建设、抓好建设保中心”的思想根基夯实有力。在开展“三学一练一整治”、值班执勤岗位大练兵、“学规范、查隐患、找问题、补漏洞”执勤安全教育整顿等专题活动的基础上，积极开展“执勤工作大家谈”，广泛听取官兵对执勤工作的建议和意见，让“三优人员”走上讲台现身说法，谈感受、谈思想、谈认识，提高官兵投身执勤工作的自觉性、主动性和创造性。着眼提高“两个不经，一个保持”能力开展训练，主要在抓好“三个能力”、体现“一个素质”上下功夫，即：干部的组勤能力、骨干的控勤能力、哨兵的执勤能力和哨兵依法执勤、文明执勤的素质。严格落实干部查勤、上哨制度，截至10月份，干部共查勤995余次，上哨

13余次，有力促进了执勤秩序的正规有序。以“五防一体化”建设为契机，狠抓执勤隐患治理，精心谋划，积极作为。中队“五防一体化”建设项目已立项，建设经费已批复，项目正在进行评审阶段。并先后协调目标单位花费经费14.3万余元，完成在押人员信息共享，为自卫哨安装对射探照灯和监控探头，解决监墙照明老化、监门出入不正规、看守所办公区安全防范设施不坚固等13处执勤隐患，目标的安全系数得到提升、两警合力明显增加。

【军事训练】 2017年贯彻执行《军事训练与考核大纲》《军事训练“八落实”》等规定，坚持训战一致原则，科学制定训练目标，真难严实训练部队，不断提升能打仗打胜仗核心能力，圆满完成总队训练监察工作。支部一班人把大抓部队实战化训练作为谋划部队建设、确保任务完成、研究部署工作的中心环节来抓，每月召开议训工作会议对训练进行专门分析，突出问题整改，找准落实短板。坚决贯彻习主席加强反恐军事斗争和练兵备战重大战略思想，按照能打胜仗要求，紧紧围绕“训战一体化”要求，大力开展大练兵活动，在训练中历练胆魄血性，锤炼品质毅力，锻炼体能技能，强化战术素养，提升综合战力，为遂行反恐任务提供理论先导和能力素质支撑。结合中队担负的任务实际，为把应急班打造成反恐“拳头”，着力提高应急班一招制敌的单兵素质，每月对体能、擒敌、战术等重难点课目进行考核，每人一表量化打分，在时刻以严于部队、难于部队、强于部队的标准要求应急班队员，确保其随时处于良好的战斗状态。努力推动建设训练场地这个短板，满足部队实战化训练需求。积极同县委、县政府和目标单位汇报、协调，在县领导的大力支持下，选定位于县武装部和武警中队之间约10亩地作为训练场地建设用地，训练场建设项目报告已批复，并列为安泽县2017年度规划建设的大项工程，为中队军事工作建设又迈向一个新台阶。

【政治工作】 2017年把培养党和人民的忠诚卫士作为根本目标，在任务中培育官兵核心价值观，始终把思想政治建设摆在首位。把主题教育与党的十九大精神、习主席、武警部队首长关于国防和军队改革重要论述精神结合起来，使官兵充分认清“维护核心，听从指挥”的真正内涵，引导官兵把教育中焕发出的政治热情，转化为坚定理想信念、树立正确追求的精神动力。在配合活动上，严密组织官兵瞻仰革命烈士陵园、参观太岳司令部旧址，观看《将改革进行到底》，学唱《堂堂正正一辈子》《做习主席的好战士》系列歌曲，重温入党誓词，听老革命讲烈士故事等活动，激发官兵维护核心、听从指挥的决心和拥护改革的信心。将开展“两学一做”活动统揽于部队正常教育之中，结合建党节、建军节、“九一八”纪念日等特殊时期和作风纪律教育整顿等时机，开展向党旗宣誓、观看红色影片、讲述党史军史、撰写个人体会等形式，进一步打牢官兵坚定理想信念、提高政治素养和思想认识水平，筑牢部队听党指挥、能打胜仗、作风优良的思想政治基础。有力推进了肃清“郭徐”流毒工作，坚持从严从紧、落细落实、立查立改，切实使党员干部受到警醒，作风积弊得到纠治，官兵思想意志更加统一，保持发展党的先进性和纯洁性。坚持以人为本的要求，在“知兵知到一口清、爱兵爱到心坎上、带兵带到长远处”中确保经常性思想工作实效。八一期间，县法院利用来中队慰问时机，开展法律进警营授课、赠书活动。在总队评选“六个一”和支队组织“岗位之星”和“优秀军属”活动之机，中队立足自身，评选出中队的“好党员、好骨干、好战士、好军属”，并进行表彰奖励。深入开展读书育人、影视评论活动，与县图书馆结成共建对子，建立流动图书站，组织官兵每月读一本红色书籍，看一部红色电影，定期开展书评、影评活动，既丰富官兵精神文化生活，又达到教育人、激励人、感染人的目的。充分发挥驻地资源优势，大力挖掘中队各类小能人，促进文化活动的开展，建立锣鼓小队、开展葫芦丝、鬼步舞、武术、绘画等育才活动。活跃重大节日文化生活，加强与共建单位联谊，开展形式多样的文艺节目，丰富官兵文化生活，缓解压力，构建快乐、和谐的警营。

【安全管理】 2017年围绕“部队依法管理、官兵依法履职”的目标，治理痼疾顽症，刚性落实制度，精细规范养成，“五个”秩序不断正规，管理内涵不断提升。为让法治精神、法治理念深入人心，把法规学习作为硬指标硬任务，采取集中教育、授课辅导、观看录像、群众性讨论等方法，普及法规知识。严密组织开展“学法规、守法规、用法规”、枪支弹药大清查、干部作风纪律专项教育整顿和“百日安全竞赛”活动，官兵法治意识进一步牢固。认真对照《基层正规化管理规定》和尧都区现场会精神，大到每个房间的基本设置，小到衣服挂放后警衔的高度、衣袖的整理、衣服与衣服之间的距离都逐项规范。成立中队长为组长，各班副班长为成员的检查小组，每周不定时抽出一个小时进行检查，做到翻箱倒柜找问题，统一标准抓规范，检查结束后，进行挂账消号，“五个秩序”日趋正规。以贯彻落实中央军委“十一条”禁令、总部治酒“六个严禁”为契机，坚持把抓好“五个绝对禁止”（即绝对禁止不假外出，绝对禁止违规喝酒，绝对禁止内部关系不和谐，绝对禁止违规驾车和绝对禁止警民纠纷）作为强化行政管理的重要举措，采取逐人立下“保证书”，按级签订“责任状”的方法，强化铁律意识，严格纪律规定，拓展管控渠道，加大执纪力度，有效推动“五个绝对禁止”的经常化落实。严格依据条令法规，建立纵向到底、横向到边、无缝连接的责任制和问责制，真正使铁律发力生威。

【后勤建设】 2017年围绕保中心保生活，强化质量效益观念，提高后勤建设和管理水平。经费和伙食管理，坚持民主化和公开化，每月底将伙食费收支情况和经费管理使用情况在“经济民主”专栏和“财务公开”专栏上张榜公布。特别是经费的管理，坚决落实总队、支队要求，将驻地政府、共建单位和用兵单位资助中队的经费一分不留地及时划到财务股统管。严格按制度开支经费，发挥好“红管家”的作用，防止乱支乱用，提高经费的使用效率。发挥好“四小工”的作用，搞好日常维护和保养，将管理责任分解为完全责任、分管责任、直接责任和连带责任，实现科学化、制度化、规范化管理。伙食保障到位。中队后勤保障以战士利益为出发点，在伙食保障上用心调剂，科学制定食谱，精心调剂伙食，使伙食满意率达到100%。与安泽县人民医院签订《山西总队小散远单位人员门（急）诊社会化医疗保障协议》，官兵就诊只需携带有效身份证件和就诊介绍信，八一建军节期间，组织全体官兵去县医院进行体检，除此之外，安泽县卫生局还专门组队到中队进行义诊，开展医疗服务到军营活动，确保官兵以最佳的身心状态投入到日常工作中去，有效解决小散远单位官兵看病难等相关医疗保障问题。卫生员坚持跟班作业指导卫生防病，全面做好卫生防病工作，严密落实防控措施，严把食品采购关，食物留验和分餐制落实经常。

人民防空

【联审联批机制】 2017年严格按照相关法律、法规、条例的要求，规范审批行为，简化审批手续，改进审批方式，提高审批效率。开设“一站式”服务窗口，将审批项目作为一个审批窗口进入审批大厅，成为城建项目审批的前置关口，通过集中受理，规范化管理，最大限度为办事群众提供优质服务。严格审批程序，制定严格审批制度和服务措施，减少环节、减少程序、压缩办结时间，提高效率。同时，制定审批流程，公布上墙，使得审批程序进一步规范。加大力度，充分授权，所有项目的受理、发证、盖章、年检等统一在窗口办理，从根本上杜绝两头受理、两头办理现象。

2017年累计审批三个项目，其中，结建人防地下室面积5978.88平方米，共收缴易地建设费231.24万元。

【人防应急处置】 2017年将人防工作与县人武部紧密结合起来，依靠人武部的体系优势，推动人防工作建设。进一步完善安泽县防空袭预案，每年定期召开各单位协调会，参加全省统一部署的“9·18”防空警报试鸣和演练活动，积极配合市办开展全省人防建设情况及工作机制调查。根据省人民政府和军区联合发布的省市县三级人民防空演习方案要求，于7月24日至7月28日组织参与山西省、市、县三级人民防空联合演习，代号“太行—2017”，此次演习提高了安泽县人民防空指挥机构组织指挥能力和群众防空组织遂行任务能力，着力理顺军地联合指挥关系，熟悉指挥流程，提高队伍素质，全面检验安泽县人防建设成果，有效履行了人民防空使命任务。

【人防信息化建设】 2017年在移动指挥系统建设上，在完成第一期装备的基础上，积极争取第二期设备的安装。在人防警报建设上，在城北、城南和政府楼顶安装三台无线人防警报，和一台无线终端控制设备，三台警报器由无线终端统一控制鸣响。2017年“9·18”前，对设备进行调试，确保设备正常运行，并成功在9月18日试鸣，鸣响率达到100%。在短波电台建设上，按照上级要求，通过短波电台及时与市人防办取得联系，确保人防通信网络时刻保持通畅。在宣传教育上，深入开展人防宣传“五进”活动，通过网络、电视台、广播以及结合“9·18”人防警报试鸣活动向机关、学校、企业及社区宣传人防法律法规政策及防空应急措施，使广大群众了解防空知识和应急措施，增强和平时期人们的防空意识和应急能力。

【机关建设】 安泽县于2016年成立了人防信息保障中心，承担安泽县人防信息化建设、设备设施维护管理和演练保障以及全县防空警报系统的建设、管理维护和通信警报的应急等信息保障任务，2017年新增编制3人，新增人员2名。

【安全工作】 2017年为切实抓好今年人防安全工作，安泽县人防办成立人防安全领导小组，以“安全第一，预防为主，强化主体，标本兼治，综合治理”为核心，针对安泽县人防安全工作的特点，确定了以人防设施隐患排查为重点，对人防信息化设备进行全面检查，确保了人防设备安全无事故发生。

【反腐倡廉工作】 2017年组织全体党员深入学习习近平总书记系列重要讲话精神及反腐倡廉建设的重要论述，把讲政治、守规矩放在首位，切实落实好“两个责任”，主要领导是党风廉政建设的第一责任人，分管领导认真履行“一岗双责”，各工作人员负起所在岗位职责主体责任，严格落实“中央八项规定”的要求，严明政治纪律、政治规矩，做到政令畅通、令行禁止。

（曹国洋）

法　治

政法委及综治

【机构建设】　2017年，根据《安泽县机构编制委员会办公室关于增加安泽县委政法委领导职数的通知》（安编办发〔2017〕5号），增加县委政法委副科级领导职数1名，用于县委法治建设领导小组办公室专职副主任。根据《安泽县机构编制委员会办公室关于调整安泽县矛盾纠纷排查办公室编制的通知》（安编办发〔2017〕6号），为矛排办增加2名全额事业编制。7月17日，市委组织部、市委政法委下发《关于全市各级党委防范办归口政法系统的通知》，全市各级党委防范办归口政法系统，防范办主任由政法委副书记兼任。11月10日，县国家安全领导小组办公室正式挂牌。12月8日，法学会党组成立。

【队伍建设】　1. 2017年深入推进“两学一做”学习教育常态化制度化、开展维护核心见诸行动主题教育活动。旗帜鲜明地同以习近平同志为核心的党中央保持高度一致，将政法工作置于党的绝对领导之下，确保沿着正确政治方向前进。认真落实重大事项报告制度，政法工作的重大部署、重大事项、重大问题、重大敏感事件，第一时间向县委请示汇报。认真落实政法委全体委员会议制度，一个季度召集政法各部门召开一次，听取政法各部门工作汇报，确保了党管政法的原则落到实处。

2. 遵守党的政治纪律和规矩，做到有令必行、有禁必止。认真学习《廉洁自律准则》和《纪律处分条例》，认真落实党风廉政建设“两个责任”要求，坚持领导干部“一岗双责”，层层签订党风廉政建设责任书，将廉政建设责任落实到岗到人。认真执行个人报告事项制度，严格落实约谈制度，形成了压力链条。切实加强廉政教育，通过组织干警参加廉政报告会、观看廉政警示片、听廉政党课、发廉政微信等方式，提升干警廉洁意识。认真开展“把纪律挺在前面”学习教育活动，切实从思想上、制度上查缺补漏、汲取教训。

3. 2017年政法委全面加强执法监督、综治督查、法学研究、涉法涉诉等业务学习，赴延安、武乡、杜村红色教育基地等地接受革命传统教育；先后选派7名同志参加省委政法委平安建设专题培训、舆情培训、中国政法大学法治培训、武汉大学培训。法院坚持晨会学习不动摇，认真学习刑事诉讼制度改革相关要求和法律规定，有效提升素质。检察院公诉、控告申诉等主业建设得到全面加强。公安局健全完善警务指挥机制，建立常态化实战演练机制。司法局法律援助、公证工作、律师工作、社区矫正等工作扎实推进。县级信访系统全面开通运行，实现与省级数据对接。县指导中心着重发挥指导、督导、传导作用，有效地发挥出了作用。防范办工作做到内紧外松、严防死守，无任何异常现象。

4. 2017 年在各级“两会”、G20 峰会、“7·5”等关键节点，特别是围绕十九大安保，做到责任到人、严阵以待、外松内紧，确保了和谐稳定。在对敌斗争中，按照要求积极加强各种力量建设。在涉军等重点领域，在掌握情况的同时，统筹运用政策、法律、经济、风俗、人情等手段，做到了政策范围内的政策解决，涉及法律的，运用法律手段解决。全县共有涉军“两参”人员 44 名，全部走访到位。志愿兵和符合安置的士官走访 16 人。开展 2017 年感动安泽人物评选，专门设立荀乡卫士、见义勇为人物，评选出 2 名优秀干警。

5. 落实各项禁令，形成禁令就是底线，底线不可触碰的意识。在服务群众上，以“脱贫攻坚”为纽带，以“一村一警”包联走访活动和派驻“第一书记”为载体，进一步转变作风、密切干群关系。

【平安建设】 2017 年 9 月，安泽县荣获 2013—2016 年全国平安建设先进县荣誉，被中央综治委授予国家综治领域最高荣誉——长安杯。县委书记李强同志作为获奖代表受到习近平、李克强等中央领导同志亲切接见。安泽县政法委（综治办）荣获 2013—2016 年全省社会治安综合治理先进集体。安泽县 2016、2017 年度群众的安全感和满意度名列全省第一。1. 夯实平安建设基层基础。健全落实综治领导责任制，以县委办、政府办文件转发《山西省健全落实社会治安综合治理领导责任制实施办法》。整合资源建三级综治中心，向县委、县政府提交《关于综治中心标准化建设所需资金的请示报告》，县委党政联席会议通过综治中心建设费用共计 633 万元。按照“整体规划、因地制宜”的原则，将原县社会服务管理指导中心继续保留，主要承担群众诉求接待、矛盾纠纷调处室和网格化管理等工作。另外，专门协调解决 5 间办公用房（其中机房 1 间，多功能室 4 间），将综治委领导组、工作制度、工作职责等上墙公开，配备高清显示大屏，并将视频会议专线升级，高标准配备办公设施，专门用于综治信息系统建设，作为监控研判室和指挥调度平台，形成“一个综治中心，两个综治阵地”的工作格局。2017 年，先后有长治、吕梁、忻州等市县综治办 100 余人次深入安泽县学习考察综治中心标准化建设经验做法。4 月初，临汾市综治办在安泽县召开综治中心标准化建设推进现场会。全力开展十九大安保行动。召开 1+8 行动动员大会、誓师大会、视频调度会，适时召开推进会、考核会，以强有力的组织领导确保行动顺利开展。十九大安保期间，强化战时纪律保障，全体民警一律停休，节假日正常上班，全面实行“五个一律”战时纪律。启动了环境护城河，县公安局抽调了24名警力设立了良马治安检查站，24小时严格盘查过往车辆，认真比对可疑人员，坚决防止各类危险人员、危险物品流入、流出安泽。大力开展综治工作督查。对全县各乡镇（社区中心）的综治（平安建设）工作进行全面督查。对各乡镇综治工作进行督导检查，并对各乡镇综治中心建设提出建议，进一步提高了安泽县基层综治（平安建设）工作水平。

2. 深入开展矛盾纠纷排查化解工作。以县、乡、村三级综治中心为基础，建立三级矛盾纠纷调解中心，作为全县人民调解、行政调解、司法调解对接联动和协同处理的中枢和平台。并且实现名称、印章、场所标识、徽章、工作程序、文书“六统一”，组织、制度、工作、报酬“四落实”的标准，实现机构并轨、制度并行、经费并用。深入开展安全稳定风险隐患大排查大整治专项行动。2017年，全县共排查安全稳定风险隐患22起，已全部整治，无重大风险隐患。按时召开矛盾纠纷排查调处工作协调会。由县综治办和综治中心对当前全县出现的矛盾纠纷事件进行梳理和分析，并提出有针对性的化解建议，做到对不稳定因素“发现早、介入早、化解早”，从机制上畅通矛盾纠纷化解渠道，避免进京赴省到市非正常越级上访事件的发生。全县共排查各类矛盾纠纷事件41件，调处41件，调解成功率100%。

3. 全力维护社会治安稳定。打防结合，多措并举，全面提升平安安泽建设能力水平。严厉打击各类违法犯罪。扎实开展打击“盗抢骗”、打击治理电信网络新型违法犯罪、全警追逃、“打黑除恶”等一系列专项行动，破获了特大保险柜被盗案、系列现场入室盗窃案、系列盗窃机动车、电动车案，抓获了长期流窜于周边十几个县市区实施盗窃的结伙作案嫌疑人。2017年，立盗抢骗案件26起，破案14起，抓获犯罪嫌疑人10人、网上逃犯7人；捣毁食品黑加工点、黑作坊1个；打击外地吸毒人员9人；查处非法储存柴油站点2处，气枪4支，气枪零部件141件，铅弹75发，治安处罚1人；收缴假币12张；重点人员管控326人次，易肇事肇祸精神病人管控352人次。

4. 全面推进“六六创安”工作。“六网覆盖”工作。加强立体化治安防控体系建设。投入439万元，建设平安安泽“雪亮工程”，新增136个高清视频监控点，把“天眼”的视角延伸至全县所有出入县境的大小公路、铁路沿线，并通过运营商链路接入公安平台和县综治中心，有力地提升了平安安泽信息化水平。“六项整治”工作。严格公共场所、特种行业的规范化管理，对全县60家旅馆、3家娱乐场所、10家废旧金属收购业进行全面检查。积极开展“护校安全”行动，与公安局、教科局联合下发了《安泽县“护校安园”行动工作方案》，并对全县40所学校进行联合安全检查。创新人口管理模式，开展户口整顿，办理户口登记项目变更34人、补录27人，登记流动人口5203人并建立档案，新登记出租房屋99户120间；对现有97名重点人口，做到六知四熟悉，全年未发生重点人口重新犯罪。“六类人群”工作。重点加强对易肇事肇祸精神障碍患者的管理。县综治办下发《关于加强易肇事肇祸精神障碍患者服务管理工作的实施方案》，县综治、公安、民政、司法、财政、人社、卫计、残联等八部门联合制定《安泽县易肇事肇祸等严重精神障碍患者收治管护实施办法》。由县综治办牵头各乡镇、公安、卫计等部门，深入各乡镇与患者家属签订有奖协议，切实加强易肇事肇祸等严重精神障碍患者服务管理工作，有效预防精神障碍患者肇事肇祸事件发生，维护人民群众生命财产安全。“六大领域”工作。随着农村土地、房屋确权登记工作的开展，土地纠纷开始增多，安泽县除环保、住建等六大领域专业调解组织以外，农委、发改、民政等单位也结合自身业务进行了大量矛盾纠纷化解工作，各调解组织作用发挥良好。“六安联创”工作。全县所有乡镇均达到平安乡镇（社区中心）创建标准，按照《平安安泽建设五年规划（2013—2017年)》的精神要求，其他创建工作也在有序进行。“六场硬仗”工作。深入开展民爆物品安全隐患大排查大整治专项行动，制定《关于深入开展安全稳定风险隐患大排查大整治加强民爆物品安全管理的通知》。收缴枪支8支、雷管665枚、子弹81发，销毁过期雷管7727枚、手榴弹1个、迫击炮弹1个、手雷1枚、导火索200米、黑火药50克；检查涉爆单位196个次，排查涉爆人员350余人次，发现并整改隐患30处，召开涉爆重点人员座谈会7次、培训会4次，涉爆单位负责人签署承诺书7份，涉爆重点人签订具结保证书132份。加强道路交通安全管理，查处各类交通安全违法行为1.54万例，排查事前隐患路段6处，挂牌督办3处，下发整改通知书6份，排查事故多发点段4处，整改3处、1处正在整改。推行乡镇消防安全网格化管理和“九小”场所标牌化管理，严厉查处消防违法违规行为，检查388家，发现火灾隐患575处，整改559处，下发责令改正通知书259份、行政处罚决定书17份，责令三停8家，罚款9.5万元，拘留1人；开展消防安全知识讲座5次、灭火演练40余。

【法治建设】 1. 根据《中共安泽县委关于贯彻落实党的十八届四中全会精神加快推进法治安泽建设的实施意见》（安发〔2015〕6号）、《中共安泽县委关于调整县委法治建设领导组及其下设专项小组组成人员的通知》（安发〔2016〕38号），2017年根据《安泽县机构编制委员会办公室关于增加安泽县委政法委领导职数的通知》（安编办发〔2017〕5号），安泽县自2016年将原设置在县司法局的依法治县领导小组变更为中共安泽县委法治建设领导小组，领导小组办公室设在县委政法委，组长由县委书记李强担任。2017年9月，县委为法治办配备一名专职副主任，增加2名事业编制，政法委为法治办协调解决办公用房、并配备办公设备。

2. 制定出台《安泽县2017法治建设工作要点》和《法治安泽创建实施方案》并将工作重点层层分解，细化为7个方面24项具体内容。县直各单位，各乡镇、社区成立了法治建设领导机构和办事机构。落实了《党政主要负责人履行推进法治建设第一责任人职责规定》，以两办名义印发《贯彻落实党政主要负责人履行推进法治建设第一责任人职责规定的实施意见》。县委书记李强同志应市委法治建设领导小组办公室邀请发表题为《履行第一责任，建设法治安泽》署名文章。

3. 召开县委法治建设工作推进会和支持法院进一步解决执行难工作推进会议。

围绕“两到三年基本解决执行难”的工作目标，县委法治建设领导小组出台《安泽县贯彻〈关于进一步支持人民法院解决执行难的意见〉的实施办法》。联席会议以支持法院出台基本解决执行难重大措施、解决执行中重大疑难复杂案件为重点，由主办单位提出协调解决问题的方案，通过讨论协调，处理好问题并形成纪要，及时发送各单位，相关单位依《纪要》要求抓好各自应落实的事项，努力形成“党委领导、人大监督、政府支持、政法委协调、法院主办、部门配合、社会参与”的执行大格局。

4. 扎实推进司法体制改革。法院员额制法官 12 名。未入额法官 8 名，其中 2 名转为行政岗位，6 名转为法官助理。共有临时聘用制书记员 12 名，符合过渡条件的 10 名。2017 年法院组建 1 个诉前调解简案速裁团队，4 个精细化审判团队，1 个执行工作团队，形成 1+4+1 审判团队模式，分类开展审判执行工作。检察院员额制检察官 9 名。组建 6 个办案组，由员额检察官分别担任主任检察官或独任检察官。将 10 个内设机构整合为 4 部，建立起保障检察官独立办案，体现司法属性的扁平式办案模式。法院、检察院编制上划、工资待遇、配套制度等基础工作全部落实。

5. 积极支持配合监察体制改革。认真落实“1+4”制度，共有 5 名同志由检察院转隶至监察委。

6. 充分挖掘本土文化内涵，弘扬荀子“隆礼重法”“法礼并用”的法治思想，打造法治示范点，深入探究荀子“隆礼重法”的法治思想，依托荀子文化园，建设了荀子法治文化走廊，并下发《关于征集荀子法治文化论文》，征集论文 24 篇。加强对领导干部、青少年、基层干部群众等重点对象的普法教育，县级领导带头学法，县委中心组定期组织学法讲座，邀请市委法治办的同志对法治建设领导小组成员单位进行法治专题培训。开展送法进校园、进单位系列活动，特别是下到基层乡镇，去到群众身边，利用快板书、广场舞、微动漫、传统戏等形式，推出一系列法治教育节目。安泽县司法局法治教育宣传作品《学法童谣》被评为第十三届全国法治动漫微电影展播“三等奖”。各执法司法机关严格落实“谁执法谁普法”责任制，成立普法领导组，制定普法规划和责任清单，以法律“六进”活动为载体，大力开展以案释法活动，将法治宣传教育渗透到具体执法环节，起到了良好的舆论引导作用。

【脱贫攻坚】 2017 年县委常委、政法委书记连忠武包联杜村乡魏家湾村、冀氏镇兰村。按照县委要求深入到魏家湾村住村走访调研，受县委书记李强委托，协调帮助困难群众刘燕刚进行股骨头坏死手术。县委政法委、安泽二中组织动员为刘燕刚捐款，并委托魏家湾村党支部管理，确保将钱用在救助其手术中。协调支持魏家湾村支部办公场所改造，改善魏家湾村党支部办公条件。连忠武带领地电安泽分公司相关同志深入冀氏镇兰村走访调研，帮助村支部和一些困难群众解决许多实际困难。县委政法委包联着府城镇石桥沟村，住村工作队同志党组织关系转到石桥沟村，认真住村开展工作，走访慰问贫困户，帮助贫困户收玉米、打扫卫生等，有力地促进了脱贫攻坚工作。2017 年，县委政法委分别支持魏家湾、石桥沟村经费 3 万元。

【获奖】 2017年9月19日，安泽县荣获2013至2016全国平安建设先进县荣誉，被中央综治委授予“长安杯”；任秀红、毛跟云、连忠武、牛宏军4人受到中央综治委、中央组织部嘉奖；在山西省群众安全感和满意度2017年度调查中，安泽县再次荣获全省第一，取得了全省2015年、2016年、2017年群众的安全感和满意度三连冠。

（王伟）

法治政府建设

【健全法治工作机构】 2017年，在县委和市委法治建设领导组办公室的正确领导下，安泽县法治建设工作按照《2017年法治建设工作要点》和《法治安泽创建实施方案》的总体部署，坚持“打基础、抓重点、促提升”的工作思路，稳步推进法律监督、依法行政、公正司法、全民守法，为全县经济社会发展营造了良好的法治氛围。5月份，县编委会为县政法委机关增加两名全额事业编制，专门用于法治建设工作，两名工作人员已经全部到位。9月1日，县委常委会专题研究，为法治办配备一名专职副主任。政法委为法治办协调解决了两间办公用房、并配备必要办公设备，为法治建设工作开展创造了良好的基础条件。为进一步健全完善工作机制，县法治建设领导小组下发《关于健全法治建设领导机构和工作机构的通知》，要求各乡镇、社区、县直各单位参照县委领导小组建立法治建设领导机构，村委会、居委会要依托村“两委”主干建立相应的工作机构，全县初步形成了县、乡、村三级全覆盖的法治建设工作格局。

【监督工作】 2017年不断强化全县各级领导干部的宪法意识，推动形成崇尚宪法、遵守宪法、维护宪法的浓厚氛围。认真落实宪法宣誓制度。县人大常委会选举或者决定任命的国家工作人员在任职时公开向宪法宣誓。在县人代会上，新当选的监委主任、副主任、监委委员集体在全体代表面前向宪法进行庄严宣誓。人大常委会拟任命的21名干部，在任前进行法律知识考试，任后全部进行向宪法宣誓。积极开展规范性文件审查备案工作。县人大常委会制定规范性文件备案审查制度，把对涉及全县性、综合性、基础性重大事项的规范性文件纳入备案审查范围。在规范性文件备案审查工作中，广泛听取社会各界意见，建立向人大代表征求意见制度，把代表议案、办理代表建议与规范性文件的起草修改紧密结合起来。加强对法律实施的监督。县人大认真贯彻落实《山西省各级人民代表大会常务委员会监督司法工作办法》，强化对全县司法工作的监督，先后听取和审议解决法院执行难、检察监督、“七五”普法实施情况等工作报告，组织人大代表开展视察调研7次，通过决议决定4项，有力支持推动了“一府两院”工作的开展。

【依法行政】 2017年围绕法治政府建设的总目标，结合安泽实际，制定《关于加快推进法治政府建设的实施方案》，按照时间进度，落实具体工作任务。1. 健全民主决策机制。以法治思维和法治方法进一步改进和完善“三重一大”事项议事决策方式，提高依法决策、科学决策和民主决策水平。制定出台《安泽县关于进一步规范“三重一大”事项决策和执行的实施意见（试行)》。2. 认真落实重大决策公众参与、专家论证、风险评估、廉洁性审查、合法性审查和集体讨论决定等法定程序。深化"放管服效"改革，出台《安泽县2017年开展优化营商环境专项行动工作方案》。为解决多头重复交叉执法和多层次执法问题，成立安泽县推进城市执法体制改革城市管理工作领导小组，在市场监管、卫生计生、文化旅游、商务流通、城乡建设、城市管理等领域全面推开综合行政执法体制改革。3. 继续推行行政执法责任制，强化行政执法责任追究，坚决纠正不作为、乱作为和坚决惩处失职、渎职行为。坚持依法行政，自觉接受人大工作监督、法律监督和政协民主监督。4. 根据公布的"权力清单"和"责任清单"行使职权，做到"法定职责必须为、法无授权不可为"。继续深化行政审批制度改革。为确保国家和省、市政府取消、下放的行政审批事项切实落到实处，下发《安泽县人民政府办公室关于落实和承接省政府市政府取消及下放一批行政职权事项的通知》，对应承接8项行政审批事项。2017年共办理事项2794项，办结率99.37%。

【公正司法】 2017年扎实推进司法体制改革配套措施的落实，加强执法监督，规范执法司法行为，推进司法队伍正规化、专业化、职业化建设，推动司法责任制落到实处。扎实推进司法体制改革。政法各部门认真落实司法体制改革和监察体制改革的各项规定和部署，法、检两院认真做好人财物清查摸底登记、人员遴选等工作，领导小组多次召开专题研究部署相关制度工作，协调解决工作中存在的困难和问题，有力地推动了安泽县司法体制改革进程。年底，法院入额12名，组建1个诉前调解简案速裁团队，4个精细化审判团队，1个执行工作团队，形成1+4+1审判团队模式，分类开展审判执行工作。检察院入额6名，组建6个办案组，由员额检察官分别担任主任检察官或独任检察官。将10个内设机构整合为4部，建立起保障检察官独立办案，体现司法属性的扁平式办案模式。精心组织开展执法规范化建设年活动。全市开展"执法司法规范化建设年活动"以来，安泽县按照活动的部署要求，紧紧围绕强化执法思想建设、强化制度体系建设、强化执法信息化建设、强化监督机制建设、强化执法能力建设五个方面建设，及时成立领导组，制定出台活动方案，稳步推进"规范化建设年"活动，有力的提升政法机关执法能力和公信力。认真落实《山西省领导干部干预司法活动、插手具体案件处理的记录、通报和责任追究实施细则》，明确工作联络员，建立台账，按季上报。截至2017年安泽县未发生领导干部干预司法活动、插手具体案件处理的现象。

【法治宣传】 2017年是"七五"普法的全面实施之年，安泽县借鉴垣曲、翼城的普法经验，充分挖掘本土文化内涵，弘扬荀子"隆礼重法""法礼并用"的法治思想，加强对领导干部、青少年、基层干部群众等重点对象的普法教育。县级领导带头学法，县委中心组定期组织学法讲座。开展送法进校园、进单位系列活动，特别是下到基层乡镇，去到群众身边，利用快板书、广场舞、微动漫、传统戏等形式，推出一系列法治教育节目。安泽县司法局法治教育宣传作品《学法童谣》被评为第十三届全国法治动漫微电影展播“三等奖”。各执法司法机关严格落实“谁执法谁普法”责任制，成立普法领导组，制定普法规划和责任清单，以法律“六进”活动为载体，大力开展以案释法活动，将法治宣传教育渗透到具体执法环节，起到了良好的舆论引导作用。

【建立完善法律顾问制度】 2017年按照中办、国办《关于推行法律顾问制度和公职律师公司律师制度的意见》及临汾市《实施意见》的文件要求，安泽县积极推行法律顾问制度和公职律师制度。县委系统9个单位聘请了法律顾问，实现重大决策提供全程参与，县政府20个职能部门和事业单位聘请了法律顾问为依法行政和依法治理提供法律服务。2017年，先后参与起草《关于规范全县青翘市场秩序的通告》等政府规范性文件，审查“相约”节目的视频录制协议、新大象种猪繁育扶贫项目协议，参与马璧光伏扶贫项目的磋商谈判，为环保局查处环境污染案件审查证据材料等，为服务安泽县经济发展提供了有力的法治保障。

【建设城乡公共法律服务网络】 2017年立足“法律事务咨询、矛盾纠纷化解、困难群众维权、法律服务指引和提供”的功能定位，将律师、公证、法律援助工作进行整合，成立县级法律服务中心，推进法律服务体系建设，乡级中心正在稳步推进中。县级中心成立以来，义务解答法律咨询700余人次，办理重大案件3件，非诉讼法律事务6件。

【法治创建】 2017年按照创建法治示范市动员大会的部署安排，安泽县迅速行动，积极贯彻落实，制定出台《法治安泽创建实施方案》，将重点工作层层分解，细化为6个方面21项具体内容，确保法治创建任务落实到实处。根据《临汾市创建法治示范市实施方案》要求，安泽县着力打造荀子法治思想示范点建设，深挖荀子法治思想内涵，在传承上下功夫，在转化上做文章，在推进上谋发展，将荀子法治思想融入社会主义核心价值观之中，努力提升荀子法治思想的现实适用性。1. 搭建平台，做到传承有基地。以安泽县荀子文化研究会为平台，将普法宣传与荀子思想研究有机结合起来。县法治办与县法学会组织开展了荀子法治思想论文的征集活动，共征集论文24篇，荀子研究会正在评选中。在荀子公园步道旁，与县司法局共同建设荀子法治文化走廊，搭建起了传统法治文化教育基地。以夏令营活动儿童诵读荀子经典为契机，从小抓起，给青少年以传统法治文化的熏陶和培养。2. 深挖内涵，做到转化有动力。邀请专家做专题讲座，举办荀子知识竞赛等活动。通过不同思想认识的碰撞，将荀子以“礼”为主，礼法统一的“隆礼重法”的思想内涵挖深、学实，融会贯通，集群体智慧的力量发掘出荀子文化与当代社会法治文化建设的契合点，并以此来指导具体的工作实践。3. 求新求变，做到推进有成效。把弘扬荀子法治思想作为构筑特色法治文化体系的龙头，挖掘整理荀子“隆礼重法”思想的现实意义和时代内涵，将荀子的朴素和谐思想和法治思想具体化、形象化、通俗化、条理化，编印荀子法治思想的宣传册，编排融入荀子法治思想的法治宣传节目，通俗易懂、喜闻乐见、寓教于乐，调动广大干部群众学法用法守法的积极性和主动性。

【组织协调】 2017年充分发挥法治引领作用，把法治化主动融入专项攻坚的各个环节，有力保障了专项攻坚工作的推进落实。1. 用法治去保障脱贫攻坚工作。在专题召开法治建设领导小组会议上，县委、政府主要领导对法治保障脱贫攻坚提出的指导性意见，推动安泽县完善脱贫工作依法决策程序机制，健全脱贫重大政策、重大项目、重大资金使用合法性审查机制。要求全县各乡镇、社区、各单位做到精准帮扶、阳光扶贫、依法脱贫，确保脱贫攻坚工作在法治轨道上进行。2. 支持法院解决执行难问题。按照《临汾市贯彻〈关于进一步支持人民法院解决执行难的意见〉的实施办法》的通知要求，组织协调，制定出台《中共安泽县委政法委员会执行工作联席会议制度》《安泽县贯彻〈关于进一步支持人民法院解决执行难的意见〉实施办法》，建立"党委领导、人大监督、政府支持、政法委协调、法院主办、部门配合、社会各界参与"的执行工作大格局。12月21日，召开安泽县"基本解决执行难"工作联席会。2017年安泽县法院共受理各类执行性案件1070件，已执结1050件，执行结案率98.13%。3. 推进环境治理法治化工作。与县环保局联系，协调解决环境治理过程中涉及的法律难题，建立环境法律知识学习培训长效机制，提升环境执法监管队伍运用法治思维和法律手段解决环境保护突出矛盾和问题的能力，提高执法效率。全县重点工业、企业采取升级改造，确保将污染程度降到最低。淘汰燃煤锅炉及茶浴炉62台，鼓励居民使用低硫煤或"煤改气""煤改电"等清洁能源。推动建立健全环境监管体制，严格执法监督，不断加强环境治理法治化。

公 安

【概述】 2017年，安泽县公安局党委一班人认真贯彻党的十九大精神，团结带领全局民警，以十九大安保工作为中心，以"迎接十九大，全警保平安"1+8行动为主线，坚决落实各项安保措施，确保全县社会政治稳定、治安安定。2017年，安泽县公安局被评为省级文明单位，因连续两年在全省县级公安机关群众安全感满意度工作中排名第一，被省厅荣记集体二等功一次；先后被评为全市综治工作先进单位、五四红旗团支部、全市公安机关重点业务工作考核先进单位。

【"迎接十九大，全警保平安"1+8行动】 1. 高度重视安保工作，积极向县委、县政府汇报，制定详细的行动方案，召开1+8行动动员大会、誓师大会、视频调度会，适时召开推进会、考核会，以强有力的组织领导确保行动顺利开展。2. 领导全程督导。明确党组成员包片督导任务，与基层民警同工作、同研究、同攻坚。3. 机关警力下沉。抽调46名机关警力到派出所参与安保工作，各警种派驻的民警和派出所民警同要求、同考核、共奖惩。4. 保障下沉一线。按照"集中调剂、倾力保障"的原则，提高装备采购和配备的速度，及时解决一线安保工作中人力、财力、物力等方面实际困难。5. 启动环境护城河，抽调 24 名警力设立良马治安检查站，24 小时严格盘查过往车辆，认真比对可疑人员，坚决防止各类危险人员、危险物品流入、流出安泽。共检查车辆 3472 辆次、人员 7447 人次，查处管制刀具 1 把、其他物品 1 件。6. 强化战时督导。全面实行“五个一律”战时纪律，全体民警一律停休。坚持明察和突击检查相结合，每天两次视频查岗、全局值班点名等方式，严格督导检查。督察科室 156 家次，网上督察视频 2.8 万个次，发布通报 23 期，发现并整改问题 4 处。

【维护政治安全】 2017 年狠抓重点人员管控，开展宗教领域基础调查；上报信息 367 条、市局采用 244 条，依法教育训诫 53 人次，核查线索 116 条；对安泽本地网站进行网络安全执法检查，关停本地网站 1 家，备案微信公众号 20 家。

【信访维稳】 2017 年接待来访 10 人次，处理信访事件 7 起，化解 3 起，教育训诫谈话 1 人，核查稳控重点人员 55 人，劝阻劝访信访人员 1 人，无非访事件发生。

【严打整治】 2017 年立盗抢骗案件 26 起，破案 14 起，抓获犯罪嫌疑人 10 人、网上逃犯 7 人；捣毁食品黑加工点、黑作坊 1 个；打击外地毒驾人员 9 人；刑事技术共勘查现场 65 起；通过图侦系统配侦 4 起，监所深挖犯罪线索 16 条，破获案件 2 起；查处非法储存柴油站点 2 处，气枪 4 支，气枪零部件 141 件，铅弹 75 发，治安处罚 1 人；收缴假币 12 张；重点人员管控 326 人次，易肇事肇祸精神病人管控 352 人次。

【反恐防暴】 组织召开全县反恐工作会议，充实反恐处突力量，开展反恐演练 3 次；配备专业装备，投入 110 余万元购置了反恐防暴车辆；累计关注可疑人员 81 人，上报涉恐情报信息 12 条，落地核查 1 次，见面核查 12 次，督导重点目标检查 137 次；检查物流寄递业 16 家，处罚 6 家；检查重点单位 37 家，整改隐患 5 处。

【治爆缉枪】 2017 年收缴枪支 8 支、雷管 665 枚、子弹 81 发，销毁过期雷管 7727 枚、手榴弹 1 个、迫击炮弹 1 个、手雷 1 枚、导火索 200 米、黑火药 50 克；检查涉爆单位 196 个次，排查涉爆人员 350 余人次，发现并整改隐患 30 处，召开涉爆重点人员座谈会 7 次、培训会 4 次，签订涉爆单位负责人承诺书 7 份、涉爆人员具结保证书 132 份。

【交通安全】 查处各类交通安全违法行为 1.54 万例，排查事前隐患路段 6 处、事故多发点段 4 处。

【消防安全】 2017 年发现火灾隐患 575 处，责令三停 8 家，罚款 9.5 万元，拘留 1 人。

【队伍管理】 2017 年举办 17 警务实战化技战术训练，参训 621 人次；组织 147 名民警轮休；举办战前、战后民警体验 1 次 328 人、战时心里训练 8 次 142 人次；开展战时慰问 12 次 1136 人次，发放慰问金（品）4.6 万元，表彰奖励集体 8 个、个人 19 名；审计 5 次 590.856 万元。

【信息化设施建设】 2017 年投入 470 余万

元，建设“雪亮工程”，新增136个监控点，已基本完成施工，进入验收阶段；投入251万元，完成网安规范化达标建设；投入116万元，建设派出所视频会议系统；投资78万余元建设图像侦查系统；投资30万元，完成中心办案区执法音视频平台建设；投入90余万元，完成公共场所无线上网安全管控系统建设；投资5万元，对刑警物证室进行扩建改造。

【基础设施建设】 2017年积极协调，将杜村派出所办公用房进行资产调换，投资51万元，对办公办案用房进行改造；投资17万元，完成中心办案区维修改造；投资21.8万元，建成荣誉室及廉政教育室；投资46.6万元，对4个派出所及1个交警中队更换超低温空气能取暖设备；投资78万元，对民警训练场地进行改造。

【装备建设】 2017年投资20余万元，补充民警单警装备；投资90余万元，配置办案专业相机、秘密取证设备等装备；投资464万元，为7个派出所、巡警大队、刑警大队、交警大队及4个中队更新执法执勤用车、特种专业技术用车、特勤车辆、警务保障用车共21辆。

【立体化治安防控体系建设】 1. 坚持严打不动摇，组织开展“百日严打”“利剑”、打击“盗抢骗”、打击治理电信网络新型违法犯罪、全警追逃行动、打黑除恶、散煤整治、成品油整治等专项行动，破获了特大保险柜被盗案、县医院群众被抢劫案、电信诈骗案、系列现场入室盗窃案、系列盗窃机动车、电动车案，抓获长期流窜于周边十几个县市区实施盗窃的结伙作案嫌疑人。2017年共立各类刑事案件146起，破案88起，破案率60.27%，其中破获侵财类案件39起，占破案总数的44.32%；抓获犯罪嫌疑人61人、网上逃犯36人；受理治安案件142起，查处143起，查处39人，其中拘留27人。

2. 加强社会面治安巡逻防控，共出动警车1616台次、出动警力4848人次，其中步巡3704人次，盘查可疑车辆116辆、可疑人员211人。

3. 加强社会面治安管理。严格公共场所、特种行业的规范化管理；积极开展“护校安园”，与综治委、教科局联合下发行动方案，对全县40所学校进行联合安全检查。创新人口管理模式，开展户口整顿，办理户口登记项目变更34人、补录27人，登记流动人口5203人并建立档案，新登记出租房屋99户120间；2017年未发生重点人口重新犯罪。

4. 加强公共安全管理。加强道路交通管理，查处违法行为3.08万起，接处道路交通事故1004起，统计范围内的生产经营性死亡道路交通事故3起，死亡4人，办理行政案件16起，一般程序案件187起，在县有线电视台开办《交警在线》栏目。加强消防安全管理，检查单位910家，整改火灾隐患1301处，下发行政处罚决定书39份、临时查封决定书12份，责令三停21家，罚款19.75万元；抢险救援76起，火灾26起，抢救被困人员25人，抢救财产价值628.2万元。加强监所安全管理，开展监所安全大检查12次；深挖余罪破获盗窃案件16起；投资5万元，在监区内新增数字高清摄像头41个，达到高清全覆盖、无死角；投资3万元，对监区基础设施进行维修改造。

【信息化建设】 2017年依托两大平台，深化三大系统的应用，上报信息45条，省采纳5条，市采16条，核查指令10条；为办案单位提供各类线索60余条，协破案件2起。完成四级网扩容工作，将金盾四级网点提速至50M；积极应对“勒索病毒”的爆发，无一台计算机遭病毒侵袭；完成机房改造工作；发放数字安全U盘103个。

【警务实战化】 2017年从各警种抽调精干警力，成立应急处置大队，下设3个中队，共52名民警，组织开展日常演练；围绕实战，开展防暴恐袭击演练、危险化学物品运输车辆道理交通事故应急救援演练、灭火救援实战演练、警务实战技能培训和新装备训练、演练等17次，切实提升全局民警实战技能和水平。

【执法规范化】 2017年开展两次执法规范化培训，制定法律培训规划，邀请专家进行集中授课和分警种对口培训；推进受立案制度改革工作，监督受立案635起，下达整改通知书22份。严把案件审核关，实行“每月考评、年终总评”和严格的奖惩制度，通过评选精品办案单位、办案能手、精品案卷等方式，激励民警多办案、办好案，提升了各单位办案水平；推行受立案制度改革工作，先后出台多个关于受立案工作的规章制度及工作流程，细化操作流程；严格刑事案件“统一审核、统一出口”；对局中心办案区进行了改造；组织70名民警参加了基本级、中级执法资格考试，3名民警参加高级执法资格考试；拍摄普法宣传小视频《情法点亮回归路》，在省厅微信公众号展播。

【文明单位创建工作】 2017年组织开展学雷锋志愿服务活动、“四德教育”主题活动、“文明家庭建设”、征集“好家规、好家训”“模范家庭”评选、诚信主题实践、“读书、品书、荐书”等活动，开办道德讲堂4次，在全局倡导“思善贤、爱中国、读经典、明礼仪，重节俭、讲文明”价值观；开展2次募捐活动，捐款1.1万元，通过2016—2017年创建省级文明单位验收。

【创卫工作】 2017年完善《公共卫生管理办法》《内务管理条例办法》《机关车辆停放规定》等规章制度；在全面改善机关办公环境的同时，积极配合有关部门开展强化餐饮油烟、小广告等治理，严厉打击危害环境违法犯罪行为；改善群众出行交通环境，对县城主要街道的交通标志和标线进行了完善，共施划中心双实线、人行横道线等标线8948.94平方米，设置更换交通标志牌720块；设置公交车停车区30个，机动车停车位1500个，非机动车停车位2500米，县城的交通秩序明显改观。

【便民利民】 2017年依托便民服务在线，及时发布便民信息70条，回复群众诉求16条。办理加快证件，办理二代证6912人，出生登记594人，死亡注销852人，迁入91人，办理临时身份证786人。

【精准扶贫】 2017年驻村工作队按照产业

扶贫思路，为杜村乡桑曲村新建13座有机蔬菜大棚；发展乡村休闲娱乐游；在村西修建贫困户易地扶贫点1处，为28户65人的贫困人口解决住房问题；投资10万元，在桑曲村东修建文化观光墙一处；投资9万元，建设了村东下水管道及路面硬化工程；抽调民警为包联村贫困户抢收玉米13亩；为57户贫困户每家送去了各类生产生活用品，为27户搬迁户办理电视机闭路。2017年，被县委评为“干部驻村帮扶先进党组织”。

【队伍建设】 1. 加强思想政治建设，组织开展学习贯彻党的“十九大”精神、“讲政治、知敬畏、守规矩”专项治理活动、“两学一做”学习教育常态化制度化维护核心见诸行动主题教育和“迎接十九大忠诚保平安”主题教育实践活动，组织党员民警参加“两学一做”知识竞答活动。2. 全面深化“三基建设”，编制整理公安机关基础工作目录、管理手册、应知应会手册和便民服务手册，进一步规范岗位职责、标准、流程，全面推行制度化、标准化、精细化管理。3. 加强基层党建。组织党员民警赴武乡八路军纪念馆开展革命传统教育，开展学唱《人民公安向前进》《公民道德歌》，祭奠英烈、多种形式的谈心谈话等活动；统一规范并发放党支部和党员工作日志、手册、台账、会议记录等328本；办理党关系转入3人次、转出5人次；收党费6.2万元。4. 加强党风廉政建设。研究制定《落实党风廉政建设责任清单》，进一步明责确权；落实监督执纪责任，建立44名副科级以上干部廉政档案，初核问题线索3条，诫勉谈话2人、通报批评2人、约谈1人；建立健全查办党员和国家工作人员涉嫌违法犯罪案件的工作档案，向县纪委移送线索11起14人；完成178名监察对象摸底统计工作；推进廉政文化建设，通过微信群、网页通知等形式，大力推行提醒制度；组织民警观看《警钟》《内鬼》等一系列警示教育片；依托县局网站，建立廉政教育平台；参加《警民共建，平安临汾》访谈节目首播；开展网上及现场督察71次，查看视频5万余个次，发布督察通报38期；办理民警维权案件6起。5. 加强队伍管理。组织开展全员述职工作，进一步规范请销假管理和休假的管理审批，严格上下班签到制度，实行辅警绩效考核制度；组织开展了人民警察荣誉仪式、公安消夏专场晚会、“庆七一”演讲比赛和宣讲活动、“庆国庆”职工运动会、“爱驻夕阳·关爱老人”志愿服务等活动，投资2万元，购置民警健身器材，进一步丰富警营文化；警营荣誉室和廉政教育室已投入使用；加强从优待警各项措施的落实，得到县委大力支持，启动干部调整，调整、增加党委成员3名、正科级干部3名、副科级干部12名；全面落实民警执勤新津贴标准192万元、民警加班补贴新标准82.8万元；落实省级精神文明单位物质奖励工资83万元。

（梁玲梅）

交通警察大队

【事故预防】 2017年，共接处道路交通事故1004起，同比减少122起，下降10.83%。其中：涉及人员伤亡一般程序处理的道路交通事故12起，同比减少6起、下降33.33%；死亡8人，同比减少2人，下降 20.06%；受伤 11 人、同比减少 4 人、下降 26.67%；直接经济损失 19060 元，同比减少 26890 元、下降 58.52%。全县发生统计范围内的生产经营性死亡道路交通事故 3 起。死亡 4 人，同比起数减少 1 起，下降 25%，死亡人数持平。2017 年共立刑事案件 17 起，其中：交通肇事案 4 起，危险驾驶案 13 起，逮捕 1 人，刑拘 3 人，取保候审 15 人，移送起诉 16 起。上半年全县未发生一次死亡 3 人以上的道路交通事故。

围绕道路交通事故预防工作，先后开展岁末年初冲刺行动、环境卫生百日攻坚、危险化学品道路运输整治、交通秩序管理及专项整治、“迎接十九大、全警保平安”1+8 行动、“三个不发生”创建活动等多次专项整治行动，共查处各类交通为违法行为 30844 起，其中无证驾驶 287 起、拘留 20 人，酒后驾驶 135 起、醉酒驾驶 13 起，客车超员 4 起、疲劳驾驶 212 起，货车超载 83 起、驾驶人未按规定使用安全带 3242 起、未悬挂机动车号牌 161 起、飘散遗洒载运物 2930 起，货运机动车未靠右行 4150 起。行人和非机动车交通违法 5977 起，采集非现场交通违法信息 26154 起。通过整治，严重交通违法行为大幅下降，辖区道路交通秩序明显好转。

【交通安全宣传】 2017 年，紧扣预防交通事故这一主题，营造浓厚的舆论氛围，采取灵活多变的宣传方式，开展形式多样、内容丰富的宣传工作；利用微博微信发布各类信息 5200 条，突出宣传货车公路严重违法行为及城市道路三种突出交通违法行为危害，曝光交通违法 6000 条；开展中小学生假前交通安全教育 14 次；召开新闻发布会 5 次，发布新闻通稿 5 篇；在线直播 4 次；组织志愿者服务 5 次；利用户外显示屏播放宣传短片 300 次。在县有线电视台开办了“交警在线”栏目，现已播出 5 期。

【法制建设】 2017 年贯彻“法制建设是执法活动的保险锁”的思路，在日常管理中制定完善内务管理制度汇编，从会议、财务、办文等各方面予以规范；业务工作中，严格按照《创建文明交通示范中队考核办法》和《执法记录仪使用制度》，每月都开展执法质量考核工作，对发现的执法问题进行梳理、归类，限期整改。共审核行政拘留案件 16 起，一般程序案件 187 起，共发现问题 88 处；执法共性问题 5 处。通过案件审核把关，及时纠正执法中存在的问题，有效提高办案质量，促进执法规范。

【危化品运输】 2017 年针对辖区道路交通呈现出车流量大、路况复杂的态势，持续以往行之有效的措施：1. 对 309 国道、326 省道、第安线等危化品运输车辆必经路段的实时管控，限时、限速通行，确保道路交通安全，新增交通安全监控设施三处。2. 联合安监、交通运输等部门深入辖区危化品生产企业，从装载源头对危化品车进行管控，要求企业对装载车辆查验资质和罐体、备案登记、严把出厂关，决不允许违法违规危化品运输车辆出厂上路。3. 依托交通安全检查站和设立的临时检查点，对危化品车进行重点检查，对危化品车交通违法行为从严查处。全年共查处危化品车交通违法 1024 起。4. 完善危化品运输事故应急处置、组织民警学习危化品运输事故处置相关知识，开展一次应急演练，提高应急处置能力，为群众打开生命绿色通道，确保险情及伤亡人数降到最低。2017 年安泽县共发生涉及危化品运输车辆的事故 2 起，同比减少 1 起，下降 33.33%，未发生泄漏事故。

【改善群众出行交通环境】 2017 年制作发放文明出行倡议书 1 万余份，制作悬挂条幅 3 条、通过双微平台发送信息 5000 余条，在电视台发布通告 2 次。对县城主要街道的交通标志和标线进行完善，共施划中心双实线、人行横道线等标线 12097 平方米，设置更换交通标志牌 720 块；设置公交车停车区 33 个，机动车停车位 2471 个，非机动车停车位 4378 米。争取了 12 万元资金购买了电动巡逻车，增强整治效率。出动警力 3000 人次，警车 600 台次，拖移非机动车 1500 余辆，劝导群众 1 万人次，教育 5000 人次。查处交通违法行为 9000 余例。其中查处无证驾驶 98 例，酒后驾驶 66 例，共采集违法停车信息 4080 例。县城的交通秩序有了明显的改观，城区的拥堵现象得到基本缓解，受到各级领导和人民群众的普遍认可。

【队伍建设】 2017 年在队伍建设方面，始终坚持从严治警的方针，一如既往地贯彻“抓班子、带队伍、促工作、保平安”的总体思路，深入推进“两学一做”学习教育的常态化制度化，扎实开展维护核心见诸行动主题教育，持续狠抓三项纪律、公安保密和执法规范化建设等活动，加强党建和广大民警综合素质的提高等工作，从而转变广大民警的工作作风，增强民警的敬业、服务、法纪意识，提高队伍凝聚力和战斗力，确保各项工作任务的顺利完成。

【内务卫生环境】 2017 年结合上级公安机关四项整治的要求，大队领导积极向县委、政府汇报，争取财政支持，先后投入 30 万元硬化机关大院，投资 40 余万元购置事故勘查车 1 辆，投资 60 余万元对大会议室和视频会议室进行维修改造，投资 100 万元购置执勤警车辆 4 台，投资 10 万元修建标准化车驾管档案室，投资 6 万元对办案区进行了升级改造。通过改造，大队的面貌焕然一新。

【便民服务】 2017 年按照支队车驾管业务下放的要求，大队不断提升便民利民服务水平，加强车驾管业务的管理，从驾驶人考试、车辆注册登记、驾驶证到期换证、补证、审验等方面大力推行便民利民措施，10 月底，共办理机动车注册登记 606 辆，监考驾驶人考试 21 场次，监考 1236 人次，补、换证 1095 本、审验机动车 1330 辆，审验驾驶证 1 本，警示教育 224 人次，机动车档案归档 1.1 万份，驾驶人档案 1.3 万份。

消防大队

【概述】 2017 年安泽县的消防工作在县委、县政府和消防支队的正确领导下，在公安局的大力支持下，以党的十八届三中、四中、五中、六中全会精神为指导，深入推进“两学一做”学习教育常态化和制度化建设，实践社会主义核心价值观，扎实推进消防安全“网格化”“户籍化”管理，狠抓“一带一路”国际合作高峰论坛期间安全保卫和“中秋、国庆”及“十九大”安全保卫，严格贯彻落实《中华人民共和国消防法》，落实消防安全责任制，开展消防安全专项整治行动。狠抓火灾隐患排查治理，强力推进基层基础防控工作，不断深化消防宣传教育培训，圆满完成重大活动、节假日消防安全保卫任务，极大提升消防工作社会化水平，有效保持辖区火灾形势总体平稳。

【消防安全责任制】 2017 年县政府主要领导多次就消防工作做出重要指示，亲自带队深入实地检查指导消防工作；分管领导亲自部署和参加重要的消防工作和大型的消防活动。2017 年安泽县根据形势发展需要及时调整、充实防火安全委员会，层层签订《消防工作目标责任书》，将消防工作纳入县政府目标责任考核和领导干部政绩考评，有力推动全县消防工作的顺利开展。

【消除火灾隐患】 2017 年坚持“政府督查、行业系统抽查、公安消防部门监督检查、单位自查”的原则，加强消防隐患排查整治，提高单位“四个能力”建设，强化派出所消防监督执法，实行火灾隐患有奖举报。

1. 县直各部门认真履行消防监督职责，消防执法人员加大执法力度，先后组织开展汗蒸、洗浴、桑拿、足疗类人员密集场所消防安全专项整治、消防安全大排查大整治活动、易燃易爆危险品消防安全专项治理、开展住宅物业和小区电动车专项整治、高层建筑、电气火灾综合治理和文物古建筑消防安全综合治理等消防检查工作。

2. 加大执法力度，严格落实“每日一查”，用足强制执行、临时查封、行政拘留等行政处罚手段，严厉查处消防违法违规行为。2017 年消防大队执法人员共检查单位 730 家，发现火灾隐患 1036 处，督促火灾隐患 1022 处，下发责令改正通知书 485 份，下发行政处罚决定书 35 份，下发临时查封决定书 10 份，责令三停 19 家，罚款 17.25 万元。

3. 推动居民家庭、小旅馆、群租房、“三合一”等场所安装简易喷淋和独立式感烟火灾探测报警器，在出租屋、老旧居民楼和居家养老、“空巢老人”住宅以及养老院、福利院等场所安装独立式感烟火灾探测报警器。

【推行网格化管理】 2017 年筑牢基层火灾防控基础，大力推行乡镇消防安全网格化管理和“九小”场所标牌化管理作为年度重点工作，在大排查大整治期间，各乡（镇）、各单位，先后多次开展消防隐患排查工作，积极配合消除隐患，加大消防知识宣传力度，设立消防工作室，成立领导机构，实施“网格化”管理，大大提升了工作效率。实施群防群治，努力实现消防工作全覆盖、无缝隙。派出所进一步加强对消防安全一般单位、“九小”场所的消防安全监管，把消防监督检查和消防宣传教育作为专兼职消防民警职责的重要内容，扩大消防监督工作的覆盖面。

【队伍正规化管理】 2017 年消防大队严格按照部队正规化建设为标准，在抓条令、促正规，抓制度、保安全，抓养成、树形象上狠下功夫，严明部队纪律、提升官兵形象、保持整齐划一，提升消防大队正规化建设水平。2017 年消防大队共接处警 61 起（其中抢险救援 30 起，火灾 31 起），出动消防车 745 辆次，出动警力 392 人，抢救被困人员25人，疏散人员161人，抢救财产价值628.2万元。同比去年，接警起数下降31.25%，出动次数下降31.25%，出动车辆数下降15.79%，出动消防人员数下降27.07%，抢救被困人员数上升66.67%，疏散人员数上升33.06%，抢救财产价值下降62.88%。

【社会化消防宣传】 2017年采取各种形式，通过各种方式，普及消防知识，宣传消防法律法规，教育引导广大群众树立消防安全意识，增强自防自救能力。在元旦、110宣传日、春节、清明节、安全生产月、五一、十一、119宣传月等重大活动期间，在全县主要街道、交通干道悬挂消防宣传标语400多条。在消防安全重点单位悬挂消防宣传横幅300多条，在户外醒目位置设置了永久性消防公益广告，在单位内部张贴《消防安全常识二十条》挂图，发放“三提示”版面，各类传单7000多份。另外，安泽电视台、红绿灯LED大屏幕滚动播出消防公益广告片，消防专题片播放10余次；联合联通、移动公司每月定时发送消防宣传公益短信累计2万余条，并充分利用现代媒体手段，微博、微信等平台及时刊登消防安全知识宣传等。另一方面，组织消防监督执法人员深入辖区各企业、各单位开展消防安全知识讲座5次，开展灭火演练40余次。将消防宣传的触角延伸到各个角落，有效地遏制了火灾事故的发生。

【基础建设】 2017年安泽县坚持把狠抓消防经费增长作为消防事业长远发展的头等大事，高度重视消防工作和应急救援能力建设。新增消火栓、消防水鹤任务正等待建设。在基础建设方面，投资12余万元建成小型多功能影院；投资15万元对太阳能热水器、外墙保温、车库、室内墙面进行维修，对体能训练室和卫生间进行改造；投资194.5万元，购买32米登高平台消防车一台，已投入执勤；投资23万元购买防汛、抗震救援器材装备已经到位；投资86万元购买大吨位水罐消防车已招投标完毕。

【驻村帮扶】 2017年消防大队帮扶村是府城镇孔村，该村是一个只靠农作物种植为主的行政村，单位驻村工作队干部深入帮扶村，与县扶贫办、乡党政领导、孔村委班子进行工作对接，下乡干部通过亲自走村串户的实地调研，对孔村的自然、人口、基础设施、村民生活主要来源、农业生产和经济发展、社会事业发展、村民基本素质、基层组织建设等情况进行了解，摸清村里的资源环境及群众的想法和愿望。掌握开展扶贫工作的第一手资料后，发挥退耕还林的优势重点确立油用牡丹种植，让贫困群众看护连翘增加工资收入，实施“136”健康“双签约”政策，发放冬季取暖最低保障金，帮扶管理耕地（主要种植玉米）收入，驻村队员和村委班子成员、村民打成一片，携手共建，孔村现有贫困户4户全部属于兜底户，采取社会兜底、两不愁、三保障的措施，4户9人人均收入均有所提高。按照扶贫计划为孔村村民购买棉马夹9件，在“访贫问寒”走访活动中，将暖心被、棉门帘等慰问品送到群众手中。为白怀兵、王春有两户维修住房，为贫困户每户购置连翘苗500余棵，为党红星家购置茶几1个，为王春有家购置沙发茶几1套，另外探望住院病人，帮助解决困难，消防干部在接受到前辈的精神洗礼同时，力所能及的为他们解决实际困难和问题，使他们感受到社会主义大家庭的融融暖意。（武长江）

检　察

【概述】　2017年有内设机构4个（综合保障部、刑事检察部、民事行政检察部、检察业务管理监督部），院属事业单位1个，人员29人（中央政法编制21人，事业编制8人），其中在职党员18人，具备法律职业资格16人（2017年又有2名同志通过了司法考试），员额制检察官6人。研究生学历1人，本科学历23人，专科学历5人。（班子成员现有1正3副1纪检1政工，其中，1名副检察长不在岗）。

2017年围绕建设“山水田园城”“精品旅游县”的工作大局，以“全面振兴、绿色崛起”为奋斗目标，忠实履行宪法和法律赋予的法律监督职责，圆满地完成各项工作任务。被临汾市人民检察院授予“先进基层检察院”荣誉称号，先后有3名同志被省、市检察机关给予记功、嘉奖和表彰，连续8年被评为“市级文明和谐单位”，接受了市委宣传部文明办“市级文明单位标兵”的验收。

【监察体制改革和司法体制改革】　监察体制改革方面：2017年3月份，全院符合转隶条件的5名干警的划转以及设备、线索的移交均已到位，按程序完成三部门的撤销和摘牌工作，监察体制改革工作走在全市的前列。同时，严格落实省委政法委“1+4”制度，认真做好与县监委案件移送衔接工作，确保职务犯罪案件有效衔接、有序运行、顺利进行，2017年办理职务犯罪案件3件3人。司法体制改革方面：按照《山西省县级人民检察院内设机构改革实施方案》的要求，10个内设机构整合为4部，员额检察官6人，司法辅助人员13人（检察官助理7人，书记员3人，法警2人，技术人员1人），司法行政人员3人。同时抓住司法责任制这个“牛鼻子”，科学组建办案组织、实行新的案件分配机制。按照检察长为统领，独任检察官、检察官办案组为中心的原则，建立起保障检察官独立办案、体现司法属性的扁平式办案模式。2017年底，全院共组建6个办案组，由员额检察官分别担任主任检察官或独任检察官。按照省检察院出台的《院领导、业务部门负责人直接办案制度》要求，检察长已办理审查逮捕案件5件，审查起诉案件2件，出庭公诉2次。其他员额制检察官按照轮案规则进行办案。在改革过程中，每个同志都能够顾全大局，正确对待个人利益得失，坚决服从改革需要。

【惩防并举，打击各类刑事犯罪】　2017年，共受理审查批准逮捕案件37件56人次，其中，批准逮捕20件23人，不批准逮捕16件31人，移送单位撤回1件2人；共受理审查起诉案件44件72人，其中，起诉各类刑事犯罪案件39件63人，不起诉2件5人，正在审查的4件6人，生效判决37份。与此同时，积极开展校园安全专项整治行动和未成年人刑事检察工作，共举办全市法制进校园巡讲活动3次。此外，不断加强涉检信访工作力度，坚持属地管辖原则，就地化解矛盾。

【检察监督职能】 刑事诉讼监督方面：2017年监督纠正公安机关应当立案而不立案的案件2件次，监督纠正侦查活动违法5件次，监督行政机关执法移送案件1件次；严格执行非法证据排除规则，防止刑事案件“带病”进入审判程序，依法决定不起诉2件5人。

刑事执行监督方面：积极维护监管场所秩序，加强检察监督，保护在押人员的合法权益。办理羁押必要性审查3件，刑事执行违法案件16件，监外执行（社区矫正）执行违法（违规）案件22件，收监执行提请审查案件1件，暂予监外执行提请审查案件2件，暂予监外执行决定审查案件1件。

民事行政诉讼监督方面：深入贯彻实施修改后的民事诉讼法和行政诉讼法，积极构建工作机制一体化、监督手段多元化的立体监督格局。开展民事行政执行监督案件9件，开展民事审判监督3件，督促履职3件，支持起诉6件，审查办理行政公益诉讼1件。

【扶贫攻坚工作】 2017年，包联村府城镇义唐村（原为市院包联村），是安泽“西大门”，人多地少，当时贫困人数位居全镇第一，加之青兰高速占地赔偿等原因导致村里矛盾较多，扶贫工作开展难度较大。针对这些实际困难，党组科学谋划，为26名干警分配104户帮扶对象（其中死亡2户，社会兜底11户），开展“一对多”的精准扶贫工作。2016年104户已全部脱贫，今年为巩固阶段。根据每户具体情况，分别采取种植油用牡丹、住房安装光伏发电设备、外出务工等办法，尽可能地给予帮助支持，包联户不同程度地实现了增收。全院干警下乡走访扶贫650余次，除了自费为帮扶对象购买轮椅、米面油等生活必需品外，还帮助种植油用牡丹78亩、安装光伏发电3户、解决村里人员外出务工60余名，危房改造2所。此外，积极协调争取各项资金，改善包联村基础设施条件，近年来先后投资12.6万元改造义唐村引水工程；争取村级道路修建款90万元，对全村重点路段路面进行水泥硬化；协调有关部门修建了污水处理站，积极改善全村环境卫生；帮助争取平田整地资金5万元、荒山造林资金10万元，改善该村农业生产设施条件；共发展小杂粮种植500亩，劳务输出500余人。十月下旬，正值农忙时期，全院干警分三队为劳动力薄弱的贫困户收秋，收秋面积达10余亩。冬季来临，经过党组研究，又为贫困户送去棉门帘、棉坎肩、麻布床单等御寒用品。此外，积极协调县电力公司为市院包联村（马壁乡郎寨村）普及全村亮化工程，为县级领导帮扶村（和川镇双头村）争取漫水桥加固资金5万元。

【支部教育引领工作】 2017年，党组把上好党课作为加强党组织建设的切入点，抓在日常、严在经常，不断引领干警“正能量”，增强队伍“免疫力”。党课形式多元庄重，通过党组书记讲党课、支部书记讲党课、邀请党校讲师讲党课、普通党员讲党课、廉政党课、道德建设党课等特殊党课形式，力求做到“思想引领”“典型引领”“情感引领”，让正能量在干警中升华、在队伍中扎根。开展民主生活会2次，组织生活会2次，党课6次，党员大会17

次，党日活动20次。党支部连续两年被县委评为“先进党支部”，作为全县“三基建设”试点迎接省委组织部检查以及全市组织部的观摩，这种抓党建带队伍促工作的思路，实现了党建工作与检察工作的深度融合。（李鑫）

法　院

【机构概况】　2017年，安泽法院内设办公室、政治处、研究室、立案庭、刑事审判庭、民事审判一庭、民事审判二庭、行政审判庭、审判监督庭、执行局、纪检监察科、司法警察大队12个机构，下设冀氏、唐城2个人民法庭和机关后勤服务中心1个直属事业部门。2017年，安泽法院编制44人（中央政法编制36人，地方事业编制8人），全院干警81人，其中：中央政法在编33人、事业在册11人、聘用制书记员10人、临时工作人员25人；副处1人、正科6人、副科6人；大学本科学历43人、专科学历19人；入额法官12人、法官助理4人、执行员5人、书记员15人、法警15人、司法政务人员30人。

【审判工作】　2017年，共受理各类案件1070件，结案1050件，未结20件，结案率98.13%，审限内结案率100%。2017年在全省审判绩效指标排名中，诉讼案件结案率、法定审限内结案率两项指标两次全省排名第一。全年结案均衡度名列全省基层法院前茅。其中，受理刑事案件50件，结案50件，结案率100%；受理民商事案件616（含行政非诉案件4件），结案611件，结案率99.18%；受理执行案件404件，执结389件，执结率达96.28%，执行到位标的达2300余万元，其中涉农民工等民生案件到位标的189万元，涉银行、信用社等金融债权案件到位标的1279.25万元。

【队伍建设】　1. 2017年开展“讲政治、知敬畏、守规矩”和“两学一做”学习教育常态化制度化暨“维护核心、见诸行动”主题教育，坚持晨会集体学习和每月一次中心组学习，并通过领导班子上党课、抄写《党章》、党小组开展主题讨论、干警撰写学习心得、读书笔记等形式强化理想信念教育。加强意识形态管理，不断培育干警在人民法院工作中践行社会主义核心价值观的能力和水平，引导干警增强“四个意识”，坚定“四个自信”，铸就绝对忠诚的政治品格。

2. 加强廉洁教育，筑牢思想道德防线。全年学习廉政建设相关通报10次，观看专题教育片2部，党组书记与党组成员，党组成员与分管部门负责人开展谈心谈话活动17人次。强化执法监督，促进公正廉洁司法。坚持对干警出勤、在岗状态、庭审活动、司法礼仪、警车使用等情况进行不定期督察，重要节点及时廉政提醒监督，做到以零容忍的态度惩治司法腐败。深化作风建设，召开民主生活会，切实解决党员官僚主义、形式主义方面的突出问题。

3. 每天坚持做广播操，每月举办一次“道德讲堂”。先后举办元旦国庆升旗宣誓、三八座谈、五四徒步等节日活动；开展学雷锋、“12·4”法制宣传等志愿服务；组织了专题讲座、在线学习、全员阅读等学习教育；编印《年报》《年鉴》等内部刊物；开展网站、微博、微信等网络宣传，在全院范围内营造出崇尚敬业进取的文化氛围。

【司法为民】　1. 2017年持续推进院领导值周接访工作制度，及时了解群众诉求，切实做到有案必立，有诉必理。同时推进案件繁简分流机制改革，在立案庭成立简案速裁团队，分流高效化解矛盾，最大限度实现简案快审。采取法官错时办案、巡回法庭等便民举措，化解社会矛盾纠纷。全面提升司法救助力度，保障弱势群体诉讼权益，依法为困难当事人办理缓交诉讼费6.2万余元，为贫困申请人发放司法救助金10万元。

2. 多元化纠纷解决机制建设　依托安泽县“311”社会治理服务体系网格化管理的优势开展诉调对接工作，使大量社会矛盾纠纷在诉讼外化解。2017年案件受理总数同比下降15%。建立法院公安联合办案机制，有效解决被执行人难找的问题。全年实施网上查询5人，移送审查拒执犯罪1案1人，有两起执行案件利用网上查询手段得以顺利执结。设立交通事故案件诉前调解室，与公安交警部门共同化解矛盾，在交通事故纠纷化解方面为群众开通了便民服务绿色通道。

3. 2017年院党组高度重视精准扶贫暨包联村振兴发展帮扶工作，安排三名工作队员工作日24小时驻村，协助村两委开展农村振兴工作。机关23名党员干警与该村生活不富裕的村民结成帮扶对子，每月至少走访包联户2次，深入了解包联村及帮扶对象的生产生活情况，发挥业务特长，为其解决生产生活问题。两节期间，领导班子带头，帮扶队伍全员行动深入开展访贫问寒送温暖活动，以实际行动拉近群众关系，赢得群众支持。

【司法改革】　1. 组建新型审判团队，分类开展审执工作。2017年按照上级法院要求，结合工作实际，完成10名聘用制书记员招聘工作。并以入额法官为主体，组建了6个审判团队，通过分类开展审判执行工作，提高审判执行工作质量和效率，全年案件审结率同比上升2.04%，执结率同比上升0.58%，无超审限案件。

2. 强化审判监督管理，规范审判权力方式运行。2017年设专人负责案管工作，对办案过程、办案质效等约束性指标实行网上动态管理，针对存在问题及时向法官推送提醒信息，实现办案质效全面提升。研究制定《关于完善落实司法责任制的实施办法（试行）》《院庭长办案制度（试行）》《员额法官及审判辅助人员绩效考核及奖金分配办法（试行）》等司法配套改革制度，职责和相应保障待遇全部落实到位，有效规范和保障了新型审判权力方式的运行。

【阳光司法】　1. 加强智慧法院建设。2017年围绕执法办案工作目标，不断加强技术应用和装备更新。全年开展庭审网络直播65场，新建1个数字法庭，更换1处、新装1处高清显示屏，在诉讼、执行服务窗口安装高清录音录像设备，推进标准化机房建设和局域网升级改造工程，所有网线全部更换为千兆网。与此同时，历时10个月圆满完成库藏档案数字化处理工作，4.4万余册库藏档案全部实现电子化。

2. 深化多元监督管理。2017年安泽法院始终坚持党的领导，坚持重大事项及时向县委、人大请示汇报，定期向人大常委会报告工作，主动把工作置于人大、政协、监察、检察机关及社会各界的监督之下。全年邀请人大代表、政协委员来法院视察指导工作、旁听庭审、参与案件执行3次；主动到县两会讨论现场征求意见70余人次；人民陪审员陪审案件106件，陪审率达100%，进一步增进了人民群众对法院工作的监督、理解和支持。

【法院荣誉】 2017年，先后获得各级表彰10次，其中立案庭被最高院评为“全国法院先进集体”、民二庭被市妇联授予“维权先进集体”、党支部被县委授予“先进党支部”。

司法行政

【法治宣传】 2017年以改变思路为驱动，以打造特色为突破，在创新载体上做文章，在重点对象上下功夫，突出弘扬法治文化，全面引深法治教育工作。创特色编排。2017年是“七五”普法的全面实施之年，借鉴垣曲、翼城的普法经验，结合安泽县地域特色，充分挖掘本土文化内涵，利用快板书、广场舞、微动漫、传统戏等形式，推出了系列法治教育节目，反响强烈，深受欢迎。年初，法治教育宣传作品《学法童谣》被评为第十三届全国法治动漫微电影展播“三等奖”。广渠道推进。突出青少年、公务员、基层群众等普法重点，搞好全民宣传。县委中心组举办学法讲座，带动全民学法。送法到基层，以重要时间节点和乡村旅游节为契机，下到基层乡镇，去到群众身边，为其送去与之息息相关的法律知识；送法入校园，开展“送法进校园”系列活动，5月份编排《荀乡儿童勤学法》普法健身操，被市局推荐参与第二届“平安中国”微电影视频比赛评选。9月份组织普法小分队下到基层小学，为孩子们上了一堂生动实用的法治课，并开展一次“宪法在我心中”的演讲比赛，取得良好的普法效果。送法进单位，受邀为多个单位开展法律知识讲座，以案释法、交流咨询的方式提升机关单位法律水平。强化传统宣传方式，重新印制宣传册、制作宣传品，多次到乡村、街头进行法律宣传，回答现场咨询；充分运用“互联网+”新型媒介，有针对性地对公民开展法治宣传教育。利用“安泽县司法局”微信公众号，定期更新，充实内容，完善系统，作为线上宣传发挥良好的效应。微信关注用户数量达1.5万余人，发布微信400多条，点赞和留言数量达数千人次。2017年“12·4”宪法宣传日，利用十字路口大屏幕，循环播放所有普法节目，进一步扩大普法影响力。共开展14次法律宣传，发放宣传物品1500余份，宣传单、宣传书籍8300余份。

【法律服务】 2017年以开展“系列精准培训”为抓手，2月份开展全县法律服务工作者法律业务培训，3月份派送基层司法所长、社区矫正工作人员参加全市司法行政干警基本能力提升培训，4月份开展全县人民调解骨干业务培训，司法所长调解技能培训，有效地提高司法干警的业务能力。共调解各类矛盾纠纷89余起，成功84起，成功率为94%以上。立足“法律事务咨询、矛盾纠纷化解、困难群众维权、法律服务指引和提供”的功能定位，将律师、公证、法律援助工作进行整合，成立县级法律服务中心，推进法律服务体系建设。

【律师工作】 2017 年为 30 余家行政单位担任法律顾问，义务解答法律咨询 700 余人次，办理重大案件 3 件，非诉讼法律事务 6 件。

【公证工作】 2017 年在延伸服务领域上主动作为。积极与中国建设银行临汾分行、中国工商银行临汾分行进行磋商，并达成长期合作关系，充分发挥公证在维护金融安全、化解金融风险方面的作用。设立监管领导小组，认真开展公证质量自查，确保无错证、假证的出现，保证公证质量。今年共办理各类公证事项 101 件，其中经济类 30 件，民事类 71 件，让公证服务惠及到方方面面。

【法律援助工作】 2017 年开展“执法司法规范化建设年”活动，制订实施方案，召开专题会议，指定专人负责落实，并按时上报活动进展情况，活动开展以来，执法思想、执法制度体系、执法信息化、监督体制、执法能力五方面都有提升，进一步推进执法司法规范化建设。共受理各类法律援助案件 49 件，其中刑事案件 1 件，公证案件 2 件，民事案件 46，解答各类法律咨询 239 起，为群众挽回经济损失 60 万元。

【社区矫正工作】 2017 年进一步推进社区矫正工作专业化、规范化建设，按照市局文件精神要求，先到介休进行学习考察后，经局委会多次研究商讨方案，结合实际情况，整合两间业务用房作为办公室，成立社区矫正中心，进一步推进服务型司法行政机关建设，提高依法行政的水平。并以社区矫正中心为平台，充分运用现有高科技手段和现有管理制度、措施，把好三大关。移交资料严把关，严格执行规定，确保资料无缺失。交接工作严把关，统一流程、现场指导，确保交接不走过场。充分掌握社区矫正对象的具体情况和思想动态，制定矫正人员个人矫正方案，严格日常跟踪定位管理，定期家访，随时抽查，确保人机不分离，随时联系到。建立安置帮教数据库，在册帮教人员信息全部录入，尽力做到规范化、制度化。完善报告请示制度、请销假制度，遇到紧急情况及时汇报、共同探讨，奖惩措施采取得当。在册社区矫正人员 30 人，缓刑 28 人，管制 1 人，暂予监外执行 1 人。安置帮教在册 137 人，管理状态良好，无脱管、漏管、虚管现象的发生。

【基层组织建设】 2017 年在基层组织建设上实施“以党建促队建、以队建促司法”的工作战略。1. 以府城司法所为中心，吸收法律服务所和乡镇司法所的党员，成立安泽县司法局基层党支部委员会，扩大党组织建设的覆盖面。2. 以六个乡镇司法所为阵地，成立 6 个“两学一做”学习教育小组，充分激活党支部的“末梢神经”。同时党建活动阵地全覆盖，7 个乡镇司法所“两室一屋”全部建立健全。3. 以“一片一重点、一区一特色”的工作思路，采取“区域联建、全局共建”的形式，对乡镇司法所进行精细化管理。将 7 个乡镇司法所分为北中南“三片”，突出片区特点开展工作，实现“互相借鉴、互相促进、整体提高”的良性推动机制。基层党组织充分利用党员活动日、“三会一课”等制度开展学习，各学习小组至少每周一次、“片区”至少每月一次，党组织生活规范开展。

【基层基础建设】 2017年以“改善所容所貌”为抓手，对司法所规范化建设“回头看”。外貌更新。检查硬件设施，发现有外墙脱皮、配套设施老化、上墙制度陈旧等问题，经局班子会议研究后，7个乡镇司法所全部重新装修，标识悬挂统一，基本信息、工作职责更换一新、公示上墙。外观、内设以更好的服务群众为宗旨，人民调解、社区矫正、安置帮教、档案管理等办公功能齐全、布局合理，所容所貌整洁一新。设备换代。陈旧损坏的设施全部更换，保证视频监控、办公电脑、录音笔、执法记录仪、数码照相机、笔记本电脑、打印机、空调等必要办公用品一应俱全、正常使用，提高后勤保障的科技含量，改善基层司法所办公条件。近年来，基层干警在人民调解、社区矫正工作中全部应用录音笔、执法记录仪，为实现依法执法、公正执法、文明执法，保护一线干警和当事人的合法权益，促进规范履职提供了重要保障。

【基本能力建设】 2017年突出“三个层面”提升基本能力。在基层队伍这个层面上，狠抓政治教育。积极响应上级开展的系列学习教育，形成常态化规范化机制，教育引导干警坚定“四个自信”，补足“精神之钙”，铸牢“党性之魂”，取得卓有成效的学习效果，广大干警政策法律水平明显提高。在基层保障这个层面上，狠抓廉政监督。始终秉承对干警“严管就是厚爱”的理念，严格责任落实，严格各项纪律，促使每位干警尊重规矩、遵守纪律，队伍执行力明显增强。在基层服务这个层面上，狠抓业务提升。面对基层站所人员短缺的难点问题，综合施策、多措并举，根据各乡镇司法所工作侧重点不同，推行“机关工作人员对口派驻司法所工作”制度，将机关干部派驻至司法所，负责协调指导相关工作。实现了一才多用，多岗锻炼，既破解了工作发展的瓶颈，又为干部搭建了科学成长的平台。

6月30日，临汾市司法行政系统“三基建设”现场会在安泽县顺利召开，推行了抓“三基建设”、促基层发展的工作经验。根据省委、市委、县委《关于在推进“两学一做”学习教育常态化制度化中加强“三基建设”的实施方案》精神，继续拓展延伸“三基建设”触角和深度，按照加强“三基建设”的总体思路，持之以恒，继续探索，推进此项工作全面深入开展。

【专项活动强队伍】 2017年始终将强化队伍素质列为工作首位，扎实开展“讲政治、知敬畏、守规矩”“两学一做”学习教育活动、“把纪律挺在前面”“向李培斌同志学习”等系列专项活动。6月在“两学一做”学习教育常态化制度化活动中被安泽县委授予“先进党支部”的荣誉称号。

以“政治教育”为统领，锤炼队伍作风。积极响应上级开展的“讲政治、知敬畏、守规矩”“两学一做”系列学习教育活动，召开动员会、制定详实方案与学习计划、参观廉政教育基地、接受红色教育；充分利用党员活动日、民主生活会等制度，班子带头讲党课，干警学习写心得，随时抽查笔记本，出现问题勤约谈，有效防止大而化之，提高学习效果。在“讲政治、知敬畏、守规矩”专项治理活动中还被作为先进典型进行发言，分享经验。以“严守纪律”为常态，规范队伍行为。继续开展“把纪律挺在前面”的活动，规范各项规章制度，强化监督和惩罚措施的出台和实施，局领导以身作则，确保铁规发力、禁令生威。

【脱贫攻坚】 2017 年在全局党员干部中召开动员会，选出一名党员派驻到马壁乡马壁村担任第一书记；司法局下乡工作队进入寺村后迅速将组织关系转到村支部并尽快开展活动，工作队利用懂法律、懂政策的优势，将党的扶贫惠农政策及时送到贫困户手中。在脱贫攻坚道路上，党员干部打出了连环拳，具体做法是：1. 响应县委政府号召，组织小分队集中七天时间 53 人次帮助包联户收秋；2. 在扶贫日前后，指定律师与府城镇政府组团入村释解政策；3. 10 月 20 日，帮扶干部与包联贫困户同吃农家饭，增进感情；4. 驻村工作队清理街道卫生，并在四个自然村竖立“村民卫生宣传牌匾”4 块；5. 争取水利局的支持，解决寺村五十亩自然庄饮水难题；6. 播放视频，文化惠农；7. 更换墙报，宣传党的十九大；8. 组织村支部定期开展“三会一课”，提升干部素质；9. 与村干部、村民座谈，共谋脱贫之策，10. 在入冬前开展为包联贫困户送温暖活动。

经济管理

发展和改革

【概述】 安泽县发展和改革局属政府正科级编制的综合经济管理部门，也是县政府投资主管部门，具有落实国家宏观调控政策，进行经济结构调整，制定全县国民经济和社会发展年度计划、长期规划、统筹行业发展规划，推动经济体制改革和监管工业经济生产等职能。2017 年下设办公室、物价办公室、综合股、经济运行股、投资股、资源能源股（节能减排办公室）、技改创新股以及科技信息股 8 个股室以及综改办、车改办、十三五规划办公室、铁协办、企改办、减负办等协调办公室，辖属项目规划监察室、成本调查队、价格认证中心、房地产价格所、节能监察大队、城镇集体工业联合社以及中小企业局 7 个事业单位。总编制 63 人，现有总人数 41 人。其中，行政编制 15 人（现有 9 人），工勤编制 2 人（现有 1 人），全额事业单位人员编制 21 人（现有 19 人），自收自支编制 25 人（现有 12 人）。

【经济指标】 2017 年固定资产投资 1—12 月份累计完成 23.04 亿元，增速 6.2%，全市排名第十；战略性新兴产业增加值占工业增加值比重年度任务为 3.2%，1—12 月份增加值为 3.86%；基础设施投资增长速度年度任务为 7%，1—12 月份增长速度为 9.9%；服务业增加值增长速度年度任务为 7.5%，1—12 月份增长速度为为 10.4%；全社会劳动生产率提高幅度年度任务为 3%，1—12 月份预计完成年度目标 3%的任务；（数据暂未反馈）煤炭产业增加值占比降低率年度任务为 6%，1—12 月份降低 4.26%；工业投资增长速度年度任务为 3.5%，1—12 月份增长速度为 75%；单位地区生产总值能耗降低率年度任务为 4.3%，1—12 月份累计下降 4.71%；工业企业实现利税增长速度年度任务为 5.5%，1—12 月完成 144.71%；其他投资增长速度年度任务为 8.3%，1—12 月份增长速度为-61.6%；规模以上工业增加值增幅年度任务为 3.5%，1—12 月份增幅为-4.9%。

【项目管理】 1. 资金争取工作。2017 年申报项目 6 个，争取到上级资金 1970 万元，已全部到位，涉及项目已基本完工（其中：

安泽县中医医院住院综合楼建设项目到位1200万元，安泽县防护林工程和农村饮水安全巩固提升工程款到位470万元，以工代赈扶贫资金到位300万元）。2. 项目储备及调度。录入国家重大建设项目库储备项目60个，总投资19.17亿元，其中：列入省、市、县三年滚动计划39个，PPP项目6个，中央预算内投资项目6个，其他9个；定期完成国家、省、市中央预算内投资项目调度工作。3. 重点项目监测工作。完成临汾市29项重点项目监测工作，10个项目已基本完工，其他项目正在按序推进。4. 项目谋划工作。谋划未来5年项目99个，总投资433.35亿元；谋划2018年项目26个，总投资45亿元。5. 推广PPP。经全省集中培训后，迅速在全县推广PPP政策、措施，现PPP模式备选的项目有6个，其中安泽县城市集中供热工程采用特许经营模式已建设完成；县城北外环公路工程（309绕城公路）正在申报。6. 调查任务。累计完成市发改委下达的各项调查任务计50余次。

【行政审批改革】 1. 行政审批工作。2017年办理行政审批项目84项，累计总投资32.4亿元。其中：审批类29项，投资18.5亿元；备案类51项，投资9.8亿元；核准类4项，投资4.2亿元；上报审批类5项，投资24.3亿元。2. 审批改革工作。（1）根据省、市统一部署，行政审批依托互联网技术，由线下审批改为线上审批。在县委县政府的有力领导和支持下，第一时间将所有未涉密审批、核准、备案项目全部上山西省投资项目审批系统进行审批。运行不到一年，在提速增度方面，显示制度+技术改革的威力。（2）试行承诺制无审批制度。根据市里安排，拟定印发承诺制无审批领导小组和实施方案，并按照方案要求，完成前期准备工作，年内已具备运行条件。

【项目稽查】 2017年项目重审批轻监管是县局一个薄弱环节，对此启动两项工作：1. 重点督查，对安泽县28项重点工程进行两次全面督查，促使10项基本完成，18项有序实施；2. 清底普查，全年对2015—2017年150个项目进行全面摸底清查对症下药、因项施策，对部分项目起到预热启动作用。

【物价工作】 2017年做了四方面工作。1. 成本调查监审工作。（1）完成农产品成本种植意向、存售粮、购买农资三项专项调查及国家直报和常规调查。（2）在对太原、大宁、兴县三地冬季取暖费用实地考察的基础上，结合安泽县实际，建议安泽县集中供热试行价格。（3）对县城内三所幼儿园近三年来的保教费进行成本核算；

2. 收费监管工作。审验收费项目，2017年度全县行政事业性收费单位为55个，注销收费单位3个，全年收费总额为1738.33万元，比上年增加533.57万元，增加比例为44.29%；下调公交票价，由原来2元下调至1元；联合县财政局清理规范一批行政事业性收费项目。

3. 价格认证工作。完成涉案财物认定38起，认定金额9.34万元；完成政府污水管网改造工程土地、苗木评估工作，评估量165.9万元。

4. 物价检查工作。开展市场明码标价检查、农资明码标价检查、涉企收费检查、教育收费专项检查、电力价格专项检查、以及景区门票价格专项检查等工作；利用

"3·15""12·4"大力宣传价格政策，发放宣传资料500余份，解答群众价格咨询；认真做好"12358"价格举报工作，对天然气公司补卡收费价格举报、幼儿园收费举报及时受理、检查并回复。

【安全生产】 2017年与企业签订《安全生产目标责任书》，进一步健全完善安全生产监管责任体系；扎实开展"两会"期间、汛期、"反三违""大排查、大整顿"等各项安全生产专项整治活动，先后40余次深入企业开展安全大检查活动，共排查出安全隐患60条，并全部整改完毕，确保全年安全无事故。

【党风廉政建设】 2017年，党风廉政建设在突出"学、立、依"上强约束，在约束中养自律。1. 把学习的重心放在提高认识上。学习是提升认识的"阶梯"，是解决思想问题的"钥匙"，是时代赋予的第一任务。制定学习计划，制定学习内容，党章党规教育，系列讲话，警示教育全覆盖。领导班子有重点、有侧重领学全覆盖。外聘老师授课全到位。班子成员、一般党员，读书笔记、心得体会、交流发言全部自撰自写、交心交底。

2. 把建章立制强化在风险点上。完善首问负责、应急值班、领导带班、考勤请假等一系列常规制度。在重点部位建立行政审批限时办结制度、财务管理制度以及人事管理制度。对主要领导干部"约法三章"，参与不干预，以一员议事，不是"一把手"定事。监督不包办，是监督程序，不是安排细节。示范不失真，表里如一，不言行相悖。

3. 把依规办事锁定在程序上。制度的生命在于落实，落实的质量在于认真。经费开支过好"四员关"，认真花好每一分钱。行政审批实行进一个窗口，见一个人员，办完一切事情。全年84项审批，全部限时办结，无一例拖延。实现了权利向义务的转变，树立了公仆形象。

每个工作人员"学、立、依"的约束过程，也是加强党性修养、养成自律意识的过程。也是普通机关、普通党员，听党话、跟党走最朴实的表现。2017年未出现违规违纪现象，圆满完成了各项工作任务。

【脱贫攻坚】 2017年以全面脱贫为目标，以产业扶贫为抓手。1. 产业增收促脱贫。发展光伏发电项目12户，油用牡丹22户74亩。2. 以险以贷防返贫。为两个包联村的97口贫困人口交纳大病医疗保险，为常年有病的4口人缴纳新农合医疗保险；3. 暖心添力辅助增收。开展"手牵手，帮秋收"活动，共出动200余人次，历时近一个月，帮助31户贫困户抢收玉米100余亩，减少他们的生产费用，增加了收入。为贫困户购置暖心被43条、床单、枕巾43套、电饭锅43个、羽绒马甲94件，安装了炉火6个，并用实际行动确保困难群众温暖过冬；在中秋、春节等重大传统节日中，为贫困户发放米、面、油共计花费40000余元。良马乡上寨村3户异地搬迁工作中，为其购置家具家电，共计花费12000余元。

4. 项目聚力促脱贫攻坚，2017年，多沟通、巧借力，在全市总规模2000万元的情况下，两次争取300万元，确定项目两个，即府城镇风池村以工代赈三岔口片区综合开发项目和马壁乡马壁村南岭—沁水界以工代赈乡村道路建设项目，2017年底两个项目均已完工。该项目的顺利实施取得了两项收获，改善了群众的生产生活条件，让贫困群众输出劳务，增加收入。投资近亿元的10兆瓦光伏集中式光伏扶贫项目获批，是全市仅有的三县之一。

【帮扶企业】 2017年在服务企业中把企业需求作为服务的发力点，帮到企业最需处。1. 助企业解决资金困难。全年为企业争取节能改造和提标改造资金共计1630万元，其中：永鑫干熄焦余热发电节能项目1000万元，宏泰建材申请节能奖励资金398万元；为永鑫脱硫脱硝项目申请省级技术改造专项资金232万元；2017年末，与永鑫企业共同努力，上报国家节能奖励资金报告。2. 服务企业长远发展。在县委、县政府的大力支持下，与企业共同努力将安泽县纳入全省焦化产业园区布局规划，焦化产能规划500万吨以上，成为全市仅有的三县其中之一，为焦化发展提供规划依据，为传统产业升级创造空间。

国土资源管理

【党风廉政建设】 1. 2017年在国土系统工作会议上，对落实党风廉政建设“两个责任”进行安排部署。对班子及股室、站所负责人准确履行两个责任提出具体要求；局长与班子成员、股长、所长签订工作目标责任书；纪检组长与班子成员、股长、所长签订党风廉政建设责任书，构建上下联动、对接严密、落实有力的责任体系。

2. 进一步强化全县国土资源系统纪检监察干部队伍，加强对工作人员廉洁自律以及作风纪律、工作秩序行为的监督。深入开展对违规收送礼金红包、制止大操大办、弊革陈规陋习问题专项整治，巩固落实中央八项规定和纠正“四风”问题成果，营造全体干部职工廉洁从政、风清气正的良好氛围。

3. 以“党建”开局作为中心，以党建与业务深度融合为前提，以保障县域经济发展为基础，开展“讲政治、知敬畏、守规矩”专项治理活动、推进“两学一做”学习教育常态化制度化，开展维护核心见诸行动主题教育等活动。在巩固“两学一做”学习教育和国土系统构建“大党建”格局成果的基础上，全面推进常态化制度化，在集中学习、党员活动日等组织生活上时刻提醒督促工作目标，在工作例会上必讲“党性”“担当”“作为”。以理论学习、党性修养作为推进工作目标的思想保障，以工作目标的扎实推进检验理论学习的实际成效，切实推动党建业务深度融合，真正实现国土资源系统“大党建格局”。

【脱贫攻坚】 2017年组织机关党员多次送学下乡、进村入户、走访慰问，帮助年老贫困户收秋60余人次，53户贫困户收到米、面、油、生日蛋糕、衣物等物资总计300余件，做到关心关怀全覆盖。同时，将资金帮扶、救助救济、饮水安全、住房保障、土地开发项目倾斜等11项具体工作措施纳入帮扶计划，可为53户贫困户户均增收1000余元，村集体经济增收1万余元。

【保护耕地红线】 1. 2017年落实耕地保护责任制。县、乡、村签订111份耕地保护责任书，确保全县30.66万亩耕地和20万亩基本农田面积不减少，质量不降低，用途不改变。

2. 实施土地开发整理。完成马壁乡马壁村土地整理项目的验收，可新增耕地400.79亩。其余3297.86亩开发整理项目，经县政府批复调整用地属性后，正在按进度实施中。

3. 开展基本农田划定工作。全县原有基本农田保护面积20.6万亩，永久基本农田划定后保护面积20万亩，基本农田数据库建设已完成，相关划定工作成果已通过省、市、县三级验收，并报部待核批复。北京督查局提出的疑似建设地块均已划出，选择适宜地块进行补划相关数据已进行更新报备。完成基本农田数据库的建设并通过上级国土部门质检，共设立基本农田保护标示牌107块、界桩500块。

【保障经济发展】 1. 2017年建设用地报批上完成上报了长临高速建设项目报批资料（面积254.6820公顷）和2015年安泽县第三批次建设用地材料（面积5.4286公顷），并经上级国土部门批复，为全县重点项目和单体工程的建设提供了用地保障。

2. 土地供应上编制完成安泽县2017年国有建设用地供应计划，供应面积2.2608公顷。其中：商服用0.2570公顷，工矿仓储用地0.1286公顷，住宅用地1.4190公顷，公共管理与公共服务用地0.4562公顷，已在动态监测网上公示。供应建设用地57.8亩、实现国土增益573万元，破解了全县重点项目用地难题，有力保障了“十三五”期间全县发展用地需求。

3. 2017年规划调整下达安泽县新增建设用地指标6299.1亩，流量指标4699.95亩，共计10999.05亩。为了更好的服务县域经济社会发展，依据指标安排情况和安泽县各项重点工程项目的用地需求，对《安泽县土地利用总体规划调（2006—2020)》进行调整完善，报请县政府同意后，文本及相关图件已上报省厅待批。

4. 永鑫铁路专用线项目征地共涉及府城、和川、唐城等3镇8个自然村678户，共需征地1879.739亩（不含村民宅基地约101亩），补偿资金需4206.8万元。征地过程分两次进行，第一次征地1208.735亩，第二次征地671.004亩。其中耕地1520.954亩、林地179亩、荒地179.785亩。按县政府县长办公会和县政府协调会议安排，协同府城、唐城、和川三个乡镇开展永鑫铁路专用线项目征地工作。2017年，共签订协议674户，面积1852.779亩，其中耕地1511.514亩，林地167.99亩，荒地173.275亩，支付补偿资金4036.59409万元。剩余4户未签订协议，正协商处理当中。

5. 2017年“两权”地籍调查成果全省首家通过验收，并承办全省农村集体建设用地和宅基地使用权地籍调查工作现场推进会。此次地籍调查共调查农村宅基地和集体建设用地23046宗，其中：农村宅基地21960宗，宅基地未知权利人宗地293宗，农村集体建设用地300宗，国有建设用地97宗，国有未知权利人宗地56宗，城镇住宅用地340宗。

6. 完成安泽县不动产统一登记信息平台接入工作，共颁发不动产权证书10宗，不动产登记证明41宗，更好的保护了不动产权利人的合法产权。

【矿产资源管理】 1. 2017年完成对县级发证的矿山企业的公示系统培训，指导矿山企业完成信息公示系统的填报工作并向社会公示。

2. 在储量年报上按市局要求及时下发2016年度矿山储量年报审查登记表。督促矿山企业按照有关规定和技术要求编制完成2016年度储量年报，并提交市局进行审查，督促矿山企业完成年报的修改。

3. 根据上级文件精神，在全县范围内集中开展煤矿超层越界开采专项检查整治行动，与安全生产监督管理局联合印发文件，督促安泽县辖区内煤矿开展超层越界自查自纠工作。同时，对辖区内四座煤矿开展专项检查，未发现超层越界开采行为。

【地灾防治】 1. 2017年落实地质灾害防治“五化、九必须”的工作思路和措施要求，将地质灾害纳入县政府对各乡镇政府的考核指标，有力推进综合防治体系建设。印发《2017年安泽县地质灾害防治方案》，县、乡、村三级签订责任书，累计下达地质灾害监测记录本196本，地质灾害隐患通知书196份，在主要隐患点设立警示标志牌60块。同时，成立两个巡查组，不定期开展巡查，并责成乡镇和交通、公路等部门制作地质灾害明白卡196份，地质灾害避险明白卡2689份，全面下发到监测员和灾害隐患点群众手中，确保持卡群众一目了然的掌握灾害基本情况、应急避险撤离路线等自救知识，保障了人民群众生命财产安全。

2. 完成农村地质灾害搬迁指标的分解和定期督导工作。2017年安泽县农村地质灾害搬迁总投资386.56万元，涉及的32户已全部竣工。

【执法监察】 1. 2017年在全县开展“2017利剑行动”，共出动巡查人次104人次、车次25次，对安泽县32个关闭坑口进行全面巡查、排查，未发现一起非法盗采矿产资源行为。土地动态巡查方面，开展土地巡查64次，巡查人次192次，共发现违法用地6宗，占地面积30.185亩，其中耕地面积17.015亩，已全部立案查处，落实罚款9.827万元并全部上缴财政。

2. 2016年度国土资源部下发安泽县遥感监测图斑178个，监测面积共计3241.2亩，其中耕地面积1257.67亩。经实地核查、判定，确定违法用地图斑5个（4宗地），面积39.9亩，其中耕地面积7.35亩，违法占用耕地比例为4.19%，现已全部立案查处，立案率达100%，收缴罚款12.4430万元，2017年已全部落实到位。

3. 建立局长接待日制度和信访案件领导包案制度，共受理群众来电20余次，政策咨询解答40余人次，切实做到件件有回音，事事有着落，使安泽县的土地信访率有效下降，没有出现过进京、赴省访问题，将问题处理、消化在基层。

4. 开展“4·22地球日”“5·12防灾减灾日”“安全生产月”“6·25土地日”等宣传活动，采取发放相关宣传资料、悬挂宣传横幅、粘贴宣传标语、出动宣传车等方式，向人民群众宣传国土资源的政策法规及安全生产等相关法律知识，扩大国土资源法律法规及土地国情的知晓面，增强干部群众对国土资源管理的忧患意识、责任意识、节约用地意识、依法用地意识。（李晋）

审　计

【概述】 2017年共完成审计项目13个。分别是：1. 2017年全年的稳增长促改革调结构惠民生防风险政策措施落实情况跟踪审计；2. 配合市局完成长治地区经济社会发展情况审计调查；3. 配合市局完成城镇保障性安居工程跟踪审计；4. 2016 年全省扶贫专项资金审计；5. 安泽县全面改善贫困地区义务教育薄弱学校基本办学条件专项资金审计；6. 安泽县新型农村合作医疗机构整体移交审计；7. 安泽县 2015 年、2016 年住房公积金审计；8. 10 个单位财政预算执行审计；9. 两个乡镇的财政决算审计；10. 安泽县农村信用社联合社 2015 年、2016 年资产负债损益审计；11. 15 名领导干部的经济责任审计；12. 2 个审计项目的复审工作；13. 39 个政府投资审计项目。另外，始终把服从服务于县委县政府工作大局作为一项重要任务，不讲条件、不提困难，全面落实完成。先后配合完成县委巡察工作任务、脱贫攻坚专项交叉督查、烤烟中心清产核资等临时性工作，县医疗集团改革的清产核资已进入汇总阶段。2017 年共审计单位 50 个，查出违规违纪行为金额 9943.29 万元。罚款 6.85 万元，移送案件 20 起；提交各类审计报告、审计信息和调研论文 159 篇，其中：被各级新闻媒体和报纸杂志采用信息 126 篇。

【惠民政策监督】 2017 年结合上级审计机关的工作安排，重点关注“三去一降一补”、精准脱贫、重大项目建设、简政放权、安居工程、合作医疗、基本办学等重大决策部署贯彻落实情况，严肃查处弄虚作假、隐瞒实情、有禁不止以及重大履职不到位等问题，研究提出解决问题的对策建议，确保党的惠民政策落实到位。在 2017 年惠民生跟踪审计中，重点跟踪审计脱贫攻坚、财政存量资金、民生保障以及简政放权等 11 个方面政策措施的落实情况，涉及 7 个乡镇 21 个单位，查处 3 类 5 个方面的问题，针对这些问题并结合国家惠民政策的有关要求提出意见和建议。在对县专项扶贫资金审计中，重点对扶贫工作机构编制调整情况、建档立卡、“六个精准”“五个一批”脱贫攻坚工程的各项任务落实情况进行审计调查。通过审计发现 5 大类 8 个问题，涉及管理不规范金额 711.27 万元，针对问题找出造成的根源，并提出切实有效的方法和建议，扶贫、财政等单位结合审计建议积极落实整改，使国家惠民政策真正惠及广大贫困户，为领导决策提供了政策依据，为安泽县 2017 年全部脱贫奠定了基础。

【财政预决算监督】 2017 年在财政预决算审计中，重点关注财政收支的真实合法性、政府预算体系的完善、预算安排是否适应推进供给侧改革、存量资金的盘活、专项资金的统筹和管理分配、决算草案的编制等情况及执行中央“八项规定”和国务院“约法三章”的要求，加强对“三公”经费、会议费、培训费和楼堂馆所建设的审计，揭露查处被审单位的违法违纪行为。在组织实施中，打破股室界限，由财金股负责牵头，其他股室配合的大兵团协作模式，坚持以政策为导向、以预算为依据、以资金为主线、以支出为重点、以项目为基础、以效益为目标实施审计，完成了县财政局、地税局等 10 个一级预算单位和 7 个二级预算单位的审计以及 2 个乡镇的决算审计，审计查出收入未及时缴库、固定资产未及时入账、挤占挪用专项经费等 8

大类 46 个问题，涉及金额 6110.86 万元，针对这些问题提出加大财源建设力度，完善征收措施，加强内控制度管理等多条合理化意见和建议。在审计期间财政、地税等多部门积极采纳审计意见和建议，立即整改资金 3684.83 万元，建立健全各项内控制度。

【经济责任审计】 2017 年按照“积极稳妥，量力而行，提高质量，防范风险”的原则，稳步推进经济责任审计工作。首先是科学制定项目计划，合理确定审计对象。结合相关经济责任审计规定，年初积极与经济责任审计领导组各成员单位进行沟通，根据领导干部任职年限和以前年度审计情况，有计划地安排了 17 个经济责任审计项目。其次是在审计过程中，把经济责任审计与财政预决算审计、专项审计、政府投资审计等有机结合起来，整合资源、科学组织、采取一次进点、协同审计、成果共享、分别报告的组织方式，实现“一审多果”，提高了工作效率。完成 15 个单位领导人的经济责任审计，查出违规违纪行为金额 3121.16 万元，上缴财政 3.65 万元，罚款 4.80 万元，移送案件 10 起。

【政府投资审计】 2017 年按照《临汾市工程建设项目财政性资金管理暂行办法》，进一步加强政府投资建设项目审计管理、规范确定中介服务机构程序，保证过程公开、公平、公正。通过审计揭露盲目建设、损失浪费等重大问题，对投资项目提出规范项目管理、提高投资效益的合理化建议。2017 年共送审项目 39 个，现已全部完成，送审金额 10338.19 万元，审定金额 9495.28 万元，审减额 842.91 万元，审减率 8.15%。

【审计业务提升】 2017 年为在更高的层面上更加尽责地履行审计职责，在全局人员中提出“树立五大理念，实现五个提升、完成五项任务”的工作思路，并采取了以下措施加以推进落实。1. 在 2017 年的审计过程中，全体审计人员攻坚克难，立查立送，先后查处了科级干部 1 人，村级、股级干部 10 人，普通公职人员 9 人，纪委及主管部门分别给予被送人员党内严重警告、行政记大过、警告、通报等处理。2. 依据省市下达的审计计划和实际，层层签订工作计划目标责任书，形成一级对一级负责的工作机制。加强审计过程的控制，所有审计项目尽量实行送达审计，严格落实《审计现场管理办法》，使审计组成员明确各自的职责和应承担的责任，规范审计现场行为，防范审计风险。严格执行审理制度，在审理复核的基础上，对审前调查、审计方案、审计工作底稿、审计取证、审计报告等各个环节实行“节点”控制，提升审计质量。定期召开审计质量情况通报会，重大问题班子集体研究，有效避免了问题查不清，查不透，以及审计组自行处理问题的发生，进一步防范审计风险。3. 完成的 39 个投资项目的审计中，审减 842.91 万元，为政府挽回了损失、节约了资金。根据省市公布第一批电子数据分析指引，进一步引深运用大数据审计，在扶贫审计和县医疗机构改革资产清查中，大范围使用电子数据，工作成效大幅提高。

【机关党的建设】 1. “三基建设”强信念。2017 年把理想信念建设摆在首位，丰富创新活动载体，在持续开展道德讲堂的同时，丰富职工文化活动，积极开展读一本好书，做一件好事，搞一次志愿服务，开展一次核心价值观教育、评选一批文明示范典型的“五个一”文明创建活动，不断增强全体干部职工的荣辱概念、集体观念和大局观念。同时，坚持“围绕审计抓党建，抓好党建促审计”的工作理念，紧紧围绕县委部署的“两学一做”“三基建设”、基层党建工作“7+3”“双引领双服务”“三联两报到”以及定查评等重点工作，进一步规范了三会一课、三重一大等各项制度的落实。将“三基建设”工作做为今年党建工作的重中之重，科学地划分职能、职责，建立完善基础工作目录和工作运行流程图，为全面提升单位基础工作水平奠定了坚实基础。

2. 创新载体强服务。结合工作实际，将帮扶工作作为检验理想信念、宗旨理念的现实载体，由局班子带头深入包联村实地调查走访，与村两委班子多次研究讨论脱贫计划，实行党员“一对一”的帮扶机制，为包联村精准脱贫献计献策，积极争取200千瓦村级光伏发电工程，使包联村集体年增加收入10万余元，并协助村委完成贫困户移民整体搬迁项目，从根本上解决了28口贫困人口的住房问题。在办公经费相对紧张的情况下，还挤出工作经费，并积极争取省、市阵地建设资金，完成村党支部办公场所的建设，并为该村购置电脑、打印机、办公桌、电视机等必要的办公设施。尤其是在产业扶贫上，在包联村采取村委+公司的办法，加强连翘资源管理，集中收购增加集体收入2万余元。局班子成员筹资建设的连翘和油牡丹基地长势良好，集中连片的中药材和优质核桃有效增加贫困户的收入。此外，机关党员个人累计为贫困户送去面油等7000余元的生产生活用品。全体人员集体帮助2户困难家庭收割玉米13.5亩。全局党员为贫困户提供惠民政策、经济信息、医疗咨询、产业帮扶、外出就业等实实在在的脱贫措施200余条，并为最为困难的2户贫困家庭协调报销医药费1万余元。截至2017年底全村54户、131口贫困人口已有128口实现稳定脱贫，贫困发生率控制在1%以内。

3. 扎牢制度强纪律。为进一步扎牢制度的笼子，补充和完善《机关干部管理考评细则》，对思想道德、业务工作、机关效能、信息工作、案件查处、机关卫生、政治学习等八个方面的内容，实行“分类量化均分”的百分制考核方法，赋予审计质量、审计成果更大分值，使考核结果更具可比性、公平性，在机关上下形成生动活泼、比学赶超的良好工作氛围。同时，严格执行《审计机关审计人员职业道德准则》和《审计机关文明礼仪公约》，大力开展了文明行动，营造和谐文明的办公环境，提高礼仪修养，懂得和掌握审计工作和日常生活中必知的礼仪常识，做到言谈举止谦和得体，行为礼貌客气，树立谦虚谨慎、服务审计对象的思想意识，虚心听取被审计单位意见，树立良好审计机关形象。

4. 夯实基础强队伍。2017年着眼审计队伍的思想、作风、道德、业务能力的全面提升，实行领导带头、党员示范、岗位练兵、一线培养等多种方式，加强干部综合素质的提高。首先是以“两学一做”常态化制度化、维护核心见诸行动主题教育活动、建立完善“三基建设”工作以及党的十九大召开为契机，在全体干部职工中开展学习教育活动。对赴长治外出的审计人员成立了临时党小组，做到学习工作两不误。变每周一次集中学习为每周两次，一次学理论，一次学业务，并对学习课件进行打分量化。通过学习党章党规、学习系列讲话、学习十九大精神，引导广大党员干部坚定理想信念，提高党性修养，增强宗旨意识，自觉按照党员标准规范言行，在思想上、行动上和党中央保持高度一致，努力做一名合格的共产党员、合格的公务人员、合格的审计人员。全年共学习政治理论书籍40余本，记录笔记34本，每人学习笔记字数都超过了3万字，集体授课20余次，制作审计业务、政治理论等方面的PPT课件27个，并加大培训力度，共派出16人次赴南京、太原、哈尔滨、临汾等地进行了审计业务及政治理论方面的学习研讨，很大程度上提高了全局的整体业务和理论水平，为更好地开展各项工作打下良好基础。

5. 廉洁从审强操守。清正廉洁是审计人员必须遵守的职业道德操守。着力把廉洁审计的理念根植于每个审计人员心中，在机关营造浓厚的廉政文化氛围，构建风清气正的廉洁生态环境。首先年初认真落实党风廉政建设责任制，按照“一岗双责”的原则，切实履行好党组主体责任，把审计业务工作与党风廉政建设同部署、同落实，层层签订廉政建设工作目标责任书，明确局长和股室负责人不仅是业务工作的第一责任人，也是党风廉政建设的第一责任人，规定每个项目由审计组长签订廉政责任承诺书，明确组长的廉政工作职责和应当承担的义务。其次加强廉政教育。坚持经常性的教育提醒，开展分层级的约谈，对苗头性、倾向性问题及时制止。每周五集中学习政治理论和时事要闻的同时，结合实际有目的地进行了正面先进事迹教育和以违纪违规案例为主要内容的“警示”教育，以案说法，做到自重、自省、自警、自励。三是加强廉政监督，要求审计人员严格遵守审计现场管理办法，将“审计八不准制度”作为审前公示重要内容，并接受广大干部群众的监督，审计结束后由被审计单位出具审计组审计期间执行“八不准”相关规定情况，自觉遵守廉洁自律的各项规定。严格执行异地审计经费自理，防止“吃拿卡要”的现象发生。建立健全廉政监督员制度，从人大、政协、纪委等单位和社会各界聘请特邀廉政监督员，监督审计执法和审计人员廉洁自律情况。通过加强廉政建设、坚决遏制“四风”、完善源头治理、加大监督力度等措施，有效地促进了党风廉政建设。

统　　计

【机构概况】　统计局始建于1953年8月，当时为统计科，1957年5月统计科并入计划委员会，1960年3月和计委分设，成立统计局。1967年1月撤销后成立统计办公室，1975年恢复统计局，在1992年的机构改革中，与计委合并，设立计划统计委员会，1995年恢复设置统计局。统计局下设监测中心一个副科级建制机构，执法大队、社会经济调查队、普查中心三个股级事业建制机构，办公室、综合股、能源和服务业股三个行政股室，共有干部职工26人。

【第三次农业普查】　2017年安泽县第三次全国农业普查工作按照省、市农普办的统一部署，精心组织动员普查员、普查指导员近500人，调查七个乡镇104个行政村，普查小区277个，全县共上报普通户19902户，规模户675户，经营单位638个，各项工作有序推进、按期完成。1. 严格的制度作保障。先后制订《安泽县第三次全国农业普查行动计划》《安泽县第三次全国农业普查领导组成员单位包乡镇责任制》《安泽县第三次全国农业普查检查督导制度》《安泽县第三次全国农业普查数据质量控制制度》等普查制度、工作规划、推进机制，并以文件形式印发，分工到位，责任明确；2. 实行包片负责机制。县农普办全体工作人员分成7个小组，对全县7个乡镇实行包片负责制，全程负责农普工作各阶段的业务指导、进度督促、质量验收等工作。建立安泽县第三次全国农业普查微信群。全县104个村普查员全部入群，在微信中随时探讨工作，解难答疑，掌握各乡镇、各村工作进度，保证各阶段工作顺利完成；3. 加强数据质量评估。在农普工作中，积极与各相关部门协调沟通、取得支持，并在摸底工作结束后，及时召开数据评估会，取得各方认可。4. 严格规范地开展数据质量抽查和验收工作。严格按照普查验收工作要求，深入开展市、县、乡数据质量抽查和验收工作，并代表临汾市顺利通过省农普办的质量验收，农普工作受到了省质量验收组的充分认可。

【统计管理体制改革】 1. 2017年中央和省、市《两个意见》印发后，积极向县委、政府领导汇报，政府主要领导作了具体批示："请统计部门组织学习，结合安泽县实际，制定安泽县的实施方案，予以贯彻落实"。根据国家、省、市关于统计管理体制改革的文件精神，起草了《关于深化统计管理体制改革提高数据真实性的实施意见》，以县委办公室和政府办公室的名义联合下发，进行贯彻落实。

2. 利用每周一上午的集体学习深入学习贯彻习近平总书记视察山西重要讲话精神和对统计工作的重要指示批示精神，以及中央《意见》和省《实施意见》的精神；按照投资统计改革制度要求，与发改局联合下发《关于举办全县投资统计改革试点方案及程序培训班的通知》文件，组织投资业务培训两次，确保全县投资统计人员学会悟透新制度，全面掌握投资统计新要求；编辑印发《统计知识100问》和《领导干部应知应会统计知识手册》向县委、政府领导和党政机关免费发放进行学习宣传。

3. 根据上级工作要求，积极与县委组织部、党校进行沟通协调，力争《中华人民共和国统计法》尽快走进党校。9月30日，王芳副局长在县委党校第一期科级领导干部培训班和乡镇挂职年轻干部能力提升专题培训班上为100余名学员上了题为"坚持依法统计、深化统计改革"的统计法课程，重点围绕"统计法律法规、统计基础知识、统计管理体制改革及未来统计工作面临的新形势新要求等若干内容，对《中华人民共和国统计法》及依法统计、依法治统进行了全面而细致的解读，收到良好的成效。

4. 按照市局《关于加强临汾市统计信用建设的通知》要求，所有统计干部职工签订了《统计从业人员守信践诺承诺书》并建立安泽县统计局统计从业人员信用档案。同时对"四上"企业统计员也全部签定了《统计从业人员守信践诺承诺书》，实现责任到人。

5. 根据临编发〔2017〕47号文件《关于将统计系统使用中央编制和经费的机构人员纳入同级机构编制和财政预算管理的通知》精神，主动向政府主要领导汇报并积极同县编委会沟通协调办理相关手续。2017年安泽县中央事业编制一人已纳入地方编制及预算，所有手续已办理完毕。

6. 关于乡镇首席统计员、派出制，已向政府主要领导进行了汇报，2018年将按照市局的精神和要求开展好此项工作；在购买服务方面，积极争取投资专业统计公益性岗位2人，充分保证投资统计工作顺利开展。

7. 确保统计数据的真实性，严格查办违法案件。采取专项检查、重点检查、综合检查相结合，对全县工业、房地产、建筑业、商贸企业等单位进行数据质量执法检查两次，查处违法案件两起，分别给予了警告处分，起到了查处一起、教育一片的效果，规范了统计行为，营造了依法统计的社会环境。

【统计服务】 1. 对主要经济指标运行实时监测预警，每月一期《安泽经济运行监测》，对完成难度较大以及经济运行中存在的难点问题及时向责任部门进行反馈，并提出针对性的合理化建议；2. 主动作为，努力提升统计分析水平，每季一期《安泽统计》，针对制约经济社会发展的苗头性、倾向性问题，注重发现统计数据背后的深层次原因，从细节中找亮点，从危机中看转机，在困局中找希望，深入基层、深入一线，对工业、煤炭、投资、贸易等领域进行专项调研，及时把脉经济运行情况。3. 积极整理编印年度统计资料，建立统计数据库。收集整理了2016年各专业和主要部门的统计数据和被各类媒体、杂志采用的统计分析、信息编印《安泽县情概览》和《安泽县2016年统计分析信息汇编》；根据安泽县“十二五”时期的经济社会发展状况，编辑印发《数说安泽“十二五”》统计资料，各类统计产品从不同角度、不同层面解读、分析、反映、预测经济发展状况，较好地发挥了经济社会发展的“晴雨表”“温度计”“指示器”作用，统计部门的职能作用显著增强。

【人口变动抽样调查】 1. 严格把关，选调“两员”。在人员选调上，坚持高标准、严要求，选聘调查员的标准：作风踏实、有群众基础，工作能力强、有一定调查经验，能吃苦耐劳、有奉献精神。全县选调普查指导员和普查员共30余名，其中普查指导员全部为大专以上文化程度。建立起具有较高素质的普查员队伍，进一步夯实了人口普查基础；2. 强化培训，注重实效。省、市的培训会结束后，于10月17日举办业务培训，对人口变动调查业务知识和入户技巧进行全面讲解收到良好成效；3. 严格把关，确保质量。保证入户登记质量，坚持要求调查员做到“三个确保”严把关：入户调查中，围绕确保不漏一户、确保家庭情况真实可靠、确保调查表内，项目填写齐全、规范、逻辑正确。全体调查员历时40余天对13个抽中小区、共1100余户的居民进行入户登记，严格按照市局要求的进度要求完成了各环节的工作任务。

【精神文明单位创建】 1. 抓好理想信念教

育。以十九大和十八届六中全会等重大活动为契机，在机关深入开展学习宣传、集体讨论、和专题组织生活会等系列活动，宣讲党的基本理论、基本路线、基本纲领、基本经验以及爱国、爱党、爱社会主义的相关知识。通过一系列活动，干部职工进一步坚定了理想信念；2. 抓好思想道德教育。认真实施《公民道德建设实施纲要》，坚持以人为本，积极开展以社会主义荣辱观教育和社会公德、职业道德、家庭美德教育为主要内容的“道德讲堂”活动，2017 年举办“道德讲堂”6 期，通过宣传教育，干部职工的道德素质和道德情操明显提高；3. 抓好职业道德教育。在职业道德教育中，特别要求全体统计工作人员，严格遵守国家统计局提出的“忠于统计，乐于奉献；实事求是，不出假数；依法统计，严守秘密；公道正派，服务社会”的统计职业道德规范，树立爱岗敬业精神，确保统计政令畅通。多年来，统计干部职工没有一个被投诉或告诫，形成风正气顺，人和业兴的良好局面，塑造了良好的统计队伍形象；4. 开展增强和谐意识活动。在机关积极倡导和谐理念，培育和谐精神，每遇局干部职工和家属生病住院、子女升学，局领导都亲自前往看望慰问，让其充分感受到组织这一大家庭的温暖和关爱，激发干部职工的工作热情；5. 开展参与共建社会精神文明活动。组织全体干部职工参加创建精神文明县城、国家卫生县城、文明家庭等共建活动；积极参与“感动安泽”人物的评选活动，制作善行义举榜对道德模范人物和身边好人大力进行宣传，积极开展“博爱一日捐”和“送温暖献爱心”活动；6. 开展丰富多彩的群众文体活动。2017 年组织干部职工到县“廉政教育基地”开展警示教育；组织党员赴刘少奇路居进行革命传统教育；积极开展的节日—“清明”“端午”等系列活动；组织干部职工踊跃参加市统计局举办的知识竞赛，取得三等奖的优异成绩，极大的活跃机关文化生活，增进干部职工的团结友谊，增强干部职工的凝聚力。2017 年 12 月，在连续 3 届被评为“市级精神文明单位”的基础上，再次通过市文明办的检查验收，被授予“临汾市精神文明单位”荣誉称号。

【获奖情况】 2017 年荣获全省统计系统先进单位称号、荣获临汾市文明单位称号。

（王洪星）

国家统计局安泽调查队

【机构概况】 国家统计局安泽调查队是根据《国务院办公厅关于印发国家统计局直属调查队管理体制改革方案的通知》精神和中央编办《关于国家统计局各级调查队机构设置和人员编制的批复》的通知，国家统计局对原农村、城市、和企调队实行“三队合一”进行机构改革。2006 年 12 月，按照机构改革部署和要求，撤销安泽县农村社会经济抽样调查队，设立国家统计局安泽调查队，为国家统计局派出机构，实行国家统计局垂直管理，正科级建制，编制 8 人。

国家统计局安泽调查队既是政府统计调查机构，也是统计执法机构，依法独立行使统计调查、统计监督的职权，独立向国家统计局上报调查结果，并对上报的调查资料的真实性负责。同时，承担地方政府委托的各项统计调查任务。

国家统计局安泽调查队开展的调查内容主要包括城乡居民一体化调查、贫困监测调查、农作物面积遥感测量调查、农作物产量调查、主要畜禽监测调查、农产品中间消耗调查、主要农产品生产价格调查、农民工监测调查、劳动力调查等 11 项调查。另外，配合国家统计局山西调查总队和国家统计局临汾调查队完成组织工作满意度民意调查、党风廉政建设民意调查和文明城市测评调查三个专项调查任务。

【两个收入】 国家统计局安泽调查队负责对安泽县“两个收入”工作目标进行监测调查，2017 年安泽县城乡居民人均可支配收入稳中向好。据国家统计局山西调查总队反馈，2017 年安泽县全体居民人均可支配收入为 15526 元，同比增长 8.3%。其中：城镇居民人均可支配收入为 27185 元，同比增长 7.9%；农村居民人均可支配收入为 9176 元，同比增长 10.1%。

【服务地方】 2017 年围绕山西总队和安泽县委县政府中心工作开展专题调研，将调研报告上报总队和县委县政府。2017 年撰写报送信息76 篇（条），其中，撰写报送工作信息 52 篇（条），报送经济分析 23 篇（条）。报送约稿 45 篇，其中山西总队采编 23 篇，山西总队内外网采用 8 篇，省两办累计采用 12 篇，国家局累计采用 21 篇，国家两办累计采用 10 篇。编辑出版了《安泽调查》期刊 4 期，用数据解读城乡居民收入的发展状况，展示安泽县经济社会发展情况，为领导决策提供参考依据。

【驻村帮扶】 根据县“精准扶贫”工作部署，国家统计局安泽调查队对包联村冀氏镇马寨村开展帮扶脱贫工作。通过开展入户走访，建立包联户基本情况卡等方式，了解贫困户基本情况，专门组织人员认真填写贫困户档案，帮助马寨村发展主导产业，调整产业结构；在 24 户贫困户中，根据其家庭的不同情况，不同的生产技术和劳动能力，多措并举、多种经营，增收增效，有 6 户贫困户种植油用牡丹 34 亩，有 6 户贫困户种植中药党参 18000 株，有 7 户种植杂粮，面积 17 亩，有 5 户养殖羊、鸡，发展养殖业，有 8 户输出劳动力外出打工，增加工资性劳务收入。2017 年共脱贫 22 户，新入列贫困户 3 户，剩余 5 户贫困户力争 2018 年底全部实现脱贫摘帽。

（严旲）

工商质监管理

【概述】 2017 年，工商质监局在县委、县政府的正确领导下，在市工商和质监局的大力支持下，紧紧围绕全县“六大发展”战略，牢固树立“发展为先”理念，与时俱进，开拓创新，集中开展各种专项执法活动，查处案件，坚持集中开展市场整治，特种设备等专项整顿活动，各项工作取得了新的进展。工商和质监局行政编制 50 人，工勤编制 5 人，事业编制 15 人，内设机构 11 个（办公室、人教股、财务股、法制股、企业股、市场股、质监股、计量股、经检股、监察室、非公工委办公室），协会 3 个（安泽县个体劳动者协会、安泽县消费者协会、安泽县民营企业协会），基层所 3 个（府城监管所、唐城监管所、冀氏监管所），科级干部 8 名。现实有公务员 37 人，事业编制 12 人，工勤 5 人，共计 54 人。

【市场规范管理工作】 1. 市场准入标准化。继续落实企业准入、退出的各项优惠政策，开通绿色通道，新注册登记个体户 673 户，注销登记 210 户；新注册登记各类企业 185 户，注销登记企业 40 户；新发展农民专业合作社 49 户，注销农民专业合作社 59 户。

2. 专项活动密集化。加大对山西省著名商标、临汾市知名商标申报力度。开展农村和城乡结合部假冒伪劣专项整治。结合“红盾护农”开展了打击农资市场侵权假冒行为。开展打击食品市场的侵权假冒行为。开展打击制售假冒伪劣日用品专项行动。开展打击网络商品交易专项行动。开展商标代理市场专项整治。“双随机一公开”运行取得初步成效。根据省局、市局要求实施方案逐步落实“双随机一公开”，除投诉举报、大数据监测、转办交办以外，对市场主体的监督检查都要通过“双随机”抽查的方式进行。成立双随机工作领导组，建立抽查工作机制，推动跨部门“双随机”联合检查。开展春节、元旦、沁河水生野生动物、旅游市场、中秋国庆节等专项执法 20 余次，共出动执法人员 50 余人次，检查各类经营户 360 余户。

【市场主体注册登记与监管工作】 2017 年 6 月中旬，全县应年报企业 519 户，已年报 501 户，年报率 96.59%，应年报合作社 456 户，已年报 411 户，年报率 90%。应年报个体户 3477 户，已年报 3091 户，年报率 88.89%。利用电视台、微信、明白纸等平台，积极动员，广泛宣传，入企、入户进行督促指导，广而告之让企业年报由被动变主动，由随意变规范，由间断变常态。超额完成市局下达的三项年报率 85%的任务指标。

【消费者权益保护工作】 2017 年先后开展“3·15”宣传月活动、“12·4”法制宣传活动等活动。通过开展咨询展台宣传、发布“消费警示”、出动宣传车辆下乡宣传、开展服务单位公开承诺和对服务单位进行满意度测评等十项活动。现场接受各类咨询 41 人次，回复 46 人次，“311”便民服务室及“12315”申诉举报中心共受理消费投诉举报 15 起；接待群众来人来访 22 余人次，切实维护了消费者的合法权益。“一会两站”工作继续稳步推进，在全县各行政村已建立“12315”联络站和消费维权站 85 个，覆盖率达 95%。通过一系列活动，消费者合法权益得到进一步维护。

【特种设备安全工作】 2017 年特种设备能否安全运行直接关系到全县经济是否平稳运行，直接关系到人民群众生命财产安全，直接关系到全县稳定大局。始终把安全工作抓在手上，放在心上，落实在行动上，每次检查都采取“四不两直”方式，从严、从细、从实，对查出的隐患立认、立整、立改。同时在清华园小区开展“电梯困人应急救援演练”活动；在天然气公司开展“管道泄漏应急演练”活动；在太岳焦化公司开展“太岳加气站应急救援演练”活动，通过演练不断提升全民安全防范意识。2017 年共开展安全专项检查 7 次，检查特种设备使用单位 39 家，签订《特种设备安全承诺书》和《特种设备安全目标责任书》36 份；下达《特种设备安全监察指令书》20 余份，帮助督促特种设备生产使用单位整改隐患 19 个。

【质量工作】 标准化质量管理体系是质监工作的重点之一，2017 年重点对全县企业进行扶持，帮助建立科学的质量管理体系，对产品质量状况进行季度分析，帮助淘汰落后设备，引进新设备，严格生产许可证获证管理，加大证后监管工作力度，确保获证产品质量合格稳定。并积极开展巡查，完善辖区工业企业质量档案，建档率达 100%。

【计量工作】 计量器具的精确与否与群众的生活息息相关，2017 年把加油机、地磅、瓦斯机作为抽检的重点，加大对计量器具监督抽查力度，对民生计量、农资计量、制配眼镜商店计量、加油站计量、定量包装商品计量等方面进行了周期检定、监督检查和专项整治。全年检定加油机 122 台；电子汽车衡 22 台次；压力表 610 块；瓦斯机 78 台，血压机 62 台。结合全县生态环境治理工作，先后抽查加油机 9 台，抽样测验汽油样品 20 个，柴油样品 10 个；化验原煤 9 批次；抽样检测甲醇 2 批次；通过检测进一步提高了全县油品、煤质、甲醇的合格率。

【党建工作】 1. 2017 年开展“讲政治、知敬畏、守规矩”专项治理活动。开展“两学一做”学习教育常态化制度化、维护核心见诸行动。抓建党 96 周年纪念活动开展.为庆祝中国共产党建党 96 周年，按照县委的要求，认真开展“七个一”系列活动。在“七一”前后，帮扶党员走访慰问驻点村困难群众，送去慰问品；到杜村红色主题教育基地进行党性教育，组织全体党员向廖俊波同志学习的专题党课；参加县委组织的红歌比赛。切实增强党员党性观念，强化宗旨意识，提高服务能力。组织向榜样学习。6 月 22 日，工商质监局党支部召开党员集中活动专题会议，组织全体党员干部认真学习廖俊波同志先进事迹。7 月 18 日，工商质监局机关全体人员日常集体收看了《将改革进行到底》专题片。8 月 26 日，组织党委全体党员学习《习近平总书记的成长之路》《习近平的七年知情岁月》。10 月 18 日，工商质监局组织全体党员集中观看《榜样》专题节目。召开民主生活会，工商和质量监督局副局长朱建青代表局领导班子作领导班子对照检查，副局长朱建青、张爱廷、刘刚分别作对照检查，纪检组组长田俊丽、党组成员赵世宏分别作对照检查材料，并且对与会同志进行批评与自我批评。从遵守党的政治纪律情况，贯彻中央八项规定和省委有关规定精神、转变作风方面的基本情况，在形式主义方面，官僚主义方面，享乐主义方面，奢靡之风方面的突出问题和表现等方面进行对照检查，增强了党员队伍的廉洁自律意识。

2. 人教股、法制股不定期组织全员学习业务知识，讲评案例，更新知识。坚持周一至周五每天早上班前的半小时学习，全面落实市局五项学习制度，进一步提高执法队伍的自学能力、履职能力和执法能力。

3. 开展全员岗位练兵培训活动，重点组织对基层一线执法人员进行练兵培训，着重围绕“六会”（会监管、会办案、会服务、会维权、会协调、会电脑）进行练兵，全面提高了队伍的履职能力和执法水平。

【精准扶贫工作】 2017年包联帮扶唐城镇唐城、庞必2个村24户贫困对象，抽调24名党员形成一对一结对子帮扶，主要从光伏发电、外出务工、养殖等入手，签订扶贫承诺书，制定了帮扶日程表，明确帮扶措施，先后对帮扶户进行家访慰问、交保险、购买蛋鸡等，扶贫工作取得了一定的成绩。根据县委、县政府的安排，进一步加快推行“村委会+公司”模式，开辟绿色审批通道，简化审批流程，实行一站式服务，助力全县脱贫攻坚及村集体增收工作。主要从光伏发电、种植养殖、外出务工等入手，并且签订扶贫承诺书，制定帮扶日程表，明确帮扶措施，先后对帮扶户进行家访慰问、交保险等帮扶活动；种植油用牡丹19亩，使9户增收；发展6户安装光伏发电，使6户17人增收；加强劳动技能培训，向企业介绍安排打工1户1人；结合实际，在村里安排卫生保洁员4人，为村里务工，使4户10人增收；全村9户27人通过开展连翘项目增收受益；为贫困户购置200余只产蛋成鸡及配套设施，供贫困户饲养，使9户27人增收；2017年春节慰问9户贫困户，送上慰问品、慰问信和春联。通过以上等扶贫措施，2017年驻村工作队以扶贫攻坚工作为中心，围绕精准扶贫、精准脱贫这个重点，和镇党委、镇政府，村两委班子一块开展扶贫攻坚工作。取得了阶段性的成效，在访贫问寒方面和其他方面投资2.9万元，受到了村民的欢迎。

安泽县各行政村成立公司：府城镇21户、唐城镇13户、和川镇18户、冀氏镇15户、杜村乡12户、马壁乡13户、良马乡12户，共104户企业。

【创卫工作】 2017年和有关单位密切配合，多次参与全县环境整治联合执法活动。同时在全县企业、农民专业合作社、个体工商户中开展广泛宣传，号召广大个体工商户人人参与创卫，人人支持创卫，人人主动创卫。共拆除破旧大型广告牌371块，已更换312块，清理破旧大型广告牌17块，条幅218条。和经营户签订卫生责任状2700份。制作门前五不准责任牌3000块，发放倡议书2500份，经营户店内外环境卫生状况明显改观。沿街门店门窗无乱贴广告，门头广告、牌匾更换工作，309国道两侧四通至西沟红绿灯2100米，已更换4450平方米，尚未更换800平方米，泽民路南北大街2200米，已更换4250平方米，尚未更换1500平方米，北外环洞口至309大桥1800米，已更换1800平方米，尚未更换600平方米；截止2017年12月更换完成10594.5平方米，促进了全县创卫工作的开展。

安全生产监督管理

【概述】 安泽县安全生产监督管理局成立于2002年9月，为正科级行政单位，县政府工作部门，与安泽县煤炭工业局合署办公，负责综合管理全县安全生产工作，履行安全生产监督管理和煤炭行业管理的职能，内设安委会办公室，负责县安委会日常工作。

【全县安全生产总体情况】 2017年，在县委、县政府和上级主管部门的正确领导下，认真贯彻落实中央、省、市、县关于安全生产工作的一系列会议精神和决策部署，牢固树立安全红线意识和底线思维，认真宣贯新《安全生产法》，推进依法行政、依法治安，深入开展安全生产大检查、安全风险隐患大排查大整治和“反三违”等行动，持续推进“基层基础管理年”活动，有效防范和坚决遏制各类事故的发生，全力确保全县安全生产形势的持续稳定好转。同时根据县委、政府要求在党建、党风廉政建设、扶贫攻坚、创卫等各领域统筹推进，齐头并进。各项工作取得阶段性成果，圆满完成各项工作任务。2017年，全县共发生生产经营性安全事故3起，死亡4人，为道路交通事故，县安监局直管行业及其他行业未发生生产安全事故，全县安全生产形势保持总体平稳。

【落实安全责任】 2017年抓好责任落实，着力构建安全生产“党政同责、一岗双责、齐抓共管”的责任体系。按照所属关系层层签订安全目标责任书，做到县委县政府、7个乡（镇）、102个行政村党政同责全覆盖、安全目标责任书签订全覆盖，构建“党政同责、一岗双责、齐抓共管”的安全生产责任体系。同时，全县工商登记在册的生产经营单位3911家，全部明确具体监管部门和监管责任人，其中：煤矿3家、非煤矿山6家、建材生产3家、轻工商贸3家、交通运输154家、建筑施工建材191家、化工21家、烟花爆竹6家、宾馆酒店67家、旅游景点21处、民爆1家、其他行业3443家。已全部挂牌。

【开展专项治理活动】 2017年抓好安全大检查，扎实开展安全生产大检查、“反三违”“隐患大排查大整治”“百日攻坚”等专项治理活动。以安全隐患排查治理为主线，狠抓企业自查、部门检查和县政府督查三条主线，环环相扣，层层推进，确保隐患排查无死角、隐患整改有跟踪。全县共成立督查组4个，行业检查组776个，出动检查人员3430人次，检查企业和单位984家次，排查隐患4433条，已整改4266条，限期整改167条，整改率达到96%，实施行政处罚6.2万元。共纠正“三违”现象2312起，罚款24.9万元。

【开展安全宣传教育活动】 2017年抓好宣传教育，深入弘扬安全生产文化。以宣传贯彻新的《安全生产法》为主线，通过在县电视台播放安全标语，在县城区、各乡镇、各企业悬挂宣传条幅、刷写安全标语等形式，大力开展安全宣传“七进”活动。同时，在县城主要路段开展宣传咨询活动，共出动工作人员320余人，摆放各类宣传版面60块，印发各类宣传材料2.4万余份，出动各类宣传车辆20辆，悬挂安全标语28余条，在全县营造良好的安全生产氛围。另一方面，6月20日，由县安委办和县总工会联合举办了安全生产“两法一例”暨安全健康知识竞赛。赛后组织代表队参加全市“两法一例”知识竞赛，并荣获二等奖，得到市、县领导的关注和称赞；6月23日，在县文体广场举办“喜迎十九大、永远跟党走”安全生产专题晚会；6月27日，在府城镇平坡村路段组织开展危险化学品应急事故救援演练活动。

【煤炭行业安全监管】 2017年全县煤炭工

作认真贯彻落实各项规章制度，牢固树立“安全第一，预防为主，综合治理”的安全生产理念，扎实推进各项专项整治和重点工作，实现了全年无事故的目标。1.“双红线”管理由煤炭安全股与相关股室成员联合对企业进行“红线范围”的审核检查，2017年严格按控制、审核后的红线范围采掘计划进行生产作业，并认真贯彻落实安全管理红线的有关责任，坚持做到“九严格、九严禁”，有效强化煤矿安全基础管理。2.煤矿双重预防机制建设。煤矿双重预防机制建设作为县局的重点工作，各相关业务股室高度重视，已完成以玉华为试点的机制建设。2017年，企业已全部绘制“红、橙、黄、蓝”四色安全风险空间分布图，完善安全风险数据库，建立安全风险公告制度，在井口、井下等醒目位置悬挂公告警示，设置警示标志。开展春季安全生产大检查、煤矿安全“体检”工作、“两会”期间安全生产大检查、煤矿瓦斯防治能力提升活动、煤矿顶板管理大会战、防汛工作的开展、“安全生产月”活动、安全生产专项整治、百日攻坚等各类专项整治活动，有力促进了煤矿安全生产工作顺利开展。同时，加强安全生产标准化工作，不断对矿井“采、掘、机、运、通”方面反反复复的检查，最终顺利通过县、市、省、国家的检查，取得两座一级、一座二级的好成绩，真正做到以标准引导生产。共下达整改意见书115份，查出各类隐患2300条，已全部整改完毕，查处隐患责任人员共计1051人，累计查处1202次，处罚21.9402万元。3.发挥行管监管职能。严格按照政治、安全“双红线”原则，认真做好各项工作。对煤炭洗选行业，共组织检查48次，查出一般隐患145条，无重大安全隐患，所查隐患全部监督整改完成。对煤层气行业，共组织检查66次，查出一般隐患284条，无重大安全隐患，所查隐患全部监督整改完成。大气污染防治方面。全县涉及煤场全封闭企业共11家，3座煤矿已建成洗选设施，原煤入洗率都达到90%以上，完成目标任务。8家洗煤企业，其中5家完成煤厂封闭，3家由于其他原因处于关停状态。4.安全培训工作。2017年，根据培训计划开展监督工作，全县全年各企业外出培训“六长”及安全管理人员230人，特殊工种510人，一般从业人员2400人。所有从业人员全部实行持证上岗，培训率达到100%。5.调度工作。牢固树立调度工作无小事的思想，对来文、来电及时传达办理，不拖延、不误事。按时上报有关报表，认真做好值班值守，服务全局工作大局。

【危化行业安全监管】 1.开展全县危险化学品安全综合治理，扎实开展危险化学品领域各项安全生产专项整治工作。按要求制定安泽县危化品综合治理实施方案，督促27家涉及危化品有安全监管职责的单位，进一步摸清涉及危化品各行业安全风险和重大危险源并落实重点监控。各涉及危化品监管的部门均按方案要求时限及任务完成了阶段性综合治理目标。2.在化工和危险化学品企业开展“反三违”专项治理。以安安监发〔2017〕16号文下发专项治理方案，明确专项治理的范围和重点内容。督促各企业结合各自实际情况，制定方案并积极落实，期间各企业共自查出反三违现象和行为1096人/次，处罚30030元。3.在焦化行业开展焦炉地下室安全管理专项整治。焦炉地下室为焦化行业生产的关键部位及重点装置区，极易发生重特大事故，各企业在县局要求整治内容的基础上结合各自实际制定了较完善的检查内容。进一步提升管理水平和安全保障能力。4. 扎实开展安全生产大排查大整治、安全大检查、安全生产百日攻坚活动，三项活动贯穿全年开展。全县全年下发责令整改指令书 99 份，发现及整改各类安全隐患 835 条。整改率 100%。2017 年除中石化城西加油站因储油区油罐环保改造未完成没有按期换证停业外，其他生产、经营单位均已完成年度换（发）证工作。具体是：加油站 11 家、经营类 2 家，烟花爆竹批发企业 1 家。安泽县烟花爆竹批发企业已达三级安全标准化要求，2 家生产企业，18 家危化经营企业正在认证，其中包括两家二级标准化企业（即中石化城关加油站、安泽晋安加油站）。

【非煤行业安全监管】 2017 年，对非煤矿山行业 6 家全部落实安全生产挂牌责任制。完成了 6 家非煤矿山的初步设计和安全设施设计初审，核发 6 家非煤矿山企业“安全生产许可证”。组织开展非煤矿山行业“打非治违”“安全生产大检查”“百日攻坚”行动，对县内所有非煤矿山行业进行一次拉网式隐患排查和整改。同时，严格检查程序，坚决做到有检查、有文书、有整改方案、有复查。共检查非煤矿山 36 家次，发现隐患 139 条，填写现场检查记录 20 份，下达整改指令书 51 份，经复查完成隐患整改 139 条。

【应急预案编制演练工作】 2017 年结合《生产安全事故应急预案管理办法》，组织全县重点企业学习，安全生产应急预案编制工作，对重点高危行业开展监督抽查，督促全县重点企业开展应急预案备案，指导开展了全县 2017 年交通事故救援应急演练。督促全县 28 家部门 2 家重点危化企业，相继开展各类生产安全事故应急救援演练，进一步检验了预案编制水平。

【基层站所监管】 2017 年全局各基层站所认真坚守“发展绝不能以牺牲人的生命为代价”这条红线，大力开展安全生产治理和重点行业领域专项整治，有力地促进了辖区内安全生产形势总体平稳。按照县局制定的年度执法计划，坚持做到每月初召开工作会议，制定本月执法计划，确保各项工作按时、高效完成。2017 年，驻矿安检站及五人小组：共配合上级主管部门检查 49 矿次，通过每周循环检查、夜查、突查、驻矿跟班检查等有效检查方式，查出各类安全隐患 4881 条，落实隐患整改 4881 条，隐患整改率达 100%。府城站：下达《强制措施决定书》2 份、《现场检查记录》95 份、《责令限期整改指令书》64 份，查处各类安全隐患 213 条，其中限期整改 187 条，立即整改 26 条，整改率 100%。唐城站：对辖区各类企业共检查、复查 536 次，下达执法文书 345 份，查出各类隐患共计 430 条，已整改 416 条，未整改完毕 14 条（其中太岳焦化 2 条，唐城加油站 3 条，腾元洗煤厂 9 条）。冀氏站：全年共下达现正整改文书 29 份，计 85 条，限期整改文书 75 份，计 190 余条，复查整改文书 90 余份，计 200 余条，整改率达到 95%以上。马壁站：辖区共有中石油、亚美大陆两家煤层气企业，中石油下辖12个排采井场，41个作业井场，现已完工6个井场，其余进入停工放假阶段；亚美大陆下辖2个排采井场。共现场检查170余次，查处安全隐患282条，已全部整改，整改率100%。煤层气地面开采企业，现场检查140余次，查处安全隐患268条。检查校园、食品、用电等安全隐患9条。对辖区内7家烟花爆竹零售点的证照、周边环境、消防器材等进行检查，查处安全隐患10条。配合县局组织亚美大陆煤层气有限公司，中石油临汾煤层气勘探分公司开展消防演练活动2次。配合县局行管股组织中石油下辖的34家施工单位的项目经理、队长、技术员、安全员进行安全知识集中学习。

【党建工作】 2017年1—4月份按照县委工作安排有序开展“讲政治、知敬畏、守规矩”专项治理活动，把专项活动与“两学一做”教育活动相结合，形成常态化机制，全面严格党员教育管理，推进“基层组织、基础工作、基本能力”三基建设，进一步规范“三会一课”、党员活动日、民主评议等党内政治生活制度。每周例行班子会议，集中学习专题研究支部党建重点工作。5月25日召开“推进‘两学一做’常态化制度化，开展维护核心见诸行动主题教育”动员大会，及时传达中央、省、市、县有关会议精神，让党的新政策、新理论、新思想能够以更快的速度、更广的覆盖面在全局党员内迅速落实；领导班子和领导干部坚持“一岗双责”，承担起做好单位干部职工的思想政治工作的责任，将“两学一做”的主体责任细化实化具体化，形成“两学一做”责任落实的压力传导机制，切实增强党员“四个意识”，坚定“四个自信”，坚决维护党中央权威，在思想上、行动上与党中央保持高度一致。6—8月份，集中学习习近平总书记视察山西系列重要讲话精神，全面贯彻习总书记对山西的新要求和新期盼。9月份集中学习习近平总书记的成长历程，为全体党员树起吃苦奋斗、清正廉洁的榜样。10月18日党的十九大会议胜利召开，高度重视，要求全体党员按时观看开幕式，随后召开的十九大专题会、十九大交流研讨会进一步要求全体党员高度重视十九大会议精神，认真学习习近平新时代特色社会主义思想理论，在全局营造学习十九大的浓厚学习氛围。全年总计集中学习共计20余次、观看教育警示片6次，撰写心得体会每人5篇、组织集中测试3次（“两学一做”知识测试、学习“十九大”知识测试、提升通用能力知识测试）、参加“两学一做”常态化制度化网络知识竞答活动每人6轮，总计30次。同时，将“两学一做”学习教育活动与“三会一课”、民主生活会、组织生活、党员活动日和加强“三基”建设有机结合起来，切实规范党内政治生活，使之成为党员政治学习的阵地、思想交流的平台、党性锻炼的熔炉。

【党风廉政建设工作】 1. 完善以党组书记为组长的党风廉政建设工作领导小组，及时调整充实党风廉政建设领导机构，召开专题会议，分析研究党风廉政建设各项工作。2. 明确党风廉政建设和反腐败工作的指导思想、工作要点及具体要求，为做好全年工作打下基础、指明方向、明确责任；并在县委、县政府、县纪委有关反腐倡廉建设工作会议召开后，及时组织召开党风廉政建设工作会议，传达有关会议精神，全面安排部署今年的党风廉政建设和反腐败工作。3. 按照“谁主管，谁负责”“管行业必须管行风”的原则，制定《廉政建设责任书》并层层签订落实，主要领导与分管领导签，分管领导与所分管的单位负责人签，单位负责人与单位干部职工签，全面落实党风廉政建设责任制。在党风廉政建设和反腐败工作方面做到责任细化量化，落实到每个部门，落实到每一位干部，保证党风廉政建设责任制的有效落实。4. 健全机制，形成局党组统一领导、主要领导亲自抓，各分管工作的领导配合抓，确保党风廉政建设和反腐败各项工作的正常开展。

【扶贫攻坚】 2017 年 5 月 15 日，在全县各级各部门扶贫工作任务艰巨的情况下，主动扛起脱贫攻坚重任，包联全县最大的贫困村和川镇和川村，包联全村 309 户中的 245 户。面对艰巨的工作任务，多次开会研究帮扶工作，并到和川村与村“两委”共同商讨帮扶工作，研究制定局精准扶贫工作方案，成立以支部书记、局长为组长，各副职为副组长，全体在职人员为成员的精准扶贫领导组，切实明确帮扶任务，落实帮扶责任，形成人人肩上有担子，人人身上有责任的扶贫领导机构，有力推动了脱贫攻坚工作的顺利实施。1. 真情帮扶“暖人心”。扎实开展“脱贫攻坚手牵手五千党员干部帮秋收”主题帮扶活动，局班子成员、党员干部组成安监支秋收突击队，自带干粮帮助 5 户贫困户，抢收玉米 20 余亩，切实解决群众实际困难。此项工作被省委第三督导组陈明昌组长亲自见证，并称赞为：安监局的做法就是“真扶贫、扶真贫”；落实“雨露计划”29 人；同时，大力开展“暖心工程”，发放油、米、被褥、床单、被罩、门帘、暖壶（覆盖 245 户）；为集中安置点发放炉子、暖瓶、门帘、被子等生活用品，为改善贫困户住房环境进行房屋修缮 3 户，确保贫困户温暖过冬。2. 突出产业发展。在光伏产业上，向财政部门争取资金 100 万元，帮助和川村建成 100 千瓦村级光伏电站，预计增加村集体收入 10 万元左右，引导帮助 25 户贫困户新安装光伏电站，年增收 5000 元左右。在中药材产业上，按照“村委+公司+贫困户”模式，将 108 户贫困户纳入到公司，贫困户通过务工、出售青翘、享受政府补贴等渠道增收。在增强群众务工收入上，以介绍务工和劳务输出形式，介绍和川村贫困户在两家焦化企业、三座煤矿工作的达 50 余人，实现了稳定脱贫。同时，面对年龄大没有劳动力的贫困户，为 60 岁至 65 岁贫困户 32 户发放蛋鸡 500 只、鸡笼 34 个，平均 15 只鸡/户，从而增加无劳动能力贫困户收入。同时将 43 户，53 人无劳动能力贫困户纳入社会保底，确保了病有所医、老有所养。

（邢黄云）

食品药品监督管理

【概述】 安泽县食品药品监督管理局于 2012 年 5 月 22 日作为县政府行政机构，在原“临汾市食品药品监督管理局安泽分局”基础上组建成立。全局设有办公室、食品安全综合科（餐饮股）、食品生产股、食品流通股、药品安全科、保健食品化妆品科、许可科、政策法规股八个科室，设有食品药品稽查队、府城食品药品监督管理站、唐城食品药品监督管理站及冀氏食品药品监督管理站，均于2014年7月21日成立。

2017年末，安泽县食品药品监督管理局编制人数33人，实有26人，其中，领导干部4人（局长：任丽锋，党组成员：王志刚，副局长：杨剑峰，副主任科员：贾晓娟），一般干部22人。研究生学历2人，本科23人，专科1人。安泽县食品药品监督管理局党支部于2013年9月成立，共有党员12人，与去年同期相比，增减3人，党关系转至包联村唐城镇上庄村。

【"四有"建设】 2017年全局共有编制33名，实有人员30人，正式占编26人，(行政编7人，事业编19人)，公益性岗位2人，临时人员2人，缺编7人（行政编4人、事业编3人）。通过系统的培训，所有人员全部通过了行政执法考试。同时，按照省、市局要求，积极争取县委、县政府支持，为三个乡镇监管站在当地乡镇政府争取了独立的办公场所，配备了执法用车、执法记录仪、快检设备、电脑、投诉电话、传真复印机、便携式打印机、照相机和办公桌椅等办公设备，达到"五个一"和"十个一"的建设标准，做到监管工作"有责、有岗、有人、有手段"，为确保乡镇监管站顺利开展工作提供了强有力的后方保障。

【食品安全综合协调】 1. 强化综合职能，牵好头起好步。先后出台了《安泽县食品安全生产专项整治大排查大整治工作方案》《安泽县农村自办宴席食品安全管理工作方案》等文件，成立了重大食品安全事故应急处理小组，健全食品安全应急反应机制；针对群众关心的热点、焦点问题，积极组织相关部门力量开展专题调研，摸清实情、把握动态、及时应对。

2. 强化监督职能，监督考评同步走。通过签订《2017年食品安全目标责任书》，强化对各部门、各环节的监督，建立食品安全工作综合评价体系，采取自查自评、日常评价与年度评价、随机评价相结合的方式，客观、公正地考核和评价各乡镇、各有关部门的食品安全工作情况。

3. 强化组织职能，协调运作各项活动。从职能出发，整合相关资源，先后组织开展了水产品、酒类、肉类食品、豆制品、奶制品、生活饮用水等一系列专项行动，规范了食品市场秩序，并在"食品安全宣传周"组织各成员单位开展了以"尚德守法，共治共享食品安全"为主题的宣传活动。

【食品安全监管】 1. 完善监管机制，食品安全工作稳步推进。

严格推行网格化监管。按照"纵向抓延伸，横向抓覆盖"的工作思路，将管辖范围内所涉及的食品安全各项监管任务实行网格划分，逐步建立起"纵横交错、全面覆盖、分级管理、层层负责、网格到底、责任到人"的食品安全监管网格。横向将全县7个乡镇划分为9个网格，分别落实责任人，由责任人对管辖范围内所涉及的食品安全各项监管任务进行包干。纵向将全局监管网格分为五级。通过"以网定格、以格定人、以人定岗、以岗定责"的工作模式，实现了对全县1117户食品安全监管对象的无缝衔接监管，有效防止和消除了执法盲区和监管空白。

落实食品生产经营许可制度。为推进食品经营许可制度改革，夯实监管工作基础，食品药品监管信息化应用平台启动，办理食品经营许可网上申报、审核和新证核发工作稳步推进。

推进餐饮监管方式创新。为强化社会监督，提升监管水平，在建立完善餐饮监管工作机制的基础上，制定出台了《全县重大活动餐饮服务食品安全监管工作规范》和《餐饮服务“明厨亮灶”建设工作方案》，进一步推进了餐饮服务单位诚信经营。

深入扎实推进专项整治。重点对饭店、小食店、学校食堂推行食品安全监督量化分级管理制度，严格审查发放许可证和从业人员健康证。在党的十九大期间及全县的重要会议、学生中高考、“乡村休闲旅游节”及“两节”等活动期间，针对重点食品，组织开展了春节、元宵节期间食品安全专项整治、农村食品安全专项整治行动、白酒质量安全、熟肉制品、糕点等生产企业和加工小作坊专项检查等17项专项整治行动，积极开展综合执法和联合执法，共出动执法人员812余人次，出动执法车215余辆次，下发执法文书809份，共责令整改企业218户，有力打击了食品生产、流通和餐饮服务环节的违法违规行为，取得明显成效。

2. 加强食品生产企业风险分级管理。为突出问题导向，合理分配监管资源，明确落实监管责任，实现科学监管，今年以来对辖区内三家食品生产获证企业开展了风险分级管理（和川蔺泉酿酒有限公司、孔旺山泉纯净水有限公司、清爽泉天然饮用水有限责任公司），并根据风险分级结果，制定年度监管计划，明确检查频次及重点内容，实施针对性分级监管。进一步督促企业落实了主体责任，有效提高了食品生产企业质量安全的整体水平。

3. 监管信息化工作顺利开展。2017年，结合实际，制定了《信息化建设项目规划》，并将局机关15台计算机组成办公内网，方便传递文件和沟通工作，同时，按照县政府要求建立了OA办公系统以及“13710”办公系统，现已投入正常使用，全年通过OA系统共处理信息11条，通过“13710”信息处理信息12条。非常重视网络信息管理，通过制定《信息安全管理制度》，确定专门的信息员，与《山西日报》合作，时刻监测食药安全舆情，保障机关网络安全。

4. 加大食品追溯体系建设力度。按照省、市局要求，安泽县通过引导企业严格落实食品可追溯管理制度，建立各环节详细记录，加强食品生产企业全程追溯监管信息平台管理。安泽县重点企业“和川蔺泉酿酒有限公司”依托科技公司建立了二维码“扫一扫”食品安全可追溯系统，真正保证了食品来源可追溯、去向可查证、风险可管控、责任可追究，给全县食品生产企业带了一个好头。

5. 充分发挥食品监督抽检作用。根据《食品安全风险分级监督管理办法》，在食品生产经营单位监督检查全覆盖的基础上，委托资质完备的食品检验检测机构，对辖区内重点品种和高风险食品进行抽验，2017年承担240批次的抽检任务，为保障任务规范、有序、高效完成，年初制定了抽检工作实施方案和抽检任务进度表，坚持靶向性原则，坚持覆盖性原则，全年共完成277批次抽检，发现问题9批次，监测合格率为97%，共发布6期抽检公告；“国家抽检监测信息系统”信息录入任务完成了277批次，比规定目标超额完成15.4%，并将抽检情况全部在微信平台及政府网站食药安全链接上进行了公示。同时，积极联合县综合检验检测中心对“两会”、中高考、旅游节期间食品安全保障及火锅店底料开展了快速检测工作，2017年以来共进行快检84批次，涉及餐用具、畜禽肉、蔬菜等，经检验全部合格，进一步增强了广大群众的食品安全意识。

【药品、医疗器械安全监管】 1. 强化日常监管。加强对药（械）广告和药（械）营销人员监督管理，对到安泽县实施药品广告和药品营销的企业和个人，实施备案管理，全年共备案监测4家次。

2. 开展药品经营企业规范化管理。此项工作是今年的重点任务，以实事求是的态度，严格依照《药品经营质量管理规范》各项要求，从严把好经营门槛，今年共对7家飞行检查的药品经营企业和使用单位实施了跟踪检查。

3. 强化ADR监测。积极宣传贯彻《药品不良反应报告和监测管理办法》。加强对化学药品制剂特别是注射剂（含中药注射剂）、生化药品、疫苗等药品和医疗器械不良反应（事件）的重点监测，认真安排部署药械不良反应监测不良反应上报工作，今年以来，共完成药品不良反应监测89份、器械不良事件监测10份，安排使用单位的监测人员外地培训2次。

4. 强化疫苗监管。以疫苗的购进、分发、供应渠道；疫苗的储存、养护情况；冷藏设施设备和冷藏运输工具的配置、使用、养护情况等为重点，全方位、不留死角的对全县13家疫苗接种单位进行监督检查，检查发现安泽县共有糖丸、麻腮、麻疹等14种疫苗，现库存疫苗品种6种，购进渠道为临汾市疾控中心，疫苗的购进、分发、供应等记录均真实、规范，各项记录保存完整。各疫苗接种点均有专门的疫苗冷藏设施设备，设备使用、养护情况良好；各疫苗接种点专职从事疫苗质量管理工作的技术人员均能在职在岗履行职责；没有发现过期、失效疫苗。保证渠道合法、存储符合要求、冷链运输使用规范，有效确保药品质量。

5. 加强对中药饮片经营单位的监督检查。重点检查了流通使用环节中存在的购进渠道是否合法、资质、票据是否符合要求等方面，对检查中发现的违法违规行为进行严肃查处，确保中药材、中药饮片都严格按照GSP要求执行。

6. 强化监督抽验。充分发挥技术监督作用，突出重点，加大对药品及医疗器械的监督抽验力度，按时完成了上级下达的年度监督抽验任务16个批次，为执法监管工作提供有力的技术支撑。

【保健食品化妆品安全监管】 1. 加大日常监管力度。健全保健食品、化妆品经营日常监督管理制度，完善监管网格体系，落实监管责任。强化企业质量安全意识，严把产品进货关、销售关，做到有台账、登记全、信息准、可追溯。

2. 严厉查处各类违法违规行为。结合

日常监管和专项整治，严厉打击各类保健食品化妆品违法违规行为，对发现的违法违规线索，一律查明来源和去向，并做好各项记录；对标签标识不符合要求的产品，一律要求下架退市。

3. 落实“四化”监管要求。根据保健食品、化妆品监管要求，大力实施责任网格化、检查格式化、管理痕迹化、监管信息化，明确监管事项和重点，确定监督检查内容和标准，进一步统一监管尺度和执法标准。科学使用保健食品化妆品监管信息化平台，积极探索保健食品电子监管追溯体系。

4. 开展专项监督检查。2017 年，针对保健食品经营企业索证索票不全、部分企业无产品台账或台账内容不健全以及少数企业未办理“保健食品流通许可证”等问题，重点开展了保健食品突出问题专项整治活动，有效打击了无证经营；索证索票、进货查验制度执行不到位；违法添加、违规宣传；经营假劣及过期保健食品等问题。

5. 开展“治理虚假宣传，维护健康权益”主题宣传教育活动。为进一步加大保健食品欺诈和虚假宣传专项整治力度，于“九九重阳节”开展了宣传教育活动。通过播放 LED 屏幕；在县城人口流动性大的区域设置标语、展板；发放保健食品知识宣传单等相关资料以及深入老年活动中心为退休干部解惑释疑等方式进行了宣传，本次活动共出动执法车辆 6 辆次，执法人员 25 人次，发放各类宣传资料及宣传品 1600 余份。

【应急管理和稽查办案】 1. 通过制定《安泽县食品药品投诉举报管理规定》，重新审核编制《食品药品安全事故应急处置预案》，进一步加强和完善了食品药品应急队伍建设，组建了一支由食品药品专业应急组、检测检验组、应急专家组、传染病防控组、中毒处置组、医疗救治组和预测预警组等构成的专业应急队伍。2. 根据县委“六权治本”领导小组办公室的安排部署，对行政职权进行了全面清理，编制了权力清单和责任清单，绘制了职权运行流程图和风险防控图。其中，共有行政许可 2 项、行政处罚 79 项、行政检查 6 项、行政奖励 2 项、行政确认 1 项、其他权力 4 项。权力清单和责任清单的建立，为推进简政放权，强化事中事后监管和公共服务，为构建权界清晰、分工合理、权责一致、运转高效的政府职责体系提供了坚强的法制保障。3. 为进一步严格行政执法程序，落实执法责任制，根据相关法律法规和规章的规定，联系实际，特制订了《关于成立案件审核委员会》的通知、《安泽县食品药品监督管理局行政处罚案件合议制度》、《安泽县食品药品监督管理局重大复杂行政处罚案件集体讨论制度》等文件，达到了保证行政处罚的公平与公正，保护公民、法人和其他组织的合法权益，促进依法行政的目的。4. 通过明确工作程序，完善登记台账，细化职责分工，确保投诉举报工作有效运行。全年共接到各类热线电话 14 个，其中咨询类 3 个，举报食品药品安全类 11 个。通过检查，其中 9 起举报符合立案条件，已按程序办结。

2017 年共出动执法人员 1320 余人次，出动执法车 380 辆次，先后深入全县 7 个乡镇，组织开展了 22 项专项行动，下发执法文书907份，共责令整改企业223户，查处案件56起，其中警告责令改正26件，收回GSP质量管理认证证书一件，一般程序30件，没收1163元，罚款31125.54元。“四品一械”生产经营行为得到进一步规范。

【效能建设和新闻宣传】 1. 严格规范行政许可审批。全面落实权力清单和责任清单制度，优化权力运行流程图和廉政风险防控图，进一步规范权力运行；通过对食品生产经营许可实行“四化”目标管理（许可规范化、流程合理化、管理标准化、档案科学化），制定《食品生产经营许可量化考核办法》，建立食品生产经营许可管理运行规范，落实许可责任，切实把住关口。2017年共受理许可咨询180件，网上申请177件（流通40家，餐饮类食品加工小作坊137家），其中2家不予受理，其余175全部受理，现已发放“流通类食品经营许可证”171件，发放“餐饮类食品经营许可证”30件，其余许可均在正常许可流程办理中。

2. 大力开展科普知识宣传。充分利用“3·15”、“3·31”、“食品安全周”等重要节点，通过“五进”（进农村、进机关、进社区、进企业、进校园），面对广大群众，深入开展了饮食用药安全知识和系列法制宣传活动。一年来，共组织宣传活动20余次，先后共出动宣传车70余辆次，宣传人员200余人次，发放宣传资料近5000余份，《食品安全法》口袋书3000余册。

3. 深入做好新闻宣传工作。认真贯彻宣传上级对食品药品安全工作的决策部署，通过与《山西日报》合作进行食品药品安全舆情监测，并积极上报政务信息40篇。

【党风廉政建设和党建工作】 根据县委、县政府要求，通过积极动员部署，认真开展学习，定期组织党员活动，着力完善工作机制等措施踏踏实实开展了“两学一做”学习教育工作：

1. 加强学习，思想认识得到进一步提升。“两学一做”学习教育工作开展以来，严格按照学习日程安排，进一步强化每周二、五的集体学习，基本实现了每一名工作人员都能坚持以党员标准、每一名党员都能以优秀党员的标准严格要求自己。

2. 强化督查，制度建设得到进一步加强。通过成立执纪执法督导组和制定《执法人员奖惩及责任追究制度》，加大对各项工作任务落实情况的检查力度和责任追究力度，从根本上保证了工作有安排，有落实，有成效。

3. 加强党建工作，部门作风得到进一步改进。制定本年度“定查评”工作目标任务台账共十一项，通过开展党员“亮晒述评转”活动，全局党员庄重宣誓，作出服务承诺；积极开展“三联两报到”活动，采取下乡队驻村、宣传食药法律法规及安全常识宣传、建立结对帮扶工作台账、节日到来之际为贫困群众送去米面油等慰问品、秋收时节开展“手牵手　帮秋收”活动等措施，对包联村贫困户进行帮扶，想方设法帮助包联村上产业、调结构，提高百姓生活水平，为扶贫攻坚工作奠定了坚实的基础。

4. “两学一做”学习教育常态化制度化、积极开展“维护核心见诸行动”主题教育活动。通过采取积极动员部署，认真开展学习，定期组织党员活动，着力完善工作机制等措施扎实开展了“两学一做”学习教育常态化制度化及“维护核心见诸行动”主题教育相关工作，顺利通过了县督导组的两次督查，并获得“先进支部”的荣誉称号。

【创卫工作】 1. 积极动员，定方案。成立专门的创卫工作领导小组，并将县城划分为八个片区，真正做到了工作目标明确，责任到人，保证各个片区都有领导负责，有具体人员抓落实；2. 广泛宣传，造氛围。利用网络、微信等平台发出创卫倡议书，结合食品药品“五进”（进机关、进农村、进校园、进社区、进厂矿）等系列活动，向广大人民群众宣传食品安全法律法规及用药安全等知识，抓好宣传发动工作，营造全民参与创卫工作的良好氛围。3. 加强检查，抓整治。在做好日常监督检查的基础上，保持打假治劣的高压态势，抓好综合整治工作，针对食品药品重点环节、重点品种开展各类专项整治。

【大气污染治理】 2017 年在大气污染治理行动中，承担建成区油烟净化安装工作，积极行动，昼夜奋战，按规定时间超额完成县上下达的任务，共涉及 213 家餐饮服务单位，安装油烟净化装置 235 家，顺利迎接了上级部门的督查。同时，按照县委、县政府环境保护综合整治总体部署，以安泽县环境保护局周边整治区及党校周边整治区为严管区域，县城除禁煤区外的其他区域为清洁取暖区域，重点解决整治范围内饭店使用燃煤锅炉、燃煤炉灶、煤球及油烟净化装置未安装或未正常运行等环境方面存在的突出问题，确保全县环境质量持续改善。

（贾晓娟）

中小企业

【概述】 2017年中小企业局位于粮食局一楼，共有在岗工作人员17人，其中财政供养人员14人（差额财政人员2人），临时工1人。局领导班子成员2人，局长1名，副局长1名。内设八个科室分别为：综合办公室、发展规划科、安全环境保护科、人事教育科、法规宣传科、产业指导科、统计科、财务科。同时兼设中小企业服务中心，建有信用担保、信息网络、创业辅导、人才培训、法律援助、行业协会等"六大服务体系"，担负着为全县中小企业民营经济可持续发展提供指导、协调、服务的工作。

【经济指标完成情况】 2017年全县中小企业经济完成工业总产值345594万元，同比上涨5.06%；实现营业收入542100万元，同比上涨5.5%；实现上缴税金53615万元。

【融资服务】 2017年强化金融协作支撑，进一步加强银企沟通，帮助企业拓宽融资渠道，积极帮助企业解决融资难问题。拓展融资领域。推荐安泽县优秀中小企业进行改制上市摸底，参加由省中小企业局与省金融部门联合举办的"山西省中小企业金融股份制改革知识培训"，规范中小企业经营、提升中小企业水平。

【创品牌】 加强质量管理和品牌建设，组织实施创品牌、育名牌工程，建立中小企业品牌培育、工作评价、奖惩激励机制，支持企业品牌和产业集群品牌在省内主要媒体进行宣传推介，扩大影响力，提高美誉度，推荐安泽县蔺泉酿酒有限公司参加山西省中小企业发展促进会临汾分会成立大会暨企业形象展示会，对安泽县主要的农产品加工企业扩大品牌宣传、鼓励企业参加商品的市场准入的认证，进一步帮助企业宣传品牌，进一步扩大安泽县中小企业产品的销售范围及销售额，促进企业扩规提效。

【企业产品销售】 2017年组织安泽县和川蔺全酿酒有限公司、临汾市耀阳能源科技有限公司、孔旺山泉纯净水有限公司、山西瑞生园农业有限公司、安泽县禾清源茶叶发展有限公司、山西三月三农业科技有限公司七家企业参加临汾市非公企业“领航、创新”成果展示会，顺利完成此次非公中小企业成果展示任务，并取得优异成果。安泽县和川酒厂、小李村红色旅游有限公司、孔旺山泉、禾清源茶叶、瑞生园农业分别获得2017年临汾市非公企业“领航、创新”成果展一、二、三等奖；三月三农业科技有限公司与耀阳光伏能源获得2017年临汾市非公企业“领航、创新”成果展科技创新奖；孔旺村第一书记程鹏获得“领航、创新”成果展第一书记创新创业奖；孔旺村副书记张双锁、和川蔺泉酿酒总经理董革获得创业奖；和川蔺全酿酒有限公司与孔旺山泉纯净水有限公司与临汾市兴荣物流签订合作协议，安泽县特色产品禾清源茶业发展有限公司的有机连翘茶、孔旺山泉成为临汾市中小企业展览指定产品，帮助企业提高产品知名度、扩大销售市场，为企业带来实打实的经济利益；安泽县特色产品禾清源茶业发展有限公司的有机连翘茶与临汾市外贸公司达成合作协议，在未来有望成为外贸出口产品。

【企业“小升规”】 2017年积极开展“小升规”的摸底及帮扶工作，通过企业摸底及各种渠道的信息采集，由于今年省市申报要求为“加工型工业企业”按照上级要求培育“小升规”企业5家的是：安泽县炬能供热有限公司、安泽县宏泰建材有限公司、安泽县天盛化工有限责任公司、安泽县源通洁净能源有限公司及中国石油天然气股份有限公司临汾煤层气勘探开发分公司，培育成功“小升规”企业一家，是临汾市耀阳能源科技有限公司，注册资金8000万元，员工200余人，公司位于安泽县冀氏镇兰村。法定代表人：郭晋阳。公司主要从事新能源技术的研发、推广、电力业务、发电业务，已经在统计局完成“小升规”企业录入的审核工作。

【信息服务】 2017年广泛开展“法律进企业”活动，不断提高企业经营管理人员、职工的法律意识和法律素质，保障企业依法经营生产，为市经济建设发展营造良好的法治环境。通过深化“法律进企业”宣传活动，进一步建立健全和完善企业干部职工学法用法制度，提高企业经营管理人员运用法治思维和法治方法推进企业改革和发展能力，提升职工法律素质和诚信守法意识，为企业发展营造良好的法治氛围。

【“散乱污”企业治理】 2017年按照县委、县政府《关于环保部约谈暨安泽县环保突出问题整改工作实施方案》、安泽县环境保护工作领导小组《关于开展散乱污企业专项整治的实施方案》安环组通〔2017〕1号文件精神及生态环境治理攻坚行动督查工作对全面整治“散乱污”企业工作的具体要求，中小企业局对全县各乡镇整治小散乱污企业摸排出的小散乱污企业情况进行梳理汇总，并由发改局、环保局、中小企业局三家对这些企业进行甄别分类，提出整治意见和建议。

【脱贫攻坚】 1.驻村蹲点，做好帮扶工作。按照精准帮扶工作要求，结合党的群众路线教育实践活动、“两学一做教育实践活动”和基层组织服务体系建设工作要求，为积极响应上级的号召，结合工作小组的实际情况，从中小企业局抽调3名帮扶人员到李家沟村驻村蹲点，主动为群众排忧解难、真帮实促，努力做好村民的贴心人；2. 单位及个人积极向李家沟村开展帮扶活动，为村委会添置会议室会议办公桌一套，椅子20把。局长张天云同志为村委捐赠款项1500元用于村委扶贫办公经费。副局长朱宏新同志自费为村支部设计制作党建阵地建设、党旗党徽标志平台喷绘30平方米，并雇请安装人员将喷绘安装到位，解决了村两委多年来没有阵地平台的实际困难。工作队员唐和平、张小丽二人自费为李家沟村党员活动室添加电子显示屏一套。局班子及村两委到医院看望正在住院的贫困户侯女则老人，对其进行慰问；为李家沟村困难村民养羊户郭来有发放迷彩服、胶鞋等生活用品；为贫困户焦庆红发放棉衣棉被，为其解决过冬的实际困难。春节期间，前往李家沟村慰问困难老党员和困难户并发放面、油等慰问品；夏季驻村工作队全员帮助村委公司收购青翘3000余公斤，积极为唐安农林开发有限公司引进机械设备和专业生产技术人才；工作队实际协调耀阳科技公司为李家沟村委安装太阳能光伏设备的安装，为李家沟村民调产增收、脱贫致富和巩固发展村集体经济做出了积极努力。

【党风廉政】 2017年始终严格履行“一岗双责”，落实党风廉政目标责任，进一步健全责任机制，强化责任落实，突出一岗双责，认真贯彻落实党的民主集中制，在服务中心形成民主、科学的决策管理体制。在支部班子建设中，重点抓领导班子民主集中制的贯彻落实。以践行优良作风为重点，加强教育，建立健全教育防范机制、作风建设长效机制，加强党风廉政建设，不断完善惩防体系框架建设与制度建设。坚持原则，秉公执纪，督促广大党员干部自觉以高要求和高标准严格要求自己，时刻保持头脑清醒。 （赵芳）

电力工业

【概述】 山西地方电力有限公司安泽分公司隶属晋能集团所属山西地方电力有限公司，现有在册正式干部职工95人，农电工87人，下设7个管理部门及11个供电所。党群机构有：党支部、工会、共青团、妇女小组。现供电所区域内拥有220千伏变电站一座（国网公司所辖），110千伏变电站4座（国网公司一座），35千伏变电站2座。110千伏线路120.16公里，35千伏线路81.05公里，10千伏线路579公里，配变容量422台/40355千伏安。2017年度累计完成32107.44万千瓦时，线损率5.31%，平均电价615元/千千瓦时。2017年12月底，公司安全运行天数达6099天，未发生任何安全生产事故及设备损坏事故。

【经营指标完成情况】 1. 供电量：1—12月份累计完成32107.44万千瓦时，比同期30139.25万千瓦时多供1968.19万千瓦时，比计划指标30685.2万千瓦时多供1422.24万千瓦时。完成年计划30685.2万千瓦时的104.63%。

2. 售电量：1—12月份累计完成30401.49万千瓦时，比同期28304.04万千瓦时多售2097.45万千瓦时，比计划指标

28980万千瓦时多售1421.49万千瓦时。完成年计划28980万千瓦时的104.91%。

3. 综合线损率：1—12月份累计完成5.31%，比同期6.09%降低0.78个百分点，与计划指标5.56%降低0.25个百分点；总损失电量为1705.95万千瓦时，与同期1835.2万千瓦时少损129.25万千瓦时。

4. 平均电价：1—12月份累计完成平均电价完成615元/千千瓦时，比同期647.89元/千千瓦时减少32.89元/千千瓦时，比计划指标624元/千千瓦时减少9元/千千瓦时。均价未完成计划指标的原因主要是受2017年两次调价影响，大工业及一般工商业平均电价降低影响。

5. 电费回收：1—12月份累计电费应收20197.21万元，实收20197.21万元，回收率100%，预收2606.68万元。

【走动式安全管理】 2017年按照冯培一董事长对安全生产监管工作的特别要求、晋能集团《地面生产车间、作业网点走动式安全管理制度》“8·11”和顺吕鑫煤业边坡滑坡事故教训和地电公司视频会议精神，制定《关于开展“升级监管、全程跟踪”安全生产监管工作的实施方案》，加大各类作业现场的监管力度，全面扎实做好“升级监管、全程跟踪”工作。各级领导干部在走动式安全管理中，把工作重点放在了基层班组和生产一线，走到哪里，把发现的问题解决在哪里。对大型检修现场，公司分管领导进行全程跟踪；小型作业现场，主管部门管理人员进行全程跟踪；对装表接电等日常工作现场，班组负责人进行全程跟踪。并对工作中发现的问题及时提出解决措施，要求现场监管人员在当次工作的工作票上签名，并将相关影像资料上传至公司《电力安全平安网》微信群，接受全公司监督，形成了同心抓安全，协力保生产的良好氛围，使各项工作更好地管理到位、落实到位，对强化作业现场的安全监管起到了积极作用。

【执行两票管理】 2017年出台《两票检查考核管理实施细则》，对各班组两票的执行情况进行认真考核，进一步规范、统一“两票”签发、执行、管理工作，坚决杜绝无票工作和无调度许可的行为。明确“两票”填写、执行、讲评、总结等要求，每月按照要求针对已执行两票进行认真讲评，对检查中发现的问题以《两票执行情况通报》的形式下发至各班组进行学习，有效保证了两票执行的正确率。

【安全生产标准化工作】 2017年按照“安全生产标准化达标”的要求，开拓思路，创新举措，成立以公司经理为组长，分管领导具体负责的工作领导小组，制定具体的实施方案，将达标任务量化、细化、具体化，逐步建立完善了安全标准化工作体系。从安全生产标准、目标、责任、措施等考核环节入手，重新修订103项安全管理制度，印刷成册下发至各部门、班组，利用制度约束规范公司人员的各类安全行为，使生产管理工作协调有序，现场作业规范受控，为公司的安全标准化建设提供了制度保证。为推进达标工作的顺利开展起到较好的指导性作用。2017年初，公司结合实际，从员工角度编写培训内容及重点，通过考核结果了解员工对培训知识的掌握程度，分析成效及存在的问题，有针对性地开展相应的知识培训，针对电网企业安全生产标准化达标评级的工作内容、开展的方式和重点、难点等方面内容，先后多次组织了安全生产标准化达标培训会，为达标创建工作培养技术业务骨干。针对达标创建工作中存在的困难，公司安全生产标准化领导小组及时召开协调会，按照涉及的部门将任务层层分解，落实到人，确定完成时间，每周以部门为单位向领导小组汇报工作进度，通过这种方式促进公司安全标准化创建工作不断完善。2017 年，公司所属三座 110 千伏变电站全部通过标准化验收。

【应急管理体系建设】 2017 年为有效预防、及时控制和消除电力突发事件的发生，从建立健全预警应急机制、加强应急物资储备、应急队伍建设入手，切实做好应对各类突发事故的预防措施，不断增强应急救援和快速处置能力，全面提高应对突发事件能力，确保公司员工生命财产安全，确保公司预案与政府、相应用户的预案无缝对接。于 2017 年 7 月，对《突发事件综合应急预案》、23 项专项应急预案及供电所现场应急处置方案进行重新修订，并以文件形式下发印刷成册发放至各班组，同时对重要用户现场应急处置预案进行修订和完善，有效保证应急预案的时效性和实操性。同时，成立以经理为总指挥、副总经理以及各相关职能部门负责人为成员的应急管理组织机构，全面负责指挥、协调各应急小组开展工作。同时，还成立防汛、交通、消防、后勤保障应急小组、变电、通信事故抢修小组、10 千伏抢修小组等六个应急小组，负责公司辖区内各类突发事故的应急抢险和处置任务。公司及所属各班组都设立应急物资库房，定期对物资进行清查盘点，对不能正常使用或超过使用期限的物资，进行维修或更换。实时更新应急物资管理台账，实行有序、按类、定量堆放，保持应急物资时刻处于临战状态，确保一旦需要，即可调得出、用得上。结合“安全生产月”活动，公司组织开展一次“不打招呼、不发通知、不设剧本”的应急演练，并召开总结分析会，各参演人员面对面指出演练过程中存在的问题，对暴露出的应急响应过慢，车辆、后勤保障不畅，信息发布不清晰等问题提出了整改意见。

【安全培训教育管理】 2017 年采取多种形式，加大安全宣传教育培训力度，特别是重点加强安规、两票、两票移动系统、应急救护心肺复苏法等生产一线员工的自我安全防范意识和安全技能培训，引导员工树立正确的安全观念、思维和行为。充分利用“安全生产月”活动契机，组织开展安全演讲、“两法一条例”知识竞赛、一把手谈安全生产主体责任宣讲、电网事故应急演练等系列活动，为提高全体员工安全生产意识，加强安全生产教育，公司各一线班组结合周四安全日活动，采取多种形式，持续深入开展“一线职工话安全”主题活动，切实营造“人人讲安全、处处有安全、事事保安全”的良好氛围。

【各类安全文化特色活动】 2017 年把安全观念及行为标准化作为安全文化的核心，用亲情教育促进职工建设温馨家园的积极性。2017 年，先后组织开展“电力群英会、亲情合家欢”新年联欢晚会、“关爱员工、生日送祝福”活动、“欢乐巡线行、感同你我他”特色体验学习活动、“凝聚力量、快乐工作、粽香传情、心手相连”素质拓展培训等一系列安全文化建设工作，不断培养职工树立高尚的生命观、健康观、幸福观，增强身为电力职工的自豪感，在公司上下营造起了人人学标准、人人懂标准，上标准岗、干标准活的浓厚氛围。

2017 年，实现安全生产天数 365 天，累计安全生产天数 6099 天，未发生任何考核性事故，“两票”执行 3321 份，正确率 99.57%。

【经营绩效管理】 2017 年，结合公司实际对经营指标实行“分月、分台区、分线路、分人”四分管理，明确细化，责任到人。根据人员变动，及时调整线损等领导组成员，修订考核管理办法，采取有效措施，有效降低线损率。严格执行电费日清、月结，杜绝违规现象发生，将电费回收工作责任落实到人，从倾情催收、预案控制、奖惩考核等方面打出“组合拳”，确保电费回收“颗粒归仓”。积极与建设银行开展合作，开通网上银行缴费，同时拓宽自助缴费终端收费、POS 机收费系统、银行代收等多元化的缴费方式，更加方便客户快捷、轻松缴费。通过努力，电费结转率、付费售电率、付费售电覆盖率均大幅度提升，走在地电系统前列。

【电能量采集管理】 2017 年公司从思想上高度重视，从行动上加快进程，从数据上提升水平，制定并下发《电能量采集工作考核办法》，对照考核标准，采集运维组对采集系统数据进行日监控、周汇报、月考核，通过开展培训提升采集管理员业务技能、核查系统档案、排查离线集中器等措施，采集成功率、自动获取率有了大幅提升，公变台区总表、专变台区总表采集成功率，公变台区总表、专变台区总表自动获取率均达到 100%，公司采集成功率提升到 97.75%。

【预算管控】 公司于 2017 年 6 月出台《全面预算管理办法》，明确组织机构、编制方法、上报时间、上报流程及考核细则。自该办法实施以来，各部门积极配合，有计划、有秩序的进行资金预算的上报与执行工作，严格执行计划闭环管理和审批程序，减少预算外支出。

【计量管理】 2017 年通过严把质量技术关，开展电能表的首检工作和周校工作，加强专变、公变总表（包括集抄器的安装和调试）的校验、轮换和调试，杜绝跑、冒、滴、漏现象。结合公司实际制定下发了各项计量管理相关规章制度，按照公司春检及变电站停电计划，对变电站站内 10 千伏、35 千伏计量装置（CT、PT）进行现场检定及电能表的轮换、采集终端的安装工作及 110 千伏东湾变电站内的计量装置进行现场检定工作，对电能计量异常的线路进行排查，特别是对排查出的南华 455 线电能计量异常故障进行分析、核算，挽回损失电量，为公司减少了经济损失。

【修订台账资料】 2017 年针对 7 月份地电公司崔总一行的调研工作安排，公司主动担当起供电所台账资料精简修订工作，利用近3个月时间将原使用资料的10类62项278条修订精简为综合管理、营销管理、设备管理、安全管理4类16项72条的重大工作任务，向地电公司交上了满意的答卷，目前全套供电所台账资料现已在地电系统使用。

【用电管理】 2017年制定用电检查计划，统筹安排安全隐患排查、非（违）法生产、特殊保电、营业普查、用电异常等各项检查。配合主管部门对辖区内的焦化、煤矿、洗煤、搅拌站等重要用户及高速公路施工用电用户进行了检查，通过检查对用户存在的安全隐患、问题及时下达书面整改通知书，并上报安全生产管理和行业主管部门。公司结合实际制定《关于开展电气火灾综合治理工作实施方案》《开展公变台区设备全面整治实施方案》，将利用三年时间对辖区内公变台区设备进行全面排查整治，切实改善提高设备健康水平。未发现重大隐患缺陷，共计发现一般缺陷21处，处理21处。

【脱贫攻坚】 2017年供电所积极与各乡镇政府沟通、配合，确定及签订并网协议，在光伏并网工作中，公司始终按照“支持、欢迎、服务”的原则，对供电区内“小光伏”敞开怀抱，提前介入光伏发电并网工作，随时关注，稳妥推进，积极筹措资金，大力推进脱贫攻坚光伏发电项目。光伏发电并网工程于6月20日开工建设，11月30日全部完工。共投资1022.9885万元，新建改造10千伏线路约1.43公里，低压线路1.87公里，配变台区34台，容量9485千伏安。为和川孔旺、杜村桑曲、石槽下石、马壁海东4个集中式光伏项目进行并网，同时完成全县500户屋顶式光伏发电并网。

分布式光伏发电项目累计报备930户，报备容量13384.48千瓦（其中自然人分布式光伏发电项目报备820户，容量4908.48千瓦；非自然人分布式光伏发电项目报备110户，容量8476千瓦）。并网543户，并网容量8196.48千瓦特（其中自然人分布式光伏发电项目并网发电487户（包含贫困户397户），容量2760.48千瓦；非自然人（村级）分布式光伏发电项目并网发电34户，容量5436千瓦），累计发电量6937711千瓦时，结算上网电费2325042.14元，同时完成支付县财政垫付可再生能源补贴资金1621679.29元，使贫困群众真正得到了实惠。

【项目工程建设】 2017年完成配网自动化改造工程，共投资980万元，对安泽县城区10条10千伏配电线路、39台柱上断路器、14台电缆分支箱、1台柱上配电变压器进行自动化改造，已全部完工并投入运行。完成2015年调增配网线路改造工程，共投资871.31万元，新建改造10千伏线路17.31公里，于9月1日开工建设，于12月20日全部完工并验收。完成2016年机井通电及2017年机井通电工程，2016年机井通电工程投资52.26万元，项目包括15个项目21处水井；2017年机井通电工程投资36.88万元，新建机井通电项目17个，涉及17个自然村17口机井，工程于9月20日开工建设，11月30日完工。该项目共计对25个村的38口机井安装电力设施，保障了当地人畜吃水和农田灌溉的需求。和川35千伏输变电工程有序推进，该项目已获得发改委批复，已完成选址，与土地所在村和川村民委员会签订了征地补偿协议书，土地规划已上报省国土资源厅，该项目预计于2018年实施。

【党风廉政建设】 2017年积极推进“两个责任”落实，层层签订党风廉政建设责任书，将党风廉政建设目标责任层层分解，落实到人头。坚持“三会一课”等制度，在以往的基础上不断完善企务公开。修订完善《党政联席会议制度》《党支部中心组学习制度》《重大事项报告制度》《公务接待管理办法》等一系列党建、党廉制度共23项，经理办公会议制度汇编12项。切实增强党组织工作的严肃性。同时，组织党员干部观看警示教育片8次，党支部对中基层干部集体廉政谈话2次，个人廉政谈话20余人次，分级、分层开展“集体约谈”工作。把推进“两学一做”学习教育的常态化制度化作为重中之重，结合“维护核心、见诸行动”主题教育，先后组织召开中心组（扩大）学习会12次，领导干部带头讲党课6次，支部党员讲党课5次，“十九大”精神专题学习会5次，并发挥“互联网+党建”的优势，搭建党员微信群和“学习交流微信平台”，每日推送学习信息，创新学习方式。通过多形式、全覆盖、高密度的集中学习，促进广大干部员工学习习惯的养成。采取红色教育、专题研讨会、“喜迎十九大”系列主题宣传活动、开展知识测试等多种方式，拓展党建学习的平台和途径。开展以清正廉洁、角色体验、爱国教育为主题的道德讲堂，做到了学习教育有特色、接地气、见实效。充分利用安泽电力公众号、地电微信平台、安泽电力月刊等新媒体进行广泛正面宣传，在晋能集团、电力集团、县委政府微信平台刊发各类宣传报道100余条。

【扶贫帮困】 2017年，公司投资12万余元，实施包联村机井抽水井房投资架设120米10千伏线路及50千伏安的变压器一台，修建北寨水窖，解决全村553户1453口人的用水难题。投资5000余元修建兰村西小河护坝工程，投资1万余元修建广场至小河口排水渠工程，缓解了汛期压力，有效保护村民财产安全。同时，公司积极开展包联村亮化工程，投资5.5万元对包联村村支部进行修缮，有效改善了基层阵地设施条件，在兰村、段村广场安装射灯，为群众夜间文体活动提供便利，丰富了群众文化生活。围绕“精准扶贫”工作，21名党员与包联村贫困户建立精准扶贫档案，根据贫困户实际情况，一对一制定精准脱贫帮扶措施，组织开展“暖心扶贫、聚力攻坚”爱心募捐、“手牵手、帮秋收”“冬日送温暖”等系列扶贫活动，使21户贫困户全部脱贫。

【优化办公环境】 继续巩固省级文明单位创建成果，开展“六个集中专项整治”活动，加强公司内部及基层站所安全文明生产管理，优化办公环境，进一步提升全员卫生观念，把创卫工作真正“做到家”。将“三基”建设与业务工作相结合，加强文化建设，开展“我们的节日·端午”经典诗文朗诵会、道德讲堂、“放飞梦想 相约光明”启航2018迎新晚会、用电宣传、义务检修、服务特殊客户等活动，收到社会各界一致好评。公司拍摄的以一线职工现场抢修为背景的微电影《礼物》获得山西省委宣传部、省国资委首届微电影比赛三等奖。

集体工业联合社

【概述】 2002年根据《安泽县县级党政机构改革方案》精神，“不再保留安泽县二轻工业总公司，保留城镇集体工业联合社。根据安泽县机构编制委员会文件（安编发〔2003〕4号）文件精神，城镇集体工业联合社核定为科级全额事业单位，人员编制员额5名，领导职数一正一副。主要负责监督全县联合社社有资产的运营、汇集、整理、分析本行业信息。

【安全工作】 2017年对租房户的安全工作进行检查，并下发用水、用电安全宣传资料，在发现问题后进行及时纠正，并安排专人进行监督整改，确保了全系统健康安全运转。对下属企业装潢公司的安全进行检查，并督促企业对查出的排水困难、电线打火等问题进行整改，有效地消除安全隐患。

【下岗职工稳定工作】 2017年共接待处理来信来访20余起，加大矛盾排查解决力度。针对信访问题时间跨度长，涉及的人员化解矛盾难度大，细心地做好职工所反映问题的解决和政策解释工作，及时沟通疏导，防止或减少上访事件的发生。对下属企业装潢公司的改制工作，采取开座谈会的形式，在充分听取职工意见的基础上，尽心尽力解释国家改制方面的方针政策，确保职工情绪稳定。

【工艺美术协会工作】 2017年积极组织工艺美术人才参加安泽县各乡镇举办的旅游文化展示活动，受到群众的高度好评，展现安泽县作为“荀子故里·千年古县”的深厚的文化底蕴和无穷的文化魅力。圆满完成临汾市工艺美术大师的评选推荐工作，一人获得市工艺美术协会授予的“工艺美术大师”称号。根据上级的要求，“安泽县工艺美术协会”已完成名称核准、验资等工作，协会正式成立。

【党风廉政建设工作】 2017年抓好干部理论学习，制定党支部集中学习制度、学习规划和干部学习制度，提出学习目的与要求，坚持每周三学习日制度。认真学习《中国共产党章程》《中国共产党党内监督条例》《中国共产党纪律处分条例》等规定。记写学习笔记，撰写心得体会文章，举办学习专栏，开展学习交流活动。在抓好政治学习的同时，开展生动活泼的思想教育，组织党员干部观看警示教育电教片，用正反面的题材教育大家明是非，辨善恶，提高拒腐防变能力。通过学习和教育活动领导干部和机关工作人员提高了对党风廉政建设和反腐败斗争必要性、重要性和长期性的认识，增强党员干部自重、自省、自警、自励的自觉性，廉洁自律的意识和拒腐防变能力有了进一步提高。

【驻村帮扶工作】 2017年5月，帮扶工作队驻冀氏镇王村后，对全村15户37人建档立卡贫困户进行多次入户走访，全面了解和掌握贫困户的家庭情况和致贫原因，建立帮扶档案，做到“一家一户调研摸底、一家一户一本台账、一家一户一个扶贫计划、一家一户结对帮扶、一家一户回头跟踪扶贫”，提高帮扶工作的针对性和实效性。1. 政策帮扶，对于符合农村低保、医疗救助、临时救助、教育救助等条件的，及时落实相关政策，给予相应救助，落实4户符合低保的贫困户；2. 调整产业结构，一方面帮助村民种植经济作物油牡丹，落实6户贫困户，共种植17亩油牡丹。另一方面发展庭院经济，种植袋装党参。落实7户贫困户，共种植2.2万株；3. 易地搬迁，针对土地少，无住房的农户，落实5户；4. 危房改造，针对住房简陋，条件艰苦的农户，落实2户；5. 光伏发电，针对土地少，无劳动力的农户，落实2户；6. 了解实际情况为民办实事，入户慰问送温暖。贫困户吕在江患骨癌，长期卧病在床，单位领导和工作队多次去家探访，并帮扶慰问金500元；在两节来临时，单位共和工作队为贫困户送去面、油、衣物等物品。解决实际问题。贫困户多为行动不便的老人，工作队到镇上联系理发师，到家中为所有贫困户免费理发；贫困户逯文枝家中种植土豆，单位联系府城施工队，帮助销售土豆近千斤；还有贫困户家中基本都是土地院子，雨雪天行走不便，工作队实地测量，给贫苦户屋门到大门和厕所铺石板人行道；冬季给15户贫苦户家庭送门帘；帮扶产业和帮扶基础设施建设1万元。

中石化安泽石油分公司

【概述】 2017年，按照分公司整体工作目标和要求，以销售为中心，制定目标，明确措施，精细管理，灵活经营。在油品、直销、非油品销售、安全、员工队伍建设等方面做了大量工作。根据分公司制定下达的各项促销管理办法以及各种促销活动，为提升销量提供有力保障。通过开展“大干100天事先开门红”销售竞赛活动，调动了员工的销售积极性并对市场进行了调研，采取有力措施，努力扩销增量，确保各项经济指标的完成。在销售环境异常严峻竞争加剧的情况下，较好地完成了各项任务。现将基本情况汇报如下：

中石化安泽石油公司下辖11座加油站，分布在309国道4座，326省道2座，城内郊区1座，乡下区域4座，员工共58人。年销成品油在7490吨左右，市场占有率在80%左右，属系统的中控区。

【任务指标完成情况】 轻油销售情况：2017年零售完成6579吨，其中：汽油3471吨，柴油1219吨。

非油品销售情况：2017年完成149万元，较好地完成了分公司下达的任务。

【零售】 2017年主要受几个方面的因素影响和制约着公司的零售进度。1. 安泽县域经济仍处于萧条状态。2. 竞争加剧。安泽县境内有21站2家、东明石化1家、私人加油站3家他们采取赊欠、低价销售、行政强制、冲抵运费、发送礼品等促销手段抢占了一定量的市场份额，对公司的销售（特别是汽油）带来较大冲击。3. 煤焦行业仍不景气，间接导致运输业用油量的减少。4. 工程用油量锐减。县内两大主要工程中油钻井探气和高速路修建工程竣工，柴油需求量大幅减少。5. 运煤专业线国道309、省道326上受山东、河北及长治系统内外加油站柴油低价（长期比公司点对点站低

0.6 至 1 元/升）的影响，公司固有的部分客户流失。

面对零售市场的严峻局面，没有泄气而是迎难而上积极主动创造性地开展工作，取得了较好的经营业绩。1. 开展重点加油站点对点营销，站长锁定大客户群体，进行一对一的走访，根据用油量实行加油优惠返利政策。对长期固定到站加油的个体客户推荐使用柴油联名卡，保持热线联系，定时回访。通过以上办法，使我公司位于 309 国道线上的三里桥站销量基本稳定。2. 按照上级公司要求积极健全和完善路圈图建设，开展客户走访和排查工作，根据客户用油量的排名，客户从高到低确定由县公司班子分级维护，上门走访系统外客户 10 家，宣传油品品质，充值优惠等情况，使客户流失现象得到遏制。3. 针对流散客户，以加油量赠返非油礼品（抽纸、卓玛泉、手套等）的手段吸引司机，向其承诺我们的油品数质量，耐心讲解劣质油品给车辆造成的危害性，吸引用户到加油站加油想方设法增销量。4. 对用油量一次在 3000 升上的用户坚持小油罐车小额配送送货上门服务，提升销量。5. 积极和县职能部门沟通配合，利用成品油市场整顿的有利时机端掉 3 个黑加油窝点，净化了市场空气。6. 开展 IC 卡和油非互动促销活动，提升销量。

【非油品销售】 1. 层层分解销售任务，传递经营压力。严格按目标分解落实到每个加油站，并着重分解重点商品的销售任务。2. 搞好非油商品的要货调进，抓好市场分析，组织适销对路的商品，合理安排站间调拨，优化商品周转率，降低商品库存积压，确保俏销商品不断档，为加油站解决后顾之忧。3. 活用上级公司制定的各种促销办法，开展行之有效的促销活动。4. 在日常巡查过程中，公司加大对员工促销返利的督查，检查员工是否知道商品返利明细，站长是否严格兑现返利，以此提高员工销售非油品的积极性。5. 落实上级公司组织的微信营销工作，加大员工开口营销。

【管理工作】 1. 一如既往地加大数质量管理。对加油站的加油机、油罐、进货等进行了拉网式检查杜绝了违规违纪事件的发生。使每名站长树立了红线意识，2017 年全年未发生一起违规事件。2. 与加油站签订了安全目标责任书，建立隐患台账（未遂事故）及应急预案。将风险排查落到实处，每月排查，落实整改，无力整改的及时上报。定期组织消防和安全预案演练，在历次督导检查中注重现场管理，并留下安全检查记录做到事事有记载。在节假日期间，执行领导代班、值班制度，节前对所有加油站进行安全检查，确保加油站正常运营。

农　业

【农业建设】 粮食产量创历史新高。2017年，县委、县政府高度重视农业生产，在落实中央惠农政策的基础上，加强农业基础设施建设，改善农业生产条件，实施科技兴农战略，推进粮食高产创建工程，开展防灾减灾，粮食生产克服前期干旱、局部暴雨冰雹宠害、后期病虫害等诸多不利因素影响，全县粮食生产持续稳定发展，经县统计局核定后公布，2017年全县粮食总产最达到155030吨，比上年增加772.3吨，增产0.5%；全县粮食平均亩产449公斤，比上年增加3公斤，粮食总产和单产均创历史新高。全年完成造林1353公顷，增加262.73%。全县农林牧渔增加值增长3.33%，完成增加值增长3%的任务。

【经济建设】 据国家统计局山西调查总队反馈，2017年农村居民人均可支配收入为9176元，比上年同期的8335元增加841元，增长10.1%，增速高于山西省增速（7.0%）3.1个百分点，高于临汾市增速（7.4%）2.7个百分点。

全年全县农作物种植面积388314亩，比上年增加8842亩。其中，粮食种植面积345582亩；减少630亩；油料种植面积9557亩，减少增加6108.5亩；烟叶种植面积1101亩，比上年减少3222.5亩；蔬菜种植面积13653.5亩，比上年减少787亩：瓜类种植面积709.5亩，比上年减少214.5亩。在粮食种植面积中，玉米种植面334205亩，增加6305亩。

【种植业】 2017年，全县粮食作物播种面积345582亩，比上年减少630亩，减幅0.18%；产量达到155030吨，比上年增加772.3吨，增幅0.5%；秋粮345582吨，比上年减少630吨，减幅0.18%。其中：玉米播种面积334205亩，比上年增加6035亩，增幅1.84%；产量152450吨，比上年增加1874.1吨，增幅1.24%。高粱播种面积1059亩，比上年减少199.5亩，减幅15.84%；产量390吨，比上年减少20.5吨，减幅5.11%。杂粮播种面积9997亩，比上年减少6423.5亩，减幅39.12%；产量5915吨，比上年减少2539.7吨，减幅30.03%。

全县经济作物播种面积25021亩，比上年增加1885亩，增幅8.14%。其中：蔬菜播种面积13653.5亩，比上年减少787亩，减幅5.45%，产量44210吨；比上年增加709.2吨，增幅1.63%；油料播种面积9557亩，比上年增加6108.5亩，增幅177.12%，产量413.4吨；比上年减少239.9吨，减幅36.72%；烟叶播种面积1101亩，比上年减少3222.5亩，减幅74.54%，产量238.7吨，比上年减少499.3吨，减幅67.66%；瓜类播种面积709.5亩，比上年减少214.5亩，减幅23.21%，产量2979吨，比上年增加7.4吨，增幅0.25%。

【农村土地确权工作】 开展农村土地承包经营权确权登记颁证工作是在现有农村土地所有权确权登记发证材料为依据的基础上进行完善，解决承包地块面积不准、四至不清、空间位置不清、登记簿不健全等问题，为开展土地经营流转、调处土地纠纷、完善补贴政策、进行征地补偿和抵押担保提供重要依据。经摸底调查安泽县二轮承包面积（在册）148008.61亩；机动地面积14020.84亩；自留地7626.2亩；其他地28296.77亩。

2014年开展确权试点工作2个村；涉及确权面积1.14万亩，农户413户；2015年开展确权工作全面开展涉及72个村，确权面积20.79万亩，农户11746户；2016年开展剩余的30个村、涉及确权面积8.44万亩，农户5309户。

2016年，2014年、2015年74个确权村已全部完成二轮公示；2016年确权的30个村完成一轮公示；17个村完成二轮公示；完成二轮公示的村两年合计91个；符合公示"零错误"标准，可以签订合同的村32个；其中2个村，签订合同190份。

截至2017年底，104个行政村全部完成清查摸底、二轮公示，并全部通过第三方质检，涉及1.74万户，30.5万亩，签订合同16694份，确权面积18.5495万。按照山西省质检软件要求，104个村全部通过质检，数据通过省、市第三方审核验收，汇交农业部。

【发展新型农业经营主体发展】 2017年备案农民专业合作社12家，上报市级示范家庭农场4个、省级示范合作社2个、市级示范合作社2个、县级示范合作社2个。推荐完成2个省级窗口合作社，分别是安泽县莲花山农业综合开发农民专业合作社，安泽县腾飞养羊农民专业合作社；推荐上报2个县级窗口合作社，分别是惜乡园养蜂专业合作社，安泽县春生核桃种植农民专业合作社。

【强农惠农富农政策落实】 1. 2017年全县农业支持保护补贴面积共308474.77亩，其中玉米面积306044.75亩，补贴金额1805.66万元；杂粮面积2029.82亩，补贴金额16万元；薯类面积400.2亩，补贴金额19.6万元。2. 对全县种植蔬菜大棚进行投保，共涉及403座，投保金额19.99万元；为全县26.8万亩玉米投保，投保金额121.94万元。3. 落实连翘补贴金额88.45万元。4. 落实"8311"蔬菜补贴金额87.4万元。

【美丽宜居示范创建】 2017年安泽县确定1个市级示范村（马壁乡马壁村），省级以奖促治资金61万元，其中综合奖补资金50

万元、"回头看"专项奖补资金 10 万元；工作奖补资金 1 万元。

【特色产业开发】 1. 2017 年安泽县杂粮播种面积达 2.8 万亩，超市定任务 0.3 万亩，种植种类涉及谷子、优质甜糯玉米、杂粮、豆类，薯类等。2. 蔬菜产业绿色发展工程方面，2017 年安泽县新建设施蔬菜 100 亩，完成市定任务的 50%，开发露地特色蔬菜 1500 余亩，市定任务 500 亩，超额完成 1000 余亩。3. 休闲农业和乡村旅游方面，2017 年安泽县投资 1500 余万元，在安泽县府城镇、冀氏镇、和川镇、杜村乡、马壁乡修建乡村旅游配套设施，积极参加省、市乡村旅游推介活动。

【农业环境保护】 2017 年安泽县测土配方施肥面积达 32.3 万亩，完成市定任务；安泽县 2016 年化肥使用量为 19200 吨，2017 年化肥使用量为 19000 吨，增幅-1%，实现零增长；安泽县秸秆综合利用达 85%以上。

【农产品质量监管】 2017 年通过审核资料，颁发证书，安泽县完成认证"三品一标"产品 3 个，"三品一标"监测面积市定任务 2.6 万亩，实际认证面积 2.7 万亩。

【农业执法建设】 2017 年执法大队开展农资市场专项检查治理行动，狠抓农资市场监管工作，对全县 40 家经营门店登记备案，与 40 家种子、肥料、农药经营户签订了农质量安全承诺书，经检查 41 家经营门店全部建立了经营台账，深入 7 个乡镇，开展入户调查，检查生产经营单位 180 个次，整顿市场 10 个次，出动执法人员 172 人次，印发宣传材料 2.91 万份，立案查处 10 起，罚款 2.3 万余元。 （韩军）

水　　利

【民生工程建设】 农村饮水安全涉及千家万户，2017 年安泽县委、县政府高度重视，多次召开会议研究部署，将此项工作列为县重点工程，并由县委常委、政法委书记包联负责，同时为保证工程建设的顺利推进，县委、县政府与各乡镇签订目标责任书，全面建立了县委、政府领导负总责、分管领导具体负责、水利部门牵头主抓、各相关部门密切配合的工作机制；在组织实施上，针对建设目标任务，列出时间表、路线图，明确具体任务、明确责任人、明确完成时限，按图索骥、挂图作战；在工程实施中，严格按照水利工程基本建设程序，实行"三统一""四制"模式，同时让农村用水户全过程参与，让受益群众享有充分的知情权、参与权、管理权和监督权。2017 年共解决 5 个乡镇、47 个行政村、131 个自然村、24981 人的饮水不安全问题，取水样 262 份，化验水样 151 份，送市水文局化验 111 份，确保全县群众吃上安全水、放心水、达标水，助推全县脱贫攻坚。

【水资源保护】 1. 坚持筑牢水资源管理基础。2017 年安泽县认真贯彻落实《中华人民共和国水法》《取水许可和水资源费征收管理条例》《山西省水资源管理条例》等相关规定，依法对全县规模以上 9 家企业全部更换远程监控水表，实现对水资源的实时监控；依法对全县取得水权的企业进行排查 160 余次，征收水资源费 255 万元，并结合用水户的取水申请制定用水计划，做到科学计划合理用水。

2. 坚持提升行政执法效能水平。为提高执法人员素质、提升依法办事能力，开展集中学习12次，聘请县律师事务所律师讲课3次，派出参加培训5期；利用“3·22”“12·4”结合日常工作开展全方位、无死角广泛深入地宣传，在街头设立宣传台、咨询台、出动宣传车；在主要交通路口制作固定宣传标语牌27条；在城区主要街道宣挂醒目横幅3条；定制印有“三条红线”的笔记本发放到企业及相关部门；利用新年为节点，制作有安泽风景的宣传画及“一法两条例”法律法规小册子发放至全县7个乡镇；利用微信平台制作“保护水资源”的宣传视频，展现了安泽的生态优势，倡导全县人民保护安泽水资源。

3. 坚持完善强化渔业管理。针对各类不法行为，安泽县联合公安、电视台等多个部门10余次到沁河沿线进行联合执法，采取突查、暗查、开展“零点行动”等方式，开展渔政执法104次、参加人员350人，查处非法行为6例，罚款两万余元，对各类违法违规行为分别给予警告和行政处罚等处理。

【防汛抗旱工作】 1. 完善预案、确保安全。对各类预案进行完善，特别是针对学校、集镇等人口稠密的重点区域，进一步明确转移路线、集结地点、临时安置等措施，形成了切实可行、完整高效的预案体系。同时，鉴于县城内涝灾害隐患大的问题，制订城区内涝抢险预案，对城区雨污水管道进行清淤整治，对低洼地带安排专人监测。2. 严密排查、消除隐患。汛期安泽县成立2个检查组，县上成立督查组，不间断地对全县的河道、低洼地区进行排查，汛期向各乡镇下发“清理河道垃圾整改通知书”35份，清理垃圾12520立方米，动用人力120余名，投工1.8万个，为度汛安全打下了坚实的基础。3. 物资充足、队伍强大。防汛物资宁可备而不用，不可用而不备，在物资储备上，安泽县实行统一部署、统一调度，将防汛物资全部调集到位，做到宁可有富余，不能有缺口；在队伍上，县政府以180人的森林防护大队为主，乡镇、村以干部、党员、基干民兵为主，基本上形成熟悉县情、干练有素的县、乡、村三级抢险队伍，在每个乡镇、每个村都开展了防汛应急演练活动，确保安全度汛。4. 加强值守、预警监测。汛期前，投入10万余元，对全县96处简易雨量站、21处自动雨量站、4处自动水位站、100套无线预警广播进行巡查检修，确保监测系统、预警系统、监测预警平台系统正常运行，汛期通过预警系统及时发布水情、雨情及预警短信4000余条，有效做到提前防范，确保防汛安全；严格执行各乡镇、各部门24小时值班制度和领导带班制度，明确规定报告信息的时限和要求，做好上传下达，确保政令畅通。

【推行河长制】 1. 领导重视、高位推动。2017年安泽县委、县政府高度重视“河长制”工作，多次召开会议研究部署，县级成立由县委书记、政府县长任双组长，县委常委及各副县长等县级以上领导任县级河长的领导机构，各乡镇也相应成立由乡镇党委书记、乡镇长任双组长的领导机构，三级“河长制”管理体系初步形成，境内

25 条河流实现河长制管理保护“全覆盖”。2. 严格执法，综合治理。为有效保护沁河及其支流，结合安泽县实际，制定《安泽县河道管理实施办法》《关于开展河道治理专项行动的实施方案》《安泽县水生野生动物保护专项整治行动实施方案》等地方性法规，同时，加大对河道垃圾的巡查、排查，对全县以沁河为主的 25 条主要河流的垃圾进行全面清理，耗资 360 万元，动用劳力 2600 余人，动用大型机械 60 台，各种运输车辆 240 余辆，清理垃圾 1.8 万方。对河道非法采沙、涉河工程、非法捕捞水生野生动物等行为采取了高压打击态势，处罚私挖乱采 1 人，电鱼、违规网鱼 6 人，有效保护了河流生态环境。

【作风建设】 2017 年年初班子成员依次递交党风廉政建设目标责任书，明确责任范围内党风廉政建设工作，组织全体党员干部认真深入地学习党的十八大、十九大、党章等有关内容，全年集中学习 24 次，班子成员讲党课 24 次，全体党员撰写心得体会 70 篇，召开民主生活会 3 次，组织党员活动 6 次。

林　　业

【造林绿化工作】 2017 年度省、市主管部门下达营造林任务 2.03 万亩，已全部完成。其中：投资 240 万元在马壁乡海东村，完成太行山绿化造林工程 0.3 万亩；投资 240 万元在和川镇荆村，完成重要水源地治理工程 0.3 万亩；投资 2945.692 万元在全县七个乡镇完成新一轮退耕还林 1.43 万亩(其中异地荒山造林 4387 亩)。

【森林防火】 2017 年坚持预防和管控相结合，重点落实宣传动员、巡查管控、监测预警等各项工作，2017 年未发生森林火灾。县、乡（镇）、村、国有林场严格执行森林防火行政首长负责制，县、乡、村、户、组、场、点层层签订责任状，一级对一级负责。县直单位包村及时传达防火信息，专人驻村协助开展工作，在全县形成纵向包片、包村，横向交叉的责任体系。出动宣传车 800 余次、印制悬挂宣传条幅 2200 余条，印发明白纸和禁火令 5 万份、导旗 3600 面，做到明白纸、禁火令、责任书全部上墙，营造全民防火的浓厚氛围；森林防火大队 3 辆巡查车分组不间断巡查，深入山庄窝铺、防火重点区，形成高密度，高强度的巡逻体系。重点地段设置检查卡哨，严格管理野外火源，把好入山检查关口，切实把火种火源堵在山下林外；同时，全县专业、半专业防火队及巡查组共 124 支，185 个固定、流动监控点和瞭望哨各负其责严密瞭望监测，对重点时段、重点区域、重点人群进行监测防范，做到火情早发现、早报告；加强应急预案的完善修正，并及时查找问题，不断整改完善，加强工作落实。

【林业有害生物防控】 2017 年加大全县松材线虫病、美国白蛾等林业有害生物的监测，林业有害生物的发生防治情况逐月上报，按时进入中国森防信息网进行预测预报，预防发生病虫害疫情。同时，严格产地检疫调运管理，尤其是对重点绿化工程所用苗木进行了跟踪检疫，严禁感染病虫的苗木出圃、栽植和调运，共检疫各种苗木 30 余车。

【资源审批和林政执法】 2017年行政审批落实“两清单”制度的相关要求，进一步明确和细化权力清单和责任清单，严格按照审批流程办结临时占用林地审批8件，办理木材经营许可证3份，木材采伐审批设计122件。认真开展“2017利剑行动”和“双百双打”涉林违法犯罪专项行动，加大执法力度，依法严厉打击各类破坏森林资源违法犯罪行为，确保生态资源安全。2017年公安森林派出所共查处各类林政案件33起，案件处罚共计8.46万元。其中：毁林开垦林地案件20起；滥伐林木案件5起；盗伐林木案件2起；野外用火案件2起；非法狩猎案件3起；非法采石案件1起。移交市森林公安分局刑事案件5起，刑事拘留8人。其中：非法狩猎案件2起，盗窃油松案件1起，森林火灾案件2起。

【核桃产业】 安泽县从2010年开始发展核桃产业，三年栽植两年巩固，三年利用国家干果经济林提质增效资金140万元，累计实施7000亩，2017年全县已有近万亩核桃开始挂果，尤其是2016年单株产量平均4公斤。三年来成立以种植户为主的核桃管理专业队利用提质增效项目资金无偿进行整形、修剪和病虫害管理，大大提高了安泽县核桃挂果面积和结果产量。府城镇原木村、唐城镇梨八沟村核桃收入占到农民收入的50%以上。为改变农民的传统观念，在市、县电视台进行了宣传，在府城镇、唐城镇扶贫培训会上进行核桃管理技术培训，培训人员近千人，增强了农民发展核桃的信心，提高农民管理的技术。

【连翘产业】 2017年安泽县依托得天独厚的资源优势，稳步推进产业科技调产，县委、县政府将发展连翘产业作为全县脱贫摘帽的工作重点。安泽县积极响应县委、县政府的号召，年度国有林场范围内野生连翘抚育已达1.7万余亩，争取省厅资金以来，建起6000亩黄花岭精细化管理示范基地，示范引领野生连翘抚育。同时，开展技术服务，指导各乡镇建起50亩以上人工种植示范园，每个行政村建起10亩以上的人工种植园和200亩以上的野生抚育示范基地，逐步提升连翘的品质和产量，推动连翘产业发展和村集体经济壮大，促进贫困户脱贫，农民增收，为做大做强安泽连翘产业，实现“小连翘做成大产业助力精准扶贫”的目标，做好林业人应有的贡献。由中国产业联合会森林药材和饮品酒业促进会主办，安泽县委、县政府承办的“中国·安泽连翘产业助力精准扶贫推介会”，7月24日在安泽县召开现场观摩推介会，7月26日在北京人民大会堂召开“中国·安泽连翘产业助力精准扶贫推介会”取得圆满成功。

【连翘营护】 2017年禁止提前连翘采青行动中共设立18个检查点，由派出所、森防大队及相关单位组成6个巡察组，出警2144人次，出动车辆376台次，查扣青翘5936.25公斤，变卖折合45503元，处罚人员32人次，共计罚款15400元。通过张贴政府通告、设立各级检查站、出动巡查组巡查、派出所执法等方式，与相关单位、乡镇、村联合行动，禁止青翘提前采摘行为，加强资源的管护，为提升连翘产量和品质打下坚实基础。

【脱贫攻坚】 2017年认真落实省市林业脱

贫攻坚“五个一批”的要求，组织实施完成各项工作任务。1. 新一轮退耕还林脱贫一批。2017 年安泽县新一轮退耕还林任务 1.43 万亩，通过实施退耕还林工程，全县贫困户可享受退耕补贴 142.82 万元，通过群众自愿自主造林，当年可获得造林费用 228.51 万元。774 户建档立卡贫困户，2040 贫困人员人均受益 1698 元。

2. 生态治理脱贫一批。组建扶贫攻坚造林合作社 12 个，入社人员 434 人，其中建档立卡贫困户 372 户，占社员总数 86% 以上。通过议标办法确定 3 个扶贫攻坚造林专业合作社承担的 3000 亩太行山绿化防护林工程，97 户贫困户参与造林；3 个扶贫攻坚造林专业合作社承担的 3000 亩重要水源地荒山造林绿化工程，77 户贫困户参与造林；其余 6 个扶贫攻坚造林专业合作社承担的 4387 亩新一轮退耕还林异地荒山造林，118 户贫困户参与造林。

3. 生态管护脱贫一批。依托 1.3 万亩未成林管护项目，根据管护难易程度，科学划分管护责任区，合理设置管护岗位，聘用 5 名有劳动能力的贫困人员参与管护，实现了生态管护脱贫。依托国有林场，采取购买社会劳动力方式，从农村聘用 141 人进行森林管护，其中贫困人数 105 人，通过管护人均增收 8000 元。

4. 干果经济林管理脱贫一批。2017 年 3000 亩干果经济林提质增效项目优先向贫困户倾斜，技术服务队参与并组织农户进行修剪、施肥、病虫害防治，81 户贫困户 259 人，778.5 亩核桃经济林全部纳入项目，户均增收 1922 元，人均增收 601 元。

5. 林业产业脱贫一批。在巩固提升核桃产业的基础上，2017 年按照县委、县政府的安排部署，为全县的连翘产业助力精准扶贫工作做示范，建基地、抓管护、促提升，使全县贫困户增收，农民致富。通过采取宣传和适当管控方式，引导贫困户采摘，使 2650 余户贫困户通过连翘采摘增收 795 万元，户均增收 3000 元。

【党风廉政建设】 2017 年局党组坚持把党风廉政建设摆在更加突出的位置，定期研究党风廉政建设，抓好责任分解，明确责任主体。年初召开专题会议研究党风廉政建设工作，制定工作计划，确定工作重点，列出主体责任清单和监督责任清单，层层签订责任书，形成齐抓共管党风廉政建设的工作机制。下发《全县林业系统 2017 年党风廉政建设和反腐败工作要点》，对党风廉政建设和反腐败工作主要任务进行细化分解，将惩防体系建设融入到林业惠民服务之中，积极推进林业系统反腐倡廉各项工作的深入开展。班子成员坚持做到“四个亲自”和“五个带头”，主要领导建立了廉政建设责任清单，局班子成员根据工作分工，严格按照“一岗双责”要求，认真落实到位。分管领导均在抓好自身业务工作的同时认真抓职责范围内的党风廉政建设工作，实行“两手抓、两手硬”，实现“两不误、双促进”。局党组、纪检组对党风廉政建设工作督促到位，局党组、纪检组按需要适时开展廉政谈话，诫勉谈话，不定期听取党风廉政建设工作开展情况汇报，了解工作推进情况和存在的问题，强化工作督促指导，确保党风廉政建设工作有序开展，稳步推进。领导班子和班子成员自觉遵守廉洁自律规定，未发生违规违纪违法行为。

【学习教育工作】 2017年结合林业工作实际，在全体党员中开展“讲政治、知敬畏、守规矩”专项治理活动，通过学习反思、查找问题、整改落实，促使党员干部真正做到政治上讲忠诚、思想上知敬畏、行动上讲规矩。按照要求已开展专题讨论3次，党员完成学习笔记和学习心得，专题党课2次，班子成员讲党课3次。在林业系统推进“两学一做”学习教育常态化制度化、开展维护核心见诸行动主题教育工作，进一步引深“两学一做”学习教育，以实际行动维护核心，立足岗位践行，引导广大党员切实增强四个意识，坚定四个自信，构建良好政治生态，推动林业各项工作有效落实。按照要求已开展专题讨论5次，党员完成学习笔记和学习心得，班子成员讲党课5次，党员干部参加“两学一做”微信知识竞答，参加“清风临汾”在线学习，在学习的基础上，认真开展自查剖析，形成问题清单，制定整改措施，明确整改时限。结合“三联两报到”深入包联村石槽，参加组织生活会，开展廉政教育和红色教育，班子成员讲党课，党员入户帮扶，集资为包联户购买1500只鸡苗、饲料、疫苗；党员集资2800元为包联户购买米、油、月饼，中秋节深入包联户家中慰问。

【县级重点工程完成情况】 2017年度列入县级重点工程共三项：绿化造林工程；打造国家森林公园和湿地公园；野生连翘抚育示范基地6000亩。

1. 绿化造林工程全部完成。

2. 打造国家森林公园和湿地公园工程：打造国家级森林公园工作的申报前期工作全部完成，已通过市林业局、省林业厅审核，于2017年7月27日，晋林园字〔2017〕67号，正式上报国家林业局，10月8日至10日国家林业局专家实地考察评估山西况山国家森林公园，工作顺利推进。12月4日在国家林业局接受专家评审，22名专家全票通过。国家湿地公园总体规划已基本完成，省级审核完成以后按照总规进行打造，达到国家级标准给予晋升国家湿地公园。

3. 野生连翘抚育示范基地6000亩：总投资约300万元，建设野生连翘抚育示范基地6000亩，良马林场、府城林场各实施3000亩，拉网封禁，人工抚育，专人巡护、集中科学采摘，在连翘产业发展上发挥示范带动作用。截至目前完成情况：良马林场和府城林场已完成抚育6000亩，落实专人巡护管理，成熟后组织人员集中科学采摘。

【市定考核指标完成情况】 1. 完成人工造林2.03万亩（含退耕还林1.43万亩），成活率达到85%以上。截至2017年底任务已全部完成，进入管护期，成活率已达85%以上。

2. 完成护林防火任务，火灾受害率控制在0.4‰以下，有害生物成灾率控制在3.8‰以下。以上任务已全部完成，2017年度未发生森林火灾和林业有害生物灾害。

畜　　牧

【机构概况】 2017年畜牧兽医局局机关设有办公室、动物卫生监督所、动物疫病预防控制中心、综合执法大队、牧草饲料工作站、畜禽繁育改良工作站6个职能站所，派出机构有7个乡镇中心站。核定全额财政拨款事业编制共62名（局机关站所43名，中心站19名），在职人员65人，其中局机关31人，中心站34人（12人公益性岗位），其中，中级畜牧（兽医）师19人、初级职称35人，在职人员中，大中专以上人员占到75%以上。职能站所根据职责分工行使疫病防控、卫生监督、技术推广等职能。7个中心站承担辖区动物防疫、动物卫生监督和畜产品安全监管等任务，一套人马三块牌子，即畜牧中心站牌子、动物卫生监督站牌子和畜产品安全监管站牌子。全县共聘有村级防疫员105名，保证每村至少1名防疫员，承担动物防疫和疫情观察、报告职能。

【精准脱贫项目】 2017年，安泽县加强与山西新大象公司合作，实施“标准化养猪推广”精准脱贫项目，安泽县成立“发展生猪产业推进脱贫攻坚工作领导组”，先后十多次组织专业技术人员和新大象公司相关负责人共同深入府城、和川、马必、杜村进行选址实地考察。马壁乡与新大象公司签订战略合作协议，在郎寨村，6000头种猪繁育基地扶贫项目已于8月4日上午正式开工，该项目占地100余亩，总投资1.2亿元，按“大象养猪模式”的“211”模式，可带动150户农户从事商品猪养殖，每户每年可养殖2批1000头，户均实现利润20万元。按“1+1+1+1”扶贫模式，可带动1500户建档立卡贫困户脱贫致富，年户均收入7500元，为全县“一村一品一主体”产业扶贫提供重要支撑、起到示范带动作用，“三通一平”已完成，猪舍主体工程正在建设中。在东里村，采取“211”模式，占地3.5亩，投资74万元，规模为1000头的标准化养猪场已于7月9日开始养殖。

【划定畜禽养殖禁养区】 2017年根据“环境保护部办公厅、农业部办公厅关于印发《畜禽养殖禁养区划定技术指南》的通知（环办水体〔2016〕99号）”文件精神，完成畜禽养殖禁养区划定摸清底数、核定边界、征求意见流程及《安泽县畜禽养殖禁养区划定技术报告（报批稿）》，并提请政府对报批稿进行了审定，9月25日已向社会公布。

【重大动物疫病集中防疫】 2017年安泽县认真落实规模养殖场行政、技术双包责任，切实做到“应免尽免，不留空当”，全县完成了重大动物疫病春秋集中防疫，高致病性禽流感、牲畜口蹄疫、猪瘟、布病、小反刍兽疫、高致病性猪蓝耳病、鸡新城疫等应免免疫密度均达到了100%。同时，扎实开展H7N9流感防控工作，及时储备抽样试剂、防护用品等物资，按照省、市统一部署，于5月22日至27日，集中时间、集中人力，对全县存栏2000只以上的32个家禽养殖场（户）进行525份的H7N9检测，检测结果均为阴性。2017年全县重大动物疫病防控形势稳定。

【“畜牧产业提升”项目】 2017年安泽县圣源农业开发有限公司畜牧产业提升家庭畜牧场建设项目总投资20万元，其中省级补助10万元，自筹10万元，项目建设内容为改造猪舍2栋，改造面积350余平方米，该项目实施后，生猪存栏300头，其中能繁母猪存栏100头，年出栏生猪可达1600头以上，可解决十余人就业，直接经济收入可达30万元以上，为全县畜牧业持续健康发展起到了示范带动作用。

【申报“全国农业技术推广站”】 按照“山西省畜牧技术推广站关于推荐2017年全国基层畜牧技术推广示范站的通知”（晋牧推（发）〔2017〕2号）文件精神，安泽县和川畜牧兽医中心站被列为“全国农业技术推广站”，经省市审核，已上报农业部。

【“畜禽养殖污染治理”工作】 2017年安泽县结合畜禽养殖禁养区划定工作，先后对全县养殖场（户）进行3次详细的摸底排查，安泽县现有养殖场（户）161户，其中81户停产，80户营业中，办理养殖手续的有6户。规模养殖场（户）共计21户。排查中，共下发告知书161份，签定承诺书161份，发放宣传资料1000余份。按照临市牧发〔2017〕30号文件要求，安泽县确定了2017至2019年配套粪污处理设施企业，指导全县畜牧业科学发展、健康发展、生态发展。2017年计划指导6家规模养殖场（户）建立完善畜禽粪污处理设施，现4户已建立，2户正在建立。

【脱贫攻坚工作】 2017年安泽县把脱贫攻坚作为首要政治任务来抓，多次组织局全体党员进村入户，走访全村农户，建立了48户农户户情台账，同时，认真梳理和完善贫困户信息数据。局领导干部与包联村“两委”班子先后召开谈心谈话座谈会6次，开展慰问活动3次，发放技术资料100余份。在产业扶贫上，光伏产业上，协调给贫困户贷款帮扶，有7户贫困户安装34千卡瓦光伏；连翘种植上，建成育苗基地，统一割灌育苗等方式帮扶，在荒坡种植连翘4亩育苗12万株；油用牡丹上，免费提供种苗，培训种植和管护技术等方式帮扶，种植油用牡丹75亩；另种植油葵15亩，发展壮大集体经济；畜禽养殖上，免费为贫困户提供200只价值4000元的产蛋鸡。在项目发展上，民宿休闲区建设基地投入运营，党支部书记带头成立了青松岭旅游公司，村委成立了畜禽养殖合作社，吸收带动本村和邻村村民务工，为村民创收10万余元。在易地搬迁上，完成20户，42人已入住新房。在资金支持上，支持5000元连翘育苗资金。在技术培训上，开展养殖技术等知识培训，培训贫困人口78人（次）。在政策宣讲上，宣传中央、省、市、县精准脱贫政策4次，从扶贫先扶志、先扶智入手，转变群众观念，使贫困户从“等、要、靠”向想脱贫、搞产业、增收入转变。

【无公害畜产品认证工作】 根据2017年度市定指标任务分解，单位承担“发展‘三品’养殖规模（万头或万只）”1项市定指标任务。安泽县惜乡园养蜂专业合作社已办理“晋朵儿”商标，无公害、地理标志证书，已报送认证资料，第三方机构对惜乡园养蜂专业合作社进行了现场检查，对产品进行了抽样，等待认证报告。

农机管理

【总体目标完成情况】 2017年全县农机总动力达到5.9877万千瓦，全县综合机械化水平达到48%。拖拉机拥有量3872台，其中大中型拖拉机646台，小型拖拉机3226台。拖拉机配套农机具7795部，玉米联合收获机57台，收获后处理机械70台，农田基本建设机械27台。全县实现农机经营总收入达到1000万元，纯收入达到620万元。培训各类农机操作手300余人次；认真落实党风廉政建设主体责任确实履行“一岗双责”，确保单位人员全年无违规、违纪问题。全年无重特大农机事故发生。

【农机具购置补贴政策】 2017年落实国补资金244.56万元，补贴农机具328台，受益农户200户。农机补贴正成为推进全县农机化发展的强力引擎，大大加速了现代农业发展进程。

【农机新技术推广工程】 大力推进深松整地项目，2017年在安泽县的7个乡镇30个行政村实施深松整地项目面积3.2万亩，补贴资金80万元。

【新型农机具推广工作】 安泽县玉米全程机械化收获还处于示范推广阶段，2017年安泽县完成玉米全程机械化作业面积3万亩，其中玉米秸秆还田作业面积5万亩。同时积极抓住玉米收获机的补贴工作，新增玉米收获机20台。

【农机社会化服务】 2017年新增农机大户1个，完成了冀氏镇冀氏村磨房、唐城镇固县村油坊升级改造工程。年可加工米面8万公斤，辐射周边16个村，1.5万多人口，基本上解决了当地农村农民米面加工难的问题，使农民群众吃上安全面、放心油。

按照“科教兴农、人才强农、新型职业农民固农”的战略要求，安泽县农机局利用农闲时节，于7月3日至7日在县委党校举办了2017年新型职业农民培训。来自全县各类合作社的骨干成员及新购机户、各乡镇分管农机的副乡（镇）长、农机员，示范典型代表近150人参加了此次培训。培训班聘请了临汾市农机局高级工程师张林田、李文革，以及安泽党校资深教师为学员深度讲解农机政策法规、作业要求、注意事项、年度检审验规定等，还在冀氏镇冀氏村现场为学员演示玉米种植的全程机械化，受到广大学员好评。

完成2017年农机社会化服务建设项目。项目资金10万元，项目要求用于农机合作社资产收益扶贫工作。该项目由冀氏村的锄禾农机服务专业合作社来具体实施，利用项目资金购买农机具及配套机具，合作社对机具作业收益进行单独核算。年终纯收益的60%用于贫困户的分红，40%用于合作社的发展。年终，冀氏村5户、半道村5户共10户贫困户每户得到分红602.4元。局里重点对扶贫项目申报、实施、验收和扶贫资金管理、使用、收益等方面进行全方位的监督。

【农机调查工作】 2017年按照省市农机局安排，历时三个月顺利完成农机调查工作。此次农机调查从7月初到9月底结束。经历了宣传动员，组织实施，调查汇总及调查成果总结分析等几个阶段。宣传动员阶段，县、乡（镇）分别召开动员会，举办乡（镇）、村农机调查员培训班，领会精神，提高业务水平。在调查过程中，各乡镇及村级农机调查人员入村到户，并深入田间地头，克服资金短缺，没有交通工具，天气热等一系列困难，认真细致地开展农机调查登记工作。

农业综合开发

【概述】 2017年，农业综合开发深入贯彻国家、省、市、县关于“三农”工作的决策部署，在县委、县政府的正确领导下，在上级部门及县财政局的大力支持下，认真贯彻落实“两学一做”学习教育常态化、制度化，维护核心见诸行动主题教育，加强“三基建设”，以高标准农田建设为平台，以“田园综合体”为载体，积极推进现代农业示范园区建设，立足实际，咬定扶贫攻坚，创造性地推进了农业综合开发工作，并在实际中取得了良好效果。

【农业综合开发项目】 1. 国家农业综合开发良马项目区高标准农田建设，该项目涉及良马乡良马、宋店2个行政村，高标准农田建设面积0.65万亩，总投资985万元。该项目于2016年7月1日下达批复，同年10月完成招标，10月底开工建设，于2017年9月21日通过市级检查验收，并得到好评。

2. 市级农业综合开发大黄村高标准农田建设，该项目涉及大黄1个行政村，高标准农田建设0.17万亩，项目总投资248万元。该项目于2016年7月下达批复，10月开工建设，2017年7月工程全部建设完工，于2017年9月21日通过市级检查验收，并得到好评。

3. 省级农业综合开发以奖代助资金项目，该项目涉及和川镇车道1个行政村，高标准农田建设面积0.06万亩，总投资90万元。该项目2017年4月份下达批复，经领导批示、标前评审、招投标、签订合同等一系列工作后，于6月底开工建设，现工程正在实施中。

4. 国家农业综合开发产业化经营财政补助项目，包括：1个龙头企业，5个合作社，项目总投资1038.94万元，其中财政资金510万元，自筹资金528.94万元，具体如下：

（1）由安泽县绿万里蔬菜发展有限公司承建的“2000亩连翘种植基地建设项目”，总投资429.9万元，其中：财政资金210万元，自筹资金219.9万元。（2）由安泽县禾润种植农民专业合作社承建的“1800亩中药材基地的建设项目”总投资126.06万元，其中：财政资金60万元，自筹资金66.06万元。（3）由安泽县红伟养殖农民专业合作社承建的“新增出栏1000只优质肉羊标准化养殖基地扩建项目”，总投资124.8万元，其中：财政资金60万元，自筹资金64.8万元。（4）由安泽县希望养殖农民专业合作社承建的“年出栏800只优质肉羊养殖基地扩建项目”，总投资151.89万元，其中：财政资金75万元，自筹资金76.89万元。（5）由安泽县牧兴养殖农民专业合作社承建的“年出栏600只优质肉羊养殖基地扩建项目”，总投资93.5万元；其中：财政资金45万元，自筹资金48.5万元。（6）由安泽县晋南黄牛养殖专业合作社承建的“新增出栏300头优质肉牛标准化养殖基地改扩建项目”，总投资122.4万元，其中：财政资金60万元，自筹资金62.4万元。

以上项目于2016年8月24日市级下达批复，9月项目单位开始实施，已于2017年9月21日通过市级检查验收，并得到好评。

【扶贫攻坚】 2017年根据脱贫攻坚帮扶安排，深入良马乡英寨村，因户施策、因人施策，想方设法帮他们增加收入，找出脱贫的方法与出路，切实做到“真扶贫、扶真贫、真脱贫”，并按期完成脱贫退出任务。驻村工作人员与英寨村两委班子成员在扶贫工作中走家串户深入每户贫困户家中、了解贫困户的生产、生活状况，分析致贫原因，针对每户的具体原因共同商讨脱贫措施、制定脱贫计划。

1. 开展“送技术进农户”活动，对该村村民进行了辣椒种植科技培训，为该村7户种植辣椒贫困户送去每亩一卷地膜、和一袋专用肥料。

2. 响应县委、县政府“美丽乡村”号召，为每户家庭发放了《致广大农民朋友的一封信》，带领农户开展环境卫生整治，组织村干部进行环境卫生检查，挨家挨户查看农户室内、庭院和后院环境卫生，改善了村容村貌。

3. 争取财政资金5万元，用于英寨村基层党组织阵地建设和修建英寨村共计500平方米的晾晒场。

4. 为该村13户贫困户每户发放“扶贫羊”1只；每个星期进行走访贫困户，并送去慰问品；协调贷款安装光伏发电等一系列措施，进一步激发了贫困群众的脱贫致富信心，拓宽了他们创收致富途径。

5. 实地走访贫困户，开展帮扶收秋工作，确保贫困户的农作物颗粒归仓。他们先后帮助张成生、马秋伏等贫困户收割玉米，完成玉米收割后向贫困户宣讲学习党的十九大精神与扶贫政策，同吃农家饭。

6. 为贫困户集中安置房送去床、床头柜、案板柜、桌子、凳子等生活必需品，帮助他们解决了实际困难，让他们真正感受到党和政府的温暖。

【学习教育】 2017年为推进“两学一做”学习教育常态化制度化、开展维护核心见诸行动主题教育，加强“三基建设”工作，党支部按照县委统一安排部署，在农发办全体党员中开展了“两学一做”学习教育常态化制度化、开展维护核心见诸行动专题学习教育工作，主要采取了几项措施：1. 成立“两学一做”学习教育常态化制度化协调小组，结合农发实际，制订实施方案，明确了学习内容，制订学习计划，抓好学习教育。2. 召开支部党员动员大会集体学习、党小组自选题目研讨，抓好集中学习和分散学习，要求全体党员抄写学习笔记，并撰写心得体会，达到“入脑入心”的目的。3. 开展班子成员带头学习，自觉做到先学一步、多学一些、学深一层，班子成员每个人要为全体党员上一堂党课。4. 根据省委加强“三基建设”工作的要求，不断强化基层组织建设，制定基础工作目录，通过每周一业务和党建方面知识的学习全面提升了全体干部职工的基本能力，促进农发工作迈上新台阶。

【农业综合开发土地治理项目资金整合】 2017年是安泽县脱贫攻坚中的关键一年，为全面支持打赢脱贫攻坚战，根据省政府《关于统筹整合使用财政资金实施精准扶贫的意见》（晋政办发〔2016〕101号）文件精神及县政府《关于统筹整合使用财政涉农资金实施精准扶贫的通知》（安政办发〔2016〕100号）文件要求，已整合2017年农业综合开发土地治理项目资金972万元。

【国家农业综合开发产业化经营财政补助项目】 2017年为不断推进脱贫攻坚进程，按照《临汾市农农业综合开发办公室关于做好2017年国家农业综合开发产业化发展项目申报工作的通知》（临农发〔2016〕125号）文件精神，共申报2017年国家农业综合开发产业化经营财政补助项目8个，申请财政补助资金共计420万元。于2017年11月1日，安泽县脱贫攻坚领导小组下达批复，各个项目正在实施中。（弓达）

果业服务中心

【机构设置】 1992年4月，安发〔1992〕22号文件，《中共安泽县委安泽县人民政府关于组建果树开发服务中心的意见》，将原林果服务中心改建为果树开发服务中心，将农业局的果桑站人、财、物划归果树开发服务中心，中心设主任、副主任。下设一室五科，即：办公室、财统科、生产技术科、供销科、质检科、审计科。近年来，随着工作的开展，业务量的不断加大，果树中心与单位主要职责范围不匹配，与全省果业部门名称不相符，不适应工作的需要，2014年3月，经编办更名为“安泽县果业服务中心”。果业中心为全额事业单位，编制8人，领导职数一正一副一纪检，设四个股室，办公室、财务科、技术站、质量科。现有人员22人，其中在职12人，退休10人。果业中心负责全县果树、药材、蚕桑、花卉、生产的组织指挥和协调调度；负责全县果业开发项目的考察、论证和审查及资金的引进和承贷承还。负责全县果树、药材、花卉、蚕桑生产技术的培训、推广和示范；负责办理果树、药材、花卉、蚕桑等苗木出入境手续。

【果业发展】 2017年，全县新发展水果面积1000亩。近年来，安泽县种植玉露香梨面积不断扩大，而且比较集中连片，便于管理。安泽县近三年开始种植，适应性较好，果农积极性较高。

【中药材发展】 2017年，全县新发展中药材面积1.53万亩，在县委、政府的政策引导下，2017年安泽县通过育苗、良种选育、坡耕地种植、荒山荒坡种植、野生抚育种植等连翘精细化种植管理模式，大力发展连翘种植业，提高连翘单位面积产量和效益。2017年中药材产业崛起工程项目，根据相关文件精神，已由县政府结合脱贫攻坚工作进行整合使用。2017年7月26日在北京人民大会堂举办“安泽连翘产业助力精准扶贫推介会”。9月筹备了第五届山西农特产品博览会—安泽中药材展馆有关事宜。2017年被省果业总站授予中药材先进集体。

【加大招商引资力度】 2017年为贯彻落实省政府和市政府关于《中药材产业走出去招商引资》的精神，进一步发展壮大安泽县以连翘为主的中药材产业。1、4月中下旬，安泽县组成考察团，赴云南、四川、甘肃等地对部分制药企业进行考察，内容主要是对药材产业园区建设、药材种植加工、与农户的对接模式以及食、药、健字牌注册产销模式进行考察，为安泽县连翘从花、叶、果进行系列开发寻找科学途径。

2. 引进安徽井泉药业集团公司落地安泽总投资2.7亿元。（1）计划租赁土地

5000亩土地和1万亩林地，建设中药材示范基地和抚育基地。（2）规划建设200亩中药饮片加工基地、400亩中药材育苗基地建设。（3）规划建设安泽县中药材康养小镇。2017年该企业已在安泽县注册成立中药材公司，并开始办公，5000亩土地目前已在马壁乡下石村落实1000亩、马壁乡卫寨村落地1000亩、冀氏镇白村落地1000亩。10000亩林地与兰村林场四址已确定，2018年建设。厂区用地已规划完成。

【精准扶贫工作】 2017年以“两学一做”活动为契机，狠抓落实，积极开展精准扶贫工作。帮扶村是杜村乡良种场村，全村总面积15平方公里，总户数19户，总人口52口，共计党员5名，村、支两委班子成员4人，主导产业以玉米为主。依托其自然条件，积极引导其发展种植中药材，在以玉米为基础的农产品上，利用荒山、二坡底等闲置土地，发展中药材种植，规划种植3亩连翘育苗；帮扶贫困户扩大养羊、养蜂等致富项目的规模；利用县上优惠政策，帮贫困户贷款发展光伏发电；协调有关部门，为贫困户办理农村低保，并协调易地搬迁河阳村；加强公共设施建设，修建漫水桥一座，修建水窑一座，架设三相高压电等，2017年12月已全部落实完成，投入使用。

【中药材普查工作】 自2014年5月13日，县委组建“安泽县中药材调查队”以来，中药材调查队对安泽县境内的野生中药材种类和资源开发利用现状进行普查。历时三年，通过中药材种类调查、野外采集样品、实物标本制作、图文资料编辑等工作程序，采集各类中药材标本700个，涉及650个品种，制作标本框700余个，编辑图文资料700余种，通过国家质检出版社出版发行《安泽县中药材普查大全（上册）（下册）》，完成出版。根据普查情况，安泽县具有开发价值的大宗中药材品种有二十余种。在今后的中药材发展中，安泽县将以此次普查为依据，引进企业、引进科研机构共同合作，循序渐进地对这些大宗品种进行大面积种植开发，逐步推动安泽县中药材产业发展，进而带动安泽县老百姓通过中药材产业致富奔小康。

【安泽连翘原产地保护工作】 2017年安泽县人民政府举全县之力投资百万元，在全县范围内发布通告，禁止提前采摘青翘行为，规定2017年全县青翘采摘时间从立秋（8月7日）开始。落实责任人，制定具体措施，全县各行政村成立禁止采青巡逻队，在各交通要道及山间道路设卡巡逻，禁止一切采摘（包括割冠采叶）、贩卖、运输、收购、贮藏青翘等行为，为安泽品牌建设和安泽连翘的良性发展奠定了坚实的基础。

（黄蕾）

新农办

【驻村帮扶工作组织保证】 2017年干部驻村帮扶工作是一项涉及多个部门的综合性工程，为促进贫困人口早日脱贫，1. 调整充实县委干部下乡领导组成员、县干部帮扶工作领导小组成员，做到目标明确、职责清楚，确保驻村帮扶工作取得实效。2. 制定并印发《关于进一步做好干部驻村帮扶工作的通知》《关于调整部分县直单位包扶村的通知》《2017度干部驻村帮扶工作考核方案》等多个文件，进一步规范工作队的帮扶职责、内容，确保了干部驻村帮扶工作有序进行。3. 按时编写简报，向上级单位和领导及时通报安泽县的干部驻村帮扶工作进展情况。共编写简报10期。

【驻村帮扶工作新举措】 驻村帮扶工作开展以来，县下乡办、各驻村工作队共同努力、不断探索，创新方式方法，确保帮扶工作落到实处。1. 落实领导责任制。实行单位一把手包村、班子成员和工作队员联户责任制，机关干部建立联系点，规定驻村时间不低于全年工作日的2/3。2. 建立健全工作机制。县干部驻村帮扶工作领导小组办公室在原有制度基础上，完善干部驻村督查问责制度、考勤请销假制度、签订帮扶责任书等，使驻村干部工作有方向，奋斗有目标，操作有规程，行为有准则。共制作脱贫攻坚帮扶责任书266份，其中县级领导帮扶责任书28份，市驻安泽帮扶工作队帮扶责任书12份，县级帮扶工作队帮扶责任书104份，乡镇班子帮扶责任书76份，第一书记帮扶责任书46份。3. 督导有方。2017年工作队驻村以来，组织相关人员组成督查组先后40余次深入到全县7个乡（镇）104个村，对驻村工作队的工作情况进行明察暗访和巡回检查，实现了所有村督查的全覆盖。在全县上下形成“主要领导亲自抓、分管领导全面抓、各单位负责同志分头抓、驻村工作队具体抓”的工作格局。

【驻村帮扶工作新成效】 1. 促进创先争优活动的进一步开展。各下乡工作组把单位创先进，党员争优秀活动贯穿学习始终，在学习中发现问题，在学习中解决问题，提高了全体党员分析问题和解决问题的能力。2. 促进干部和群众关系的进一步密切。下乡驻村工作组入村后，坚持把调查研究和解决问题贯穿始终，边查边改，把解决群众反映的“热点”“难点”问题作为重点，讲实话、干实事、求实效，耐心回答群众的问题。通过进村入户访民情、听民意，了解群众反映，及时认真梳理归类，组织村两委干部和广大群众进行思想解放大讨论，确定了各村近期发展目标和五年规划，明确了今后经济发展的方向。3. 促进干部作风的进一步转变。下乡驻村干部以转变作风，带着对人民群众的深厚感情工作，自觉做到不扰民、不给基层添负担，以实实在在的成效赢得群众的支持和拥护，树立了机关干部形象。4. 全县293名干部“回家乡、帮老乡”，做到包联贫困户全覆盖。5. 促进了经济的进一步发展。2017年全县驻村帮扶工作队有116支，其中县直工作队104支，市直工作队12支；28名县级领导，为群众办实事好事300余件，引进项目60余项，引进帮扶资金1860余万元。

（白洪斌）

烤烟开发服务中心

【机构概况】 安泽县烤烟开发服务中心隶属于安泽县人民政府，成立于1991年9月4日，下设7个职能股室：办公室、财务股、生产购销股、杜村站、府城站、和川站、工会。现办公地址位于安泽县泽民中路16号，现有人员40人，财政供养人员6人，财政补贴人员34人。

【党风廉政建设】 1. 成立党风廉政建设领导小组，主任任组长，副主任为副组长，各股室长为小组成员。2. 单位在年初及时召开会议，研究部署年度党风廉政建设反腐败工作，明确各股室党风廉政建设工作的目标任务。制定了单位党风廉政建设责任制，与机关各股室主要负责人签订了党风廉政建设责任状，严格按照“一岗双责”的要求，明确了单位领导班子成员分工和职责落实，按照主要领导负总责，分管领导抓落实，一级抓一级，层层抓落实的原则，确保全单位党风廉政建设工作的有序开展。3. 认真做好规章制度的“度、改、立”工作，进一步健全完善财务管理等日常规章制度，深入开展“两学一做”学习教育，以制度建设的常态化、长效化保障党风廉政建设主体责任的落实。4. 将党风廉政建设责任制考核纳入本单位年度目标管理绩效考核，将考核结果作为各股室和党员干部职工评先评优的重要依据；同时，定期召开主任联席会议，认真学习贯彻上级关于党风廉政建设的新部署、新要求，研究制定具体措施，作出工作安排，在年中、年末分析研究部署党风廉政建设工作，并组织力量定期、不定期开展督查，发现问题及时纠正，有力维护党风廉政建设责任制的严肃性。

【包联村扶贫工作】 2017 年包联的是杜村乡郭庄村，该村 238 户，676 口人，耕地面积 2020 亩，烟叶和养鸡是该村的主导产业。在精准扶贫这项工作中，配合村里召开两委会和群众代表会，按照“八不进”严格把关，共评出贫困户 58 户。工作组一行三人，按照县委县政府的要求脱岗驻村，深入贫困户家中，了解情况，制定脱贫措施，提供技术和物资支持。和村两委班子的共同努力下，49 个贫困户于 2016 年底全部脱贫，一户死亡，2017 年脱贫 6 户，一户死亡，仍有一户因学未脱贫。同时积极主动与村两委班子配合，合力探讨村民致富新路子。2017 年为包联村杜村乡郭庄村总计投资 5.5 万元。

气　　象

【气象现代化】 2017 年大力推进气象业务现代化，提高观测业务运行质量和效率，年初，在观测场安装降水类天气现象仪一套，并投入试用阶段。11 月，在黄花岭天然连翘抚育基地安装了一套集温度、湿度、风向、风速、实景观测为一体的连翘全生育期适宜性监测设备，为后期开展连翘花期预报研究、旅游气象服务奠定了良好的基础。本年度完成 3 处区域自动气象站骨干站站址堪选工作，安装工作正在进行中。气象测报、预报准确率和精细化水平不断提高，1—11 月，实现了地面测报、农气测报、通讯等各方面业务工作实现了基本无错情，报文传输率、数据可用性大大提高。

【气象防灾减灾】 2017 年，将乡镇气象防灾减灾工作纳入乡镇党委政府目标任务绩效考核，将防灾减灾工作进一步细化，责任到人。大力推进一体化预警信息发布系统应用，发布预警信息 169 条 30591 人次，发送短信 3 万人次。联合安泽县综治办将“气象服务信息”“气象服务工作”“气象防灾减灾预警”融入全县网格化管理平台，实现向全县10名社区网格长和313名农村网格长的及时接收下传信息。

【决策气象服务】 2017年在全县防汛抗旱工作会议上作专题汇报。及时向各级党委政府和相关部门报送决策服务材料。汛期与国土局联合会商，共同发布地质灾害风险黄色预警5次。与多部门配合，积极参加山洪地质灾害应急演练1次，防震减灾应急演练1次、道路交通事故应急救援演练1次。汛期气象服务是2017年工作的重中之重，在组织、规章制度、人员配备上及仪器设备方面做好充分的准备。密切关注天气变化，加强24小时值班及领导带班制度，遇有重大天气过程及时与市气象台联系分析会商天气过程，尽可能地做准每一次预报。7月28日，安泽县出现了今年以来最强降雨过程，针对此次大范围强降水过程，高度重视，准确预报，于26日通过电视、短信、微信群等形式制作发布天气预报、重要气象信息等，提醒公众做好设施农业防护工作，并为县领导及各部门提供决策依据。27日，值班人员和带班领导24小时坚守岗位，连续监测降水量情况和降水趋势，并多次与市气象台和县国土局、县水利局进行会商。在沁河庄站降水量达到35毫米时，及时向县国土局、水利局通报雨情，并与沁河庄村信息员联系，对沁河庄村周边环境进行现场调查并上报信息。在沁河庄站降水量达到45毫米时，及时发布了短临预报和暴雨蓝色预警信号，提醒各有关部门采取防范措施。同时，国土局、水利局相关人员已经入村开展山洪地质灾害排查工作，防范强降水可能诱发的次生地质灾害。

【公共气象服务】 2017年不断拓宽公共气象服务领域，气象服务多点开花，全方位融入百姓的日常生活。推进中央财政“三农”专项建设，组织“安泽农业气象”微信公众号建设，开展“黄花节”“小黄乡村旅游节”等旅游专业气象服务。在“春节”“两会”“五一”“端午”“高考”“中考”等重要节假日提前做好节日天气预报，并通过网络、电视、电子屏、手机短信、微信公众号、美篇等渠道发送，遇重要天气增加短时临近预报和乡镇预报的发布频次。全年共制作专题气象服务136期。

【三农服务】 2017年围绕全县农业开发重点项目、设施农业、特色农业等新型生态农业，积极开展特色气象服务。在春耕春播、夏收夏种等关键农时，根据农业生产的需求，向农民专业合作社、种植大户、镇政府及村委会提供专业农业气象服务，全年共制作专题农业气象服务材料64期；深入田间地头开展“直通式”气象为农服务10余次。安装设施农业大棚温湿报警器5套。与林业部门配合在春季对连翘花防霜冻开展专业气象服务1次。多方协调积极组织标准化气象为农服务示范县和标准化示范乡镇申报工作，深度挖掘气象为农服务效益和质量，全力以赴完成全国第五批标准化气象为农服务示范县申报工作，申报的一县两镇材料经山西省气象局评审全部通过。

【气象科普宣传】 2017年积极推进气象宣传教育，增强新闻敏锐感，采取多种渠道，获取气象消息、新闻，加强自身写作水平，写出深度、写出力度。全年宣传报道共完成中国气象报任务 2 篇，CMA 网站任务 1 篇，完成省局网站信息 53 篇，完成市级媒体宣传报道 1 篇。在“3·23”世界气象日、防灾减灾周、安全生产月、综治管理宣传、12·4 法制宣传日等活动中开展各类宣传活动 5 次，组织小学生开展科普教育活动 2 次，发放气象防灾减灾科普读物 2000 余份。

【精准扶贫】 2017 年积极响应县委县政府号召，组建驻村工作队，积极深入唐城镇冯子节村开展扶贫帮扶工作。把驻村帮扶干部党组织关系转移到帮扶村党组织，与贫困户同吃、同住、同劳动。按照扶贫工作“十个一”要求，俯下身子为贫困户制定脱贫计划，整理扶贫档案，帮贫困户采摘连翘、挑水、接通自来水、收秋、过生日等，全年驻村日数占到工作日的 2/3。在包联村安装了气象自动站，不间断地向村民宣传气象防灾减灾知识，讲解气象为农服务方面的知识，真正做到科技扶贫。为贫困户和包联村出谋划策，寻找致富之路。工作队的一系列的扶贫措施，不仅是让贫困户从政策上得到恩惠，而是实实在在为他们办实事、做好事、解难事，更让他们从精神上走向小康之路，让贫困户真正得到实惠，驻村工作队的付出赢得了全部贫困户的民心。

【党风廉政和文明创建】 2017 年认真履行全面从严治党主体责任，扎实开展“维护核心、见诸行动”主题教育、党风廉政宣传教育月活动和推进“两学一做”学习教育常态化制度化工作，组织学习贯彻落实宣传十九大报告精神。积极申报临汾市级精神文明单位标兵，制定创建方案，组织单位职工到省级文明单位安泽电业局现场观摩学习经验。按照市级文明标兵考评细则要求，积极开展“道德讲堂”“志愿者活动”“四德教育”等一系列文明创建活动，全面深化精神文明创建工作。

【社会化管理】 2017 年利用“3·23”“5·12”“安全生产月”“12·4”等主题宣传日进行气象法治宣传，增强公众气象法制观念；共计发放宣传资料和手册 2000 余份，接受咨询 30 余人次，对全县 36 家防雷安全重点单位开展专项安全检查，并建立全县危化企业防雷安全台账，强化防雷安全事前事中事后管理。

【亮点工作】 1. “微气象”为公众服务发挥大成效。近年来，安泽局不断适应新形势，利用新媒体拓展气象资讯服务渠道。于 2014 年创建了“安泽气象”微信公众号，开通了“安泽气象”腾讯微博，2017 年底新开通了新浪微博。2017 年微信公众号已拥有“粉丝”286 人关注，腾讯微博也有“听众”200 余人。今年充分利用微信公众号，每天坚持发布天气预报、气象科普等与生活密切相关的信息，第一时间发布预警信息，并派专人随时为公众解疑释惑，为公众搭建了一条获取气象预报服务的便捷渠道。“安泽气象”微信公众号在安泽小有名气，赢得群众纷纷点赞，诙谐幽默的语言加上各种表情配图，让安泽公众更爱看天气预报。县委书记李强也多次表扬气象局微信公众号做得好，并在自己的微信朋友圈点赞，评语“安泽气象局服务地方工作可圈可点、有板有眼”。2. 气象防灾减灾预警纳入网格化管理。与县综合治理办公室合作，将“气象服务信息”“气象服务工作”“气象防灾减灾预警”融入全县网格化管理平台，实现向全县10名社区网格长和313名农村网格长的及时接收下传信息。此项工作的开展更有利于推进防灾减灾体系向农村、向社区的有效延伸，形成县、乡、村三级综合防灾减灾预警协调机制，建立“横向到边、纵向到底”的网格化气象防灾减灾预警体系，提高全民应对和防御气象灾害的能力，走好气象为农服务“最后一公里”。3. 气象防灾减灾融入全县“三基”建设。

县委组织部主动将“三基”建设工作与气象防灾减灾工作相融合，10月26日，召集全县七个乡镇163名气象信息员举办了安泽县“三基建设”——气象防灾减灾暨气象信息员能力提升培训班，在防灾减灾融入“三基”建设工作中开创出一条抓共建、谋双赢的发展之路。

【特色农业气象服务】 2017年连翘是安泽县气象服务的一个重点，抓住这一着力点，春季连翘花期与林业局联合开展连翘花期防霜冻，秋季青翘采摘期，深入连翘采摘区，把《青翘采摘专题气象服务》材料送到农民手中，指导农民合理选择天气进行采摘晾晒。并在野生连翘生长密集区安装气象信息显示屏，当遇有重大或灾害性天气时，及时通过电话、短信、微信、显示屏等形式为农民、专业合作社提供气象信息。2017年，在黄花岭风景区安装连翘生长全周期气象监测系统1套，开展连翘全生育期的气象监测，根据连翘的不同的生育期有针对性地做好气象服务工作，并开始尝试制作花期预报服务产品，为安泽县打造国家连翘加工基地以及每年的黄花旅游月提供更优质的气象服务；同时，开发了集天气预报、预警、农业气象服务、连翘花期预报、连翘实景监测、灾情上报等功能的微信公众号，全力保障安泽县的连翘优质丰产。

建设 环保

城乡建设

【城市规划】 1. 规划体系逐步完善。《“十三五”近期建设规划》已编制完成，准备评审，《中小学校幼儿园建设规划》已完成编制并通过评审，准备报批；《安泽县县城消防专项规划》《安泽县地下管线综合规划》已完成编制并通过评审，正在完善中；安泽县总体规划修编项目已完成政府采购，正在编制中；安泽县经济开发区总体规划修编项目已向县政府提出修编申请；已完成县城历史建筑普查工作。安泽县总体规划体系部分调整项目已完成编制。

2. 严格按照规划报批程序实行审查，规划的科学、民主决策机制进一步健全。备案控规覆盖率达100%，正在进行技术维护工作，新安花园、锦绣大厦、农贸市场、农发行安置地等地段进行调规工作已基本完成。积极推行规划审批班子会议研究、公示等制度，增强规划透明度，打造“阳光”规划。

3. 规划管理工作进一步规范。在建设项目审批管理中，严格按照《中华人民共和国城乡规划法》要求，规范“一书两证”发放程序，2017年共核发选址意见书10份，建设用地规划许可证9份，建设工程规划许可证12份，“一书两证”发放率达100%。同时综合执法大队按照《中华人民共和国城乡规划法》要求，函告电力公司、自来水公司密切配合，对违法建设采取断电、停水等措施，坚决遏制无序开发、乱修乱建现象，2017年共查处违法建设4起700余平方米，有力维护了县城规划的严肃性、权威性和法律性。

【县城供热工程】 该工程总投资1.5亿元，总供热面积150.4万平方米，采取集中分散相结合的供热方式，热源厂占地利用现有锅炉房，进行区域供热，解决61个小区、2973户居民、87个单位的取暖问题，工程建设内容包括热源站、管网及配套设施。

2017年四个热源站均已建设完成，设备已全部安装到位，管网铺设约60公里，于2017年11月1日投入试运行。供热覆盖面积148.2万平方米，9473户，完成率为98%。

【城市污水管网改造工程】 工程预算总投

资 3585 万元，工程起点为月亮湾北侧与现有箱涵相衔接，终点南山根途经月亮湾公园，沿沁河西岸堤坝铺设 1.5 米×1.5 米箱涵 4200 米，连接泽民北路、育英街、府东街、义唐河、二中路等排污口。项目建设所需投资有安泽县县财政及农发行融资解决。

项目立项、环评、图纸设计、地勘测绘图审、工程造价、选址、规划、财审工作已完成，已完成施工单位及监理单位招标会，签订了施工合同及监理合同。11 月 24 日对工程涉及的苗木、土地进行丈量统计，准备开展苗木、土地补偿工作。

【农贸市场建设工程】 工程建设内容包括在城北修建农贸市场一座，一层，占地面积：3521.74 平方米，总建筑面积 1632.2 平方米，概算投资 523.59 万元；在城南修建农贸市场一座，两层，占地面积 3080.8 平方米，总建筑面积 3643.46 平方米，概算投资 1174.65 万元。

2017 年完成城北、城南农贸市场的选址、拆除、垃圾清运、场地平整、土地测绘、选址意见书登记、地质勘察、初步设计方案、施工图设计、可行性研究报告编制、财政评审、土地划拨、报建登记、节能认定、用地规划许可、规划许可证办理和监理采购等工作。城北农贸市场已竣工并完成验收工作；城南农贸市场主体已完工。

【棚户区改造工程】 安泽县府城镇城中村改造项目由府后街城中村改造片区、迎宾馆两侧城中村改造片区和安兴路城中村改造片区组成，涉及征收 171 户，总投资约为 1.48 亿元。

2017 年项目已列入省计划，印发《安泽县城中村改造货币化安置补偿办法》及《安泽县府城镇城中村改造项目货币化安置方案》，完成了项目前期测绘、区域价值评估、二次入户及资料归档、可行性研究报告的编制、项目立项、项目单一来源采购等工作，签订了《政府购买协议》《三方合作协议书》《项目监管协议》等相关协议，项目资本金 3102 万元及融资贷款 1.23 亿元已到位，项目前期融资贷款工作已全部完成，准备开展征收补偿工作。

【综合住宅楼建设工程】 工程建设内容包括：1. 新安花园项目（原永鑫佳苑）：拟投资 29547 万元在一中北侧修建 4 栋高层商住户楼，占地总面积 38384.55 平方米，总建筑面积 112809.19 平方米。2. 锦绣大厦项目：在人社局南部新建以综合楼和办公楼为主体的锦绣大厦，总投资 3000 万元，占地 3500 平方米，建筑总面积 9778.20 平方米。

2017 年，新安花园图纸设计已完成，用地规划许可、工程规划许可、项目报建、图审、非国有资金直接发包备案已经完成，准备办理合同备案，工地已进入冬季停工；锦绣大厦由于原设计方案超限高，需重新设计，现阶段可研、立项完成变更，规划调整完成，建设用地规划许可办理完成，正在办理建设工程规划许可证，待办理完成前期手续后开工建设。

【市容市貌管理】 2017 年按照建管并举的方针，积极探索建立城市管理长效机制，以突出解决占道经营、乱摆乱放、乱停车辆为重点，集中整治占道经营违规行为，通过宣传发动、媒体曝光、联合整治三个步骤，城市秩序和交通秩序有了明显好转。积极探索环境卫生保洁、管理的新机制，认真落实环卫保洁各项责任制，配备重型机扫车两辆、抑尘车一台，城市主要街道做到了定时清扫、定点机扫、全天保洁，城市垃圾日产日清，环境卫生质量稳步提高，城市面貌焕然一新。

【公共设施管理】 2017年加大安全供水管理、巡回检查和隐患排查整改力度，确保文明优质供水。加强路灯管理，着力解决有路无灯、有灯不亮的问题，抓好公共区域亮化工作，2017年，共安装、更换、维修隧道路灯90盏、巷道路灯110盏。同时，积极做好县城绿化养护、市政设施维护、民用燃气管理等方面工作，努力提高市政公用行业的整体服务水平。

【建筑市场管理】 2017年开展建筑施工安全专项整治、严格执行安全生产许可证制度、建立事故应急救援机制，重点落实各项安全制度，坚决遏制建筑施工伤亡事故。加强质量监管、全面落实各项质量法规制度、把质量管理严格贯穿到施工的全过程、验收的全过程，决不允许出现劣质工程和不合格工程。加大建筑执法力度，严格按法律程序办事，严肃查处违法建设工程项目，严肃查处违法招标和拖欠农民工工资行为，努力营造公平竞争、合法从业的建筑市场环境。在规范房地产开发管理中，严格市场准入门槛，严把规划审批、放线、验线以及竣工验收四大关口，加强监督管理，确保开发质量。严把环保关，县城所有建筑工地严格执行环保“6个100%”标准。

【完成各项整治活动】 2017年3月至9月，利用6个月时间，梳理城乡建设领域的稳定风险、突出问题和已形成的信访案件。涉及城乡建设领域的28件信访案件已全部化解完成，并完成网上结案工作。加强特定利益诉求群体上访人员的引导和维稳工作，专项行动期间，城乡建设领域未发生一起进京赴省到市上访、未发生大规模群体性事件、未发生极端恶性事件。完成环境卫生百日综合整治工作任务。3月至6月，清理卫生死角150余处，清理垃圾800余立方米，清理“牛皮癣”小广告6500余处，清理沿街破旧对联4500余处，涂料覆盖墙面300余处约20000余平方米，清理150余处破旧牌匾、横幅，清洗下水道口1200余处，取缔户外烧烤等摊点60余家，规范流动摊点、马路市场280余家，规范店外经营540余家。清理水域面积2.6万余平方米，维修清理检查井15个，维修安装污水井3座，维修安装污水管网330余米，更换井篦13个。完成城乡环境工作整治行动。截至9月份，共拆除种子公司、原面粉厂、县社等处危旧房屋60000余平方米；取缔私搭乱建，清理临时简易建筑3座，309沿路两侧建筑垃圾、杂物130余立方米，苫盖400余立方米；整治占道经营，取缔户外烧烤等摊点60余家，规范流动摊点、马路市场450余次，规范店外经营140余家，粉刷墙面70余处6700余平方米；清理“牛皮癣”小广告2600余处，下水道口430余处，卫生死角50余处，清理南外环猪厂旁垃圾100余立方米，北外环、一中等地的垃圾、杂草60余立方米。购置餐厨垃圾收集车2辆、配备餐厨垃圾桶270余个，并签订了门前五包责任书，向城区各小区发放垃圾桶150余个；修补府西街、府后街、二中路、文体后街等街巷坑洼道路约1000余平方米，对城区排水设施和污水管网进行了清理整治，清理检查井22个，更换井篦3个，清理府西街等街巷下水道2900余米，维修西北环隧道路灯90盏，拆除义唐河文化墙照明灯83盏；补种草坪200余平方米，月亮湾湿地公园浇灌1万余平方米，修剪3万余平方米，带状公园修剪1万余平方米，“一纵一横”灌溉8000余平米，隧道北口新栽冬青苗木1万余株；规范建筑工地管理，三个在建工程设置全封闭围挡600余米，工地主要道路硬化1000余平方米，新基坑开挖的新安花园项目主要进出口道路正在进行硬化，全部在建工程施工现场车辆严格按要求出入冲洗，清理施工现场苫盖土堆、料堆2000余方，在建工地共配备6台抑尘设备，出入车辆实行封闭式运输，确保运输过程不发生扬尘和建筑垃圾污染。

【住房保障工作】 2017年市定目标任务为完成公租房分配76套，全年完成投资3000万元。现公租房分配工作已基本完成，正在进行后期扫尾工作。2017年市定危房改造任务281户危房改造任务全部分解到户现已全部竣工，现已完成3个乡镇的验收工作，其他乡镇的验收工作正在加快进行中。

（尤劲晓）

房地产管理

【概述】 安泽县房地产管理局于2013年12月经市县两级编办批准成立，属安泽县住建局管理的副科级经费自理事业单位；2016年5月经县委常委会议研究，政府党组会议通过任命韩艺卿同志为第一任房地产管理局局长（保留原正科级）；现有工作人员12名，其中在编人员9名、公益性岗位1名、临时聘用人员2名；承担着全县房地产市场的监管、商品房预售许可、房屋权属、交易、测绘、租赁、中介以及物业等方面的管理工作。2017年，在县委、县政府以及住建局的正确领导下，以机关作风建设为主线，围绕不动产登记制度改革，先后完成了涉房业务流程规范、改革政策知识宣传、房地产市场执法、物业服务行业规范、“三项资金”监管等工作，为县域经济社会发展提供了应有贡献。

【机关作风建设】 通过推进“两学一做”学习教育常态化制度化，切实加强思想政治建设和作风建设，强化了干部职工责任意识、法治意识、服务意识、效能意识、廉洁意识，提升了整体素质，促进了全局工作作风的转变。除此之外，县委、县政府交办的其他工作也都取得了较好成绩。

【规范涉房业务流程】 不动产登记工作启动以来，排除时间紧任务重，交易和登记业务分开办理衔接程序上的困难，在与不动产登记中心充分的沟通协调下，积极理顺并开展业务，2017年共办理房产交易业务56宗、房产交易交易额1680万元；受理房产测绘业务19宗，测绘面积2090平方米；办理存量房（二手房）交易合同网签备案4宗，建筑面积508.46平方米，合同成交价格为1115000元；办理房屋抵押业务111宗。

【宣传房产法律法规】 2017年充分利用电

台、微信平台、广告屏对《房地产管理法》《城市房地产经营条例》《商品房预销售办法》等法律法规进行宣传，同时按照市里统一安排，组织全体干部职工在街面繁华地段上对涉及房地产领域的非法集资工作通过挂标语、印传单、发宣传手册的形式进行了广泛的宣传，收到良好的社会效果。

【房地产市场整顿】　2017年针对房地产企业违法违规销售行为抽调专门力量，调配专门车辆、配备执法记录仪进行专项检查，严厉查处违规销售、捂盘惜售、不明码标价、不公开房源、价格欺诈等违法违规行为，及时约谈提醒部分房地产企业，要求遵守房地产相关法律法规，规范房地产市场秩序。

【规范物业企业服务】　为促进物业企业诚信经营，规范物业企业服务行为，提高市在民满意度，2017年3月中旬对物业企业开展了一次专项活动，主要是对照物业企业文明创建标准，针对物业服务事项和收费标准公示、根据对10个物业小区的抽查情况，对较突出的物业企业下发了限期整改通知书，下一步将对整改情况进行复查。

【整合电子登记数据】　2017年集中全体登记人员全天候进行原纸质登记台账全部录入计算机信息，改善了原来查询、交易、出具证明需从原始纸质档案中查询，保证了原始档案的真实、完整性，便捷了群众办理交易、查询事项的简便和效率。

【房产交易与不动产登记有序衔接】　2017年自不动产登记工作启动以来积极与上级协调，与不动产机构充分沟通，认真配合不动产机构复制扫描原登记档案资料，消除衔接之间的梗阻问题，使群众能够及时办理业务。

【受理投诉、积极化解矛盾】　2017年共接到市长热线、随手拍、政府信箱、政府办转来以及来人来访案件23起，涉及房地产销售、物业管理、房产纠纷、行政诉讼等方面问题，都通过调查、走访、协调甚至参与仲裁诉讼，一一进行回复解决。

【完善“三项资金”监管】　2017年为了完善房屋维修资金、预售资金和交易资金的监督管理，专门成立了“资金监管办公室”对承办人员在市房产局进行相关业务的学习，建立相关制度和办理程序，使房屋维修资金管理办法、预售资金管理办法、房屋交易资金管理办法等涉及房产交易的法律法规得到有效落实，从而保证房屋交易安全。

【房屋租赁管理】　2017年进一步规范房屋租赁市场。积极参与户籍制度改革工作，强化同公安、工商等部门协作，加强对《商品房屋租赁管理办法》以及《临汾市房屋租赁管理办法》的宣传。截至12月，共完成房屋租赁合同备案55份。

【落实中心工作】　按照县住建局〔2017〕74号文件关于县城排水防洪岗位责任制及燃煤锅炉拆除工作的要求，先后组织全局干部职工特别是雨季来临时期深入到包联防汛区域石桥沟小河以北，义唐河以南区域排查检查，疏通河道，清理淤泥，保证顺利泄洪，同时专门设立了防汛值班室，排了值班表，准备了防汛物资并24小时值班，保证了随时有险情，随时出发；对燃煤锅炉的拆除工作，通过努力，把分配给2017年的拆除任务全部完成。

【服务县域重点工程】 按照县上关于长临高速征地拆迁评估以及县2017年、2018年棚户区改造项目工程的总体要求，抽调专门力量会同有关部门走村入户，认真核对房屋面积，积极宣传国家有关法律法规，圆满完成了今年配合征地拆迁评估和棚户区改造的前期测量工作。

【党风廉政建设】 2017年坚持贯彻党的十八大、十九大精神，持续深入开展党的群众路线教育实践和“两学一做”学教活动，着力增强宗旨观念，切实做到立党为公、执政为民；着力强化责任意识，切实履行党和人民赋予的职责；着力树立正确利益观，切实把人民的利益放在首位；着力增强党的纪律观念，切实维护党组织的团结统一，进一步加强当前形势、党纪国法、理想信念和宗旨教育、和道德教育，坚持从正面引导，不断提高党员干部大局意识、责任意识、法纪意识和为民意识，切实发挥好模范带头作用。 （宋春龙）

环　保

【概述】 2017年认真落实《临汾市关于环保部约谈暨全市环保突出问题整改工作实施方案》《安泽县生态环境治理攻坚目标责任状》《安泽县2017年大气污染防治行动计划》《安泽县2017年水污染防治行动计划》以及《安泽县2017—2018年秋冬季大气污染综合治理攻坚行动方案》等文件要求，强化责任，严格措施，突出重点，狠抓落实，持续推进生态环境综合治理，全县环境质量得到持续改善。2017年安泽县空气质量优良天数比例达75.8%，沁河张峰水库入口断面水质全年保持在地表三类水及以上标准，县城高壁集中式饮用水水源水质全年达标。

【工业企业深度治理】 2017年环保设施提档升级，严控工业企业污染排放，对14家工业企业进行深度治理，涵盖焦化、煤矿、洗煤三个行业。2017年深度治理投资达3.06亿元。2家焦化焦炉烟气脱硫脱硝深度治理工程已完工；工艺过程无组织排放收集改造工程完工；精煤、焦炭等产尘物料堆场已完成全封闭改造；其中永鑫焦化3台75吨燃煤锅炉烟气脱硫脱硝工程已完工，污染物达到火电厂超低排放标准。4家煤矿储售煤场完成全封闭改造；所有保留燃煤锅炉深度治理全部达到特别排放限值要求；8家洗煤企业全部进行停产治理，其中2家企业已完成改造，3家企业正在加紧改造，3家企业长期停产。2017年在督促企业加紧改造的同时，加大重点工业企业驻厂监管和交叉检查力度，按照市局要求派驻工作人员到安泽县2家焦化及其他县市企业进行驻场监管。

【燃煤锅炉整治工程】 2017年安泽县共淘汰燃煤锅炉135台，其中建成区燃煤锅炉及茶浴炉34台，309国道主干线两侧的洗车点、小饭店使用的营业性燃煤锅炉28台，乡镇行政事业单位燃煤锅炉73台。对于散户居民的燃煤治理，利用网格化体系加强居民的宣传、协调工作，鼓励居民使用低硫煤或进行“煤改电”“煤改气”清洁能源改造。

【清洁取暖改造工程】 2017年安泽县城区集中供热项目4个热源站已全部投入使用，管网铺设约60公里，供热覆盖面积148.2万平方米，供热户数9473户。

【低空面源污染治理工程】 2017年对辖区内涉及油烟排放的门店和食品生产经营单位的油烟处理设施进行摸底排查，12月已安装235台油烟净化器；城市露天烧烤摊点已全部取缔；全县现有16家加油站，已全部安装油气回收治理设施。

【扬尘污染治理工程】 2017年严格落实建筑工地施工围挡、物料覆盖、车辆冲洗、地面硬化、洒水抑尘、是发作业6个100%措施，在重点区域、重要路段配备抑尘设施，增加机扫车辆和喷雾车辆作业频次；联合交警、交通、公路等部门，持续加强道路扬尘的宣传及上路执法力度，共查处未密闭的渣土、混凝土运输车辆和各类散装物料、不苫盖篷布的运输车辆706辆；住建部门严格按照六个百分之百要求对建筑工地进行监管。

【散煤及散乱污治理】 2017年规范散煤销售渠道，加大散煤销售点的环保整治，取缔非法无证销售点，同公安、工商质监、安监等部门相互配合，在散煤生产、销售、运输、质量等各个环节予以严格监管。全县摸排散乱污企业，提出解决措施，对无法升级改造且不达标排放的企业落实“两断三清”措施彻底取缔，并严防异地重建和死灰复燃。

【水污染防治系列工程】 2017年永鑫焦化废水深度处理工程已完工并投运，2家焦化熄焦废水处理工程已全部完工；4家煤矿矿井水深度处理工程全部完工，出水水质达到地表水三类标准；5家私营加油站已全部完成加油站双层油罐改造工作；中石化所属的11家加油站正在全部进行双层罐改造。

【环保能力建设工程】 提升环境监测能力建设，2017年顺利完成了安泽县空气质量监测站点搬迁及上收工作；加强企业水、气主要污染物在线监测点位管理及在线数据有效性审核工作，重点排污企业全面实行远程自动监控，实现人防和技防相结合的污染源监控体系，严防超标排放现象出现；加强环境执法及应急能力建设，配备专业执法设备。

【环保督察整改工作】 2017年针对环保部综合督察交办信访举报的1件问题已整改完成；针对中央督察期间群众反映的5件问题，已全部整改完成；针对2016年全市环境保护大排查发现的18个问题，除垃圾渗滤液处理工程正在有序推进外，其余17个问题已全部整改完成；针对中央、环保部、省委省政府环保督察对临汾提出的共性问题，如产业结构、大气污染治理、环境基础能力建设等方面，安泽县通过强化主体责任，明确了整改时段，各项整改工作已全面铺开。

【环境监测站点周边环境整治工作】 2017年出台县城周边环境保护综合治理工作方案，环保、住建、食药监、居委会等部门联合执法，强化督查，共出动执法人员300余人次，收回散煤、劣质煤139吨，为其中110户居民采暖提供集中供热，并推动其余住户进行煤改电、煤改气等清洁能源改造工作。

【垃圾、秸秆露天禁烧控制】 2017年制定《秸秆焚烧工作实施方案》，给各乡镇下发《关于加强秸秆焚烧和综合利用工作的通知》，加大对露天焚烧农作物秸秆的查处力度，同时建立秸秆焚烧火点报告制度和秸秆焚烧值班制度，充分发挥报刊、电台、电视等新闻媒体的作用，大力宣传秸秆禁烧和综合利用的有关法律、法规和文件规定，并深入到各乡镇、街道、田间地头等人员聚集地发放宣传单。

【畜禽养殖污染防治】 2017年完成畜禽养殖禁养区的划定工作，完善6家畜禽养殖污染防治工作，推动了畜禽粪便资源化利用。

财政　税务

财　　政

【概述】　2017年，在县委、县政府的正确领导下，在县人大、县政协的监督支持下，深入学习贯彻党的十九大精神和习近平总书记视察山西重要讲话精神，全面落实县委、县政府各项决策部署，科学谋划，精准施策，全力以赴增收入、保支出、推改革、强管理，财政各项工作均取得新进展。在全市2017年度财政工作考核中，荣获全市财政目标责任综合考核特等奖、财政收入贡献先进奖、财政支出进度先进奖、政府债务管理先进奖、支持民生改善先进奖、财政工作信息先进奖等。

【公共预算收入】　2017年，全县一般公共预算收入完成40800万元，占预期目标30283万元的134.73%，超收10517万元，同比增长35.98%，增收10795万元，一举扭转了过去两年持续下降的局面，在全市进度排队第2名，增长排队第2名，总量排队第8名；财政收入提前39天实现首季“开门红”，提前78天实现“双过半”，提前165天完成全年收入任务，创历史新高。

其中：税收收入完成32935万元，为预算的172%。主要税种完成情况为：增值税完成19278万元，为预算的165.80%，增长133.36%；企业所得税完成3086万元，为预算的197.69%，增长246.74%；个人所得税完成1071万元，为预算的324.55%，增长342.56%；资源税完成3819万元，为预算的187.21%，增长91.04%；其他税收收入完成5681万元。非税收入完成7865万元，为预算的70.63%，下降45.34%。主要项目为：专项收入完成3450万元，为预算的109.51%，下降10.06%；行政事业性收费收入完成999万元，为预算的39.56%，下降74.21%；罚没收入完成677万元，为预算的281.54%，下降70.87%；国有资源（资产）有偿使用收入完成1274万元，为预算的58.13%，下降54.02%；其他收入完成965万元。

分部门完成情况为：国税部门完成19448万元，占预期目标11758万元的165.40%，超收7690万元，同比增长131.55%，增收11049万元。地税部门完成13487万元，占预期目标7390万元的

182.50%，超收6097万元，同比增长86.88%，增收6270万元。财政部门完成7865万元，占预期目标11135万元的70.63%，短收3270万元，同比减少45.34%，减收6524万元。

【公共预算支出】 2017年，全县一般公共预算支出累计执行93337万元，债务还本支出2500万元，上解支出44万元，合计支出95881万元，占预算指标111399万元的86.07%，比上年同期85744万元增长11.82%，增支7593万元，结转下年专项款5001万元，安排预算稳定调节基金10527万元。

全县一般公共预算支出分项目为：一般公共服务支出12541万元，为调整预算的98.32%；公共安全支出5902万元，为调整预算的99.38%；教育支出16639万元，为调整预算的98.07%；科学技术支出1097万元，为调整预算的100%；文化体育与传媒支出1321万元，为调整预算的72.78%；社会保障和就业支出6117万元，为调整预算的98.66%；医疗卫生与计划生育支出10142万元，为调整预算的92.09%；节能环保支出5051万元，为调整预算的100%；城乡社区支出1758万元，为调整预算的95.65%；农林水事务支出23524万元，为调整预算的95.15%；交通运输支出1507万元，为调整预算的53.82%；资源勘探信息等支出1142万元，为调整预算的85.42%；商业服务业等支出633万元，为调整预算的100%；国土资源气象等事务支出4162万元，为调整预算的95.22%；住房保障支出299万元，为调整预算的100%；粮油物资储备等管理事务支出303万元，为调整预算的100%；债务付息支出1199万元，为调整预算的100%。

【财政政策落实】 1.结构性减税政策，从2017年4月1日起，取消环境监测服务费每吨3.7元，全年共为企业减负1336万元，确保企业轻装上阵。2.加大争取资金力度。全年共争取上级财政资金19000万元，有效弥补了县级财力的不足，其中：争取置换债券资金15000万元；争取新增债券资金3000万元；争取省财政扶持村集体经济发展项目资金1000万元。同时，积极申报2018年美丽乡村建设资金1000万元，已通过市局初步考察。3.加大融资担保力度。为县安投公司注册资金3102万元，用于全县城中村改造；县担保公司为2家企业提供担保贷款355万元，融资担保实力显著提升。

【民生保障】 始终把民生改善作为财政工作的着力点，科学调度好有限的财政资金，将政策支持和财力保障的重点向民生领域倾斜。2017年，全县民生支出达72419万元，占一般公共预算支出的77.67%。其中：县级财政投入资金31711万元，支持全县“一纵一横”工程、永鑫铁路线土地补偿、农贸市场建设、城中村改造、步行待改造、集中供热、数字电视全免费、意外伤害保险全免费、十二年教育全免费等重点工程及民生实事建设。同时，按照省市财政部门关于做好“三基建设”财政投入保障工作的要求和县委有关要求，自我加压，不断加大资金投入，共投入资金7037万元(其中：县财政配套4689万元)，全力保障了基层组织运转、乡镇工作人员补贴、乡镇周转房建设、扶持村集体经济发展、驻村工作队经费等，为加强全县基层工作有序发展奠定了坚实的基础。

【脱贫攻坚】 充分发挥财政在脱贫攻坚中的重要作用，积极支持全县顺利实现脱贫摘帽。2017年，共统筹整合涉农资金19058万元用于扶贫领域，整合率达100%，做到了应整尽整；将统筹整合资金全部用于全县易地扶贫搬迁、生态扶贫、教育扶贫、社会保障兜底、发展生产、基础设施、金融扶贫三类七项203个脱贫攻坚项目，资金拨付率达100%，有力地促进了全县脱贫攻坚工作。同时，积极落实强农惠民政策，发放各项惠农补贴资金8600余万元，惠及农民6.7万人；加强农业综合开发，投入资金420万元，积极实施2017年产业化项目；推进农村综合改革工作，投入资金317万元，实施“一事一议”财政奖补项目等。

此外，积极落实“支部包村、干部联户”帮扶机制，全力做好驻村帮扶工作。2017年，积极发展财政优势，向上争取资金920万元支持包联的沁河庄村发展红色旅游、发展光伏发电、发展民宿等，现已接待游客8万人次，旅游收入7万余元，光伏发电每年可增加村集体收入15万元；局下属包联单位也积极为各自包联村修建晾晒场、发放“扶贫羊”、铺设村中水泥路、扩建通村路、修下水道、修建文化墙等。此外，积极开展“手拉手、帮收秋”活动，帮助孤、残、年老体弱等无劳动能力的贫困户“抢秋”，受到了贫困户的一致好评；在春节、“七一”、中秋等重大节日之际，各支部都为老党员和贫困户送去慰问品和祝福，拉近了与贫困户的感情。

【财政改革】 2017年进一步严格部门预算编制，强化预算约束，加大预算公开力度；积极盘活财政存量资金5515万元，切实提高资金使用效益；全面深化国库集中支付改革，全年共审核原始凭证66372张，办理业务36386笔，支付金额19.61亿元，拒付不合理支出98笔，拒付金额达84.7万元；加强政府采购管理，全年办理采购项目214项，采购预算11682万元，采购资金10045万元，节约资金1637万元，节约率14%；加强非税收入征收管理，确保非税收入足额入库；加强国际资金管理工作，按时归还上级本息；加强财政投资评审管理，全年评审预算项目74个，送审金额2.32亿元，审减金额1360万元，审减率5.86%；加强矿区称重计量工作，全年计量过站煤焦653.78万吨；启动财政票据电子化改革；开展内部控制规范体系建设；开展财政专项检查，强化财政监督；加强预算绩效管理，提高资金使用效益；加强国有资产管理，规范处置行为等。

【队伍建设】 1. 深入开展“两学一做”学习教育和主题教育。2017年结合“两学一做”学习教育常态化制度化、开展维护核心见诸行动主题教育，详细合理的按月制订学习计划，坚持每周各支部书记、各股室股长轮流领学授课，从党的光辉历史、十八届六中全会精神，从习近平重要讲话读本、视察山西重要讲话到十九大精神，全年累计授课达到30余次，做到了人人有笔记，人人谈体会。全年笔记每人达到3万余字，心得体会每人5篇以上。同时，积极参与“两学一做”、“清风临汾”网上答题和助力临汾投票活动，通过系统全面的学习，切实推进“两学一做”学习教育从集中性教育向经常性教育转变，形成人人学党章党规，个个争做合格党员的良好氛围。2. 加强党风廉政建设工作。严格落实党风廉政建设“两个责任”，全面贯彻从严治党主体责任，不断增强财政干部拒腐防变的能力。年初，召开全县财政系统党风廉政建设工作会，对2017年反腐倡廉工作进行全面部署，并与局属各单位负责人签订《党风廉政建设责任书》，层层压实主体责任；年中，利用各类会议传达中央、省市落实“全面从严治党”主体责任的有关精神，并部署“全面从严治党”的具体工作；年末，及时上报情况，总结经验，完善制度，切实做到守土有责、守土尽责。3. 加强队伍素质建设。以创建省级文明单位为目标，以提高财政干部职工整体素质为抓手，坚持每周二开展一次集中学习，每周五举办一次“财政干部教育培训班”，累计举办30余次；每月举办一期“道德讲堂”，共举办6期，坚持参加中央、省、市、县各级培训班，持续提升财政干部基本能力，并建立了“财政干部基本能力提升档案”，一人一档，实行痕迹化管理。4. 狠抓机关内部管理。结合实际，制定了“一目录三手册”，即：基础工作目录、管理手册、应知应会手册、便民服务手册。进一步规范完善各股室工作流程，并全面上墙；强化效能建设，坚持推行服务承诺制、首问责任制、限时办结制，一次性告知制、AB岗等8项制度；不断完善财政办公一体化和县政府OA办公系统，加快公文流转，切实提升机关工作效率和工作质量。

（梁贝贝）

国家税务

【党建工作】 2017年以开展“两学一做”学习教育常态化制度化、维护核心见诸行动主题教育为主线，全面规范党建工作，全面提升党员干部修养，不断强化党组织核心建设，切实抓好政治履职。1. 自觉把“从严治党”总要求贯彻落实到日常工作，规范“三会一课”等组织生活，提升党员思想政治水平。先后组织开展了党支部、党小组不同层面集体学习41次，班子成员讲党课6次，开展党员活动日10次，测验5次，交流研讨2次，召开民主生活会和组织生活会各2次，班子成员以普通党员身份参加组织生活会，通过这一系列工作，全体党员在党言党、在党忧党、在党为党意识进一步加强；2. 以群团改革为契机，进一步加强了群团组织建设，并积极发挥作用，在精准扶贫、省级文明单位、省级青年文明号和市级巾帼文明岗创建工作中，工青妇等群团组织作用明显；3. 抓住“两个责任”落实不放松，确保党风、作风持续转变。通过层层签订“两个责任书”、开展12次专题学习，使全员时刻绷紧全员廉政弦；通过持续开展“四风”政治，反“四风”在安泽县国家税务局已成为常态；通过经常性开展执法监察、纳税人回访和行政效能监察，使全局工作始终沿着正确的轨道前行。4. 建立“党员+团员+扶贫对象+志愿者服务云”工作平台，通过这一平台，党的政策方针、习近平总书记重要讲话精神，党建工作要求、方法及时传达到每个党员、每名帮扶对象；党员之间、党群、税务干部和贫困户之间通过这一平台，有了“连心桥”、“关系带”；这一平台，创新了安泽县国税局思想政治工作方式方法，党建工作心交流沟通得以进一步加强，形成安泽国税党建工作一大特色，树立“安泽国税党建”品牌，使安泽国税党支部战斗堡垒作用和党员先锋模范作用得到了更加有效地发挥，为全面完成2017年各项工作，提供了坚实的组织保障。

【组织收入】 2017年，确定的收入计划为42910万元，实际完成税收收入71311万元，其中，县级税收收入完成19448万元。组织收入顺利完成，得益于安泽县国税局在2017年建立了“五个体系”，即：新型收入管理体系、税收数据分析指标体系、税源监控动态分析体系、会统核算监督体系、税收优惠政策落实分析体系，通过这“五个体系”，组织收入工作的主动性和前瞻性进一步增强，月度、季度收入分析进一步精准。

【绩效考核】 1. 把全局工作任务分解到每个岗位，使每项工作任务都有具体的承办人。2. 认真做细做实绩效指标。通过工作例会，全员参与到绩效管理指标制定全过程，并在年终随着工作任务的变化而不断修正考核指标，确保绩效指标能够定位工作目标、引导工作方向。3. 加强工作督导。成立了专门的绩效办，坚持实地督导为主、案头检查为辅，定期开展工作督导，指出问题，提出方向，促进整改，保证了绩效指标高水平、高质量落实。4. 严格考核兑现结果应用。把绩效考核作为评先选优的主要依据，严格按照绩效考核办法，坚持公平公正公开原则，实事求是进行考核，确保考核结果经得起检验、经得起推敲、经得起质询。

【数字人事】 1. 通过个人自定和领导推送，明确了每名税务干部的工作任务。2. 每名干部结合每天工作任务完成情况，记录工作纪实，并进行晾晒，同时，指定专人，对工作纪实记录情况进行每日通报；3. 股室负责人和分管领导，按季度对个人工作纪实进行评鉴。上述所有操作，均能留有痕迹，年终，系统会自动生成每个人的现实表现，再结合绩效管理系统，最终对每名税干一年的工作实绩客观的反映出来。

【精准扶贫工作】 2017年坚持在帮扶村和川镇双头村驻村帮扶。争取了20万元扶贫资金，帮助双头村改善村貌、环境、发展产业，县局每名税务干部结对帮扶贫困户，针对性的制定了脱贫措施，开展“手拉手、帮秋收”活动，并上门走访、慰问，通过努力，双头村2017年能够实现脱贫目标。

【法治税务建设工作】 2017年对内，通过开展学习培训、警示教育、执法监察、“一案双查”等工作，全力加强法制意识的培育，提升干部法律素养，最大限度减少不会用、不敢用和乱用的问题；对政务、党务进行了规范化建设，厘清了权责范围；对外，通过一系列税收专项检查和打击各类涉税涉票违法犯罪活动、建立纳税人失信“黑名单”和纳税信用综合管理体系等，提升了税法遵从度，使得全县税收法治环境进一步优化。

【“营改增”扩围工作】 2017年加强纳税

申报和发票使用等业务的后续管理，特别是对可能出现虚开的建筑行业，加强了管理；进一步夯实征管基础，按照分类管理、分级管理的专业化要求，实施重点税源专业化、一般税源精细化、小税源规范化管理模式，提升了税收征管效能。

【国地税合作】 2017年同县地税局在税收执法、税收宣传、纳税服务等税务业务方面实现融合、实现了纳税人“走进一个门、办完两家事”，还在党建、“四风”整治等方面实现融合，为全市国地税合作树立安泽品牌、提供了安泽经验。

【纳税服务工作】 2017年从当好县域经济发展的助推器这一点出发，以落实《国务院关于支持山西省进一步深化改革促进资源型经济转型发展的意见》和《全省税务系统优化税收营商环境服务经济转型发展实施意见》为重点，持续开展“便民办税春风行动”，将办税服务厅建成了综合一体的全职能线下办税服务平台；建立“安泽国税”微信、微博、QQ平台内容，打造热线、网线、无线并行互通，集宣传、咨询、维权等为一体的综合性网络服务平台；建立税务、银监会、银行、企业贷款平台，此举使诚信纳税的小微企业在争取贷款资金方面，大大便利；狠抓税收优惠政策落实，采取送政策上门、送辅导上门等措施，帮助企业用足用好税收优惠政策，2017年共计减免税2072万元。通过这一系列举措，最大限度地便利和服务了纳税人，受到了纳税人的高度赞扬。

【干部教育工作】 2017年着眼安泽国税事业长远发展，把激发活力、凝聚共识作为破解当前干部队伍建设难题的主要抓手，坚持从干部个人切身需要出发，把提升能力、解决实际问题作为调动干部积极性的主要途径。1. 改进和充实了教育培训方式和内容。创新性地开展“你我讲堂”活动6期，十余名一线干部走上了讲台，既分享了自己的学习工作心得，也促进了综合能力的提升；2. 每月开展一次小测试，检验学习成果；3. 通过“一人多岗”“跨股室兼职”等培养使用，使有能力、敢担当的干部，人尽其才，才尽其用；4. 通过深入推进精神文明建设，打造特色鲜明的国税文化，营造了积极向上、争先创优的良好氛围；5. 对干部进行职业道德教育和警示教育，在全局营造出了以廉为荣、以贪为耻的良好氛围。

地方税务

【机构概况】 安泽县地方税务局于1994年9月正式成立，现有干部职工54人。其中，党员干部43人，占全局人员的81%，大专以上文化程度占98%。县局下设五股二室，三个直属机构，四个税源管理所。负责全县687户企业及1284户个体工商户的税收征管工作，承担着资源税、企业所得税、个人所得税、土地使用税、城建税、印花税、房产税、车船使用税、土地增值税、烟叶税、耕地占用税、契税、水资源税、环境保护税共14个税种和工会经费、教育费附加、地方教育费附加、排水水资源补偿费、河道维护费、残保金6项规费的征收管理工作。

【税收收入】 2017年，共组织各项收入48237万元，与上年同期相比增长115.76%，增收25880万元，各项收入增幅全市第一，地方公共财政预算收入增幅全市第二，收入规模全市第六，创近年来最好水平。其中：税收收入完成42665万元，完成年初测算计划21800万元的195.71%，上年同期完成19581万元，同比增长117.89%，增收23084万元；其他收入完成5572万元，同比增长100.72%，增收2796万元。

税收任务的圆满完成得益于以下九方面：1. 2017年煤炭价格持续上扬，煤焦行业企业所得税累计完成12744万元，同比增长562%，资源税、城市维护建设税实现大幅增长，分别完成18734万元、2872万元。2. 对房产税、城镇土地使用税、车船税底册、底数重新进行核实核查，增加了地方固定税源。3. 加大欠税清缴力度。4. 贯彻落实市局加强印花税管理的办法，结合实际出台印花税管理办法，规范了印花税的管理，全年入库印花税238万元。5. 加大契耕两税及烟叶税清查力度。积极争取县政府的支持，与国土、住建等部门协作，定期召开协调会，形成协税、护税长效机制。6. 综合治税成效明显。与财政、国税、工商、统计、国土、住建、环保、水利等部门建立了单位联席会议制度，实现信息交换、传递、共享，确保税款应收尽收。特别是今年水资源税、环境保护税开征后，一方面局领导及时向县委、县政府汇报，争取政府支持；另一方面主动协调联系财政局、水利局、环保局等相关单位做好两税开征前的各项准备工作。通过县局与税源管理单位上下齐心、齐抓共管，水资源税首个征期工作运行平稳、秩序井然，征收税款146万元，减免税款3.5万元。7. 做好所得税汇算清缴工作，个人所得税汇算共完成58人申报，应纳税额115.23万元；企业所得税申报汇缴户数75户，入库税款4670余万元。8. 加大纳税评估力度。把纳税评估工作作为管理重点税源企业的主要措施，做到以评促管、以评促收。其中阳泉煤业集团安泽登茂通煤业有限公司2014—2016年专项评估入库税款2399万元，规费9万元，滞纳金53万元。9. 与国税互派进驻大厅，在国地税通力协作下，在国税大厅征收地方各税4631万元。

【优化税收环境】 贯彻落实送政策。领导带队，国、地税联合选派20名税务干部，组成10个入企调研服务队，深入重点税源企业开展入企调研服务，积极宣传省局“28条”措施和市局“60条”措施，与企业对接，入企宣讲十九大精神、讲政策、送优惠、解难题。

老旧企业房产税、城镇土地使用税征收。2017年县委、县政府创建文明县城、开展环境整治工作，对年久失修的企业和旧房进行拆除，一些老旧企业的土地全部划为公共用地，征收房土两税的矛盾更加明显。针对实际情况展开专项调研，按照实事求是的原则终止不涉税企业的房产税、城镇土地使用税。

红利尽释办实事。在落实省局28条措施短短2个月内，享受小微企业所得税优惠政策的纳税人达到67户，减免税额7.4万元；个体工商户销售额不足3万元个税征收率核定为零，涉及1804户，共减免税额3.74万元；全县40户房产税纳税人调整房产税余值扣除标准，为纳税人减征税款40.97万元；审批延期缴纳税款户4户，涉及税款4325万余元。

【征管体制改革】 2017年国、地税联合开展税收征管基础管理，建立常态化联席会议制度；联合推动服务深度融合，实现从“一个大厅，办理两家业务”到“一窗一人一机”新合作模式的转变；联合开展“纳税信用等级评价”，实现了一套标准评价、一个时间发布；联合开展税务稽查，积极探索重大案件查办过程中加强协作的新思路、新方法；联合开展房地产一体化税收管理工作，以房地产开发环节增值税管理为基础，对房地产开发企业税收实施项目管理；联合开展党建、行风建设和队伍建设；联合开展税收宣传，通过安泽县电视台、国地税网站、微信平台等多种渠道进行了合作宣传，联合举办三次纳税人学堂；联合开展“大企业”个性化服务，建立县级大企业户，建立“大企业微信群”，及时解决纳税人涉税疑问。

【法治建设】 2017年开展税收执法督察自查工作，组织的自查工作涉及唐城四家企业，自查税费199万元，全面推行“双随机、一公开”执法监督工作。风险应对工作进一步强化了税源管理单位的责任意识，税款入库率大幅提升。开展税收执法大督察工作，对坚决不收“过头税”，严守依法征税底线；坚决落实减免税，助力企业加快发展；全面推开营改增试点，涉及9类171条数据全部整改落实。落实小微企业优惠政策，优化纳税服务。按照优惠政策全面覆盖，宣传不漏一户的标准。分层次、多渠道、多平台、多视角开展税收政策宣传工作，并持续不断优化纳税服务，确保纳税人能够及时享受优惠政策。开展小微企业摸底调查，对年应纳税所得额50万元以下的企业，逐一筛选排查，及时掌握应享受优惠企业的有关情况。

【地税文化建设】 1. 2017年将“安泽地税微平台”作为“互联网+税务”的一项重要内容，同时作为推进绩效管理的一项重要工作。安泽地税绩效群对绩效管理工作进行全方位的安排部署。精简绩效考核指标，减轻一线干部工作量。2. 2017年开展庆“三八”主题联欢会；到烈士陵园进行扫墓活动；开展各类志愿者服务活动；参加植树活动；开展“拥抱大自然，徒步青松岭”为主题的徒步健身活动；举办税企篮球友谊赛；组织全体女税干进行了端午节包粽子活动；参加庆“七一”歌咏比赛；参加霍煤煤电杯迎国庆乒乓球邀请赛；与国税一起赴刘少奇路居地开展主题党日活动等。本着“发挥优势、突出特色、注重结合、务求实效”的原则，先后开展了“无私奉献、继续前行”“中国梦、地税梦”“团结协作、奋力前行”“助人为乐、蕴德于心”的道德讲堂。在重阳节，还对退休老干部进行了慰问，在春节前夕，走访慰问了退休老干部、困难职工、贫困户及市、县级道德模范。顺利通过省级文明单位验收工作。

【“三基建设”工作】 2017年将“三基”建设作为促进税收工作的核心动力，努力探索新形势下基层组织建设的新路子，促进安泽地税事业的蓬勃发展。以班子建设为中心，加强思想建设，树立对标一流意识，召开民主生活会。提升能力素质，增强干事创业本领，不断加强业务学习、交流、研讨，提高领导班子的战斗力，使大家努力成为本职工作和分管领域的行家里手。在2017年度市局绩效管理与目标责任制考核工作中领导班子荣获2017年度全市地税系统优秀领导班子殊荣。机关“多功能培训教室”和视频会议室的建设与运用，成为税干学习培训的新阵地，彻底解决了多年来学习培训场地，实践教学、现场演示、人机互动的硬件瓶颈，为全局税干提供了学习、培训的新舞台。组织全体税干赴曲沃、大同进行全员素质提升培训。举办税务稽查专业技能培训、法律知识培训、网络安全培训，激励年轻税干参加省、市局业务能手选拔考试，3名同志获得市级业务能手称号，营造了“比学赶帮超”的良好氛围。

【驻村帮扶工作】 2017年地税局党支部作为基层党组织的一员，成立扶贫领导组和驻村工作队，建立“5+2”“白+黑”“3+X”工作模式，通过“会议促落实、与民结对子、扶贫长驻村、知情谈措施、谈心树信心、慰问暖人心”等倾情扶贫举措，与帮扶贫困村和川镇安上村进行对接。通过光伏产业扶贫、发展油用牡丹、划分连翘采摘区域、发展辣椒种植等具体帮扶举措，同时积极争取16万余元扶贫资金用于发展壮大农村集体经济，确保了包联村2017年真脱贫、脱真贫。帮助安上村建设村级活动场所，为其完善桌椅等办公设施，使村两委的办公环境和支部阵地建设提档升级。积极响应县委、县政府号召，成立“手牵手 帮秋收”突击队，班子成员带队与税务干部先后100余人次赴和川镇安上村为10余户贫困户收玉米。

国库集中支付

【预算内外集中支付业务】 2017年12月30日，共审核原始凭证66372张，办理业务36386笔，支付金额19.61亿元，其中办理退款更改业务162笔，涉及金额274万元，拒付不合理支出98笔，金额达84.7万元。

【支付核算报账程序】 1. 严把报账“受理关”。在报账受理过程中，从原始凭证把关入手，做好源头监管，对不合规、不完整、不真实应补充和更正的凭证予以退回，要求纠正和补充后再报账，并向报账员做好解释和业务辅导工作。2. 严把报账“政策关”。会计核算是一项政策性很强的工作，严格按照有关财经法律、法规和制度，严把政策关，对单位未按规定办理政府采购手续的、不遵守八项规定的支出事项坚持不予受理，3. 实行支付“交叉复核”。每笔支付业务都必须经过分管会计初审、主管会计复审，真正形成事前事中有效控制、事后跟踪问效的资金支付使用监控模式。

【控制开支】 2017年坚决贯彻落实党中央“八项规定”“六项禁令”以及提倡节约制止浪费等规定要求，严控一般性行政开支，特别是加强对三公经费及招待费的控制，要求外出符合公务卡使用范围的必须使用公务卡进行结算。

【国库支付数据自动对接工作】 2017年积极做好银行、财政之间的数据自动对接问题，提高国库支付工作的质量和效率，做到及时清算。为安泽县财政资金管理把好关。

【党风廉政建设】 1. 抓学习。结合“两学一做”教育实践活动，组织全体党员重点学习《中国共产党章程》《习近平总书记系列重要讲话读本》，抄写笔记3万余字，撰写心得体会5篇以上，并多次组织学习交流会，结合业务工作开展大讨论，围绕工作实际谈学习、谈认识、把“两学一做”活动贯穿到日常的工作生活中去。2. 加强自身廉政建设。认真执行廉政建设的有关规定，杜绝“吃、拿、卡、要、”和报人情账、关系账现象。规范日常管理，严格纪律作风考核，使支付工作忙而不乱，有条不紊，维护好窗口形象。3. 做到警钟长鸣。让干部职工时刻保持高度的廉政意识，保持良好的机关作风，保持清正廉洁的支付队伍形象。

国际资金管理

【落实还贷工作】 2017年落实还贷工作是一项重点工作。为确保项目引得进、用得好、还得起，维护政府信誉，防止形成累欠积多，采取各项措施，确保本年还本付息工作的顺利完成。主要措施有：1. 全面落实责任，对国际金融资金回收工作采取分组包片的办法，实行机关人员包联乡镇、乡镇财政所人员包联到户责任制，签订回收任务目标责任书。2. 统一印制催款通知书，由包片责任人进村入户，送到贷款户和项目单位。3. 想方设法对贷款户基本情况进行了解，变通方法督促他们及时还款。

【项目管理】 2017年，本着规范项目管理的目标，结合“中心下移、着眼基层、突出服务、加强基础”的工作方针，加大对项目的监管力度，全面提高监管水平。已引用国际资金的项目单位的财务状况、偿债能力、项目财务效益、投资进度等进行调查摸底，加强项目的跟踪问效，进一步规范了账务，提高了资金使用效益。及时转发省、市有关国际金融贷款项目的办法、通知，让一些企业和项目单位尽快了解相关情况，使项目单位了解上级政策，有章可循，有据可查，规范操作。

【脱贫攻坚】 2017年，先后组织对马壁乡马壁村和和川镇河东村进行包联帮扶，对贫困户的帮扶进行了分配，挨家挨户了解情况，进行入户调查。实行专职人员驻村制度。吃住在村，更贴近的了解贫困户的生活，帮助他们脱贫。1. 健全精准扶贫工作机制。抓好精准识别、建档立卡这个关键环节，为打赢脱贫攻坚战打好基础，为推进城乡发展一体化、逐步实现基本公共服务均等化创造条件。按照扶持对象精准、项目安排精准、资金使用精准、措施到户精准、因村派人精准、脱贫成效精准的要求，使贫困户通过产业扶持、转移就业、易地搬迁、教育支持、医疗救助等措施实现脱贫，其余完全或部分丧失劳动能力的贫困人口实行社保政策兜底脱贫。对建档立卡贫困村、贫困户和贫困人口定期进行全面核查，建立精准扶贫台账，实行有进有出的动态管理。根据致贫原因和脱贫需求，对贫困人口实行分类扶持。建立贫困户脱贫认定机制，对已经脱贫的农户，在一定时期内让其继续享受扶贫相关政策，避免出现边脱贫、边返贫现象，切实做到应进则进、应扶则扶。2. 发展特色产业脱贫。制定贫困地区特色产业发展规划。统筹使用涉农资金，重点支持贫困村、贫困户因地制宜发展种养业和传统手工业等。依托贫困地区特有的自然人文资源，深入实施乡村旅游扶贫工程。3. 引导劳务输出脱贫。加大劳务输出培训投入，统筹使用各类培训资源，以就业为导向，提高培训的针对性和有效性。加大职业技能提升计划和贫困户教育培训工程实施力度，引导企业扶贫与职业教育相结合，鼓励职业院校和技工学校招收贫困家庭子女，确保贫困家庭劳动力至少掌握一门致富技能，实现靠技能脱贫。

非税收入征收

【非税征收】 2017 年加强非税收入分类预算管理，完善非税收入征缴制度和监督体系，定期深入煤焦企业进行调研，重点加大土地出让收益、国有资源有偿使用、政府性基金等征管清收力度，拓宽增收渠道。各项收入累计完成 4498 万元。其中：非税收入完成 4271 万元；财政专户收入完成 227 万元。原煤完成 441 万吨，完成计划 88.2%，焦炭完成 244 万吨，完成计划 101.67%，确保了税费收入的足额入库。清理收回历欠 200 万元。

【票据监管】 2017 年利用票据管理在收费工作中的源头控制作用，加强对票据的购领、发放、保管、核销、各个环节的管理。实行了专人保管、专人领购制度，防止票据流失，实施了核旧领新制度，要求各单位在领用新票的同时，对已用票据进行核销，对各收费单位的票据做到了及时核查，有效地防止了滥用票据的现象的发生。

【煤副产品监装工作】 2017 年由非税收入稽查大队牵头，实行驻站轮班制，派人到煤矿进行监装，保证 24 小时无空档，严格把关，杜绝“跑、冒、滴、漏”现象发生。煤炭副产品累计监装 20.5 万吨，其中：中煤 19.5 万吨，煤泥 1 万吨。

【清理规范收费项目】 2017 年在全面清理规范涉煤税费项目、降低收费标准的基础上，进一步对行政性收费项目进行全面清理，严格执行省政府取消相关收费项目的政策，对保留的收费项目严格按照现定标准收取，为企业营造了宽松的经营环境。根据安财综〔2017〕8 号关于《财政部国家发展改革委关于清理规范一批行政事业性收费有关政策的通知》（财税〔2017〕20 号）的通知，自 2017 年 4 月 1 日起取消环境监测服务费收费项目。

【帮扶工作】 2017 年驻村工作队及非税局全体党员深入包联村对帮扶对象，与群众拉家常，详细了解他们的生产生活情况，每逢佳节为包联户送去面、油生活用品。主要做了：1. 安装无线高音喇叭一套 1.4 万元；铺设村中水泥路 200 米 4 万元；购置会议室桌、椅及电子显示屏一块；装修村委建设，改善办公环境。2. 帮助成立农村图书馆给广大农民提供了业余文化生活环境；维修北庄水窖护坝一处，改善了生活难的问题。3. 包联工作队经过与村两委和村民代表研究决定，按照县委要求，安装光伏发电项目及油牡丹种植精准脱贫。为贫困户安装光伏发电 7 户，种植油牡丹 6 户，采摘连翘 18300 斤。4. 驻村工作队以“促膝谈心、交朋友、走亲戚”等恳谈方式，深入群众家中讲解政府扶贫政策及禁止采摘连翘通知，按要求时间采摘连翘。结合市场行情和当地气候条件，引导产业结构调整，种植药材（白术），糯玉米、小杂粮、辣椒。5. 建立了精准扶贫基本情况台账，进一步解决群众实际困难，提高群众生活质量，以为民务实清廉的作风，以良好的形象影响群众、带动群众，为群众服务。

政府采购中心

【采购】 2017 年共接受全县各单位委托项目共 214 项，已办理 185 项，废标 18 项，终止 4 项，结转 2018 年 7 项。采购预算 11682 万元，采购价 10045 万元，节约资金 1637 万元，节约 14%。已办结项目情况为工程类 54 项，预算 4681 万元，采购 4234 万元，节约资金 447 万元；物品类 89 项，预算 5161 万元，采购 4379 万元；节约资金 782 万元；服务类 42 项，预算 1840 万元，采购 1432 万元，节约资金 408 万元。

【实施“阳光采购”】 2017 年，本着公平、公正、公开的采购原则，将所有的采购项目均通过公开采购的方式进行（包含询价的采购方式），全部在中国山西政府采购网发布公告，并在财政局的监督下，按照程序公开采购，切实做到了“阳光采购”，杜绝暗箱操作现象的发生。

【“重点采购项目”】 2017 年对涉及县重点工程的项目按照“特事特办，急事急办”的原则，开辟绿色通道，具体为：1. 紧缩采购时间，在遵守《中华人民共和国政府采购法》《中华人民共和国政府采购法实施条例》及相关规定的前提下，力争做到最大限度的缩短重点工程项目的采购时间，2. 建立采购项目交接台账，将接受日期具体到（月/日/时），并要求采购单位和采购中心接收委托的业务人员同时签字，以备案检查。3. 重新梳理采购流程图。在不违反规定的前提下，为重点项目开辟“绿色通道”，对涉及县重点工程的采购项目减少环节、简化程序，采购招标项目比法律法规要求缩短近 20 日，其他采购方式也缩短近 10 日，确保县重点项目按时按质完成，加快了重点工程项目的开展。

【规范采购程序】 根据《中华人民共和国政府采购法》《中华人民共和国政府采购法实施条例》《政府采购货物和服务招标投标管理办法》（财政部令第 87 号）及相关规定，进一步健全管理制度，完善采购程序，进一步规范采购流程、细化采购目标、强化采购责任，把流程规范化、目标细化、责任强化，以方便采购人、供应商操作，进一步增加采购透明度，提高服务质量。

【完善评标制度】 2017 年对所有采购项目都由采购人代表和专业技术专家等组成评审委员会或评审小组，负责评标定标，制定评标规则和评标纪律、企业资格审查表、专家评审记录表、评审专家回避承诺书，用以约束评标行为，切实做到公开透明，公平竞争。

【提高服务意识】 2017 年进一步完善了采购项目交接台账。对先前制定的政府采购项目交接台账进行了修改完善，将接受日期具体到（月/日/时），新增资料是否齐全一栏。重新梳理采购业务办理时限流程图，尽力缩短采购业务办理时限。同时，热情解答与采购项目有关的咨询，属于职责范围内的问题要立即给予明确答复。

【采购保证金管理】　2017年为了强化采购保证金的管理，根据政府采购法律法规有关规定，凡参加安泽县采购项目的企业，在该项目结束后，直接将采购保证金采用转账或电汇方式，汇入报名企业提供的公司账户（开户名），否则不予办理退还保证金手续，进一步规范了企业参与政府采购行为，净化了政府采购环境，确保了政府采购活动的顺利开展。

【规范采购会场秩序】　工程类采购项目实行报名和参加采购会议必须由建造师亲自到场，否则取消该投标企业的采购资格，这样进一步规范了开标评标秩序，方便了评审专家的现场解疑，有效地节约了会议时间，提高了采购效率，保证了政府采购活动的顺利开展。同时，所有采购项目都邀请财政部门进行监督、采购人代表全程参与。采购会议现场安装有电子监控系统，对评标现场实行同步录像录音，严格禁止在采购会场抽烟、闲聊、接打电话及随意走动等不良行为，加强了对评标现场的有效监管，达到了“阳光采购”的目的，增强了采购人、供应商及社会各界对政府采购的认知感，杜绝违法违纪行为发生。

【为民力办实事】　根据县委对部分县直单位包扶村的调整，包扶村于5月中旬由和川镇议亭村调整为和川镇孔旺村，积极与新确定的包扶村村干部做好对接工作，本着“为民得实惠，帮扶见实效”的原则，工作队深入包联村走访调研，与村两委班子及党员代表座谈，协助制定了2017年发展计划和帮扶重点，做好扶贫档案完善和产业脱贫工作，积极响应安泽县“创卫”活动，确定2017年重点帮扶工程，即：投资30余万元，启动村容村貌整治项目和文化建设项目（为村中修建文化墙和大戏台），改善生活环境，发展农村文化，提升村民生活质量。

【制度建设】　1. 严格考勤制度。严格实行考勤制度和请销假制度，对因事、因病等特殊原因，不能按时上班，必须请销假。一天以内由股室负责人批准，两天以上由中心主任批准，五天以上由县财政局领导批准，假期满后要及时销假。按县上要求实行休假制度，严格按照文件规定执行。坚持签到制度，上午八点、下午两点半（冬季）、三点（夏季），工作时间外出办事的要在办公室签《采购中心外出人员登记表》，写明外出时间、地点、原因及回归时间。严格执行值班制度，凡逢节假日，要求股级以上人员带班制，值班人员按时到岗，手机保持24小时通畅。

2. 实行分管制度。始终坚持公开信息，阳光采购。为避免暗箱操作等不正当行为，实行报名与业务分离制度。以往采购项目从报名、编制采购文件、参会、发布公示是由一个人独立完成，缺乏相互的监督制约机制，工作中易产生漏洞，造成了采购行为不够规范，采购结果不够公正。2017年新增股室信息股，负责报名，业务股负责采购业务。

3. 强化廉政监督。从提高干部职工素质和业务技能入手，将加强廉政建设和树立队伍形象放在首位，确立“敬业、廉政、高效”的工作目标，建立完善的监督制约机制。自觉接受纪检、监察、审计和供应商等社会各界的监督。严格执行公车管理规定，凡逢节假日，公务用车按规定存车地点封存，没有使用公务用车现象。

4. 强化支出管理。为节约办公支出、提高采购效率，对所有采购文件制作由原来的纸质版变更为电子版发送至报名企业，即经资格初审合格的企业报名后，通过电子邮箱或U盘拷贝等形式领取采购文件。采购中心只制作3本纸质版采购文件，供监管部门、采购人、采购中心存档。从而达到了节约行政支出、降低办公耗能、减轻工作强度、提高采购效率的目的。

【扶贫工作】 1. 深入群众了解社情民意。通过拉家常、实地调查、查民风等方式展开展调研，广泛听取党员和群众的心声，了解社情民意。同时组织召开了活动座谈会，与村支部、村委会“两委”成员、村民代表就生产生活情况、农业生产情况等进行了充分的交流，探讨解决问题和困难的措施和方法。特别是帮助村“两委”班子理清发展思路，明确发展重点，制定脱贫计划和方案，为下一步新农村建设工作确定了发展方向。

2. 切实开展精准扶贫帮扶工作。结合该村的实际情况，想方设法，因地制宜，发挥优势，积极协调各方面的关系，积极向上级争取资金和项目，党员精准入户，体察民情，积极帮助贫困户从贫困中走出来。根据县委对部分县直单位包扶村的调整，包扶村于5月中旬由和川镇议亭村调整为和川镇孔旺村，积极与新确定的包扶村村干部做好对接工作，工作队深入包联村走访调研，与村两委班子及党员代表座谈，协助制定了2017年发展计划和帮扶重点，做好扶贫档案完善和产业脱贫工作。“七一”期间，对该村老党员送上了面和油，鼓励其振作精神，增强生活信心，使他们真切地感受到党和政府的关怀，召开中心党支部与包联村党支部专题党课、“七一”座谈会，观看了学习廖俊波同志先进事迹。发挥农发在扶贫攻坚工作中的重要作用，坚决打好扶贫攻坚这场硬仗，积极落实“支部包村、干部联户”帮扶机制，与贫困户结成一对一帮扶，建立手册，达成共识；包联人员每人为55户贫困户捐赠了现金及其他生活用品，并与个别贫困户共同过生日，送去了生日蛋糕和祝福。帮助修整村容村貌，为村中垫起一处大坑，修建文化墙、大戏台，丰富村民生活。筹集资金帮助该村修下水道，村容村貌得到显著改善，为村民打造了一个安逸舒适的生活环境，得到村委和村民们的一致好评。全村153户贫困户经过镇党委、政府及全体党员的共同努力，引进产业化调整，种植葵花百余亩，已全部实现脱贫。

矿区称重公正计量中心

【概述】 安泽县矿区称重公正计量中心，其前身是“安泽县煤炭税费征收秩序整顿领导组办公室”，于2001年2月19日经县委、县政府联席会议决定成立，其主要职能为：负责制定各项治理煤炭税费征收环境方案，报请领导组审批后组织实施，制定下属各机构目标责任制及各项规章制度并组织实施，在执行税费统一征收中负责核定税费标准（需报批），制作计量票据，组织计量、稽查并统一征收税费；因工作需要，经县委、县政府同意，于2015年5月更名为安泽县矿区称重公正计量中心，归属财政局管理，正科级。主要职能为：负责对全县煤炭及副产品进行计量、统计、查验，为征收单位提供精确计量依据，协助各征收单位足额征收煤炭税费。中心下设办公室、东湾站、唐城站、冯子节站、稽查队、监控室、麻家山站、岭底站、东宝站点，共有工作人员79人。2011年10月，中心对从业人员70人进行了考试上岗，全部通过省质检局考核，颁发了计量上岗证书，并由省质检局重新审批办理了“安泽县矿区称重公正计量站”证书，使安泽县矿区煤炭计量工作合法化、规范化。

【煤焦计量工作】　2017年，计量站全年累计过煤6537850.56吨，其中：1. 原煤802540.18吨（登茂通原煤802540.18吨）；2. 精煤2954836.04吨（安鑫精煤878238.97吨；登茂通精煤225266.3吨；玉和泰精煤489324.25吨；玉华精煤953118.46吨。洗煤厂过站情况分别为：通祥精煤139566.48吨；东宝精煤10230.14吨；祥霖精煤3227.39吨；天一精煤1742.12吨；凤山精煤252939.17吨，永康精煤1182.76吨）；3. 中煤247175.4吨（安鑫中煤10588.6吨；中煤2565.41吨；玉和泰中煤23865.75吨；玉华中煤167919吨；永康中煤931.34吨；太岳中煤161.08吨；亨泰李俊中煤15.38吨；通祥中煤1601.4吨；凤山中煤38627.1吨，天一中煤196.46吨，东宝中煤703.88吨）；4. 焦炭2533298.94吨（太岳焦炭713275.68吨；永鑫焦炭1820023.26吨）；5. 煤副产品：煤泥10925.24吨，煤矸石30593.06吨，次精煤2977.98吨。

【干部队伍建设】　2017年强化人员技能培训，提高全体队伍综合素质，加强和改进队伍的建设，坚持“逢七”必学日，深入推进“两学一做”学习教育常态化制度化，加强“三基建设”。共组织集体学习40余次，其中班子成员领学4次，专题讨论6次，党课辅导10次，集中学习系列讲话及各项精神政策条例15次，组织观看廉政警示教育片3次，开展红色教育活动1次，收回研讨材料40余篇、心得体会28篇。通过集体学习和自学相结合，中心全体干部职工人均笔记数约为8万字。年终对全体职工进行了综合考核测评，综合考核实行百分制记分：其中理论学习5分，考核标准包括学习笔记和理论知识，业务技能40分，考核标准包括业务测试和业务操作，职业道德10分、爱岗敬业30分、民主测评分10分、领导测评分5分。通过综合考评，全中心人员均分平均70.95分，最高94.5分，最低49.1分，及格人数48人，及格率为76.2%。并对此次考评前五名的同志通报表扬，后三名的同志通报批评。

【扶贫帮扶】　1. 积极召开群众座谈会，广泛征求群众意见，认真听取群众反映的问题，深入了解实际困难，把群众关心的热点、难点、重点问题作为脱贫攻坚的出发点，把群众所急、所想、所盼的意愿作为帮扶工作的落脚点，根据本村实际和上级支持，联系企业参与务工，种植油牡丹，安装光伏发电，科学种植玉米，发挥连翘效益，作为脱贫攻坚措施。2. 宣传各项惠农惠民政策和脱贫政策，使他们重点了解脱贫攻坚的历史意义，积极支持驻村工作队的工作，争取年底的全县脱贫摘帽。3. 在财贸党委和计量中心领导班子的支持下，对村里进行绿化、美化。对村里路灯进行维修；4. 配合村委，对村街道两边的建筑进行修缮、粉刷，建立垃圾池；5. 协助村两委对村级办公场所进行装修、改造，悬挂脱贫攻坚目标任务图，以及村级管理制度，目标责任，工作责任图，创造了良好的办公环境。6. 积极组织计量中心党员、干部为村里打扫街道，修剪绿化植物，为贫困户打扫卫生，改变村容村貌，创造了美好的生活环境。7. 为东湾村党支部、村委阵地建设投资 17 万元，街道美化、排水渠维修争取资金 5 万元；8. 帮扶贫困户安装光伏发电 10 户，油牡丹种植户 6 户。9. 春节、七一、中秋慰问老党员、贫困户，发放米、面、油、被褥、被罩、门帘（覆盖 20 户）；10. 秋季帮助贫困户收秋 20 亩，帮助贫困户 13 户 15 人入企业务工，增加家庭收入。

【管理工作】 1. 2017 年，为加强对煤税征收计量工作的有效监管，充分发挥内部督查职能，充分运用科技手段，严格执行规章制度，全方位，多角度开展督查工作，发挥稽查队监督检查作用。不定时、不定期的对各站磅点进行全方位的督查，加大对无票据车辆、无手续车辆、黑车督查力度，鼓励举报，坚决打击放人情车、放黑车的现象；稽查队采取明察暗访、蹲点守候等办法，严堵偷、逃税费车辆的稽查，确保了无税费流失。同时，加大对职工工作纪律和行为规范的检查力度，全年累计稽查出勤 198 次，处罚 7 人次，罚款 400 元。2. 运用科技，查缺补漏。充分利用监控设备实施网络监控，24 小时专人值班，从过站煤焦车辆及其办理手续情况进行全过程监控。同时，也对各站点工作纪律、上岗情况等，实施全方位监控，对各站站长及副站长交接班监交工作进行监控记录，并将记录结果通报各站，从而实现磅站的高度透明化和公开化。3. 联合监管，确保实效。实行严格的煤炭联合监装机制。为预防煤炭企业各种违法行为的发生，加强源头控制，联合县非税收入局稽查大队对煤副产品适时实地进行监装，做到了监装无死角、无空档。2017 年累计监装量为 241184.34 吨，其中中煤量为 201960.02 吨，矸石量为 29363.14 吨，煤泥量为 9861.18 吨。

金融

金融监管

·中国人民银行安泽支行·

【概述】 2017年，在中支党委和县委、政府的正确领导、大力支持下，支行认真贯彻中心支行工作推进会议精神，围绕贯彻执行稳健中性的货币政策、维护金融稳定、提供金融服务以及中支党委提出的树立“党建统领，文化润心”等80字管理思路。密切结合辖区实际，紧密围绕支行年初确定的“五个坚持，五个促进”和“四轮驱动，整体发力”。以“两学一做”制度化常态化学习为主要内容狠抓政治业务学习、班子队伍建设、内部管理等项工作，圆满完成了各项任务，有力地支持了安泽经济发展。

【财税入库情况】 2017年12月底，国库累计完成各项预算收入12.48亿元，较同期增加5.48亿元，增长78.29%。其中：中央收入完成4.71亿元，较去年同期增加2.45亿元，增长108.41%；省级收入完成2.71亿元，较去年同期增加1.39亿元，增长105.30%；市级收入完成0.94亿元，较去年同期增加0.52亿元，增长123.81%；县级收入完成4.13亿元，较去年同期增加1.13亿元，增长37.67%。预算支出19.61亿元。均做到严格按制度要求处理业务，无超计划、无计划支拨，做到“三无”即无损失、无事故、无案件标准，确保了库款支拨的准确、及时和预算资金的安全。

【金融运行情况】 1. 各项存款持续增长，住户存款仍是增长的主动力。2017年12月末，全县金融机构各项存款余额40.82亿元，较年初增加4.85亿元，增长13.48%。其中：住户存款余额26.76亿元，较年初增加2.37亿元，增长9.71%，占全部新增存款的48.87%；广义政府存款余额8.15亿元，较年初增加1.35亿元，增长19.85%；其中：财政性存款2.74亿元，较年初增加1.95亿元，增长243.75%。

2. 各项贷款适量增长，主要以中长期贷款为主。2017年12月末，全县金融机构各项贷款余额26.87亿元，较年初增加8.94亿元，增长49.86%。分类看，住户贷款余额7.24亿元，较年初减少0.43亿元，降幅5.66%；非金融企业及机关团体贷款余额19.63亿元，较年初增加9.37亿元，增长91.28%。

【稳健中性货币政策】 主动汇报，形成合力，进一步强化窗口指导作用。临汾中支2017年工作推进会结束后，在组织支行、辖内金融机构进行学习贯彻的同时，还积极向县委、政府相关部门汇报总、分行及中心支行金融工作会议精神，结合安泽县经济工作会议提出的经济发展要求，督促各金融机构主动适应经济发展新常态的大环境，在搞好金融服务、加强信贷投入、实施金融扶贫、维护全县金融稳定等方面积极工作，支持实体经济发展，把稳健中性的货币政策传达到位。

【宣传教育】 1. 2017年重点开展"3·15"人民币反假、打击预防经济犯罪暨金融法制宣传、"6·14"关爱征信记录日宣传、《金融与诚信》进校园的督促、效果评估，金融扶贫政策知识宣传入户、存款保险知识进村入户、普及金融知识，守住"钱袋子"等金融知识普及等，制作宣传版面50余个，设立宣传柜台20余个，散发宣传材料、金融知识手册等1万余份，现场接受群众咨询500余人次，使更多的群众了解金融、关心金融、应用金融、支持金融发展。2. 开展《金融与诚信》进课堂效果评估工作，六一前夕，在县北门小学组织进行了知识测试、问卷调查，六一当天组织各金融机构在北门小学开展了知识竞答，吸引小学生讲诚信、爱诚信、爱金融。先后深入良马小学、边寨小学、城关小学、义唐小学等学校对去年以来开展的进校园暨"春蕾工程"活动开展情况进行了督促。

【小额扶贫信贷】 2017年，组织金融机构和相关企业、经济主管部门等开展了金融形势分析会暨银企座谈会1次，专题向政府分管领导汇报金融脱贫攻坚、小额扶贫贷款的发放等3次，在为承办金融机构争取风险补偿、财政贴息、产业选择、项目范围等方面做了积极的努力。同时也把货币政策支持的方向、服务重点和企业需求、市场信息进行了面对面的对接，进一步密切了银行和企业之间的关系，有力地促进了全县小额扶贫信贷的发放和金融扶贫攻坚工作的开展。

【维护金融稳定】 1. 认真组织开展好调查研究和信息反映。2017年重点围绕扶贫小额信贷发放工作开展情况、利率市场化、人民币自循环等课题进行了专门深入的研究。2017年，支行共完成上报各类调研文章15篇，其中被中央级采用1篇，天津分行采用2篇，太原中支采用6篇，中支级采用7篇。中支情况通报、信息简报采用20余篇，支行工作平台反映65篇，中支每天正能量编发42篇。2. 确保存款保险工作有序推进。2017年初，完成了安泽农村信用合作联社2016年保费核算收缴工作，应缴保费17.91万元按期上划存款保险业务中心，同时，开展了2016年度保费核查工作。3. 加强监督，确保执法检查工作稳步开展。2017年，组织辖区金融机构开展了统计工作自查，并抽调人员配合临汾中支完成了对安泽县农村信用合作联社、工行安泽县支行的统计工作执法检查；配合临汾中支金融稳定科，完成了对临汾市4家地方法人机构存款保险评级工作。2017年完成了对农行安泽支行的综合执法检查。4. 突出重点，确保征信管理工作落到实处。2017年12月底，共查询个人征信报告1130次，企业征信报告18份，机构信息代码证317户。在办理业务的同时，认真为客户讲解信用报告情况，为客户排忧解难，得到了客户的广泛好评。

【金融服务】　1. 履行经理国库职能，加强国库资金管理。2017年12月底，国库累计完成各项预算收入2万余笔12.48亿元，办理预算支拨1.2万余笔金额19.61亿元。2. 做好反洗钱工作。组织开展反洗钱业务培训、宣传各1次，建立了大额交易和可疑交易备案制度、客户身份识别制度等，督促金融机构依法尽职履行好反洗钱工作任务。3. 账户管理得到加强。2017年12月底，共核准开立账户454户，核准变更账户141户，变核准撤销账户615户，所有的账户的手续全部严格按照银行结算账户管理办法执行，做到程序合规、资料齐全、审批合法。4. 人民币管理工作进一步加强。召开反假货币工作联席会议2次，通报辖内假币发案特点和应对措施，全年共收缴各类假币202张，金额17585元。5. 突出重点，确保征信管理工作落到实处。2017年12月底，共查询个人征信报告1130次，企业征信报告18份，机构信息代码证317户。

【金融扶贫工作】　1. 加大扶贫再贷款的发放。2017年12月末，共发放使用产业扶贫贷款4500万元，较年初增加994.8万元，带动贫困户460户。2. 发放扶贫小额信贷2842.08万元，较年初增加1764.66万元，带动了733户贫困户脱贫。政府风险补偿金到位630万元，财政贴息到位率100%。3. 开展扶贫再贷款政策知识的大型宣传活动。召开2次金融联席会，制订了实施方案，全县分成南、北、中三个片区，划分为7个宣传小分队，遍布全县7个乡镇的103行政村3472贫困户。让党和国家的金融扶贫政策真正走入百姓家。4. 存保知识宣传声势浩大。召开1次动员会、1次培训会，采取了“六进”措施，在村口、交通要道等刷写宣传标语、悬挂条幅、制作宣传版面，乡不漏村、村不漏户。同时还积极利用LED电子屏、微信群等新媒体进行了广泛的宣传。

【建立长效机制工作】　2017年，探索建立了安泽县金融知识普及宣传微信群，由各金融机构负责人、宣传专员参与，对宣传人员、时间、内容都做到了统一安排，统一行动，在方式上采取了灵活多样、群众喜闻乐见的形式，支行多次召开金融机构联席会议，对活动开展情况统一思想、统筹安排，让大家认识到金融知识普及宣传工作的重要性，把金融知识普及宣传工作抓在日常，融入了平常。形成了宣传专员主动从自身做起，积极利用多种手段、发挥各自的优势开展工作，力争让更多的群众了解金融知识、利用金融工具为生产、生活服务。金融管理部的金融统计事项报备制度化长效机制建设主要是贯彻落实了上级行关于加强金融统计事项备案制度的有关指导文件，结合安泽实际，初步建成了金融统计事项备案工作的“211”工程，即制定实施两个管理办法，创建一个档案资料库，建立完善一套定期通报机制，以该工程创建的金融统计事项报备长效机制，优化工作流程，提高工作效率，增强统计工作管理的透明度，进一步推进金融统计工作的规范化和标准化。

【完善规章制度】 2017年规范绩效工资考核分配办法、差旅费管理办法、督查督办制度、会议管理制度等，规范了公务出差、临时外出、会议签到、请休假等办法，促进各项基础工作规范化、制度化。

【计算机一体化终端布设工作】 2017年对全行所有内部网络计算机进行了摸排，统一了计算机命名、网络IP地址的登记、一体化终端安全管理系统部署。各计算机设备在一体化终端布设后，运行正常、安全，筑牢了科技安全防护的网络。

【安全工作】 1. 落实安全、守卫、应急管理制度，完善了各项应急预案，2017年开展防恐应急演练一次。2. 落实安全保卫值班制度、行领导带班制度、重大节假日安全检查、安全教育制度等。3. 按照上级行的要求，完成了安全监控四级联网设备布置等工作，实现了支行电子监控的"全覆盖、无死角"。4. 组织进行全员安全宣誓活动，引导大家牢固树立大安全理念。5. 完成保密、计算机安全、严治党责任书和岗位（廉政）风险防控责任书，层层压实责任，落实好工作任务。

【活动开展】 2017年举办"庆五一、迎五四"等文体活动。开展4次"身边榜样"活动，通过活动的开展，有效地凝聚了人心、提升了队伍的整体向心力。7. 开展"博爱一日捐"活动，共捐献爱心款1100元，"送温暖、献爱心"一次1250元。8. 为支行女职工办理了大病救治保险。9. 组织员工开展了"我运动、我健康、我快乐"的集体活动，为员工身心健康、减压提供帮助。

【党风廉政建设】 1. 根据上级行党风廉政建设和反腐败工作安排意见，全面落实从严治党主体责任和监督责任，把规矩和纪律挺在前面，积极营造风清气正、作风优良的基层央行队伍。2. 加强岗位（廉政）风险防控工作方面。围绕政治思想教育、落实内控制度、季度监督考核检查三个环节制定完善了案件防范工作实施办法，行长与各分管行长、分管行长与各部室负责人、各部室负责人与一般员工签定"四位一体"岗位（廉政）防控责任书。3. 在纠正行业不正之风方面。坚持把纠正行业不正之风同精神文明建设和创建文明单位有机结合起来，树立良好的行业风气。4. 深化"三转"职能，强化监督问责主业，积极构建了"内部审计、纪检监察、督办、考核评评比"四位一体的监督体系，形成了强有力的监督约束机制。

【帮扶工作】 2017年组织干部职工春节期间深入冀氏镇半道村进行慰问，把上级拨付的专项资金帮助送到了困难群众的家里。五一节前组织全体党员前往困难老人家中进行探望，重点解决老人饮水困难、房顶漏水、窗户破碎等问题。组织全体党员捐款2300元。

（郎双喜）

·银监办·

【概述】　临汾银监分局安泽办事处于2004年5月经中国银行业监督管理委员会山西监管局《县（市）监管办事机构设置的批复》（晋银监复〔2004〕57号）批准成立。监管办事处根据分局授权，对属地银行业机构实施监督管理，主要承担辖内法人银行业机构风险监管的主要责任，通过现场监管、非现场监管和市场准入监管等手段，重点对操作风险、流动性风险、信用风险和声誉风险进行监管；同时，监测、收集辖内其他银行业机构有关重要信息，及时向分局报告。安泽监管办秉持“审慎、科学、务实、清廉”的工作理念改进金融服务、防控重点风险，加强能力建设，2017年11月末，安泽县银行业金融机构共23个，各项存款为399235万元，较年初增加39496万元；各项贷款269776万元，较年初增加90380万元，不良贷款余额13185.41万元，不良率4.89%。较年初减少1997.58万元，不良率较年初下降3.57%。其中：农村信用合作联社不良贷款余额12960万元，不良率12.34%，较年初减少2023.8万元，不良率下降7.6%。

【内部管理工作】　1.按照分局对银监办的考核任务，细化、量化，层层签订“工作目标责任书”“保密工作责任书”“党风廉政建设责任书”，实行量化考核，责任到人。2.办事处内部建立AB角负责制，明确监管目标、监管重点，真正形成“事有人管，责有人担”的机制。3.不定期召开办事处工作会议，总结前期工作经验或不足，安排部署下期工作，做到人人胸中有数。4.建立资料收集登记簿，对各机构报送的各种资料逐项进行登记，定期通报。并通过手机微信，经常发布一些金融政策、知识、通知等，提高了工作效率；5.以开展“两学一座”“三会一课”“三观、三心、三力”专题教育活动为契机，狠抓党支部基础建设。充分发挥党员干部的模范带头作用，在工作任务面前，勇挑重担，迎难而上，从不推脱，高标准、高效率、高质量地完成本职工作。6.根据党委要求，事处组织全体党员进一步认真学习贯彻“两学一做”及“十九大”会议精神，通过学习《学习中央经济会议精神以及银监会、山西银监局、临汾银监分局监管工作会议精神》《临汾银监分局党委转发认真贯彻习近平总书记重要指示广泛开展向黄大年同志学习活动的通知》《习近平同志视察山西重要讲话精神》，组织党员干部学习研讨《习近平关于社会主义经济建设论述摘编》《中国共产党章程》《中国共产党纪律处分条例》《中国共产党廉洁自律准则》《不忘初心继续前进》同时组织党员干部认真学习研讨党的“十九大精神”。

【日常监管工作】　2017年根据分局年初工作思路，结合安泽县实际，推行分类监管，提升准入监管的科学性，突出非现场监管的有效性，增强现场检查的针对性，要求银行业金融机构要规范经营行为，杜绝无序竞争。1.开展“全面加强银行业内部管控和监管，遏制违规经营和违法犯罪”专项检查工作。银监办根据末非现场监测情况，向安泽联社下达了监管意见书。2.坚持按月收集各种报表、定期对报表进行分析监测，发现异常信息，及时处置风险。同时按时对农村合作金融机构非现场监管系统数据进行审核，全年安泽县金融秩序良好，经济运行稳定。

【案件防控工作】 1. 层层签订“案件防控工作目标责任书”。银监办与被监管机构签订案件防控责任书，各银行业金融机构与基层网点负责人、部门负责人、要害岗位人员签订案防责任书。2. 参加银行业金融机构季度案防工作会议，定期对辖区银行业金融机构案防工作进行督导，2017 年没有发现案件。

【金融服务工作】 1. 借助“金融知识进万家”宣传服务月活动平台，督促各银行业金融机构通过短信、微信、广告、网站、营业网点海报、LED 滚动屏和新闻媒体等多种渠道进行广泛宣传，增强广大客户对金融知识的了解、对小微企业相关政策、条件、流程等的了解，树立了银行业服务基层社会良好形象。

2. 通过微信、电话、现场及召开专题会议的方式对辖内银行业金融机构如何做好“村村通”报送、“开展风险防控”、做好支持“三农”发展、“助力脱贫攻坚”、“金融许可证”、开展“网络宣传周活动”“做好国庆节期间安全值守及按时报送”“银行业信访维稳风险隐患排查整治”“关于对安泽联社高管层 2016 年度合规管理履职评价初评”以及对安泽联社清收处置不良贷款专项工作进行督导。

3. 引导辖内银行业金融机构大力发展普惠金融，支持“三农”及小微企业贷款，2017 年全县共创建信用村 96 个，占全县行政村总数的 92%；创建信用市场 2 个，创建信用街道 3 个，创建信用社区 9 个，建立完整的客户经济档案 20016 户，评定信用户 18862 户。支农贷款余额 197779 万元，占总贷款的 73.31%；较年初净增 95129 万元，小微企业贷款 71997 万元，占各项贷款的 26.68%，较年初减少 4749 万元，近年来安泽银监办始终将引导银行业服务“三农”放在工作重要位置，以转变工作思路为切入点，以严格目标考核为突破口，在延伸金融服务覆盖面、提升金融服务阳光度、增强金融服务贴心性上狠下功夫，持续引深支农惠民计划，形成了农民增收、银行业增效、政府增誉多赢局面。

4. 实现了农村金融服务“村村通”工作全覆盖，安泽有 104 个行政村，其中设立“POS”银行机具及助农取款、手机银行、二维码支付等方式覆盖的有 104 个，已实现覆盖率为 100%，共有农户 19676 户，建档（评级）农户 18056 个，授信农户数 6861 个。

5. 加大金融扶贫工作力度。截至 2017 年 11 月末，各项扶贫贷款余额 8262.89 万元，较年初净增 4099.17 万元，其中共计支持建档立卡户 904 户，扶贫贷款余额 3452.53 万元，较年初净增 536 户 2105.72 万元（其中扶贫小额贷款 647 户 2417.35 万元，较年初净增 422 户 1588.66 万元）；共计支持能够带动贫困户脱贫致富的能人大户 232 户，扶贫贷款余额 2913.69 万元，带动 232 户建档立卡贫困户脱贫致富；共计支持有带动作用的企业 5 户，发放扶贫资金 1896.66 万元，带动 310 户贫困户脱贫致富·扶贫贷款余额达到 8262.89 万元。

【党风廉政建设工作】 2017 年银监办始终把党风廉政建设和反腐败工作与业务工作同安排、同部署。1. 结合临汾银监分局相关要求，开展落实“两学一做”“三会一课”制度、同时制定《安泽党支部“两学一做”学习教育常态化制度化工作情况统计表》和《2017年“三会一课”年度规划》。2. 召开专题研讨，根据“三会一课”年度规划围绕主题“学习十九大，我该如何做”并且结合“三观、三心、三力”认真组织开展专题研讨，撰写专题研讨总结及心得体会。3. 按期召开党支部组织生活会、民主评议党员工作、主题党日活动及认真上党课；4. 认真安排各项学习计划，采取多种形式，坚持自主学习不少于1小时，集中学习不少于2小时，每周组织集中学习不少于一次，坚持一月一汇报，按季报送工作日志，以此推动全员素质的提高；5. 认真落实“一岗双责”，做到目标明确，责任到人。6. 建立廉政监督工作台账，及时记载反腐倡廉宣传、警示教育工作开展情况；对银监会“约法三章”的学习、执行情况等，推动廉政监督工作扎实有效进行。7. 建立党员活动园地，制作党支部制度、党员职责、权利、义务和感悟栏版面。

银 行

·中国农业银行安泽支行·

【学习教育】 2017年以深入开展“两学一做”学习教育为契机，结合支行实际以落实“两个责任”为中心制定党风廉政责任制考核办法，细化11项党委主体责任清单和7项纪委主体责任清单，并就落实责任签订责任状，开展“知法、守法、敬法”案例警示教育，走进曲沃监狱现身说法等。按照强基层要求及时调整充实了基层党支部，营业室作为独立党支部，健全组织机构，配齐各委员。建立“党员示范岗”、“党员责任区”，开展“三亮四比三评”活动。落实中央巡视组提出的农行认领的3个方面12个问题的整改，整改率达到100%。在抓好党建的同时进一步夯实基层管理，持续开展运营“三化三铁”、安全“三化三达标”、信贷“三化三无”和内控“五化五达标”等基础综合治理。以从严治党促从严治行，管理能力和经营水平得到提升。

【主体业务】 2017年10月底，各项存款余额为4.1亿元，个人存款17566.97万元，对公存款23444万元。核心存款日均40982.97万元，其中个人存款日均18612.25万元，对公存款日均22370.72万元。各项贷款余额14.03亿元，个人贷款余额2498万元，对公贷款137752万元。

【党建工作】 2017年党建工作仍是“强基层、强基础”，按照“三线一网格”管理要求，农行将网点设立单独党支部、网点管理团队党政“一肩挑”，把基层组织建设建强、建实。基层党组织通过开展业务竞赛等争先创优活动，努力达到“星级网点支部”，力争把基层党支部打造成为攻坚克难的“堡垒”，锻造成敢打硬仗的“铁军”。同时开展主题党日活动、党员示范岗竞赛等活动，促进党员素质提升和形象亮化，真正发挥基层党组织的战斗堡垒作用和党员的先锋模范作用。

【队伍建设】 强化员工履职管理，明确岗位职责，完善绩效考核办法，强化考勤制度、请销假制度、外出营销等制度的执行；开展有计划、有针对性的员工轮岗锻炼，提升员工业务素质；开展岗位绩效辅导，使员工找准差距、明确目标、认真履职；根据上级行分层次对员工进行教育培训计划，结合“技术比武”“知识竞赛”“晨夕会”等，加强理想信念教育和业务技能培训，坚持“以业绩论英雄、凭贡献拿酬劳”的用人导向，让每名员工都有舞台、都有通道、都有机会，打通干部员工发展的通道。同时，落实上级行人文关怀“六件实事”。在重大传统节日适时开展各种活动，有针对性地开展“三观”演讲、“最美农行员工评选”“我为农行员工献一策”等主题活动，通过开展“比学赶超”、专业技能培训、技术比武等专业培训，不断提升干部员工的综合素质，打造了“思想过硬、业务过硬、能力过硬”的干部员工队伍。

【对公客户工作】 2017年开展“扩户提质”工程。按照省分行《对公客户扩户提质意见》，做好财政、社保等账户的提质工作，重点营销社保职业年金账户，对所有客户实行分层营销维护，100万元以上客户由行长负责和主任营销维护；50万—100万元客户由分管副行长和管户经理营销维护；5—50万元客户由主任营销维护；0万—5万元客户由包户经理营销维护。通过分层营销、产品渗透、渠道建设、增值服务等维护措施，提高了农行的营销能力和客户覆盖面。

【个人客户维护工作】 2017年维护好存量客户，强化P、C系统的使用，分析识别客户，找出营销工作切入点和重点客户，实行差异化营销维护，做好重点时点维护，抓好重点产品的推广覆盖、提升服务水平，切实维护好农行优质存量贵宾客户，有效应对同业对农行中高端客户不计成本的抢挖；加强公私联动，开展代发工资、第三方存管、代收代付专项营销，充分发挥农行结算、理财、互联网金融等综合服务优势，开展拉网式营销和差异化竞争，实现了“零售业务批发做”。

【服务三农】 2017年制定专项服务方案，做好金融扶贫工作，积极协调县政府部门，认真落实“五位一体”精准扶贫工作，与政府、保险、实施主体和建档立卡贫困户对接，建立风险补偿基金，找准金融扶贫突破点。推广“三农通用代收付平台”，加强与人行、政府、涉农部门的沟通协调，优化惠农服务点布局。以服务农业现代化、新型城镇化为主线，加强与发改、财政、农业、水利等职能部门的沟通，支持当地政府定位的光伏发电、药材种植加工、畜牧养殖、林果种植产业以及符合准入条件的新型农村合作社。

【优化信贷机构】 运用征信、税收、市场和产品、环境四个维度拓展小微客户，与扶贫工作相结合实行名单制管理。加强了与住建、规划和房产登记部门的沟通联系，提前锁定营销目标，与现有楼盘加大合作力度，保证了营销市场份额。

【拓宽增收渠道】 高度重视中间业务，抓住新兴中间业务和短板业务，推广互联网金融产品。2017年，支行营业室依托翼柜通、临柜智能等系统，大力发展掌银、网银、电子商务、E 商管家等，提高了对客户和资金的绑定能力。提升了网点信用卡发卡营销系统的应用、发卡质量和交叉销售率。制定了“ETC”专项营销方案，明确了重点客户、重点业务激励营销措施。按照电子银行签约客户“336”达标计划：即每个网点必须平均每日至少注册 3 户个人网银，3 户掌上银行，6 户消息服务的要求，借助自助发卡机、超级柜台、自助服务终端等，扩大了电子银行客户规模，带动了信用卡、电子银行中间业务收入有效增长。积极推广 POS 机、转账电话、有效收单商户等业务，优化了电子设备结构布局，扩大了电子设备总量，电子渠道交易占比达到 90%以上。对公账户按照一般性对公客户、集团客户、机构类客户和有贷户进行分类，对一般性对公客户，重点营销了单位结算卡、网银结算套餐；对集团性客户，重点营销了单位结算卡、银企通、资金归集套餐；对机构类客户，重点营销了多级账户、资金归集、监督支付套餐；对有贷户，在营销上述产品的基础上，加强公私联动，重点营销了零售类产品。

【网点转型】 2017 年依托 PCRM、CFE、CCRM 等客户管理系统，深化客户分包，做好了系统辅导和业务督导，做到人人会用系统，制定自己的工作重点，人人明确目标，确定自己的工作方向。按月制订计划任务，强化存量客户、增量客户金融资产管理。领会市分行的精神实质，对照竞赛办法，瞄准重点业务和重点指标，实现了业务发展和员工收入双丰收。以网点标准化建设为契机，进一步提升了网点服务质量，根据“九大模块”标准化要求，从劳动组合优化、6S 管理规范、业务流程标准、客户营销技能提升、绩效管理明确、文化建设加强六个方面入手，打造了高标准、高效率、高品质的软转型网点。树立业绩导向，拉开收入差距，使能干事、肯干事、干成事的人得到了应有的报酬，在评优、提拔任用上优先，以此激发了网点经营活力。同时严格按照网点监测考评、网点绩效考核办法按季考核，与网点绩效工资直接挂钩，与网点主任工资直接挂钩，真正把考核落到了实处。

·中国农业发展银行安泽支行·

【存款情况】 2017 年 11 月末，农行各项存款余额为 6111.96 万元，其中：非贷款企业存款余额为 5714.32 万元。各项存款日均余额为 11312.3 万元，企事业单位日均存款余额为 120.34 万元，财政日均存款为 769.18 万元。

【贷款情况】 2017 年 11 月末，农行各项贷款余额 7114.39 万元，贷款品种为地方储备粮贷款 234 万元；粮食政策性挂账贷款 6880.39 万元，其中：新增粮食财务挂账贷款 3891 万元，其他亏损挂账占用贷款 2989.39 万元。

【收息情况】 2017 年 11 月末，农行应计贷款利息 272.23 万元，实收利息 164.93 万元，利息收回率为 60.59%，欠息 107.30 万元，全部为中央、省市财政负担的利息。

【利润情况】 2017 年 11 月末，农行实现收入 365.17 万元，支出 538.13 万元，亏损 172.96 万元。较上年同期减亏 9.94 万元，下降 5.74%。

【中间业务情况】 2017年11月末，农行完成中间手续费收入0.16万元。

【粮棉油收储保障工作】 2017年支行始终把支持政策性粮食收储、维护国家粮食安全作为履行政策职责的首要任务。积极支持安泽县粮食局直属一库市级储备粮的收储工作，严格按照地方储备粮管理办法和储备粮轮换管理办法，对储备粮进行管理，保障政策性信贷资金和库存安全。顺利通过2017年全国粮食库贷挂钩检查验收；完成了该企业的市级储备粮扶贫贷款1笔金额234万元展期业务的办理；支持了该企业市级储备粮轮换任务300万公斤，圆满完成2017年度市级储备粮的轮换任务。

【融资融智，全程参与项目设计】 2017年在项目贷款营销起初根据《中华人民共和国预算法》《中华人民共和国采购法》《国务院办公厅关于政府向社会力量购买服务的指导意见》《政府购买服务管理办法》等有关规定和要求，以及政府购买服务的指导性目录，将安泽县府城镇城中村改造项目作为棚户区改造服务纳入目录范畴。

安泽县政府采取政府购买服务的方式实施本项目，该事项已经安泽县人民政府审批。同时，该棚户区改造项目纳入全省2017年棚改任务计划并经省住建厅批准。本项目由府后街城中村改造片区、迎宾馆两侧城中村改造片区和安兴路城中村改造片区组成，涉及拆迁户共171户，拆迁总面积为37242.97平方米。

安泽县政府研究制定了《安泽县府城镇城中村改造项目货币化安置方案》，明确由县政府作为该棚户区改造服务的购买主体，确定由山西省城镇建设投资有限责任公司作为项目承接主体，由安泽县政府成立的安泽县保障性住房安居工程投资有限公司为用款主体，具体办理货币化安置工作。项目总投资15402万元，资本金3102万元，省城投向农发行融资12300万元。

【多方配合，推进项目落地】 县委、县政府主要领导高度重视，县委书记李强、政府县长牛庆国多次到农发行、住建局等单位调研工作，了解项目推进情况并给予指导和帮助。县委、政府、人大等多位领导同志也对项目推进工作给予了大力支持，帮助协调解决了许多具体问题。

安泽县住建局、安投公司与省城投公司紧密对接，对项目进行科学严谨的可行性研究论证和认真细致的入户调查，并经发改局立项；与县财政局紧密配合进行了财政可持续能力论证。

9月末省城投公司委派其融资部经理来安泽进行现场调查论证，对有关项目资料进行了补充完善并给予了真实性、合规性调查结论。10月中旬按照规定程序安泽县政府采购中心完成单一来源采购公示并向省城投出具中标通知书。

【系统联动，加快贷款办理流程】 2017年10月10日农发行山西省分行基础设施处向临汾市分行下达了《安泽县府城镇城中村改造项目中长期贷款调查意见》，10月20日安泽县政府、临汾市农发行、省城投签订了《棚户区改造项目三方合作协议》，安泽县政府与省城投签订了《安泽县府城镇城中村改造项目政府购买服务协议》。

临汾市分行于10月23日完成贷款调

查，出具了贷款调查意见书。与此同时，农行向县政府进行工作汇报，争取提前完成贷前条件落实，尽快完成资本金到位并划拨到省城投账户，争取在省分行下达贷款审批书的同时落实完贷前条件，尽量缩短贷款发放环节时间。

2017 年所有前期手续已经上报到山西省分行基础设施处审查同意，10 月 30 日移交贷款审查后台。

【存款营销方面】 2017 年高度重视存款营销工作，转变观念向经营负债要效益。支行领导班子多次积极主动跑政府、财政等部门向有关领导汇报农行信贷支农情况，宣传信贷政策、业务范围，并营销存款。通过农行领导多次跑财政部门，积极协调，非贷款企业在农行开立账户 21 个，存款余额 5714.32 万元，较年初增加了 4526.21 万元，增长了 380.96%。

【精准扶贫工作】 2017 年 4 月份，农行为包联村苏村的 35 个贫困户筹资 12972 元，购买鸡苗 2800 只；8 月份又筹资了 3 万元用于苏村修建堤坝；新修 1 座移动信号塔；维修上兰、东湾漫水桥；新建苏村后河护 150 米新建下兰深井 1 处；9 月至 10 月上旬帮扶村正是秋收季节，农行为贫困户购买手套及暖壶进行慰问，倾力帮助包联村脱贫致富。

【内部管控工作】 1. 高度重视“信贷队伍建设年”活动，按照总行、省分行的安排部署，有序推进清理检查、整改落实、规范管理、验收总结 4 个阶段的工作，确保活动取得实效。严格推行企业信用等级评定制度，按年核定企业的贷款资格，明确贷后管理责任，客户经理尽职记录登记及时、完整、准确。2. 在财会管理上严格按照综合业务操作流程进行业务处理，严格执行会计坐班主任制度，按规定记载重要会计事项。财务核算达到了“八相符”，按规定程序办理现金收付及转账业务；会计凭证使用正确，要素齐全；严格执行查库制度，认真做好现金、重要单证及重要物品的盘点。对大额汇划及现金业务进行全面监督、授权，严格控制操作风险的发生。在账务核对上，合理安排对账流程，换人对账，所有对账单的核对情况在《银企账务核对清单》上如实记录。3. 加强综合办公平台操作管理，规范公文管理。及时处理电子公文，确保政令畅通。强化职能意识，做好精细化管理。对车辆管理、安全保卫和档案整理工作都明确到人，明确职责。加强档案管理工作。2017 年，农行根据上级行档案管理等级行标准要求，规范档案整理工作。

支行坚持每周以不同方式对全行员工进行警示教育、合规教育，行领导每月不定期查库并亲自与几个大客户对账。每季开展案防两评工作，对全行员工特别是重要岗位和敏感环节人员进行思想行为排查和思想动态分析，并不定期和员工进行谈心、交流，对思想动态、日常行为有异常的同志更是及时沟通交流，从而提高员工从思想上对案防工作的认识，切实从源头上防范案件的发生。

·信用联社·

【概述】 2017年，安泽县农村信用合作联社设有八部二室，下设七个授权经营的基层信用社，1个营业部，3个分社，1个储蓄所，共有在岗员工175人。主要服务全辖7个乡镇，104个行政村、19676户的8万居民百姓，以及33个市场（街道）。主要经营吸收公众存款；发放短期、中期和长期借款；办理国内结算，办理票据承兑与贴现；代理发行、代理兑付、承销政府债券，买卖政府债券、金融债券；从事同业拆借；代理收付款项及代理保险业务；提供保险箱服务；经银行业监督管理机构批准的其他业务。

截至2017年末，全县农信社各项存款余额达到218476.71万元，较年初增加18274.34万元；各项贷款余额103469.18万元，较年初净增28338.37万元；各项收入达12727.69万元，较同期多收1736.34万元，增幅15.8%，实现净利润861.3万元；以增收节支为原则，以优化经营为途径，全面推进转型发展。

【机制转型】 2017年管理理念和管理方式上下功夫，推动管理机制转型。1.持续推行差异化管理。安泽联社继续坚持差异化的管理理念，根据2017年整体发展规划，坚持以发展战略和激励约束为导向，以经营计划和管理规范为目标，以风险控制为重点，以稳健经营、合规引领、战略导向、综合平衡、统一执行为基本原则，综合考虑社会经济发展、市场变化以及自身发展战略、风险管控能力等因素，经反复征求意见，制定出针对机构和网点的《2017经营管理综合考核办法》。内容中将存款、日均、贷款新增、不良贷款等考核占比、考核量差异化对待，增加信用社、网点自身发展的内动力。同时，按季度制定竞赛活动方案，突出考核重点，指明发力方向，使管理体系更加完善，管理方式更加科学，管理内容更加具体，不仅提升了内部管理的有效性，而且增强了日常管理的针对性。

2.持续加大考核力度。为最大限度地调动起员工工作的积极性和主动性，做到权责明确、责任到人，奖惩分明、公正评价，指导到位、监督有力，推进各项工作举措的有效落实。实行岗位等级制，将综合柜员、客户经理实行登记考核，将柜员工龄、学历、业务量，客户经理贷款余额、贷后管理等纳入等级划定的因素，激发一线人员上进心；将不良贷款清降落实在全员考核，不良贷款的处置、清降是今年攻坚的方向，安泽县联社构建出“全员发力、人人有责”的考核机制，将不良贷款的清收落实在每一个人的肩上，发挥出考核激励前进的良好效果。

3.构建“联部包社”工作机制。安泽县联社历来遵循“机关服务基层”的原则，为了保证工作落实，实行了“联部包社”的工作机制，将部室考核和信用社经营指标挂钩，促使机关人员深入一线，进一步了解基层实情、积累经验，转变作风，既方便基层网点问题的反馈，又方便机关帮助基层解决实际问题，提高了组织协调能力，进一步拓展工作视野，增强全局意识和规矩意识。

【队伍建设】 牢固树立“队伍建设为第一核心”的理念，多措并举，确保人才培养方式活起来、内容多起来、效果明起来。1.常态化培训，增强基础知识，为全面提升全员综合业务水平，防范各类操作风险，联社每季度采取分岗位常态化培训，由人力资源部牵头，相关部门配合开展，定期培训，进行集中培训24期，培训面达100%；2.专业技能培训，增强综合素质，2017年开展柜员技能培训、文秘专项培训、安保技能培训、信贷制度培训等不同条线的专业化培训，通过名师授课、员工之间切磋技艺，全面提升技能水平和服务水平，促进各项业务的稳健快速发展。3.培养后备人才，增强发展动力。为实施人才兴社战略，持续优化人力资源配置，有计划、不间断地培养德才兼备、数量充足、年龄和专业结构合理的后备人才队伍，通过后备人才推荐、资格审核、业绩审查、业务知识测试、演讲等环节层层选拔，全县共选出15名优秀员工，建立起“信念坚定、勤政务实、清正廉洁、敢于担当”的后备人才库，并通过评议、考察已有一名同志走上中层副职岗位。通过管理、培养这些有公心、敢担当、善作为、能奉献的后备人才，为持续发展提供强有力的人才保障。

【业务提质增效】　2017年坚持以支农服务为宗旨，以稳中求进为根基，着力提高发展质量，进一步巩固农信社在农村市场的主力地位。1.加大金融扶持力度，履践服务宗旨　安泽县联社在落实精准扶贫工作中，坚持与县政府、扶贫局做好对接，发挥金融主力军作用，搞好普惠金融。精准对接，核对信息到位。投放扶贫贷款是安泽县联社关注支持的项目，按照人行名录及扶贫局贫困户名单，深入农户家中逐户调查、授信、评定，对有需求且符合条件的贫困户积极提供资料到扶贫局申请盖章，有条不紊的推动“三个全覆盖”有序开展。积极投放扶贫贷款。自省、市到县，建档立卡扶贫户是服务的重点对象，为此联社加速安排客户经理到扶贫户家中办理贷款手续，投放小额贷款，截至2017年末各项扶贫贷款余额8039.58万元，较年初净增3870.46万元。个人扶贫贷款余额6144.83万元，较年初净增2875.71万元。沟通到位，将扶贫贴息款准时入户到位。扶贫贴息不仅关系到客户的支出，更与安泽县联社的偏离贷款与利息收入密切相关。为了做好精准对接，积极与扶贫、财政协调贴息事宜，邀请扶贫专家审核资料，积极呈报贴息资金申请，并在9月末将国家支持的光伏发电项目与扶贫小额贴息全部回笼入账，为扶贫贷款投放奠定了坚实的基础。扶贫工作不断，深化扶贫效果。定期入户摸底，不间断对贫困户的慰问，建立帮扶教育基金会，与贫困儿童送上“六一”的祝福，帮助贫困户副业创收，抢收秋粮，将扶贫工作推出新方法、新效果。

2.延伸金融服务触角，提升品牌形象。

借助科技高新化，实现服务网络化，向更快、更优、更便捷的层面靠近。深入推广手机银行、微信银行等基础业务，通过微信平台推送、电子屏宣传、发放彩页等各类形式在辖内大力推广，截至2017年末，安泽县联社有手机银行存量客户1719户，微信银行9092户，第三方支付1.52万户，个人网银客户1823户，企业网银客户209户；电子银行渠道交易量达到161186.05万亿元。协调人社部门，全力推进社保、医保民生工程落地工作。社保卡先行，提升便民程度。2017年，配合联社领导，积极与省、市县三级人社部门沟通协调，使安泽县联社成为山西省第一家与人社部门合作的农村信用合作联社，并于今年3月份制回社保卡3.3万张。开通二维码支付，拓展服务平台。安泽县联社在全市第三家成功开通二维码支付业务，截至2017年底共审核通过优质商户685户，月均交易笔数已达到2500笔以上。二维码支付业务凭借方便、快捷的优势已逐步成为我联社服务广大小微商户、个体工商户的一个重要手段。

【案件防控】 2017年坚持“业务要发展，风控要先行”的发展理念，恪守“抓机制、排风险、强内控、保安全”总思路，坚持把风险防控作为第一责任，加快推进案件防控能力，不断强化稽核职能建设，积极构建稽核检查新机制，大力营造案防高压态势。

1. 会议部署，提高认识。按季度召开案防分析会，会议中分析了联社三季度案防工作开展情况；会议通过分析通报问题，部署下一步主要工作，通过总结经验，分析问题，为有效杜绝屡查屡犯问题起到了积极的控制作用，形成了案件齐抓共管、群防群控的良好氛围。

2. 专题活动，形式多样。根据省联社联社办事处《临汾农信“案防大家谈、全员述合规”案防主题系列活动实施方案》通知要求，开展一系列案防主题活动，通过征文活动、理论测试、案防演讲，从而提高全员对案防的认识和重视。通过系列活动的深入开展，营造出“领导带头、全员参与”积极主动学案防、重案防、做案防的浓厚氛围。

【优化经营发展环境】 2017年全面贯彻落实党风廉政建设责任制，主动服务大局，完善监督机制，强化工作举措，认真履行纪检监察职能，促进了信用社业务经营的稳健发展。

1. 扎实开展系列活动，强化员工行为管控。

根据联社统筹安排，纪检部门重点围绕员工行为管控，扎实开展了“重要岗位人员行为排查”“员工异常行为排查”“纪检监察案防检查”、“三违反、三套利、四不当、市场整治”等系列活动，通过系列活动的深入开展，查找员工是否存在异常行为，进一步加大重点人员“八小时以外”的监督力度，加强对风险人的预防和管控力度，促进了各项工作的正常运转。

2. 加大效能监察力度，推进作风转变。

贷款回访跟踪监督。为监督检查贷款发放是否真实，信贷人员在贷款发放过程中是否存在吃拿卡要等违纪行为，联社纪检监察室按月采取电话回访和实地回访两种方式，次月开始，对上月新发放的贷款进行抽查回访。强化纪律作风监督。纪检监察室结合辖内实际，切实加强对领导干部办公用房、公车使用、节假日封存、婚丧嫁娶事项的日常监督检查。在重大节日及十九大期间制定信访维稳方案，妥善解决各类问题，切实保障了十九大期间、元旦、春节等重要节点各项业务的科学稳健发展。坚持挺纪在前，强化工作纪律监督，充分运用“钉钉”软件，创新监督检查方法，跟踪监督全辖员工出勤情况、是否存在迟到早退、无故旷工等违反工作纪律的行为，有效提升了全辖员工的工作质效。

【稽核发力　稳定发展】 2017年安泽县联社以“查违规、强内控、促发展”履职主

线，以“严查严改严罚严处”为稽审标尺，科学谋划、统筹安排、有力促进了业务的稳健经营和科学发展

1. 强化责任建防线。安泽县联社成立了以理事长为组长的案防管理领导小组，理事长为案防工作第一责任人，逐级签订案防责任书，签订人数为176人，签订率达100%，逐级担责，逐岗分责，双线覆盖，形成了分级负责，涵盖全员的案防压力传导机制。召开会议促管理。采取集中召开方式按月召开案防例会，通过条线汇报，个人剖析，大家评议，分析违规问题的根源，制定切实可行的措施，不断完善各项机制流程，做到会议有主题、有剖析人员、有点评、有措施、有效果，促进案防管理工作有序开展。

2. 以检查为手段，强化问题导向。2017年，先后组织开展了非现场稽核、序时性稽核、突击检查、资金业务等专项稽核及离任稽核等各类稽核检查共25次，配合省、市完成各项稽核检查15次。通过检查的形式，不断加大稽查力度，有效防范各类风险隐患。

3. 狠抓违规问题整改，增强合规意识。为有效解决稽核督促不到位、检查发现问题整改缓慢的现状，农行创新开展了违规问题整改会，制定了《关于召开违规问题整改季度会实施方案》，围绕“把握原则，不违规；克服困难，抓整改”的主题，将2015年至2017年所有未整改的问题，逐笔落实原因，确定整改措施、并限定期限，从根本上提升整改率。

【安全管控】 2017年人防、技防、物防并行，保证安全工作取得实效。加大“人防”检查考核，按月对基层网点进行安全检查，共对基层检查120余次，分管领导调阅监控20余次，保卫部经理调阅监控30余次。利用电话与监控相结合的方式，在星期天和节假日共对基层网点查岗400余次，确保带值班人员在岗。提高安保人员技能及突发事件的能力，按季度施行预案演练并组织安保条线专业培训。不断改善技防设施，对辖内网点的监控改造，并及时联系安装人员逐个网点进行了调试提供技术、设备上的安全保护保障。

【清降不良贷款】 2017年，安泽县联社把不良贷款清降作为重点来抓，通过多管齐下，全力以赴做好不良贷款的管控、清降。1. 会议部署树好旗帜，“常态化”、专项会议敲醒不良贷款清收的警钟，利用常规推进会、每月经营分析会、季度总结会，安泽县清收处置农村信用社不良贷款专项行动动员会，协调政府召开了清收处置公职人员自贷及为他人担保不良贷款专项会议，等，定任务、提认识、聚合力，为清收处置不良贷款树起了旗帜，为业务开展定好了航标。2. 日常清收持续加力，三大平台推进日常清收，“交流平台”，建立了“发扬五干精神　实现保优进位”的微信交流群，分享经验；“碰头交流”，晨会、夕会，客户经理定点、定时碰头，汇报进村入户情况、清收情况；“调研交流”，领导班子下乡调研、参与研讨的场景成为各信用社晨会上不可缺少、不足为奇的场面，一起究原因、定策略，减少了向上级反馈、中间汇报、意见回复的等待环节，面对面的交流，更进一步提高清收的效率。3. 考核引导重点突出，启动“532”“5221”不

良指标、到期贷款收回率、欠息90天以上指标旬考核推进会等，通过灵活多变的考核机制与形式，激励全员奋力冲刺的主动性、积极性。4.专项活动加油鼓劲，2017年8月份，“开展了清收风暴”活动的开展，组建三支分队，15个小组，采取分组分队、分片分区的形式，将全县分为中片、南片、北片，15个小组分头行动，进村入户，采取“培训+实战+经验总结”的模式，清收队员将课堂学习的知识运用到实战中，通过五天的努力，三个大队十五个小组共发送催收一封信296份，张贴催收公告96份，签字催收通知单296份，签订还款计划148份，收回不良贷款678095元。“清收风暴”只是安泽县联社清收不良攻坚的开始，专项活动的开展动摇了老赖“欠债不还，天经地义”的错误观念，展现了农信社坚守“寸土”的决心。

【特色宣传】 1.强化宣传，唱响服务“三农”主旋律 2017年，安泽县联社借助各级平面媒体，及时跟进信息报送，开展了不同形式的宣传工作。把握“宣传为中心工作服务”的宗旨，挖掘先进经验、典型实例，对外刊发稿件80余篇，其中：中国农村金融2篇，金融改革与发展3篇，省联社一报一刊刊发23篇（全市排名第四，发稿量仅次于尧都、侯马、洪洞三家联社），临汾银行业协会刊发4篇，山西日报1篇，山西经济日报2篇，临汾农信微信平台刊发41期等。围绕安泽县联社的中心工作，农行通过抢抓时机，利用春节、端午节、母亲节、中秋节等传统节日，向广大客户送上祝福，并积极开展宣传活动。借助“金融知识进万家”“金融知识万里行”宣传服务月活动，发挥点多、面广、人熟的地理优势，使金融知识“进学校、进社区、进商圈、进农村、进工厂”持续推进。

2.树立品牌，提升“安泽农信”形象工程

农行以户外标语、灯箱为载体全面提升外部形象。对各营业网点的门头、灯箱、ATM机等标识陈旧的统一进行了更换，进一步提升了安泽农信精神文明建设工作。改善硬件设施，对各信用社、营业网点的墙面、地面、天花板等进行统一修缮，保证营业场所硬件环境的安全及整洁。更新版面内容，对各网点制度版面，联社机关企业文化、党建、案防工作等版面集中进行了更换，强化农信社文化品牌，打造良好农信形象。

3.开展活动，提高员工幸福指数

“为农信社谋发展，为员工谋福祉”是联社不懈努力的目标。联社党委领导始终把关心职工生活和成长放在重要位置。逢年过节走访慰问困难职工和离退休职工，同时，给全体在岗职工入了团体意外险，给全体女职工入特病保险，在员工生日时送上一份精美礼品，开展文艺晚会、参加职工运动会等文娱活动等，提升了全员的凝聚力，提高了员工的幸福指数。

【党建引领】 2017年安泽联社党委结合自身实际，创新方式方法，在加大学习力度、提高学习效能、提高执行力度上想办法、下功夫，使广大党员干部进一步锤炼了党性修养，拧紧了思想政治上的“总阀门”，凝聚了干事创业的原动力。1.推进组织建设。支部建设日趋完善，依据人员岗位调整，变更党支部委员会成员，发挥党支部职能，组织引导全体党员读原著、学原文、悟原理，注重学以致用，着力强化党员政治纪律意识、政治规矩意识、党员身份意识、责任意识和担当意识。2. 强化队伍建设。在队伍建设中，坚持“固本”、“添新”两大举措，即：保持党员的纯洁性、先进性，强化作风建设，常抓廉政建设，打造一支素质过硬、战斗力强的党员队伍；每年发展两名新党员，将业务素质高、思想觉悟高的“精英”作为培养对象，不断为党员队伍输入新鲜、优质的血液，进一步提升了队伍的干劲和活力。3. 加强党建活动。党建活动形式多种、内容丰富、意义深远，开展了致家属的“劝廉信”活动、“两学一做”系列活动、“维护核心，见诸行动”主题教育活动等，活动开展目标明确、成效突出，在活动中将学、做结合，细化责任，讲究落实，有效提升了全体党员干部思想、政治、行动上的自觉性。4. 开展特色活动。安泽县联社结合实际，开展特色党建活动，2017 年 180 余名干部员工在素有“太岳山上小延安”之称的杜村乡，开展了“维护核心，见诸行动”党性教育主题拓展活动，缅怀王光烈士、重温入党誓词、参观革命旧址等，让农信员工感受薪火传承、感受革命精神。

保 险

·人寿保险·

【业务管理及发展】 2017 年根据市公司下达给农行的全年销售任务，制定各个周、月、季度销售计划。制订计划时本着实事求是、根据各个险种特点、客户特点，可实现的目标。在目标确定后，公司本着“事事落实，事事督导”的方针，通过加强过程的管理和监控，来确保目标计划的顺利完成。

2017 年公司有内勤员工 12 名，个险销售队伍 1 支，银保销售队伍 1 支，团险销售队伍 1 支。其中：个险团队架构人力 112 人、银保团队架构人力 14 人，团险团队架构人力 12 人，总共架构人力 138 人。截止 2017 年 12 月 31 日总保费 3296.15 万元，上年同比增长 84.55%；新单保费 1993.88 万元，上年同比增长 131.31%；首年期缴保费 561.83 万元，上年同比增长 17.16%；10 年期及以上保费 294.49 万元，上年同比增长 6.10%；短期险保费 174.87 万元，上年同比增长–33.41%。

2017 年共处理各种赔款给付案件金额达 236.6 万余元，为出险家庭及单位缓解了燃眉之急。大病医疗共兑付 84 人次，金额达 44.95 余万元。

【班子建设】 一个坚强团结的领导集体，是搞好各项工作的根本保证。2017 年公司领导非常重视政治学习，时常注意保持党员的先进性；时刻把职工温暖放在心上，时刻把广大保户的疾苦放在心上；注重廉政建设，做到一身正气，两袖清风，为树立公司形象起到了表率作用；注重领导艺术，增强班子凝聚力。

1. 注重服务意识，提高服务质量，进一步提高公司在社会上的知名度和美誉度

进一步提高服务质量，是上级公司的要求，也是广大保户的要求。为此，公司制定了一系列的制度，采取了一系列行之有效的措施，从承保到理赔形成流水线服务，工作效率明显提高，对所有员工高标准严

要求，在业务技能上要求员工精益求精，在服务态度上比学赶超，追求完美。在业务方面全面实行手机电子化操作，让客户足不出户就能处理相应的业务，使国寿品牌深入人心，公司美誉度进一步得到提高。

2. 加大宣传力度，努力提高人们的保险意识。

公司采取各种措施，利用各种形式，宣传保险的功能及作用，是越来越多的人认识到保险是生活的必需品，是提高未来生活质量的好办法，通过保险可以减轻各种风险带来的压力，是社会各界对保险的认可进一步提高。

·财产保险·

【概述】 中国人寿财产保险股份有限公司是由中国人寿保险（集团）公司和中国人寿保险股份有限公司共同发起设立的全国性财产保险公司，属国有股份制企业。安泽县支公司是其设立的四级机构，成立于2010年5月，位于安泽县县城建材街，现有各类管理、技术人员10人，代理制营销人员30余人。公司办理机动车辆保险、企业财产保险、责任保险、人身意外伤害保险、货物运输保险、信用保险以及建筑公路、桥梁等各类保险业务。先后与各大商业银行、信用合作联社、邮政储蓄等单位建立了兼业代理合作关系，连续数年被市公司授于“先进单位”的称号。2017全年保费总收入达809.39万元，其中，农险414.64万元，车险339.93万元、非车险54.82万元。赔款334件，赔款326万元，综合赔付率40.28%。

【三农保险】 2017年农业保险促进农村金融业发展，农业保险分散农业风险、补偿农业损失，稳定农业生产经营，提高农业综合生产能力，改变了老百姓“听天由命，靠天吃饭”的现状，农民“一次重灾，即刻致贫”的现象，是农村经济的“稳定器”。公司推出的三农保险，做到全县玉米、核桃、蔬菜大棚、森林保险全覆盖。先后为6060户玉米种植户88486亩玉米，514户核桃种植户5369.14亩核桃，蔬菜种植户的411个蔬菜大棚提供保险服务。大大减轻农户的经济损失，缓解了经济压力，有效预防了因灾、因病致贫返贫现象的发生。2017年玉米理赔47.12万元，受惠农户586户，坚果理赔1.36万，受惠农户21户，疏菜大棚7.16万元，受惠合作社农户10户。

【民生领域的保险】 2017年公司针对”一人得大病，全家致贫“的现状，适时推出了低保费，高保障的医疗保险“百万安心疗保险，该保险一上市就收到了好评，将会一如继往的大力宣传推广，推向最需要风险保障的农民家庭并积极开发农民意外险等险种。

交通运输

【重点工程项目建设情况】 2007年持续类建设任务3项，其中窄变宽改造项目2项，安防工程1项（4条县道）。

1. 府城镇孔村至桃寨村路面改造工程。2016年工程建设任务，总投资220万元，全长5公里，路基宽4.5米，采用18厘米厚混凝土结构路面，2017年8月20日完成建设任务。

2. 良马乡英寨村至上寨村路面改造工程。2016年工程建设任务，总投资280万元，全长8公里，路基宽4.5米，采用18厘米厚混凝土结构路面，2017年8月18日完工。

3. 安全生命防护工程。2016年上级下达安泽县4条县道安全生命防护工程，隐患里程共计65.384公里，总投资1131万元。建设内容为波形护栏、标志、标线。建设情况为：罗和线隐患里程11.524公里，总投资202万元，已交工验收；冀沁线隐患里程34.055公里，总投资596万元，已完成建设任务；唐沁线隐患里程0.959公里，总投资25万元，已完成建设任务；高交线隐患里程18.846公里，总投资308万元，已完成15公里，完成工程量的80%。

2017年新建类建设任务5项，安防工程2项，畅返不畅工程1项，和川村段道路改造工程1项，危桥改造1项。

1. 2017年上级下达涉及全县27条乡道安全生命防护工程，隐患里程为59.708公里，建设内容为波形护栏、标志、标线，总投资为1195万元，该工程6月份开工，现在正加紧实施。

2. 第二批车购税村道安全防护工程，即2017年上级下达涉及安泽县村道安全生命防护隐患里程9.86公里，总投资246.5万元，建设内容为波形护栏，标志、标线，已全部建设完成。

3. 第三批安泽县四好路备案20项，属2017年畅返不畅工程，全长131.68公里，总投资12941万元。截止12月，已完成108.75公里，完成投资10827.15万元。

4. 第安线和川村段道路改造工程，全长1公里，投资360万元，路基宽7.5米，采用18+18厘米双层水泥稳定层，5厘米沥青混凝土面层结构，已交工验收。

5. 白村桥危桥改造工程，投资400余万元，已完成招标，准备开始施工。

2017年争取类建设任务5项，其中国道改线工程1项，高速连接线工程1项，旅游公路工程3项。

1. 石栈至义唐生态旅游公路（国道309安泽县城过境公路改线）工程，它起点位于安泽县东侧的石栈村，与原有国道309顺接，然后路线向北绕过县城规划区后向西布设，终点位于义唐腰庄以南，顺接国道309，全长7.973公里。本项目为一级公路，总投资估算为50633.3767万元，用地规模为687亩，截至12月已完成“两评一案”、初步设计，投入1500万元进行征地拆迁工作，征用土地180亩，迁移坟墓115座，部分居民房屋也已拆迁。入冬以来，由于低温环境影响，无法施工导致工程暂停，气温回升后工程将继续施工。

2. 长临高速连接线工程，全长4.145公里，二级路建设。投资7391万元。资金来源全部省政府拨付。安泽县提出将建设标准由二级公路建设为一级公路。12月，安泽县已与长临高速公司对接核实工程量，待对接完毕后按要求实施。

3. 黄花岭旅游公路工程，起点为309国道（三不管岭），途经黄花岭景区、英寨、杨家沟，止点为郭都（309国道），全长22.61公里，按三级公路标准建设，路基宽7.5米，路面宽6.9米，15厘米厚砂砾垫层，20厘米厚水稳碎石基层，5厘米厚沥青砼面层。增设排水、涵洞等。投资估算6485.91万元。12月，工可编制、设计立项已完成。

4. 红叶岭旅游公路工程，起点位于安泽县府城镇下桃曲村，经连家庄、红叶岭，止点为和川镇岭南村东（库区），全长29.2公里，按三级公路标准建设，路基宽7.5米，路面宽6.9米，K0+000-K10+800段15厘米厚砂砾垫层，18+18厘米厚水稳碎石基层，4+3厘米厚沥青砼面层，K10+800-K29+200段15厘米厚砂砾垫层，20厘米厚水稳碎石基层，5厘米厚沥青砼面层。增设排水、涵洞等。投资估算10356.78万元。12月，工可编制、设计立项已完成。

5. 青松岭旅游公路工程，起点位于冀氏镇南湾村，途经郎寨、马壁、刘村、唐村、青松岭，止于冀氏镇南孔滩全长55.22公里，按三级公路标准建设，路基宽7.5米，路面宽6.9米，南湾至海东段按15厘米厚砂砾垫层，18+18厘米厚水稳碎石基层，4+3厘米厚沥青砼面层建设，马壁至唐村至南孔滩段按15厘米厚砂砾垫层，20厘米厚水稳碎石基层，5厘米厚沥青砼面层。增设排水、涵洞等。投资估算16261.79万元。12月，工可编制、设计立项已完成。

2017年协调类建设任务1项。

长临高速公路建设工程，长治至临汾高速公路是国家高速公路网青岛—兰州在山西省境内的重要组成部分，同时也是我省规划的高速公路网“三纵十二横十二环”公路主骨架中第十横的重要组成部分。本项目路线全长166公里，概算投资103亿元。在安泽县境内长44公里，概算投资28.19亿元。涉及安泽县两个乡镇一个农场：府城镇、良马乡、安泽县农作物良种场。府城镇四个村（府城村、义唐村、高壁村、神南村）、良马乡七个村（郭都村、文上村、劳井村、良马村、边寨村、华寨村、司马村）。长临高速公路是省政府确定的2017年度全省重点公路工程之一。2017

年末，长临高速公路完成路面两层砼沥青的铺筑，其余附属工程（交安、机电、绿化、房建工程全部完工）。由于部分工程受季节和温度影响还不能进行到年末，加上本年度上述路基、路面及附属工程还要交叉施工，故今年工程建设协调任务还是比较繁重。截至12月，各类补偿工作已基本结束。

【农村公路普查】 2017年7月底，根据市交通运输局统一安排部署，安泽县安排工作人员历时45天对全县县乡村道路、桥涵、排水、学校、建制村、安全防护设施、旅游景点等进行全面普查，完成《农村公路发展（2017—2020年）》规划编制工作，已上报省厅备案。

【农村公路养护】 2017年公路管理三分建、七分养，采取措施，在建好路的同时，抓好管护工作。

1. 确保路面整洁、道路畅通、标志齐全。做到日常养护提质，重点养护提速，集中治理提效，确保公路畅通、标志齐全、标线明确、标牌醒目。切实加大公路的养护水平，农村公路养护管理纳管率100%，优良率85%以上，县级养护道路力争“四好”农村路达标。从根本上解决县道“重建轻养”“只建不养”的难点问题，工程建设质量合格率100%，争创农村公路网建设精品工程。

2. 强化规模化、效益化发展理念。突出“一业为主、多业并举”，推进交通基础设施建、管、养规范化，实现项目投融资、路桥建设、交通运输服务一体化发展。对全县141公里养护路段进行全面养护，扎实开展交通路域环境整治工作。安泽县将农村公路养护真正抓在手上，落实到工作上，坚持建养结合，建养并重。全县农村公路养护里程141公里，桥梁65座（其中二类桥梁44座、三类桥梁8座、四类桥梁3座），涵洞69道，全部做了维护和保养。截至目前，修补坑槽2400余平方米，疏通边沟16.2万余米，整修路肩18.7万余米，清理塌方12处，共计130余立方米，清理垃圾、杂物800余立方。维修第安线石渠西沟涵洞5道，维修护岸40余米，第安线补栽标志标牌32块、补栽护柱67根，第安线冷喷标线15公里，增设平交道口两处。

3. 严格养护标准、增加路面清扫频次。安泽县结合各类路面整治活动，不断加大路面隐患排查，完善规范道路整治，对第安线、高交线、冀沁线共计粉刷安全设施740余平方米，维修护墩43.5平方米，安装广角镜3块，疏通边沟132公里，清理沿线落石塌方40余处，200余立方米。对黄花岭至东方红、东方红至郭都2条旅游公路共计17公里路面进行了路面平整和清扫。为安泽县乡村旅游助力添彩。

【运政管理】 1. 2017年加强对监管企业的监督力度。对汽车站、场的监督管理，运政执法人员全年驻站监督，确保客运市场规范有序。在城市公共交通上，不断加大城市公交站牌维护力度，对全县6个公交候车亭，83个招呼牌进行了系统维护。同时，积极响应国务院精神，推广使用新能源汽车，公交车全部更换为新能源纯电动公交车，投入运营。在道路运输市场管理上，吊销108辆黄标货车道路经营许可证，注销黄标货车83部。在驾培、维修及汽车租赁市场整治上，出动检查80余人次，清理一处非法培训招生点，对照新国标对71家三类维修业户进行了质量信誉考核，对2家二类企业对照新国标自查完善延期考核。辖区内注册汽车租赁企业3家，其中两家无经营车辆，处于停营状态；另一家因车辆不合格已责令企业将车辆转出。

整顿规范城乡客运市场，严厉打击无证营运。对重点地区、重点时段进行重点监管，围绕场站、车辆及从业人员等要素做好源头管理，做到事不漏项、人不漏责，加强车辆维修管理，强化对维修企业门店管理，落实双随机、双抽查检查机制，不定期对全县车辆维修经营情况监督检查；驾培管理，实施手机APP动态管理系统，推行质量评定体系，督促驾校做好培训教育。行政执法工作，探索联合执法、协同执法新模式，整合系统内执法力量，实现综合执法；靶向定位，重点施治，对车辆非法营运、超限超载、危险化学品运输等行为加大路查路检力度，维护全县道路运输经营秩序。

【路政管理】 2017年强化执法力度，有效抑制路面扬尘。不断加强公路运输车辆货运源头及路面管控，对造成"抛、洒、滴、漏"污染公路的行为严肃查处。全年发现未遮盖篷布车辆12辆，现场进行了整改；查处货运车辆不按规定加盖篷布造成抛洒污染违法行为12起，教育放行；损坏路面违法行为4起，收取赔补偿款1.2万元。为更好宣传、查处、杜绝货运车辆"抛、洒、滴、漏"违法行为，4月中旬，安泽县又专门印制了相应的《告知书》，与8家涉及渣土运输运的施工单位、货运企业，42名渣土运输车辆驾驶人签订了有效抵制扬尘责任书。并在全县范围内对涉及渣土运输的工地进行全面摸底，摸底完成后及时上报，请环保局牵头督促相关责任单位进一步落实源头监管责任。通过源头加路面双重管控措施，更好地有效抑制路面扬尘。

强化路面环境整治，保持路面清洁。不间断整治违法占用公路和乱堆乱放现象。清理路边煤堆、垃圾、建筑料堆共17处。取缔了唐城至沁源沿线占道的经营非法加水点4处。对辖区内3个搅拌站进行严格督查。下发了整改通知书，3个拌和站全部落实了出场车辆加盖篷布，场内渣堆全部保持了绿网覆盖。接到市大气污染防治指挥部应对重污染天气调度令后，均由专人监督落实3个拌和站的全面停工。坚持依法行政、文明执法，杜绝公路"三乱"和吃、拿、卡、要现象，切实做到执法有依据、处罚有证据、罚款有票据，坚决做到法无授权不可为，法定职责必须为。路政、运政案件发现率、查处率、结案率达到95%以上。大政府公示企业的监管力度。

【党风廉政建设】 1. 严明纪律，严格落实党风廉政建设责任制。2017年局党委始终将党风廉政责任制作为反腐倡廉的有效载体，始终把各级党员干部对党风廉政建设的思想认识放在首位，严格落实党风廉政建设责任制，强力推进廉洁从政各项规章制度的落实。年初各科室全部签订2017年度党风廉政建设目标责任书，做到层层定任务，层层抓落实，认真制定年度《党风廉政建设和反腐化工作要点》和《党风廉政建设和反腐化工作暨惩防体系建设任务分解表》，细化责任落实，确保党风廉政建设各项任务落到实处。明确党组主体责任和纪检组监督责任，推动“两个责任”落到实处，进一步明确分工，细化落实“两个责任”的任务内容。

2. 强化廉洁从政教育，加强廉政文化建设。为统一全局党员干部的思想，增强“一岗双责”责任感，局党委把党风廉政建设工作纳入了全局工作的重要议事日程，在强调经济任务的同时落实了廉政责任制，坚持经济任务和党风廉政两手抓。2017 年，局党委共召开了 3 次会议专题研究党风廉政建设，积极传达学习上级党风廉政建设工作会议精神和相关要求，并结合自身实际提出贯彻落实意见，切实把党风廉政建设任务落在实处。以“三会一课”为载体，不断把“讲知守”专项治理活动引向深入，坚持从严从实，坚持问题导向，加强学习教育，狠抓整改落实，真正做到政治上讲忠诚、思想上知敬畏、行动上守规矩，全面引领交通各项工作走在前列。2017 年将开展“两学一做”教育常态化制度化工作作为加强党的思想政治建设的重大政治任务，坚持学做结合，突出问题导向，强化整改落实，更好的发挥了“关键少数”示范带动作用，用有效制度机制推动领导干部以身作则、当好表率，带头旗帜鲜明讲政治、带头强化党性修养、带头严格自律，切实做到忠诚干净担当。

3. 2017 年精心谋划，组织党员干部观看警示教育片、举办廉政教育专题讲座、专题讨论等方式，形成廉政教育的长效机制，更好的发挥了“关键少数”示范带动作用，用有效制度机制推动领导干部以身作则、当好表率，带头旗帜鲜明讲政治、带头强化党性修养、带头严格自律，切实做到忠诚干净担当。以示范教育和警示教育，促使广大干部职工廉洁从政，提高全体党员干部拒腐防变能力和廉洁自律意识。

【学习教育】　1. 开展十九大精神专题培训讲座，学员通过集中听讲和自学、交流等多种形式，对党十九大报告精神进行了深入的学习和领会、准确把握、全面贯彻党的十九大精神。将学习贯彻党的十九大精神同全面贯彻落实习近平总书记视察山西重要讲话精神紧密结合起来，同落实省委十一届五次全会“9 个深刻把握”的目标任务紧密结合起来，与做好全县各项工作紧密结合起来，以习近平新时代中国特色社会主义思想为指引，以落实习总书记视察山西提出的五项重大任务为抓手，进一步丰富完善发展思路，着力把党的十九大确定的战略部署转化为安泽县交通系统的工作思路、工作举措和具体行动，把握其中蕴含的新机遇，转化为切实可行的落实方案。勇于担当、开拓进取，全力走好转型发展新征程，奋力谱写转型发展新篇章。

2. 组织单位全体党员赴和川镇沁河庄村刘少奇路居，开展“贯彻学习十九大，建设美丽新安泽”专题党日活动。通过拓展训练徒步 5 公里、红旗下的演讲、唱响红歌、重温入党誓词、党员交纳党费、听老支书讲党课、瞻仰革命遗物、参观刘少奇路居等活动，寓教于乐、融教于趣、化教于心，以大家喜闻乐见的方式深入学习习近平系列讲话、党的十九大会议精神等，并取得良好的成效。大家通过感受红色文化，追寻革命前辈奋斗的足迹，深刻地认识到作为一名共产党员所担负的使命和责任，坚定为党的事业奋斗终生的勇气和决心。

3. 2017 年在学习的同时引导广大党员职工把“学”与“做”结合起来，引导党员干部以学促做、学做结合，把学习成果转化为履职尽责、服务群众的实际行动。在秋收农忙时节，为确保单位包联村的贫困户秋收工作顺利完成，10 月 23 日，组织单位在岗职工深入马壁村贫困户的田间地头帮助贫困户抢收“秋粮”，耗时三天，共计收取 76 亩。不仅为贫困群众解决了当前的实际问题，有效促进了精准脱贫帮扶工作的扎实开展，拉近了与贫困群众间的距离，还引导党员职工发扬吃苦耐劳、勇往直前的精神，让广大党员职工在工作中，敢担当、有作为，在打赢深度贫困脱贫攻坚这场硬仗中充分发挥战斗堡垒和先锋模范作用。

【信息公开】 2017 年强化信息公开，扎实抓好“阳光党务”。1. 公开的内容更加充实。对公开的范围、公开的内容、公开的形式、公开的制度等作了进一步的明确。安泽县根据文件精神，按照组织健全、制度严密、标准统一、运作规范的要求，做好公开以及已公开内容的存档备查、备案等工作。2. 公开的形式更加多样。在充分利用好局政务公开栏等传统形式公开的基础上，推行社会公示、网上公开等形式，切实保障群众的知情权、参与权、表达权和监督权，畅通干部职工与群众的沟通渠道，促进交通工作公开、公正、公平。3. 公开的时间更加及时。针对公开项目的不同情况，确定公开时间，做到常规性工作定期公开、临时性工作随时公开、固定性工作长期公开。4. 公开的重点更加突出。坚持把群众最关心、最需要了解的权、钱、人、事等事项公开作为公开的重点，从信息公开、政务公开和便民服务等方面入手，切实加大公开力度。

【脱贫攻坚工作】 2017 年按照县委、县政府的安排部署，5 月份，由原帮扶冀氏镇王村村调整至马壁乡马壁村，驻村以来，结对帮扶的党员干部多次积极走访入户了解具体情况，积极开展帮扶活动。

1. 入户定制台账，实现帮扶全覆盖。对包联村全村 76 户建档立卡贫困户全部入户走访，实现帮扶全覆盖。做到“一家一户调研摸底、一家一户一本台账、一家一户一个扶贫计划、一家一户回头跟踪扶贫”，全面了解和掌握贫困户的家庭情况和致贫原因，切实提高帮扶工作的针对性和实效性。

2. 查缺补漏，补充完善贫困户档案。驻村以来，工作队积极开展入户核实，全面及时核对更新贫困户信息，按照贫困户档案目录要求，进一步充实贫困户收支台账、扶贫手册等资料的填写，充实各类图像、照片等记录类档案资料。对照精准扶贫交叉检查内容，逐步完善档案资料的规范整理，健全基础数据，切实做到扶贫档案资料收集完整、整理规范、摆放有序、查找方便、为实现 2017 年脱贫摘帽目标任务打下坚实的基础。

3. 量身定制脱贫计划和措施。工作队结合基础设施建设，产业发展，民生保障，社会解贫等帮扶措施，根据贫困户实际情况为其量身定制脱贫计划和措施。包括政策兜底、产业脱贫（种植油牡丹、中药材、安装光伏发电、养殖)、劳务输出、利用乡村旅游务工创收等。

4. 入户送温暖，用“心”去帮扶。自从脱贫攻坚工作开展以来，确保每个帮扶责任人进村入户，一户不落，结对帮扶。多次为贫困户送帮扶资金、粮油、过冬棉衣、暖心棉门帘等生活物资，共计 3 万余元。驻村工作队成员更是入乡随俗，把马壁村当成了自己的第二故乡，走家串户话家常，与贫困户结成了亲戚，只要贫困户有困难，总是第一时间赶到。为贫困户郭小根的女儿办理学籍；为贫困户高银风解决住院难题；细心照顾看望 90 多岁的贫困户卫兰英；为贫困户孙书香过生日等，大家都把村民的事当做自己家的事来办，真正用“心”来帮扶，力所能及的一点小事对贫困户来说就是大事，就是实事，正是这些点滴小事让困难群众真切地感受到了党的温暖，政府的关怀。

5. 发挥安泽县优势，改善道路环境。投资 60 余万元硬化龙门口景区环库路；投资 10 万元，硬化了景点停车场，解决了旅游车辆停放问题，缓解了交通压力，有力地推动了马壁村旅游经济发展；彻底根治了马壁村通往石槽村口三叉路段安全隐患，清理土石方 1.2 万余立方米。

运输执法

【学习教育】　2017 年在全分局深入开展“两学一做”活动，着重从五个方面有计划、有重点、有目的地统筹协调推进。即：区分层次抓好“两学”、开展“四讲四有”专题讨论、严肃党的组织生活、严格党员日常管理监督、启动“党员先锋行”主题实践活动。通过活动的深入开展，分局领导班子和领导干部存在的思想、作风和廉政问题初步得到解决，政治生态得到净化，实现了弊革风清，重塑交通形象，为交通运输执法廉洁发展、转型发展、创新发展、绿色发展、安全发展、统筹发展，提供坚强的政治保证。

2017 年 5 月份在全分局范围内对照“两学一做”的部署要求，明确学习内容、把握学习要求，加强组织领导，强化组织保障，扎实开展以“守纪律、讲规矩、做表率”为主题的“纪律教育年”活动，抓住关键少数，创建了“党员先锋号”微信平台，覆盖全体党员干部，强化教育管理服务，充分发挥党员领导干部表率作用，着力推进“党员在学习”半小时并形成新常态，建立了“党员在活动”集中活动日制度，开展“党员在行动”岗位做贡献，扎实开展“学习段爱萍、李培斌等典型模范事迹”“四个讲一次”党课、“四讲四有”和“学习习总书记七一讲话精神”专题讨论活动。学习教育活动中，安泽县始终把握“六个坚持”，即：坚持把党的思想政治建设贯穿学习教育始终、坚持把“学作风”贯穿学习教育始终、坚持把“问题导向”贯穿学习教育始终、坚持把“以上率下”贯穿学习教育始终、坚持把“分类指导”贯穿学习教育始终、坚持把加强支部建设贯穿学习教育始终。解决了党员干部存在的五个方面的重点问题，完成了统一思想行动、严肃党内生活、充分发挥作用、解决突出问题、推动“六大发展”等工作目标任务。

通过开展学习教育活动，安泽分局取得了比较明显的变化。广大党员的思想认识、宗旨意识与奉献意识明显强化，坚定了共产主义理想信念，为人民服务的使命感和责任感进一步增强。工作作风得到改进。广大党员干部的“心气神”得到全面提升，牢固树立了党的意识、党员意识。党群关系得到改善。党的宗旨意识得到强化。社会主义核心价值观得以积极践行，制度建设的长效机制得到初步确立。崇尚实干、勇于担当的精神逐步体现，党员干部积极在推动改革发展稳定实践中建功立业。总体来看，开展“两学一做”专题教育活动以来，分局在严格落实上级党委各项部署的同时密切联系实际，创造性地开展工作。活动开展的过程求实、方向求准、标准求严、效果求真，既锤炼了干部队伍的思想作风，又推动了中心工作；可用、可行、可持续的举措得到群众的好评。

【三项监督】 2017年要完成安全生产监督、执法监督、治超监督方面查处办结11件执法监督案卷工作任务，围绕市局工作目标和发展战略，加强执法监督活动，推进交通执法事业科学发展。以规范交通系统执法行为，检查执法“不作为、乱作为”、趋利执法、以权谋私、以职谋私和滥用职权行为为重点，以动态监督、日常监督、重点检查为手段，寓监督于服务之中，着力发挥免疫系统功能，努力改善监督环境。全年共向被监督单位下达《行政监督意见书》11份，办结涉及运政、路政、安全生产案件11件。其中执法监督案件10件、安全生产监督案件1件。并办成省局优秀案件1件。有力地推动交通运输执法监督事业科学安全发展，有效地优化了安泽县境内交通运输发展环境。

【精准扶贫工作】 2017年，分局班子成员进驻包联村府城镇花车村开展精准扶贫工作。先后开展了入户走访调查、制定花车村远期、近期发展规划、确定帮扶玉米、核桃、养羊、黑木耳四大支柱产业，三名党员分别每人包联13个贫困户，结合农业生产实际和不同阶段，分类开展生产技术指导，并面向全村78户发放了玉米、核桃、养羊、黑木耳科技资料218份。对包联村今年调产——种植油牡丹扶持资金1万多元，解决了包联村燃眉之急。

【文明创建】 2017年按照市县文明办的部署和要求，以提升思想道德修养和文明素质为核心，以加强“四德”建设和宣传弘扬“五类”道德楷模精神为重点，强化宣传教育，推动文明创建活动常态化，引导全体干部职工“积小善为大善”、“积小德为大德”，自觉成为道德的传播者和践行者，在全局营造“崇德尚善”的浓厚氛围。成立了领导机构，明确分工，落实责任。制定了方案，召开动员会，让全分局干部职工明确建设“文明单位”的重要意义、指导思想、工作目标，为建设“文明单位”奠定良好的思想基础。大力推进“道德讲堂”常态化活动。2017年分局每月组织开展一次基本符合5个环节要求的规范活动，领导班子成员轮流上讲台，当宣讲员，宣讲曹栓恩、贺星龙、陈秋华等道德模范事迹，弘扬“五类”道德楷模精神，在讲堂内营造了“崇德向善”的浓厚氛围，全体人员深受教育，群起效仿道德模范，并将学习成效转化行为，使“讲道德、做好人”在全分局蔚然成风。同时，定期开展文明创建知识和“四德”教育培训，打造楼道文化，开展文明餐桌和网络文明传播活动，大力培育和践行社会主义核心价值观，大力培育交通执法特色文化。全年共开展道德建设活动11次，学雷锋系列志愿服务活动10次，参与临汾市第四届十大道德楷模、山西省道德模范、“山西好人”、第三届“感动安泽”评选、“网上点赞”活动6次、开展“安泽县的节日”4次、文体活动4次。积极有效推进了文明单位创建活动常态化。

【支部建设】　1. 2017年把建设四型支部抓在手上，制定了全年学习计划，明确了学习重点内容，以“两学一做”学习教育，实施依法行政，推进“六权治本”推动“六大发展”为契机，利用每周二五时间，采取政治理论、法律法规和业务知识相结合，集中学习和个人自学相结合的方式，强化学习，提高领导班子和全体党员干部职工的整体素质。在实际学习过程中，结合每个阶段工作重点和上级的部署要求，对每月的学习计划、重点内容进行调整完善和充实。安泽县确定每月有一名班子成员主持集体学习，开展研讨交流，展评学习笔记，测试学习成效。并将每个工作人员的学习情况作为年终考核的重点内容记入档案备考。

2. 抓班子率先垂范，落实主体责任。自始至终牢固树立不抓党风廉政建设就是严重失职的意识，党政主要负责人切实承担起第一责任人的责任，同时对班子成员负监督责任。组织落实。定期主持召开分局党支部会议，分析研判全分局反腐败斗争形势，研究部署党风廉政建设和反腐败工作，确定专题并主持召开研究党风廉政建设专项工作会议，做到重要工作亲自部署，重大问题亲自过问，重点环节亲自协调，重要工作亲自督办。加强班子建设。贯彻民主集中制原则，坚决克服组织涣散、纪律松弛现象，督促领导班子成员认真履行“一岗双责”，抓好职责范围内的党风廉政建设及各项工作，对有苗头性、倾向性问题的班子成员及时进行提醒谈话并督促整改，督促领导班子廉洁从政。从严管好队伍。坚持以上率下，以班子自身建设带动干部队伍建设，以健全制度纪律约束机制、强化制度执行为核心，带队伍、抓队伍、强队伍，不定期与单位班子成员谈话谈心，了解执行党的路线方针政策、坚持民主集中制、实施党内监督的情况并提出要求。确保廉洁从政。自觉遵守党的纪律，接受党组织、分局纪检监察员和广大党员的监督，严格执行主要领导不直接分管人事、财务、物资采购和工程招标的规定，教育和管理好亲属及身边工作人员，不利用职权和职务上的影响为其谋取非法利益，带头执行省局“十个严禁”规定，自觉践行廉政承诺。同时，把落实党内生活制度作为落实党组织领导责任、教育责任、管理责任、检查考核责任、示范责任的具体行动。不搞家长制、一言堂，坚持“三会一课”，并执行考勤、记录制度。支部委员会共召开20次，平均每月1–2次，重大事项支委会集体讨论决策，一般事项提前沟通。支部党员大会每季度1次，特殊情况随时召开，及时传达上级文件和会议精神，部署工作。党小组会共召开22次，每月2次，党课每季度开展一次，民主生活会和组织生活会目前已经进入筹备阶段。支部党员自觉、按时、足额交纳党费，党费由支部组织委员管理，每月底统一上交市局党群部。在发展党员制度上，重点培养新人。在党员联系群众制度上，3 名在职党员都积极参加“三联两报到”和“进社区亮身份强服务当先锋”活动中，并取得显著成绩。

3. 推进党支部“星级化”管理。广泛宣传发动，营造浓厚的舆论氛围。召开动员会议，组织全体党员深入学习上级有关工作要求，充分认识星级化管理的重大意义，明确目标要求，考证标准，具体步骤、程序，增强全体党员参与星级化管理的积极性、主动性。制定出符合本单位实际的考核评比办法，明确方法步骤，具体工作措施。将考核评议办法发到各党小组，组织学习实施。认真研究具体考评标准。结合本单位的实际，按照“五个好”标准和具体工作任务对每位党员进行考核评议。标准尽量细化，量化。充分考虑到大家的实际。围绕如何发挥党员的模范带头作用制定出考核标准。对照党员“五个好”的标准要求，结合分局实际将党员“五个好”的目标要求进一步细化、量化，按照工作实际明确具体的任务、目标，确保把“五个好”的目标转化为党员的具体行动，接受党员、群众的监督。其次根据分局工作和行业特点，组织开展形式多样的活动，切实增强党员的先进性意识，落实工作措施，推进工作扎实深入开展。把党员星级化管理同各项工作有机的结合，进一步探索完善保持党员和党组织的先进性，提高工作效率和服务素质。彻底解决党员干部在思想、作风、纪律、道德和生活等方面存在的问题，努力营造顾大局、找位置、尽职守、守纪律、求真务实，团结拼搏，清正廉洁，为民奉献的新风正气。通过创建活动，积极为事业的发展建言献策。充分发挥党员的先锋模范作用，推动交通执法事业科学发展。加强日常管理。支部成员间明确分工、细化目标，健全制度，制定措施，落实责任，促进管理的规范化，制度化。

公　路

【概述】 安泽公路管理段担负着国道 309 线 45 公里、省道 326 线 53 公里国省干线公路的养护管理任务。全段有干部职工 84 人，在编职工为 22 人，合同制人员 62 人。段机关规范设置了两股一室一队。段下设五个养护道班和两个路政中队，拥有筑（养）路机械设备 17 台（件）及 700 型沥青拌和站一套。

【公路养护】 2017 年以公路日常预防性养护工作为重点，严格划分责任路段和落实养护责任。完成清扫路面 6842 公里、整修路基边坡 49 公里、清理塌方 3780 立方米、清理杂物 1224 立方米、疏通边沟 288000 米、疏通涵洞 67 道、栽植紫惠槐 6500 余株、修剪边坡杂草 194 公里、修剪行道树 600 棵、新建混凝土边沟 300 米、新建波形护栏 380 米、维修边沟 800 余米、划设标线 10780 平方米、清洗沿线设施 6 次 80000 余平方米、出动扫路车 42 车次、洒水车 48 车次、养护车 10 台班，改善了路域环境和有效抑制了公路二次扬尘。在公路路面病害处治工作中，根据年初制定的路面养护计划，精准开展路面病害处治，2017 年共计完成：大中修 309 线罩面 9.4KM/67800 平方米、国道309线K1043+200–K1043+600段新建SA钢筋砼防撞护栏180米。完成投资78.62万元。小修：填补路面坑槽五次9182.2平方米、处理基层1826平方米、刷油21420平方米、灌缝23315米。完成投资106.45万元，路面养护投入经费达全年养护经费34%。扎实开展桥梁升级专项活动，按要求完成了12座桥梁养护升级提档。

【路政管理】 2017年路政管理以维护路产路权为宗旨，以治理公路环境为出发点，以宣传教育和法律制裁为手段，以创建安全畅通公路为目标，不断强化路政管理工作。强化路政自身队伍建设，坚持每月一次政治业务知识学习，有效提升路政执法人员综合业务素质，推动路政管理工作法制化、规范化。结合生态环境治理、百日环境整治和县政府创建全国卫生县城活动，深入开展路域环境治理，与县交警部门联合开展了治理车辆抛洒专项活动，减少公路二次扬尘；配合县创卫部门与公安、工商、城建、乡镇等部门开展了多次联合执法，对占道经营、乱堆乱放、广告标牌、加水点洗车等影响环境卫生重点予以整治。共计发放宣传材料2000余份、书写墙体标语6处、悬挂条幅8条，张贴宣传海报56张，拆除损坏、飘散广告牌22块，拆除私搭乱建5处，规范整治汽车修理、饭店、加水点26处，下发整改通知书23份，签订爱路护路协议书35份。不断加大公路巡查和案件查处力度，及时清理路面堆积物36平方米，查处路政案件29起，收回赔偿费18余万元。从严管控建筑控制区和规划控制区，杜绝新增违章建筑；强化平交道口管理，规范整治长临高速施工平交道口23处。

【公路安全预防】 2017年坚持“安全第一、预防为主、综合治理”的方针，不断加强国省干线公路安全管理，进一步完善安全生产管理机制，认真落实安全生产“一岗双责”，完善和制定了安全生产制度和保障措施，明确责任，健全机制，层层签订安全责任书，形成了全员把安全工作放在首位落实，责任人之间相互督促，齐抓安全的有序循环机制。强化对全体职工的安全教育培训，制定了公路段各从业岗位的安全管理制度，由浅入深地强化安全生产工作的重要性，在全段形成了“做好安全才能发展”的理念，把安全作为一项重要内容，实行动态考核和奖励。在4月份完善了安全生产管理制度、措施、职责及各项应急预案，应急预案并报县安委会备案，三个道班增加了2000多平方米的应急库房，补充了抢险物资，从组织保障、人员装备、交通保障等方面进行了细化、量化，提升了全段应急反应和抢险救灾的能力。

按照“突出重点、标本兼治、重在治本”的原则，深入公路安全隐患排查与安全生产专项治理工作。配合平阳路桥对省道326线进行地质灾害处治工作，发挥公路段当地与各职能部门沟通联系作用，积极为工程创造便利条件，确保了工程的顺利实施。针对安泽境内路况质量较低的实际情况，坚持不定期地开展隐患排查工作，对发现的问题及时进行整改完善，完成补栽标志18块，对309国道事故多发段新建钢筋混凝土护栏180米，新增波形护栏380米，补栽护柱340根，维修护墩8个，消除了安全隐患，保证了公路安全畅通。加强冬季养护，购置冷补材料随时对路面病害进行处治；在应对扫雪打冰过程中，段领导班子采取分片、分段负责的办法，在全段建立起上下衔接、左右协调、运转灵活的工作机制，共计完成扫雪打冰90万平方米，抛撒防滑料270立方米，抛撒融雪剂44吨，保障了冬季、春运期间公路畅通和行车安全。强化桥涵管护，做到及时掌握管养桥梁和涵洞的技术状况和运行状况并进行常态化安全检查，共进行安全检查15次，及时处治了沁河大桥人行道板断裂险情。结合工作实际组织开展了地质灾害应急演练活动，提升了应急队伍保障能力；坚持重点路段重点防范的工作机制，及时清理大小塌方3780余立方米，累计抢险6次，动用装载机12台班，对重点危险路段安排专人24小时进行管护与盯防，有效保障了公路安全畅通。对全市唯一一座二级路服务区劳井道班服务区进行了招投标扩建，中标价105万元，自筹资金50万元更换了道班服务区变压器，极大地提高了公路应急保障和服务能力。

【队伍建设】 2017年以纪律作风整顿契机，根据管理提升年工作要求，按照“突出重点、涵盖全面、稳步发展、见实见效”的原则，认真制定了全段“管理提升年”活动方案，详细对今年职代会确定的十项工作任务进行了分解，做到责任到人。不断强化制度建设，结合省政府“13710”工作制度，以改进工作作风为重点，严格工作管理制度、请销假制度、出差制度、后勤接待等制度的执行与落实，严格机关考勤签到和外出登记制度，严格机关工作纪律和绩效考核，以完善的制度夯实了机关各项基础管理工作。认真开展问题查找，针对各项工作的薄弱环节和突出问题，查缺补漏，认真制定整改措施，有力确保改进和提升工作取得实效。加强机关值班和信息报送工作，段班子成员都以身作则落实值班制度，做到值班期间无空档，严格重大信息上报与信息发布渠道。严格控制人员编制，严格内部机构设置，加强职工培训和在职教育力度，积极参加分局举办的各类培训，建立健全了职工人事档案。按时为职工缴纳了养老、工伤保险，2017年为全段合同制人员办理了职工医疗保险，各项福利按时进行发放。严格执行财经制度和审计制度，对资金规范化管理情况进行严格的自查和清查，进一步完善了固定资产台账。加强综合治理工作，成立综治工作领导小组，认真执行《信访条例》，制定了信访应急预案，强化信访源头沟通与责任落实，完善矛盾纠纷排查和及时化解机制，建立与职工群众的对话机制，对群众反映的问题积极予以回复和处理，为职工群众提供畅通的利益诉求渠道，稳定了职工队伍。

【党的建设】 2017年全段有党员21人，全年上缴党费5511元。2017年十九大召开期间全体党员和机关职工同步收看学习十九大报告，认真讨论，并重温了入党誓词。开展“两学一做”学习教育常态化制度化、维护核心见诸行动主题教育，不断强化“三基建设”。按照分局党委提出的“1234”和文明单位创建工作要求在工作实践中，段支部认真落实分局党委《关于基层党支部规范化建设的实施方案》，开展一机关一品牌、主题党日、《道德讲堂》、支部书记讲党课、红色基地廉政教育、集中观看

《永远在路上》等警示教育片、扶贫攻坚等活动。段党支部加强了中心组学习制度，每月段班子成员集中学习不少于1次，每次不少于90分钟，认真学习十九大精神，通过常抓不懈的学习制度，班子成员的政治理论水平和业务水平都进一步提高。严格党的组织生活，按照“三会一课”制度要求，认真开展批评和自我批评，使民主生活会成为交心会、团结会和鼓劲会，进一步增强了班子的整体合力。加强精神文明建设，深入开展了学习雷锋活动和文明志愿活动，利用群众性节日举办丰富多彩的职工文体活动，进一步拓展和深化了文明创建活动。

【党风廉政】　2017年把廉政建设作为突出工作来抓，完善各项廉政制度，强化领导干部的教育监督和廉洁自律工作。认真落实党风廉政建设责任制和《中国共产党党员领导干部廉洁从政若干准则》，严格执行领导干部重大事项报告规定和领导干部收入申报规定。不断推进惩治和预防腐败体系建设，大力弘扬崇尚清廉之风，深入开展“廉政文化进机关”活动，完善工作机制，引导党员干部切实履行岗位职责，认真落实党风廉政建设责任制。加强廉政风险防控清单的细化和预防职务犯罪工作，所有工程全部提前签订廉政合同，层层签订党风廉政责任书，把党风廉政工作、预防职务犯罪工作和养护管理工作同部署、同落实、同检查、同考核，保证各项责任制的落实。严格执行中央“八项规定”，引导领导干部要正确树立权力观和事业观，坚决反对特权思想，筑牢拒腐防变的思想防线，特别是加强了对关键岗位、关键人员的廉政教育，建立了廉政风险防控体系，梳理了各个岗位容易发生廉政风险和制定了预防措施，全面强化廉政风险防控和预防职务犯罪工作。严格“三公”经费支出，反对铺张浪费。加强党风廉政监督机制，扩大民主监督的范围，坚决制止大操大办歪风，严格责任追究，增强党员领导干部“四个意识”，不断提高党员领导干部自身修养。

【精准扶贫】　2017年按照县委精准扶贫工作要求，扎实开展驻村帮扶工作，严格落实“五天四夜”驻村工作制。积极协助村委开展护林防火、环境整治、护青防抢、纠纷调解等日常性工作，驻村工作队与村两委不定期进行帮扶工作座谈，结合实际制定了帮扶计划，对8户贫困户落实责任人进行帮扶。驻村工作队经常性走访贫困户，及时了解贫困户生产生活情况，鼓励自我发展的信心和内生动力。在重大节日为贫困户送去米、面、油、衣物等力所能及的物质帮扶，积极参与贫困户种植和秋收。工作队协调单位投资3万元安装了四千瓦光伏发电设备，该收益用于帮扶贫困户和壮大村集体收入；投资5000元为6户贫困户厕所进行了加盖；为村委购置700元草籽用于村内绿化；多次出动单位洒水车、装载机帮助村内开展卫生整治，真正使驻村帮扶和精准扶贫落到了实处。

（赵志军）

邮　　政

【概述】　2017年，分公司认真贯彻省、市分公司的工作部署，以科学发展观为指导，深入实施“一体两翼”经营发展策略，固本强基，强化执行，重点夯实企业发展基础、管理基础、队伍基础和平台基础，企业经营保持了向好向上的发展态势。

2017 年安泽县全面深化改革、加速转型升级的关键年，张宗梁总经理在省公司工作会上，围绕集体公司战略部署，号召全体干部员工倒推目标、倒逼举措，“快”字当头，“好”字跟进，通过改革创新推动山西邮政迈上“又快又好”新台阶。要面对众多的挑战和风险，积极找寻机遇和希望，做到沉着应对、周密谋划，切实增强工作的系统性、预见性、主动性。安泽县分公司工作的总体要求是：以党的十八大、十八届三中、四中和五中全会精神和中央经济工作会议精神为指导，主动适应经济发展新常态，围绕“一体两翼”经营发展战略和深入推进“三大战略”、着力建设“六大机制”、努力提升“六大效能”的总体战略思路，以发展为中心，以创新为驱动，以提质增效为目标，努力开创安泽县邮政转型升级新局面。

2017，进入首季，主打保险，“站在新起点，迎接新挑战，创造新成绩”成为安泽全员，渠道上下的共识，安泽县树立了开门红首役必胜，首战必红的信念，运作好“产品、氛围、节奏、载体”四个关键要素，统筹好“业务发展、队伍建设、基础管理、风险防范”四个重要关系，经营好“营销团队和客户群体”两个对象，开展好“县支、团队、精英”三个层面的支撑保障，自保险双录以来就早谋划，早行动，责成专人每日一督促，三天一通报，一周一总结，在县分与网点层面营造了“全员明确目标，积极营销，确保拿下开门红”的浓烈氛围，各位员工更是放弃小家为大家，加班加点为全局、为网点的任务全力以赴，安泽分公司储蓄业务、保险业务全线飘红。成绩的取得不仅是员工的努力，更离不开的是广大家属朋友的支持和理解。岁月不居，天道酬勤，大家的努力没有白费，所有一线员工的收入都有大幅度的提升，终于功夫不负有心人，圆满完成开门红任务目标，为 2017 开了好头，也请各位员工在辛勤工作的同时一定要关注自己的小家，多孝顺长辈，多体贴爱人，多关心孩子，家和万事兴！

【经营业务收入】 2017 年业务收入预算目标 1074 万元，累计完成 1113.91 万元。完成预算目标的 103.76%其中：金融专业累计完成 853.57 万元；邮务类专业累计完成 258.01 万元；出租及其他专业 2.32 万元；机要专业 0.01 万元。

【党建活动】 1. 2017 年市分公司领导在安泽县分组织干部考评暨党建述职报告和民主生活会，王建华书记明确表示了此行干部考察的目的及意义所在。县分公司经理现场述职，职工代表本着公开公平公正的原则进行民主阳光评议。王建华书记就此次会议开展情况进行总结，指出存在的问题，希望安泽县分党建工作做实做细，勉励党员干部做合格党员。2. 3 月 23 日，安泽县分公司党支部开展“支部书记讲党课活动”，由党支部副书记围绕党章，讲了生动的一课。会后组织全体党员进行“讲政治、知敬畏、守规矩，并组织进行知识测试。3. 阳春三月，组织党员到冀氏镇大渠村南坡站植树，开展“种一棵小树，绿一方净土”党员活动。4. 4 月 27 日召开党员大会，会议传达安泽县委“两学一做”学习教育常态化制度化会议精神。宣读分公司“两学一做”学习教育常态化制度化实施方案。全体党员学习中共中国邮政集团公司山西省分公司党组关于贯彻《中国共产党问责条例》实施细则（试行）办法。组织全体党员观看岗位风险警示教育片《权》。5. 5 月 15 日对驻村帮扶工作作了安排，并要求党员驻村帮扶就要切实为贫困户办实事。

【关爱员工】　2017 年为让在岗员工切实感受到企业的厚爱与温暖，并积极响应市分邮政工会的政策号召，培养企业团队精神，全面营造“理解员工、关心员工”的文化氛围，让每位员工感受到邮政大家庭的温暖与关怀，分公司共举办集体生日大会 3 次，分别是 2 月 23 日、4 月 21 日、5 月 27 日（县分工会均有记录），每次的生日宴会都会营造浓厚的氛围，给大家提供一个轻松愉悦的氛围，大家都一起点蜡烛，一起许愿望，一起切蛋糕，欢声笑语中进餐，幸福爆棚中交谈，职工食堂为大家准备了丰盛的饭菜，祝愿所有过生日的员工“年年有今日，岁岁有今朝，心情洗刷刷，天天都像中头彩”，让所有过生日的员工切实感受到真情的关怀普洒在企业的每个角落，特别的日子里，企业对员工长期以来的辛苦工作给予肯定和感谢，无一不渗透着企业对员工的点滴关怀。所有过生日的职工感谢不已，表态安泽县定会以邮政为家，风雨同舟，齐心协力，共同谱写安泽县邮政人最壮丽的篇章！

【专题营销】　1. 2017 年进一步推进跨赛活动，抓紧业务发展旺季，巩固余额发展成果，增加客户黏度，在元宵节和情人节到来之际，县分六个网点分别开展了独具特色的活动（猜灯谜、红包墙，拆福字），活动前期采用电访宣传、外拓宣传、厅堂宣传相结合的方式，大力宣传，凡在元宵节活动当天新增定期 2 万元以上的客户均可获得三全凌的元宵一袋，寓意圆圆满满；凡在情人节当天新增定期存款是情人节规定数字的金额，均可获得德芙巧克力一支和玫瑰花一束。此次双节活动的一并联合开展，共产生业绩 56.5 万元，网点理财经理为大家介绍邮政业务的同时也拉近了与客户的距离沟通，倾听客户的建议，此次双节活动的举办获得了各层级客户的高度认可，特别是淳朴的农村客户，甚是满意，真诚回馈客户的同时也增强了客情关系，提升了邮政品牌形象。与此之外，公司还邀请“百人威风锣鼓队”前去邮政网点门前加油打气助威，阵势的威武雄壮，节奏的鲜明畅快吸引了广大客户的前来观看，工作人员为客户讲解安泽县的双节狂欢主打活动（元宵节和情人节），客户声称“高兴不过娶媳妇，热闹不过敲锣鼓，服务不过在邮政”，百人威风锣鼓声音洪亮、音域宽广、整齐划一、气势磅礴，敲出了安泽邮政的壮阔气势，也带动了更多客户源的到来。

2. 2017 年面临活期余额下滑甚是严重的局面，唐城镇营业所支局长在得知 3 月里来刚好村里跳粮旺季，带领柜员深入梨八沟和庞必两个村委开启大规模的“扫村”模式，他们挨家挨户宣传走访，发放宣传折页，手持网点二维码牌子，大到 3 万，小至 5000 元的跳粮款，他们不放过任何一个农户，每到一家，都宣传邮政的积分回馈注册，以及近日市分支撑的《游戏规则》电影票，亲自送到大妈大爷手中，村里人的质朴让人感动，他们连声赞叹感谢，说是又要回到当年重温影院的感觉，就兴奋不已，尽管天色已晚，暮色已黑，但仍不能阻挡大家走访的热情，虽然他们深知走访不是一朝一夕的事情，披荆斩棘，千磨万击，但大家相信只要坚持到底，定能挽回余额。

3. 2017年在“3·15”到来之际，安泽县邮政分公司积极配合并响应政府号召，向长期使用邮政服务的社会各界人士表示衷心的感谢和敬意。金融中心胡主任和营销部刘主任带领不当班柜员在街头设点宣传，宣传安泽县多元化的邮政服务（电信防诈骗，货币反假，积分注册，厅堂优惠购，存款送面粉，社保卡领取并激活，网银交罚款，邮政卖车险等）为更好的服务广大客户，安泽县的工作人员现场为客户一一解答困惑，并记录建议和意见，做好活动评估与跟踪，除此之外，为明确安泽县今年的服务与活动主题，安泽县还特别向现场客户阐述了安泽县的服务热点与难点问题，以及安泽县的投诉受理多方渠道，只为更好的服务广大客户群体。

4. 2017年进一步加强高技能人才队伍建设，增强邮政企业的市场开拓和客户开发能力，更好地适应转型发展需要，并顺延金融发展趋向，安泽分公司高度重视，特别组织投递全体人员参加今晚的《第五届全国邮政特有职业技能竞赛培训》视频会议，朝着“竞能竞技、精武精将”的方向培养企业多面化人才，促进金融、寄递业务的协同发展。县分公司还于5月12日组织投递班组全体员工进行第五届全国邮政特有职业技能竞赛摸底考试，考场认真严肃，严禁抄袭，通过全员参与，层层选拔，推举人才的方式，要求大家扎实学习新知识，掌握真本领，实实在在培养真真正正的实用性人才。从荣誉导向向技能实用性人才转变，从技能实用到全员技能提升转型。

【内控违规恳谈会】 2017年召开内控违规人员恳谈会共计3次，每一次都别出心裁，主题新颖。1.“心灵沟通”：目的在了解一线员工工作、生活上的状态，从思想上掌握一手资料，解决大家的后顾之忧。大家各抒己见畅谈了自己在工作中的开心与不易，欢乐与泪水，通过游戏让大家充分认识到“人在一起叫聚会，心在一起叫团队”的深刻含义，游戏的最后大家都纸上写下了自己最美好的愿望。2.“心路成长”：所谓“心路”正是网点人员携手走过的路，不论几经轮岗，大家在一起体验的点点滴滴，踏在心里的一个个足记都将留下无与伦比的美丽回忆。违规人员结合各岗位实际，纷纷对加强内控合规，防范金融风险畅谈自己的体会和感受，表示以铁的制度为行动指南，提高职业修养，坚持道德底线思维，履好职，站好岗，守好责，授好权，紧绷内控合规弦，掌握好什么能做，什么不能做，严格遵守“十个严禁”，清清白白做人，规规矩矩做事，将各项工作落到实处。大家精彩的发言此起彼伏，思想的火花四处飞溅。3.“踮起脚尖，我比谁都骄傲”：所有人抛开工作不谈，尽情放松自我，并且每个人都讲述自己心中最大的精神智障，分享给别人聆听，吸取更多人的宝贵意见。跨赛过后，大家身心疲惫，但是大家并没有倒下，反倒一如既往地努力奋斗。

【安全防范】　1. 2017 年安泽分公司以确保安全经营为出发点，强化安全防范预案演练，确保安全工作目标，实现安全经营无事故，强化安全意识，重视预防演练，把金融安全工作摆在首位，特别制定了安防学习计划和预案演练方案，于 3 月 28 日营业结束后积极组织网点落实，使员工从思想上认识安全防范工作的重要性，通过预案的学习演练提高案件防范能力，熟练掌握突发事件的应对处置方法，强化演练的实际应用，通过本次强化预案演练，取得实效，演练达到良好的预期效果，进一步增强了全县员工的安全意识，完善了风险防范安全措施。2. 2017 年 5 月 13 日分别对唐城、和川、冀氏、县分发投中心和县城营业部对"一带一路"论坛期间的邮件的收寄与验视环节重点检视并把关，现场检查营业员与总封发是否能够实名收寄并做好台账的登记，保证所有物品类邮件无缝隙的验视，禁止限寄物品进入邮政寄递渠道，收寄加盖验视名章，并认真全面拆箱检查，保证安全无小事，严防死守，不出任何意外。

移　动

【概述】　中国移动通信集团山西有限公司安泽县分公司（以下简称安泽县分公司）成立于 1999 年。公司现任班子设经理一人，副经理一人，下设综合部、市场中心、网络中心，家客中心，在职员工 23 人。2017 年安泽县分公司紧紧围绕市公司"12345"工作举措，全面落实工作会会议精神，强抓党建管理与生产经营工作相结合。

【廉政建设】　2017 年安泽县分公司严格按照市公司党建与反腐工作要求，紧密联系日常生产经营情况，通过"同安排、同考核、同部署"，着力加强党支部"三基建设"与党风廉政建设，促进融合发展。1. 开展理论学习与思想教育。党支部坚持"三会一课"制度，按照学习计划对党的理论学习常抓不放。全员通过专题会议、集体学习、看视频、谈心谈话、写心得等多种方式进行党的理论知识学习，加强警示教育。全年共计开展政治理论、廉政建设等各类理论学习 22 次，为县公司经营发展、攻坚克难奠定了基础。

2. 开展各项活动，发挥党员干部先锋模范作用。根据市公司安排，积极开展"党日""反腐倡廉月""两学一做""转作风、正风气、促发展"等主题活动，强化了全体党员与员工的思想认识。在思想上起到净化心灵、警钟长鸣的作用，在行为上促使党员干部、关键岗位员工率先示范，引领发展，推动经营工作效率提升。

3. 加强日常管理，积极落实风险防控。安泽县分公司党支部落实全面从严治党主体与监督责任，全年共召开党风廉政建设专题会议 4 次，促进党风廉政建设、纪检工作要点扎实落地。全力推进嵌入式廉洁风险防控机制及内控管理"一岗双责"落地实施，将风险点责任到人，通过日常提醒、自查约谈，整改完善等方式打造 360 度防控体系。加强节假日廉洁教育与监督，要求全体员工严格要求自己，严禁铺张浪费、公车私用等情况发生。经过宣传教育，责任夯实，截至12月县公司未出现任何违法违纪行为，营造了良好的经营环境。

【市场掌控与发展】 2017年安泽县分公司根据市公司年度发展战略及市场经营部署，积极推进四轮驱动，落实五篇文章，基本完成年度工作目标。1. 4G发展量质并重，继续保持领先地位。借助企业优质的4G网络资源，优惠的流量及宽带融合产品。大力开展终端销售、副卡发展、套餐升档、流量体验激活等工作。通信客户份额保持72.95%。

2. 家庭市场发展迅速，宽带发展突飞猛进。借助企业优质的光纤网络及优惠资费，优质的魔百盒资源进行整合营销，组织全员进行地毯式扫楼扫村营销。为进一步优化营销与安装流程，提升效率，组织网络市场人员召开宽带发展推进会，积极解决发现问题，提升安装效率，宽带到达7369户。

3. 网络建维持续推进，网络能力不断增强。加快网络与宽带建设，进一步提升区域竞争能力。2017年新建4G宏站11座、4G微站8座，乡镇汇聚机房5个。传输配套工程施工36.11KM，城域网工程施工156.8KM，网络覆盖及承载能力进一步增强，网络满意度进一步提升。全县113个全量小区即将全部完成覆盖，宽带端口数量达到19352个，为宽带业务快速发展奠定了良好基础。加强网络维护巡检，提升应急响应能力。按要求组织开展重要存量节点站及重要传输干线巡检工作，对跨路、倒杆、歪杆等问题及时处理，防止危险事故发生。建立安泽县宽带故障处理中心，将标明故障处理电话的标签贴至用户电脑或路由器上，方便用户第一时间联系维护人员，提升用户对移动宽带的感知。面对安泽“721”洪灾、花车村森林火灾等突发事件，紧急配合，迅速响应，为应对灾情提供通信保障。

【基础管理及责任意识】 1. 夯实公司基础管理，支撑市场经营发展。在安全生产、财务及资金管理、资产管理、业务办理、库存管理等方面严格执行市公司管理办法与流程，积极为公司市场经营提供有效的支撑。同时根据公司风险防控与内控管理的要求，组织开展自查与整改工作，有效发现并防范经营风险。

2. 强化全员责任意识，提升工作效率。为有效落实公司要求，强化全员责任意识，根据全员分工细化责任清单，每月严格绩效清单考核。为进一步增强执行力，强化“事事有反馈，件件有落实”，做到“真抓实干，马上就办”。每月对照责任清单，对于工作完成滞后人员进行约谈，让员工查找自己存在的问题和不足，并制定整改计划，以此来提升工作效率。

3. 推进包联扶贫工作，践行企业社会责任。认真贯彻落实市公司脱贫攻坚安排部署，扎实开展包联扶贫工作，促进包联村落后面貌改善。充分发挥企业优势，加强扶贫村网络与宽带建设，4G基站与宽带覆盖均可在2017年底实现开通，极大促进了辛庄村网络通信的发展。加强调查研究，认真研究分析，借助辛庄村的地理环境优势，制定《安泽县马壁乡新庄村连翘扶贫项目实施方案》，利用公司筹集的3万元资金，发展村集体经济，提升贫困户及村庄经济收入。

电　信

【生产经营指标完成情况】 2017年11月底，业务收入完成计划任务的90.12%；预计年底业务收入完成计划任务的100.87%。2017年11月底，宽带用户完成净增计划任务的69.9%，预计年底宽带净增完成计划任务的97.71%。

【百兆光宽】 2017年山西电信积极响应国家号召积极推进“宽带中国”、“光网城市”战略，通过光改平移、提速降费等举措，致力于打造大带宽的极速网络体验。1.光改平移，逐步淘汰ADSL、LAN、FTTB等接入方式，从技术层面解决最后一公里的网络瓶颈；2.提速降费，从年初的50M提速到100M，再到300M，中国电信百兆光纤领跑光宽带市场；3.提高装维服务水平，相继实施“装维营一体化”“24小时修障、超时双倍补偿”“装维划小”等措施，努力创建“服务快、装机快、修障快”的服务体验。

【拓展创新业务】 2017年学习贯彻集团深化转型的经营战略，在推进业务重构方面，积极拓展创新业务本地化。1.天翼高清业务，给用户一种不一样电视新玩法。以电信百兆光宽为基础，逐步向智能家庭延伸。2.翼支付，添翼宝理财、中石化加油、万家福购物，通过翼支付线下商户拓展，打造翼支付生活圈，让用户享受“能省会赚”的轻松生活。3.IDC业务拓展，在系统集成、云计算等方面开拓市场。

【履行企业责任】 1.坚持党的领导，践行“三严三实”和“两学一做”，切实转变工作作风，不断加强党性修养。2.落实“一岗双责”，严格自律，带好队伍，坚定不移地做好党风廉政建设和反腐败工作。3.开展“建家行动”、劳动竞赛等活动，坚持教育引导、提升职工技能，通过“比、学、赶、帮、超”，创造“快乐工作，快乐生活”的工作氛围。4.积极参与扶贫、捐赠、创卫等社会活动，履行企业公民的社会责任。

联　通

【概述】 2017年12月5日，根据市公司临联通人力〔2017〕236号文件“关于印发临汾市联通分公司精简瘦身实施方案”的通知精神，县分公司在管理设一部三中心，即：综合部、政企客户运营中心、公众客户中心、建设维护中心；在生产设城区驻地网中心、府西街营业厅、社会渠道运营中心、设备基层责任单元、接入网基层责任单元；在乡镇设唐城、冀氏两个农村驻地网中心。公司现有职工46人，正式工21人，劳务派遣25人。

2017年，安泽公司按照市公司工作会议部署，持续深入推进聚焦战略，进一步加快转型创新步伐，加快推动经营转型，持续推进改革创新，以党建为统领、以文化建设凝心聚力，经营模式转型取得明显进展，网络能力进一步提升，各项改革持续深化，企业基础管理工作不断夯实，使安泽联通公司各项工作取得了可喜成绩。

【业务发展】 2017年，业务收入完成1567万元，完成年计划的89.43%；4G业务发展3277户；宽带业务发展2366户，冰激凌业务发展200户；大王卡业务发展413户。

【网络建设】 2017年完成安泽县城17个乡镇所在地、乡村旅游景区（岭南、龙门口、黄花岭、红叶岭）4G基站接入工程；完成乡镇旅游景点（小黄、飞岭村）宽带接入新建工程；开通政府OA网、财政局VPN联网、平安城市VPN等大客户电路工程；优化基站网络，对2G低效基站的玉和泰、高必、石渠、城南、和川、唐城等6个2G基站进行下电；对3G低效的工会基站进行下电，同时盘活了秦必村、宋店村2个U900小区低效基站和4个小区、黄花岭基站。开通文化局、府城镇、三交村、交口河村联通信号。

【重要事件】 1. 2017年9月27日，临汾市分公司总经理、党委书记杨金民应县政府邀请参加了在安泽县举办的“临汾市山水太行，休闲旅游”启动仪式。2. 2017年12月5日，关艳锦调任安泽县联通分公司支部书记/总经理，任刚调任安泽县联通分公司副经理。3. 为102个村级第一书记、驻村工作队、村支部书记开通了互联网移动视频业务共452户。4. 中标县政法委三网及综治中心网络专项项目46个。5. 中标安泽平安城市“天眼”三期工程共145个监控点。

【获奖情况】 1. 2018年1月王卫红获得省联通公司“2017年好员工”称号；2. 2018年5月王卫红、韩丽、郭强、郭倩、胡亚琴、赵瑞青、韩志芳、仝建飞、陈晓棠获得市联通公司“2017年好员工”称号。3. 安泽联通公司获得临汾市公司2017年上半年冰激凌会战标杆单位，获得上半年集客欠费管控效果全市第一名；获得上半年网络指标综合排名标杆单位等称号。

商贸

商　务

【宣传思想文化建设】 1. 加强学习，深化学习型党组织建设。2017 年组织开展集中学习，坚持深入学习党的十八大、十八届四中、五中、六中全会、十九大会议精神及习近平总书记系列讲话精神，认真书写学习笔记和心得体会，通过各种形式的学习，有效提高了干部职工的综合素质。

2. 进一步强化新闻舆论宣传工作。2017 年围绕商务中心工作，积极利用媒体、网络大力宣传单位各项工作情况；督促各股室做好工作信息上报工作。截至 12 月底，在商务预报等网站共发布信息 100 余篇。

3. 积极参与“助力临汾赢取 2017 旅游发展大会主办权”投票工作，召开会议学习相关文件，并组织全系统干部职工开展投票活动。能妥善应对媒体，主动引导和处理突发事件，全年无重大负面舆情发生。圆满完成了本年度党报党刊征订任务。

【干部队伍建设】 1. 加强学习，增强班子领导力。班子成员积极参加集中学习、干部大学堂，全面完成了干部在线学习，并带领相关业务人员向兄弟县市学习商务工作先进经验和成功做法。通过开展形式多样的学习活动，有效提升班子成员的整体素质，进一步增强了班子领导力。

2. 加强团结，增强班子凝聚力。始终注意从讲政治、讲正气、维护党性原则出发，严格执行民主集中制，坚持把个人分工负责制与领导责任制结合起来，把担子分担到每个成员身上，使每个成员都能真诚支持全局工作，做到了全局一盘棋。

3. 工作冲锋在前，增强班子号召力。在为企业排忧解难协调服务、外贸出口、电子商务等重点、难点工作中，班子成员总是冲锋在前，带领全局工作人员攻坚克难。班子成员与企业结成了“对子”，形成“一对一”制度，深入联系点、市场、对外贸易企业走访调研，为企业排忧解难。

4. 加强制度建设。积极组织落实带薪休假、公务接待、考勤、安全管理等规章制度，严格做到令行禁止，为确保制度不流于形式、不走过场，聘请退休或即将退休的老同志担任监督员，监督各项制度的落实情况，并及时听取他们的意见和建议。

在制度的执行上，采取领导班子带头示范，要求大家做到的，班子成员自己先做到，如在考勤上，经统计，全年出勤天数最多的也是班子成员，为全局干部职工遵守各项规章制度作出了良好的表率。

【基层党组织建设情况】 1. 建立和落实党建工作责任制。认真履行党建工作，局党支部将党建工作目标下达，建立了目标考核机制，逐项抓落实，不定期地对支部组织开展活动情况进行检查，切实做到党建工作年初有计划、半年有检查、年终有总结。向财贸党委进行“面对面”专项述职工作，并接受评议。

2. 扎实推进“两学一做”学习教育常态化制度化，加强“三基建设”工作。通过深入学习习近平总书记系列重要讲话精神，宣讲党的十八大以来的辉煌成就，进一步增进了对党的信赖、对核心的拥戴。要求党员干部要立标杆、作表率，走在前面、靠前指挥，自我学习教育和分管领域学习教育“两手抓”。商务局全体在职党员向所属的月亮湾社区报到，共同签署了社区共驻共建协议，党员们也根据自己的特长，自愿参加了志愿者服务队，认领了自己的服务岗位，并利用业余时间到月亮湾社区进行政策法规宣传、维护环境卫生、倡导文明新风、搞活文体娱乐，增强了居民的法律意识和环境保护意识，在社区树立了文明新风，丰富了居民的业余文化生活。按照2017年需落实的重点任务，强化组织领导，着力解决思想认识不高、工作力量不足、投入保障不够、基础管理不规范等问题。进一步加强党员队伍建设和管理。做好发展党员工作，完善党员管理机制，牢固树立“‘三基建设’、人人有责”的理念。严格执行党员组织关系管理制度，将每名党员都纳入党组织的有效管理之中。建立了生活困难党员信息台账，对一些生活困难的老党员进行了走访慰问。

3. 扎实推进党建工作。严格落实“定、查、评”工作法。通过召开座谈会、发放征求意见表等形式，广泛征求党员群众对制定2017年度目标任务的意见建议，并结合本单位实际，制定了切实可行、便于操作的“定”方案。建立了工作台账，明确了每一项目标任务的责任人、完成时限，并向党员群众公示，接受监督。每季度，支部都会通过听取汇报、实地查看、调查问卷等方式，对目标推进情况进行一次系统督查，及时发现，及时分析，及时解决。同时，对各项存在的问题，支部确定专人负责，帮助制定整改措施，明确整改时限，确保目标任务完成进度不打折扣。坚持“三会一课”制度，建立和完善了党内民主选举和党员活动日制度、党员评议党组织干部制度等，切实保障了党员的选举权、知情权、参与权、监督权。进一步加强党费的收缴与管理工作。我局现有党员30名，党费收缴做到：按时交纳、及时调整、全额上缴，无漏报瞒报现象。开展党支部换届工作，配齐配强党总支及各支部班子。

4. 进一步加强“311”服务体系建设。“三级中心、一网一格”创新社会管理体系是安泽县解决民生诉求，为民办实事的桥梁，从源头上预防和减少各类矛盾纠纷的发生。严格按照“311”工作管理办法要求，落实专职人员，完成周报、月报表的上报。

5. 着力推动发展壮大村级集体经济。

2017年深入包联村神南村进行调研和帮扶工作，帮助神南村落实发展规划一个，帮扶“双引领”产业项目1个，宣传政策70人次，制定增收计划1条；为包联村提供帮扶资金1万元，并帮助村里清理道路两旁垃圾；继续扩大东庄春秋大棚西瓜、蔬菜发展，扩大农机合作社的发展，解决村民的耕种负担；积极帮助贫困户联系工种并加强培训，方便各方面打工，扩大养羊加强油用牡丹的管护增加收入；帮扶建设东庄村污水处理管网工程；森林防火工作有所好转，野外用火得到进一步的控制；帮扶建档立卡贫困户访贫问寒多次送去了食用油、面、大米、棉衣等慰问品；神南村300余户，578人的合作医疗工作全面完成，村民对参合意识增强，全村医保参合率达100%；金秋时节党员领导干部帮扶贫困户收秋，冬季到贫困户家中扫雪、创卫等方面工作；拓宽了南岭庄田间路，为百姓的春种秋收提供了保障。通过入户走访调研，神南村现有贫困户55户，贫困人口87人，党员干部与所有贫困户实现了结对帮扶。并认真填写了帮扶档案，其中神南组25户、41人，东庄组30户46人，与村两委班子研究按照县委政府制定的脱贫计划，决定在神南村种植油用牡丹和安装光伏发电，帮助贫困户脱贫致富。神南村初步种植油用牡丹110亩，贫困户人均种植2亩，东庄村已安装光伏发电的贫困户现已投入运营。通过村两委班子、包联单位和贫困户的共同努力，经逐户入户测算，55户贫困户中，除14户贫困户因年老体弱、残疾、卧病等。实际困难，确实无能力自主脱贫外、其余41户贫困户全部实现脱贫目标。脱离贫困线的人员名单与12月13日在村委公示栏张榜公示，基本完成了2017年的脱贫攻坚任务。争取在2018年度解决神南至东庄村的道路问题，把神南后站至东庄主道路（巷道）硬化等工程。

【全系统安全管理工作】 2017年抓好系统内部管理，确保公共场所安全。1. 与下属七个企业分别签订了安全生产责任书，把安全工作放在首位。百货、糖酒、交电、服务公司等单位，把重点放在零售商场（店）公共场所安全管理上，建立健全各项制度，完备了各项安全设施，真正把防盗、消防安全工作落到实处。认真排查民爆领域安全生产经营事故隐患，对民爆物品的购、销、运、存等环节进行了全面的检查和治理，重点检查安全责任制的落实情况，安全制度的建立和执行情况，安全隐患监控情况，危化物品储存、运输、销售和使用各个环节存在的问题和事故隐患情况，规范建立了经营企业安全生产规章制度，不断完善了安全生产经营监控机制和预警机制，提高了安全生产经营管理水平和能力。

2. 防汛期间，明确责任和分工，严密排查隐患。通过采取企业自查和行业检查相结合的办法，不间断地对企业安全，特别是汛期防汛工作进行仔细排查，确保工作不漏死角和盲区，发现隐患及时整改。严格实行责任追究，按照“行业监管、企业主体”的原则，各所属企业都成立了防汛工作领导组，制订了防汛工作方案，企业经理作为企业安全第一责任人，要求他们以高度负责的态度，具体抓落实，确保各项工作措施落到实处。

3. 扎实推进综合治理工作。成立矛盾纠纷排查调处领导组，制定了创建平安场所的实施细则，责任到人，明确目标任务，及时排查、消除各方面隐患。2017年上下安全、稳定，各项工作有序进行，没有发现任何不安全的因素和问题的存在。

【党风廉政建设】 2017年，认真贯彻落实中央八项规定和省、市、县相关要求，扎实推进党风廉政建设责任制和反腐败工作，坚持实行“一岗双责”，认真落实“两个责任”。年初，对领导班子成员在落实党风廉政建设责任制工作中的责任界限进行明确分工，将党风廉政工作与商务业务工作有机结合起来，一起部署，一起检查，一起落实，取得了较好成效。同时，单位成立了红白理事会，制定了章程，明确“四标准”、“九不准”，严格落实坚决制止婚丧喜庆事宜大操大办和借机敛财行为，确保理事会能真正做到按章运行。严控严管，紧缩开支，厉行节约成效显著。通过采取一系列的措施，保证了各项工作的顺利开展，进一步加强了我局政风行风建设，树立了政府职能部门的良好形象。

【社会消费品零售总额】 2017年，社会消费品零售总额市定任务同比增长7%，共有线上企业21家，社会消费品零售总额累计完成96591.7万元，同比增长6.8%，顺利完成市定任务指标。采取的工作措施：1. 配合县统计局协调好限额以上企业，每月上报统计数据，做好社会消费品批零统计数据的上报工作。2. 组织安泽县具有自主品牌的土特产品、品牌企业参加“山西品牌中华行、丝路行、网上行”等品牌宣传推介活动，加大品牌塑造和宣传推介力度，提升品牌影响力和竞争力，为安泽名优特商品拓展市场空间。3. 倡导“诚信兴商”，组织广大商贸企业开展促销，发展假日经济。

【外贸出口工作】 2017年，安泽县外贸出口任务是1万美元。安泽县具备出口资质的企业共有4家，分别是：山西太岳焦化有限公司，安泽县粮食局直属二库，安泽县强盛蚕桑农民合作社（新增），山西润生园农业有限公司（新增）。2017年，新增出口企业1家，为安泽国源进出口贸易有限公司，截至11月底该公司出口耐火黏土66吨，创汇31000美元，超额完成今年的出口任务。

【开发区建设工作】 1. 拟设立开发区的基本情况。开发区拟采取“一区两园”模式，重点建设唐城工业园和现代医药园2个特色园区，规划面积22平方公里，占安泽县国土总面积的1.12%。开发区已累计投资17亿元，其中唐城工业园公用基础设施已基本完善，符合燃气、热力、电力、给水、排水、排污、电讯、道路通和场地平整的“八通一平”标准，2017年1—10月，园区总产值达65.16亿元，工业增加值23.57亿元。而现代医药园位于县城南部府城镇孔村及冀氏镇兰村一带区域，园区的设立是基于安泽县中药材品种多、产量大，加之安泽连翘获得了国家地理标志产品认证这一品牌效应等因素予以确定，由于其紧邻县城，可较好的依托县城公共基础设施。

2. 积极部署，统筹谋划。安泽县委、县政府多次召开会议专题研究开发区建设相关工作，明确了安泽县开发区建设的总方向，制定了《安泽经济技术开发区改革创新发展的实施方案（草案）》，做到了

“六个有”：有机构、有人员、有经费、有场所、有计划、有项目，有力地推动了安泽县经济技术开发区建设工作。

3. 强化基础，规划先行。通过运用城乡土地增减挂钩、园区存量土地的整合以及占补平衡等措施进行合理统筹布局。通过对永久性农田的划定，划定了园区起步区的位置、规模，对起步区范围内的农田进行合理调整，留下了足够的发展空间。目前，安泽县已落实精细煤化工产业园用地规划指标 3595.3 亩，现代医药产业园用地规划指标 347.24 亩，并进行了预征地。园区需要的剩余规划指标将在本轮规划期（到 2020 年）满后，在下一轮规划修编中予以安排。开发区可行性研究报告已于 11 月 13 日顺利通过省商务厅组织的评审会，并已根据会上专家和各有关部门意见修改完毕，各部门已出书面意见，现正由省商务厅向省政府报告，待省政府批复。

4. 狠抓招商，引进项目。开发区现已入驻企业 15 家，规模以上企业 10 家。山西中科永鑫科技有限责任公司千吨级甲醇制丙烯分子筛催化剂生产项目已完成前期手续，待解除环保限批后，将很快投入建设。安泽县积极与广东香雪制药、安徽井泉药业、四川太极中药材、山东宏济堂等医药企业洽谈协商，通过引入国内具备产业发展经验的企业，推动开发区建设的步伐。其中，广州香雪已在安泽县注册成立公司，并在今年连翘收购商发挥了积极作用；安徽井泉药业，计划投资 2 亿元，在现代医药园建设中药饮片加工厂和中药材种植基地。根据各地开发区建设的经验和企业的要求，积极完善招商引资优惠政策，现已初步拟定安泽县招商引资优惠政策，正在征求意见。加大资金投入。县财政在财力紧张情况下，专项列入 200 万元作为招商引资专项经费。

【油罐改造任务】 2017 年在全县生态环境治理攻坚行动任务中，商务局作为成员单位，积极配合县委、县政府生态环境治理攻坚行动，对北外环、亢驿、第五、郭都四个加油站油罐单罐改双罐防渗改造任务。截至 6 月底，安泽县加油站油罐改造任务已全部完成。

【电商扶贫工作】 1. 继续构建安泽县农村电子商务应用服务体系。扎实推进“一村一品一主体”产业扶贫实施方案，全面提升贫困户的集约化程度和产业收益。2017 年县农委积极开展“三品一标”产品申报认证工作，已为安泽县杜村乡供销社的小米产品无公害农产品认证 3000 亩。已有 3 个合作社认证无公害农产品面积为 2.4 万亩，分别为安泽县招贤生态果业有限公司、安泽县居山红山楂树种植农民专业合作社和安泽县天乐农业综合服务专业合作社。认证资料已经上报市里，等待颁发。地理标志方面为安泽县养蜂协会申请的安泽蜂蜜，认证资料已经上报农业部通过，等待颁发。安泽县杜村乡成功打造出安泽县纯公益性质的村官创业电商品牌：“村官联盟农特产”电商平台。该网店主要经营散养土鸡蛋、无公害小米、小杂粮、土蜂蜜、纯手工布艺品等独具特色的优质农特产。

同时，安泽县对辖区内特色农产品建立了目录库，从产品的生产和销售情况（包括生产面积或产量、品质特色、渠道、比例、品牌等）进行了全面摸底，形成基本情况档案。主打绿色生态特优农产品，主要产品有：当地盛产红谷米、纯粮酒、槐花蜜、野生菌、老陈醋、连翘茶、松针枕、黑山羊等。2017年底安泽县已完成网上销售额123万元，其中：工业品销售额123万元，农特产品销售额3万元；线下销售19万元；销售贫困户农产品占到30%以上，帮扶贫困家庭1815户，人口达4643人。

2. 继续加快安泽县偏远乡村电商网络结点建设。2017年安泽县最大的电子商务运营商有两个：山西供销农芯乐电子商务有限公司和安泽县314电子商务有限公司，初步建成包括社区商城、双向物流配送、优特产品展馆、电商培训中心、创客基地、电商县级运营中心、金融服务等多个板块的完整产业集群，形成县、乡、村三级物流配送体系。依托乐村淘和农芯乐并改造升级了安泽县“万村千乡市场工程”中48个农家店，建立了农芯乐、供销e家等供销系统村级服务网点，包括7个乡级站点和154个村级体验店（其中贫困村网店有26个）。在城北高壁村依托高速、铁路的便利条件，建设物流仓储分拣中心3个，其中：主仓1个、副仓2个，配送车辆4辆，叉车1辆，地牛2辆，托盘200个。全县102个村（包括部分自然村）均开通了“供销村村通物流班车”，实现了每日按点发车，定点到村，依托农村供销服务网点，建设了百余个物流站点，真正实现了农村双向物流精准配送打通了农村的最后一公里。

3. 由县商务局牵头，协调县人社局、扶贫局、邮政、金融等有关部门与电商企业具体实施，对安泽县农村农民进行电商培训，2017年共培训16期，达到500人次。

【物资储备供应】 2017年，在防汛形势十分严峻的情况下，加大监测力度，确保了市场稳定、货源充足、物资储备到位的根本保证。1. 加强市场监测和调控，对五大类600余类商品的流通渠道、价格、销售、库存等进行具体翔实的分析，并利用商务预报、商务之窗、阳光农联网等网站发布信息100余篇。采取各项措施，保障市场稳定，促进了安泽县社会消费及购买力。2. 做好防震救灾应急储备工作，积极建立健全应急物资储备制度。与10家商贸企业（店）签订了储备协议，其中：生活必需品储备方便食品15000公斤、饮用水42000公斤、日用品3万元；防汛物资储备水泥200吨、钢材100吨、彩条布10000平方米、塑料布5000平方米、尼龙绳200公斤。并多次到物资仓储库（点）进行实地检查落实，确保物资供应充足。

【市场监管】 强化单用途商业预付卡、再生资源、二手车交易市场和报废汽车回收拆解市场等行业的日常监管与专项整治。加强酒类流通管理，积极推进运用山西省酒类管理信息平台，为全县200余家酒类经营批发户、零售户建立了信息档案。加强成品油市场管理，制定了《安泽县车用燃油专项整治工作实施方案》，联合公安、工商、质监、环保等相关部门对全县车用燃油进行了专项整治，进一步规范了成品油市场经营秩序；同时严格审核，完成了对全县各加油站的年检年审；配合发改、环保局、交管等部门加大淘汰黄标车及老旧汽车工作，2017年，共回收、灭失黄标车及老旧汽车206余辆。严厉打击侵犯知识产权和制售假冒伪劣商品，联系协调

“双打”成员单位参加联席会议，按时报送信息。

·烟草专卖·

【卷烟营销】 1. 卷烟销量及比重。安泽县局（营销部）销售比重占全市的2.44%，毛利比重占2.03%，2017年实际销售卷烟3548.68箱，占全市目标总量15.06万箱的2.35%，与市局核定比例差0.09个百分点，同比3750.24下降201.56，下降5.37%，人均消费量10.69条。其中，一类卷烟销349.6箱，占比9.85%；二类卷烟销售232.92箱，占比6.56%；三类烟销售1549.02箱，占比43.65%；四类烟销售831.192箱，占比24.62%；五类烟销售541.31箱，占比15.25%。无价类卷烟销售2.164箱。

2. 销售额。累计销售额7594.13万元，同比7972.82万元下降4.75%。

3. 条均价。累计实现条均价85.60元，同比增长了0.57元/条，增幅0.67%。

4. 实现毛利。累计实现卷烟经营毛利1852.09万元，占全年计划1976万元的93.73%，同比减少109.91万元，下降5.60%，占全市毛利目标量97342万元的1.90%，与市局核定比例2.03%差0.13个百分点。

5. 控大扶小。1—12月前10%的客户占26.72%。

6. 上交税金。2017年上交税金560.16万元，同比507.46万元增长了10.38%。

【专卖管理】 1. 案件查处。2017年累计查处涉烟违规案件44起（两万元以上案件3起）；共查获各类非法卷烟12.296万支，总涉案金额8.83万元。其中真烟案件33起，假烟案件11起；真烟11.32件、案值7.94万元，假烟0.976件、案值0.89万元；物流案件8起（全为假烟），违法卷烟0.92万支、案值0.85万元；罚没款0.67万元；涉案卷烟品牌主要为芙蓉王、云烟、红河、延安、红旗渠等；结案率86.36%（主要是12月份查处案件未结案6起）；市场净化率明显提升，保持在98%以上，为卷烟销售工作起到了保驾护航的作用。

2. 行政许可。2017年根据“便民、廉洁、高效”的原则，在县局一楼设立行政许可大厅，方便零售户及社会各界办理烟草专卖零售许可证。今年以来共新办21户，歇业58户，延续72户，变更1户。现有持证户339户，比同期376户减少37户。

3. 大户监管。2017年落实省市局关于开展依法严管违法违规卖烟大户专项行动的实施细则要求，通过数据分析，确定目标客户，加强市场监管，确保大户规范经营。卷烟营销登记卖烟大户8户，专卖违法违规1户，营销降级降档1户。

【综合管理】 2017年围绕精益管理，注重源头管控，促进形成作风简朴、办事俭克、做人俭德的良好氛围，多管齐下做好挖潜增效、提质增效、降本增效各项工作。办公用品方面采取交旧领新、重复利用等措施；车辆修理及车杂费方面，通过加强驾驶员培训，提高驾驶员的安全运行意识，车辆公出严格履行派车手续，定期监控车辆运行轨迹，定期检查车况，排除故障，减少安全隐患，降低维修费及购置车辆用品费用。同时组织员工自行做好车辆保养、绿化养护、办公楼清洁等各项工作，努力降低修理费、办公费、水电费、燃料费、车杂费、网络通信费等费用支出。2017年

1—11月，水费同比下降47.06%、燃油费同比增长8.36%、办公费同比增长19.77%、电费同比下降12.34%、物业管理费下降88.91%，6项费用累计下降38.33%。

【精准营销水平】 1. 努力推动客户经理队伍转型。2017年以夯实营销基础为重点，促使客户经理主动从“后台”走向“前台”，以钉钉移动平台运行为抓手，通过实地走访、签到、拍摄店面照等，促进客户经理面对面服务客户、指导经营、采集信息、分析市场、建设终端、培育品牌。细化周期订货指导流程。结合本县实际，采取三步走工作法，即“访前、访中和访后”。第一步，做好访前信息传递工作，结合安泽县的访销周期，采取打电话、微信群等方式定期周五晚上将货源信息、营销策略、温馨提示传递到位；第二步，盯紧访销全过程，重点做到“一个审核”，即订单审核，“六个关注”，即关注客户是否订货、关注订单有无异常、关注畅销品牌有无漏订、关注营销策略的使用、关注匹配新品的订购、关注电子结算，“一个沟通”，即对营销策略最优使用，畅销品牌漏订、匹配新品引购的及时沟通。访销结束，分类汇总，将结果反馈于客服股、专卖股及帮扶小组，作为下一周客户经理指导客户，专卖人员监管市场，帮扶小组精准指导的重点。第三步，开展访后直面指导。根据访销结果，本着控大扶小原则，多种方式进行个性化精准指导，重点加大潜力中小户的指导频率，通过“三步走”工作开展，确保每轮无纰漏订货，实现客我双赢。运用先进技术加强与客户交流沟通指导客户经营。积极鼓励客户经理利用消费者微信群、朋友圈、QQ群等微商圈，及时传递货源信息，加强沟通交流，推动传统营销方式转型升级；根据每月的考核重点，密切关注压舱石品牌和新品牌的价格执行情况，确保新品价格执行到位，通过宣传档位直升直降管理办法，使客户对经营新品、维护价格的主动性明显提升。

2. 着力打牢“三项基础”。创新思维、创新举措，在“打基础、抓落实、强管理”上下真功夫。开展终端建设。加强客户走访力度，确保走访到位，指导经营到位。客户经理对金牌客户每周走访一次，示范客户、同盟客户每两周走访一次，潜质客户每月至少走访一次，对于偏远客户，切实无法走访到位，确保电话拜访到位。全面加强客户基础信息维护，重点对订货率偏低的客户进行重点走访，专销结合及时更新维护客户基础信息，确保与客户交流沟通货源信息传递准确精准。落实精准预测。营销人员要深入市场，加强与客户进行沟通，了解客户卷烟动态需求、经营特点、消费群体变化、社会库存等情况，确定出终端消费对卷烟的销售需求量与品种。同时，紧密把握辖区卷烟市场整体情况，以市场需求为导向，结合历史销售数据，密切关注重点关注品牌的销售趋势，参考去年同期实际供货与实际需求量差异，提高需求预测的准确性，确保预测准确率达到95%以上，为市局（公司）营销中心货源调整和投放工作提供真实有效的决策依据。全面加强客户分档管理。及时对客户宣传新的分类办法，确保客户明确自己的分类档位；客户股根据“四维三十档”客户分类办法工作要求，制定了“安泽县卷烟营销部2017年客户四维三十档变化表”，客户经理要发放到每位零售客户，并分片区对客户进行宣传和培训，重点对客户讲解档位分类依据，了解升降档办法和档位调整周期等内容，确保客户档位知晓率达到100%，指导客户守法经营，合理执行营销策略，提升客户盈利水平，促进卷烟销售目标实现。

【强化市场监管】　2017年落实市局“尧风”系列专项行动，采取错时查、相互查、集中查、联合查等方式，加强日常检查，确保辖区守法经营率始终保持在96%以上。要进一步健全完善市场监管快速响应机制，坚决做到露头严查、露头狠打，打出气势、打出声势、打出声威，把“假私非”烟冲击挤占市场的空间压缩到最小范围。

【强化案件经营】　2017年对全县七个乡镇交流检查，对城区市场进行不定期检查，对沿边区域良马、杜村等地进行突击检查，不断扩大市场检查的辐射面，又要加强片区联合，紧密协作，联合公安、工商、交警等部门，加大路查路堵，在实战中锤炼本领，提升线索分析能力，强化案件经营。

【强化大户治理】　2017年明确重心、加大力度，密切跟踪大户货源流向，扎实开展规范大户治理专项行动。对诚信合法大户要维护其合理利益，对一般违规大户要教育在先、查处在后、限期整改，对二次批发、左右价格、竞价销售、扰乱市场、屡教不改的钉子户，要以“零容忍”的态度依法严管、坚决查处。

【强化技能提升】　2017年围绕“市场监管、三员联动、网格化管理、移动平台任务、岗位技能鉴定、真假烟识别技能”等内容，突出加强市管员管理，充分调动其积极性、主动性和创造性。同时要结合实际组织开展日常培训、竞技比武，着力提升稽查人员的情报收集、线索分析和案件经营能力，推动专卖管理人员岗位技能等级整体提高。

【规范经营】　2017年通过系统监管和实地监管，确保三个100%，即100%入网、落地、入户销售。注重学习培训，强化规范意识。落实省市局关于进一步严格规范卷烟经营秩序的紧急通知，做到四个“坚决禁止”，进一步加强对相关法律法规、规章制度、内管工作规范的领会学习，切实提高广大干部职工的规范自律意识，提高领导干部模范守法和依法经营管理的水平。注重数据排查，强化预警筛选。加强营销数据排查能力，对业务部门可能存在的违规行为加强监管；密切关注营销策略调整、市场变化、季节性差异、零售客户类别变化等不确定因素，排查无效预警，真正发挥专卖内管信息系统的作用。加强实地核查，促进规范经营。通过对新增或者延续零售户实地核查，有效规避虚拟户的存在，为卷烟销售提供可靠的市场基础，进一步规范经营秩序。

【队伍建设】　2017年领导班子带头加强学习教育，不断提高理论素养。结合推进“两学一做”学习教育常态化制度化、开展维护核心见诸行动主题教育有关安排，组织学习党的十九大会议精神，参加全县庆祝建党96周年喜迎党的十九大系列活动。

认真学习了十九大报告，成立驻村工作队进驻冀氏镇核桃庄村，挨家挨户走访，核算经济收入，填写扶贫手册，宣传扶贫政策，认真查找致贫原因。在深入开展调查研究，吃透村情的基础上，初步确立了核桃庄村的整体发展思路，为完成精准扶贫任务打下了基础。

供　销

【供销社经济运营】 截止 2017 年 11 月底，全系统实现销售总额 13479.5 万元，同比增长 26%，利润 28.78 万元，比同期增长了 1.4%。

【农村电子商务发展】 1. 2017 年安泽县供销社农村电子商务公司依托供销总社“供销 e 家”和省“农芯乐”电子商务销售平台，进一步提升了安泽县电子商务发展水平。加强电商体验店建设，在具备条件的镇、村新增电商体验店 10 家，目前全县电商体验店 180 家，综合服务网点 7 家，电商服务范围覆盖了 80%的行政村。完善农村电子商务物流配送体系，围绕工业品下乡、农产品进城和农村电商综合服务需求，整合社会物流资源，依托“农芯乐”网络服务平台，通过围绕县级电商管理运营服务中心和村级体验店设立农村物流专线，构建县级服务中心为中转、仓储、分拣中心，村级体验店为配送末端的农村物流配送体系，有效解决县域到村物流的“最后一公里”难题。与农村特色产业合作社合作，参与安泽县供销社有机农作物示范基地（有机蔬菜、红谷米、糯玉米）、安泽县野生羊肚菌种植实验基地、安泽县野生连翘精细化孵育基地建设，发挥电商优势，在“农芯乐”商城销售推广我们自己生产、培育的有机产品。在“农芯乐”商城开展农村特色产品销售活动，依托村级体验店，农村合作社和土特产加工企业，把农村特色农产品包括红谷米、面粉、熏醋、小杂粮、煎饼以及和川的孔旺水和大曲的纯净水等挂到网上，进行宣传销售，虽目前收效甚微，但对安泽县特色农产品走出安泽，销往全国提供了销售平台及宣传渠道。开展贫困村电商人才培训，有力推动了电商扶贫进度。供销社农村电子商务公司共先后 15 次共组织了 450 余人参加了电商人才培训，培训对象主要是有意愿从事电商的建档立卡贫困户，引导贫困人口积极参与电商创业或者成为网店从业人员。提高贫困户就业创业能力，实现对农村贫困户从“输血”扶持到提升“造血”功能的转变，为日后节约政府资源奠定了基础。

【供销社综合改革】 1. 科学谋划，创新模式，积极提升社会化服务水平。2017 年根据省、市供销社综改总体要求，创新为农服务方式，扩大为农服务规模，继续发力实施“农业社会化服务惠农工程”。我社通过流转土地，试种了红薯、有机蔬菜、红谷米、小杂粮、扫帚、糯玉米，小麦等农作物。具体做法是：

2017 年，把精力主要放在有机蔬菜的种植、培育上，试图为安泽县人民探索出一条绿色、有机、健康的现代化农业之路。春耕时，在小黄村流转了 12 亩土地种植有机蔬菜，县社领导班子亲自抓，亲自种，全程使用有机肥料，承诺绝不使用农药，人工除草，改变现有只重量不重质的种植方式，试种高品质的有机蔬菜。在县社后院改建两间仓库作为有机蔬菜菜店，为全县人民能吃上有机蔬菜提供服务。菜店运营模式采用会员制，已办会员卡 309 张，还建立了专门的会员微信群，每天在群里更新蔬菜品类及价格，受到广大会员的认可与欢迎；除此之外，杜村供销社流转 200 亩土地种植红谷米及小杂粮已初具规模；城关供销社流转了 300 亩土地分别种植了糯玉米、中药材以及小麦；在飞岭试种了 20 亩扫帚苗和 10 亩红薯。这些农产品成熟及加工后都会进入到有机蔬菜店进行销售。

通过土地托管、代耕代种等多种方式，提供规模化服务，扩大为农服务规模。为农户和种植大户、农村贫困户、农民合作社等农业经营主体，围绕农资供应、精准施肥、统防统治、代耕代种、农机作业、收储加工等关键环节，提供耕、种、管、收、加工、贮藏、销售等“保姆式”“菜单式”系列化服务，为农民提供全要素供给、全产业链服务。2017 年实现土地托管 1000 余亩，带动辐射 30000 亩。

加快惠农服务中心建设。在上级社的任务分解以及县社领导班子研究决策下，新建 1 个惠农服务中心、8 个惠农服务站，并完善了目前已建惠农服务中心的设施及功能，旨在帮助农业经营主体，降低农业生产成本，提高农业生产效率与效益。完善土地托管、农资供应、测土施肥、统防统治、代销代种等主要功能。使得为农民提供一站式服务的乡镇惠农服务中心、村级惠农服务站能够真正发挥作用。

加强庄稼医院功能建设，推进建立农业社会化服务体系。加强和完善了冀氏供销社庄稼医院的功能，为农服务宗旨，在庄稼医院建设了资营销队伍、农业服务队伍；突出了稼医院农业技术咨询与农作物病虫害防治测报、农业科普知识宣传与农资产品和农机新技术信息推广等公益性功能；形成了期聘请土肥和植保专家进行田间指导，庄稼医生进行日常维护相结合的运行模式。

2. 大力发展农民专业合作社，提升专业合作社经营能力与市场竞争力。主要抓紧督办城关供销社领办的安泽县绿洲苑农产品加工专业合作社以及杜村供销社领办的“墚上绿”农副产品购销专业合作社两个合作社加工厂的修建进度，保证两个加工厂能按时投产，创效增收。

2016 年底通过招标投资 147 万元用于城关供销社领办的安泽县绿洲苑农产品加工专业合作社加工厂的修建工程，主要修建项目包括上下二层十二间的办公楼、700 平方米的车间以及 105 平方米的展厅。年前已完成招投标工作，2017 年 3 月份开始动工，主体工程已完成，年加工五谷杂粮等农产品可达 1000 吨。

杜村供销社领办的“墚上绿”农副产品购销专业合作社，供销社占股 76%，主要生产加工红谷米。去年，共计投资 91.2 万元，扩建红谷米生产加工厂，购置加工设备。于 2016 年 11 月 15 日招标后动工修建，2017 年加工厂建好，通过招标投资 29.37 万元购置了加工设备，红谷米成套加工及包装日产可达 20 吨。

3. 逐步改造提升基层社。加强基层社基础设施改造。经县社领导班子研究决定，对各基层社确需维修改造的房屋进行统计上报，以此确定省社拨付用于基层社改造资金去向。确保基层社设施完备，发挥基层组织的功能作用；多次召开基层社及社属企业负责人会议，要求各基层社分析市场形势，结合本社实际，研究制定本社未来发展规划，争取到2020年实现一社一业一品的目标。各基层社都已拿出具体方案，通过对未来前景的规划，各基层社增强了综合改革的主人翁意识，调动了干事创业的积极性，为供销社综合改革纵深发展积蓄了人才力量。推动良马、马必这两个被撤销了的基层社的恢复重建工作。基层供销社是农村工作的前沿阵地，是提升为农服务水平的平台与支撑。因此，重建基层供销社对政府在农村工作的重要抓手意义深远、影响重大。2017年县社领导班子多次深入良马、马必两个乡镇进行实地调研，并深入群众进行走访，了解供销社在当地的群众基础及恢复重建的可行性条件，为推动基层社重建工作铺垫了道路。

4. 有力推动农村综合服务社提升。启动唐城“综合服务社提质扩面工程”，2017年主要加快建设唐城综合服务社，拓展经营服务领域，进一步完善综合服务社经营性服务和公益性服务并举的功能。唐城综合服务社开展了网上服务、提供信息、技术、养老、幼教、培训、乡村旅游等多种服务，为城乡居民提供便捷的服务，帮助农民解决生产生活中遇到的各种困难和问题，真正实现便民、利民、富民和安民。形成了集公益性、经营性、中介性服务于一体的服务载体，构建便捷通畅、质优价廉、安全放心的农村消费环境，让农民购买生产生活资料、销售农副产品、休闲文化娱乐、学习培训阅览全面实现足不出村。

5. 供销社资金互助社联合社探索、组建工作初见成效。

2017年中央一号文件就要求供销社探索生产、供销、信用、“三位一体”的综合服务合作模式，积极领会文件精神，并根据省社、市社综合改革实施方案要求，结合本县县情，学习相关政策法规，以城关供销社领办的绿洲苑农产品生产加工专业合作社为依托，通过长时间准备、争取、申报材料等得到了上级社支持，于今年6月份获批成立了安泽县资金互助合作社，成为今年全省11个资金互助试点单位之一。为解决供销社生产、销售环节融资困难提供了有力的平台支持。

【党风廉政建设教育工作】 2017年高度重视党风廉政建设教育，工作中严格按照上级的部署要求，深入落实中央八项规定精神暨党风廉政建设的两个责任，抓好源头治理，做好责任分解，加强作风建设，强化监督检查，年初与各基层社及下属企业签订了党风廉政建设目标责任书，四月份请县纪委监察三室的申主任就党风廉政建设给对我们的全体党员进行了学习教育，并观看了廉政教育警示片，形成全社共同推进党风廉政建设和反腐败工作的整体合力，为县社各项工作的顺利开展提供了强有力的组织纪律保障。

【系统安全生产】 2017年安全工作始终贯彻“安全第一，预防为主”的方针，牢固树立安全责任重于泰山的意识，认真贯彻上级有关安全工作的会议及文件精神。遵循“横向到边、纵向到底、责任到人、不留死角”的安全生产工作原则，在全系统范围内开展安全大检查及整改活动。1. 加强安全排查工作，两节期间，开展烟花爆竹安全专项整治，积极配合公安、工商、安监、质量技术等部门进行安全检查，打击非法违法生产经营和取缔不符合安全的产品，严格规范全县烟花爆竹安全经营秩序，坚决遏制和有效防范安全生产事故。同时，不断强化对重点区域，烟花爆竹库区消防设备使用和管理、维护工作，确保消防设施随时保持完好状态。2. 做好安全生产月宣传活动。在宣传月活动当天结合各地不同实际采取不同的宣传。在人口稠密、流动性大的十字街重点采取设立宣传点散发宣传提纲、悬挂横幅、张贴标语等形式，使宣传月活动规模大、领域宽、形式多样有实效。3. 加大对市场上食盐的安全排查力度，在全县食盐销售点开展了一次地毯式排查活动，发现臭脚盐全部没收。在食盐储存方面，加大市场监管检查力度，重点检查各项制度执行落实情况、从业人员操作行为和“三个”环节（进货、储存、销售）是否规范等，严禁采购、销售私盐、散装盐、工业盐或其他非盐业专营公司的食盐。4. 加大了各单位值班防汛防控力度，在县社机关设立了 24 小时门卫登记值班制度，并对下属单位进行了相应的安保措施部署，杜绝各类不安定突发事件的发生。严格落实防汛物资储备任务，保证随用随调，进一步加强领导，明确责任，周密部署，全面落实汛期期间 24 小时领导带班值班制度、信息报告制度、巡查检查制度、提前转移群众制度，服从上级和同级防汛指挥机构的调度，严守防汛纪律，做到令行禁止。

【供销社环境整治工作】 2017 年为切实配合好中央环保督察工作，落实好骆惠宁书记提出的“三个主动”和“六个抓”要求，以及全市环境大整治要求，经县委、县政府要求各单位积极部署、从严要求、狠抓落实环境整治以来，迅速行动，根据县社后院实际情况合理决断，保证了拆旧工作的顺利进行。1. 按照县委领导的指示安排，多次召开县社环境整治专题会议，部署安排县社后院拆除工作，并要求涉及后院拆迁的五个企业要积极配合，要做好后院租赁户的安置工作，以及信访维稳工作，保证拆迁进度。2. 要求县社各企业第一时间制定出本单位本区域拆旧方案，明确任务、明确职责、明确时限抓好拆旧工作落到实处。制定了每日例会制度，每天早上八点半听取各企业汇报拆迁进度，并协调解决拆旧工作中存在的困难。召开工作推进会 6 次，环境整治专题会议 3 次，县社后院拆旧工作有序进行，每日都有新进展。

粮 食

【市级储粮轮换】 2017 年为了切实加强市级储备粮轮换管理，圆满完成安泽县 2017 年 1500 吨市级储备粮（小麦）轮换工作任务，安泽县粮局落实组织领导，成立了市级储备粮轮换工作领导组，明确相关人员工作职责，同时积极研究商讨轮换方案，制定了竞价方案，做到了任务落实、分工明确、责任到人。截至 2017 年 9 月份，顺利完成市级储备轮换工作，并通过市局验收。

【玉米质量抽样检查】 2017 年为充分掌握安泽县玉米品质，组织人员对全县种植玉米情况以及品种进行抽样检测，对 7 个品种玉米进行扦样，经过省市化验，通过玉米黄曲霉素等项目检验，掌握了第一手资料。

【核查粮库智能化改造数据】 2017 年，财政部、国家粮食局确定山西省为 2017 年“粮安工程”粮库智能化升级重点支持省份。按照省、市要求，粮局集中人员对直属一库、二库按要求逐一进行实地核查测算，并及时对数据进行上报，争取智能化改造设备。截至 9 月份，已配合省局完成上报数据的核查工作。

【参加省农产品产销会议】 2017 年为把安泽县优质的农产品进行推荐推广，粮局利用 9 月份在太原开展的省农产品产销会有利时机，积极开展洽谈协商，将安泽县农产品推向了省内外市场。

【环境整治】 2017 年为打造省级文明县城，积极配合县委、政府完成府城粮站、面粉厂的拆除工作，同时对冀氏、杜村粮站修建周转房项目，做好相关人员的思想工作，确保工程胜利开展。

【扶贫攻坚】 2017 年驻村工作队驻村到户访贫问寒，积极为贫困户办实事，办好事，制定帮扶方案，明确帮扶任务，并利用春节、中秋等节假日有利时机，会同“3+X”帮扶队伍为贫困户送去物资，带去祝福；为确保集中安置中心顺利入住，积极协调，为宋店村购置了床、床头柜等物品。

【安全整治】 安全工作必须常住不懈，检查没有中断。2017 年在储备粮管理中，认真落实日常监管，坚持保管每周自查、县局每月检查的粮情检查制度，定期与不定期对一库、二库储备粮进行检查，并严格落实安全大检查工作，确保国有资产不流失。按照县安委会的部署安排，对监管的放心粮油店及粮食购销企业进行了安全挂牌，明确自身职责，严格责任分工。 （赵永建）

教育科技

【概述】 安泽县教育科技局负责全县教育科技工作的总体规划、统筹管理等。现有中小学 39 所，其中初中 4 所，小学 21 所，小学教学点 12 所，职高一所，高中一所。共有在校生 8432 人（其中小学 5258 人，初中 2010 人，职高 48 人，高中 1116 人），共有专任教师 879 人（其中小学 485 人，初中 251 人，职高 38 人，高中 105 人）；共有幼儿园 18 所，附设幼儿班 26 个，专任教师 99 人，在园人数 2549 人。2017 年，安泽县教科局在县委、政府的坚强领导下，落实新发展理念，以"三优"工程为抓手，以"师德师风"为主线，奋力推进"全面从严治党，全面提升教育质量，全面加强机制创新，全面优化教育生态""强化科技创新"的"四个全面、一个创新"，推动学前教育规范化奠基，义务教育一体化均衡，高中教育标准化提升，努力办好人民满意的安泽教育。

【党建工作】 2017 年组织和要求全县中小学校长、教职工全面系统学习党的十九大精神，围绕党的十九大报告和习近平总书记重要讲话精神，深刻领会党的十九大主题、新时代中国特色社会主义思想的历史地位和丰富内涵、我国社会主要矛盾的变化、全面从严治党的重大部署等，通过多形式、分层次、全覆盖的全员培训、集中宣讲、新闻宣传、理论研讨等全面学习研讨，营造学讲话、重研究、悟精神、强落实的良好氛围。规范教育党组织设置，召开了"安泽县中小学校党组织关系划转工作会议"，将原来由各乡镇党委管理的 9 个中小学校党支部、224 名党员划转到教科系统党委，在教育工委设 1 个党总支（教科局党总支）和 20 个党支部，充分发挥教育工委领导、学校党组织落实、党员模范带动的作用，党建工作水平和责任落实能力全面提升。

【"四个全面"落实】 2017 年在"全面从严治党，全面提升教育质量，全面加强机制创新，全面优化教育生态"的"四个全面"落实中，全局上下主动担当，认领责任，党建工作重点，提升教育质量办法，创新体制机制举措，优化发展环境计策，自上到下，协调统一，分工配合。印发了《安泽县教科局关于推进教育系统全面从严治党的实施意见》《安泽县教科局全面提升教育教学质量的实施办法》，出台了《安泽县中小学教研工作考核办法》《安泽县教科局关于开展城乡一体化帮扶的实施办法》。

【队伍专业素质】 2017年把校长教师队伍建设作为重中之重，放在教育发展的首要位置，开展高水平、大规模强师工程。加强队伍管理，校长队伍扎实开展了“十个一”活动和“校（园）长座谈会3次”，提升校长队伍管理和服务水平；加强教师队伍业务培训，中小学幼儿园全员培训教师682人，利用“国培”“省培”，通过网络研修、校本研修、工作坊研修培训教师771人，信息技术培训教师814人，送教下乡培训教师697人，组织教师到北京师范大学、西南大学、山西师大等地参加培训，顶岗轮换28人。扎实开展“三优”工程。今年县委、政府投入68.8万元表彰奖励优秀班主任9名、优质高效课24节、优秀教研团队6个、高考、中考、小考“优秀集体”5个、达全省重点大学、全省重点中学“优秀学生”5名。在肯定成绩的同时大大调动了教师的工作积极性，不忘初心、乐业奉献、团结协作氛围明显加强。

【教育精准扶贫】 2017年3月份政府副县长、县扶贫局领导、教科局领导班子和机关人员及部分学生家长共计180余人开展了“携手前行，贫困学生帮扶对接仪式”。从幼儿至高中精准识别出建档立卡贫困在校学生879名，建立了《安泽县教育精准扶贫学生受助情况表》，按照《安泽县教科局精准扶贫帮扶名单》将学生精准对接到每一位帮扶教师。帮扶人员适时为贫困户送去米、面、油、羊肉、衣服、被褥等生活用品和帮扶金。开展“轻歌曼舞迎盛会，携手并肩奔小康”文化下乡活动，以舞蹈表演、独唱合唱、器乐演奏、诗歌朗诵的形式送上了文化大餐，特别是入户为年老体弱老人献歌，得到父老乡亲的热烈掌声和一致好评。在中秋节来临之际，慰问贫困党员、贫困户，给他们送上党的关怀和温暖。秋收时节，组织机关人员自带饭菜深入贫困户开展秋收帮扶活动。从106户贫困户中确定了28户相对贫困户，因户需求送上了液晶电视、米面油、桌凳、棉被棉服、农耕播种器等不同的慰问品。

【基础教育】 2017年把振兴高中教育作为全县教育的关键环节，作为提升安泽形象的重要任务来抓。实施安泽一中标准化建设工程，全面维修校舍，补充购置教学仪器设备，进一步完善各种功能设施设备；开展“院县共建”、精细化管理，各项工作逐步走向规范化、制度化管理的轨道；面对新课改，组织教师分批次参加人生生涯规划的全员培训，开设生涯规划课程，专人负责，为学生选择课程做准备，完善办公和学习条件，配备教学设施设备，以信息化为支撑，建立走班制校园管理平台，为走教打基础。2017年，高考成绩达二本B类以上录取分数线119人，达线率24.2%，比上年提高了3.4%。特色发展职业教育。坚持“两调三优化”的原则，面向市场办学，拓宽发展空间，在原先开设计算机应用、化学工艺、汽车应用与维修等专业的同时新开设了美发与形象设计、旅游专业，为服务安泽、发展安泽的全域旅游打基础。采取双向培养的思路，对口升学，另一个是“订单式人才培养”，紧紧围绕经济转型发展，紧跟市场需求，与当地的永鑫、太岳煤焦化公司、北京商鲲教育集团合作发展。积极采取措施，加强职教中心建设。深入推进义务教育均衡发展。2014 年安泽县率先在全市通过全国义务教育基本均衡县评估认定。验收结束后，积极巩固均衡成果，丰富内涵持续发展。规范办学行为，严格作息时间、严格学籍管理、严格计划招生、严格规范教辅教材征订、严格均衡编班、加大后勤管理、严格测试和上报学生体质健康标准测试。进一步深化校长、教师交流工作，均衡配置城乡教师资源，按照《校长、教师交流暂行办法》2017 年交流校长 6 人。义务教育发展基本均衡的国家监测指标控制在标准范围内。加快推进乡镇幼儿园“全覆盖”。投入 380 万元续建杜村乡、良马乡中心幼儿园，投入 819 万元新建和川镇中心幼儿园。现在，杜村、良马乡中心幼儿园室内装修、设备配备已完成，和川镇幼儿园三层主体工程已完工。扎实落实免费补助政策。投入 1000 余万元，认真落实县委、政府住宿生膳食补助、交通补助、“五类困难家庭学生”资助等“十二年教育全免费”政策，让群众真正得到了实惠，实现“安泽的孩子上学不花钱”。信息化建设稳步推进。组织骨干教师参加信息技术专题培训和教育资源公共服务平台建设，依托信息化完成中考信息技术考试核高中信息技术学业水平考试，完成市级“一师一优课，一课一名师”优课推荐上传工作。积极为教育资源公共服务平台提供师生信息，做好平台建设工作。

【安全治理】 2017 年牢固树立底线思维，坚持“预防为主，综合治理，保障有力”的工作方针，持续开展“平安校园”建设，实现了“0”安全事故，确保了全县教育系统安全稳定。1. 坚持“一校两制，一岗双责”“24 小时无缝对接”安全工作机制、领导带班制、24 小时应急值班制，层层签订安全目标责任书，从工作时间、学校区域、人员安排上进行全覆盖。2. 落实“十防教育”和“968”食品安全管理，坚持安全教育进课堂、安全演练不间断，全年共进行安全演练 200 余次，每次 11000 余人。3. 联合公安、综治、消防、安监、食药、疾控等相关部门共同参与的综合治理，定期排查校内外各种隐患，大力开展校园周边环境治理，扎实开展“护校安园”行动等，下发督查通知书、检查记录、整改通知书 100 余份。建立“人防、物防、技防”的安全防范措施，形成社会、学校、家庭齐抓共管的安全工作格局。4. 继续实施“三化三体系”建设，使学校安全能力得到新提升，实现了全县校园的和谐平安。

【党风廉政建设】 2017 年高度重视党风廉政建设主体责任的落实，始终把党风廉政建设作为各项工作的重中之重，厘清责任，建立清单，持之以恒，常抓不懈。并与各学校校长签订了《党风廉政、政风行风建设责任书》《治理教育乱收费责任书》，按照市巡视组反馈，修订完善了《安泽县教科局学习制度》《安泽县教科局考勤制度》《党支部活动制度》《民主评议党员制度》《三会一课制度》《党支部作风建设制度》等 10 项制度。认真落实“三严三实”要求，锲而不舍落实中央八项规定精神，持续保持遏制腐败的高压态势，签订责任书、做公开承诺、加大整治和查处违规办班、有偿补课等问题，深入调查研究，改进文风会风。师德师风学习教育活动扎实开展。4月份组织全县中小学校长召开师德师风学习教育活动。各学校定方案、创形式、多举措、抓落实，以主题演讲、座谈会、师德师风大比拼等形式持续进行100天，全面提升和树立了师德师风新形象。

【申报省市科技项目和验收项目】 2017年围绕农业科技发展中药材，积极组织公司和专业合作社申报了省级“三区”人才专项计划项目2个（分别是安泽县瑞达养殖农民专业合作社的“肉牛高效养殖技术示范与推广项目”和安泽县禾润种植农民专业合作社的“中药材种植技术项目”），目前两个项目已完成，资金已到位。申报了市级科技成果项目1个（安泽县沃野滋味农业综合开发有限公司的“野生连翘人工育苗加密技术研究”项目）目前该项目已完成，项目资金已到位。另外，对安泽县承担市级2013—2015的项目验收单位农业成果项目5家，科技成果项目4家，已验收完成。市定的发明专利申请量9件、发明专利拥有量6件已全部完成。

学校选介

·安泽一中·

【党建工作】 2017年始终把党建工作放在首位，全体教职工认真学习党的十九大精神，深入开展“两学一做”制度化、常态化学教活动，围绕提升教师素质、规范学校管理、提高办学质量这一目标，推动学校各项工作顺利开展。要求全体党员树立终身学习的意识，不断提高党员的党性修养，充分发挥党组织的堡垒作用和党员教师的先锋模范作用，有力促进了学校各项工作的开展。

按照县委、县政府打赢精准扶贫攻坚战的要求，组织12名党员干部与冀氏镇李庄村12户（21人）贫困户“结对子”，深入到贫困户家中，问寒问暖、帮助收玉米，鼓励贫困户通过劳动和致富门路早日脱贫。2017年驻村工作队长期深入李庄村，严格遵守下乡工作的各项规定，坚持24小时在岗；驻村期间，认真做好扶贫攻坚的各项工作任务，帮助当地村民做好防汛、防火等工作，确保群众的生命财产安全。同时，全体党员每人捐款100元，为贫困户购买慰问品，全体教职工参加县上组织的“献爱心、送温暖”活动，共捐款6000余元。

按照市、县教育局的统一部署、结合学校实际，认真开展了“师德师风学习教育活动”。制订学校的学习计划，开辟了师德师风学习专栏，签订了“安泽一中教师职业道德承诺书”，要求每一位教职工在实际工作中信守承诺，守住底线、不碰红线。加强了教职工职业道德教育，提高了教师素质。

【教学管理】 2017年学校在常规教学管理方面主要实行分工负责制，即以分管校长为主的常规教学管理负责制、以教务处为主的教学督导负责制、以年级主任为主的教学实施负责制和以教研组长为主的教学研究负责制，强化班主任管理职能和教务处的监督职能，进一步加强了教研组常规教学教研活动的管理力度。

在抓教学常规管理方面，主要落实好“八项坚持”。即：坚持周一、周三集体备课和周四大教研活动；坚持在集备、上课、批改、辅导、教研活动、公开课、优质课、教案检查、作业检查、听课笔记检查十项工作的认真落实；坚持组织好35周岁以下年轻教师参加省、市组织的高三年级模拟考试，本年度共有19名教师获得了成绩优胜奖；坚持参加临汾市高中名校组织的期中、期末考试和五校联考，对比成绩、寻找差距；坚持严肃考风考纪和成绩分析会，将每次考试成绩和分析表发到班级和教师手中；坚持鼓励教师外出培训，2017年，先后有38名教师到临汾、太原培训，与师大实验中学结对子，请两名特级教师来进行讲座，有20名教师赴师大实验中学学习交流。坚持开展“三优”工程评选活动，本年度成功举办了第六届优质课赛讲活动，教研组推荐出的15位教师进行赛讲，有三位老师参与县市级优质课评选。推荐历史组参与县市优秀教研组评选。坚持在教师节期间进行表彰。每年教师节对优质课教师、模范班主任、优秀教育工作者、35岁以下专业考试优秀教师等进行表彰。这八项常规教学工作的坚持，确保了教育教学的正常进行，收到了良好的效果。

【德育工作】 2017年针对学生品德教育，学校采取各种措施，利用国旗下讲话和班会，对学生进行爱国主义、集体主义和安全教育。加强班主任队伍建设，坚持班主任例会制，通过对班级一日三操、升旗、纪律、卫生、班级管理、宿舍管理等各项工作的量化、细化考核，督促班主任强化学生管理，促进学生养成良好的行为习惯。开展好每月28日安全卫生大检查，排查安全隐患、治理环境卫生，创建文明校园。加强学生会干部队伍建设，切实提高学生自主管理水平，本学期学校顺利完成了第八届学生会的换届工作，为学生自主管理注入了新的力量。

学校注重强化文化教育氛围，注重立德树人。倡导年级文化、教室文化、廊道文化氛围的营造。学校依法依规对学生校园使用手机和校园网购进行了疏导，学生违规使用手机和网购现象得到了改善。以规范化的跑操、常态化化的宿舍管理，推进学生良好习惯养成。

按照学校文化建设“每学期一次大型活动，每月一次小型活动”的要求。每学年，学校都要举办多项活动，学生参与率达到90%，2017年2月26日举办“2017年高考百日冲刺誓师大会”，激发了高三学子奋斗的热情；4月1日，举办清明节扫墓活动，增强了学生的爱国主义情怀；从4月6日起举办为期一个月的“第七届校园科技文化艺术节”，包括密集型跑步比赛、文理篮球对抗赛、英语限时作文比赛、校园剧比赛、拔河比赛、大合唱比赛、校园朗读者、舞蹈比赛等丰富多彩的文体活动，充分体现了“注重个性、为学生的多元发展奠基”的办学理念；4月27日举办教职工拔河比赛，丰富了职工的文化生活；5月12日，举办应急逃生演练，增强了学生的安全防范意识；6月2日晚7点30分，在学校操场举行2017年高考壮行晚会，为高三学子加油鼓劲。6月9日，举行“助力临汾”申办旅游发展会议网络投票活动。9月28日至30日成功举办第十届秋季田径运动会，有7人次破6项校运会记录。国庆期间，举办教职工羽毛球、毽球比赛。活动的开展，提升了学生的能力、丰富了师生的生活、提升了学校的文化品位。

【后勤保障】 2017年后勤工作是学校各项工作正常运行的保障，本年度完成了宿舍楼、教学楼、办公室等楼顶漏水预算评估工作，对餐厅外墙、大门、室内体育馆、院面沉降等进行了维修。为适应2018年新课改，给10个教室安装了一体机，给一线教师更新了办公电脑。给宿舍、餐厅安装监控设备，校园内装备30盏太阳能路灯。完善的后勤保障，为学校持续、稳定的发展保驾护航。

【安全工作】 2017年建立学校安全工作网络机构，坚持校长负总责、亲自抓，分管副校长负实责、具体抓，政教处和值班领导具体实施的安全领导机制，层层签订安全工作责任书，做到“一岗双责”。加强安全教育，增强自我保护意识。利用班会、旗下讲话、电子屏、黑板报宣传等形式对学生进行防震减灾、疾病预防、交通法规等方面安全知识教育，使安全知识寓于教学之中。加强安全演练，每学期都要对学生进行防震、防火灾等安全疏散演练，这些演练，使学生掌握自救、互救逃生技能和抵御、应对应急突发事件的能力。在校园、教学楼道、餐厅、宿舍楼道等安装监控设备，做到人防技防相结合，确保了学校平安祥和。

【多元发展】 2017年，学校发扬“锲而不舍、追求卓越”的校训精神，按照“学会学习，学会做人，为学生终身发展奠基；注重个性，培养特长，为学生的多元发展铺路”的办学理念，坚持“用制度抓管理，向管理要质量，以质量铸品牌，靠创新谋发展”的工作思路。各项工作都取得了显著的成绩，特别是高考成绩连年攀升。2017年高考参考人数491人，达二本B类线以上119人，达线率24.2%，比上年提高了3.4%，再次实现新的跨越。从2008年的达线32人，到2017年的达二本B类线以上119人。十年来，学校先后为高等院校输送大学生1081人，平均每年108人。

【廉洁自律】 2017年要求党员教师和领导干部认真学习《党章》，学习《中国共产党廉洁自律准则》和《中国共产党纪律处分条例》，积极参加县上组织的法律法规考试。抓好廉政建设，认真贯彻落实中央《八项规定》，进一步树立“四个意识”，增强“四个自信”。从思想上牢筑拒腐防变的思想防线；抓好领导班子思想作风建设和廉洁自律工作，带领班子成员以身作则、严于律己、为人师表，当好班长、带好队伍、服务好广大教职工。加强教职工队伍纪律作风建设，努力形成“讲作风、守纪律、敢担当、争奉献”的良好风气，推动各项工作又好又快发展。

·安泽二中·

【概述】 2017年，安泽二中一班人，始终遵照县委、县政府的科学决策和总体要求，紧紧围绕教科局工作安排和年初工作任务目标，以“纪律为先、廉洁为本、作风为德、责任为职”为原则，以“安全保障、课程教育、能力培养、灵魂塑造”为切入点，谦虚做人，埋头做事，为实现年度办学目标而尽心、尽力、尽责，学校各项工作均取得长足进展。被安泽县授予“‘两学一做’学习教育常态化制度化先进党支部”；荣获县“食品安全先进单位”；在团县委组织的“庆‘五四’学习总书记讲话做合格共青团员知识竞赛”中获一等奖；被授予“全市国防教育先进集体”，2017年中考600分以上优质生达23人，包揽全县前20名，创历史最好。好多经验和做法被省现代教育报、凤凰新闻、今日头条、新浪网等主流媒体多次报道，共刊登经验文章30篇，并受邀参加了山西省203所联盟校“记录山西教育步伐”盛典展示，校长张建青同志被评为“2017年度教育情怀校长”。

【廉洁自律】 2017年始终遵照县委、县纪委年初工作目标任务要求，以党规党纪和《廉政准则》为行动指南，以“两学一做”和“讲政治、知敬畏、守规矩”活动为载体，坚定“四个自信”，牢固树立“四个意识”，针对党风廉政建设“两个责任”的落实，坚持不懈纪“四风”，在“四有两化一推进”上狠下功夫，为促进全校各项工作打下了良好基础。

1. 靠“四有”夯实工作基础。“四有”就是有部署、有机制、有责任、有约谈。有部署就是在年初全体教职工大会明确强调安排部署。要求上设红线，即不违法不违纪；下设底线，即不违规不违德。同时建立校委会“周例会”制度，随时就相关事宜和各系统责任讨论定夺，予以贯彻落实。有机制就是建立“一把手主责、各分管负责、处室主任主抓”工作机制。按学校“一岗双责”要求，既担当主责又负有监督责任，既抓一般责任又抓主体责任。有责任就是把担责、职责、追责及工作举措以责任书形式层层签订，同时每个教职员工人人签字背书，予以公开承诺。有约谈就是班子成员要结合各分管工作针对随时出现的问题及时对相关人员约谈警醒。约谈分集体约谈和个体约谈两类。2017年度校长已就相关工作纪律约谈五人次。

2. 靠“两化”严肃工作规矩。深化工作作风建设：以支部常态化建设为抓手，班子成员率先垂范，以上率下，处处发挥“双带（带头、带动）”作用。通过“两学一做”、“讲政治、知敬畏、守规矩”、“维护核心　见诸行动”等学习教育活动，尤其是深入学习党的“十九大”精神实质，不断提高思想境界，坚定工作信念；通过“党日活动”、“主题教育”、“红色教育”及访贫问寒等实践活动，不断改进工作作风，牢固树立“四个意识”，促进在基层组织、基础工作、基本能力“三基建设”上有了新提升。加大师德师风考核力度，首先是在党员教师中深入开展“创三优”活动，就是岗位创优、同年级创优、同科目创优，激发党员教师在工作中的引领作用。其次是出台了《师德师风考评细则》，将考评同职称、评优、绩效相结合，多层次多方位对全体教师进行了民主测评，实行了“一票否决制”。再者是创办了“师德讲堂”，聘请临汾一中优秀教师、县党校讲师及本学校师德标兵为大家讲课。尤其是通过学习十九大精神，极大地激发了教师争创“四有”好老师的工作革命热情。强化工作监管机制：对学校政务、财务及事务，凡事必在“每周一例会”的校委会上讨论研究，并结合班子成员各自分工，均能依法、依规、依程序办理。诸如：教育教学常规零星购物实行层级签审制，就是由需求人按处室、分管、逐级审核后可可依采购单配置，采购结束入库登记后再签字领取；办公室用品均按《目录》要求待财政审批后方才配置；财务报账实行了“连签”责任制，就是结合平时工作和财务程序，由谁分管，谁审核，谁把关，就由谁在报账单上签字背书；公务用车“维护费”，严格控制在年初预算之内，并逐年递减。

3. 靠“一推进”拓展工作深度。在坚持“四有两化”的基础上，抓住重点，分类推进，逐项改进，不断拓展工作深度。两次集中召开“师德师风及工作纪律”推进会。在不同时段提出不同新要求；结合专项巡察，针对反馈的问题及时整治，推进工作效能。现整改不仅已完成，而且建立了常态化制度。如教职工免费就餐的问题，已实行了自主“刷卡”制度，谁上灶谁买单。实施“三风（校风、教风、学风）”整治督查月活动。结合新时代新要求，为保障“元旦春节”佳节期间的平安和谐，防止“四风”反弹，于12月27日召开了“反思四风”专题民主生活会，并按照“过程管理、全员参与、把握环节、超前防范”的原则，扎实推进了校园“三风”整治月活动。

【教学管理】 2017年结合工作实际，紧紧围绕县委、县政府工作安排，积极主动、创新性地完成了各项工作任务。1. 完成年初县政府下达的四项工作任务。以“红、蓝、绿、金”主题读书活动为载体，厚植教学楼走廊文化，又在教学楼四楼积极打造“金色”文化走廊，开辟了金色阅览室。并于6月16日以年级组为单位，奉献了一次别出心裁的师生读书汇报及朗读者活动。在临汾市教育局举办的“‘爱尔眼科杯’礼敬中华优秀传统文化　争做校园阳光少年”中小学演讲、朗诵比赛中，参赛学生选手取得了一等奖1名、三等奖2名、优秀奖1名的好成绩。以学生体质健康达标为目标，全面落实素质教育，“体艺2+1”活动做到了常态化，并于5月17日举办了“‘秀三年风采　壮中考斗志’校园艺术综合展汇演活动暨“体艺2+1活动”展示，12月27日又隆重举行了“新时代　新风采”欢歌会，“拿起口琴会弹唱，放下口琴会跳舞”已实现了全覆盖。投资6万余元，完成了新增100学生的住宿扩容任务。师德师风建设不断强化。举办了三期师德课堂，“三优”创建涌现了一批优秀教师，分别受到市县表彰。

2. 扶贫包联取得较好成绩。经过一年的脱贫攻坚工作，根据年初入户走访，与贫困户进行沟通交流，确定脱贫措施，并跟踪帮扶，使得全年扶贫工作得以有序稳步的推进，效果显著。学校全体在职党员、中层领导分别与64名在校贫困学生结对子，进行精准扶贫，确保了64名学生生生有人管，有得学上、上得起学、学上得好。2017年食堂共为包联村村民处理小米、蔬菜、小杂粮约合4万余元；为贫困户送面粉102余袋、食用油120余壶、大米102袋；教师捐赠衣物80余件套。在帮扶贫困户的同时，也没有放弃对包联村的帮扶，先后资助包联村现金1.5万余元，捐赠电脑20台、打印机1台、20套学生课桌凳、

1000余册图书、3个档案柜。

【课程教育】 2017年课程教育是素质教育的主要内容，是体现课程育人的重要手段。以“绩效”为切入点，在人本、制度、创新、落实上狠下功夫。1. 促使“遵守常规，做好常规”成为教师的自觉意识。每位教师应该清醒地认识到，教学工作无“大事”，每月、每周、每天、每节课的基本工作，以及教学工作备、教、批、辅、练、考、评、补等各环节的基本要求，都属教学常规，看起来也都是“小事”，而只有当这些“小事”都真正做到位了，提高教学质量才具备了前提。诸如：在绩效考核中教研活动和信息化应用绩效考核有奖有罚，教育教学常规工作全部纳入绩效考核。

2. 抓实教学常规的制度建设和学习培训。本着“凡有问题必有措施，凡有措施必有检查，凡有检查必有公示，凡有公示必有考核”的思路，针对不断变化的教学工作实际和存在的问题，进一步健全了教学工作常规管理制度，先后修订完善了《教学人员素质教育考评细则》《教研工作考核细则》《教师信息化应用考核细则》等有关规章制度。对规章制度的学习和培训工作，采取化整为零的方式，利用每周二的教师例会和教研活动时间组织学习讨论，并及时采纳教师合理化的意见和建议，使常规“常新”，发挥常规规范人，也解放人的作用；利用每年春、秋季开学初两、三天的时间集中进行封闭学习培训，使常规不但立在纸上，更立在教师心中。

3. 创新教学常规管理工作“四落实”。落实促变课改理念有效化。在外引学习观摩在基础上，借鉴全国各地各类学校的先进做法，逐步形成了“3×5”简式教学运行载体：“3”——即课堂总体结构要求为“先学后教、小组合作、当堂评价”；“5”——即课堂5环节：示标导学，自主学习，交流展示，精讲点拨，达标检测。一些教师在课堂教学中积极探索实践，已取得明显成效。在2017年6月14至16日学校举办的青年教师“先学后教”课改高效课堂大赛中，涌现出了韩磊、李娇、刘艳苹、黄利民、刘杰、张运运、赵金红、杨莉、秦欣、李小燕、闫慧等优秀青年教师。

学校以“三优”评选活动为契机，把“学习借鉴先进经验，贯彻落实课改理念”作为重头戏来唱，要求教师在制定教学计划、编写教学设计中认真探索实施。学校由党支部牵头，在全校开展了争创“优秀班主任、优质高效课、优秀教研团队”的活动，本次活动以先进的教师团队为先导，以高效的课堂教学实践为典范，以校本教研行动研究为目标。通过全面开展“三优”活动，结合学校的教育教学工作与师德师风建设，有针对性地解决班主任管理和教学过程中存在的实际问题，优化教育教学方式，提高教育教学能力，打造优秀教研团队，着力提升教师队伍素质，全面提高教育质量。通过层层选拔，教师张红艳、刘芳被评选为优秀班主任；李彩萍、李小燕、王红霞、刘桂凤的课例被评为县级优质高效课；魏荣、李娇、郭海霞的课例被评为市级优质高效课；语文教研团队被评为优秀教研团队。

落实听评课经常化。学习践行新课改理念，努力推动课堂教学改革、提高课堂教学效率，不是作秀走形式做过场，必须彻彻底底换观念，实实在在见行动。如何才能有效推动课堂教学改革？理论要学，道理要讲，但实践证明，领导特别是教学管理者下到一线深入课堂听评课，则是最有力的推手。领导走进课堂成为常规，才能掌握第一手材料取得发言权，发挥肯定、鼓励先进，督促与鞭策后进的作用。其次，充分发挥教学能手、学科带头人和各级名教师的带动作用，开展“以老带新，以新促老”的活动，互结对子，要求35岁以下教师每人至少拜“一位师父”，35岁以上老师也要至少帮扶一位年轻教师，师徒签订帮扶协议，并每周开展听评课活动，老教师上示范课，年轻教师上改进课。创设比、学、赶、帮，人人争先，团结协作的氛围，使教师在研究中提高，在协作中成长。

落实课堂巡查常态化。由教学副校长带头，要求教务主任及教务员每节课对各班巡查，并做好各班出勤、纪律、学生听课等情况的详细记录，巡查情况与教师绩效工资挂钩，若发现存在较大问题的，要求领导及时与相关教师沟通反馈，使教师及时觉悟到存在的不足和问题，从而自觉调整、矫正。同时坚持巡查记录周公示、周月汇总制度，接受教师的监督，消弭误会，修正失误，使每月与教师绩效工资挂钩的考核分更加客观公正。

落实毕业班复习备考工作规范化。首先，开学初就召开了毕业班师生励志中考推进会，增加了师生的信心。然后，通过两次成绩分析会，找问题、找差距，鼓励大家见贤思齐，发扬团队精神。其次，召开年级后一百名学生会，帮助他们分析原因，设定目标，不放弃自己；对年级前五十名优秀学生实行激励制度，动态化掌握，适时适度给予奖励。

【德育教育】 1. 浓厚校园文体环境建设。学校充分利用教学楼前的电子屏，每天都有不同的温馨提示；利用升旗台前的小黑板每天书写不同的警句格言；利用校园内的围墙建成二十块黑板，各个班级定期由德育处负责更换内容；利用校园橱窗不断推出“文明好少年”等等这样具有凝聚人心、激励斗志，规范行为、弘扬正气、协调关系、鼓励竞争的环境熏陶，使生活在其中的师生在思想观念、行为方式、价值取向等方面受到影响、得到教育。

2. 夯实课程教育重要载体。立足我县“荀乡古色”这一深厚文化历史底蕴，围绕“探究荀子文化”这一主题，积极开发地方校本课程，旨在弘扬荀子文化、感悟荀子思想。

3. 发挥课堂灌输主要渠道。课堂是实施教育的主要渠道。学校把每周一节“读书课”排进课表，由语文老师指导学生阅读。同时还不断拓深读书课，在充分利用原有的“红、蓝、绿”主题阅览室基础上，本学期在教学楼四楼开发了以“金色人生”为主题的金色阅览室，并在红、蓝、绿主题阅览室的楼层分别配上与之相呼应的楼道“文化墙”。通过这些方式对学生的品性养成形成强大合力，提高学生的人文素养，拓宽学生视野，实现“品学三年，印象一生”的目标。

4. 抓牢活动历练重要抓手。活动是实施教育的重要抓手。学校在充分尊重同学们兴趣爱好的基础上，结合学校的实际情况，广泛开展“体艺2+1”课外文体活动。动起来，就会健起来；动起来，就会乐起来；动起来，就要亮出来，这才是体艺2+1活动的精髓所在，并于6月26日全方位对初一年级的口风琴和初二年级的韵律操进行班级竞赛。

【教学队伍】 1. 学校实行课前候课制，即教师提前2分钟进教室准备上课。在这短短的2分钟时间内教师可以准备多媒体的使用，可以与学生聊天，了解学生的知识需求，可以检查学生的预习作业情况，总之，是在做正式上课前的热身运动。

2. 充分发挥年级组长、教研组长和骨干教师的作用。年级组长充分利用每周一晨会对学生进行养成教育，利用每周二例会对本年级教师上周工作做好反思，达到师生扬长避短、见贤思齐的效果；教研组长立足教学科研，协助教务处抓好常规教学的落实；骨干教师发挥专业引领作用，抓好新教师队伍建设，营造学校新老教师相互学习的良好氛围，在常规教研活动中开展了“以老带新，以新促老，共同提高”的结对帮扶活动。

3. 为教师专业成长搭建舞台。工作致力于教学管理规范化、科学化、教师队伍素质化。学校根据“先学后教”课改教学模式确定了《小组合作学习的研究与实践》的研究小课题，制定研究方案，组织骨干教师参与研究，并定期组织研讨课进行研究反思小结。与临汾一中初中部结对，邀请该校骨干教师与八年级师生进行交流。学校内形成“比、学、赶、帮、超”的学习竞争氛围，造就一支敬业、勤勉、高效、创新的教师队伍。在今年县委县政府评选“感动安泽人物”的活动中，焦强老师当之无愧；任春梅老师被评为“最美教师”。

4. 打造教研工作“三强”团队。学科成立了各科教团队，要求各教研组全体成员要团结协作、互帮互助，在合作中谋进步，竞争中求发展，努力成为潜力较强、向心力较强、战斗力较强的“三强”团队。具体措施如下：

（1）校本教研合作化。认真开展“一帮一”师徒结对活动。新教师从有丰富经验的老教师身上学到的远不止授课技巧、备课方法，因此，教研组重新提出“三带”要求：“带才”就是要对“徒弟”进行业务指导，作为优秀教师一要有口才，二要有写才，三要将才，教学中力争帮助“徒弟”做到出口成章，下笔成文，学会组织管理学生；“带教”就是指导“徒弟”的教学工作；“带研”就是带领“徒弟”搞教研和科研。老教师要有辅导“徒弟”的计划、总结、听评课记录、笔记；“徒弟”要有学习的计划、总结、听评课记录、笔记；最好要有合作交流的图片等。强化集体备课，共享集体智慧。集体备课活动，强化一个“实”，讲究一个“活”，抓住一个“精”，坚持一个“恒”，追求一个“效”。备课环节强调一个“实”字。集体备课活动主要集中讨论四个大问题一是教什么，二是怎么教，三是学什么，四是怎么学。上课环节讲究一个“活”字。为了使课堂教学“学生动起来、课堂活起来、效果好起来”。在课堂教学中做到讲授要精、方法要活、知识要准、教技要巧、板书要新、效率要高。讲评环节抓住一个“精”字。讲解时，学生会的不讲，不会的也不讲，要找准难点突破口，力求精讲；评价要用激励性语言或用星级评价等多种形式，提高学生学习积极性。总之，教学工作坚持一个“恒”字。只有长期的、不断的坚持自己的教学理念，教学方法，才能取得实效。

（2）课堂改革课题化。课改就是为了让教学工作更高效，用巧办法教好成绩。的课改教学模式“先学后教 小组合作”，具体有五环节：示标导学—自主学习—交流展示—精讲点拨—达标检测。全体语文教师分组包块深入研究，把每一环节作为教学研究的小课题，探究具体操作方法，避免误区，追求实效，写出经验交流材料，并在全组推广。经验交流笔记每月一篇，可作为“教学沙龙”的准备材料，也可在群里互相交流。

（3）课外读书规范化。《义务教育语文课程标准》强调，要培养学生广泛的阅读兴趣，扩大阅读面，增加阅读量，提倡少做题，多读书，好读书，读好书，读整本的书，并规定义务教育阶段课外阅读总量应在400万字以上，背诵古今优秀诗文240篇以上。各位语文教师要指导学生广泛阅读课外书籍，把“读书课”活动作为学校的一个特色，一个品牌，把它做大、做强，每周五下午的读书课要认真上，上出模式，上出水平，真正提高学生的语文素养。为了扩大读书课的辐射面。围绕读书课开展一系列读书活动：比如“国学经典诵读”、“口头作文竞赛”、“故事会”、“词语接龙大赛”、“读书手抄报比赛”、“古诗文朗读比赛”、“语文综合知识竞答”、读书交流、读书成果展示等，营造良好的读书氛围，培养学生的阅读兴趣。一学期一次活动，每次要精心组织，有计划，重过程，树形象，让学生学习榜样，模仿优秀。

（4）教师成长活动化。教师的成长没有止境，也没有捷径。只有苦练基本功，不断提升教学技能，不断更新教学理念，不断钻研，不断尝试，才能真正成就学生，成就自己。学校提出开展以“教学沙龙”为载体的系列活动：“名师观摩课评点”“教学经验交流”“阅读感悟交流”“朗读技能展示”“下水作文比拼”“读书课课堂大赛”等。一学期两次活动，要有主题，有内容，讲实效，重过程，活动要留存影像资料，文字资料，活动后有总结，有体会。

5. 紧扣师德师风建设，开辟“三大讲堂”平台，塑造二中团队精神。2016年九月份以来，与临汾一中结成了“联谊”校，先后邀请临汾一中专家教师在师生中开展了“师德讲堂”“让普通孩子也优秀”以及“开学第一课”专题讲座。为进一步优化语文课堂教学，拓展语文课堂内容，有效开展读书课，学校研究决定，组织开展语文教师读书课大赛活动，并以本次活动为载体，在全校掀起一个课堂教学“大练兵、大比武”的高潮以及青年教师赛讲一系列活动旨在为全校青年教师搭建施展才华的舞台和交流学习的平台，使教师的备课能力、课堂教学组织能力、指导能力、创新能力得到锻炼和提高，引导中青年教师加强课堂教学研讨，关注课堂教学的时效性、时代性、艺术性，提升课堂教学水平的同时，不断历练青年教师的师德素养，努力培养年轻一代德才兼备的教学能手。为了有效地与学生家长进行沟通，充分发挥家长课堂这块主阵地，以便广大家长能及时了解孩子生理、心理发展、掌握科学的教育方法和技能，协助学校共同促进学生健康成长。为此，党支部牵头，认真贯彻落实《中共中央国务院关于深化教育改革全面推进素质教育的决定》《关于进一步加强和改进未成年人思想道德建设的若干意见》精神，明确家庭教育在实施和推进素质教育中的重要作用，在上级领导的正确领导和关怀下，实实在在地开展了一些活动，形成了学校、家庭、社会三结合齐抓共管育新人的一致性。在开办了3期“家教课堂”以后，广大学生家长与学校、老师的沟通多了，对自己的孩子在学校的学习、活动、表现等方面获得了第一手材料，而且对教育学生不只是学校单方面的事，与家庭、社会息息相关有了较深层次的理解，主动配合学校、配合老师做好子女的家教工作。特别是有的家长，原先认识不到位，认为自己的孩子成为后进生是老师水平低、教育无方，把责任都推给学校、推给老师。开办家长学校以后，家长对孩子的成长需要各方面的塑造有了清晰的认识，后进生的家长能正确对待学校与老师，同时剖析家教的不足，主动调整教育的方向，取得了良好的教育效果。3月9日，学校通过与谭思想国际教育集团合作，在操场给广大学生、家长、教师举办了一次“感恩励志少年崛起”大型主题演讲活动。针对青少年对社会认识不足、阅历不深、没有形成正确积极向上的人生观，在学习上、生活上，经常会出现三心二意、成绩不稳定、叛逆等问题，从教育心理学角度，给家长和教师分析了孩子在学习生活中出现的问题形成的诱因及规律，在孩子心中埋下了梦想的种子，家长、学校两两联合，加强了青少年的道德建设，激发了孩子们对成功的渴望。宿舍感恩文化。在学生宿命创建感恩窗口，每个学生在床头挂一张全家福，使每一名学生在早晚都能看到家人，想想自己一天来的学习是否对得起家长、对得起家人，时刻感受家长的关爱和家庭的关心。同时设励志栏，栏内张贴学生的优秀感恩作文、学习反思等。各类学生自愿活动。充分发挥校团委和德育处的职能，给学生搭建学雷锋、祭先烈、成立帮扶小组等自愿活动平台。让学生利用课外学习之余主动参与到一些义务活动中来，提高学生的主人翁意识。

【安全管理】 2017年学校始终坚持主体责任与全员担当的统一，坚持岗位履责与责任追溯的统一，坚持前后勤交叉节点的弥合，坚持住宿与餐饮的协调性、一致性。具体讲，就是“一二三四”，始终坚持“一流程，二主体，三严防、四落实”工作制度。1. 流程就是实行24小时工作流程追溯责任制，从早6点到晚10点流水签字单作业，事事有人做，处处有人管，切实达到无缝对接。2. 主体就是点清人数，确保24小时一个学生都不能少：巡查到位，确保各空间段不出现小的意外。3. 严防就是：严防餐饮食品出现问题；严防各时段学生拥挤无序出现踩踏事故；严防封闭管理后学生心理安全出现问题。4. 四落实就是：严格落实“一岗双责”双管责任制，强力推行全天24小时工作流程责任链，着力实施“学生一日行为养成口诀”行为化；严格落实每周一轮的住宿生夜会、晨会、班会、家长会、法制安全报告会“五会”制度，积极开展防火、防震等系列化演练；实行安全教育“间周一节”进课堂，针对不同节令、不同时段、不同场合、不同内容对学生进行各类安全防范知识教育和警示；严格落实加大人防、物防、技防“三防”工作力度；严格落实后勤管理制度，坚持天留样、日消毒、月考核工作制度，坚持食品卫生“一承诺八落实”责任追究制，坚持不培训不上岗，不体检不上岗，不专业不上岗“否决”辞退制度。通过以上举措，落实全员担当、团结合作“八想八不行”的安全文化工作指南。

·职　高·

【思想作风建设】 2017年结合学校实情深入开展了作风建设。加强领导班子思想作风建设，进一步端正领导班子的工作态度，规范领导班子的言行、仪表，层层签订工作目标责任书，强化岗位职责。班子建设更趋合理科学，在作风建设中班子成员能以身作则，在日常工作中能相互沟通，在中心工作上能协调配合，做到勤政务实，讲合理求高效。加强考勤管理，广大教职工的纪律意识明显增强，敬业精神显著提高。四是班子团结务实、廉洁勤政、开拓进取、群众信赖、有坚强的战斗力、凝聚力。

【教师队伍建设】 1. 学校重视加强教师队伍的思想政治工作，不断提高教师的思想政治素质和师德修养，把教师职业道德建设放在队伍建设的突出位置，真正做到教书育人，为人师表。定期进行政治学习，依托教职工会议和教研组等宣传阵地广泛开展宣传，不断强化教师思想素质教育，树立良好的教师形象活动，进一步加强干部、教师的作风建设。

2. 学校发展需要有名师。一直重视以培养中青年专业学科带头人和骨干教师为重点的教师队伍建设，学校采取“请进来，走出去”的办法，组织教师加强学习。利用劳动部门、职业院校和国家骨干教师培训等渠道，结合教学工作的实际，针对职业教育发展的形势要求，着眼于提高教师综合素质和专业水平，多批次委派教师外出参加学习。通过培训，教师既开阔了视野，又更新了观念。

3. 组织全校教师进行教学经验交流会、教学技能大赛，通过交流、竞赛督促大家的学习，对教学过程的规范起到促进作用；开展“师带徒”活动，使一线教师尤其是年青教师能够有更多机会领略到师傅的教学思想和教学艺术风采；加强教师学年度的考核，通过学生测评、教师民主测评、基础课和专业课考核组测评、教务评价等几个环节完成考核，考核结果作为评选优秀教师的依据，同时加强兼职专业教师聘用工作。

【职业技能教学】 1. 学校进一步健全教学质量保障体系，严格落实教学检查制度、听课制度等日常教学管理制度，合理编排教学计划、大纲、课程，严格教风、学风、考风，日常教学管理进一步规范化、制度化、科学化。推进教学精品工程建设，深化“导师制”培养、案例教学、分层教学等教学改革，加强校企合作，开展订单人才培养模式。三是专业、师资、教材建设成果丰硕，新增汽车应用与维修专业，组织开展基础课、专业课教学观摩课、新教师汇报课，鼓励教师进修深造。四是人才培养质量不断提高，围绕促进实践技能教学。

2. 面对生源紧缺、竞争更加激烈的形势，学校将招生工作列为重中之重，党政领导班子成员高度重视，主要领导亲自抓，完善政策，明确责任，加大投入，全校上下积极应对，精心组织，狠抓落实，精心编印招生宣传单千余份，印制招生宣传展板1块，编印招生简章300份，和全县初中学校加强沟通，确保了招生工作的平稳开展。

3. 为了加强毕业生就业工作管理，进一步规范毕业生招聘工作程序，按照“公开、公平、公正、择优、自愿”的原则，对各专业学生成绩进行排序，经招生就业科审核盖章后提供给用人单位，作为用人单位择优录用的重要依据，招聘结果经学校审核后方可予以正式发布，进一步增加招聘工作透明度，保证了招聘活动的公平公正。

4. 加强职业技能培训工作。

5. 开学初，学校加大专业和企业的联系，要求各专业老师要深入企业进行调研，确定专业的培训重点。继续施行校企合作以及订单式人才培养模式，加大校企合作覆盖面，真正做到企业是学校课堂的延伸，不仅让学生在企业学到过硬的技术，还要让学生成为企业不可或缺的技术技能人才，从而实现“培训教育就是就业教育”的理想。

【德育工作】 1. 班主任队伍建设，规范科学。完善班主任工作管理制度，实现管理的规范化、科学化、民主化，努力形成一套完善有效的管理运行机制，调动班主任的工作积极性；狠抓工作过程的每一个环节，通过班主任例会、班主任培训等形式，组织班主任学习新时期学生管理和班级管理的理论和方法，为班主任的思想脉搏及工作实践注入新鲜血液，使班主任不断更新观念，改进方法。

班主任工作是学生管理中的重要部分。2017 年学生处在校领导的指导下，定期组织班主任例会。班主任工作经验交流会四次，多次召开了班主任工作会议。通过以上举措，加强了班主任的凝聚力、责任心和自信心，管理理念得到改变，一些先进的管理方法得到推广，使的班风、学风大有好转。

2. 注重德育渗透，规范常规管理和安全工作。在德育工作中始终树立以人为本的观念，提倡学生四个学会：“学会求知是前提、学会生活是基础、学会做人是核心、学会健康是保障”，坚持以“教育育人，服务育人，管理育人”的思想，倡进行思想道德教育，把思想教育渗透于课堂，溶解于平时。针对学生特点，开展了一系列丰富多彩的教育活动，取得了一定的成效。充分利用班会课、专题讲座、报告会、国旗下讲话等宣传教育，提高学生的思想认识，帮助他们树立正确的人生观、世界观、价值观和就业观。以开展文明班级、优秀宿舍评比等活动为依托，督促和引导学生养成良好的习惯，对好人好事及时予以表扬，做好三好学生和优秀学生干部的评比和表彰工作，弘扬校园正气，促进了校风的建设。注重对学生中先进典型的挖掘和培养，做好对个别学生的家访工作，注重学校的环境卫生工作，加强对学生值周工作的指导和管理。

利用班会这一主阵地对学生进行思想道德教育。一年来组织了感恩教育、养成教育、诚信教育、安全教育、心理健康教育、法制教育等主题班会，并且召开了以“感恩教育”和“法制教育”为主题的观摩班会，收到良好教育的效果。利用课间操、自习时间，校领导适时对学生进行思想道德教育，本学年对学生就思想建设，行为习惯养成、成人成才、安全主题等教育多次。利用国旗下讲话形式勉励、激发学生健康成长。通过以上活动，从思想上转变学生观念，从行为上扭转他们的不良习惯，确实做到先成人后成才。

3. 狠抓常规管理、规范学生行为。本学期根据学生管理、班主任考核、安全工作方面的实际情况修改并完善了《班级考核细则》《班主任考核办法》《违纪学生处理办法》等，使各种规章制度更加趋于合理。坚持政教处负责、学生会检查，每天做到查到校、卫生、早读、课间操、自习和宿舍纪律、卫生，做到有记录、有汇报、有处理、有奖惩。

4. 开展安全法制教育。坚持不懈地抓好安全教育工作，积极开展消防、交通、禁毒等系列的安全教育。通过完善工作网络，落实安全责任，层层负责，提高防火、用电及交通、饮食安全教育的实效。通过普及学生自救自护常识，安全知识竞赛等活动；提高学生自救自护能力，杜绝安全事故的发生。以校园预防为重点，深入开展法制教育。认真组织学生学习未成年人保护法和预防未成年人犯罪法，通过法制教育讲座、观看法制教育片等形式，增强学生的法制观念；通过珍爱生命、拒绝毒品专题教育，提高学生对毒品危害的认识，自觉加强拒绝毒品的意识。同时强化校园安全综合治理，确保学校无重大事故发生，努力打造“平安校园”。

【后勤管理】 2017 年学校本着以服务教育、服务教学、服务师生的工作目标，积极有效地开展后勤工作，努力把各项工作落实到位。强化了责任意识、安全意识和服务意识，不断健全各项规章制度，为教育教学秩序的正常运转提供了有力的保障。后勤部门实行精细化管理，厉行勤俭节约，严格执行财产管理办法、物品设备的申购、报批、采购等制度。全力做好教育教学用品设备的及时采购供应，及时做好校舍修缮及水电照明线路设备的检修。在食堂管理上，不断完善食堂管理制度，经常性的和食堂人员进行交流，要求食堂工作人员严格按照食堂卫生管理标准认真去做，真正做到饭菜质量好，价格合理，经过的共同努力，本学期食堂卫生和饭菜质量都得到了进一步的改善，保证了师生的安全用餐。

文化 旅游

文 化

【学习教育】 1. 自主学习，学习党章党规，纪律处分条例，习近平系列讲话、十九大报告等资料，观看学习视频，要求每人写学习笔记和心得体会，2017 年每人的学习笔记已达到 5 万余字。2. 集中学习，定于每周一为集中学习日，制定学习日程表，要求全体人员参加学习。3. 外出学习，全体人员到烈士陵园、廉政文化教育基地、临汾市爱国主义教育基地——刘少奇路居实地参观并学习，使得大家真正的接受红色教育和廉政教育。4. 组织考试，为了使学习扎实有效，坚持检查学习笔记，并组织每月一次测试。通过开展一系列的学习活动，切实提高了全体人员的综合素质和思想政治水平，改善了机关干部职工的工作作风，增强了全局人员的工作积极性。

【党建工作】 1. 建立健全机制，营造党建工作氛围。坚持“定方案抓指导、定目标抓落实、定制度抓管理”的工作思路，在和班子成员共同商讨下，实行局长责任制，层层签定目标责任书，使人人身上有担子，肩上有责任。建立督促检查机制。始终将党风廉政建设作为工作主项，常抓不懈、警钟长鸣，时刻教育党员干部牢记宗旨，严格执行“八项规定”，坚决抵制一切不正之风，按照“五个不直接”和严禁大操大办的要求，共制定、完善制度 33 项。实行“谁主管、谁负责”“一级抓一级”，每项工作分管领导是第一责任人，具体到各馆校队办，年终根据完成工作情况，实行奖惩制度，对于完不成任务的，追究其责任。

2. 开展“三联两报到”活动，推进党建工作落实。深入社区开展共驻共建活动。在文欣社区开展“驻区单位共驻共建驻区党员奉献社区”活动，并签订了《共驻共建协议书》，社区根据每位党员的工作性质和特长，安排了合适的服务岗位，每个党员领导干部明确了一名联系对象，并到社区服务中心文化活动室实地考察，决定每季度与社区义务巡逻队开展“爱护公物保护环境”宣传活动，做到服务社区，服务百姓的宗旨。派驻下乡队深入包联村陈家沟村开展“精准扶贫”工作，并有工作人员长期驻扎包联村，对贫困户进行了入户了解，并掌握其具体情况，开展了产业、连翘采摘、光伏安装、外出务工、基础设施、实事帮扶等帮扶工作，其中春节慰问演出，送护林防护防火物资、热水壶、凳子、邀请医院、理发店为百姓体检、理发、国庆节、中秋节发放慰问品、“手牵手 帮秋收”“送温暖 献爱心 助扶贫”等实事帮扶工作的开展，得到了老百姓的高度认可，也将精准扶贫精神落实到了实处，成功的帮助了39户126人完成县定脱贫任务。

【文化惠民】 1. 免费开放各个场馆。文化馆、图书馆、多功能厅、体育训练厅、舞蹈排练厅、图书阅览室、电子阅览室、广场、篮球场、多媒体活动室、报刊资料信息查询等场馆项目，全年免费开放，群众可直接入馆活动。各个场馆共接待上万余人次，同时坚持“服务第一”的宗旨，将免费开放文化惠民工作落实到实处，使得场馆免费开放有了显著的成果，受到了广大市民的一致好评。

2. 免费开展展览。举办“同筑中国梦 共筑书香年”为主题的新春楹联文化展。展览通过历史典籍和近现代名家描述春节的作品，来梳理春节的历史，以及自腊八开始到正月十五期间中国传统的民风民俗，并在每个日子配以应时应景的楹联，让大家从书香中品味春节这个中国最为传统、隆重的节日，共展出30块展牌，参观人数约2500人。活动开展期间县委书记及领导班子深入我馆参观欣赏楹联活动；安泽县第二中学的老师及学生也参观了此次展览，现场工作人员为大家讲述楹联起源及发展历史，使楹联这一文化传承更加深入人心。举办“庆七一 喜迎十九大”图片展。七一前夕，在县图书馆前推出“砥砺奋进的五年和红色精神”等系列图片展，让紧密团结在以习近平同志为核心的党中央周围，不断增强政治意识、大局意识、核心意识、看齐意识。举办“铭记历史 展望未来 喜迎十九大”图文展活动。图文展在图书馆一楼展出，时间是10月1日至30日，展期一个月，展出内容是中共一大——十八大的主要内容及图片，以及对喜迎十九大的美好祝愿。本展览以图文结合的形式形象立体的记述了中国共产党一大以来取得了辉煌成就，以带领读者回顾党的历史，永远铭记革命先辈的英名和丰功伟绩、缅怀他们的精神和风范。

3. 推广试点成效，传承乡村记忆。根据省文化厅有关要求，为科学发掘、保护和利用全县乡村文化资源，积极推进“乡村文化记忆工程”的开展。到目前为止，安泽县七个乡镇中已全部完成“乡村文化记忆工程”的资源调查、分类整理、建立档案工作，并按非物质文化遗产类、生产类、生活类、建筑类将其整理成册，今年完成“乡村文化记忆工程”展示馆的建设工程。推广“乡村文化记忆工程”，可以进一步提高村民对乡村文化、乡村记忆的认同和认可，进而加大保护力度，使得更多的人重新认识了解传承文化，历史文化，从而更好的继承并发扬中华民族的传统文化。

4. 免费开展各项培训。图书馆开设公益书法培训班。每周四、周六下午进行书法培训，旨在传播民族文化，弘扬书法艺术，培育书法人才，充分发挥图书馆开展社会教育、传播公共文化的职能，同时为营造“书香安泽”的文化氛围起到积极的推动作用。文化体育市场行政综合执法队组织全县文化经营户开展培训，特邀请消防专业人员对文化市场经营户进行消防安全培训、考试，提高安全意识，确保文明安全经营。文化馆开设钢琴、古筝、舞蹈培训。每周六下午进行培训。除此之外，还特邀山西省戏剧职业学院的专业老师进行为期3天的广场舞培训，各种公益性文化培训的开展，不仅为广大热爱艺术的群众提供了优质的服务，丰富了老百姓的精神文化生活，还进一步提高了文化服务水平。少体校开展二级社会指导员培训和青少年羽毛球培训。二级社会体育指导员的培训使安泽县的二级社会体育指导员实现了乡、镇、社区全覆盖。体育项目的培训充分发挥群众体育活动“健身、健心、睦邻、乐群”的基本功能，促进人的全面发展和社会和谐，以实际行动推动安泽县健身事业的大发展大繁荣。

【群众文化生活】 1. 开展文化活动。“乐在周五”坚持每周五为百姓文艺演出，至今已累计演出540场，全县103个行政村也已全部跳起了广场舞，而且每周都有各乡镇回城演出，“乐在周五”的举办极大地丰富了老百姓的业余生活，带动了老百姓对于文化的热情，这也为开展基层文化打下了根基，充实了力量。举办“三级同乐闹元宵 红红火火过大年”活动。为充分展示荀乡传统文化，全力打造精品旅游县，山水田园城，进一步提升传统文化影响力，不断丰富群众文化，安泽县特推出十道新年文化“大餐”，为全县老百姓献上了一场“开年盛宴”。并于2月10日举办了社火表演节目汇演，形成了县乡村三级同乐闹元宵，红红火火过大年的喜人景象，把荀乡新春佳节的喜庆气氛推向了高潮，为广大群众献上了一道丰盛的民俗文化大餐。协办县委、县政府举办消夏月消夏月广场文化活动。为迎接中国共产党第十九次代表大会胜利召开，讴歌党的光辉历程，培育和践行社会主义核心价值观，丰富群众夏日文化生活，安泽县委、县政府举办了2017年“喜迎十九大，永远跟党走”消夏月广场文化活动。单位于6月29日承办了“喜迎十九大 永远跟党走”庆“七一”歌咏比赛，用歌声表达对党的无比热爱，讴歌党的丰功伟绩，唱响时代主旋律，献上了对革命先烈的崇高敬意，送上了对中国共产党建党96周年的真诚祝福。

2. 组织体育赛事。举办安泽县首届农民运动会暨青松岭生态文化旅游节，本届农民运动会以“快乐乡村、健康生活”为主题，由中共安泽县委宣传部主办，安泽县文化局、冀氏镇承办，比赛内容涉及神秘趣味赛、团体赛、个人赛和家庭赛等11个项目，为期3天。参加本届比赛的7支代表队分别来自各乡镇、村，参加人数近500人。开展“春行安泽、低碳生活、走遍荀乡、强健体魄”健步走活动，本次活动总赛程共计596公里（约993334步），于2017年5月5日结束，本次活动从立春走到立夏，从起始日至今共有471人参与，有步数记录的参与人员共323人，截至5月5日晚10点，共有24人到达终点，举办此项活动本旨在宣传低碳环保理念，促进城市可持续发展，倡导低消耗、低污染和低排放的绿色出行方式。希望大家继续积极参与全民健身，提高身体素质和健康生活。举办“庆七一、上全运、喜迎十九大”职工体育竞赛活动。为庆祝建党96周年，结合党员活动日特举办“庆七一、上全运、喜迎十九大”职工体育竞赛活动，不仅丰富全局干部、职工精神文化生活，同时响应了中央号召“我要上全运”在全国开展全民健身系列活动和赛事，以带动群众的活动，发展体育事业。举办喜迎十九大·消夏月活动之二“清华园杯”篮球联赛和喜迎十九大·消夏月活动之三足球联赛活动。举办喜迎十九大“太行山水杯”三市十一县篮球邀请赛。在安泽县奥林匹克中心来自临汾、晋城、长治三市十一县的篮球健儿在这里进行了为期三天的比赛。本次比赛的成功举办，既是为庆祝党的十九大胜利召开举行的一次体育赛事，也是为增进三地兄弟县市交流的一次友谊赛，对进一步推动三市十一县文化、体育、旅游的深度融合，加强相互之间文化旅游资源开发方面交流与合作具有重要意义。

【文化市场监管】 1. 加强日常监管工作，维护了文化市场秩序。执法队工作人员严格遵守文化市场执法人员“八不准”规定，廉洁公正执法，加强自律，树立执法队良好的执法形象；在工作上切实转变作风，努力做到市场管理日常化、制度化、规范化。每月开展监督检查网吧不少于4次，对歌舞娱乐场所、新闻出版（书店、印刷业、音像制品）等不少于两次日常巡查，并连续开展假日、周末检查行动，2017年，共出动检查300余人次。并与文化市场经营单位签订了安全目标责任书，要求文化经营单位制定文化场所突发事件应急预案。以增强经营户的法律意识和安全意识，确保文化市场工作顺利有序推进和落实。

2. 加强行政审批工作，规范了文化市场管理。依法办理文化市场、新闻出版物市场行政审批换证（年检）19件，其中网吧换证6件，KTV换证4件，新闻出版经营9件，全面、真实、准确填写业务资，通过依法开展行政审批工作，加强文化经营户的管理，进一步规范了文化市场的管理体系。

3. 完成全县6家网吧文网卫视安装调试。“文网卫士”网吧监管系统安装运行后，所有网吧的后台运行数据将全部纳入文化部门实时监控，配合网吧视频监控系统，实现对网吧全天候、全方位、全过程的动态监控，从技术层面上，将破除未成年人进入网吧上网难控制、难查处的盲点。

4. 开展校园周边环境整治工作，为了确保十九大胜利召开，从九月份开始，就拉开了文化市场整治的序幕。先后召开了网吧、KTV、书店等文化市场业主会议，从关注未成年人健康成长的高度，针对安泽县实际，就网吧、书店专项整治提出了具体的要求，同时把安泽一中、安泽二中、城关小学作为整治的目标和重点。校园周边环境整治工作期间，执法队配合公安局、工商局、教育局等有关部门集中检查，对全县校园周边文化环境进行一周一次轮回清理整治，重点整治网吧接纳未成年人，影响青少年身心健康的色情、盗版音像制品、图书等。

5. 加强“扫黄打非”工作，净化了文化市场环境。“扫黄打非”是文化市场管理工作的一项重点，根据省、市“扫黄打非”工作领导组的总体部署，结合安泽县实际情况，开展了扫黄打非进基层工作，坚持属地管理和谁主管谁负责的工作原则，担负起扫黄打非工作的政治责任，各乡镇文化站设立了“扫黄打非”办公室，发挥乡镇扫黄打非工作群防群治机制作用。把各乡镇文化站站长确定为乡镇基层工作站联络人，对七个乡镇一个社区颁发了“扫黄打非”进基层工作站职责版面，确定专职人员承担本辖区内“扫黄打非”工作，并把104个行政村和一个社区“扫黄打非”基层联络员，全部录入“扫黄打非”网站，确保“扫黄打非”进基层工作落实到位。并集中开展了“扫黄打非”“护苗”“秋风”“清源”等专项整治行动。对县辖区内的文化市场，尤其是歌舞厅、网吧、音像制品经营场所等人员密集场所进行重点检查，严厉查处政治性出版物，对互联网上网服务营业场所接纳未成年人等违规行为进行从严查处，有效遏制了违规行为，净化了安泽县文化市场环境。

【创卫工作】　2017年自全县创建全国卫生县城、卫生乡镇动员会后，积极开展各项工作：1. 全局总动员，改善办公环境，每天打扫各自办公室，保持窗明几净，整洁干净。2. 志愿者走上街头、深入社区，清理城市“牛皮癣”。3. 在楼道张贴各种内容的宣传图片和座右铭，对文化馆、图书馆外墙有小广告的地方进行了清理及粉刷，操场和楼前都进行了责任划分，派专人清扫，督促车辆摆放整齐。4. 办公楼的亮化及周边硬化，营造了良好的工作氛围，为进一步打造“花园机关”奠定基础，为创建国家卫生县城贡献力量。

【群众文化需求】　1. 成立书香安泽阅读会，传递读书正能量。为营造书香安泽全民阅读的美好氛围，单位利用微信平台成立了书香安泽悦读会，参会人数已达500人。书香安泽悦读会给大家提供了共同学习，共同交流，悦听、悦读、悦生活的良好平台。为了激发更多人的阅读兴致，3月31日特组办了首期“相约春天”空中晚会，晚会由12个节目组成，以朗诵为主，插播古筝、歌曲，使得空中晚会形式多样、丰富多彩，给大家送上了一场听觉盛宴。4月30日将在安泽县黄花岭乡村文化旅游节的现场举办“书香安泽　悦读春天”朗诵大会，使得各地游客跟大家一起感满目春色、阅美好春景、读春天故事，切实感受书香安泽的美好氛围。5月13日举办了全民阅读书香安泽阅读会——感恩母亲节爱要大声说出来线上活动，为广大阅读爱好者提供了展示自我的平台，并对所有的母亲送上了节日的祝福。7月31日举办“同庆建军佳节，共度鱼水深情”悦读晚会，在全民阅读的同时，想祖国的人民解放军致以崇高的敬意。9月30日举办“全民悦读”庆国庆、迎中秋线上活动，迎接党的十九大胜利召开，在全县上下营造唱响主旋律，弘扬正能量，喜庆热烈、健康向上的节日气氛和文化氛围。10月15日成功举办了“喜迎十九大荀乡儿女诵《荀子》”——最是书香能致远诵读会，不仅弘扬了荀子文化，向更多的人展示“荀子故里神奇安泽”的魅力，更是荀乡儿女用满腔热血为十九大的胜利召开献词，向伟大祖国致敬。

2. 设立读书空间，打造全民阅读。图书馆免费设立了5个读书空间，分别是：黄河京都2个、武警中队1个、电力公司1个、行政审批大厅1个，方便更多的群众借阅，为全民阅读创造良好氛围。

【基础设施建设】 奥林匹克活动中心是安泽县的一项重点工程，2017 年网球馆已免费对外开放，网球馆内部设施设备配备部分已安装完成。篮球馆已完工，正在进行验收审计。荀子园至奥体中心道路已投入使用。在工程建设过程中，为确保工程进度和工程质量，严格按照报建程序进行审批，把依法管理和规范管理有机地结合起来，并制定详细的工期计划，坚决克服各种困难，确保工程如期竣工。（冯晶琳）

·图书馆·

【基础建设】 1. 认真做好图书、报刊、各种资料的分类编目、流通、管理等。2. 认真做好馆内报刊到馆登记工作。主要期刊报纸装订成册，并全部编目上架，以便读者借阅。同时，及时做好图书的整理、修补、上架工作。3. 新购进纸质图书 3000 多册，并认真进行分类、编目，登记，及时上架流通。新订阅读者喜闻乐见的报纸杂志 142 份。新添置少儿阅读机、电子阅读机等。

【节日宣传】 2017 年年初，根据山西省图书馆学会关于组织动员全省图书馆联合开展同筑中国梦，共度书香年春节主题活动的通知，按照上级部署和要求，认真落实并扎实开展本次活动。1. 在 1 月 17 日到 19 日在图书馆一楼借阅室及二楼阅览室举办“迎新春　送春联”活动，邀请安泽县著名书法家到图书馆为广大读者书写春联，读者可自编春联内容图书馆为其免费提供书写。持读者证者可优先领取。活动前后三天现场送出大小春联 1500 余副。活动受到广大读者的热烈欢迎，大家既欣赏了名家墨宝，又收到新年祝福。

2. 春节期间，在图书馆一楼大厅举办“同筑中国梦　共筑书香年”为主题的新春楹联文化展。展览通过历史典籍和近现代名家描述春节的作品，来梳理春节的历史，以及自腊八开始到正月十五期间中国传统的民风民俗，并在每个日子配以应时应景的楹联，让大家从书香中品味春节这个中国最为传统、隆重的节日。共展出 30 块展牌。邀请安泽县第二中学的老师及学生参与了此次展览并由工作人员为大家讲述楹联起源及发展历史，使大家对楹联了解更加深入。参观人数约 2500 人。为喜迎党的十九大，在七一建党节、国庆假期期间在图书馆一楼展厅举办红色记忆图片展。

【阅读推广】 2017 年加大阅读推广力度，激发广大人民的读书热情，鼓励大家多读书、读好书，在“4·23”世界读书日来临之际，举办了“倡导全民阅读，共建书香安泽——阅读在路上”系列公益活动。活动在县城新华书店街口，人员密集的地方举行，开展扫码看书全民阅读有奖活动。县委宣传部部长，文化局局长及领导班子参加了此次活动仪式。现场挂条幅，摆放宣传版面、倡议书，经典图书展览，气氛活跃，不少市民积极参与到活动中来，图书馆工作人员耐心为大家讲解，更多市民朋友纷纷拿出手机尝试扫码，对数字阅读的方便快捷感叹不已。本次有奖扫码活动受到广大读者的热烈欢迎，活动现场气氛高涨，参观人数达四百多人。5 月份在阅览室大厅建立少儿阅览室一角；购置一些少儿喜爱的各国绘画大师的绘本作品以及立体书本 300 余册。让孩子们畅游在书的海洋。

【送书下乡】 2017年开展地方文献征集工作；送书下基层，为武警中队、黄河酒店送去书柜各1个及新书500余册。2017年完成2016年度40个农家书屋图书的补充更新工作，为农家书屋工作更好地开展方便群众阅读奠定了一定的基础。

【公益活动】 1. 2017年3月份举办公益书法培训班，每周四下午、周六上午由安泽县知名书法老师为广大学员授课，每期人数到达20余人。旨在更好地发挥图书馆开展社会教育、传播公共文化的职能。2. 暑期面向社会公开招募志愿者，分别有五名学生志愿者到图书馆进行志愿者工作，为读者提供咨询引导、对图书报刊进行整理分类上架，参加馆内举办的大型读者活动及其他临时性工作。

【图书智能管理】 1. 2017年7月份组织上报全国第六次县级以上公共图书馆评估定级网上报名工作。并针对此项工作成立专门评估组。根据评估考核标准单位全体人员逐条对照认真准备、积极完善、加班加点完成了等级图书馆评定需要的各项工作。针对评估中的薄弱环节，积极争取县财政给予建设资金30万元，建立了图书馆门户网站、移动图书馆和微信公众平台、自建数字资源4TB和图书自动借还一体机等项目的建设。2. 完成借阅部图书报刊排架整理规范工作；3. 完成书库、报刊库、地方文献库的建设及采编、排架等规范工作；4. 完成考核需要的馆内各项标识的设立及规范工作；（如为特殊人群服务的阅读设施及盲人书籍）建立公共文化服务需要的各项标准导向和标识；5. 完成考核必需的数据库建设和省馆互联互通设备的招标；6. 建立图书馆各项工作文件档案室；7. 收集整理各项考核所需的资料：上一考核年度以来的购书、活动经费、免费开放经费财务信息等、馆内工作人员文凭、职称、在职教育等资料、读者人数、活动次数；馆内各项软硬件设施资料；馆藏图书、古籍文献、地方文献等的相关完善工作。8. 11月份，针对图书自助借还机，工作人员把馆藏2.5万余册图书按类别粘贴标签，通过馆员工作站转换，从而实现了读者到馆自助借还图书，此举使读者借阅次数增多，提升了读者的使用体验感，提高了图书借阅效率，减轻工作人员繁琐的操作过程，实现了图书馆的智能化管理。对读者的借阅分析行为、对图书馆流通数据的分析以及对图书馆的未来发展提供有力的数据。

·新华书店·

【概况】 山西新华书店集团临汾有限公司安泽分公司；注册地址：安泽县府城镇泽民北路12号；负责人：李东生；经营性质：国有企业；经营方式：批发零售；经营范围：主营：图书、课本、批发零售，办公用品与文体用品零售等；与母公司关系：临汾市子公司下属分公司，企业资产2676688.08元，2008年实行改制后所有者权益全部上缴市店，全年职工人数8人。

【教材，教辅发行】 2017年面对市场竞争的日趋激烈，牢牢抓住教材，教辅销售这个龙头，严格遵守落实教材教辅发行的有关规定，按照市场教委圈定的征订目录确保教材教辅发行的足额、配套、齐全。全年为小学、初中、高中9000多名学生免费发放教材教辅。

【一般图书销售】 2017年抢抓节假日等有利时机，通过一系列形式多样的促销活动，在社科，政治书，文教，少儿等各类图书销售上都有新突破即创造了市场效益，又增加了销售额。全年一般图书任务26万元，实际完成30万元。

【完成全年各项经济指标】 2017年销售收入任务560万元，实际完成583万元，完成目标的104%；利润完成36万元；一般图书任务26万元，实际完成30万元，完成目标的115%；传媒任务17万元，实际完成19万元，完成任务的112%。

广播电视

【概述】 安泽县广播电视服务中心位于安泽县城墙岭街86号，主要负责安泽县广播电视网络维护维修，地方新闻、专题、栏目等广播电视节目拍摄制作，以及按照有关要求安全优质转播国家、省市广播电视节目。干部职工共63人，设办公室、新闻部、网络股、电台、计财股等科室。自2007年新一届领导班子组建以来，中心全体干部职工围绕县委县政府中心工作，团结奋进、扎实苦干，以务实、高效、奋进的精神状态和工作作风，为全面建成小康社会，为县域经济发展作出了积极贡献。2017年，安泽县广电中心优质完成了新闻宣传工作，保持了安全播出事故“零”记录，大力提升了数字电视服务水平，切实加强了队伍建设和为民办实事能力，各项工作取得了健康快速发展。

【广播电视创优创新】 2017年安泽县广电中心注重新闻、专题、专栏等自办节目的创新创优，从编排、制作、播出三方面入手，以拍摄内容和拍摄角度为突破口，改进报道方式、提升信息量、提高趣味度，使自办节目更加接地气、更加吸引观众，更受广大观众欢迎，社会反响强烈。2017年共采制电视新闻3000余条，编制安泽新闻200余期，拍摄制作各类专栏9个，专题片4部，上送省市台并被采用的新闻比2016年同期增加3条，达到了233条。广播电台在2017年也克服人力资源不足的困难，坚持高标准、高质量，严格按照广播时段制作播出广播类节目，实现了广播新闻与电视新闻同步播出的效果，一批质量较高的访谈栏目、音乐鉴赏、诗歌散文、少儿节目、健康之声等广播节目被制作播出，真正做到了广播与电视的共同发展、同步提升。

安泽县广电中心在今年还坚持利用新闻片头片尾空间，播出各类公益宣传标语，每日免费播出政府通告、公众公示、天气预报、空气质量报告、用电用水通知等群众关注的信息，方便广大人民群众生产生活，收到了良好的社会效益。

为了更好的展示安泽各项事业建设，多渠道全方位宣传安泽，“安泽广电”微信平台于2016年8月27日完成了认证、创建、分析、调试工作并正式开通，平台设安泽新闻、诗歌美文、生活向导三个板块，2017年共编270发期，其中新闻编发266期，另外编发环保新闻4期，目前关注人数已达3590余人。

【安全播出】 2017年通过采取对有线信号

传输层层签订责任书，实行 24 小时值班制度、播控机房工班制度、24 小时联络机制等，以及“0 秒发现、当即切换”的措施，使安全播出工作成效明显，连续十二年未发生任何安全播出事故，安全事故为零。

【网络维护】 2017 年安泽县广电中心在圆满完成城网数字电视整体平移、数字电视入农户、数字电视全免费的基础上，今年继续加大数字电视运行维护力度，大力提高服务工作质量和效率。特别是通过扎实开展的党的群众路线教育实践活动、学习讨论落实“两学一做”、“讲政治、知敬畏、守纪律”学习教育；制定完善了“广播电视网络维护限时办结制、回访制”等一系列规章制度，从而使全体干部职工进一步强化了服务意识、端正了服务态度、提升了服务水平，做到了一般情况接到故障电话后 10 分钟内到达现场处理故障，4 小时内处理完，特殊情况不超过 8 小时，重大故障不超过 24 小时。经过以电话回访的形式调查，用户的满意度达到了 100%。

【脱贫帮扶】 2017 年中心与包联村府城镇高必村开展了共创共建活动，大力支持该村各项建设，有力地促进了该村村域建设，建立了牢固的干群关系。2017 年，广电中心驻村联户参加人数 33 人，其中科级以上 3 人，现场办公 60 次，现场办公人次 330 人次，办实事好事 12 件，帮扶资金投入约 8000 元。中心 33 名党员干部具体包联 33 户贫困户，做到了定期走访慰问，积极开展脱贫各项工作，除免费发放科技致富手册、生产生活用品、面粉食用油外，还积极参与到手拉手、助秋收活动中，切实为贫困户解决生产生活困难。1. 坚持入户走访，沟通交流，鼓励他们树立脱贫致富的信心决心，了解他们的致贫原因、生产生活情况、脱贫措施和脱贫计划，了解贫困户的所需所想，入村 25 次，每户入户平均三次；2. 充分利用广播电视媒体优势，把党和政府的惠民政策、脱贫政策宣传给贫困户，特别是安泽县给贫困户的医疗、保险、搬迁、安全用电用水、取暖等各项政策优惠，向贫困户做解释说明，同时也增加了他们的帮扶满意度；3. 帮助他们解决生产生活上急需解决的问题，给他们以物资帮扶。2017 年在贫困户走访中，为每名贫困户均赠送了食用油，提高他们的生活质量，解决燃眉之急。在贫困户提出生产生活需求时，也尽自己的最大力量去帮助解决；4. 积极参与到贫困户信息采集、收入测算等工作中，对贫困户档案规范管理提出意见建议。在不影响所在单位正常工作前提下，抽调单位业务精通工作人员，帮助村规范整理贫困户档案，协助村接受第三方评估团及各方检查验收。

【创卫工作】 2017 年安泽县广电中心各股室在创建国家卫生城市活动中，按照各自职责，积极开展环境卫生治理、清除责任区卫生死角，营造干净整洁的卫生环境。重点对以下三个部分开展了大量工作：1. 清理整治。根据中心实际情况，设立了重点清理区域，分阶段分步骤有序实施清理整治。在办公楼区域，主要清理整治内容是消除楼道内垃圾污物、杂物和堆放物以及张贴物，清洗门窗和楼梯扶手，粉刷办公区域墙面，清洁门窗玻璃，以及清理废弃塑料袋等白色污染，搞好粪便清掏和厕所保洁、粪便无害化处理等。在这方面中心共投入资金2万余元，用于更换门窗、更换双层中空玻璃、卫生间改造、张贴宣传标语等。

2. 自查自纠。中心抽调检查人员，由中心一把手带队，每周都对中心及周边环境卫生治理情况进行全面自查，对于自查中存在的问题，及时通知相关股室进行整改，并对整改情况进行了跟踪督查。确保“创卫”各项工作都能落实到位，全员都能积极主动开展工作，自觉接受监督检查，达到相关标准和要求。通过近期工作，中心自身办公区域清理整治和舆论宣传活动均取得了明显成效，下一步将根据承担的职责和计划完成的任务，积极主动开展工作。

3. 舆论宣传。充分利用广播电视媒体优势，大力开展了创建国家卫生城市宣传报道，营造强烈的“创卫”舆论氛围。中心运用群众喜闻乐见的形式，开辟专栏，增加节目内容进行广泛宣传，自办节目向“创卫”工作有意识地予以倾斜，不仅利用新闻报道、电视游字、发布消息、片头片尾口号等方式，积极主动宣传“创卫”，而且充分利用“安泽广电”微信平台，多渠道全方位宣传报道安泽县“创卫”活动，切实起到了舆论引导、宣传典型、全民动员关心“创卫”、支持“创卫”、参与“创卫”，主动为“创卫”献计献策的作用。

与此同时，新闻部门在保证日常新闻采编工作、优质完成各项宣传报道任务的同时，还积极开展了《感动安泽》人物故事采制和报道工作，录制感动安泽人物颁奖晚会并在安泽台播出14遍；开设了《创卫在进行》和《创建国家卫生县城》专栏节目，共计30余期；积极主动开设脱贫攻坚宣传报道专题节目，以典型示范带动脱贫攻坚工作开展；在2017年年底，安泽县广电中心配合县上联合录制了安泽县2018年春晚，不断丰富全县广大群众的荧屏生活。特别是在国庆期间安泽县组织的乡村休闲旅游节上，广电中心分多组记者进行全程报道，全方面、多角度的展示安泽县各景区接待游客的情况，并录制安泽县乡村休闲旅游专题片，在临汾、长治等地展播，扩大对外知名度，营造首届乡村休闲旅游节舆论氛围，收到了良好效果。

·新闻网络中心·

【概述】 2017年围绕县委、县政府的中心工作，安泽县新闻网络中心在县委宣传部的坚强领导下，紧扣全县工作大局，以习近平总书记系列重要讲话精神为统领，认真贯彻落实中央、省、市、县会议精神，高度重视互联网的舆论宣传和引导工作，对内坚持正面引导，优化发展环境；对外强化宣传，树立良好形象，为安泽经济社会又好又快发展提供了强有力的舆论宣传保障。

【网络宣传工作】 2017年网络宣传工作紧紧围绕全县经济建设和改革发展稳定大局的目标，充分发挥政府网站、“两微一端”等媒体优势，坚持贴近实际、贴近生活、贴近群众的原则，充分挖掘、总结全县特色工作，精心策划系列新闻专题题报道，通过全方位、多层次、多角度的宣传，充分展现安泽良好形象。全年共在中央、省、市主流媒体刊稿300余篇，其中在人民网、新华网、搜狐等中央媒体发稿80余篇，在

《山西日报》《临汾日报》等各类报刊上稿300余篇；在“两微一端”发稿500余篇。

【网信工作】 2017年根据市委网信办和县委工作部署和要求，加强全县网信建设工作。多次召开专题会议，学习贯彻落实习近平总书记关于网络安全和信息化建设工作的重要讲话精神，扎实推进“网络安全法”及相关法律法规的普及，做到依法管网，引导广大网民文明上网。及时处置应对负面舆情，为全县经济社会发展营造了良好的舆论环境。

【政府网站建设工作】 2017年为了做好政府网站建设工作，进一步推动政府信息公开，对网站栏目进行了分工，责任到人，确保栏目内容及时更新，为广大干部群众及时发布时事新闻、重点工作、政策解读、便民信息公开、传播地域文化等文章。同时，加强网站新闻采编工作，指定专人负责。及时与县委办、政府办沟通联系，确保重大活动及时参与、及时报道。全年县政府网站共采编信息600余条。认真做好政府网站安全工作，安排专人进行网站日常维护，及时准确的在政府网站发布涉及群众切身利益、需要社会公众广泛知晓或者参与的政务信息；定期对网站进行安全检查，及时消除隐患。 （李帅君）

文物 旅游

【文物管理】 2017年，继续加大对馆藏文物和文物保护单位的安全监管力度，建立健全了省保文物档案；4月份，文物旅游局与公安局联合进行文物安全大检查，对于检查出存在安全隐患的文物保护单位，责成兼职保护员形成书面材料并登记造册，形成台账，以后定期不定期进行检查，确保文物保护单位安全；太岳司令部桑曲旧址二期维修工程（南房、西房、大门、院落围墙等的修缮）经积极申报，已通过山西省文物局批复，12月进入专家评审阶段。

【对外宣传】 2017年在安泽县旅游宣传网上及时有效地对安泽县的四季美景进行报道，在太原南站的地下通道内设置安泽县的宣传版面，向更多的人宣传安泽县迷人的风景和良好的自然生态。

【旅游活动】 2017年安泽县开展全域旅游系列活动，4月12日至5月15日举办了2017年安泽黄花岭乡村文化旅游月、府城镇小黄·飞岭乡村休闲旅游节、冀氏镇青松岭系列旅游活动、和川镇乡村休闲旅游节、马壁乡第二届龙门口乡村文化旅游节和杜村乡红色旅游“十个一”活动等全域旅游系列活动。9月27日开展“山水太行·休闲安泽”旅游月活动，各乡镇如火如荼地举办独具特色的旅游活动：府城镇举办第二届“相约府城 红叶传情”系列活动；冀氏镇举办“国庆七天乐 乡遇青松岭”系列活动；良马乡举办“乡野探奇 神奇良马”系列活动；杜村乡举办“红色之旅 魅力杜村”系列活动；马壁乡举办“龙门福地 美丽马壁”系列活动；和川镇举办“麻衣舞韵 乐享农耕”系列活动；唐城镇举办“观自然风光 忆唐古遗风”系列活动。此次活动各地借鉴前两次乡村旅游节的成功经验，全面整合安泽县旅游资源，形成点面结合的旅游一盘棋，全方位、深层次地开展全域旅游，活动方案合理、内容丰富，把安泽县的乡村旅游推向一个新的发展水平。

【旅游安全工作】 2017 年把旅游安全工作排在重中之重，成立旅游安全工作小组，对各旅游景点进行一次全覆盖地毯式大检查，对存在的隐患进行登记造册，同时召开各景点负责人会议研究解决存在的安全隐患工作。向各景点配备安全消防用具，悬挂禁烟、防火标识，每月两次向安委会报送安全排查工作情况，高标准严要求全力以赴做好旅游安全工作，为旅游安全工作奠定了坚实基础。

【景区基础设施建设】 2017 年对荀子文化园景区文化墙及后圣殿周边、山门及前后地面进行维修；对荀子文化园后圣殿、聚贤堂主体进行维修、刷新；为荀子文化园及望月楼景区购买 60 个垃圾箱；在荀子文化园景区及景观大道主要路口处安装旅游标识牌及安全警示牌；响应国家旅游局发起的厕所革命，改善游客出游环境，完善景区基础设施建设，购置六厕位一体化环保厕所三座，分别位于杜村乡小李村、府城镇飞岭村、和川镇沁河庄村，此项目已通过县采购中心单一性来源采购，正在施工过程中。

【编制《安泽县旅游发展概念性策划》】 2017 年为加快安泽县山水田园城，精品旅游县建设进程，对安泽县的旅游发展进行合理规划，通过县采购中心单一性来源采购，由上海师范大学旅游专家冯翔教授编制《安泽县旅游发展概念性策划》，此项目正在实施过程中。

【景区环境卫生】 2017 年各景区划定卫生保洁责任区，悬挂责任牌 5 个、警示牌 12 个，景区清理杂草约 1200 多平方米，维修荀子文化园环山路部分路面约 1000 余米，望岳楼、荀子文化园做到地面无杂草，可视范围内无垃圾。自环境卫生百日综合整治活动开展以来，高度重视，进一步明确目标，分解任务，在环境卫生百日综合整治活动领导小组成立的基础上，更加健全组织，分解目标，落实责任。为景区保洁人员配备相应的办公用品，完成荀子文化园亮化工程，营造了优美的城市夜晚景象。

（郭琦）

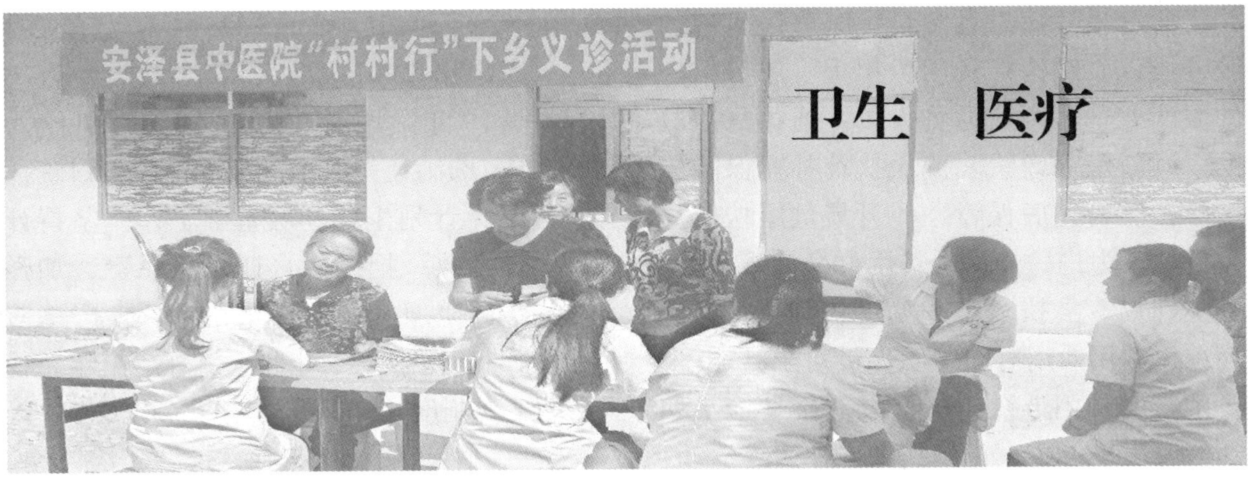

卫生和计划生育

【医疗体制改革】　2017 年按照省市要求，全面推进医改步伐，出台《关于开展县乡医疗卫生机构一体化改革工作的指导意见》和《关于组建安泽县医疗集团的实施方案》等指导性文件，组建县医疗集团，于 9 月 19 日正式挂牌。省心血管医院心脏专科联盟安泽分院挂牌成立，进一步提升了群众就医水平。同时通过取消药品加成，在全县公办医疗机构努力推行"四免一降"，即免药品利润，免费挂号，免费煎药，免费接送县城内急诊患者，降低大型医疗设备检查费用，合计减免群众看病检查等费用 174.7 万元，切实减轻了群众负担，充分体现了公立医院的公益色彩。

【健康扶贫工作】　2017 年恪尽扶危济困操守，勇挑健康扶贫重担，全面打响精准健康脱贫攻坚战。1. 强化责任落实，夯实健康扶贫工作基础。召开健康扶贫工作会议，成立了工作领导小组，制订下发了《安泽县卫计局健康扶贫工程实施方案》，对工作目标、任务及保障措施进行了翔实的安排部署。同时，积极采取措施传导压力、增添动力，与各责任单位签订了健康扶贫工程目标责任书，将工作任务进行分解细化，逐项落实，责任明确，确保打赢健康扶贫攻坚战。2. 切实开展建档立卡贫困人口签约服务。县政府出台了《关于安泽县健康扶贫"双签约"活动实施方案》安政办发（2017）62 号文件，多次召开全县健康扶贫"双签约"活动推进会，全县应签约 3385 户、8281 人，已签约 3340 户、8036 人，签约率达 97%（未签约 45 户 245 人：死亡 167 人、迁出 11 人、外出 67 人），其中"因病致贫、因病返贫"应签约 1239 户、2507 人，已签约 1212 户、2402 人；其他贫困户应签约 2146 户、5774 人，已签约 2128 户、5634 人。3. 开展"三个一批"行动计划。对大病患者进行摸底筛查，2017 年共筛查出 67 名大病患者，现全部救治。实施了光明工程，2017 年为 77 名白内障患者提供了免费救治，新农合补偿 16.0916 万元。对慢性病进行了摸底筛查，共筛查出 361 名慢性病患者，为这些慢性病患者体检一次，留下了一个亲情号码，发了一套健康用书，并为所有慢性病患者签订了家庭医生签约服务协议。对医疗费用负担重、患有重病的因病致贫、因病返贫人员，通过医疗救助、倾斜医保政策、健康扶贫补充保险等措施，实行兜底保障。4. 开展健康扶贫关爱行动。为进一步提升贫困群众健康水平，县卫计局、县扶贫局、县残联及县直各医疗单位利用两周时间组织人员对全县 40 个贫困村的贫困群众积极开展健康义诊、妇幼健康服务、重大传染病和慢性病等活动，共计义诊人数 1432 人，发放宣传资料 1 万余份。让贫困群众足不出户就能享受到优质的医疗服务。

【创国卫工作】 2017 年认真对照国家卫生县城标准及县创卫办分解的工作任务，在全系统开展了三大工程。1. 健康教育工程。各医疗机构设置健康教育专栏 134 个，创建微信创卫平台 15 个。积极开展健康体检活动，服务群众 1 万余人次，累计发放健康知识资料 2 万余份，开展健康咨询 5000 余人次，举办健康教育讲座 30 余次，刷写健康教育标语 34 条，进一步提升了群众的健康素养。2. 公卫促进工程。出动执法人员 100 余人次全面规范全县四小场所和其他场所的卫生监管，开展了执业人员专题培训，进一步规范了公共场所卫生环境。3. 花园式机关建设工程。以“环境整治月”为抓手，大力实施绿化、亮化、净化、美化工程，全面清除单位周边小广告和垃圾，工作环境进一步改善。

【计划生育工作】 2017 年按照“巩固、完善、提升”的要求，做好计划生育各项工作。1. 实施全面两孩政策。2017 年全县共出生 620 人，其中男孩 326 人，女孩 294 人。人口出生率 6.85‰，符合政策生育率 99.19%，自然增长率 3.88‰，性别比为 110.88，圆满地完成了上级下达的人口责任指标。2. 计划生育基层基础工作。坚持计划生育党政一把手亲自抓、负总责，加强对基层计生服务站工作量化考评，严格落实月汇报、季例会、半年一考评、全年总督导的工作制度，确保计划生育各项工作取得实效。严格落实计生工作“一票否决”制，今年以来对选举的各级人大代表、政协委员及所有部门评先表彰严把计生关，今年以来共审查单位 15 个和个人 1592 人次。3. 提升计划生育服务管理水平。开展流动人口动态监测调查工作，完成 40 户问卷调查。加大计生特殊家庭扶助关怀力度，完成“4+2”奖励扶助，累计确认奖扶对象 2779 人，奖励扶助金 197.6 万元。开展城镇独生子女父母奖励工作，全县确认 424 名城镇独生子女父母奖励对象，奖励金 25.1 万元。

【基本公共卫生服务】 1. 居民健康档案开展规范。全县共建立城乡居民健康档案 71361 份，录入电子档案 63104 份，建档率已达 84.55%，群众健康意识逐年上升。2. 加强工作考核，确保资金合理有效。积极制订《安泽县关于进一步加强基本公共卫生服务项目专项资金管理的通知》，2017 年安泽县共筹集基本公共卫生服务项目资金 399.902 万元，其中中央补助资金 250.97 万元，省补助资金 76.34 万元，市补助资金 30.39 万元，县配套资金 42.2020 万元。上半年先行预拨资金到基层医疗卫生机构，用于项目的前期开展。年底按考核结果，予以绩效拨付兑现。切实提升了公共卫生专项资金使用的科学性和规范性。3. 加强业务培训。通过举办基本公共卫生服务项目等专题培训班，培训基层医务人员 140 余人次，牢牢抓住了公卫工作的重点部位和关键环节，提升实际工作的本领。

【疾控妇幼及卫生监督服务】 2017 年疾病预防控制方面：加强结核病防治工作，登记病人 26 例，并全部得到免费治疗。同时做好春季传染病防控、食品安全风险监测及艾滋病等工作。妇幼工作方面：全面完成农村妇女宫颈癌筛查工作，检查人数 1501 人，产前筛查孕妇 250 例。完成农村孕产妇住院分娩 308 人，为 620 名育龄妇女发放叶酸，有效提升了全县妇女儿童的健康水平。卫生监督方面：组织实施医疗卫生等专项监督检查，加强法律法规执行监督检查力度，共出动执法人员 180 余人次，监督检查各类场所 168 户次，下达意见书 168 份，立案 4 起，结案 4 起，罚款人民币 0.71 万元。监督检查覆盖率 100%，有力地保障了全县群众的健康安全。

【服务能力建设】 2017 年人员队伍建设方面，按照"内提素质，外树形象"的方针，积极选派县乡两级医务人员到上海瑞金医院等大医院进修学习，组织乡镇卫生院长、公共卫生人员等 100 余人次先后参加了省市组织的培训。举办基本公共卫生服务、中医药工作等培训班，培训县乡村医务人员 600 余人次，有效提升了医技人员的业务水平。实施重点工程建设方面，2017 年承建的重点工程共两项，即县人民医院门诊医技综合大楼建设项目和县中医医院住院楼建设项目。2017 年底，县人民医院医技门诊综合大楼工程项目和县中医医院住院楼建设项目已完成主体工程，进入内部装修阶段。

·妇幼计生中心·

【概述】 2017 年来始终以强化内部管理，树立良好的职业道德，提高服务质量，提高妇女儿童健康水平为工作重点，在工作管理中建立健全各项规章制度并装订成册，做到有章可循，使各项工作走向制度化，规范化的轨道。细化、量化工作任务，根据各科室的业务特点，将工作分解到科室，任务落实到个人，并且由中心主任与分管主任签定目标责任书，使每个人都有责任，有压力，有动力。不仅调动了大家的主观能动性，从而使人人都有紧迫性，个个都有使命感，为妇幼保健和计划生育服务工作的健康发展奠定良好的基础。

【队伍建设】 2017 年根据工作的需要，调整工作思路，调整和提升专业技术人才的专业知识结构，致力于提高医务人员的整体素质。为此采取了多形式多渠道的学习方式。1. 请进来走出去，曾多次聘请市妇幼专家到中心进行业务指导，选派 5 名有关技术人员赴省市进行业务知识培训，提升中心人员的诊疗水平，共参加省市培训 10 余次。2. 以会代训，专题培训，举办各级各类培训班 3 次，培训人数 200 余人次。3. 集体学习与个人学习相结合的形式学习专业知识，法律法规，医德医风等知识。党员同志结合开展两学一做学习教育，认真学习党章党规、学系列讲话，争做合格党员，在工作中做到了起模范带头作用。

【妇幼保健计划生育】 2017年以开展农村妇女宫颈癌免费筛查项目、孕前优生免费检查为契机，进一步加大宣传力度，为妇幼计生工作的顺利开展营造浓厚的氛围，为了使基本公共卫生和重大公共卫生及妇幼保健意识深入人心，采用在电视新闻后循环播放《致全县孕前夫妇的一封信》等宣传片、电视飘字，在县城繁华地带悬挂宣传条幅、在每个自然村文化广场张贴宫颈癌、孕前优生免费检查的通知，入户宣传等形式宣传妇幼保健和计划生育政策及健康知识。利用单位的电子屏播放一些关于预防“两癌”、出生缺陷预防知识、新生儿疾病筛查、孕前优生等相关健康知识，深受群众好评，除此之外，中心还在街道繁华地段悬挂大型条幅10余条，制作多种宣传册1万册，电视播放12天，飘字50余条，发放宣传资料3000余份，设立咨询台为广大群众答疑解惑，零距离服务。

【公共卫生项目】 1. 继续做好出生缺陷干预工作。在“看服第一片”的基础上，实行“311”管理模式，防止领而不服或漏服现象发生，确保了叶酸片服用效果，2017年共有620名农村育龄妇女领取并服用叶酸，207名城镇育龄妇女增补叶酸，中心还定期组织孕产妇死亡评估分析和围产儿死亡评估分析，制定和采取相应的干预措施。

2. 做好农村孕产妇住院分娩补助项目的落实工作。为了使全县农村孕产妇人人得到实惠，按照项目实施方案要求，制定了资金管理制度，指定专人负责项目财务管理及报账工作，做到专用账户，专人管理，专款专用。本着方便群众，简化程序，规范服务、科学合理的原则，实行住院分娩后医院直补、方便了广大农民，建立和完善了孕产妇系统管理档案，确保每个孕产妇在孕期做到免费2次B超，5次产前检查。2017年7月份，单位共为308名农村孕产妇住院分娩进行了补助。

3. 农村妇女宫颈癌筛查项目全面启动实施。根据省市工作要求，农村妇女宫颈癌筛查项目已在安泽县启动5年。为了使妇女同志们认识到宫颈癌的危害性增强其防治意识，从而得到他们的配合，加大了宣传力度，采取了利用单位电子屏，发放宣传单，发放宫颈癌宣传手册，街道设立宣传台等方式进行了全方位多渠道的宣传，力争做到家喻户晓，人人皆知。2017年共检查人数1501人，活检3人，检查出有问题的已经到上级医院诊疗，被检查的妇女，进行归档管理，一人一档，以乡镇、村为单位专柜存放，确保档案资料齐全，以便核查。

4. 乙肝、梅毒、艾滋病项目规范化管理。安泽县全面启动乙肝、梅毒、艾滋病项目，市妇幼保健院专家对安泽县参与此项目的所有医护人员进行业务知识培训，中心为县医院、中医院妇产科、检验科配发防护服，为开展此项工作的开展奠定了良好的基础。

【基本公共卫生】 1. 0–6岁儿童健康管理服务，以加强儿童保健为目标，对0–6岁儿童实施系统管理，建立《0–6岁儿童保健手册》按照规范进行随访，4–6岁儿童每年进行一次免费健康体检服务。2. 孕产妇健康管理服务，对孕产妇的孕期保健不少于5次，根据随访情况对孕妇的健康状况和胎儿的生长发育情况进行评估和指导，产妇出院后7天内、产后42天，对产妇进行产褥期健康管理，加强母乳喂养和新生儿护理指导。2017年，中心抽调专业技术骨干跟随卫计局一同深入乡镇进行了3次业务指导。

【计划生育服务工作】 2017年为做好孕前优生项目，圆满完成任务目标，中心积极协调，由安泽县人民政府办公室签发关于开展免费孕前优生健康检查实施方案，成立领导小组，成立免费孕前优生健康检查项目工作专家指导组，明确各相关职能单位职责及专家组主要职责，发放至相关单位及各乡镇政府，中心还抽调技术小组深入乡镇免费进行孕前优生检查，中心主任带领业务人员到民政局婚姻登记处为办理结婚登记的人员发放宣传手册，耐心讲解孕前优生的知识，同时，为了更好地完成此项工作，及时召开孕前优生项目落实推进会，安排此项工作，2017年共完成482例。

【日常工作】 1. 加强《出生医学证明》等法律证件的管理和使用工作，此项工作实行专人管理，保留存根。按相关法律法规出具"出生医学证明"，严格把关，杜绝出具虚假、违法证明。2017年共发放471份。

2. 继续开展新生儿疾病筛查工作，为了做好此项工作，首先加大宣传力度，发放宣传资料，力争使《新生儿疾病筛查疾病管理条例》家喻户晓，深入人心，从而提高家长的认知度，进而得到家长的配合，新生儿疾病筛查全县605人，未筛查出一例异常。

3. 自产前筛查项目工作启动以来，2017年，共筛查250例，24个高风险，16个临界风险，并对高风险妇女进行了及时召回和转诊。

4. 认真继续做好妇幼卫生信息统计工作，按时完成妇幼卫生信息的上报工作，做到完整、准确、及时。

5. 按时召开例会，每季度召开一次，2017年共召开例会2次，由各乡镇妇幼人员及全体职工参加，以会代训进行业务知识及基本技能培训，收到了良好的效果。

6. 为了发挥我站的龙头带动和业务指导作用，每季度定期与卫生局联合组织人员巡回各乡镇村进行业务督导，三年共督导4次。

·卫生监督所·

【医疗服务监督工作】 2017年加强对医疗执业行为的监督和指导，规范医疗机构的诊疗活动，对全县辖区内135家医疗机构依照相关法律、法规进行了监督检查，提出了监督意见，使其建立完善了相应的制度。其中餐饮具集中消毒单位1家，监督3次，覆盖率100%；职业健康体检机构1家，监督1次，覆盖率100%；放射诊疗机构2家，监督3次，覆盖率100%；传染病防治机构135家，监督135次，覆盖率100%。双随机任务12个，完成率100%。2017年共出动车辆76辆次，出动监督员180人次，监督检查各级各类医疗机构168户次，下发了意见书168份，立案4起，结案4起，罚款人民币0.71万元。规范了医疗市场服务秩序，净化了人民群众的就医环境。

【环境卫生监督工作】 2017年，共受理公共场所卫生许可申请70件，新办理"卫生许可证"11户，复核59户；全年共出动卫生监督人员148人次，出动执法车辆74辆次，监督132户次，对公共场所进行了全覆盖。免费发放公共场所监督信息公示栏52块，住宿场所及美容美发场所量化分级管理率达100%，对检查中发现未办理“卫生许可证”和本年度有效健康证明的经营户，责令限期办理；制作了执法文书132份，签订创卫承诺书100份，签订美容美发行业禁止开展医疗美容服务承诺书60余份，填写创卫任务督导表100份。对86户公共场所免费开展了室内环境监测工作，出具现场快速检测通知单86份。查处超范围经营1起，罚款600元整。

【职业卫生监督工作】 2017年加强职业卫生监督检查，规范职业健康体检行为，安泽县有职业健康体检资质医疗机构1家，开展职业健康体检的1家。重点检查是否在批准的资质范围内开展工作，管理制度是否健全，出具的报告是否符合相关要求，是否依法履行职业病、疑似职业病报告职责，有关档案是否健全，人员、仪器、设备是否满足工作要求，针对存在的问题当场下达意见书两份。

【放射卫生监督工作】 2017年重点检查放射诊疗机构的“放射诊疗许可证”“放射工作人员证”办理情况，设备检测和放射工作人员的健康监护、个人剂量监测情况、辐射危害告知、辐射危害警示标志设置情况、有无擅自变更放射诊疗项目或者超出批准范围从事放射诊疗工作情况、是否按规定购置、使用个人防护用品等行为进行了监督检查。5月份完成了今年的放射工作人员体检工作，放射剂量检测按预定程序完成三个季度的检测。6月份对场所进行了检测。

【学校卫生监督工作】 2017年强化学校卫生监督管理工作，建立健全学校卫生监督工作机制，安泽县共有高中2所，初中4所，小学31所，幼儿园5所，共42所。集中对全县42所学校进行了学校卫生专项监督检查工作。共出动卫生监督执法人员59人次，执法车辆20辆次，重点对学校教学环境、生活设施卫生，传染病防控情况，学校饮用水卫生（抽检水样40份送检）等方面进行了监督检查，下达监督意见书42份。通过检查收集的相关信息在卫生监督信息平台上及时进行补充完善，学校卫生监督达到了全覆盖。

【传染病防治工作】 2017年加强医疗机构传染病防治卫生监督检查，重点开展了预防接种管理、医疗废物处置、疫情报告管理、消毒隔离制度、疫苗接种专项监督检查，对全县12个疫苗接种点，对135个传染病防治管理单位进行了监督检查，针对存在的问题下达了卫生监督意见书，保证了各类传染病防控工作的落实。

【生活饮用水监督工作】 2017年以市政供水为重点，对县自来水公司进行了监督检查，同时对自来水公司的水源水、出厂水、末梢水进行了抽检，共抽取6份水样，经检测均符合《生活饮用水卫生标准》。督促自来水公司每月对末梢水进行送检，每日对常规项目进行自检，均符合相关规定要求。对全县农村生活饮用水（248个水窖及使用情况）进行了两次全面普查，并按照相关规定上报。协助府城镇义唐村、马壁乡东里村、和川镇石渠村的水质进行检测。

【卫生监督协管服务工作】　2017年对卫生监督协管工作进行了两次督导，采取查阅资料、询问相关人员，实地抽查等办法开展督导检查，经过督导发现各单位均能及时开展巡查工作，按时报送巡查情况，工作留有痕迹，但发现也存有卫生院负责协管工作的人员因工作不稳定，人员少身兼多职，一人承担多项公共卫生工作，协管报表的内容较单一等问题。针对发现的问题及时下达督导意见，1. 要求协管人员加强学习，2. 要求在报表中要详述检查到的情况，并附巡查照片，发现问题及时上报。

【卫生稽查及网络信息工作】　2017年按照相关要求，认真开展网络化管理工作，建立有效的被监督单位信息卡共计403张，其中公共场所86张，生活饮用水1张，职业卫生1张，放射卫生2张，学校卫生37张，医疗机构135张，传染病防治135张，消毒产品单位3张，餐饮具集中消毒单位1张，计划生育两家，质控错误数量为0，自动监控信息错误率为0，无重卡现象。

【经常性监督报告情况】　2017年12月20日，上报、审核经常性卫生监督共637次。监督覆盖率其中公共场所132次，生活饮用水4次，放射卫生2次，学校卫生42次，医疗卫生168次，传染病防治135次，职业卫生1次，消毒产品3次，达到监督全覆盖。双随机任务完成率100%。注重信息录入的实时性和真实性，填报信息均有档案对应。报告严格遵守卫生监督信息报告真实性原则，填报信息均有档案对应，无虚报谎报情况。

【其他工作】　1. 结合2017年的创卫工作，对所管辖的服务对象进行了全覆盖式的监督检查，配合创卫办进行3次联合检查，完善了创卫工作所需的档案资料。2. 在环境卫生百日整治工作中，配合整治办公室抽调人员进行4次督导检查，共编写信息43期。3. 在攻坚扶贫中，派人对卫计局包联单位进行了驻村帮扶。4. 配合卫计局医政科对全县135家医疗机构进行了年度校验工作，对不符合要求的6家单位进行了延缓校验。5. 按照市卫计委关于印发《临汾市2017年综合监督年度工作推进落实情况交叉检查方案》的通知（临卫监督发〔2017〕13号）文件要求，与大宁县进行工作交叉检查，并及时将检查结果及问题进行反馈。

【专项整治情况】　1. 根据《山西省卫生计生委办公室关于印发全省整治“两非”工作督导检查实施方案的通知》(临卫妇幼家庭转〔2017〕25号文件要求，对县医院和县中医院开展14周以上人工终止妊娠术及b超使用情况进行两次专项检查，规范了安泽县相关医疗机构及从业人员开展人工终止妊娠术及b超的使用规范。2. 根据《国家卫生计生委卫生和计划生育监督中心关于开展医疗废物处置执法监督专项检查的通知》(卫监审二函〔2017〕24号文件）要求，对安泽县135家医疗机构传染病防控专项监督检查进行全覆盖，对监督检查中发现的问题，下达卫生执法文书，责令限期整改。3. 根据《山西省卫计委关于对全省医疗机构医疗废物和医疗污水处理情况开展专项执法检查的通知》(临卫监督转〔2016〕21号)文件要求，对辖区内135家医疗机构的医疗废物和医疗污水处理情况进行了专项检查，共出动执法车辆52辆次，执法人员156人次。4. 根据《安泽县卫生和计划生育局关于开展医疗机构医疗质量管理专项检查的通知》(安卫发〔2017〕30号)文件要求，对辖区内产科类、外科类、医疗美容类等五大类，采取查看资料、现场检查等方式，对各医疗机构的院感管理、临床用血管理、麻醉药品和临床合理用药管理及相关制度建设、核心制度落实等情况进行了专项检查。5. 根据《关于开展严厉打击非法医疗美容专项行动的通知》(临卫监督发〔2017〕11号)文件要求，对全县的美容机构养生会所等经营场所有无卫生许可证、从业人员持有效健康证等开展了专项检查。6. 根据《山西省卫计委办公室关于开展城乡供水单位专项摸排整治工作的通知》(晋卫办监督函〔2017〕6号)文件要求，对城镇公共供水、自建设施供水单位、农村供水单位、二次供水单位进行专项摸排政治工作，修正完善了供水单位信息档案，确保饮用水卫生安全。

【主要工作措施】 1. 明确任务，强化措施。年初，根据单位工作职能，按照上级业务部门的工作重点计划安排，制定了医疗机构、公共场所、学校卫生、放射卫生、生活饮用水等监督工作计划，明确目标任务和工作措施，工作做到早安排、早部署。同时，为确保各项专项监督检查的有效开展，对每项监督检查工作，都制定切实可行的实施方案，各项工作做到有计划、有安排，目标任务明确，组织领导到位、措施落实到位，为工作的顺利开展提供了明确的目标方向和保证。

2. 强化责任，任务到人。实行主要领导负总责，分管领导具体抓，科室实施，定目标、定任务、定责任，将各项工作任务分解落实到每一个科室、每一个干部职工，形成一级对一级负责，层层抓落实的工作格局，为工作的顺利开展提供了机制保障。

3. 大力开展卫生法律法规宣传活动，营造舆论氛围。把开展卫生监督有关法律法规的宣传摆在重要议事日程，努力营造有利于卫生监督工作的良好舆论氛围。利用各种法律法规宣传日等时机，采用现场咨询、发放宣传资料、悬挂条幅等形式，广泛深入宣传各类卫生相关法规和常识等。2017年上街宣传5次，发放宣传资料1580余本，制作宣传条幅12条。对公共场所进行了集中培训：3月10日在县卫计局六楼会议室，举办了公共场所“创卫”专项整治暨卫生知识培训会，共90余人参加。5月份分七批次在县城卫计局六楼会议室及各乡镇卫生院对全县135家医疗机构进行依法执业、医疗废物的法律法规培训，共140余人参加。

4. 多措并举，加强机关规范化建设。认真加强干部职工队伍建设，努力提高干部队伍整体素质。定期组织执法人员对卫生监督涉及相关法律法规和知识的学习，每周二组织干部职工集体学习，不断提高自身的综合素质。全体人员积极参加卫生计生监督信息平台网络培训，按照学习要求均达到40学时。组织干部职工参加省、市举办的各类培训活动。外派参加培训的人员，培训完毕后到单位作为教员对本单位人员进行再次培训并传达会议精神，提高卫生监督员的行政执法能力和水平，全面提高卫生监督人员素质。　（赵岚）

疾控中心

【机构概况】　2017年安泽县疾控中心现有干部职工24人，其中研究生学历1人、本科学历11人、专科及以下12人；具备中级以上专业技术职务任职资格6人、初级6人。中心设办公室、计免科、传染科、地病科、结防科等13个科室；检验科设理化室、细菌室、痰检室、艾滋病初筛实验室、微量碘实验室、临床生化室等6个实验室。

【党建工作】　1. 抓班子建设，提升干部队伍素质。始终把班子自身建设作为一项长期工程，常抓不懈。塑造学习型班子和队伍，跟进时代步伐，班子成员带头不断提升自我素质，提供可持续综合服务能力。深入开展"两学一做"学习教育常态化制度化工作，做到行动有方案，学习有计划，量化到事、细化到人，确保在组织推进、活动内容、进度安排和方式方法等方面不折不扣地贯彻上级党委精神。全体党员集中学习20余次，累计40个学时，围绕学习内容组织讨论交流3次，每人撰写心得体会3篇，每人抄写读书笔记3万余字，对因病在床、年老体弱、行动不便、外出流动等无法参加集中学习的党员，采取送学上门、邮寄资料、网络选学等方式，将活动精神传达到每一个党员。以活动为载体党员参与其中。在严抓学习的同时还建立了党员活动室，组织党员开展烈士陵园扫墓、下乡帮扶贫困户、入村免费送医药等系列活动，引导中心广大党员进一步增强看齐意识、党性意识、规矩意识，立足岗位履职尽责。严格落实"三会一课"制度，全年共召开了4次党员大会，12次支部委员会及10次党课。积极组织开展"定、查、评"活动，从支部建设、队伍建设、党风廉政建设、服务发展大事、业务工作要事、服务民生实事、服务群众难事及其他等8方面问题入手，制定了10项任务目标，从中心领导到科室负责人带头领责，限定完成时限，全年工作已按既定目标全部完成到位。

2. 抓廉政建设，塑造廉洁班子队伍。认真贯彻民主集中制，严格执行"三重一大"制度，班子成员之间相互沟通、互相配合，形成了顾大局、比贡献、团结奋进的良好局面，领导班子带头落实干部廉洁准则，时时开展警示教育，组织党员到杜村红色基地体艰辛、磨意志、上党课，从思想上筑牢拒腐防变警戒线。落实"第一责任人"负责制。中心支部书记对反腐倡廉建设负总责，承担"第一责任人"的责任，支部委员和班子成员向支委负责。定期研究和了解单位落实党风廉政建设的工作情况。强化班子成员责任。领导班子成员实行"一岗双责"，既要按照分工抓好业务工作，又要抓好分管领域的反腐倡廉和行风建设。同时带头执行"六权治本"实行"三权分离"，合理分工，责任明确，形成"一班人"齐抓共管的局面。同时，将廉政建设工作情况与班子成员的政绩考核挂钩，增强班子成员的责任感。突出重点狠抓责任落实追究。中心支部书记与各科室负责人签订目标责任书，确保责任制的责任目标落实到位。领导班子依照责任制的要求，定期抓好责任制落实情况的检查。加强干部廉政建设、廉洁自律。领导干部带头做到自律、自省、自重，不谋私利，不该自己得的一律不取，不该做的事坚决不做，严格遵守“八项规定”执行办公用房规定标准，严格公车管理，节假日实行定点封存，严格执行公务接待标准规定，厉行节约，反对铺张浪费，事事处处维护党的形象，做廉洁自律的表率。

3. 抓队伍建设，提高队伍团结精神。在日常工作中时常开展业务学习和培训，采取“请进来、送出去”的方法提升干部队伍素质，积极参与市疾控“三基”技能演练大比武，县卫计委消夏晚会，展示疾控风采，利用各种宣传形式提高群众防病知晓率。坚持以维护人民群众健康为宗旨，以提升疾病预防控制能力为核心，不断提高服务水平，对窗口科室进行了规范，强化了医疗卫生安全，严格落实节假日 24 小时值班制度，切实做到了便民、为民、惠民让群众满意。

【计划免疫工作】 2017 年免疫规划与传染病防控互为因果，免疫规划疫苗接种的好坏直接关系到相应传染病的暴发和流行，为此预防接种门诊进一步规范化，目的是把免费接种疫苗，每针都打在目标儿童身上。1. 创新接种告知模式，利用手机微信、电子宣传屏、告知通知单等温馨提示，提前将疫苗接种、查漏补种时间、地点、名称、接种所需证件等核心信息告知儿童家长，切实提高了人民群众主动接种意识，变要我接种为我要接种，大大提高了免费疫苗接种率，七苗接种率均在 99%以上，至今全县已有 12 个接种门诊共上传儿童预防接种信息个案 4329 条，2017 年中心新设了疫苗接种候诊室，进一步规范接种流程，提高工作效率，为群众提供更优质的服务。4 月中心组织计免骨干赴永和县抽查 2 个乡镇疫苗接种率情况，同时接受曲沃县计免同仁对安泽县和川镇及杜村乡疫苗接种情况进行检查，使基层计免工作得到提升。按季度对各乡镇免疫工作进行督导及培训，使安泽县预防接种工作统一化管理，极大地提高了安泽县免疫规划工作的整体形象和水平。2017 年新建疫苗储存冷库和冷链专车已投付使用，提升了中心的疫苗储备能力，保证了疫苗安全运转，冷链运转规范化建设工作得到了进一步推进。2. 长期开展接种狂犬疫苗便民服务。深知狂犬病有疫苗可预防，但没有药物可治疗，病死率 100%。况且狗伤人事件没有规律性，为了保障人身安全，采取昼夜应诊，节假日不休息，工作人员值班制，保障就诊人员第一时间安全及时接种到疫苗，做到了便民、利民服务。

【结核病防治工作】 2017 年共登记活动性肺结核病人 31 例，31 例结核病人全部得到免费治疗，肺结核患者治愈率 100%。“3·24”世界结核病防治日组织人员入校园、进农村、上街头、到医院开展结核病防治知识宣传活动。每季度对各乡镇卫生院、定点医院进行结核病防治工作督导，每次督导结束后，及时写出督导反馈报告，并向主要领导和卫生行政部门进行了汇报。同时，协助教科局、卫计局，对全县中小学校、托幼机构的学校结核病防控情况进行了督导检查。经中心调查核实全县建档立卡贫困户中有7人患有肺结核，按照上级经费分配要求贫困户肺结核患者补助600元/人，已全部发放到位。

【地方病防治工作】 2017年地方病防治工作有序开展1. 碘缺乏病方面。今年随机对全县5个乡镇20个行政村300户居民的食用盐进行抽样，并完成食盐碘含量定量检测检验工作，碘盐合格率、居民合格碘盐食用率均为100%。2. 人间布病方面。及时掌握人间布病疫情动态，新发布病12例，按规定进行了规范管理，并及时上报，且全部做好个案调查。3. 消除疟疾工作有序推进。确定县人民医院为监测点，承担全县的“三热”病人的疟原虫检测工作，今年完成不明原因发热病人血涂片184张，坚持每月按时开展寄生虫网络直报工作。4. 大骨节病方面。6月初中心组织人员深入府城镇义唐村、小黄村对30名贫困大骨节病患者提供救治服务，免费提供救治药品，并每月按时随访。5. 预防性健康体检工作，完成辖区内城关小学、安泽二中学生体检工作。6. 土源性线虫监测工作，邀请市疾控中心检验科、地病科专家指导中心开展校园8–12岁学生土源性线虫千人份大调查，寄生虫感染率为0。

【传染病防控工作】 2017年传染病网络直报和监测预警不断完善，设立网报专室、专线，每日按时浏览大疫情网，按月上报报表，全年上报14期疫情分析，12期风险评估报告，4月份深入安泽县冀氏镇白村小学进行水痘聚集性疫情进行流调，针对学校提出相应的意见建议。5月底对乡镇卫生院开展了消毒效果监测工作，按季度对县直医疗机构和各乡镇卫生院开展了传染病督导检查。加强应急工作，完善应急预案，做好应急物资储备，提高应对处置突发公共卫生事件的能力。

【艾滋病病人管理、随访工作及干预工作】 2017年中心现追踪管理本土艾滋病病人/感染者3例，抗病毒治疗率为100%。2017年新报告艾滋病1例，此病例为外籍人口，2017年回本籍。认真做好艾滋病自愿咨询服务和监管场所羁押人员HIV抗体监测，监测自愿咨询HIV抗体检测139份，监测羁押人员57人，未检出阳性，干预暗娼134人次，检测34人，发放安全套720个。根据上级要求，中心积极开展全人口HIV抗体检测工作，2017年共检测230人次，未检测出阳性人员。中心人员入镇进村、走上街头、到监管场所积极开展预防HIV防治知识宣传工作。

【健康教育预防】 2017年健康教育是疾病防控的永恒主题，是有利于人民健康的公益广告。提高认识，创新理念，在工作中利用“儿童预防接种日”“碘缺乏病防治日”“全国疟疾日”“结核病防治日”“世界为生日”“职业病防治日”等8次宣传活动，印制板面20余块，发放宣传资料1.5万余份，利用电子宣传屏播放健康知识55期，将健康新概念预防是关键“花大钱治疗，不如拿小钱防病”的现代健康消费理念通过宣传根植于人民群众心中，提高居民健康素养，并将健康教育理念向基层延伸。积极开展针对全县7个乡镇卫生院和3个卫生服务站的健康教育督导工作，指导其更好地完成健康教育工作，使更多的村民从中受益。2017 年完成了对中心后院地面硬化、外墙线路规整及新业务楼搬迁工作，全力打造中心花园式机关建设任务，要求工作人员上岗有责、举止文明、环境优美，结核工作特点强化控烟工作，营造舒适整洁的办公环境。围绕“关爱生命，关注健康”这一主题，制作了一系列健康知识宣传版面，把传染病防控、环境整治、烟草控制、身体健康、营养改善等内容融入其中，充分利用城关小学人流量大、受众广，周边医疗卫生机构集中的特点在希望街打造“健康一条街”精品工程，使街道成为健康教育宣传的重要阵地之一。唐城卫生院按照“健康餐厅”标准以食堂为主体，利用张贴画、板报、电子屏幕等形式，宣传膳食营养健康知识，营造食堂营养健康氛围；指导职工合理膳食、吃动平衡。9 月 1 日“全民健康生活方式行动日”期间，中心在城关小学门口设立宣传台，开展以“三减三健，迈向健康”为主题的宣传活动，通过倡导健康生活方式:“减盐、减油、减糖、健康口腔、健康体重、健康骨骼”，让广大群众对良好生活习惯的必要性有了更加深刻的认识。9 月 18 日至 29 日，由政府主导，部门协调，卫计系统参与的“脱贫攻坚健康关爱”行动，开展“送政策、送科技、送温暖”以健康扶贫、健康脱贫为主题的活动，中心派出骨干力量利用 20 天的时间同人民医院、中医院、妇幼、残联一道深入到全县 7 个乡镇 40 个贫困村开展大规模的义诊活动，让健康扶贫政策惠及百姓。以“三减三健”为核心，开展专项行动，发放宣传资料，进行健康咨询，倡导群众养成健康生活方式，让健康驻足自己身边。用实际行动践行“日行一万步，吃动两平衡，健康一辈子”的健康理念。

【食品安全风险监测工作】 2017 年贯彻全市食品安全风险监测工作会议精神，协助卫生行政部门制定了《安泽县食品安全风险监测工作实施方案》，并成立了食品安全风险监测工作领导小组。对县直医疗单位、各乡（镇）卫生院、服务站业务人员进行了食品风险监测业务工作培训。2017 年共采集食源性病例 328 例，完成采集任务的 273%，网报准确率、审核及时率、审核准确率均为 100%，食源性暴发事件报告 0 例。2017 年共采集食源性致病菌监测样品 3 种 6 份，化学污染物和有害因素监测样品 4 种 20 份，采样时按《采样信息记录表》逐项记录采样信息，无漏填、漏报等现象。同时健全中心安全工作责任制，建立健全安全生产各项规章制度，对医疗垃圾处置，消防安全排查，实验室化验试剂存放、生物制品温度测量等，最大限度消除安全隐患，全年无安全事故发生。

【慢病工作】 2017 年慢病防治工作逐步推进，1. 死因监测工作，为了保证死因上报工作的及时性、准确性，对辖区医疗机构的死因上报数量和上报质量进行日审核，截止 2017 年底，辖区医疗机构共上报死因病例 352 人；死因编码合计错误比例<5%；县级医疗机构死因覆盖报告率达 100%，乡镇医疗机构网络直报覆盖率达 100%。2. 老高糖管理工作，老年人登记 5844 人、健康管理 5531 人；高血压健康管理 7969 人、规范管理 7539 人；糖尿病健康管理 1332 人、规范管理 1231 人。3. 重性精神疾病管理工作，今年安泽县累计管理精神病患者 332

人，对辖区内诊断明确，在家居住的重性精神疾病患者纳入管理，为其建立一般居民健康档案，并按照要求填写重性精神疾病患者个人信息补充表，对应管理的重性精神病患者已完成1次随访。4. 督导工作，5月底中心积极组织参与了县卫计局组织的基本公共卫生服务督导，对安泽县11个乡镇卫生院及卫生服务站开展了2017年慢性病及重性精神病专项督导考核工作，督导结果以通报形式反馈到个医疗机构。

【实验室检验能力】　2017年中心重点提升了实验室检验能力，投资115万余元招标购进检验设备5台，投资5万元重新规划实验楼建设，达到合理布局，提升实验室检验能力，新装仪器设备已全部投付使用，已独立完成枯水期及丰水期采集水样检测检验工作并上报，受到全市通报表扬，在此基础上又会同地病科在市疾控中心大力支持下，完成了全县8-12岁儿童千人份土源线虫大调查。

【卫生应急工作】　2017年在疫情应急处置中，要求警钟长鸣，始终做到六个坚持，1. 坚持疫情就是命令，成功处置了马必食源性病患事件和小学生猩红热、流感、腮腺炎个案流行病学调查；2. 坚持疫情24小时值班制度，传染病随时搜索及时报告，科学应对；3. 坚持防控并举，储备好应急物资，随时填平补齐防患未然；4. 坚持全体干部职工24小时保持通讯畅通随时待命，这项制度从“非典”保持至今；5. 加强预案应急演练，做到招之能战、战之必胜，2017年抽出业务骨干到市里参加应急“三基”知识竞赛和应急演练，获集体三等奖；6. 坚持做好全员培训利用年初例会和阶段性中心工作，突出防病主题加强培训，成功应对控制疫情发生。

【驻村帮扶工作】　2017年为切实抓好机关干部作风建设，密切党群干群关系，树立良好的疾控队伍形象，围绕全县服务大局，全体党员干部认真开展“三联两报到”和“结对帮扶”工作，全体党员与60户贫困户认亲结对，驻村帮扶，2017年是安泽县脱贫摘帽的攻坚年，为承担更多的社会责任，加强党员干部与基层的联系，中心开展以帮扶包联村转型跨越发展为主题的精准扶贫工作，积极落实驻村工作制度，心系包联村，竭心尽力致力于农民增收、产业增效、农村稳定，并认真落实山西省卫计委开展健康扶贫“五个一”和“双签约”活动，为全县7名贫困户肺结核患者发放每人600元，共计4200元补助款。中心党员干部多次奔赴包联村，与村两委班子成员、党员代表、群众代表进行了交流，今年重点以“双引领”为突破口，积极实施结构调整。把发展休闲观光农业作为农业增效、农民增收的重要举措，1. 投资300万元发展小黄村“小树林俱乐部”旅游项目。2. 壮大集体经济扩建“QQ农场”，发展种植黄花菜440亩。3. 成立黄飞红农产品购销有限公司，为贫困户解决青翘管护、采摘、购销服务。4. 强化基础设施建设，投资50余万元解决道德村出行难问题，硬化巷道，户户通水泥路。投资120万元贯通小黄、田庄、道德三个自然村两座漫水桥。投资400万元修建小黄至道德村组乡村旅游步道6公里。5. 驻村工作队吃住在村，扑下身子开展帮扶，及时了解帮扶户的春种、夏收、秋忙，开展汛期探访、护林防火值守，免费送医药、送温暖，同吃农家饭、共同帮收秋。60户包联贫困户在2016年底有59户完成脱贫工作，剩余1户也在2017年底顺利脱贫，2017年11月顺利接受山西农业大学第三方评估验收，无错评、漏评现象，群众政策知晓率、满意度较高，无返贫情况发生，为巩固脱贫成果，拉近与帮扶户的距离，2017年投资8万余元在驻村工作中为贫困户购置发放面油、月饼、棉门帘、产蛋鸡、治疗大骨节病药品、健康教育宣传品、煤球，同时慰问边缘户，踏实的工作作风受到村民的一致好评。2017年7月被中共安泽县委授予干部驻村帮扶先进支部。

安泽县医疗集团

【概述】 2017年9月，在山西省委省政府大力推进公立医院综合改革和县域卫生机构一体化改革的背景下，安泽县成立了安泽县医疗集团。集团领导班子在县委、县政府和卫计局的正确领导下，以习近平总书记系列重要讲话精神为指导，带领集团全体职工稳中求进、恪尽职守、兢兢业业，紧密围绕中心工作，严格改进医院管理，开拓进取，圆满完成了各项工作任务。

【政治思想教育】 2017年围绕“三个一切”的服务理念，以开展“两学一做”学习教育活动为契机，坚持教育为先，筑牢思想根基，制定了合理的学习计划，学习党风党纪，学习政策、法律法规，严肃政风行风，并贯彻落实党中央“八项规定”、卫计委“九不准”规定、认真研习党的十九大会议精神、习近平总书记重要讲话等内容，从思想上进一步强化了党风廉政和预防职务犯罪的教育，筑牢了广大党员干部拒腐防变的思想防线。

积极响应县委“两学一做”常态化制度化及维护核心见诸行动的要求，结合实际制定了切实可行的实施方案，周密的学习计划，成立了以党支部书记为组长的领导小组，坚持以问题为导向，深刻反思剖析，确保学习内化于心，外化于行。集团全体党员都能深刻认识到“两学一做”学习教育的重大意义，认真抄党章，写承诺、写心得等，党支部书记不定期对学习笔记进行审阅签字，形成了良好的学习风尚。

倡导“富强、民主、文明、和谐、自由、平等、公正、法制、爱国、敬业、诚信、友善”，培养社会主义核心价值观。广泛开展践行社会主义核心价值观活动，成立了领导小组，制订了实施方案。

【业务收入】 2017年医疗集团全年的业务收入为4796.48万元。

截至2017年11月30日，医疗集团人民医院业务收入2353.438104万元，同比增长8.0%。其中门诊收入1124.979756万元，同比增长9.4%；住院收入1228.458348万元，同比增长6.7%；门诊人数49000人次，同比增长6.7%；住院人数3232人次，同比增长2.4%。

截至2017年12月20日，医疗集团中医医院业务收入2012.041163万元（2016年1670万元），同比增长20.5%。其中门诊收入754.227670万元（2016年639万元），同比增长18%；住院收入1257.813493万元（2016年1031万元），同比增长22%；药品收入 505.65 万元（2016 年 394.98 万元），同比增长 28%；其中中药 113.96 万元（2016 年中药 75.54 万元），同比增长 50.8%；西药 391.70 万元（2016 年西药 319.44 万元），同比增长 22.6%；药品收入占总收入的 25.13%（2016 年药品收入占总收入的 23.65%）；门诊人次 57306 人次（2016 年 48902 人次），同比增长 17.2%；住院人次 2590 人次（2016 年 2495 人次），同比增长 3.8%；住院手术例数 382 例（2016 年 338 例），同比增长 13%；体检人次为 11227 人次（2016 年 11299 人次），同比下降 0.64%。康复科 2017 年实现业务收入 100.81071 万元，门诊 21017 人次，住院 175 人次，三伏贴：502 人次。

截至 2017 年 12 月，11 所乡镇卫生院（站）的业务收入为 430.946 万元，其中基药采购为 440 万元。

【医疗安全管理】　2017 年严格落实医疗核心制度和各项诊疗常规，从诊疗流程、首诊负责制、医疗质量督查、减轻患者负担、降低患者药费、合理检查、合理用药等方面进行规范和落实。通过各种会议、业务培训、案例分析总结等方式反复强化制度落实，并不断健全医疗质量管理组织，明确职责，规章，完善质控组织，定期检查考评，及时整改落实；将医疗核心制度和各项诊疗常规贯穿于医疗活动中，使医务人员将制度和常规内化于心，外化于行。

严格规范临床路径工作，规范诊疗行为，提高医疗服务效率，控制不合理医疗费用。医务科不定期督查各项技术操作基本规范，对科室存在的问题及时反馈，促使科室及时整改。根据医院人员的实际情况，统筹安排，积极组织参加专题培训，以进一步提升医疗技术水平，保障医疗安全。

【优质护理】　2017 年“以病人为中心，以质量为核心”的服务理念，对每日新入、危重、抢救、手术病人等实行严格的护理床头交接班制度，制定晨晚间护理工作制度；实行护士长夜查房和总值班制度，加大护理查房和督导、检查的力度，坚持每月召开 2 次护士长例会；科室成立质控小组，进行自控、他控、互控的质控模式，护理部以“护理质量”为核心，每月质检一次，每半年大检查一次，坚持每月召开一次护理质量控制分析会对督导、检查出的问题加以整改；每月组织全体护士集中业务学习，相互学习、相互交流、相互监督、相互促进，形成良好的学习氛围。同时增进医患沟通，实现“护患关系零距离，护理质量零差距，护理技术零缺陷，护理服务零投诉”的“四个零”的目标，现集团医院病区均已开展优质护理。

【公共卫生服务】　2017 年组织乡镇卫生院（站）、村卫生室为县域广大群众提供基本公共卫生服务，落实各项工作要求。集团属 11 所乡镇卫生院（站）共建立健康档案 63317 份；做好各乡镇居民健康体检工作、入户随访工作、新农合补偿工作、地慢病办理与补偿工作，全年乡镇卫生院新农合门诊补偿 157 万元，地慢病补偿 150 余万元；针对常见病、慢性病、传染病、健康养生等领域开展健康知识宣传教育 130 次，发放健康宣传资料 30000 余份；开展健康管理 32000 余人次，其中 0–6 岁儿童 3298 人，65 岁以上老年人 6200 人，孕产妇 470

人，重性精神病人 331 人，糖尿病 1122 人，高血压 8631 人。

【加强传染病预防控制】 2017 年集团认真贯彻《中华人民共和国传染病防治法》，制定了一系列防控传染病的相关制度，传染病防治计划，建立了传染病防治组织，依法开展监督管理工作；加强严格疫苗的管理，按规定冷链运转、存储等，确保疫苗的质量，并对在集团医院出生的新生儿全部接种卡介苗和乙肝疫苗，新生儿的安全接种率达到了 100%；集团各乡镇卫生院（站）做好疫苗的预防接种服务，免费建立预防接种卡、证、簿，保证接种率达 100%；及时发现、登记并报告辖区内发现的传染病病例，做好传染病的处理服务工作。集团设立发热门诊、肠道门诊、建立传染病健康教育宣传专栏，建立健全了疫情报告网络，成立了突发事件和突发疫情的领导小组，一旦发现传染病患者或疑似患者，严格按照程序，直报县疾控中心，无漏报现象。

【规范垃圾管理】 2017 年配合安泽县做好创建国家级卫生县城各项工作，营造健康良好的就医环境，集团加大对医疗废物的管理工作，严格实施医用垃圾与生活垃圾定点、定车、定位、定装置、定专人的处理流程，生活垃圾集中分袋汇集，日产日清，无害化处理率达到 100%。

医疗垃圾处置工作严格按照国家有关规定制定了相关制度，集团医院的院感科定期举办交叉感染、消毒隔离、手卫生等知识讲座，对医务人员和保洁员进行院感知识培训及岗前培训；医疗锐器及医疗垃圾分类放置，由专人按时收集、管理、交接登记，临时在集团医院医疗垃圾暂存处暂存，根据气温变化，每日或两日由密闭车辆运送至临汾统一焚烧，集团医院垃圾的密闭清运率达到 100%。对医疗垃圾的严格管理，坚决杜绝医疗废物的外流与污染，有效地控制了院内感染的发生率。

【基药制度管理】 2017 年严格实施基本药物制度，保障“零差率”销售，乡村两级严格实施基本药物网上采购。每年定期组织卫生院临床医生和卫生室医生开展基本药物培训，加强医务人员合理用药的监督，积极实行用药人员、用药结构、用药数量的监控，认真整改基本药物使用过程中出现的用药不合理、开具不合理处方的问题。

【医院行风建设】 2017 年为促进医患沟通，更深入的了解患者对医院各方面工作的意见，我院组织外科、内科、康复科、妇产科的医务工作人员对出院患者进行了入户回访。就患者的康复情况、术后状况，医院的服务质量、服务态度等多方面进行了满意度调查，为患者送上急需的康复指导。在听取患者的意见与建议的同时，提升了群众对我院的认知度和认可度。

【医疗服务机制完善】 1. 深化“以病人为中心”的服务理念，完善医疗费用查询及公示制度，进一步做好医疗投诉接待工作。2. 建立住院病人、出院病人问卷调查制度，定期收集对医院服务的意见并及时改进，构建和谐医患关系。3. 进一步优化服务流程、改善就诊环境，在挂号处、收费室等服务窗口实行弹性排班制度，及时调整工作人员，方便病人就医。4. 狠抓改善医疗服务措施的落实，继续开展“四免一降”活动，进一步减轻患者医疗负担。5. 切实降低医疗服务成本，对卫生材料进行专项治理。6. 加大卫生监管力度，定期或不定期对卫生进行突击检查，制定相关奖惩办法。7. 组织集团全体职工学习“九不准”规定，全面杜绝收受红包行为。8. 设立患者服务（回访）中心，对出院患者进行电话回访，确保患者恢复健康。

【人才培养】　2017 年集团紧紧围绕人才培养这一环节，多渠道、多途径积极加快高学历人才、技术型人才的培养步伐。2017 年，集团组织医院内部业务学习培训 15 次，参加各类短期学习班、学术会等 34 人次；定期组织医护人员进行“三基”学习，每季度开展“三基”考试，开展“护理知识竞赛”。提高了医务工作人员专业技能水平，为医院的发展提供技术保障。

通过医联体平台，将骨干人才派送到三级医院进修，同时，将上级医院专家请到集团医院进行授课、门诊、病房查房，以提高我院医务人员的诊治水平。外援内强，共同进步。

【业务开展】　1. 集团中医院经过充分调研论证，申报成为临汾市医养结合试点单位；与分管院长以及康复科、内科科室主任沟通协调，单独成立老年病科室。同时与各个乡镇卫生院、敬老院合作，成立中医院中医药综合服务区、中医门诊部，专门针对乡镇老年人开展康复、护理、养生等咨询服务与诊疗服务；促使中医药资源向全县村镇、社区、家庭延伸辐射，为安泽县老年人提供高水平、专业化、个性化、便捷化的中医药养老服务，拓展中医药服务领域，培养全县人民健康养老的理念。

2. 集团引进全县首台德国西门子 64 排 128 层螺旋 CT，不仅填补了安泽县医疗领域的空白，也为临床诊疗提供更准确、更直观的依据和强有力的技术支撑，以此为契机进一步促进其他学科及诊疗项目的建设与发展；

3. 2017 年 10 月 18 日与山西省心血管病医院建立专科联盟，对进一步加强学科联盟建设，提升安泽县心血管疾病诊疗水平具有十分重要的意义；

4. 与三级医院签订超声专科联盟协议、脑卒中中心规范化治疗协议、脑病科联盟协议、内分泌专科联盟协议、血液净化专科联盟协议、病理专科联盟协议、建立医学影像合作联盟；

5. 重症医学科首次应用床旁血虑新技术成功救治一名大剂量农药中毒病人；

6. 集团向县政府积极申请建立肾病科，已通过政府审批，现正进行科室装修和设备采购，医务人员也已安排到临汾市中心医院进修学习，预计 12 月中旬，肾内科将正式挂牌接诊，届时广大肾病患者将足不出县，就能接受治疗，极大地缓解了肾病患者的治疗压力。

【培训指导】　1. 特邀临汾市第四人民医院专家孟晓萍莅临我院会诊，针对县域糖尿病患者进行评估，并开展健康教育；

2. 特邀贝斯达专家至集团中医院开展核磁操作技术培训，指导中医院工作人员采用胰胆管造影和泌尿系水成像技术诊断胰腺与泌尿系疾病，提升医技工作人员的专业素养和操作技能；

3. 为响应国家加快医疗资源共享，推进分级诊疗的号召，提高基层医疗卫生机构卫生技术应用能力和综合服务能力，促进健康扶贫工作，推进优质资源下沉，同临汾市第二人民医院共同开展“医卫双优下基层”项目，面向基层医生进行咨询、指导、答疑，承办“急性脑梗死的诊疗规范与溶栓治疗”培训班；

4. 成功举办安泽县首届基层医疗机构医学影像技术培训班，为安泽县影像学科提供了一个跨地区、深层次、高水平的学术交流平台，对促进安泽县影像学研究拓宽了视野；

5. 定期开展院内教学查房，强化培训与考核，积累实际操作经验，在提高临床教学质量的基础上着力提升我院临床医师的专业素养和操作技能；

6. 邀请山西晋康风湿病医院院长郭来旺携带专家组于 11 月 24 日和 25 日来我院会诊，解决风湿、类风湿、老寒腿、痛风、产后风、强直性脊柱炎、退行性关节炎及各种慢性疼痛疾病。

【安全隐患排查整改】 2017 年高度重视安全生产工作，始终坚持“安全第一，预防为主”的安全生产方针，加强领导，完善制度，强化监督，深入开展安全检查，积极消除事故隐患，有效防范和坚决遏制安全事故，维护医院职工和就诊患者生命财产安全。集团属各医疗机构成立安全隐患排查小组，定期对住院部、急救中心、精麻药品、易燃制剂室、手术区、大型医疗设备等要害部门及人员密集场所，开展细致的安全隐患排查工作；对电线、电闸用电安全等情况进行自查；加强对消防通道、安全出口、电梯、特殊供电、医疗化学品、自动消防设施、消火栓、灭火器材、应急疏散预案等方面开展自查，发现安全隐患问题，及时上报并整改，防患于未然。

【工程项目建设】 1. 集团人民医院门诊医技综合楼建设项目于 2014 年 6 月经山西省发改委审批正式立项，经过选址确址、环评、防雷、采光分析、地质勘察、图纸设计、办理“一书两证”和施工许可证等一系列程序，于 2016 年 5 月 12 日正式开工建设，在院领导的关心和支持下，门诊医技综合楼建设项目保质保量稳步推进，现此建设项目即将进入内部装修阶段，预计今年年底总体完工。

2. 集团中医院住院综合楼项目建设地址为安泽县府城镇安兴路 9 号，工程主体设计为地上八层，地下一层，整体结构体系为框架结构，主要包括：便民服务大厅、中西医诊室、实验室、采血室、手术室、住院病房、会议室、阅览室、消毒供应室、应急库房等，总建筑面积为 7980 平方米。项目主体已完工，现正在进行室内装修与地面铺设。

3. 集团中医院住院综合楼附属工程暨综合能力配套建设项目项目总建筑面积 1455.8 平方米。其中包括地下停车场、标准化消毒供应室、太平间、应急库房，以及地面绿化、道路场地硬化、给排水、消防设施、弱电、天然气改造、设备购置等。项目已竣工，准备验收，整个工程进展中未发生安全事故。

4. 安泽县中医医院与阜外医院心血管介入合作项目现设备安装已完成，正在进行室内装修，预计于年底投入使用。将填补安泽县心血管疾病介入治疗的空白，大大提高心脑血管疾病救治水平，更好地为全县人民健康服务，社会效益显著。

【环境卫生整治】　2017年集团积极响应安泽县县委、县政府号召，持续推进环境卫生的整治工作。根据《安泽县卫计系统创建国家卫生县城实施方案》的文件要求，专门成立“创卫”领导小组，制定了详细的实施方案，开展多种宣传形式，营造浓厚的氛围；强化医疗废物管理，严格按照流程和规范集中处理，防止疾病传播，降低传染病的发生率，保障群众健康；积极开展控烟工作，创建无烟医院；集团各医院对塌陷的地面、脱落的墙体、墙顶进行了多处整修，对裂缝的、漏水的房屋进行了加固，将杂乱的草坪重新修整；广泛动员集团全体职工参与环境卫生治理工作，认真做好集团各医院清洁区域的卫生工作，改善院容院貌，为职工提供整洁有序的工作环境，为患者提供舒适的就诊环境，促进构建和谐文明县城建设。

【医药卫生体制改革】　1. 组建医疗集团。2017年9月19日，举办医疗集团成立揭牌仪式。以县人民医院和中医医院两所县级公立医院为龙头，整合11所乡镇卫生院，组建“安泽县医疗集团”。医疗集团将充分发挥县人民医院和县中医医院两个县级公立医院的龙头带动作用和乡镇卫生院的城乡纽带作用，稳步实现行政统一管理、人员统一管理、资金统一管理、业务统一管理、绩效统一管理、药械资产统一采购的“六统一”管理模式。进一步降低管理运营运行和医疗服务成本，合理配置医疗资源，促进重心下移、资源下沉，激发医疗卫生机构活力，提升医疗服务效率。

2. 加强医联体建设。集团成立了医联体工作领导组及专家业务组，与和川卫生院、马壁乡卫生院、马壁石槽卫生服务站合作形成医联体单位，并选派集团医院妇科、内科、外科的主治医师结合医联体乡镇卫生院实际，推广适宜适用技术，并免费安排医联体卫生院院人员进修和专业技术培训，实现“以县带乡、资源共享”，不断提高乡镇卫生院的诊疗水平。

集团与临汾市人民医院、临汾市中心医院、山大一院、山西省针灸研究所、山西省中西医结合医院五家三级医院建立了医联体。2017年共有20余名上级医院专家到我院对口支援，其中，临汾市中心医院专家6名，山大一院专家4名。集团也通过这一平台向上级医院选派进修人员，2017年共派送13名，其中临汾市中心医院进修8名，山大一院3名，西京医院1名，山西省中西医结合医院1名。通过医联体的组建，提升医疗集团的医疗服务能力和水平；同时集团计划2017年和北京大学医学部合作，派送多名中层以上干部参加北大医学部组织的学习交流培训班，并且积极组织人员参加省市相关技术的交流学习。

3. 实行医保总额打包付费。按照“总额管理、结余留用、超支合理分担”的原则，由医保经办机构采取“总额预算、按月拨付、年终结算”的方式，将核定的县乡村三级医保基金统一打包拨付给医疗集团。完善不同级别、不同类别医疗机构医保差异化支付政策，增强参保居民在基层看病就医的吸引力。

进一步深化改革，创新机制，规范管理，提高标准，实现医疗资源共享，激发基层医务工作者干事创业的积极性，全力打造公益目标明确、布局合理、结构优化、功能完备的公立医疗机构服务体系，力争为全县人民群众提供更加方便、质优、价廉的基本医疗和公共卫生服务。

【脱贫攻坚工作】 1. 精准扶贫落到实处。集团领导班子高度重视，认真贯彻落实中央、省、市、县有关扶贫开发工作系列文件、会议精神，按照县委、县政府“加快发展、加快转型、加快扶贫攻坚”工作思路，结合集团医院工作实际，成立了驻村扶贫工作队，组建了“一对一”帮扶小组，精准施策，助力广大贫困村民摘“帽”脱贫。

集团县医院的包联村是石渠村，石渠村共有村民316户，其中贫困户129户。扶贫工作开展期间，集团县医院扶贫工作队对石渠村贫困户进行逐户调查走访，深入贫困户家中走访慰问，送去生活物资；通过多次到贫困户家中调研走访，综合分析致贫原因，集团驻村工作队队员，根据每家每户的实际情况，与石渠村两委班子、和川镇政府班子共同商讨帮扶措施，为帮扶户量身定制脱贫计划，采取有效帮扶措施，做好帮扶记录。具体的帮扶措施为医疗帮扶、产业扶持、联系务工、健康宣讲、政策宣传。在产业扶持上主要是帮扶大棚西瓜种植和农作物的种植，部分为养殖帮扶；加强政府优厚政策的宣传，让村民转变思想，对新型产业有更多的了解，知道光伏电安装的益处，争取年底成功脱贫。

集团中医院的包联村东唐村位于杜村乡西部，距离安泽县城25公里，全村共140户，2017年贫困人口43户157人。脱贫攻坚战打响以来，我院针对东唐村的实际情况因地制宜、因户施策，量身定制新举措，助力村民脱贫摘“帽”，取得了阶段性成果。

利用东唐村自身的资源优势，筹资改造鱼塘，发展旅游业，大力组织垂钓比赛，提高东唐村第三产业的发展水平，增加东唐村的集体经济效益，助力脱贫攻坚；为村民购置蜂箱，请专业人士进行技术指导，介绍其外出培训学习专业养蜂技术，发展养蜂业；购置压面机，鼓励村民学习压面技术，售卖面条增收脱贫；购买电锯、电刨，帮助村民重拾荒废了多年的手里，树立脱贫信心；为部分村民购买农具化肥，通过减少生产性支出减轻村民负担；为部分自身发展能力不足的村民买羊，通过发展养殖业脱贫摘“帽”；组织体检工作队下乡为村民们免费做了全面健康体检，同时还负担困难村民的医药费，不定期上门送医送药，将村民们的健康工作作为扶贫帮困的基础；除了采取各种措施帮助东唐村民脱贫摘帽，逢节还挨家挨户送慰问品，农忙时还组队入户帮助村民收秋，深的广大村民的信任与认可。

2. 健康扶贫惠及民生。为进一步推进安泽县健康扶贫政策有效落地，解决群众不知晓政策，就医报销难的问题，在全县开展健康扶贫“双签约”活动。全县签约人数约为8256人，其中建档立卡贫困户签约率为95%（由于建档立卡贫困户中有常年外出打工的，签约率未达100%）。“一站式”服务开展情况。针对全县五保户、低保户及优抚对象 提供“一站式”服务，为此类困难群众免挂号费、免住院起付线等，做到住院零费用，切实解决群众看病贵、看病难的问题。自2017年1月1日至目前，集团“一站式”服务五保户111人次，住院总费用合计1040057.3元；“一站式”服务低保户20人次，住院总费用合计123690.21元；“一站式”服务优抚对象4人次，住院总费用合计23897.43元。“先诊断，后付费”开展情况。针对全县建档立卡贫困户实行“先诊断，后付费”，凡属于县域内建档立卡贫困户均实行零押金住院，免挂号费，并保证每名患者自付费用不超过1000元，避免出现“因病返贫”，保证广大贫困群众看得起病。自2017年7月至12月，集团建档立卡贫困户住院人次为231人次，住院总费用为1306852元，其中医保中心兜底、报销费用与医院承担费用为1041518元。健康义诊开展情况。由集团医院内科、外科、中医科、检验科、B超、心电图等科室抽调50余名业务骨干，组成义诊服务队，每月至少一次入户服务，免费为周边百姓进行健康义诊，大力开展脱贫攻坚健康关爱行动。健康义诊活动深入到各个村落，截至目前集团为各乡镇常住人口进行了68次下乡义诊，协助乡镇卫生院建档立卡3176人次，建册率达到95%，为各乡镇贫困户进行体检达3240余人次。接待村民健康咨询3000余人，测量心电图1700余人次，B超1400余人次，发放健康手册3100余份。医疗帮扶开展情况。集团领导班子带队对县域内的16名尿毒症患者进行走访，并与已开展血液透析业务的古县人民医院签订治疗协议，保证安泽县的尿毒症患者可以到古县人民医院进行血液透析，透析费用由集团人民医院先行垫付，此项帮扶措施的实施极大地缓解了尿毒症患者长期透析造成的生活压力。

【文化建设】　2017年集团为丰富内涵建设，开展了一系列文化建设活动，三八妇女节组织“徒步走山川”活动比赛、国际护士节文艺汇演、积极参加县团委“学习总书记系列讲话，做合格团员”知识竞赛，并获得良好成绩。7月，国家出台了《中华人民共和国中医药法》，在县卫计局的大力配合下，积极开展贯彻《中华人民共和国中医药法》的宣传义诊活动；8月，组织医院工作人员积极参加卫计党委组织的消夏月文艺晚会；10月下旬，集团组织全体党员、中层以上人员，共计100余人前往沁河庄村—刘少奇路居地开展红色拓展训练，增强党性，坚定理想信念；积极参加县委宣传部组织的“讲好安泽扶贫故事”活动，选用为建档立卡贫困户置换股骨头的事例作为题材，宣传“健康扶贫”各项优惠政策。通过各类活动的开展，丰富了职工文化生活的同时，增强了医院的凝聚力和向心力，促进了医院整体管理水平的提高。

（吕瑞蝶）

民政工作

【社会救助扶贫】 2017年是安泽县脱贫摘帽的关键之年，为了全面贯彻落实精准扶贫政策，完成“兜底保障脱贫一批”任务。加强农村低保制度与扶贫开发政策有效衔接，在深入调研、认真分析基础上，制定《安泽县2017年农村低保扶贫行动计划》和《安泽县农村最低生活保障政策与扶贫开发政策有效衔接实施方案》，明确目标任务，细化保障措施，强化两项政策在对象、信息方面的衔接。根据临市民发〔2017〕63号文件精神，从2017年1月1日起，农村低保标准每人每月提高30元，提标后，安泽县农村低保标准提高至3440元/人/年，已超过国家扶贫标准3200元/人/年，实现低保线和扶贫线的“两线合一”，达到兜底脱贫的要求，为安泽县顺利完成脱贫攻坚的重要任务奠定了坚实的基础。

1. 全面排查，做到“应保尽保”。多次对兜底政策政策落实情况开展深入精准的排查，重点针对完全或部分丧失劳动能力、通过产业扶持和就业帮助仍无法脱贫的贫困户。根据中共安泽县委《关于开展扶贫领域不正之风和腐败问题专项治理的工作方案》文件精神，成立专项检查组对40个贫困村政策落实情况进行全面排查，排查是否存在政策落实不到位以及错保、漏保的问题，切实维护困难群众保障权益，确保符合低保条件的建档立卡贫困户一户不落，全部纳入。

2017年全县共有兜底贫困户683户1091人，占全县建档立卡贫困户的比例为20%，占全县建档立卡贫困人口的比例为13.3%。其中：农村低保兜底478户885人，农村五保兜底205户208人。低保户中建档立卡贫困户（478户885人）占全县农村低保户（621户1134人）的比例为77%，2017年共为建档立卡贫困户发放低保、五保兜底保资金374.3万元，充分发挥安泽县农村低保兜底保障作用。

2. 实施“低保渐退”，确保稳定脱贫。针对享受扶贫政策暂时脱贫的建档立卡贫困户中的低保户，建立“低保渐退”机制，即对享受扶贫政策暂时脱贫的低保户，给予6个月的过渡保障期，让其继续享受6个月的农村低保待遇，防止其退保返贫，至其稳定脱贫且不再符合低保条件后，再按政策退出，做到有进有出，动态管理。

【社会救助】 1. 2017 年严格落实各项救助政策。在城乡低保工作方面：从今年 1 月提高 30 元后，农村低保保障标准达 3440 元/人·年，城市低保保障标准达到 5400 元/人·年，2017 年，共为农村低保对象 621 户 1134 人发放保障资金 350.8 万元，为城市低保对象 172 户 226 人发放保障资金 121.7 万元。在农村五保工作方面：全面落实特困人员救助制度，今年新增农村五保 23 户，死亡 24 户，为 546 户 552 人发放五保金 408 万元。在大病医疗救助工作方面：推行“一站式”医疗救助，不断扩大医疗救助对象范围，切实解决了困难群众看病就医难的问题，2017 年累计救助 470 人次，发放救助金 173.8 万元，资助城乡困难群众 1777 人参保、参合 32 万元。在临时救助工作方面：建立“主动发现、及时救助”工作机制。切实解决困难群众“救急难”问题，2017 年共为 702 户困难群众发放临时救助资金 93.98 万元。在特殊群体关爱方面：按照要求，为 57 名高龄老人、17 名失能老人、286 名困难残疾人发放救助金 18.8 万元。

【建立信息核查系统】 2017 年规范低收入家庭核查工作，完成农村低保、临时救助、农村五保、五类学生的入户调查工作，完成城市低保复核工作，摸清失地农民当前生产生活和财产变化情况。积极参加省市举办的各类核查工作培训，建立完善安泽县家庭经济状况信息核对系统，确保核查信息更加全面准确。

【双拥优抚安置工作】 2017 年是中国人民解放军建军 90 周年，双拥优抚安置工作以创建省级双拥模范城为目标，落实贯彻好优抚安置政策为基础，涉军信访问题源头化解工作为重点，探索新形势下发展机遇为突破点，立足基层，服务大局，群策群力，全面提高全县双拥优抚安置工作的整体水平。

1. 严格落实各项优待抚恤政策，积极开展春节和“八一”慰问。按照政策发放各类生活补助。义务兵家属优待金和退役士兵一次性自主就业金全部列入财政预算按时足额发放。2017 年，为全县优抚对象累计发放各类抚恤补助资金 390 万元。春节、“八一”期间，县四大班子领导带队走访慰问武装部、武警中队、消防大队部等驻安部队和军队离退休老干部、“两参”人员、军烈属等重点优抚对象，给他们送去党和政府的深切关怀，共发放慰问金 13.7 万元。为提升退役军人社会荣誉感，营造拥军优属良好氛围，完成军人荣誉展览厅建设。在全县搜集军人荣誉证、军功章、战役纪念等荣誉纪念品。

2. 全面开展部分军队退役人员信访问题源头化解专项行动。军队退役人员信访问题源头化解工作是 2017 年民政工作的重中之重，各级党委、政府高度重视，安泽县成立专项行动工作组，明确目标，落实责任。在工作中坚持问题导向和底线思维，靶向对标，精准施策，有效解决安泽县部分军队退役人员信访问题，着力做好重点人员的帮扶稳控工作。

2017 年开展军队退役人员大走访活动，为退役军人建立“五清”数据库。分三个工作小组对全县 52 名“两参”人员和符合安置条件的198名转业志愿兵（士官）、城镇义务兵进行逐户“面对面”走访，并详细了解情况，逐人填写《军队退役人员基本情况表》，建立工作台账，做到“五清”，为双拥工作精准开展奠定良好基础。

切实解决下岗失业军队退役人员工作生活困难，集中破解军队退役人员历史遗留问题。按照政策规定，为23名下岗失业退役士兵提供了公益性岗位，极大缓解了他们的生活压力。为8名转业志愿兵（士官）缴纳养老保险22.4万元，其中单位缴纳16万元，个人缴纳6.4万元。为92名军队退役士兵发放待安置期间生活补助费42万余元。此外，根据《安泽县军队退役困难人员帮扶办法》，通过城乡低保、临时救助、大病救助三种渠道对生活困难退役人员进行再帮扶，2017年发放补助资金12万元。

开展重点慰问和悬挂光荣牌匾活动。一方面，对全县52名“两参”人员进行慰问，共发放慰问金2.6万元；另一方面，开展为全县优抚对象发放、悬挂光荣牌匾工作，共悬挂光荣牌匾1597块，其中“光荣之家”1447块，“光荣军属”146块，“光荣烈属”4块，基本实现全覆盖。

成立“四个专班”和军队退役人员服务站。为更好的宣传双拥优抚安置政策，为军队退役人员提供各项服务，由专项行动工作组组长牵头，成立政策梳理专班、问题梳理专班、政策落实专班和重点人员管控专班，讲清政策依据，强化教育管控。由民政局牵头，成立安泽县军队退役人员服务站。开展“一站式服务、一条龙办理”，集中接待处理军队退役人员相关诉求，确保本地退役人员相关政策落实。

3. 以“三个强化”为抓手，大力推进烈士褒扬工作。随着社会主义核心价值观和“两学一做”学习教育的深入人心，烈士褒扬工作越来越受到社会的重视。以强化申报保护、强化基础建设、强化宣传教育为抓手，全力推进安泽县烈士褒扬工作。为王光烈士陵园申报省级烈士纪念设施。投资二十余万对县烈士陵园、王光烈士墓、和川烈士陵园、三交烈士陵园进行维修改造，对王光等革命先烈的英勇事迹通过多种方式进行广泛宣传。

组织开展双拥宣传教育活动。在清明节，为缅怀革命先烈，弘扬民族精神，组织多个单位开展祭扫活动。8月1日，与县人武部共同举办了庆祝建军90周年文艺晚会，9月30日组织全县的烈士公祭活动。通过实践活动和亲身感受，使广大干部职工明白自身的使命和责任，不忘初心，继续前进！

【基层政权建设】 1. 2017年完成安泽县撤并村组试点工作。在接到把安泽县定为撤并村组试点的通知后，立即部署、着手准备，多方调研、征求意见。向7个乡镇印发《安泽县民政局关于开展撤并村组试点工作的通知》，对个别乡镇就行政村提出撤并意见以及有关事宜进行走访调查和座谈，做到底数清、情况明。结合安泽县2017年扶贫易地搬迁的行政村的人口规模及地理环境、交通等因素，制定《安泽县撤并村组实施方案（草案）》。按照《村民委员会组织法》中“村委会的设立、撤销、合并，由乡镇政府提出，经村民会议同意后，报县人们政府审批”的规定，要求涉及撤并村组的各乡镇一定严格按照流程图法定程序进行。2017年10月底，唐城井上村、杜村良种场村已按程序撤并，撤并后，安泽县共有行政村102个。

【换届工作】 完成2017年第十一届村委换届和第六届社区换届工作。村（社区）“两委”换届选举工作是安泽县当前的一项重点工作，按照县委、县政府安排，从2017年10月开始，2018年1月底结束，按照上级的统一部署，切实加强组织领导，广泛宣传动员，精心安排组织，严格法定程序，各项工作进展顺利，全县102个行政村都已选举完毕，进入村务交接、机构成立等后续阶段工作。

1.“全面体检”，深入摸排。按照“先整顿、后换届”的要求，与组织部门开展“村霸”问题专项整治工作，制定《安泽县关于开展“村霸”问题专项整治工作的实施方案》，召开“村霸”问题整治工作联席会议，对相关工作做详细安排部署，加大对“村霸”和宗族恶势力的整治力度。经过摸底调查，安泽县未发现“村霸”问题。对“两委”换届重难点村进行摸底。根据以往换届经验，成立调研组重点对信访问题突出、历史遗留问题较多以及软弱涣散行政村进行摸底排查，排查出9个重难点村，掌握运行状况、思想动态以及不稳定因素等实际情况，切实做到底子清，情况明。

2. 深入宣传，营造良好换届氛围。为使换届工作家喻户晓、深入人心，通过标语、宣传单、微信链接等多种方式对换届相关知识进行重点宣传，编印《安泽县村（社区）“两委”换届一百问答手册》和《安泽县村委换届“你问我答”宣传单》，制作《中华人民共和国组织法》和《换届纪律“六个做到、六个严禁”》微信宣传链接，为换届选举工作营造浓厚的社会氛围。

3. 组建强有力的领导机构。县、乡两级都成立村（社区）“两委”换届选举领导组，县、乡党委书记亲自担任组长，认真履行工作职责。组织、纪委、政法、民政等领导组成员单位各负其责，共同抓好换届选举工作。

4. 制定详细工作方案。在前期精心调研、深入了解的基础上，结合实际，按照省、市要求制定《安泽县村村（居）委会换届选举工作实施方案》，对班子成员条件、职数、结构、选举方式、方法步骤等都做出明确的规定，为换届选举工作提供统一的文书范本，保证换届选举有章可循、规范操作。

5. 细化工作机构职责。为将指导、协调工作做实做细，县换届选举工作领导组下设办公室，办公室内设综合指导组、宣传报道组、案件查处组、督导检查组，明确各自职责，落实工作责任，建立工作进展日报制度、换届选举重大问题报告制度、突发事件应急响应制度、责任追究制度和督查指导组定期汇报制度，确保各项工作取得实效。

6. 严肃换届纪律，整肃换届环境。弊革风清的换届环境是做好换届工作的重要保障，以“三个强化”为抓手，推动换届各项工作顺利开展。成立4个由组织、纪委、政法等部门组成的换届督导组，对各乡镇的换届工作进行，坚持严字当头，从严把关，对换届选举引发的各类问题，早发现、早报告、早解决。各乡镇（社区）也跟进到位，密切配合，形成推进换届选举工作的整体合力。县换届工作领导组印制了500余份《关于严厉打击贿选、破坏选举等违法行为的通告》，张贴到各村、社区醒目位置。乡、村两级广泛宣传县委、县政府的政策要求，动员党员、群众珍惜民主权利、抵制歪风邪气。签订遵守换届纪律承诺书、候选人选前谈话制度，坚决杜绝“贿选”、拉票和黑恶势力、家族势力干涉等行为，对发现苗头性、倾向性问题，坚持露头就打、有报必查、动真碰硬，发现一起、查处一起。

7. 牢固基础工作，稳步有序开展。及时下发指导性文件、编辑简报、上报统计表。为把换届工作做细做实，统筹安排，分类指导，将单位职责、办公室内设机构、选票样板、应急预案、候选人资格条件等重要内容分类，以文件及时下发给各乡镇，共下发 13 个指导文件，编辑换届工作简报 19 期，按照要求上报日报表，做到有条不紊，组织严密。10 月 25 日上午，安泽县召开农村（社区）“两委”换届选举工作推进会和培训会，县四大班子领导、换届选举领导组成员、督导组成员、县直相关单位负责人，各乡镇党政领导班子成员、驻村工作队、第一书记、村官以及各村党支部书记共计 400 余人参加了会议。11 月 16 日召开村（社区）“两委”换届选举督导工作安排会，12 月 7 日召开村（社区）“两委”换届选举工作联席会暨推进会，确保全县村（社区）“两委”换届选举工作顺利开展。

在 10 月 25 日推进会后，原市民政局基政科科长贾改梅，围绕换届纪律、重要文件和省市领导讲话精神、换届选举操作流程等方面进行了专题培训，为做好换届选举工作奠定了坚实的政策理论基础。

组织业务骨干积极深入基层，对乡、村两级换届工作进行业务指导。11 月 21 日至 24 日，对和川镇、唐城镇、马壁乡、良马乡、冀氏镇、杜村乡的新一届支委委员以及全体选委会成员进行业务培训，对换届流程进行了详细解读，对注意事项进行着重强调，对风险点进行深刻分析，对疑难问题进行认真解答。深入各村提名候选人、选举大会现场进行业务指导，确保各乡镇换届工作顺利开展。

8. 严把候选人（竞选人）资格条件。严格把关，倡导将“三有三带”的优秀人才纳入提名候选人条件，将真正为民办实事的人选进村委会班子。同时，要求对“六不能、六不宜”严格审查，在乡镇初审的基础上再经县纪检、检察、法院、公安等 9 家单位联审，做到“六不能、六不宜”人员零当选。

9. 形成高压态势，处置信访案件“不手软”。在村委换届期间，共接到有关选举的群众来电、来访案件 1 起。对所有来电、来访案件中反映的问题，能直接答复的，选举办工作人员依照有关法律法规当场给予了答复，不能直接答复的，选举办转交于各相关乡镇和有关成员单位处理。对于马壁乡海东村来访案件，已经乡镇和公安部门处理完结。

【社会福利体系健全】 2017 年，将养老服务机构建设作为统筹城乡发展的重点工作来抓，不断完善城乡社会福利体系建设。1. 开展全县养老机构安全检查整改工作。为了抓好养老机构安全，根据临汾市民政局《开展养老院服务质量建设专项行动实施方案的通知》，制定《安泽县养老服务质量建设专项行动实施方案》和《安泽县民政局服务机构节假日安全工作实施方案》，进一步提升各养老服务机构养老服务水平。根据临汾市民政局《关于开展全市养老院服务质量交叉评估检查的通知》，严格按照要求配合上级检查部门完成交叉检查任务。

2. 加强农村留守儿童关爱工作。按照《山西省 2017 年特殊群体关爱行动计划》要求，开展特殊群体关爱活动，结合实际制定《安泽县农村留守儿童“合理监护、相伴成长”关爱保护专项行动实施方案》，确保安泽县留守儿童得到妥善监护照料。

3. 大力开展孤儿帮扶救助。按照孤儿保障政策，及时足额发放救助资金，2017 年为 21 名孤儿发放生活补贴金 14.3 万元。开展活动，关心关爱孤儿健康成长。春节期间，组织“春暖人间”结对帮扶活动，中秋节组织“城乡儿童‘共度假期　共享快乐’第一季——陪你过中秋”联谊活动，营造美好和谐的社会氛围。此外，还制定出台《安泽县孤儿关怀帮扶实施方案》，为安泽县孤儿帮扶救助提供了政策依据。

4. 加强流动人员以及特困精神病患者救助管理工作。坚持“自愿求助，无偿救助”的原则，严格执行流浪乞讨人员相关救助管理规定，搞好救助服务，2017 年，共救助 104 人次，发放救助资金 24534 元，共救助特困精神病患者 6 名。

【防灾减灾救灾】　2017 年，着眼于自然灾害应急响应机制建设，不断强化提升应急保障能力，进一步完善《自然灾害救助应急预案》。严格执行汛期 24 小时值班制度，全力做好灾情统计上报和救济工作。做到第一时间查灾核灾，第一时间上报灾情，第一时间实施救济救助，确保了灾情统计上报和救助救济工作的及时有效。2017 年，全县受灾人口 8346 人，农作物受灾面积 1588.56 公顷，倒塌农房 2 间，因灾造成直接经济损失 497.68 万元，争取上级自然灾害生活补助资金 360 万元，确保灾民的基本生活所需。

【专项社会事务】　1. 2017 年认真落实地名普查工作。为确保普查成果质量，成立安泽县“二普”工作专家质询委员会，聘请 7 位专家对安泽县地名普查成果进行审定验收。对拟入库的全部地名词条信息，逐一审核评定，确保每条入库的地名词条信息严谨性和准确性，并于 5 月份通过了临汾市的核查，完成国家要求的八项成果，并提交省级、国家级验收，目前处于整改阶段。

2. 在民间组织管理方面，不断加强对各类社会团体和民间组织的审批、监督、管理工作。登记的社会组织共有 33 个，其中：社会团体 31 个，民办非企业单位 2 个。2017 年新成立社会团体 1 个。

3. 逐步规范社会组织党建工作。6 月底，经非公和社会组织党工委批准，成立安泽县社会组织党委，下设 5 个党支部，逐步开展党建各项工作。12 月 7 日，社会组织党委顺利通过了市督导组的检查。

4. 婚姻登记规范运行。婚姻登记工作是一项重要的社会行政管理工作，今年广泛宣传婚姻法和婚姻登记管理条例，增强公民的法律意识和依法办事的自觉性。坚持依法行政，严格婚登手续，不办人情证、关系证，加强婚姻证件管理，全年共办理结婚登记 386 对，离婚 74 对，补发 104 对。

【自身建设】　1. 2017 年开展“两学一做”学习教育常态化制度化、维护核心见诸行动主题教育作为一项重大政治任务，认真谋划，精心组织，扎实开展。局党组以身作则，以上率下，带头学习理论，带头落实践行，围绕十八届六中全会精神、习总书记视察山西重要讲话精神、“7·26”讲话精神、“一书一文”、十九大精神学习贯彻五个专题集中进行深入学习研讨。认真制定学习教育计划，不断丰富教育内容，拓展“三会一课”为“八个一”，做到形式多样、氛围庄重，促进学习教育和组织生活在时间、内容、形式、质量上有效落实。通过多种形式的学习活动，净化党员干部的思想灵魂，树立“四个意识”，自觉在政治上思想上行动上与以习近平同志为核心的党中央保持高度一致。

2. 落实岗位目标责任制和考核制，签订目标责任书，研究细化工作计划，做到人人有责任、件件有落实。同时进一步加强制度建设，有针对性的进修订完善《学习制度》《党日活动制度》《约谈制度》《采购制度》《荣誉奖励制度》等各项工作制度，坚持用制度管人管事，用制度约束党员干部职工的行为，建立长效工作机制。结合安泽县“三基建设”工作要求，对本单位各项业务工作进行了系统梳理，用新标准新要求规范各股室工作职责、业务流程和档案管理，编制《安泽县民政局工作手册》《社会救助政策指南》《防灾减灾知识宣传手册》等服务手册，提高基础工作能力以及便民服务水平。

3. 结合“两学一做”，在加强理想信念教育的同时将道德教育作为学习的必修课，树立正确的道德观，营造务实肯干、勤政为民的良好氛围。开展“工间操”、重阳节文艺联欢等特色活动，建立“健康、快乐、和谐、高效”的工作环境。通过这些特色活动的开展，单位凝聚力增强了，作风转变了，干部职工工作积极性进一步提高了。

（郭瑞平　李阳）

残疾人联合会

【机构概况】　1990年4月14日，安泽县编制委员会〔1990〕3号文件同意设立安泽县残疾人联合会，机构级别为正科级单位，编制5人，人员从县直超编单位和民政局调整解决，安泽县残疾人联合会正式成立。近年来，残联机构逐步完善，内设办公室、康复股、组宣股、维权股、就业所、用品用具站等股室。1995年11月21日安编字〔1995〕9号文件批准成立“安泽县劳动就业服务所”，为股级规格，是县残联的直属全额预算事业单位，人员编制3人。2017年共有干部、职工15人（其间退休2人）自残联成立以来，都是租房办公，2016年县财政把原质量监督局整体划拨给残联，自此有了固定的办公场所，满足了工作需求，方便了残疾人。

【“讲、知、守”学习教育】　2017年在“讲政治、知敬畏、守规矩”学习活动中，严格按照安泽县活动领导组会议与文件精神要求，制定活动的实施方案，成立领导组，副理事长及科室主要成员组成的学习领导小组，认真学习规定动作，写心得、谈体会、搞调研，做到工作学习两不误。为了把问题找准、找全面，残联采取多种形式，召开座谈会、走访、发放征求意见表、调研，征求大家对残联工作和学习的意见和建议。为此还召开班子专题民主生活会和组织生活会及全体工作人员会议，深剖细挖根源，制定整改措施。学习活动的开展极大地调动了残疾人工作者的工作热情，增强责任感和主动性，提升对残疾人服务的工作能力，促进了各项工作的开展。

【残疾人技能培训】 2017 年为进一步做好残疾人就业服务工作，提升残疾人就业服务水平和效能，结合工作实际，落实责任，使残疾人拥有一技之长，加大残疾人就业培训力度，提高残疾人职业技能水平，增强残疾人就业竞争力及社会参与能力，选送 3 名残疾人到市残联组织的职业技能培训班。

【残疾人证换发】 2017 年在换发第二代“残疾人证”过程中，为提高办证效率，给各乡（镇）残联及两个居委会印制了《申请表》《残疾评定表》1 万余份。为办证和换证工作打好坚实的基础，2017 年底全县已发放“残疾人证”4066 人。此外，还积极争取上级免费用品用具、免费发放康复用品用具 30 余件，妥善解决部分特困残疾人的实际生活困难。

【康复救助】 2017 年为确保全县顺利完成“白内障无障碍”工作目标，按照市的通知要求，邀请临汾爱尔眼科专家来安泽县对白内障患者做了术前检查，现场为 1500 名患者进行眼病筛查，其中 95 人通过各项检查符合复明手术要求。同时，各项康复任务全面完成。为 30 余名各类残疾人提供康复需求服务、为 2 例残疾人免费装配假肢，完成 5 名 0—6 岁残疾儿童康复训练任务。

为做好 2017 年全县重度残疾人护理补贴审核工作，单位严格按照上级要求规定，制定实施方案，并召开专门会议，对此次工作进行周密安排。全县 7 个乡镇（两个社区）专职委员全部开展筛查、审核工作，在电视台进行宣传、力争做到“零差错”“零漏报”。通过入户登记，实事求是地获取重度残疾人的各项信息资料，并组织相关人员建立工作档案，1—6 月份确认了符合政策规定范围的残疾人共计 1148 人，发放资金 34.44 万元，7—12 月份确认了符合政策规定范围的残疾人共计 1209 人，发放资金 36.15 万元，全年共发放资金 70.59 万元。

【残疾人信息数据更新】 2017 年为保证残疾人基本服务状况和需求数据更新工作的顺利开展，组织各乡镇分管副职、专职委员、业务骨干及系统操作员等相关人员参加的残疾人基本服务状况和需求数据更新培训大会，采取现场讲解、现场答疑、现场模拟的方式进行系统、全面的讲解。进一步理顺思路、摸清难点，熟练掌握信息数据更新工作的标准、口径、方法和系统使用等相关工作，保证信息数据更新工作科学、有序、高效的开展。此次残疾人信息数据更新工作，全县入户调查 3604 人，电话调查 191 人，入户率达到 98%。入户调查登记结束后，为确保调查数据的真实性和准确性，通过自查、互查、议查等方式开展复查检验，发现错误，据实更正，严格控制数据更新质量，做到“横向到边、竖向到底”。通过这些措施，圆满完成全国残疾人基本服务状况和需求信息数据更新工作。

【救助特困】 2017 年在“两节”期间慰问

救助200户特困残疾人家庭，发放救助金、慰问品价值2万余元。在第二十七个“全国助残日”期间，结合实际对这次活动进行全面安排和周密部署，组织和开展形式多样的扶残、助残系列活动，使得“全国助残日”活动有声有色。在县城主要街道大力宣传以“推进残疾预防、健康成就小康”为主题的宣传活动。共发放政策宣传材料500余份，营造出良好的社会舆论氛围。随后，县残联工作人员，深入到府城镇新世纪幼儿园对6名残疾儿童进行走访慰问，为他们送去书包、画板、铅笔等学习用具。在帮扶期间领导班子一行深入马必乡东里村为17户建档立卡贫困户送去850只鸡苗，每户50只。为8名建档立卡贫困残疾人送去轮椅，此次活动使广大残疾人切实感受到党和国家给他们送去的温暖。

按照上级要求，2017年安泽县需要确定精准扶贫户内的20户残疾人为基层党组织重点扶贫户。12月成立调查摸底工作小组，开始在全县进行筛查工作，按照贫中选贫、困中选困的原则，深入帮扶对象家中了解情况，并把有劳动能力、有发展思路、有积极性的残疾人确定为帮扶对象，并在乡镇所在村公示无异议后，实施帮扶。20户帮扶对象调查摸底工作力已全面完成。

民族宗教事务

【落实省、市民族宗教工作会议精神】 2017年深刻领会中央和全国、省、市宗教工作会议精神，准确把握习近平总书记关于民族、宗教问题的新思想新观点新要求，切实把思想和行动统一到中央、省、市领导的讲话上来，统一到中央、省委和市委的工作部署上来，进一步增强做好新时期民族宗教工作的责任感和紧迫感。1. 通过会议的形式召集各乡镇宗教分管领导及统战人员安排全县治理基督教私设聚会点工作推进会；2. 新《宗教事务条例》出台后，利用安泽统一战线微信平台、利用信教群众聚会活动之机，通过制定《宗教事务条例》和社会主义核心价值观宣传版面等形式认真学习新《条例》内容、内涵和实质，并组织宗教界人士及宗教教职人员探讨新《条例》具体贯彻落实情况，宗教教职人员要按照《条例》要求，加强自我管理，重点抓好制度建设，并严格按照各项规定开展工作。3. 十九大召开期间，全体人员和所在支部（统战部党支部）人员集体观看党的十九大开幕式，认真聆听习近平总书记报告内容、特别注重十九大报告中关于宗教工作内容。

【提高宗教工作法治化水平】 2017年依法管理宗教事务是党的宗教工作基本方针的重要内容。始终把宣传作为抓民族宗教工作的切入点，常抓不懈。通过座谈、印制标语、发放宣传资料等形式，把党和国家的民族宗教政策的要点、重点传递出去，让广大民族人士、信教群众及基层党员干部了解政策掌握政策。在民族宗教政策法规学习月活动期间，进一步开展宗教界“两学一做”活动，在宗教界开展学法律法规、学教义教规、做合格宗教教职人员“两学一做”活动，做好宗教法律法规政策进宗教活动场所，使宗教界在思想上、行动上与党和政府同心同行。鼓励、支持宗教活动场所建立普法联络员、宣传员队伍，用信教群众听得懂、易于接受的方式宣讲宗教政策法规，引导信教群众自觉履行法定义务、社会责任、家庭责任，增强国家意识、法律意识、公民意识，既做好信教群众，又做好公民。

【民族宗教领域和谐稳定】 2017 年为党的十九大召开营造良好环境是安泽县民族宗教工作的中心任务。多措并举，确保宗教活动场所安全稳定。切实加强宗教活动场所安全工作，切实保障信教群众生命和财产安全，从根本上、源头上有效防范和坚决遏制宗教活动场所安全事故发生。根据市、县文件要求，结合安泽县民族宗教的实际情况，联合乡镇、消防队相关人员深入宗教活动场所开展消防安全检查工作。1. 制定《关于做好宗教活动场所安全工作的实施方案》相关文件，明确工作目标、检查内容、工作措施；2. 分别和三个宗教活动活动场所负责人签订《宗教活动场所安全工作责任书》，并要求宗教活动场所负责人写承诺书；3. 通过悬挂安全宣传标语、发放安全宣传单，邀请消防队专业人员讲解火灾预防、自救、灭火器正确使用方法，讲解宗教活动场所消防安全常识，提高广大信教群众消防安全知识；4. 认真检查各场所的疏散通道和安全出口是否畅通、消防设施器材是否完整好用、电器线路等问题，并对检查情况进行详细记录。对检查出的问题，责令负责人迅速整改，切实负起责任，在各宗教活动场所张贴消防安全标识牌，并明确要求各场所要充分认识到消防安全工作的重要性。特别是在十九大召开期间，为全面做好安泽县宗教领域维稳工作，切实把维稳工作落到实处，采取制定方案、部门联动、坚持宗教信访“零报告”制度等形式深入各宗教活动场所积极开展宗教领域不稳定因素排查工作，及时掌握信访、上访隐患信息，提前做好维控工作，坚持让领导放心、信教群众满意的原则，认真、热情处理信访信教群众事项，十九大召开期间没接到一起宗教信访案件。

【遏制基督教非法势力发展】 2017 年为深入贯彻全国宗教工作会议精神，依法加强对宗教事务的管理，有效遏制基督教非法势力，根据年初中央统战部、市民宗局下发的关于《治理基督教私设聚会点》、临民宗发〔2017〕24 号《关于在全市开展治理基督教私设聚会点百日行动的通知》等相关文件要求，积极开展治理私设聚会点摸底排查和治理工作。1. 联合国保大队、派出所、乡镇分管宗教工作领导、村委会领导等相关部门对全县七个乡镇、重点村进行入户调查，走访调查了四个乡镇和三十多个村，彻底摸清基督教非法聚会点的情况；跟各聚会点主要骨干进行接触，给他们讲政策、讲办法，做思想工作，了解他的思想现状；协同各乡镇、村、公安部门给私设聚会点下达整改告知书，并同有关部门协商解决办法。2. 按照市局“治理私设聚会点百日民宗局行动”文件要求，向县级领导反映安泽县私设聚会点现状及治理情况。8 月 24 日下午，召集各乡镇分管民族宗教工作领导及统战人员在县政协会议室召开全县治理基督教私设聚会点工作推进会，详细安排治理私设聚会点工作阶段、治理方法、治理目标，发放各类排查表、委托书、监管书、责任书。3. 建立“县乡村三级宗教网络”机制，在全县七个乡镇范围内开展私设聚会点排查摸底工作，并进行有效地监督管理。

【走访、慰问信教群众】 2017年服务是宗教工作的重要方法，也是拉近与信教群众距离的重要手段，通过搞思想交流会、对困难信教群众的帮扶等形式，真正和信教群众成为朋友，掌握他们的思想动态，为信教群众爱国爱党架起桥梁。春节来临之际，对全县三个宗教活动场所及30户贫困信教群众进行走访慰问，为他们送上米、油慰问品，与宗教教职人员亲切交谈，了解教会安全、财务等方面的情况。深入困难群众家中，详细了解他们的生产、生活情况，并鼓励他们要树立信心，迎难而上，争取早日脱贫。通过走访慰问，进一步拉近党和广大信教群众的关系，使信教群众充分感受到党和政府带给他们的温暖。

【学习宣传工作】 1. 2017年把信息工作作为民族宗教的一项基础性工作，完成市局、统战部下达的信息指标任务，上报市局信息20篇，调研报告1篇，其中信息市局采用12篇，省局采用3篇。2. 开展“讲政治、知敬畏、守规矩”专项治理活和“两学一做”活动。全体人员定期参加统战部党支部“两学一做”“讲知守”学习内容，积极参加县委机关党委组织的红色教育体验活动。通过开展“讲知守”活动，坚持在工作、生活中多形式、多渠道查找问题，坚持“四查”“四看”，坚持严行、严查、严改。实实在在的解决民族宗教领域的突出问题和难点问题，真正做到政治上讲忠诚、思想上知敬畏、行动上守规矩，为开创民族宗教工作新局面提供保障。

【“和谐宗教场所”创建工作】 2017年为进一步提升宗教活动场所管理水平，根据省、市“和谐寺观教堂标准”，继续开展以促进“活动规范、管理规范和行为规范”为主题的和谐教堂活动，弘扬正能量、树立新形象。1. 场所环境整治方面。多年来，安泽县各宗教活动场所给人“脏、乱、差”的印象，开展以室内整洁、院落绿化、垃圾处理、卫生环保为重点，全面加强宗教活动场所环境整治工作。特别是安泽县城墙岭天主教活动点，教职人员通过和洪洞主教负责人沟通、协商，争取一些资金，装修教堂、住宿、食堂，整个活动场所硬件设施、环境卫生都有了较大的改善。2. 在规范财务管理方面。积极督促各活动场所开设银行账户，安泽县3个宗教活动场所都已办理刻章手续，2个场所办理了银行开户相关手续，账务有专人负责管理。各场所收入渠道单一，基本上是靠信教群众随心奉献。各宗教活动场所财务都会定期公开，公开开支内容、开支数额等。财务方面使用统一的会计科目、报表和收款发票等。3. 场所安全方面。确定各场所负责人为第一责任人，为从根本上、源头上有效防范和坚决遏制宗教活动场所安全事故发生，确保安全生产和社会稳定。通过和谐寺观教堂创建活动，安泽县宗教教职人员队伍的政治素质、宗教学识有显著提高，宗教场所的规范管理、争先创优的氛围已经初步形成，宗教界爱国爱教、服务社会的意识得到了强化。安泽县民宗局将会继续深入推进和谐创建工作，进一步提升宗教工作管理水平，促进宗教界的团结和睦，维护社会和谐稳定。

【扶贫包村工作】 2017年按照脱贫攻坚工

作要求，驻村工作队驻村期间与大黄村两委通过入户走访、调研、开例会等形式探讨村集体经济收入、产业结构调整和脱贫攻坚等问题，并与村干部及群众同学习、同工作、同劳动，了解群众生产生活中的所急所需所想。1. 年初慰问大黄村贫困户15户，中秋节慰问贫困户5户。2. 通过参加两委班子会议，开例会等形式，下乡工作队深入包联村，就大黄村2017年村集体经济、产业调整、扶贫工作、护林防火等问题进行了走访调研，同时为包联村送去了护林防火服10套，悬挂护林防火宣传标语2条。3. 包联府城镇大黄村，共有贫困户5户5人，按照国家规定都属于社会兜底脱贫困户，为了把扶贫政策落实好，让贫困户感受到党的扶贫政策会给他们带来实实在在的收益。大黄村委会商议制定切合实际的帮扶措施，安排5户贫困户看护连连翘，挣取看护费，为其中2户小额贷款安装4000瓦光伏发电增加收益。在调查研究的基础上，发现宗顺利贫困户有一定的劳动能力，他购买两头猪仔饲养，养成后可以增加收入3000余元。4. 驻村的两名党员驻村期间同大黄村书记、第一书记等村干部上门入户，了解贫困户近期生产生活、家庭收入、居住条件等情况。对原有的档案资料进行更新、补充、完善，和大黄村广大年轻的党员干部上村道进行卫生环境大整治活动，参加大黄村严禁采摘青翘工作，辣椒采摘工作等。10月份，认真贯彻落实“手牵手，帮收秋”活动，帮贫困户收秋既密切联系了包联人员和贫困户的关系，又解决了贫困户缺劳动力收秋的困难，让他们深深感受到党和政府无微不至的关怀。

老龄工作委员会

【老龄宣传工作】 2017年为在全社会进一步弘扬尊老、敬老的传统美德，努力营造重视老龄事业发展的良好氛围，立足实际，充分利用广播、电视、报纸、网络等各类新闻媒体，采取多形式开展老龄工作宣传教育活动。1. 与成员单位和社会各界加强联系沟通，实时传达涉老政策文件精神，加强单位互动，形成敬老合力，促进老龄工作深入开展。2. 在重阳节期间，向各乡镇、单位、老年人家庭大力宣讲习近平总书记关于加强老龄工作的重要指示、人口老龄化形势、积极应对人口老龄化的重要意义，发放新修订的《山西省〈老年法〉实施办法》和老年优待政策宣传资料300余份，在县城主要街道、敬老院悬挂宣传敬老横幅、标语20余条，营造祥和的节日气氛和良好的敬老爱老舆论氛围。3. 设立老龄工作宣传组，向省市老龄报刊、县政府网、党建网、平安网等积极上报本县老龄工作信息和涉老信息，及时发布国家省市老龄工作的政策法规、文件通知、工作流程、公开事项、动态信息，切实做到广泛普及老龄法规政策。其中，部分工作经验和做法，被省市县报刊、网站采用，推进了安泽县老龄事业发展氛围。

【落实老年人优待政策】 2017年坚持以人为本、关注老年民生，努力改善老年人生活质量。1. 落实好全县高龄老年人生活补助、医疗优待金工作。经过耐心细致的申报、审核、制表等各环节的工作，现已完成汇总并转交财政部门发放，做到老人、家庭、社会、政府四满意。其中：农村70岁以上老年人享受新农合优待2977人，每人年补助150元，补助金446550元；农村和居民非离退休80—89周岁889人，每人年生活补助1080元，补助金960120元；离退休80—89周岁99人，每人年生活补助360元，补助金35640元；90—99周岁85人，每人年生活补助1200元，补助金10.2万元；百岁老人1人，发放年生活补助3600元。生活补助、医疗优待金共计1547910元。惠及全县3177位老年人。

2. 办理老年优待证减费提速。依据省市文件精神要求对办理老年优待证实施免费办理，并对办证程序进行全面减负，做到随到随办，当月申请当月取证，受到广大老年人的一致好评。全年共办理发放老年优待证200余本。为老年人出行、医疗、旅游优待等方面提供便利。

3. 做好春节、重阳节慰问工作。春节前夕，县委书记李强、政府副县长、老龄委主任刘合生分别深入府城镇、和川镇4户高龄老人家中，送上了白面、大米、食用油、牛奶等慰问品。另走访慰问全县7个乡镇4个社区的70余户90岁以上高龄老人和80岁以上贫困老人，为他们送上白面、食用油等慰问品和春节的祝福。

重阳节期间，对全县范围内的80余户90岁以上高龄老人走访慰问，为每户送上棉被一套，让他们切身感受到了党和政府的温暖。10月25日，县委书记李强，县委常委、组织部部长张曙光，政府副县长刘剑深入唐城镇敬老院、县四大班子领导分别到退休老干部尚旭、王修印、雷保庆与高龄老人王明德、鹿淑珍、杨爱英家中，送上面粉、食用油、被服、营养品、锅具等慰问品，10月26日，县委书记李强、县长牛庆国同安泽县百岁老人及100余名老干部欢聚一堂共度重阳，观看文艺演出、共享团圆盛宴，充分显示了县委、政府对老年人的关心关爱。

【老年人权益保障工作】 2017年为把老年人法律服务和法律援助工作落实到位，与县司法局紧密协作，维护来访老年人权益。设立老年人法律援助工作站，确定专人负责老年维权救助，对来访老年人讲解老年维权和优待政策，对老年人诉求实行及时受理或及时转送司法部门并做到限时办结，对生活困难的老年人为其争取法律援助和减免律师费用。3月8日、5月2日，两次与联动中心、文欣社区、法院、府城司法所联动预约，对康文斌反映其大舅哥高洪武不赡养老人一事，作说服教育、调解判决，最后高洪武兄妹四人就分担赡养费达成一致意见。

【老龄工作主要数据统计】 1. 2017年开展老年人口信息统计、乡（镇）社区老龄工作主要数据统计、乡（镇）社区老年人协会建设及作用发挥情况调查，由全县8个乡镇（社区）负责信息采集，县老龄办负责数据信息的录入汇总，制作安泽县60岁以上老年人基本信息表。经统计，全县60周岁老年人数12332人，占总人口比例14.76%。其中，60—64岁4915人，65—69岁3699人，70—79岁2644人，80—89岁988人，90—99岁85人，百岁老人1人。

2. 完成安泽县老龄事业十三五发展规划的编制工作。根据省老龄办通知要求，结合本县实际，制定实施方案和十三五发展规划草案，为决策县域老龄工作、制定老龄政策、改善老年民生等作出安排。

【驻村帮扶】 2017年帮助包联村制定脱贫计划、帮扶贫困户、规划修路、服务调产、搞好支部建设、护林防火各项工作。帮助村集体发展红叶岭旅游业和贫困户红叶岭打工增收。驻村开展村情民情调研，定期走访包联户了解其生活情况，提供脱贫产业帮扶指导，帮助解决生活中的实际困难。清明节为包联村送护林防火服10套，并悬挂护林防火宣传条幅4条。春节前夕为22户贫困户各送面粉一袋，6月14日为包联的12户贫困户各送化肥（尿素）两袋，中秋慰问月饼、食用油，改善贫困户基本生活，提高贫困户生产增收能力。

唐城镇

【概述】 唐城镇位于安泽县西北33公里处，太岳山东南麓，西、北与古县接壤，东与沁源毗邻，是一个山区乡镇，最低海拔1001米，最高海拔1260米，无霜期172天。全镇总面积177.9平方公里，境内沟壑纵横，土质肥沃，煤炭资源丰富，生态环境良好，森林覆盖率达到65%，森林面积133889.4亩，野生植物及中药材资源丰富，达200余种，尤以国家二级保护植物流苏树以及丁香和连翘最为出名，全县第二大河——蔺河纵贯全镇南北，天然径流量为300万立方米/年。马唐公路纵贯全境，另有通古县、沁源出境公路各一条，现正在建的中南铁路永鑫专线，穿越南北。辖唐城、上庄、三交、东湾、亢驿、南湾、庞必、梨八沟、议宁、冯子节、李家沟、固县12个行政村，40个自然村。共有12913口人，其中农业人口9222人，非农业人口432人，外来常住人口3259余人，人均纯收入8500元。耕地面积22800亩，其中：玉米21475亩，年产量9592吨，小杂粮1500余亩，年产量240吨，优质核桃6000余亩，年产量110吨。煤炭资源丰富，含煤面积达140平方公里，贮煤面积约占全镇总面积85%以上，尤以上庄、三交、南湾、庞壁、梨八沟一带最为丰富，系优质铸焦煤。全镇共有太岳、永鑫2座大型焦化企业，4座现代化煤矿，9座洗煤加工企业，四个制砖厂，原煤产量340万吨、焦炭产量240万吨、甲醇12.11万吨、液氨5.68万吨、煤焦油9.5万吨、粗苯2.38万吨、硫铵2.8万吨，工业生产总值42亿元。

【党建工作】 2017年唐城镇以党建统揽全局，重点实施党建“六大工程”，以“两学一做”学习教育常态化制度化为抓手，以“三基建设”为统领，狠抓了思想政治建设、组织建设、队伍建设、作风建设和制度建设，党组织战斗堡垒作用和党员先锋模范作用得到充分发挥。

1. 实施以强化思想建设为主要内容的“引领工程”。唐城镇始终将党员干部思想政治建设放在首位。坚持问题意识、突出精准发力，围绕“123”工作任务，把建强基层组织摆在首要位置。把握一条主线，就是紧紧把握学习宣传贯彻十九大精神这条主线，开展“五学”把十九大精神学懂弄通做实，即集中收看开幕式学、大喇叭广播学、微信平台学、知识测试学、印发手册学。镇党委中心组率先垂范，集中学习4次，交流研讨1次，以习近平新时代中国特色社会主义思想指导各项工作，在全镇形成了学习十九大、宣传十九大的浓厚氛围。抓实两项教育，将“两学一做”学习教育常态化制度化作为落实全面从严治党的重要抓手，坚持每个党支部一周一学习、一月一讨论，一月一心得，今年以来共集中学习600次，交流研讨165次，撰写心得体会4000余篇；严格按照时间节点落实“8+5”重点任务，集中学习讨论习近平总书记视察山西重要讲话精神和“一文一书”，增进了各级党组织维护核心、见诸行动的坚定性和自觉性。聚焦三个重点。选优配强农村“两委”班子。以农村“两委”换届为契机，坚持“减员提薪”原则，严格控制“两委”职数，每村选配1名村级组织员，作为农村干部后备人选，协助“两委”工作。12月17日，全镇12个农村党组织换届顺利完成，换届后农村党组织班子成员平均年龄下降4岁，妇女担任支部书记3名，本土人才回归6名。抓好活动场所标准化建设。以19项基础功能、X项扩展功能的“19+X”为标准，完成12个村级组织活动场所标准化建设，打造集村民议事、教育培训、“311”服务、文化娱乐、村务信息、示范引领为一体的“六个中心”。“用好四本手册、执行两个制度、遵守三项指导”着力规范组织生活。以县委组织部印制的党委、党支部、党小组、党员“四本手册”为抓手，严格执行县委规范“三会一课”、全面推行党员活动日两个重要文件，以县委印发的三本常态化制度化指导手册为遵循，从严规范组织生活，今年各支部共开展各类党日活动12次，切实增强了支部凝聚力、创造力和号召力。

2. 实施以强化队伍建设为主要内容的“标兵工程”。践行“两学一做”学习教育常态化制度化，干部队伍是关键。重点抓好了“六支队伍”建设。抓好机关党员队伍管理，通过抓集体学习，抓纪律作风整顿，抓精神文明建设，将机关党员干部队伍打造成为一支干实事、求实效的主力军。抓好农村“两委”主干队伍管理，通过“领头雁”培训、强化考评、促进团结等方式，农村“两委”主干队伍展现除了齐头并进干事创业活力，将能干事、会干事的优秀干部选配到了支部书记岗位上。抓好网格长队伍管理，将对网格长进行业务培训。发挥网格长巡查、代办、调解问题作用，网格长排查出问题46个，为群众代办事项达82件，有效地维护了稳定，促进了和谐，密切了干群关系。抓好“两代表一委员”管理，组织每名代表每年撰写1–2篇高质量的议案，积极建言献策，参政议政。2017年，代表发表意见建议3条，解决实际问题1–2个，致力唐城各项事业发展。抓好第一书记及挂职干部管理，抓好第一书记及挂职干部的工作、生活、住宿、请销假等日常管理，在扶贫攻坚、党建开展、环境卫生整治一线发挥聪明才智，增长才干。

3. 实施强化政治功能为主要内容的“堡垒工程”。开展支部党建规范化建设工程。按照组织健全、制度完善、运行规范、活动经常、档案齐备、作用突出的要求，大力推进村级党支部规范化建设，选树两个示范点示范带动。同时将“两学一做”学习教育与“三会一课”、党员活动日、四议两公开、“定查评”、党建第一责任人等制度作为党支部建设的基本制度融入日常，抓在经常。“七一”期间在全镇各党支部中开展了庆祝建党96周年“六个一”系列活动，党组织的凝聚力和党员的先锋模范作用得到充分发挥。党建工作与中心工作有机结合统筹推进。“两学一做”学校教育，重点在做。支部堡垒作用发挥关键在与将学习教育与各项中心工作统筹规划，同步开展。统筹全镇群团改革工作。本着“去四化、强三性”、实施“四大工程”的工作原则，始终把群团工作放到中心工作的大格局中通盘考虑，强化领导，整合资源，统筹安排，凝聚合力，推动了工、青、妇合署办公，分工协作，形成了推动经济社会发展的强大合力。群团工作部下设20个群团工作站，13个行政村、5个煤矿焦化企业、300余家个体工商户挂靠工商所、16家合作社挂靠农经站，实现了行业、架构全覆盖。

4. 实施以关怀帮扶为主要内容的“暖心工程”。在关怀困难党员上，“七一”期间共对对全镇80余名生活困难党员进行慰问。在关怀贫困户上，包村干部和包村人员为贫困户送去生日祝福和慰问物资，帮助贫困户出谋划策，寻求增收致富支撑点，为他们送去党的关怀和温暖。在帮扶企业发展上，成立服务企业领导小组，及时解决企业发展中遇到的用地、手续报批、社会治安、环保引发的信访难题。

5. 实施以“支部+协会+合作社”为主要内容的“金桥工程”。将党支部在政策上的优势与协会（合作社）在产业发展上的优势相结合，走出农业经营产业化新路子。各村成立“支部+协会+合作社”或“村委+公司”13个，遍布种植、养殖、运输、服务等各个领域，继续发挥支部引领产业、党员引领创业、带动群众增收作用。村集体经济破五万工作顺利开展。采取土地流转、资源整合、以富带穷的模式，全镇集体经济已全部破五万。冯子节村以加工粉制品为主、固县村、李家沟村以小杂粮加工为主，上级40万元启动资金全部到位。

6. 实施以抓基层党建工作责任促党风廉政建设的“清风工程”。建立领导责任制。把党建工作列入长远规划和年度计划，统一部署。建立了一把手负总责，亲自抓，分管领导靠上抓，各支部书记具体抓，一级抓一级，一层抓一层，齐抓共管的领导工作机制。严格落实好党建工作目标责任制。把党建工作的内容和标准要求、奖惩措施，进一步细化分解，按照职责分工，逐级分担落实责任，建立定性分析与定量考核相结合的考核体系，严格实行目标责任制考核，把考核情况与部门奖励、干部使用和评优奖惩直接挂钩。毫不放松地抓好廉政建设。廉而不勤要误事，勤而不廉要出事，不廉不勤更坏事。要求全镇上下必须时刻警醒，慎独、慎初、慎微。一定要算好政治账、经济账、法纪账，过好金钱关、权力关、社交关、亲情关、作风关，常思贪欲之害，常怀律己之心，不能越雷池半步，2017年共处置问题线索13件16人。

【产业发展】 2017年结合镇村地域实际，初步形成了有机玉米、特色种植、道地药材、畜牧养殖、三产服务等产业发展格局。

着力做好了“稳粮增收”大文章，以科技入户为抓手，推广丰产方建设、测土配方施肥和病虫害防治技术，优质玉米种植达2.3万亩。上庄村、亢驿村、梨八沟核桃基地做好管护工作，核桃成活率达85%以上，上庄村套种1100亩黄芩已产生了效益，巩固扩大了板栗种植面积；完成辣椒种植200亩；完成了固县30亩水果实验基地建设工作；完成了冯子节苗木基地310亩管护工作。新建了南湾村笨鸡散养1000只的养殖场。扩大了唐城村大型机械规模、冯子节村绿化队伍、三交矿区服务队伍和上庄村富民运输合作社规模，解决剩余劳动力350余名。稳步推进了“农民工人化”进程。实行镇党委、政府统一协调，村企联合服务组培训指导的模式，采取户户建档案，家家建台账的方式，高效有序向企业输送劳动力，2017年，向企业输送劳动力213人，在企业务工的达到2700余人。

【精细煤化工园区建设】　2017年按照全县“一区两园”的发展部署，抢抓唐城镇成立工业园区的优势，协助企业做好工业园区前期规划，征占地审批工作。重点是要保企业，保增长，保运行，服务好企业是工作重中之重。更要合理规划。对工业园区内各企业规模、产业链条、人口、村庄、社会事业等发展做出合理规划。以开展“服务企业年”活动为契机，调整了服务企业领导小组，明确责任人，实行“1+1+3”帮扶工作机制，定期深入煤焦矿企帮助解决难题。即：一名分管领导，每个企业一名包联工作人员，每月询访煤焦企业三次，建立帮扶企业台账，为企业提供个性化服务，及时解决企业发展中遇到的用地、手续报批、社会治安、环保引发的信访难题。2017年，党委书记、政府镇长、分管领导和领导小组成员共深入企业询访94次，解决问题71个。

【重点项目建设】　2017年，唐城镇共承担五项重点工程。1. 1000亩油用牡丹任务分配到各村，于11月底完成栽植任务；2. 共投资8.22万完成栽植野生连翘240亩，其中野生抚育60亩，标准化连翘示范基地50亩，13个村130亩连翘示范园连翘栽植已经完成；3. 松林生态开发有限公司已投资1600万完成了庞必、三交村680余亩耕（荒）地和5400亩林地征地工作，对辖区范围内25000余棵核桃树、杨树、槐树等经济林木补偿工作；4. 议宁村易地搬迁集中安置点投资153万，安置10户30人，其中建档立卡贫困户8户24人，同步搬迁2户6人。4月份开工建设，已全部入住；5. 唐城镇唐城村垃圾填埋场，已完成前期可研立项工作。

【脱贫攻坚】　2017年，唐城镇以“16524”作为脱贫攻坚总体工作思路，大力实施精准扶贫，切实做到因地制宜、分类实施、扶贫到户、责任到人，认真落实政策，加大产业扶贫力度，全镇上下凝心聚力、协同攻坚，全力打赢脱贫攻坚战。全镇204户468人的贫困人口，安装分布式光伏79户，安装66户，占比45%；贫苦户种植油用牡丹267.5亩，实现户均1—2亩；通过核桃基地管护带动贫困户15户26人；通过“村集体+公司+贫困户”的模式，借助安泽连翘优势，带动贫困户53户增收，每户至少增收1000元；共有40户40人的贫困人口通过进企务工增加收入；社会兜底85户154人。议宁村易地搬迁集中安置点投资153万，安置10户30人，其中建档立卡贫困户8户24人，同步搬迁2户6人。4月份开工建设，已全部入住。大力关注贫困户的下一代成长，利用“雨露计划”等方法给予扶助，结合“五类贫困生”救助政策，对贫困户子女上学进行资助。认真落实健康扶贫政策宣讲健康服务工作。与全镇204户468人签约，签约率100%，乡村干部家庭医生团队，每月随访一次，宣讲中政策，代办代报民政救助、医保报销工作。并根据贫困户需求量身定制健康教育处方和个体化教育。健康扶贫政策实施以来，加大力度宣传，提高政策知晓率，提升群众满意度，2017年，享受“136”政策15人，享受光明扶贫白内障救治4人，享受辅助器具（轮椅）免费适配6人，基本医疗保险缴费救助全部享受（每人180元）。并以优异的成绩迎接了省督导组检查。正按照一村一品一主体和“两不愁三保障”要求，实现了家家有产业支撑，户户有增收渠道，脱贫攻坚稳妥推进。

【环保、环境卫生整治】 环保工作方面，迎接环保部检查两次。与2家焦化企业、7家洗煤厂、4家煤矿、18家“散乱污”企业负责人进行了约谈，438条问题全部得到整治。对全镇13家行政事业单位使用燃煤锅炉进行了排查，全部供暖面积23612m^2，供暖人数1241人，并渐进式的进行了改造。健全了网格化监管体系，对露天焚烧进行了严格的监管。环境卫生整治方面，从3月20日至6月20日开展了环境卫生百日综合整治活动，期间6月10日至10月30日开展了城乡环境集中整治工作。12月4日启动农村环境集中整治冬季行动。全镇上下高度重视，迅速行动，精心组织，担当作为，注重规划，示范先行，按照省、市、县“四治一建立”工作要求，狠抓农村环境集中整治工作，环境卫生面貌持续改善，镇村清洁持续加强，农村集中整治取得了新进展。组织12个行政村集中人力、物力、财力开展环境整治工作。在治乱上，共拆除违章建筑2处，拆除残垣断壁20间506平方米，拆除玉米栈34个，栽植绿化树木200余棵，还绿面积130平方米。更新门店牌匾10个，公路沿线树木刷白25公里，粉刷墙面1万余平方米，各村村容容貌整洁美观，环境舒适，集中整治初见成效。在治垃圾上，每村发放垃圾清运车，定时定点清运垃圾，拆除非正规垃圾存放点5个，动员三轮车500辆次，铲车150辆次，共清理村、公路沿线杂草、垃圾、杂物、煤堆2150立方米。实行河长制加强河道管理，责任到人，岸坡整洁，河面无漂浮物。在治污水上，各村全部疏通排水渠、排水沟，有序排放。在治面源污染上，唐城村成立了农药瓶、废弃地膜集中回收点，集中回收全镇农业废弃物，减少面源污染。全镇秸秆还田面积1000亩，全部完成，无焚烧秸秆行为。东湾村养猪场将粪便科学利用，修建沼气池，为全村80户群众提供沼气，化废为宝，利用率达100%，修建了病死畜禽无害化处理池，处理率达100%。并探索建立了监督问责、资金保障、队伍保障和垃圾不落地机制。

【民生事业发展】 2017年坚持文化惠民，

免费开放了镇村两级图书室、农家书屋，实现了“农民健身舞”13个村“全覆盖”，极大满足了群众日益增长的精神文化生活需求。坚持文化与体育并重，并组织参加了第二届“相约府城·红叶传情”篮球邀请赛，取得了优异的成绩。开展了乡村文化记忆工程，并对文化记忆物件进行了展示，开展文化产业普查工作，对全镇辖区内8家法人个体户进行了登记上报。坚持教育育民，认真落实“五类困难家庭学生”资助、住宿生交通补助等教育惠民政策；唐城中学课堂教学改革、唐城小学安全教育管理等走在了全县教育前列。积极为唐城中学、唐城小学、三交小学、上庄小学办理冬季取暖电力改造招投标手续，目前正在进行招标。坚持卫生护民，抓好基层公立医院改革契机，对乡镇中心卫生院进行了改扩建，医疗硬件设施全面提标升级；推行了中心卫生院与全镇12个村卫生室公共卫生双线管理模式，建立普通居民健康和重点人群档案9231份，新农合参保率稳定在99%以上，确保居民足不出户就能享受高效卫生医疗服务。坚持力办实事，年初确定的十大惠民实事，已完成崔家沟打坝造地200亩，修建固县、井上村、三交村、三交崔家沟村水之窖，完成井上、李家沟、议宁、冯子节、东湾阵地修缮，唐城村自来水改造，井上道路拓宽，梨八沟三四组道路维修，亢驿街道硬化，庞必田间路维修，唐城村下水道改造，亢驿河道清理，东湾排水渠维修，庞必排洪渠，冯子节杨树沟防洪坝工程，固县村文化活动场所建设工程，上庄、梨八沟核桃管护，唐城村卫生整治、路灯改造等10项惠民实事。13个“一事一议”项目全部完成。此外，高质量高标准地完成了土地确权工作，基础设施不断完善，惠民成果百姓共享，幸福指数不断提高。

【安全保障】 2017年坚持“突出重点、强化监管、分级负责、重在基层、加大追究”二十字方针，部门联动，齐抓共管，全镇安全生产形势稳定向好。严格落实安全体系责任机制。在全镇形成了镇长、副镇长、安监站、镇安监办、各部门、各企业、各村分级负责责任机制，突出抓好煤矿焦企安全、食品药品安全、道路交通、消防、防火防汛安全、建筑安全、地质灾害、民爆物品、危险化学品等重点领域的安生生产工作，防止了重大群体性事件和生产安全事故发生。开展专项整治活动。认真开展了“安全生产月”专项行动。坚持每月对唐城镇的烟花爆竹、道路交通、危险化学品、涉电行业进行检查整治。发放宣传资料1100余张，并悬挂条幅16条。11月份进行了联合大检查，排查出安全隐患22条。2017年采取问、访、查、听、看等方式，累计查出安全隐患170余处，对查找出的安全隐患，及时下发安全监管通知书，要求制定整改时限，事后进行跟踪复查，及时查看整改进度和质量。并高效组织了消防演练、防汛抢险和地质灾害演练，提高了全民的安全意识和责任感。强化综合治理。充分发挥镇、村“311”联动服务中心作用，延伸服务触角，及时发现问题，解决问题以“平安村”“平安企业”“平安学校”创建活动为载体，健全了“三级联防”“三级调解”群防群治体系和平安志愿者队伍建设，形成了一级抓一级，层层抓落实，横向到底、纵向到边的安保网络。建立了流动人员信息档案，加强了重点人群、重点区域、重点时段“三个重点”的监控，治理了“六小场所”的规划经营，真正使安全监管到基层、民心稳定在基层，全力促进唐城镇经济社会和谐稳定发展。全年共受理各类来信来访问题27宗，办结25宗；市长热线31宗，全部办结；调处矛盾纠纷45起（件），成功率达95%。

【发展生态旅游】 2017年唐城镇紧紧抓住全县实施生态旅游发展战略机遇，“十一”在唐王寨举办了首届休闲旅游节，旅游人次共计达2万余人，旅游收入7万余元，带动就业300余人，旅游业发展出现良好的势头。

【村“两委”换届】 2017年唐城镇“两委”换届严格按照实施方案程序进行，多次召开换届专题会议，因村施策、因地制宜，全镇12个行政村圆满完成村“两委”换届工作，配齐配优了班子，新当选的村“两委”带头人，带领各村村民致富奔小康。

【廉政建设】 2017年唐城镇党委、政府认真落实“主体责任”，强化主责意识，在纪委工作上，综合运用“四种形态”，深化和完善政务、村务、财务、党务公开制度，严查群众身边腐败问题，切实提高办案质量，履行好纪委职责。紧紧围绕干部作风转变这一前提，狠抓政府自身建设，努力建设人民满意政府。开展机关效能建设。严格执行廉洁自律的各项规定，从严执行机关干部学习，领导带班值班，公务接待，公务用车管理，机关绩效考评等制度，严肃上下班工作纪律，依托“311”党建联动服务平台，认真落实“311”首办负责、信访陪访、“13710”等16项制度，为群众提供林业、土地、计生、农经、司法、民政、残联等“一站式”服务，2017年累计接待服务群众350余人次，调处各类民事纠纷95起，调处成功率达到97%以上，群众满意度达到99%。加强镇、村两级干部队伍建设。加强了机关干部队伍、“两委”主干队伍、网格长队伍、“两代表一委员”和实用人才队伍建设，深入开展党员干部与群众“1+1”帮扶结对子活动，每名干部帮扶一名困难群众，“零距离”服务群众，累计帮助群众解决问题153个，办实事好事89件，服务群众能力全面提升，干部作风持续改进，有力促进了各项工作开展。严格落实党风廉政建设责任。严格落实“一岗双责”责任制，扎实开展了“六个一”活动。即签一份廉政承诺书，发一份廉政倡议书，做一个特色桌牌，看一次警示教育片，拉一份责任清单，搞一次谈心活动，进一步扭转党员干部作风，密切党群干群关系。严查了群众身边腐败问题。针对全镇“三资”、涉农资金、扶贫资金、工程项目、民生实事、一事一议等工作进行了重点查处和“回头看”，全面梳理存在的问题，坚持问题有线索必查，违纪必究，确保纪律审查力度不减、节奏不变。深化和完善了政务、村务、财务公开制度，接受广大群众监督。 （刘军军）

和川镇

【基层组织工作】 1. 深入开展教育活动，党员干部工作作风得到进一步转变。镇党委坚持学习教育常态化，不断增强党组织的号召力、凝聚力、战斗力和创造力，不断增强广大党员的政治意识、大局意识、核心意识和看齐意识，努力建设一支党性强、作风正、工作实、纪律严、干事创业的先锋模范队伍，全力营造安全稳定、和谐共处、创新发展的环境和氛围，为奋力实现和川的产业转型、绿色崛起提供坚强的政治保障和组织保障。扎实开展“讲知守”专项治理活动。镇党委深入贯彻落实市委、县委安排部署，严格按照活动要求做好“八个一”规定动作，以非常之力、非常之为、非常之策抓好这次活动，确保活动取得实实在在的成效。全镇659名党员中参学党员达532人，参学率达80.7%；先后开展专题讲座11次，组织集中学习280次，开展知识测试3次，全镇党员干部从严从实查找突出问题，领导班子进行“四查”，党员干部进行“四看”，共查找问题284条，其中班子54条，个人230条，并制定整改措施，落实整改责任人，确定整改时限，并全部整改落实。深入推进“两学一做”学习教育常态化制度化。和川镇创新“23654”工作思路，确保全镇“两学一做”学习教育常态化制度化工作有序开展。落实“三会一课”“党员活动日”两项制度，筑牢政治基础。开展三次动员部署，确保活动成效。和川镇按照县委安排部署，会上进行全面动员，周密部署，结合实际，制定学习日程及实施方案，并按照“两学一做”常态化制度化暨维护核心、见诸行动主题教育工作图解，落实工作。全面实施“六个一”，扎实推进活动。组织集中学习、组织交流讨论、开展警示教育、举办知识测试、开展红色教育、开展党员活动。通过实施“六个一”，既落实了“三会一课”“党员活动日”制度，又推进了“两学一做”常态化制度化地深入开展。打造五个示范点，层层推进活动。唐城镇抓好示范引领，从“两学一做”、综治中心、群团改革等方面入手，强力打造和川、孔旺、沁河庄、岭南、政府机关五个示范点，示范点真正做到党建资料齐全、基础工作扎实，亮点工作突出。推进四项工作，体现学习成效。将“两学一做”学习教育常态化制度化与全镇“脱贫攻坚、国卫创建、全域旅游、民生工程”相结合，以做促学，推动工作有序开展。

2. 创新党建工作机制，基层组织工作水平得到进一步提高。扎实推进311工作体系，党群干群关系更加密切。2017年，唐城镇始终严格执行首问负责等社会服务管理十六项工作和AB岗制度，保证群众办事“只跑一次路，只进一扇门，只找一个人”就能把事情办好，少跑“冤枉路”。镇村两级“311”服务大厅共接待来电、来访群众200余人次，群众诉求得到100%解决。网格长定期走访群众，了解社情民意，主动开展服务，即及时化解矛盾纠纷。2017年，唐城镇65名网格长走访群众1538户，提供政策咨询169条，提供便民服务159件159人次，化解矛盾纠纷25起，通过311工作平台，进一步密切了党员干部和群众之间的关系。

认真开展“定查评”工作法，民生实事得到全面落实。做到了“定”字上准、“查”字上严、“评”字上实。认真开展“定查评”工作法，民生实事得到全面落实。2017年度镇村共制定目标任务229项，其中强化党组织政治功能的事项107件，党建服务发展大事35件，党建推进业务工作要事32件，党建服务民生实事群众难事55件。目前已完成95%。

大力抓好“三支队伍”管理，全面推进基层组织建设。组织部门为唐城镇选派了15名第一书记（市直5名，县直10名）。驻村工作队员65名，大学生村官2名，挂职干部10名。为加强干部队伍的管理，根据省市县有关文件精神，认真研究制定了第一书记、驻村工作队和大学生村官等日常考勤考核管理办法，狠抓日常考勤考核，记好工作日志。同时，每周组织一次挂职干部、第一书记、驻村工作队及大学生村官工作例会，听取工作汇报和工作生活中遇到的问题，安排部署党建暨扶贫等方面的工作，并与每名挂职干部确定了帮带对象，组织驻村工作队、第一书记及大学生村官述职评议和安排工作等会议10余次；召开座谈会2次。为和川镇选派的15名第一书记都能积极发挥作用，为村里争取资金争取项目，服务壮大村级集体经济和脱贫攻坚工作。

继续引深“双引领”活动，党员干部带头作用增强。2017年全镇组织了3次农村党支部书记和党员集中培训，提升党员产业技能，18个村都做到“一村一品一主体”，用产业支撑脱贫，并注册“村委会+公司”，壮大集体经济，30%以上的党员在特色种植、规模养殖产业上起到了带头作用。党员和群众结成了对子，进行包联帮扶，312名农村党员和困难群众结对帮扶，解决生活困难420件，解决产业发展难题40个。

持续整顿软弱涣散党组织，进一步增强支部凝聚力。在软弱涣散村党组织整顿上，对上田村集体经济薄弱产业发展不足的情况，和川镇借助扶贫政策，通过驻村工作队帮扶和包村干部协调，加大力度发展产业，上田村鹌鹑养殖场已经盘活；对西洪驿村班子不团结凝聚力不强的情况，包村干部经常入村与问题干部谈心谈话，疏通关系解决隔阂，凝聚他们工作的合力。

3. 加强党风廉政建设，党委主体责任得到进一步强化。镇党委、政府始终坚持把作风建设和廉政建设作为班子建设的重要内容，坚持从源头抓起，积极落实“两个责任”，落实“五个不直接分管”、“制止大操大办”工作要求，严格党政班子成员党风廉政责任制，实行党政主要领导带头抓，主管领导重点抓，分管领导配合抓的有效机制。有计划、有针对性地组织党员和领导干部，认真学习党风廉政建设法规政策，党员干部党性观念不断增强，不正之风得到遏制，党风更加优良，社会风气进一步好转。

【脱贫攻坚】 1. 用好“三件宝”精准脱贫。光伏助脱贫。2017年，和川镇15个贫困村投资1575万元安装了2100KW的光伏板实施发电项目，3个非贫困村安装190KW光伏板实施发电项目。书记镇长、分管领导和各村两委主干安装了监控软件，每天可以监控各自的运行发电情况。100KW的年收益可达10万元左右，200KW的年收益可达20万元左右。50KW的年可收益5万元。全镇14个村年底突破5万元，最多的可突破30万元，预计明年年底均可突破5万元。旅游兴脱贫。和川镇还积极打造沁河沿线的旅游精品路线：石渠—岭南—和川—沁河庄。目前初具规模的是岭南村和沁河庄村。2017年五一期间，继续做好麻衣寺乡村休闲旅游节，举办了首届“恒美·和川”农民歌手大赛和“翰墨飘香，魅力和川”书法大赛，为乡村旅游注入了文化内涵。同时，展现老一辈革命家“一心为民，真抓实干”精神的沁河庄刘少奇路居地胜利开馆。通过乡村休闲游和红色文化游可直接带动79户172人脱贫。国庆期间，在县委县政府的大力支持下，举全镇之力打造了石渠特色小镇旅游项目，举办临汾市山水太行休闲旅游安泽启动仪式，吸引了全国自驾游与房车露营界目光。带动石渠村、岭南村等周边18个村庄200余户群众增收近30万元。以红色教育为主题的沁河庄村刘少奇路居接待30余个团队开展党性教育和拓展训练，收入近8万元。连翘带脱贫。和川镇根据县委政府的统筹安排，全镇建立18个村委会公司，形成了村委会+公司+连翘收购大户的模式，每村为贫困户划分200亩连翘采摘区，共雇用40个贫困户参与护青防抢，并组织割灌露翘，实现野生连翘的精细化管理。贫困户采摘连翘再卖到公司，政府每斤补贴贫困户2毛，提高贫困户的收益。届时，全镇18个村都采用“村委会+公司”壮大集体经济，30%以上的党员在特色种植、规模养殖产业上起到了带头作用，党员和群众结成了对子，进行包联帮扶，312名农村党员和困难群众结对帮扶，解决生活困难420件，解决产业发展难题40个。

2. 易地搬迁严把政策。唐城镇2017年易地扶贫搬迁38户68人，其中集中安置29户36人。设有集中安置点两个，和川集中中安置点20户26人，罗云集中安置点9户10人，达到入住条件，11月底已全部入住。

【产业结构】 1. 在种植业上，双头村、孔旺村、议亭村种植油葵和优质土豆1000亩，其中，与山西恒茂集团合作建设在孔旺二百亩油葵种植基地，在议亭和双头建立千亩马铃薯和油葵种植基地，通过“公司+支部+农户”的合作方式，发挥大公司市场开拓优势。

2. 在养殖业上，罗云村借助沁河水发展虹鳟鱼养殖，前三个月建设冷水养鱼池6个，打井8孔，现已投产使用，目前有鱼苗二百条，参与贫困户12户32人，预计年纯收入30万元。上田村鹌鹑养殖场，继续巩固生产规模，现有鹌鹑已达27万只。

【重点工程】 1. 基础设施不断完善。总投资706万元的东洪驿至上田村道路改建工程全长16公里，路宽4.5米，现已竣工；东洪驿至孔旺路为年初既定工程，全长5.17公里，已于9月底竣工并投入使用；和川垃圾场，预投资287万元，完成可研、环评、设计、立项、资金评审、城建规划，11月2日开工建设；和川村积极配合交通局、教育局对西外环路进行改造，已改造完成；对幼儿园进行修建，目前主体完工；石渠村道路硬化1.2公里，现已竣工；为顺利完成脱贫攻坚任务，新增道路改造一条，罗云—双头—议亭道路改造，全长8.6公里，宽4.5米，已开工建设，11月底可完成。此七项基础设施建设，增加了人民基础设施保障，提供了经济发展新动力。

2. 重点工程稳步推进。荆村水库移民工程是市政府重点工程，荆村水库移民工程总移民187户，已完成移民183户，剩余4户（在900线以上）。正进入库底清理，11月15日完成自验，20日省验，启动后扶人口摸底，已上报省移民办。

3. 周转房建设。周转房占地面积3623.8平方米，总建筑面积3044.16平方米，已开工建设，一层封顶，预计11月15日三层封顶，11月底主体完工。

【环境卫生整治】 2017年按照县委县政府的总体部署，和川镇以创建“国家卫生乡镇”为目标，坚持“工作要有新思路，落实要有新举措，村容要有新变化”的工作要求，经过集中整治，形成了村民意识综合提升，整治工作稳步推进，农村环境整体改观，长效机制彰显活力的整治格局。强宣传。召开全镇环境卫生整治动员大会，制定并下发实施方案。实行包村干部负责制，工作进展每周一汇报；成立机动督查组，查找问题，限期整改。全镇共发放倡议书2500余份，悬挂横幅30余条，出动宣传车3台次，发送提示信息800余条，组织志愿者30余人。添设施。为解决垃圾存放问题，投资252万元建设和川村垃圾填埋场。并为各村添置垃圾清运车、垃圾箱等环卫设施，切实做到基础设施先行。在环境卫生整治期内，和川镇集中人力财力，对河道垃圾、河岸垃圾、生活垃圾进行了集中清理，共动用2100余人，三轮车500余辆，挖机80余辆，共清理垃圾1900余立方米。同时，将环境卫生整治和提高贫困户收入有机结合，对需要重点看护、定时清理的地方雇用贫困户进行清理，按工作时间或工作量支付薪酬。抓落实。针对环境卫生整治办下发的问题清单、整治清单，和川镇采取督查与自查相结合的方式，深入查找整改问题。18个行政村共查找问题295条，针对不同问题，分别采取了竖立提示牌、制定整治公约、派专人看护、设线杆阻拦等措施，现已整改273条。共拆危拆旧151处50120平方米，清理四堆1208处7388立方米，清理污水2处300平方米，清理排水渠11300米，清理河道36600米，清理下水道口14800米77处，清理垃圾6180立方米，补绿3000平方米2800株。环境卫生整治取得了显著成效，村容村貌得到了明显改观。建机制。定期督查促行动。成立环境卫生督查组，明察暗访，做到每周一督查、一通报，每月一总结、一排队。严格考核增活力。将环境卫生整治纳入对包村干部和村干部评先评优资格，通过建立长效机制，来增压力、促动力，添活力。

【安全生产】 2017年和川镇以遏制安全事故发生、确保安全生产形势稳定为目标，狠抓安全宣传教育和各项制度措施的落实，强化安全生产督查及整治工作，做到了思想上高度重视，组织上坚强有力，制度上健全完善，管理上严格规范。为认真履行安全生产职责，严格“一岗双责”制，和川镇在春节后根据全镇安全生产工作实际，及早地细化分解了目标责任，与各村、镇直单位签订了2017年度安全生产工作目标责任书26份，实现了责任全覆盖。围绕护林防火、道路交通、烟花爆竹、消防安全和食品安全五大重点安全生产领域，进行了全面的隐患排查治理。抓宣传，预防为主。印制并发放护林防火明白纸4000余张，各村张贴标语120余条，出动宣传车三台次，印制发放护林防火宣传资料300册；发放道路交通安全手册500余份。建立健全了防火瞭望员队伍考核管理机制，并出台了考核管理办法。抓排查，消除隐患。

深入辖区内学校、加油站、卫生院、养老院、食品加工销售点、烟花爆竹销售点开展了安全隐患排查工作，共派出检查组个数16个，共排查危险化学品隐患2条，烟花爆竹隐患3条，道路交通隐患6条，人员密集场所隐患7条，水利隐患3条，森林防火隐患3条，食品安全隐患1条。以上隐患已全部整改。

同时，积极发展各项事业，提高群众“幸福指数”。教育上，继续实施好农村教育“十二年教育全免费”、“住宿生交通补助”、“贫困生补助”等教育惠民工程。同时大力配合县教育局确保和川村幼儿园工程建设顺利完工，可以解决一百多名幼儿的入园问题。卫生上，不断提高医疗卫生水平，加大新农合宣传力度，持续推动新农合扩面工作，提高参合率。文化上，打造文化强镇为目标，继续开展文化下乡活动。2017年前半年，以举办旅游节、物资交流会为契机，镇村共举办文艺演出十六场，极大地丰富了群众的业余文化生活。社保上，切实做好社会保障工作，严格落实农村低保、五保、大病救助、临时救助政策，切实做好弱势群体和困难群众救助工作，做到应保尽保，应救急救。

府城镇

【概述】 府城镇地处安泽县城，是全县政治、经济、文化、信息的中心，也是全县唯一的二类乡镇。府城镇西界古县，北连和川，东邻良马，南接冀氏，总面积318平方公里，全镇有林面积184508.85亩，森林覆盖率64%，耕地面积33105亩，下辖21个行政村（府城、高必、飞岭、大黄、小黄、桃曲、上梯、李垣、上掌、三交、寺村、原木、花车、佛寨、义唐、第五、神南、风池、孔村、桃寨、石桥沟），全镇总人口为32871人，其中农村人口15164人，共辖23个党支部，716名党员。镇直机关共有干部职工46名，党政领导班子成员11名。

府城镇年平均降雨量为650毫米，无霜期170天左右。镇内海拔最高点为佛寨与唐城交界处山头1471.8米，最低点为孔村南庄沁河岸边831.7米。境内309国道、326省道、马唐公路纵横交错，全省第二大河———沁河自北而南先后流经飞岭、小黄、高必、神南、府城、风池、孔村七个行政村。辖区既有古典气息浓郁的荀子文化园，也有令人心旷神怡的红叶岭自然风景区，还有十里清波绕城过的湿地公园。

【党建工作】 1. 高度重视，认真做好日常党建工作。镇党委牢固树立抓好党建就是最大政绩的工作理念，扎实推进基层党建各项工作。定期主持召开党建工作专题例会，及时分析研究解决党建工作中存在的问题，严格落实党政班子成员党建工作“一岗双责”，层层签订党建目标责任书，认真落实书记“面对面”工作述评会制度。坚持抓好班子，带好队伍，以党委中心组学习和农村“领头雁”培训为抓手，坚持抓好以党政班子成员为核心的机关干部队伍和以农村支部书记为核心的农村“两委”干部队伍建设。2. 常态长效，推动主题教育扎实开展，助推三基建设上台阶。以“四强四促”系列活动为抓手，以三基建设为目标，围绕推进“两学一做”学习教育常态化制度化暨维护核心、见诸行动主题教育活动，积极引导广大党员以学促做、以做促学、知行合一。完成了21个农村党支部换届任务，按照县委要求保障每个村运转经费最低不少于11.3万元等五项经费足额发放，通过理论学习、党日活动等“十个一”形式提升党员服务能力。3. 严格落实，圆满完成党建“8+5”任务。坚持“三会一课”制度，利用“三在一平台”特色载体，每两个月召开一次支部全体党员学习会议，每月开展一次主题党日活动，学党章党规、学系列讲话。重点抓好党的十八届六中全会精神的学习贯彻，结合实际，制定问题清单、任务清单和责任清单。交流习近平总书记系列重要讲话精神学习心得，讲好“七一”党课，党的十九大召开后，及时组织党员学习领会大会精神，并通过多种载体和方式，向广大群众进行深入宣传，做到家喻户晓、深入人心。4. 对症下药，整顿软弱涣散党组织。2017年确定寺村、上梯村为软弱涣散村，通过调研摸底，制定整顿方案，通过“两学一做”学习教育、脱贫攻坚、发展产业等措施，提升了两个党支部的凝聚力和战斗力。5. 突出重点，认真落实“定查评”工作法。首先，拓展“定”的内容，使基层服务型党组织建设目标任务具体化。其二，提升“查”的层次，使基层服务型党组织建设任务落实高效化。其三，强化“评”的成效，使基层服务型党组织建设工作运行机制化。6. 大力宣传，深入做好意识形态领域工作。始终把意识形态工作摆在重要位置，贯彻落实党中央和省、市、县委关于意识形态工作的决策部署和指示精神，牢牢把握正确的政治方向，结合府城镇工作实际，大力宣传，强化教育，切实将党的路线、方针、政策渗透到党员干部和群众心里。

【党风廉政建设】 2017年建立健全“四风”整治、权力规范等4大方面34项工作制度。大力支持纪委开展案件查办工作、加大执纪问责力度。严肃查办损害群众切身利益的腐败问题，对府城镇3名村干部违规领取2016年危房改造补助资金，分别给予党纪处分和组织处理。2017年以来，镇纪委共受理案件13件，其中，立案5件，结案5件，给予党纪处分6人；初核了结6件6人；谈话了结2件2人，党风廉政建设和反腐败工作取得明显进展和阶段成效。府城镇以围绕一个中心工作，实现“两个目标”、做到“6+1”要求、实施“343”措施，推动乡镇监察试点工作。外省、市各地领导来府城镇参观指导工作23次。

【综治中心工作】 2017年，府城镇在原有经验的基础上，继续探索新的工作机制，努力推动社会综合治理各项工作再上新台阶。提出“236”综治工作思路，整合各类资源大力推进工作。2017年4月7日全市社会治安综合治理现场会在安泽县召开，府城镇作为综治中心改革乡镇接受了全市观摩。

【脱贫攻坚】 2017年将党建工作与脱贫攻坚深度融合，构建以基层党组织为核心，以龙头企业、产业基地、专业合作社为支撑的“一核多元”精准扶贫组织体系，树起“抓好党建促扶贫、检验党建看脱贫”的风向标。探索推行“党建+扶贫”和“党建+企业（合作社）+贫困户”双发展、双驱动模式，明确把各村产业脱贫的效果作为书记“面对面”述职评议的首要内容，实行一票否决制，压紧压实责任，助推一村一业、一村一品产业发展。充分利用“光伏、旅游+连翘”“三件宝”带领广大群众脱贫致富。从“五一”至十月底，成功举办了小黄、飞岭、上掌旅游节，旅游节期间，三个旅游景区以务工扶贫为平台，共计接待游客17万余人次，吸纳贫困户102户增收13余万元，实现村集体增收20.9万元。目前全镇708户建档立卡贫困户中，除去社会兜底户以外脱贫措施已全部精准落实到户。

【集体经济】 2017年通过创办实体、租赁承包、服务创收、盘活资产等方式，不断增强村集体“造血”功能。2017年，府城、上掌、小黄、大黄、飞岭集体经济突破10万元，其余行政村集体经济收入全部突破5万。

【项目建设】 2017年府城镇“三无”人员集中安置点项目已完工并入住65人。府城镇三里桥城中村改造项目已完工。连翘种植和抚育基地建设项目已完工，种植面积完成2300亩。种植油用牡丹1500亩，超额完成1670亩种植任务。

【产业结构】 2017年，府城镇以实施“1353”产业规划为重点，巩固沿沁河蔬菜产业带；发展三交木耳、大黄辣椒、桃寨树莓特色产业；建设物流区、汽贸三产服务区、中药材产业区、核桃产业区、草食畜特色养殖区；并投资2700余万元建设了上掌红叶岭、小黄和飞岭三处乡村旅游基地。

【乡村旅游】 2017年做好“山水文章”，拓宽增收渠道，依托山好水好生态好的自然资源，按照农业田园化、农村景区化、农旅一体化的思路全力打造了小黄、飞岭、上掌三处乡村休闲旅游基地，逐渐形成以田园综合体为引领的产业链、价值链。同时充分挖掘红色文化，打造了李垣朱德路居，高品质建设了府城水木清华休闲旅居圣地，形成全域旅游新模式。

【民生实事】 2017年，完善农村最低生活保障制度，社会兜底户基本实现了应保尽保。修建了从孔村到奥体中心约1公里的林中步道，并于此在沁河修建了浮桥及木屋等；投资1500余万元修建了18公里的小黄—飞岭—岭南沿沁河休闲步道并架设漫水桥3座，方便群众开展文娱活动。先后实施了孔村至桃寨，花车到佛寨的村村通公路建设、神南东庄水泥路延伸及污水管网建设；80户农村困难群众危房改造；石桥沟、上梯、三交、义唐、桃曲等村饮水解困工程；凤池、花车、神南、上掌和三交5个村的小型水利设施工程建设等十件民生实事。

【创卫工作】 2017年，拆除国省道沿线违章建筑1万余平方米，全面启动沁河、义唐河、第五河环境综合治理工程。2017年，共清理垃圾2万立方米，粉刷墙壁1.7万平方米，清除四堆1360处，新建围墙450米，新建栅栏800米，清理河道25600米，还绿面积达47万平方米。同时对县城及周边八个村生活取暖燃煤锅炉进行改造、置换，对镇区域燃煤锅炉、营业性锅炉进行“煤改电”“煤改气”清洁能源改造，累计拆除各种燃煤锅炉100余台，打造天蓝地绿、水清气爽的生态环境。 （赵黎阳）

冀氏镇

【概述】 2017年是党的十九大召开之年，是决胜全面小康的关键之年，是供给侧结构性改革的深化之年，是深入贯彻落实省、市、县党代会精神的起步之年。一年来，冀氏镇纵深实施“1352”发展战略，围绕打响“绿色生态王牌”这一核心，突出“旅游、创卫、牡丹”三个重点，全力抓好“产业调整、脱贫攻坚、环境治理、民生改善、社会和谐”五大工程，坚持强化“组织建设、纪律作风”两个保障，全力推动农业增效、农民增收、农村增绿，促进经济稳步向好、社会和谐稳定。

【党建工作】 2017年冀氏镇紧跟县委抓基层打基础的战略思维，坚决扛起基层党建工作的主体责任，按照“四重点、四创新”的党建思路开展工作，即：抓好学习教育固本、三基建设引领、脱贫攻坚聚力、党风廉政筑基四个重点，围绕生态党建、田园党建、智慧党建、全域党建四个创新，压实责任，细化任务，制定3个清单，完成“三基建设”17项重点任务，各支部“定查评”事项241件全部完成。将学习教育、主题教育作为基层党建固本工程，狠抓常态化制度化，促进规范化实效化。开展“读讲做”党日活动12次，460名党员参加“红绿蓝”党员行动，全年集体学习46次，网上测试累计6457人次，先后组织了3次党建现场观摩，对全镇18个党支部分片宣讲了《习近平总书记成长之路》、《习近平七年知青岁月》、习近平总书记视察山西、“7·26”重要讲话精神和党的十九大精神。在建强基层组织上，充分发挥冀氏村、关庄村、柳树沟村3个示范村的作用，按照“19+X”的标准改造村级活动场所，所有行政村集体经济全部突破5万元，顺利完成两委换届；在强化基础工作上，提出冀氏状态、冀氏效率、冀氏执行力和冀氏精准度的工作标准，制定了工作流程图67项，便民服务手册9类，各项工作制度33项，全年为民办实事638件，服务群众1385人次。在冀氏粮站院内新建干部周转房一座；在提升基本能力上，推出了“八课一档五能力”，努力建设高素质专业化乡镇干部队伍，“八课”，即党课、冬课、法课、微课、田间课、实践课、观摩课、廉洁课，“一档”，即建立干部能力提升档案，“五能力”，即提升干部创新发展能力、破解难题能力、依法治理能力、专业技术能力、服务群众能力。

【产业调整】 1. 在巩固210座春秋大棚、30座温室大棚、2座羊肚菌试种大棚的基础上，良种场村种植2座羊肚菌大棚；柳树沟村发展30座大棚进行果蔬采摘、休闲农业；关庄村新建2座温室大棚。2. 全镇共抚育野生连翘1500亩，建立野生连翘抚育基地10个，建立连翘育苗基地1个；李庄、柳树沟、沟口、马寨等村的黄芩、白术等中药材种植面积达到3000亩。3. 将乡村旅游产业作为调整产业结构、助推脱贫攻坚的重要举措，2017年先后举办“春行在安泽——青松岭千人徒步活动”“安泽县首届农民运动会”“国庆七天乐，乡约青松岭”“沁河湾生态垂钓园国家CAA四级垂钓竞技比赛”为主题的大型乡村旅游活动，累计接待游客7万人次，旅游综合收入突破500万元。

【脱贫攻坚】 2017年狠抓“十项措施”助力脱贫，确保精准施策。易地搬迁方面，2017年，全镇通过集中、分散两种安置方式对69户173人实施易地搬迁（其中：集中安置56户137人，分散安置13户36人），全镇的2个集中安置点已完工并投入使用，贫困群众也于2017年11月中旬全部完成搬迁。蔬菜种植方面，共动员帮扶70户贫困户通过蔬菜杂粮种植增收脱贫。其中：发展以种植豆角、辣椒、大葱等蔬菜的贫困户43户，享受政策补助标准为2000元/亩，平均每亩地年增收2700元。发展以种植黑豆、谷子等杂粮的贫困户21户计110余亩，享受政策补助300元/亩，平均每亩地年增收1470余元。帮助6户贫困户新建春秋大棚12座，享受政策补助每8000元/亩，实现平均每亩地年增收5320元。光伏发电方面，全镇共为25户贫困户安装了光伏发电，以0.98元/度价格计算，户均增收5600元。党参种植方面，为50户贫困户免费发放党参苗173200株，并于当年完成补栽苗木65800株，每株每年增收1.5元，平均每户年可增收5765元。油用牡丹方面，共发展动员贫困户35户计140余亩，并全部申报了退耕还林，5年可享受政策补助2300元，加上牡丹本身收益，预计平均每户每年可增收1737余元。连翘产业方面，采取“村委会+公司+贫困户”的模式，全镇15个村全部成立了公司，以土地、林地入股方式吸收88户贫困户加入公司，通过连翘采摘、种植、务工增加收入。2017年，全镇“村委+公司”累计收购青翘50余万斤，在增加村集体收入的同时，也直接通过分红增加了贫困户收益。此外，唐城镇还积极支持有劳动能力的贫困户通过个人采摘青翘、定点收购、直接售卖的方式，解决了贫困户出工不增收、受限市场的难题，仅此项收入预计户均增收1120余元。玉露香梨方面，2017年，全镇共发展玉露香梨83亩（其中：半道村43亩，柳树沟40亩），全部雇用贫困户进行种植、修建、围网、管理工作，既壮大了村集体经济，又增加了贫困户收入。旅游开发方面，积极发展乡村旅游，以打造冀氏村的县级美丽乡村示范村建设和以良种场村的休闲旅游示范点为带动，引导各村倾力打造“一村一品”，壮大村集体经济；另一方面支持贫困户通过用工、土特产售卖、手工艺编织等增收脱贫，累计带动贫困户80余户，户均增收2000余元。劳务输出方面，坚持实施以连翘采摘+扶贫造林双向务工方式引导群众增收。其中：兰村连翘茶厂带动周边兰村、和平、马寨、白村等20余户贫困户通过采摘出售连翘叶增收；以全镇的3个扶贫造林合作社带动吸纳贫困户30余人实现务工增收。社会保障方面，积极推行产业扶贫+政策扶贫两翼齐飞、双轮驱动，在支持引导贫苦户通过多种产业扶持前提下，针对老弱病残孤等群体现状，通过低保、五保、雨露计划、医疗救助、临时救助等方式予以精准帮扶救助。其中：共落实低保户61户99人，五保户14户14人，其他方式百余人。

【环境整治】 2017年，为切实改善农村人居环境，冀氏镇围绕创建国家卫生乡镇这一目标，大力实施了环境卫生百日综合整治、生态环境治理攻坚、农村环境综合整治等活动，取得了显著成果。三个先行引领。部署先行，及时召开动员会，对各村、各站所整治工作提出了明确要求。组织先行，书记统筹挂帅，镇长牵头负责，包村干部分组包片，累计召开专项整治会议、推进会议 20 次。宣传先行，做到入村入户、入心入脑，共绘制大型墙绘 3 处，设置公益文化宣传专栏 25 处，制作彩色喷绘 30 条，悬挂宣传标语 50 条，定制宣传海报 150 张，发放明白纸 5000 余份。五大工程发力。净化工程。公路沿线拆除垃圾池 34 个，清除垃圾点 200 余处，实施垃圾定时收集，全面清理小广告，统一喷刷卷闸门。亮化工程。整治沿线商户 200 余户，清除占道经营、乱搭乱建 135 余处，清理四堆 650 处。绿化工程。累计还绿 13000 平方米，栽植各类树木 1.6 万余棵，修建花池 20 余个。美化工程。粉刷墙面 43250 平方米，修建围墙 750 米，冀氏街道两侧规划了机动车、非机动车停车位。集中整治工程。采取多部门联合执法，下达整改通知书等对沿线四堆、违建、乱停乱放等问题开展了集中整治。同时，对沿河河道、水面存在垃圾、废弃物堆积、绿化不足等问题进行了专项整治，累计清理河道 20 公里。三个明确推进。实行镇领导包片、包重点地段，镇干部包村、村干部包组、党员干部包户的“三包”管理机制，做到“三明确”，即目标明确、人员明确、措施明确。将保洁员管理办法、巡查监督管理、道路保洁管理、垃圾清运、定期督查考核等制度与各村保洁实绩挂钩，确保环境卫生长效管理机制健康运行，环境卫生整治工作全年不断线，村容村貌变化显著，人居环境持续好转。

【民生改善】 2017 年，冀氏镇从人民群众最关心、最直接、最现实的民生问题入手，最大限度的提高群众“幸福指数”。保障惠民，实施了和平、北孔滩、白村等村 6 处农村饮水安全工程，惠及群众 1000 余户；完成了冀氏镇社保中心业务用房建设项目，全年累计为 4300 余名群众办理了医疗、养老、临时救助、大病救助、教育救助等。政策惠民，严格落实低保、五保、临时救助、医疗救助等各项政策，申报了白村、兰村等 4 个日间照料中心，全面提高群众基本保障水平。教育惠民，继续实施了各项教育惠民工程，确保全镇农村中小学入学率继续保 100%。医疗惠民，全年累计开展免费体检、大型义诊等活动 8 次，为全镇 2340 名群众提供免费服务。进一步加大新农合宣传力度，持续提高参保率。文化惠民，依托“感动安泽人物”评选活动，大力弘扬社会主义核心价值观，评出 4 名优秀道德人物；依托省市县文化三下乡活动，先后深入敬老院等开展文艺汇演、政策宣讲、送书楹联等活动 10 余场；依托旅游节庆及大型赛事活动，共举办农民运动会、文艺专场演绎、造林精神传承等特色靓丽活动 10 余场。

【安全工作】 2017 年，冀氏镇严格落实领导干部“一岗双责”责任制，按照“安全第一、预防为主、综合治理”的方针，与各村、各单位签订了安全目标责任书，责任到人，层层抓好落实。同时，全镇上下时刻保持了安全生产高压严控态势，扎实做好防火、防汛、防疫、食品、药品、学校、交通、地质灾害等各方面的安全工作，将宣传、检查、督促、整改、复查、落实融为一体，切实抓好、管好安全工作，保障群众生产生活环境。和谐是冀氏立党为公、执政为民的重要体现。冀氏镇牢固树立宗旨意识，始终坚持以人民为中心的发展思想，大力保障和改善民生，坚持科学民主决策，注重基层基础工作，着力推进领导干部接访下访，密切党群干群关系，积极快速化解信访积案和影响稳定的突出矛盾问题，全力构建和谐稳定的发展大局。

（娄雁楠）

良马乡

【概述】　2017年全面贯彻党的十八大和十八届三中、四中、五中、六中全会精神，深入学习贯彻习总书记系列讲话精神。紧紧围绕县委“1142”工作思路，坚持稳中求进工作总基调，全力打造我乡“玉米安民、青椒富民、旅游乐民”三大工程建设一条主线，吹响绿色生态发展的号角，着力做好国卫创建攻坚战、脱贫摘帽攻坚战、壮大农村集体经济攻坚战、推进重点项目建设攻坚战“四大战役”，全力加快绿色生态新良马的建设进程，奋力实现全面振兴、绿色崛起，以优异的成绩迎接党的十九大召开。

【产业发展】　2017年，“玉米安民、青椒富民、旅游乐民”作为良马乡今年发展的一条主线，各村在保证玉米产量、扩大青椒种植面积的同时，积极配合“一线、一圈”旅游开发，成功举办了黄花岭旅游月，为全乡产业升级转型拔得头筹。

1. 玉米产业提质保收。英寨村今年种植水果玉米150亩，全乡优质玉米种植面积达到7000余亩，良马乡在发展好优质玉米的同时，也积极做了水果玉米的种植和推广工作，将“生态+特色”在全乡推广开，进一步丰富产业链条，提振玉米产业的多形态发展。2. 产业链条持续升级。在2017年的工作中，良马乡继续采取合作社+公司+基地、基地带农户的模式，大力发展良马乡青椒产业，全年良马乡种植优质青椒已达1500余亩。同时在特色产业上，在司马村种植优质土豆200余亩，宋店村种植佛手瓜60余亩（立体种植，佛手瓜在架子上，地面种植优质土豆），全乡野生连翘管护2400余亩。党政班子在司马村建立油用牡丹示范田一处。3. 成功举办“黄花岭旅游月”。在2017年的乡村旅游上，良马乡按照“一线、一圈”的思路，全力打造“一个景区，拉动两条廊带、建设三大园区”的发展格局。在今年上半年的黄花岭乡村旅游月开发上，顺利完成《乡约》栏目录制，在国庆节期间成功举办“十个一”旅游月。今年的旅游人数达到36万2千人次，收入5700万余元，带动12个村集体经济收入22万余元，带动18户20人贫困户增收9万余元。

【创卫工作】　1. 2017年针对良马乡境内河道垃圾问题。对良马境内河道内漂浮物、河堤垃圾、桥面垃圾、桥墩垃圾、桥下垃圾等进行了清理，出动拖拉机、装载机、三轮车等设备对两条河道进行了彻底清理。2. 街道整治。全乡12个行政村达到了“柴草堆放整洁、畜禽圈养、厕所干净、院坝整洁、进村入户道路平整”的五项要求。3. 垃圾处理。环卫设施设备完好，全乡12个村配齐垃圾收运车，垃圾池设置合理，做到定期清扫保洁，周围整治无蝇蛆，抓好垃圾收集、运输和处理三个环节，做到垃圾运输密闭化、不裸露；4. 309 国道沿线。针对 309 国道沿线的五个村，良马乡根据问题清单、督查清单和巡查清单，建立台账，按照时限要求，全面进行整改。

【脱贫攻坚工作】 1. 2017 年建档立卡数据清洗工作依照县上会议安排，已全部清洗完毕；2. “一户一档” 104 户档案已全部整理完毕；3. 光伏建设进展情况。良马乡 2016 年安装光伏 15 户。2017 年信用社客户经理集中对 104 户建档立卡户进行走访调查，年龄符合安泽联社“四有两好”贷款条件的 41 户，其中已经发放贷款 23 户，并网 13 户；4. 易地扶贫搬迁工程进展情况。良马乡通过移民搬迁安置 63 户，84 口人。其中集中安置点 8 个，可安置 61 户 81 口人，分散安置 2 户 3 口人。2017 年底，已有 8 个集中安置点已全部完工，并全部搬迁入住；5. 良马乡 12 个行政村原有各类合作社 26 个，新成立各类公司 11 个，合作社 2 个，涵盖光伏、农业综合开发、乡村旅游、中药材加工销售等多方面。全乡建档立卡贫困户 104 户 191 口人全部纳入公司成员。

【集体经济】 2017 年，为了促进村集体经济收入，各村分别成立了公司，希望通过产业的发展带动村集体经济；同时劳井村建立了笨鸡和笨猪养殖园区，良马村的黄花生猪养殖场也持续壮大；涉及长临高速建设的 7 个村通过租赁等形式巩固了村集体经济的壮大；另外有 10 个村利用闲置空地、荒坡，村集体安装光伏发电项目，以此来增加村集体经济收入，目前这 10 个村已经完成选址、上报，同光伏公司签订合同，后半年进行安装。

【重点项目建设】 在长临高速建设上，2017 年，红线内土地款已全部兑现，附着物核算全部完成，树木、土地等赔偿款基本到位，长临高速路基建设基本贯通；在农发工程上，良马村和宋店村全力配合县农发办开展了农发灌溉工程，目前该项工程已经到了收尾阶段，该项惠民工程的完工将为群众在种植产业上提供了巨大的帮助；在良马幼儿园建设工程上，2017 年主体工程已全部完工，顺利完成装修工作，幼儿园已正式开园。

【环境污染防治】 2017 年，良马乡的生态环境治理工作以“全民动手”为主，同创卫工作相结合，重点做了以下工作：全乡排查出营业性燃煤锅炉 11 家，已经全部按要求完成整改任务；成立了秸秆禁烧领导小组，制定了工作方案，加大宣传力度，通过下发秸秆禁烧通知书、喇叭广播、张贴临时性标语、悬挂条幅，使广大群众自觉清理秸秆以及垃圾、杂草，营造了浓厚的禁烧氛围。唐城镇在完成环境卫生集中清理的基础上，又对泗河河道进行了清理，集中人力物力对 309 国道两旁进行了清理。

【重点工程】 1. 黄花岭风景区建设项目。2017 年上半年的黄花岭乡村旅游月开发上，投资 150 万元修建景区门口至广场水泥路 3 公里，投资 150 余万元，完成木屋修建，大小广场平整和搭建基础设施等等一系列基础工程建设，机关全体风里来雨里去，仅仅用一个半月的时间打造出黄花岭旅游区。旅游月期间顺利完成 CCTV-7《乡约》栏目现场录制，成功举办了“安泽县首届户外运动文化节”“乐在周五”“老干部走进黄花岭”“中医养生讲座”“格格屋足球友谊赛”“全民阅读，书香安泽悦读会”“摄影书画展”“摄影比赛”等一系列文化活动。旅游月结束后，良马乡又对餐饮、小吃区进行了地面硬化，排水渠维修，护坡装饰绿化，喷泉修建等，对主广场进行了地面硬化，草皮铺设，购买设置帐篷等基础设施，开办了暑假帐篷夏令营活动，总计投资100万元。目前黄花岭风景区建设总投入400余万元。

2. 油用牡丹种植1500亩。良马乡根据各村实际情况，将1500亩油用牡丹种植任务分解给各村，其中：边寨村200亩，曹家沟村40亩，郭都村140亩，华寨村60亩，劳井村70亩，良马村360亩，上寨村70亩，司马村120亩，宋店村140亩，文上村30亩，小寨村140亩，英寨村130亩。2017年底各村都在积极做准备种植工作，于11月底前完成种植任务。

3. 易地搬迁建设项目。良马乡通过移民搬迁安置65户，84口人。其中集中安置点8个，可安置63户81口人；分散安置2户3口人。2017年，8个集中安置点主体修建已完工，分别是：宋店、华寨、英寨、曹家沟、劳井、上寨、小寨、边寨村，已全部搬迁入住。该项目投资380万元左右。

杜村乡

【概述】 杜村乡位于安泽县东南部，东与长子交界，西与冀氏镇接壤，南同沁水相连，北与良马乡毗邻。是临汾市连接晋东南地区及河南、河北的主要通道，326省道横贯全乡，境内沟壑纵横，土质肥沃，生态环境好，森林覆盖率达65%。全乡总面积222平方公里，辖11个行政村，1943户，5915人，共156个自然村，43个村民小组，耕地面积31500亩，2015年人均纯收入达8100元，是一个典型的农业乡。全乡编制29人，其中行政编20人，实有19人（含挂职副职2人）。事业编9人，实有9人。乡政府车辆编制数3辆，1辆面包车为应急通信车辆。

【党建工作】 1. 抓班子、带队伍，履行党建工作职责。2017年，严格贯彻民主集中制，充分发挥乡党政联席会集体领导作用，重大事项坚持集体讨论决定，有效提高了科学决策水平。利用每周工作例会之机，开展了“书记讲党课”、“领学”、“自学”、“太岳现场讲党课”等形式多样的学习方式，由9名党政班子成员轮流带头领学，并结合全乡实际展开讲解和专题讨论，带头交纳党费，撰写交流学习心得，积极参与省委组织部组织“两学一做”系列知识竞答，引导全乡党员干部真学、真懂、真用。通过党委书记讲党课，班子成员轮流讲，全年累计领学11次，全乡13个党支部在太岳革命旧址开展了“弘扬抗战精神、传承红色文化”为主题的党课学习讨论10余次。全年各支部组织学习、答题、观看《榜样》、《将改革进行到底》、《党的十九大报告直播》等集体活动共150余次。十九大召开期间利用电视、网络、广播等方式，乡党委统一安排各支部收听收看十九大报告内容，组织全乡党员在聆听县委党校老师“不忘初心、牢记使命”为主题的十九大报告宣讲，开展了党委书记讲党课学习“红船精神”的党员主体学习活动。

2. 抓基层、打基础，2017年全乡共发展党员7名，严格党费收缴标准，建立收缴台账，做到及时、明细、公开。按照省市县要求顺利完成了群团改革，对全乡11个村的村级活动场所进行了维修，并全部实现了亮化，加强了村级阵地建设；村“两委”换届以来，杜村乡采取“稳妥有序、先易后难”的指导思想，科学组织、周密安排，确保了村“两委”换届选举工作合理有序进行并顺利完成了换届选举工作。新一届的支部书记平均年龄45周岁，其中40周岁以下4人。通过此次换届，各村都选出了自己满意的带头人，为下一步发展提供了坚强的组织保障。

3. 杜村乡党委严格贯彻落实党管武装的各项制度，做到经常参与武装工作，今年以来为新兵、退伍军人和基层民兵预备役队伍上两次党课，培训100余人次，完成征兵工作，有1人光荣入伍参军。

【廉政建设】 2017年，认真落实党风廉政建设“两个责任”和“一岗双责”，与“两委”主干签订了任期廉洁履职承诺书，开展廉政培训和廉政警示教育，加大对违法违纪案件的查处力度，乡纪委共受理群众来信来访20余件，对村干部开展述职述廉工作，约束和规范了村干部的行为，坚决纠正“四风”问题，及时整改“不严不实”事项，党风、政风、社会风气明显好转。

【产业发展】 杜村乡在建设“一村一品”特色产业的基础上，鼓励和支持“专业合作社、种养大户”抱团发展，积极引导玉米、杂粮、畜禽养殖、中药材四大支柱产业健康有序发展，促进蔬果、林下经济等特色产业发展壮大。

1. 全乡11个行政村成立了以农业开发为重点的有限责任公司，通过“村委+公司”的模式盘活集体经济，各村所成立公司在今年的青翘采摘季节共计收购青翘43.75万公斤，每个村规划出200亩的连翘园，专门用于贫困户的增收，每个村贫困户的看护和采摘的收入达10万余元，仅连翘一项产业就可以辐射带动全乡95%以上的贫困户实现增收。

2. 发展特色效益农业，突出优质玉米、优质核桃、林果业、小杂粮、蛋鸡、生猪等重点种养殖业发展，全乡优质玉米种植保持在3万余亩；年初由县林业局派专门的林果专家对东唐村200余亩核桃示范基地的核桃树进行修剪嫁接，保证了产量和结果率；通过杜村“梁上绿”有机谷子种植，带动陈家沟、窑上、东唐、杜村等6个村，500余农户种植2000多亩小杂粮；中药材种植产业势头良好，东唐村在核桃林下套种芍药100多亩，村委在芍药花开之际举办了首届“悠远端午日，芍药花开时”五一小长假乡村游，增加集体收入2万余元，苏村农户个人成立“合成中药材合作社”发展种植黄芩200亩，带动当地群众发展致富。各村结合全年退耕还林工作任务，鼓励农户栽植油用牡丹，栽植面积已达到2000亩，最大限度提高土地效益；以河阳村养猪大户为示范点，大力推进生态畜牧养殖，突出抓好草食畜发展，带动玉米饲料加工产业的发展，形成有机、绿色的循环产业链条；探索性的通过村级入股的方式盘活了集体资产，桑曲村将村集体资产入股柳江集团生态养殖公司，每年可获益3万元，用于发展村集体经济，以

"兴达"养殖合作社为代表的优种蛋鸡养殖行业一直是我乡经济发展的支柱产业，目前全乡蛋鸡数量达到50万只，日产鸡蛋1万公斤，不仅提高了农户经济收入而且增加了就业。

3. 重点抓好了"红色旅游+"产业模式，带动三产发展，坚持生态旅游和红色旅游结合发展，杜村乡紧紧围绕太岳行署、太岳司令部等革命旧址及王光烈士墓这一发展红色旅游资源的优势，充分挖掘红色文化，全力打造"太岳山上小延安"精品红色之旅，以小李村红色旅游开发公司为龙头，科学配置人文资源，集红色体验、度假、生态旅游为一体，同时开发山珍野菜生产项目，2017年共接待7000余人次，累计收入60余万元，既促进了村集体经济的发展，又带动了贫困户脱贫，同时还可以带动土特产、农家乐、农户手工艺品等相关产业的发展。文洲村新建果树采摘园1个、鱼塘2处，东唐村的垂钓园也全面完工，这些都将成为未来几年拓宽农民增收的新渠道之一。

4. 通过开展职业技能培训，增加农民收入。政府及时联系农委、林业、畜牧、果业中心等部门对农户进行技术培训指导，县人社局组织杜村乡建档立卡贫困户50多名妇女进行了月嫂培训，增加农民就业机会。

【脱贫攻坚】 2017年，始终坚持脱贫攻坚统揽全乡发展大局，坚持党委书记抓全局，包村领导负全责，第一书记抓重点，支部书记抓落实的思路。河阳桑曲郭庄三个村代表全乡顺利通过了国家第三方评估小组的验收，脱贫攻坚初战告捷。

通过对贫困户进行走访入户，帮助解决资金、物质上存在的困难，以"党建+产业+扶贫"的模式，通过乡村旅游、光伏发电、连翘等多种产业模式助力脱贫攻坚，有78户贫困户直接参与了红色旅游活动，既宣扬了红色文化，又增加了贫困户收入；全乡安装1.5兆瓦的集中式光伏发电站1座，90余户贫困户安装了分布式屋顶电站。

通过"村委+公司"，每村以200亩连翘为第一个经营项目，以贫困户为连翘管护、采摘的主体，公司通过收购加工产生收益增加贫困户收入。发展种植小杂粮，以红谷米为代表，在杜村村开展试点，积极动员贫困户发展订单种植200余亩，使51户171人脱贫；发展大田蔬菜种植项目，以辣椒种植为主，带动贫困户实现增收；养殖方面，一方面积极鼓励有养殖能力的农户发展养殖，另一方面要求已经稳定成型的养殖大户"一对一"对贫困户发展养殖提供技术指导，现已新发展养殖户53户136人；务工方面，通过乡村两级干部引导，带动，将外出务工、区域内建设用工、村日常用工、合作社用工等用工机会，进行统筹，优先分配给贫困户，涉及131户414人，年户均纯收入可增加3000余元。2017年底基本完成11个行政村的贫困村退出工作。

【国卫创建】 2017年，乡村环境整治初显成效，按照上级要求，乡党委、政府高度重视，安排部署全乡环境集中整治目标责任，同时利用宣传车、刷写固定标语、张贴海报等形式大力宣传农村环境整治的目标和意义，以郭庄、桑曲村为试点打造全乡环境卫生整治的典型，全乡累计投入资金100余万元，动用车辆280余次，各村共出动人力500余次，清运垃圾5600余吨，还绿面积达到1800平方米，粉刷墙面6万余平米，拆除违法建筑9处、老旧房屋44处，清理小广告、牌匾200余处，拆除玉米栈子230个，修复残垣断壁20余处，规划垃圾填埋11处，清理河道9700余米，清理排水渠3300余米，各村都把农村环境卫生整治作为支部党员活动日的主题活动之一，形成了完整的长效化管理机制，为美丽乡村建设和创建国家卫生乡镇打下了良好的基础。全乡5处饭店11个机关事业单位灶具全部改造并安装了油烟净化装置，完成锅炉改造15处，玉米秸秆还田约2.47万亩，一定程度上减少了对空气、耕地及河流的污染。

【安全稳定】 2017年牢固树立“总体安全观”，严格落实安全生产主体责任，切实抓好道路交通、危险化学品、防汛、地质灾害等领域及学校、农村物资交流会等人员密集场所的安全隐患排查治理，认真落实食品药品监督监管责任，加强食品生产、销售行业的监管，严厉打击食品药品安全违法行为。对全乡各行政村、卫生院、小学、幼儿园、加油站及个体经营性单位下发安全责任书30余份，护林防火宣传资料6000余份，刷写宣传墙标32条，排查出汛期危房危窑48户，河道隐患1处，公路滑坡隐患2处，关停整改加工企业1家，按照市县要求开展了“安全生产百日攻坚行动”，2017年，全乡社会大局稳定，未发生一例安全事故和群体性事件；年初重新调整了各村瞭望员，加强了护林防火队伍建设、加大了护林防火宣传力度；创新优化了社会管理体系，将全乡分为上、下两片，设有片长和副片长，各村设有包村领导、包村干部，通过细化社会管理体系，基本做到了小事不出村、大事不出片、难事不出乡。以综治中心为抓手，开展社会综合治理工作，共为群众办结诉求72件。

【民生改善】 1. 基础设施工程扎实推进。投资175万元，完成郭庄村至魏家湾村5公里水泥路连通工程；投资435万元，完成东唐村至窑上村、苏村、326省道桑曲口至陈家沟11.2公里的水泥路修建一期工程；完成全乡范围内的人畜饮水工程和自来水提质改造工程，投资20余万元完成文洲、河阳村的村庄亮化工程，大大方便了村民夜间出行；完成10个行政村的网络、通信建设工程。

2. 重点项目工程高标准、严要求完成。易地扶贫搬迁工程，总投资720万元，对桑曲、河阳、窑上三个行政村91户贫困户进行集中安置，2017年桑曲村已经完成入住，河阳、窑上两个村主体工程已经完成，正在进行室内装修；按照“三基建设”要求，投资700余万元的干部周转房主体工程已经结束，预计今年可入住，彻底解决了乡镇干部走读生活、住宿问题。

3. 村级光伏电站实现了全覆盖。杜村乡在去年建成8座村级光伏电站的基础上又新建了四座，实现了光伏电站全覆盖，2017年总装机容量达到了1.5兆瓦，仅此一项就可给每个村集体带来至少10万元的收入。各村都根据实际制定符合本村发展的光伏收益分配机制，为脱贫后的巩固奠定了坚实的基础。 （孟祥轶）

马壁乡

【概述】 2017年，马壁乡深入学习贯彻习近平新时代中国特色社会主义思想，全面落实省委“一个指引、两手硬”的重大思路和要求，按照市委、市政府“345”发展战略和“12345”工作思路，全力落实县委“1142”工作目标，深入推进“两学一做”学习教育常态化制度化，全面开展监察体制改革，围绕脱贫攻坚这一目标，抓住乡村旅游这一关键，突出产业提升、国卫创建、民生改善、安全稳定四大重点，全面推进十件民生实事落地，全乡党的建设、经济、社会事业全面发展。

【党建工作】 2017年，马壁乡党委围绕“三基”建设，着力提升基层党的建设水平，进一步建强基层组织、夯实基础工作、提升基本能力，为全乡经济社会发展提供坚强的组织保障。强化重点任务落实，建强基层组织。完成下石村、荆村、海东村村级组织活动场所新建及搬迁。在软件上，依托主题教育、党员活动日、领导干部带头讲党课，积极开展专题讨论，村“两委”换届选举工作圆满完成。强化各项制度落实，夯实基础工作。围绕精细化、制度化管理，制定综合办、农经站等站所的基础工作目录，完善基础工作数据。围绕前沿化、全方位服务，全面做好矛盾纠纷排查化解工作，乡村两级共接待来访群众560余人次，共解决群众诉求85件，化解矛盾纠纷17起。围绕常态化、长效化推进，坚持重温入党誓词、书记领读党章、现场缴纳党费、轮流讲授党课4项规定动作+以时段重点工作为内容的自选动作（4+1主题党日活动）。同时，将“三会一课”、组织生活会、民主评议党员等党内生活与党员活动有机结合，使党内政治生活进一步常态化。强化干部队伍建设，提升基本能力。坚持把干部能力建设、本领提升作为干部队伍建设重中之重，通过中心组学习、集中教育、以会带训等形式，强化思想教育。采用大喇叭播放、微信平台、集中学习、上门送学等方式深入开展党的十九大精神宣讲，常态推进“两学一做”学习教育，大力推进维护核心、见诸行动主题教育。强化各级干部的实践锻炼，涌现出一批农村先进“带头人”，如：养鸡书记王增华、草编书记张宇琦、辣椒书记魏建云、养猪书记原国虎等等，在全县有名。

【党风廉政建设】 2017年认真履行全面从严管党治党责任，深入推进监察体制改革为契机，全面落实“两个责任”。严格落实领导责任，每季度专题研究两次党风廉政建设和反腐败工作，坚持把党风廉政建设工作与其他工作同安排、同落实、同检查、同考核。严格落实主体责任。对乡党委承担的党风廉政建设工作进行责任分工，督促领导班子成员执行党风廉政建设责任制。严格完善各项制度。建立党政班子成员责任清单制度，党政班子成员列出责任清单217项。严格监督执纪问责。共收到问题线索21件27人，办结20件26人，谈话函询10件10人，初核了结7件7人，立案4件5人，党内严重警告4人，行政警告1人，持续强化监督执纪工作。

【产业发展】 2017年围绕“农业增效、农民增收”这个中心，坚持市场主导、政府引导、特色发展、效益第一的发展思路。在乡村休闲旅游上，利用五一、十一两个假日，举办第二届安泽龙门口乡村休闲旅游节，共接待游客10多万人，带动50多户贫困户户均增收700多元，新增村集体收入10万元。在蔬菜种植上，郎寨、卫寨、东里新增大田辣椒500余亩。在果树栽植上，郎寨村、马壁村栽植玉露香梨树350亩。在畜牧业上，东里村新建千头规模养猪场一个。新大象集团6200头种猪繁育扶贫项目落户开工建设。在中药材种植上，下石村栽植连翘500亩，辛庄村2000亩连翘基地已完成，各村均建有规模相当的连翘基地。安徽井泉中药材公司在下石、卫寨打造中药材种植基地3800余亩，正在紧张栽植中。在手工业上，下石村成立了祥瑞草编合作社，培训技术能手40余人，开发草编产品50余种。

【脱贫攻坚】 2017年把脱贫攻坚作为头等大事、民生工程，精准聚力，确保全乡贫困户年底如期脱贫。通过乡村两级干部的共同努力，去年顺利脱贫237户535人(全乡现有贫困户21户43人)。强化保障，夯实基础，健全脱贫攻坚支撑体系，为确保脱贫攻坚工作稳步推进，乡党委、政府切实加强组织领导，严格责任落实。建立组织保障，成立脱贫攻坚工作部和领导组，统筹全乡脱贫攻坚工作的计划制定、业务指导、督促检查。建立责任保障，分类确定脱贫攻坚第一责任人、直接责任人、具体责任人，层层签订军令状，明确脱贫任务、时限及责任。建立服务机制，包联干部入户走访，制定脱贫措施，坚持半月一走访、一月一落实的帮扶机制。建立督查机制。制定考核办法和管理办法，坚持周例会，督促任务落实。同时，乡纪委成立督查组，每月坚持入村、入户督查，倒逼责任落实。精准发力，强化落实，夯实脱贫攻坚工作基础。脱贫攻坚贵在精准，成败在于精准。为打赢脱贫攻坚战，坚持因户而异、因人而异，在精准识别上下功夫，在精准分析上动脑筋，在精准帮扶上求实效，确保脱贫攻坚工作取得实效。精准识别贫困对象，严格按照“八不进”的要求，对不符合条件的贫困户严格按程序清退，确保底数清、对象真、信息实。精准分析贫困原因，在摸清底数的基础上，分门别类地归纳梳理因病、因学、因残等致贫原因。精准制定脱贫措施，在充分尊重群众意愿的基础上，针对贫困原因，坚持因户制宜，按照“五个一批”分类，确定脱贫措施，确保让每个贫困村有产业发展项目，让每个贫困户有脱贫门路。分类施策，多措并举，全力打赢脱贫攻坚战。生产就业方面。乡村旅游增收，去年五一和国庆期间，组织35户贫困户参与到三产服务、农产品销售以及景区管理服务等环节带动增收。光伏产业增收，全乡共安装分布式光伏72户，13个村全部安装100千瓦以上集中式光伏电站，集体经济收入全部突破5万元。连翘产业增收。结合“一村一品一主体”，由村委会牵头，成立农业综合开发有限公司，吸纳贫困户参与连翘管护、采摘，带动 172户贫困户受益。易地搬迁安置方面，解决74户148人贫困户安全住房问题。发展教育方面，全乡贫困学生享受“两免一补”等各类优惠政策共计120人，五类困难家庭学生14人，学前教育幼儿资助8户8人。生态补偿方面，全乡62户贫困户享受退耕还林政策补助，98户贫困户享受新一轮退耕还林补助，118名贫困人口参与造林合作社务工。社会兜底方面，2016年以来，通过低保保障45户97人，五保保障18户18人，临时救助130户。

【国卫创建】 2017年围绕创建目标，坚持“三强化”，全乡生态环境治理工作初见成效。1.强化宣传引导，为“创卫”工作营造良好社会氛围。坚持多元化宣传发动，在各村醒目位置刷写标语、悬挂横幅、发放倡议书，通过各村电子屏、大喇叭播放倡议书、告知书，发放宣传资料2000余份，达到人人知晓，人人参与的效果。2.强化问题导向，环境卫生得到整治。通过前期摸排，共发现222处问题，以清单内容为整治重点，对症下药。开展河道垃圾清理，组织沿河道各村开展清污治污13次，清理河道垃圾2400余方。基础设施建设方面，坚持“一拆一建”的方式，逐步完善环境卫生基础设施。“一拆”即拆除垃圾池。“一建”即建设垃圾中转站，实现“村收集、乡转运、县处理”的垃圾处理模式，垃圾中转站已确定选址。生活垃圾治理方面，重点整治冀马公路沿线两侧、村庄街道、排水渠等区域，累计出动垃圾清车辆182辆次，清洁人员320余人次。美化绿化方面，13个行政村房屋墙体刷白套灰13.5万平方米；马壁村安装分类垃圾箱40个；景区栽植柳树200余株，栽植皂角树300余株。强化督促检查，环境治理整改到位。先后与环保所、安监站在全乡开展全面检查5次，随机抽查5次，下达整改通知书36份，通过细查、细看、严问责，环境卫生问题得到了全面整改。

【安全稳定】 2017年，安全生产方面，突出重点行业、重点单位、重点时期的专项整治，建立乡、村、企业三级联动的安全防范网络，一年来无重大安全责任事故发生。防汛方面，对全乡的危旧房屋和窑洞进行登记、造册，汛期累计排查危房危窑住户40余户和地质灾害隐患点27处，并安排专人进行监测。森林防火方面，加大宣传力度，发放明白纸，签订责任书，全乡共出动2辆宣传车，累计悬挂条幅39条，发放明白纸2100余张，设立检查站13个。食品药品安全方面，不定时对商店、餐馆、学校食堂和卫生所进行安全检查，发现一起查处一起，确保全乡群众吃得放心、医的放心。信访稳定方面，加大对信访工作条例的宣传贯彻力度，坚持深入基层、了解民意，倾听群众呼声，变上访为下访，认真排查，努力解决群众生产生活中的难题。

社区服务指导中心

【概述】 2017年在县委、县政府的正确领导下，安泽县社区服务指导中心深入贯彻落实党的十八大和十八届五中、六中全会及十九大精神，以“两学一做”学习教育为契机，进一步加强党员政治思想建设，以社区“三基建设”要求为抓手，以创建文明、和谐、平安社区为目标，在社区办公场所建设、组织建设、队伍建设、社区志愿者服务、精神文明、社区自治等方面创新思路，出实招、谋发展，强化了就业和劳动保障，社会救助、基本养老、卫生保健、计划生育、文化体育等各项公共服务，使社区工作继续保持了健康发展势头，初步实现了社区工作上台阶的既定目标。

2017 年，社区实现了三个社区办公场所的提档升级，充实了社区工作者队伍，圆满地完成了上级交与的各项任务，通过多项活动的开展，极大地提高了居民对社区的归属感和满意度。

【社区建设】 2017 年，按照省委组织部、省民政厅的要求，在县委、县政府的支持下，实现了城墙岭社区、清华园社区、文欣社区办公场所的提档升级，夯实了阵地建设。文欣社区党群服务中心已投入使用，清华园社区、城墙岭社区内部装修正在进行，力争打造全省一流社区。

【队伍建设】 2017 年，顺利完成了四个社区居委会的换届选举工作，新当选的居委会班子成员趋于年轻化、高学历化，班子结构更加优化，同时，焦炭公司分流人员及公益性岗位相继到位，极大充实了社工队伍，战斗能力明显增强。

【便民服务】 2017 年，利用“311”服务体系，搭建服务平台，创新服务手段，为社区居民提供了“面对面，心贴心，肩并肩”的全方位、精细化服务。社区共受理便民服务类事项 8792 起，服务人数 12051 人，其中政策咨询类 2352 起，矛盾纠纷类 2 起，便民服务类 6438 起。做到便民服务事项每日上报社区中心，每周、每月上报县社会管理联动服务中心，对待居民反映的问题，及时处理，当场答复，限时办结。

【创卫工作】 1. 印制 5000 余份社区创卫倡议书及 5000 份健康卫生教育宣传页，组织社区工作人员及信息员走上街头、小区、门店以及居民家中进行宣传，动员居民都能积极参与到社区创卫工作中来。此外，在社区中心及各个社区、居民小区设立了“创卫”宣传栏，定期更新宣传内容，每周还会通过社区中心微信公众号推送形式多样的健康教育、卫生保健知识。通过多方面的宣传，社区的大部分居民对创卫生城有了深入了解，创卫生城的工作精神得到有效宣传。

2. 在广泛宣传创卫活动的同时，各社区积极组织社区党员及志愿者开展卫生清洁志愿活动。在一个多月的时间里，先后组织发动 150 余人开展活动 3 次，清理多个街道的小广告、卫生死角等，努力为居民提供干净清洁的生活环境。此外，还邀请科普志愿者利用市民学校进行健康教育讲座 2 次，邀请中医院医生到小区进行体检 2 次，邀请市眼科医院到社区进行白内障免费筛查 2 次。

3. 2017 年，组织社区工作人员及网格长、信息员配合环保部门开展多项工作，为保卫安泽县绿水蓝天做出积极贡献：印制《拒绝燃放烟花爆竹、共度安全绿色新春》倡议书 2000 余份深入辖区发放，充分调动广大居民群众参与大气污染防治工作的积极性；春节期间，督查各小区燃煤锅炉脱硫设备使用情况并及时通报；排查环保检测点附近 53 个小区锅炉使用情况，经排查，共有燃煤锅炉 25 个，燃气锅炉 23 个，电锅炉 5 个，同时，将数据及时上报至县环保局，为制定相关政策提供了依据；开展散煤回收工作，共回收散煤 90 吨，煤球1600余块，有效减少了大气污染物浓度的降低。

【参保工作】 2017年，社区为居民办理医疗保险、大病救助等事项共507起，使利国利民政策深入到千家万户。社区与县人社局农保中心合作，将养老保险参保工作引入社区，使居民在社区中就可以完成养老保险的办理、缴纳工作，通过宣传和引导，进一步提高了城乡居民的参保意识，为实现城乡居民养老保险全覆盖奠定了良好的基础，共为683人办理了养老保险缴纳相关手续。

【阳光施保】 2017年，根据县民政局相关文件精神，社区进一步完善了社区低保申报、复核工作，公平、公开、公正的为居民办理低保，实现了“阳光施保，应保尽保”。今年5月，社区共完成了对10户申请低保的城市居民的受理、入户审核和上报工作。11月，组织工作人员对全县124户低保家庭进行了复核，尽力让更多的贫困家庭感受到党和政府给予的温暖。

另外，根据《社会救助暂行办法》要求，对10户因大病大灾申请临时救助的居民进行了入户调查，并根据家庭情况分别发放了500—1000元不等的救助金，共发放救助金8800元。

【惠民工作】 2017年，认真落实廉租房政策，确保惠民政策落到实处。为加快解决城市低收入家庭住房困难，切实改善低收入家庭居住条件，严格按照规定要求，48户享受住房补贴的居民进行了复核，对申请廉租房补贴的48户家庭进行入户调查、核实、拍照，统一公示后已上报至住建局。

【老年人信息录入工作】 2017年，为配合县政府的老龄补贴政策，使高龄老人的基本生活得到有力保障，让老年人通过社区的服务真正感受到党和政府对老年人各方面的关怀，社区于今年4月份起对辖区内的201名80岁以上老人进行了信息录入，并发放老年人补贴五万余元，为社区今后的老年人服务工作夯实了基础。

【居民意外保险全覆盖】 2017年为加快建立和完善以基本医疗保障为主体，其他多种医疗保险并举的多层次医疗保障体系，有效提高居民遭遇意外伤害时抵御风险的能力，由县财政出资为安泽县居民免费缴纳意外保险，自六月起，社区共对辖区内无固定收入的11020名居民进行了信息录入，把这项政策落到了实处。

【文体工作建设】 2017年，基于社区服务居民的基本要求，文体工作是社区工作中的重要一环，组织社区居民参与多项文体活动。例如，社区中心以社区文艺骨干为主要力量，录制了第二届“社区春晚”，春节期间在安泽电视台、红绿灯电子屏上滚动播放，为居民营造了良好的节日氛围；元宵节组织居民参与了“金鸡闹春”社火表演，7月参加了“喜迎十九大、永远跟党走”歌咏比赛，8月组织了社区专场消夏晚会，均受到了居民的一致好评。通过多项文体活动的开展，极大地增强了社区居民对社区的满意度。

【宣传工作】 1. 在山西省旅游发展城市竞

选活动开展之际，社区积极响应上级号召，组织干部、职工走上街头、深入到居民家中，发放宣传册，号召广大居民积极参与到投票活动中。在一个多月的时间里，共组织投票3700余次，为临汾市旅游发展贡献力量。

2. 为配合文明县城创建工作，组织居民对部分楼院、背街小巷卫生进行了整治，在县城十字街电子屏播放公益宣传广告，积极弘扬社会主义核心价值观；在城墙岭社区开办了市民学校并开设书法、绘画、养生、文化等课程；此外社区文体综合活动中心还开展了多项活动，丰富了居民业余生活。通过以上工作的开展，为文明县城创建贡献了力量。（孔祥云）